索姆河

穿越火线

［英］
休·塞巴格-蒙蒂菲奥里
著

成欣　张书波
译

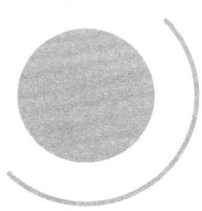

Hugh Sebag-Montefiore

SOMME

Into the Breach

图书在版编目(CIP)数据

索姆河：穿越火线 /（英）休·塞巴格-蒙蒂菲奥里著；成欣，张书波译.— 上海：上海社会科学院出版社，2021
书名原文：Somme：Into the Breach
ISBN 978-7-5520-3456-1

Ⅰ.①索… Ⅱ.①休…②成…③张… Ⅲ.①索姆河战役（1916）—史料 Ⅳ.① E194.4

中国版本图书馆 CIP 数据核字 (2021) 第 011562 号

上海市版权局著作权合同登记号：09-2021-0112

Somme: Into the Breach by Hugh Sebag-Montefiore
Copyright © Hugh Sebag-Montefiore, 2016
First published in Great Britain in the English language by Penguin Books Ltd.
First published 2016
The author has asserted his moral rights
Simplified Chinese Edition Copyright ©2021 Beijing Paper Jump Cultural Development Co., Ltd.
封底凡无企鹅防伪标识者均属未经授权之非法版本
All rights reserved.

索姆河：穿越火线
Somme: Into the Breach

著　　者：	［英］休·塞巴格-蒙蒂菲奥里（Hugh Sebag-Montefiore）
译　　者：	成　欣　张书波
出 品 人：	佘　凌
总 策 划：	纸间悦动　刘　科
策 划 人：	唐云松　熊文霞
责任编辑：	温　欣
封面设计：	左左工作室
出版发行：	上海社会科学院出版社
	上海顺昌路622号　　　　邮编200025
	电话总机021-63315947　销售热线021-53063735
	http://www.sassp.cn　　　E-mail: sassp@sassp.cn
印　　刷：	上海龙腾印务有限公司
开　　本：	890毫米×1240毫米　1/32
印　　张：	21.75
字　　数：	465千字
版　　次：	2021年5月第1版　2021年5月第1次印刷

ISBN 978-7-5520-3456-1/E·033　　　　定价：108.00元

版权所有　　侵权必究

目录

第一章	伟大的期盼	1
第二章	失乐园	11
第三章	绅士的协议	33
第四章	集结兵力	52
第五章	致命的错误	74
第六章	第一次猛击	91
第七章	虚假的曙光	98
第八章	亨特-邦特的荒唐事	126
第九章	紧张形势	147
第十章	不伦不类	162
第十一章	致命要害	180
第十二章	错失的机遇	203
第十三章	鼹鼠与士兵	224
第十四章	希望与荣耀之城	240
第十五章	要害所在	265
第十六章	进　攻	282
第十七章	余　波	300

第十八章	见树不见林	313
第十九章	大爆炸	331
第二十章	被　围	344
第二十一章	击　退	366
第二十二章	严重失误	374
第二十三章	澳军的牺牲	392
第二十四章	冲　锋	417
第二十五章	以牙还牙	442
第二十六章	检　查	459
第二十七章	严密审查	479
第二十八章	第二次幸运	489
第二十九章	反　击	504
第三十章	偷　袭	516
第三十一章	屠　夫	533
第三十二章	人力因素	544
第三十三章	炮弹震荡症	559
第三十四章	孤注一掷	579
第三十五章	杀戮欲望	589
第三十六章	坦　克	612
第三十七章	艰难岁月	626
第三十八章	伏　击	644
第三十九章	天气允许	656

致谢	683

第一章

伟大的期盼

博蒙阿梅勒（Beaumont Hamel）1916 年 7 月 1 日

1916 年 7 月 1 日早上 7 点 19 分，德军大本营博蒙阿梅勒对面的英军堑壕里，紧张的气氛逐渐达到白热化。对胜利的期盼从未如此强烈。"大推进"（Big Push）即将拉开序幕。

在大举进军之前，为了提前削弱部分德军势力，英法炮兵部队在 7 天时间里，狂轰滥炸了以索姆河为界的德军前线北部和南部。然而，位于博蒙阿梅勒的德军战线制高点获得了最为密切的关注。博蒙阿梅勒是个沉寂的法国村庄，距离索姆河北岸 11 英里*。英军工兵在步兵的支持下，希望对几个德军据点予以致命一击，此处据点即为其中之一。

德国人尚不知晓，英国工兵已经从白垩岩层中开辟道路，打通了一条长达 350 码的地道，起点是欧雄维莱尔村（Auchonvillers）

---

* 本书出现的英制单位换算关系如下：1 英尺合 0.3048 米，1 英寸合 2.54 厘米，1 码合 91.44 厘米。——编者注

以东的英军前线后方，一路贯穿至德方无人区内一个名为山楂树堡垒（Hawthorn Redoubt）的高地下方。接着，工兵将 4 万磅炸药塞进了矿井，连接好线路、引爆装置和火棉导线后，迅速撤回到英军前线的胸墙后，与其他 23 万英军士兵会合。这些英军，连同南边的法军盟友，是自 1914 年德军入侵法国以来规模最大的一批进攻部队。现在，英国步兵只待隧道连队指挥官扼制住这个地雷坑，以及隐藏在德军前线一系列防守据点之下的地雷，就能够在他们冲出堑壕发起冲锋前按下撞针杆。

杰弗里·马林斯（Geoffrey Malins）是一名英国摄影记者，在这个关键时刻，他来到英军前线拍摄山楂树堡垒。山楂树堡垒是博蒙阿梅勒高地上即将引爆的战略要塞。许多士兵都在期待着这一决定时刻，而马林斯是这样描述的：

时间是早上 7 点 19 分。我紧握摄像机手柄……又一个 30 秒过去了。我开始转动手柄……半分钟前（计划中的行动时刻）我本打算记录下……爆炸喷薄而出的瞬间。我双目紧盯着山楂树堡垒。现在这一幕随时可能发生。应该是时候了。对我而言，好像已经过去了几个小时……地雷为什么不爆炸？我看了看胶片刻度。已经用了超过 1 000 英尺。一个最可怕的念头闪过我的脑海：胶卷可能会在地雷爆炸前就用完。想到这里，我的前额都渗出了汗珠……随后爆炸便降临了。

我所站的地方震动剧烈，左右摇晃不定。我牢牢地握紧三脚架来稳住自己。接着，整个世界像是一块巨大的海绵，土地被翻到空中……几百英尺。越升越高……（接着），随着一声恐怖刺耳的咆哮，土壤重重地落回大地，留下巨大的烟团弥漫着……

此次爆炸着实让德国守军大吃一惊，他们本来就已经只能勉强应对常规轰炸。据守卫着山楂树堡垒的第26预备役师第119预备役步兵团的一位幸存者称：

（爆炸声）如此之响……显然不是由任何枪炮开火引起的。爆炸伴随着巨大的烟云，一直飘到（我们）……第9连面前，碎石漫天横飞……爆炸消灭了3个连的士兵……也埋葬了附近地下堡垒里的士兵……（之后），周围白茫茫一片，仿佛刚下过雪，山的一侧被削掉了，（我们能看到）一个巨型爆破坑张开的大口，有50~60米宽、20米深。

爆炸是进攻的信号。一拨拨的英军士兵从堑壕向我们迈进，他们的刺刀在阳光下闪着光……

英方摄影记者杰弗里·马林斯也报道了这场步兵推进：

尘埃落定后，我将摄像机转向我军胸墙。（士兵们）……正在越过（胸墙）……沿着地平线行进……这时，另一处信号响起，我军（更多）精锐部队跳出了我前方的堑壕。场面何其壮观！他们步调一致……成群结队地穿越阵地……还在抽着香烟。一位士兵甚至在无人区的中央停了下来，重新点烟。

德军这时已经意识到大规模进攻的来临。飞溅的弹片涌进我们的堑壕。德军甚至将炸弹……投向……我们正在穿越无人区的小伙子们。但是他们仍继续前进着。

就在这时，我的胶卷用完了。我将它交给地下堡垒里的一个伙计帮忙照看，让他切记在任何情况下都不能丢掉它。如果有什么不可预知的事情发生（在我身上），他务必要把摄像机带回总部。

然而，马林斯并非唯一见证这一伟大场面的英国人。位于他南侧几百码外的前沿阵地上的一位通信兵，也记述了这件事，并接续上了马林斯记述里的中断之处：

我看到……小伙子们登上射击踏台……涌上梯子攀上胸墙……我心情复杂……许多人（刚刚）……爬到顶上就滑落下来，或死或伤……幸存者冒着枪林弹雨一路穿过蜿蜒的铁丝网，很多战友就留在了他们身后……他们井然有序地爬上斜坡，又此起彼伏地跳落地面，仿佛是在索尔兹伯里平原上接受训练一般，如果不是有……四周和前方猛烈的炮火和轻武器射击。随着士兵一个一个地倒下，队伍规模逐渐变小，但却从未停止前进。最后，士兵们从我的视线中消失，投入山岭那端的火海之中……我们能听到的只有密集的炮火声，（在炮火声之上还有）……机关枪和轻武器嗒嗒的射击声。

在北面 1.5 英里外的下一处高地上,一位名叫奥托·莱斯的德国机枪手正接连不断地向阵地射击。这位下士所处的堑壕区守卫着山顶的塞尔村(Serre)。他将自己耳畔那独特的"冷静、坚定、规律的"机枪声描述为一种"在所有……咆哮声、轰鸣声……以及(大炮和步兵炮的)狂轰滥炸之上的'嗒嗒嗒嗒'声。其中一挺机枪以较慢的节奏发出'嗒嗒'声,另一挺则频率更快些……在敌军看来,这是一种不祥的旋律。但同时却能令我们的步兵安心和平静"。

然而目前并未找到英军士兵对相关情境的记述。彼时,来自皇家燧发枪兵团第 2 营的士兵正向山楂岭(Hawthorn Ridge)大举突进,希望一举攻下这个白垩岩层中被炸出来的巨坑。或许他们之中无人生还,又或许他们所看到的太过残忍,以至于不愿在脑海中回想这所有血腥的细节。不过,上文提到的德军第 119 预备役步兵团的目击者关于爆炸后的描述表明,对于进攻者而言,只要那辉煌的瞬间能够出现,就会让他们坚信冒着生命危险完成的地下挖掘工作是值得的:

> 弹坑附近的英军部队没有遇到抵抗……(这是因为)第 9 连第 3 排被困在了一个巨大的地下堡垒里,4 个出口中有 3 个都被堵住了。哨兵正在努力从第 4 个出口撤退,但它已经缩小成了一个很小的洞口,(此时第一批英军士兵已抵达德军阵地)……哨兵还没等出去,就被(英军)一刺刀捅死,倒下的尸体撞倒了站在他身后台阶上的士兵。一个德国军官为了报复袭击哨兵者,将一颗照明弹射向其面部,这一行为促使进攻者

们将手榴弹和烟幕弹投入地下堡垒里。然而，被困的德国人拒绝投降，他们期盼着己方部队派增援前来实施营救。

接下来发生的事证明了他们没有立即投降是正确的。德国人虽然只能蜷缩在地下避难所中，抱着最后一线希望，祈求英国人的手榴弹在炸死自己之前就用光。但英军的好运却急转直下：除山楂岭爆破坑一带的先头部队外，其余英军从早晨7点30分开始大举发起进攻。但他们在前线以北地段却遭到了德军密集的机枪扫射，这就将10分钟前在爆破伊始就发起进攻的那批士兵置于孤立无援的境地。

证据来自当时驻守塞尔村的德国机枪手奥托·莱斯。下文摘取自他的陈述片段，描述的是在击退第一拨英军进攻后，他和其他几名机枪手是如何利用手中寥寥数挺机枪彻底粉碎了英军占领塞尔村的企图：

> 我们出其不意的抵抗给英军士兵带来了困惑和恐慌，在惨重的伤亡后，他们重新部署了兵力。在接下来的两个小时里，一拨接着一拨的英军想要踏破我们的防线。他们毫无畏惧地冲向我方阵地，却在穿过我们的铁丝网之前就被击倒了，最勇猛的士兵也只能到达距离我们机枪20米远的地方。
>
> 倒下的士兵当中有些仍在呻吟、哀号，许多重伤者挂在残留的铁丝网上抽泣着，但接着冲上来的士兵却用这些战友作为掩护继续冲锋。幸存者在我们铁丝网附近的小山坡后躲着。他

们就像疯子一样，没等认真瞄准就朝我们开火……我们借着铁丝网的拦截向敌人射击……子弹射向英军占领的斜坡。不久，山坡后面的敌军火力逐渐减弱了……

（然而英军堑壕里）又涌现出一批新的士兵……又都倒在了胸墙后。（接着，他们的）军官向前发起冲锋，（徒劳地）试图激励手下士兵效仿……不计其数的头盔进入了我们的视野，但在步枪和机枪的枪林弹雨后，又立即消失了。这之后，再没有英军将领迈出堑壕半步，战场的情形让一切潜在的攻击者都感到心灰意冷了。

莱斯在7月1日的陈述中总结了那天晚上他目睹的场景：

我们的损失相当惨重，而敌方的损失更是不可想象。整连整营的英军横陈在地，整列整列地被放倒、扫荡。位于英军和德军阵地中间的那片无人区尽是悲惨的场景。这里不会再有更多战斗，仿佛极致的悲伤已经冻结了所有行动……

一支英军医疗队出现了……挂着一面展开的红十字旗……从哪里开始呢？地上到处都是抽泣的士兵在呼喊。我们自己的医疗后勤兵也加入了救援，在一切需要之处伸出援手。这些伤员前一刻还被视为是来自敌军的威胁，现在却只是受伤的个体，可以放心移交给己方战友（而不必担心会有报复行为）。

山楂树堡垒对面的无人区和爆破坑周边区域迅速从英军手里被

夺回，第119预备役团团史的作者形容此地"极其可怕"。他报道称："（英军在此次进攻前几日释放的）有毒气体让无人区变成了白色……草地看上去像被腐蚀了一般。身穿卡其色制服的尸体以及受伤的士兵数以百计，都躺在敌军的堑壕线之间。"交战双方成堆的尸体倒在爆破坑边缘的白垩土旁。之前被埋在土里的一位军官及其麾下的几位战士又出现了，这对于德军来说是他们所剩无几的一丝安慰。"就在最后一点空气即将耗尽时，他们把自己从土里挖了出来。"

战场上的士兵经历了极端的痛苦折磨，但是有关灾难的准确报道从前线发回司令部的速度却慢得惊人。前线噩梦般的战事与最初传向几英里外后方英军指挥官的消息之间形成了鲜明的对比。英军第八军大部遭遇了大规模屠杀，他们此前曾尝试在索姆河前线的北端攻破德军前沿堑壕，但是失败了。无独有偶，这种情况同样发生在曾在博蒙阿梅勒附近的山楂岭爆破区以北及以南攻打德军堑壕的英军第八军第29师身上，还发生在了第八军第31师身上。此前，德国机枪手奥托·莱斯描述的就是该师在北部的塞尔村对面被歼灭的情形。

陆军上将亨利·罗林森爵士（Sir Henry Rawlinson）领导下的第四集团军指挥部，本应在凯里约（Querrieu）的城堡（位于山楂树堡垒西南方约14英里处）里策划此次袭击。然而，在相当长的一段时间里，他们对前线战士经受的苦难和折磨毫无察觉。早晨8点，第一份关于第八军的战况报告中略带得意地总结："全军将士从德军前线发回报告。"

第一章 伟大的期盼

上午 11 点 30 分后,第四集团军战争日记的作者发出了一份有关第 29 师的警报:"敌军重新占据了前线,并且切断了前线部队的通信。"直到 3 个小时后的下午 3 点,第四集团军才记录称,第 29 师和第 31 师的大部分军队"又重新回到了我方前线"。然而迟至 7 月 1 日夜间 10 点,第 31 师接到的命令仍然是:"继续作战……尝试与尚在塞尔的两个营会师",纵使那里已然没有部队了。

在 7 月 1 日攻打其他德军前线据点的英军部队中,同样存在类似过于乐观的报告,这些报告掩盖了在没有取得重大战绩的情况下那些骇人的、持续的伤亡情况。英军部队所取得的唯一真正的重大进展是攻占索姆河战线南端,蒙托邦(Montauban)和马梅斯(Mametz)村庄附近(法军也在第四集团军南部取得了突破)。即便如此,在这两个村子周围取得的胜利也并不具备说服力,因为除了此前已经预先安排的第一天的战略目标之外,罗林森将军并未及时更新进攻计划。这使得德军有可能在德方防线缺口进一步扩大和被利用之前,就得以重新集结。

考虑到第四集团军日志中所记录的情况,第八军前线的消息并没有及时送达,那么在罗林森将军 7 月 1 日的私人日记中,关于上午 9 点 20 分所发生事件的观点就显得合情合理了。他写道:"战争开局良好……我们轻易攻取了所有前线的堑壕。"在 12 点 15 分的第二次记录中,他也同样保持乐观:"第八军占领了索姆河。"下午 3 点 15 分,罗林森将军的记录才接近了事实:"第八军被驱逐出了索姆河和博蒙阿梅勒的阵地。"

同样,由于对战况了解不到位,罗林森将军的上级、英军总司令道格拉斯·黑格（Douglas Haig）将军在第二日谈及英军伤亡情况时称："如果考虑到参战的人数以及战线的长度，还没有到非常惨烈的地步。"但是，这个说法仅仅建立在他的情报的基础之上，即"只有"4万名士兵牺牲、受伤或失踪。后续分析报告表明，1916年7月1日的伤亡人数超过了5.7万人（包括至少1.9万名士兵牺牲），对于仅仅一日的战役来说，这个损失堪称惨重。而对于一场极有可能持续很久的战役来说，伤亡人数显然不能日复一日以这样的规模不断增加。

造成这种情况的原因是什么呢？英国集团军不仅在数量上占据压倒性优势（19个英国步兵师对阵5个德国师），在战术上也具有优势。那么，在能使军队备战效率最大化的前提下，他们如何在一日之内竟损失了如此多的士兵？这在此前是从未有过的。而且，他们为什么没有好好利用7月1日这个关键性的突破节点，进一步采取行动、扩大战果呢？如果他们采取了有效行动，或许还能使此次重大伤亡显得合理些。

第二章

失乐园

英国和法国北部，1915年11月—1916年5月

在1916年年初，距离英军在索姆河战役发动"大推进"还有6个月。位于法国和比利时的英国远征军由38个步兵师和5个骑兵师组成（超过98.7万人）。他们控制了大约67~87英里的防线，从北部比利时伊普尔（Ypres）附近的玻辛赫（Boesinghe）向南延伸至法国屈尔吕（Curlu）附近的索姆河。南部的堑壕由法国集团军守卫。堑壕直通法国和瑞士的边境。比利时和法国集团军控制了北部的堑壕。

这条长长的堑壕是1914年8月德军试图侵略并占领比利时和法国时遗留下来的。英、法、比利时联军顽强抵抗，德军的进攻终于被迫停止。这其中包括一些著名的行动，如1914年8月，英国远征军从比利时蒙斯市（Mons）附近撤退，以及1914年9月英法联军在法国马恩河（Marne）的反攻。于是，双方都在自己所占领的地带掘壕固守，所谓的运动战至此结束。英国、法国、比利时的堑壕从北部蜿蜒伸向南部，穿越了比利时和法国，而长度相等的德军堑壕就在对面，战争陷入了僵局。

德军和英法联军不断努力突破对面的堑壕，却均以失败告终。这使得人们产生了疑虑：这究竟有可能吗？英法联军将领相信，如果他们有足够多的枪支和弹药，如果他们能够避免此前战场上的错误，他们就能够打破僵局。1915年12月在法国尚蒂伊（Chantilly）会议期间，他们对接下来的行动方案达成了一致。联军将会在1916年发动一场重要进攻，差不多在同一时间，俄军也计划在东线战场发动袭击。

此类作战计划需要部署大量的地面部队。在接下来的几个月里，英国的募兵行动使得英国远征军的规模大幅扩增。至1916年7月1日英法联军计划发动进攻之时，欧洲大陆上的英军士兵超过了148.8万人，划分为58个师。每个师的指挥官指挥3个旅，每个旅包含4个营，每个营由大约700~1 000位士兵构成，参与前线作战。同时，这些师由18个军的指挥官领导，这些军由4个陆军集团军的指挥官负责。所有军队都对道格拉斯·黑格将军指挥的英军总司令部（GHQ）负责。

鉴于很多正规军在德军最初发动的进攻中已经伤亡了，1916年英国陆军的主力都是没有任何战斗经验的志愿兵。志愿兵的编制有时被统称为新军，他们中的大部分是由募兵运动征召上来的。此番募兵的主角是极富感召力的陆军大臣：第一代基钦纳伯爵霍雷肖·赫伯特·基钦纳（Horatio Herbert Kitchener）元帅，以及一些所谓的"德比人"。他们是最后一批依照募兵负责人德比伯爵

第二章　失乐园

的计划征募而来的志愿兵。不久以后，即 1916 年 1 月，英国开始实施未婚男子义务兵役制。4 个月后，这项征兵制也覆盖到了已婚男子。

在这次义务兵役制之前，许多志愿兵都效力于"兄弟营"（Pals Battalions）。"兄弟营"是对军营里因某一特定职业或地域而相互联系的募兵们的统称。这可以促使人们和自己的熟人、朋友成群结队参军入伍。然而，从基钦纳伯爵招募的那些新兵可以看出，这种兄弟营的模式是有缺陷的，所招募来的新兵都对军营生活一无所知，更遑论让他们在堑壕中抵御战争的血腥残酷了。如果某一个分队的伤亡人员过多，整个家族甚至整个社区将会在战争中消亡殆尽，这也是兄弟营模式的风险所在。

英军的高级将领认为，这些新兵只经历了最为基础的训练，这导致他们在战场上并无战斗力。这种借口并非造成他们错误的唯一原因。早在这项计划好的进攻开始之前就有充足的证据表明，英国陆军战队绝非传闻中的那般兵强马壮。如果有更多的政客既能够去基层部队服役，又能够成为将领们的智囊团，政府也就不至于闭目塞听了。

显而易见，议员们是不愿意与军衔较低或者资历较浅的军官共事的。毫不夸张地说，在法国，为这些军官提供的服务通常都是最低等级的。从之前曾在同一营队服役的 4 位士兵的日记和书信中可以详尽地了解到，新兵需要忍受贫乏的物资与艰苦的条件。这四位士兵服役的营队是曼彻斯特团第 22 营，该兄弟营在进攻计划中被委以重任。

和许多兄弟营一样，曼彻斯特团第22营（也被称为曼彻斯特团第7兄弟营）有大量中产阶层人士，战争打响时，他们中有些人已经在日常生活中小有建树。他们之中有一位律师在战后成了议员与检察长，有一位后来成为《新政治家周刊》编辑，还有两位大学讲师。

在这些职业人士和知识分子之中，有大部分人都是军官。然而，作为一名左派的大学经济史讲师哈利·托尼（Harry Tawney），却拒绝了这份可能会帮助他在战后成为工党智囊团成员的任命书。相较于此，他更希望自己从一名列兵做起，一步步成为中士。幸而如此，我们才有机会从托尼这里了解到这些列兵的困难境遇。与此同时，我们也体会到了陆军部队的无能是多么令人恼恨，所以他们经常被轻蔑地称为"糟糕透顶的步兵"。

这是托尼在到法国前寄给妻子珍妮特的安慰信，如果这封信的内容是可信的，那么对于接近中年又不经常进行体育锻炼的他来说，能够轻而易举地完成挖掘堑壕的训练，真是令人觉得不可思议。当时托尼34岁，他在信中写道："挖掘堑壕是个困难活，我们需要用到镐和铁锹。但我发现我可以和其他人做得一样好，虽然今天我的身体还是有一点酸痛。"

托尼发现练习投掷手榴弹更加费劲儿。它包含两步："钻进堑壕，投掷装有泥土、模拟成炸弹的小沙包。"托尼在写给珍妮特的信中说道。"实际操作起来可比听上去要难很多。堑壕狭窄而幽深，万一有人掷到了内壁上，就可能会被炸死。"然而，这两种练习"都比部队的操练要好，那是我们都无法忍受的操练"，托尼最

第二章 失乐园

后说道。

1915年11月10日,托尼所在的营部离开了他们在索尔兹伯里平原上的军事基地拉克山(Lark Hill)。军营在福克斯通(Folkestone)暂停休整,随后这些士兵们被送往了布洛涅(Boulogne)。布洛涅是英国远征军部队进入法国的一个主要口岸。离别对于那些刚成家的士兵来说尤为痛苦。

27岁的查理·梅(Charlie May)是曼彻斯特团第22营的陆军上尉。离别带来了思乡之情,这使他自离开家的那天起,每天都在日记中写下一系列给妻子莫蒂(Maude)的真挚话语。与大多数流水账式记事的"一战"日记不同,这些日记完整地记录了梅期盼和焦虑的心情,其中包含着他对妻子及刚出生的女儿波林那种真挚又绵长的爱,这些日记因此显得意义非凡。

"我们什么时候才能相见呢?"在营队出发去法国的前夕,他伤感地写道:"我们什么时候才能再次安家,重新开始我们幸福的生活呢?哦!莫蒂!直至这次战争打响,我才意识到幸福之所在。然而,如今幸福已经离我远去。"

在托尼1915年11月22日写给妹妹米尔德里德的信中,他描述了全营士兵到达法国时那迫不得已又忍无可忍的场景:

> 我们首次着陆时,度过了极其困难的两天。第一个艰难的夜晚是我们在滂沱大雨中宿营,那场大雨持续了整整24小时,整个营地都变成了一片沼泽。接下来,我们又在牲畜运输车上度过了4个小时,行进了大约15英里,其间我们还迷

路了。之后……部队在村宅里临时扎营。我和另外一位中士一起挤在一个棚屋里。这个小屋的一半空间都被一头猪占据了，（虽然）这只猪很干净，也很安静……我们都睡在铺有毯子的稻草上。

与之不同，查理·梅上尉不太喜欢这种简单的乡村生活。他似乎将离开自己理想的家园这件事类比为失乐园，对大家的落脚之处也漠不关心。根据他的日记，我们了解到军队最终到达了一个叫作布吕康（Brucamps，位于亚眠市西北约16英里处）的村落。由于每家每户旁边都堆积着大量的粪便，这个村落到处散发着恶臭。这里的村民不太讲卫生，但这也不怪他们。当地没有流动的河水，梅手下的士兵被迫无奈，只能自己设计并建造污水系统。在长途行军中，抵挡严寒的工作是必不可少的。他们到达的这几日，村落的地面铺上了厚厚的雪。为了刁难这些士兵，村民还对士兵取暖必备的木柴肆意要价。在一番艰难的讨价还价后，村民才同意降低价格。对此，梅抱怨说："我想，法国农民的血管里一定或多或少都流着希伯来人的血。"后来，这也成为军官阶层中普遍对法国农民形成的一种刻板印象。

士兵们一路从阳光明媚的地区前往索姆河，对高价木柴的不满应该是他们心中想过的最后一个话题。在战争打响之前，增派给英国远征军的兵力并不都是英国士兵，也有来自英国自治领的士兵，如南非和加拿大。同时，从1916年年初起，澳大利亚和新西兰原驻埃及的军队，最终在法国也听从英军的指挥，这些军队人数超过10万人。

第二章 失乐园

1915年9月30日，在悉尼伍尔卢莫卢码头（Woolloomooloo Wharf），澳大利亚皇家部队（Australian Imperial Force）的列兵R. W. 哈普利离开了澳大利亚。当士兵们得知宗主国需要他们的帮助来攻打共同的敌人——德国和土耳其时，爱国主义的浪潮席卷了整片土地，下文着重对此进行了阐述。

> 就在到达码头之前，所有的市民都被拦住了。所以，欢送仪式就在主干道上举行。之后，我们登上了"阿盖尔郡号"运输船。所有士兵上船后，市民才被允许登上码头。人群蜂拥而入，码头上满满都是人。几乎人手一卷彩带。人们将这些彩带扔向船上的士兵，之后，船的一端到另一端布满了你所能想象到的各种颜色的彩带，这是我见过的最美丽的场景。
>
> 船摇摆着驶出，场面颇为壮观。我相信，它令每一位士兵热泪盈眶，我也不例外。大约上午10点30分时，我们离开了码头，起航去中海港，在那里一直停泊到了下午5点。之后，我们终于开启了漫长的埃及之旅。

下文片段来自莱斯利·肯尼（Leslie Kenney），这是他3个月前的书信内容。这封信的主人公除了肯尼，还有与他一同来自新西兰远征军第6增援部队的一个通信兵小伙儿，信中记录着他们在离开新西兰惠灵顿时，心中百感交集、热泪盈眶的场面。肯尼的信以"亲爱的母亲"开头，信中写道：

我永远也不会忘记我们从惠灵顿码头离开的场景。我们的列队在惠灵顿主干道行进时，我为能成为其中的一员而倍感自豪。我隐约能明白为什么人们在我们列队行进时，会聚集在一起了。对许多我认识的人们，对女孩们、莱恩、欧内斯特和孩子们愉快地说声"再见"是件很容易的事，甚至在我即将登上码头之前向你大声呼喊时，我也十分确定我能够再次在船上见到你，并以合适的方式向你道别。我没有想到这竟是最后的离别。

所以，我在上船后爬上了一艘救生船，我确信在救生船上一定能被你看见。我向莱恩比画着，询问你在哪里，他也对我做出了回应，意思是你过于伤心难过，不愿意见我。这个消息对我来说如同一记闷棍。直到那时，我才明白了你所做出的牺牲。不知为何，我依然待在甲板上，直到船驶离了码头。

离开前的最后几分钟仿佛漫长而又可怕的梦魇。大声喊叫的、招手的人群挤在码头上。恼人的乐队在吊机平台上演奏着爱国的歌曲。轮船解下缆绳，向后缓慢驶出，汽笛声尖锐又喧闹。船上，身着卡其制服的男人们全都拥挤在靠近码头的一侧。船倾侧着，仿佛随时都会翻一样。这些画面我将铭记一生。

那些来自曼彻斯特团第22营和澳大利亚的士兵们，在披挂上阵前还能有一点时间来适应新的环境，但是对于亚瑟·伦奇（Arthur Wrench）这样的列兵来说，这是一种奢望。1915年11月15日，他从南安普敦被运往勒阿弗尔，这是英国远征军的增援部队经常走的

第二章 失乐园

路线之一。伦奇是锡福斯高地兵团（Seaforth Highlanders）第 4 营的援兵，隶属于第 51 高地师（51st Highland Division）。

在伦奇尚未打听清楚部队为什么会有这么大的增援需求时，他就被派遣去了在贝蒂纳（Béthune）的部队。到达法国的前两天，他发现部队一直朝前线行军，他觉得自己要抓紧时间弄清内情。

在路上，伦奇第一次听到了枪炮声，当时他说自己听到了远处隆隆的雷声，惹得老兵们纷纷放声大笑。驻扎堑壕的第一晚，连队的军士长询问大家是否志愿去无人区埋葬士兵尸体，此时没有一个人再能笑得出来。伦奇接受了任务，据他自己所言，之所以站出来是因为他觉得军士长只是在开玩笑。然而，他错了。"那里有许多士兵的尸体。"他写道：

> 在埋葬这些尸体前，我们得先取出他们的身份牌，交给连队的军士长。我们在埋葬了大约 50 具尸体后，就被德军发现了。他们用机枪将我们逼回我方堑壕。事情发生得太过突然了，这简直是我能想象到的最令人毛骨悚然的事情。这些尸体残缺不全，有的已经差不多腐烂了一半，而且由于毒气的原因，尸体都已发黑。

在此之前，伦奇从未踏足过其他国家。像伦奇这样的新兵们也是第一次离开自己安居乐业的家乡，因此这种场景对他们来说是尤为可怕的。同样，离开堑壕也困扰着他们，不过这也不足为怪。战友总是酗酒，有些人甚至喝得烂醉如泥、瘫倒在地，这总是让伦奇感到胆战心惊。

有一天，伦奇和战友在义务教堂服务中被淋得浑身湿透，从那以后，他才稍微能够理解了战友酗酒的原因。他想，这些士兵也许觉得"这是另外一种'精神上'的愉悦"，因此想要借酒消愁吧。起码，对于"抵抗教堂阅兵途中的雨淋和寒冷的不良影响"来说，酒是有用的。

伦奇尽力对战友的生活习惯保持着宽容的态度，但他依然无法容忍他们对女人的那种渴望。1915年12月14日，来到法国已经将近一个月了。伦奇写道：

> 通常情况下，战友们热衷讨论的内容和闲聊的故事都令我反感。他们要么是以令人不悦的方式讨论着村里某几个女孩有什么样的优点，要么就是谈论自己曾在妓院与那些不三不四的女人混在一起的经历。今晚，在一家法式小酒馆里，我们中的一些人正蹲坐在桌子周围，喝着咖啡，对着弗洛尔·莱特（Flore Lete）小姐口若悬河。莱特小姐是一位调情老手。她正在为我们展示几十张不同的英国士兵的照片，这时她妈妈突然出现了，于是莱特小姐只能匆忙把这些照片藏到了自己的上衣里。

或许，伦奇没有和来自兰开夏郡燧发枪团第1营的士兵分到一起是一件幸运的事情。两个月后，他们将体验阿尔芒蒂耶尔镇（armentieres）的夜生活。据兰开夏郡燧发枪团士兵乔治·阿舍斯特（George Ashurst）下士说，他曾去过的一家小酒馆里充斥着士

第二章 失乐园

兵,他们喝着一种当地土酒。然而,真正吸引他们的是卧室里的5个女人。"通向卧室的台阶都站满了人。每级台阶上都有一个男人等着,期待轮到自己",阿舍斯特讲述道。在随军牧师走进来之前,一切都很顺利。牧师对于自己所看到的感到震惊,他问道:"你们难道都没有母亲吗?没有姐妹吗?"之后,牧师愤愤地冲了出去,声称要把自己所目睹的一切都告诉上校。他也确实那么做了。那天晚上是士兵们最后一次被允许整晚外出。之后,军队强制实行宵禁,天黑两小时后禁止外出。

曼彻斯特团第 22 营及其他营的列兵如果能够自行其是的话,大概也想要享受和燧发枪团一样的用餐体验吧。查理·梅上尉在 1915 年 11 月 15 日的日记中写道,这个月,他的士兵在距离亚眠西北部 11 英里的卡纳普勒村(Canaples)度过了大部分的休闲时光。卡纳普勒村的小餐馆里,两位年轻的女士为他们供应了酒水,也供应了自己的裸照。关于这点,他补充道:

> 餐馆供应的这两类商品我都不太可能尝试,但我清楚这家餐馆里挤满了我们连队的士兵。商品之所以没有脱销,只是因为我那些高傲的士兵们实在是一贫如洗。他们已经超过两周都没付过钱了,我本来打算今早为他们买单的,但是明智的上帝认为我应该忘掉赊账本,这样可以避免长期的堕落和腐败。

坚贞禁欲的伦奇·阿舍斯特讲述的纵欲故事与贫穷失意的曼彻斯特团士兵,这些也许只是故事的一部分。或许,伍斯特郡团第 7

营的列兵埃迪·比格伍德（Eddie Bigwood）那些与性有关的经历更为典型。与许多在德比募兵计划中应征入伍的士兵一样，比格伍德在自己18岁生日那天正式入伍。在乘船去法国之前，他几乎没有过性经历。这也是去法国鲁昂的白星（White Star）妓院如此吸引他的原因。他和同伴来到这所妓院，叮当响的门铃召唤出四五个漂亮姑娘，她们跑过走廊，前来迎接他们。这些姑娘身上只穿着一缕缕透明的蕾丝，不料这些"纯洁的"士兵却都被吓到临阵脱逃。

被妙龄性感女孩追逐的场面不只发生在声名狼藉的妓院中。英裔爱尔兰军官弗兰克·克罗泽（Frank Crozier）当时是皇家爱尔兰燧发枪团第9营的少校，他讲述了自己抵达法国后驻扎在民宅时，房主年轻的女儿在他睡下后，身着睡衣前来敲门的情景。第一天晚上，她借口说是来送一个热水壶，第二天晚上，这个女孩更直接了，问他是否结婚了、婚姻幸福吗，并询问了他有无子女。克罗泽忍不住去看她的"脖子和肩上披散着的长发"。克罗泽知晓这样的丑事决不能传扬出去，更害怕自己无法拒绝女孩的下一次敲门，于是，他在做出可能会让自己后悔的事情之前，便离开了那里。后来，他才得知，许多民宅里的女人一向都会把提供性服务作为住宿附加项目，这是司空见惯的事情。

有些英国士兵发现，卖淫的法国女孩在摆脱了妓院的管制后，似乎没那么令人惊慌了。第45野战医院的医生劳伦斯·盖姆森（Lawrence Gameson）中尉回忆了他外出观光，包括在亚眠的教堂周围散步时的情形。"一个亲切的年轻女士挽住我的胳膊，问道：'亲爱的，你要去哪啊？'我告诉了她，然后继续走了下去。"他没

第二章 失乐园

有感到尴尬,也没有怯场。"这些女孩一般不会粗鲁地、像伦敦妓女一样地拉客,"盖姆森说道,"她们会以一种毫无冒犯的方式暗示你:她们会为你效劳。"

说完这些,盖姆森的日记还记录了一个法国妓女是如何在自己的军官同事面前打翻一瓶香水的。但这并没有赢得那位上校的好感。那天晚上吃饭时,他反感地嗅了嗅,说道:"真是一身的死鱼味!"

士兵们喝着法国啤酒、红酒,睡着法国女人,为在堑壕外度过的漫长黑夜增添了一丝趣味。与此同时,他们在白天还要花费大量时间思考自己来法国的主要目的:如何突破德军防线以及如何守住占领的阵地。在向模拟无人区和敌方前线逼近的过程中,挖掘堑壕、射击训练、丛林行军……都是他们的日常训练内容。战士们努力拼搏,希望自己的队伍能在全师范围内脱颖而出,强烈的自豪感也因此油然而生。

不过,有些时候,即使是最满怀热情的战士也会厌倦战友之间的同袍情谊和集体生活。在日记中,查理·梅上尉表明了他对强制剥夺私人空间的行为感到十分厌烦。无论如何,在1916年新年的前一天,他只希望能独自一人待着,这独处的时光本可以让他幻想一下在家时的情景。查理·梅希望莫蒂有朝一日能读到自己所写的内容,他在其中向莫蒂祖露心声,说自己骑着马儿莉齐悄悄溜走,穿越卡纳普勒附近的乡村时,他的心情是最愉悦的。他写道:

> 我想象着你正和我在一起,面前是开阔的乡村景色,我们漫步其中,就像在这个世界充满战争之前,就像在那些珍贵的

时光里，我们经常做的那样。我想象着我们在乡间漫步，莉齐的缰绳松弛着，漫步在她想要去的地方。我期盼着你能和我在一起，我知道，你是喜欢这样的，因为我清楚，我们两个在一起的时光是那么的快乐。须臾之间，我又回想起了在艾坪森林（Epping）的短途骑行。你穿着那件你常穿的、带有黑色点点的纱布裙，看上去文静又可爱。所以，我只祈求能和你一起散步，默默地注视着你，仿佛是一个简单的乡下人在端详自己的未婚妻，如此便十分美好。

实际上，梅在寄给莫蒂的信中并没有这种浪漫的描述。1916年1月13日，梅在日记中写道：

昨晚我收到你的来信了，你在信中询问我是否爱你。我亲爱的姑娘，你怎么能问我这种问题呢？我知道你不可能觉得我不爱你。不过的确，我料想自己在信中更多是在陈述事实，很少表达爱意。我必须努力写得更柔和亲切一些。我明白，你更渴望看到满是纯粹爱情的家信，多一些真实的个人感情的文字，少一些每日的生活琐事和朴素无味的话语。在这里，人们很容易忘掉那种以自我为中心的人生观。我们所有人都处于同样的困境，都要把这种被迫和自己最亲近的人离别视为一种大家都会经历的、普通的磨难来承受。

我渴望见到你，紧紧地拥抱你。我也满心渴望着能看到我们的宝贝，我可爱的宝贝波林。照片里的她抬起俏皮的脸庞看

第二章　失乐园

着我,是那样的真实,仿佛此刻她就在这间房间里……

到这里,我知道我该说声再见了。总是长时间想着这种事情,对于这里的士兵都没有好处。如果想要乐观看待自己的工作,就最好不要想太多。

也许正因为"想得太多",该营中的那位律师弗兰克·梅里曼(Frank Merriman)少校才总是闷闷不乐。他时常露出忧郁的神情,几乎没有见到他笑过。从来没有人是这种情况。这让梅里曼和他在A连的部下——阿尔弗雷德·布兰德(Alfred Bland)上尉发生了冲突。据梅描述,布兰德"从早到晚都在咧着嘴笑,宣称他自己非常自得其乐。我也相信他确实如此"。

梅里曼和布兰德所在的营被要求从索姆河转移到了更远的马梅斯东岸。两人对此事看法不同,这更加激化了他们之间的冲突。尽管这次部队转移意味着他们将不得不忘掉已经掌握的防御区周边情况,布兰德还是认为此次转移将会"非常有趣",并且会是一次"非常棒的经历";梅里曼则悲观地说道:"如果此次转移不造成重大损失,那就奇怪了。"

1916年1月18日,事情发展到了必须要解决的地步。梅在那天的日记中写道:"可怜的布兰德遇上麻烦了。梅里曼少校指责他在长官面前言语不敬。如果这是真的,那将是一项非常严重的指控。"布兰德对此进行了反驳,他私下对第91旅的安全官解释了他眼中事情的经过。布兰德在同一天给妻子维奥莱特(Violet)写了一封颇为引人注意的信,信中透露了他对安全官所说的一些内容。

另外，信中也记录了他对梅里曼的咒骂：

> 他就是狐狸、黄鼠狼、白鼬、雪貂和耗子。他狡猾奸诈，假惺惺，人前人后两张嘴，脾气阴晴不定，性格残暴，损人利己，并且喜欢逃到地洞里。他是一个天生的阴谋家，喜欢在背后偷偷做手脚，费尽心机搞臭他人的名声，对别人幸灾乐祸，对别人的错误火上浇油，还总是想法邪恶，动机不良，无耻地有意掩盖自己的错误。他还诋毁他人，从而保全自己的面子。
>
> 他是一只寄生虫。他只和对自己有利的人交朋友，趋炎附势，所以他得到了权力阶层的重视，能跟长官们说上话。他靠着他那些狡诈的建议和小心翼翼的顺从，逐渐骗取了长官的信任。他还靠着刻意的笨拙恭维、不断地摧眉折腰来维持现在的位置。亲爱的，他确实是我见过的最恶心的人，他就是毒药。
>
> 他正在没日没夜地努力，想支走现任副指挥官以取而代之。所以，他没完没了地向我们的指挥官献殷勤，抢着处理副指挥官的工作，并抓住每一次机会表现自己。对于别人任何的小错误，他不仅不会放过，还会抓住机会，让上级点头或低声默许，以此来达到自己的目的。唉，他实在是太可恶、太虚伪了。

维奥莱特对于布兰德信中所写的人身攻击的看法并没有记录可寻。显然，对于一个冷静的旁观者来说，这些人身攻击看上去有些夸张乃至滑稽可笑。然而，布兰德和梅里曼将一起跳出堑壕发起进攻，这意味着他们中有一个人可能要冒着生命危险来救另一人，这

第二章 失乐园

让整项计划变得十分危险。因为除布兰德以外,所有军官也都十分痛恨梅里曼,"其他等级"的官兵也都瞧不上他。在布兰德看来,"他们永远都不会服从梅里曼的命令",梅里曼的地位已经难以维持。

现在看来,只有两种解决办法。梅里曼要么被自己的某位手下"意外地"击毙(据布兰德写给维奥莱特的另一封信中,这是他真正希望发生的事),要么被降级到前线去。然而,据布兰德写给维奥莱特的信中所言,布兰德观察到,在他们最后一次去前线期间,梅里曼犯了"神经性颤搐",这说明梅里曼的神经就快绷不住了。

最终,第三种方案出现了。接下来在前线的日子里,梅里曼十分不愉快,也非常难堪,因为他所属连队的军士开始公然抗命。其中两个人拒绝和他一起回到前线,并申请调到其他队伍。这给予了一直在等待的布兰德一个机会,布兰德顺势向上校递交了一份有关梅里曼的报告。

随后,梅里曼受到了严厉的斥责。不久后,遵照审判员的建议,他申请加入了第四集团军总部。这为布兰德的接管指挥工作扫清了道路。对整个部队来说,这个结果并不糟糕,但部队恢复正常的秩序还是花费了很长时间。这也让人们不禁怀疑类似的问题是否会出现在其他部队,甚至高层之中。

哈利·托尼的经历说明确实有什么地方出了大问题。他的信中充满了对部队无能低效的抱怨。甚至一件很小的事情,像是分发盘子和衣服,都是拖拖拉拉的,慢得离谱。"部队的这些人看上去毫无时间观念,并且完全没有组织能力,"他对妻子珍妮特抱怨道,"如果稍有一点点的深谋远虑,整件事情就能在半小时内搞定,而不是像现在这样要花上两个小时才能完成。"

更糟糕的是，即将采取进攻行动的士兵无法获取合适的装备。大家一致认为，曼彻斯特团第22营最初在堑壕里的那段时间是极为痛苦的，其原因并非是德军的袭击，而是因为那里潮湿、泥泞不堪，战士们没有足够的、合适的衣物。"军队哪怕稍微考虑过士兵的装备问题，情况就不会这么糟糕了"，托尼对珍妮特说："但在这方面，他们似乎完全没有意识到自己在工作上的愚蠢，其他问题也是一样。士兵本应该穿着渔民那种及胸的防水连靴裤，但他们给我们提供的外套却吸尽了水和泥，用不着几个小时，就重得让人受不了。"

托尼在写给朋友兼姐夫威廉·贝弗里奇（William Beveridge）的另一封信中，也提到了他们在堑壕里的这段痛苦时光。贝弗里奇那时候已经是一位受人尊敬的经济学家，后来成了《贝弗里奇报告》（*Beveridge Report*）的作者，获得了垂世不朽的名声。托尼抱怨道：

> 他们根本处理不好这些实际生活中的小问题，这太让人吃惊了。背包的问题就更严重了，长途行军才是真正"杀死"大多数士兵的原因。部队给我们发的这种背包不像是挂在背上的帆布袋，却酷似女士的帽盒。背着它让人一直很难受，这真是个折磨士兵背部的装备。
>
> 啊！战士们！你们或许擅长天文或诗歌，但不是战争！要是他们能离开，或是把战争留给公民委员会处理，该有多好啊！他们最重要的规矩是，绝不承认错误，绝不接受一个没有

第二章 失乐园

权力的人的建议。他们的原则就是大致了解一点儿基本情况就制定出一套规则，用来阻止任何新想法撼动当局的权威。

没能力、自负、不了解士兵的日常事务等缺点是上面军部机关的突出问题，这会成为市民生活中的笑料。

此时，这些小军官们正气得直跺脚、反复咬着自己胡子、因为自己的错误而虐待下属，这就像小说里（如果不是太严肃的话）的老师一样。人们在看到这一幕时，可能会面露微笑，甚至会大笑。我经常能看到其中的一位小军官，他拥有让大约1 000名士兵去赴死的权力。我离开的时候，内心觉得他们既可笑又可悲。

1915年圣诞前夕，珍妮特·托尼的丈夫给她寄去了一封信，她向其他人讲述了一个信中的事情。我们可以轻易想象到那个画面：

> 今天，军需官叫我过去，然后就开始斥责我没有接管那些纷繁复杂的物资，而这些物资不像是通常军队所需要的那些东西。军需官每次都抱怨说："不要狡辩了。"他还威胁说要带我去见长官。
>
> 这个军需官就是一只庸俗的动物，他之前可能还没有习惯发号施令，现在他对别人就像卑贱的暴发户对待自己的家奴一样。你可以想象那种野兽一样的行为。更重要的是，他似乎不清楚自己的工作职责，对下属加倍苛责。他对我非常恼火，因为他情绪失控了，而我也比较放肆无礼，完全不惧怕他。

尽管托尼受到各种威胁，但他最终并没有被降职。他把这段激烈的争辩讲述成了一件滑稽可笑的逸事，对此，他的妻子或许也是十分惊叹吧。但在笑声的背后，却有一个十分严肃的现实。英国新军里充斥着无能的军官，如果他们只是因为一些很小的行政缘由而不公平地虐待下属，比如托尼所提到的那些事情，也许还不会有太坏的影响。但是，如果这些军官能随心所欲地在堑壕里安排兵力部署，那就是件生死攸关的事了。

来自兰开夏的燧发枪手，第15营的中尉埃德加·洛德（Edgar Lord）很快就发现了这一问题。他从痛苦的个人经历中明白了和这些兄弟军官在同一战场作战是多么的危险，更不用说在同一个堑壕里了。1916年上半年，作为几百位军官和军士中的一员，洛德不幸地被邀请至博瓦尔市（位于亚眠北部大约15英里处）观看新型武器：斯托克斯迫击炮的展览会。这门迫击炮能够越过德军胸墙，以高弧线发射50磅重的、像太妃苹果糖一样外形的炮弹（它们包含了一个附在长管子上的球形炸弹），并将它们打到敌军的堑壕里：

> 我们在战场附近坐下。那里，炮兵连的士兵正准备表演。突然，我们听到了一声大喊："快跑！"我刚走了几码远，就听到并真切地感受到了一阵巨大的爆炸。巨大的爆炸声划破了整片天空和大地，片状的炮弹碎片满天飞，每个人都被金属片击中了。紧接着还有两次爆炸。
>
> 我们努力让自己镇定下来，我的右大腿好像被一个重重的棍棒打了一般，我右腿裤子里又热又黏。几码以外躺着一个被

第二章　失乐园

几股铁丝网缠住的士兵正在痛苦地呻吟着。我替他包扎好，然后请唐卡斯特（Doncaster）帮忙处理了一下我的两处伤口。疼痛变得越发剧烈，我觉得只有趴在地上才会更舒服些。至少一个小时以后，救援车才来把我们带走。一名士兵当场死亡，七八十名伤员中，有一些医治无效，随后也牺牲了。

不久后，洛德知道了爆炸的起因。原来，一位军官不小心"松开了炮弹的撞针，引燃起爆装置长达10秒。他没有把炮弹扔到空旷的炮台或土墙上，而是就把它扔到了原来的位置，一个周围满是炸弹的地方，然后他自己就跑了"！他一点儿也没受伤！

这是一种不知道如何处理手中被托付的武器的行为，与之相吻合的唯一的"罪行"就是，轻率地将你手下的士兵置于危险之中。"大推进"开始前，许多指挥官都是这样的。在新成立的第8营——东萨里（East Surrey）军的指挥官，H. G. 鲍威尔中校就是无法胜任工作的高级军官之一。18岁的中尉P.G.希思是鲍威尔最年轻的部下之一。1915年9月，希思被鲍威尔吓到了。那天晚上8点，鲍威尔通过连长传达命令让希思去监管堑壕的挖掘工作，这个堑壕与前线的两个突出战线相连。希思没有服从命令，晚上8点天还是亮着的，我们稍加斟酌就可以理解他的恐惧。"我能感觉到自己在发抖，"希思在之后的回忆录中记道，"因为这个命令就等于把我和我们排的士兵都判了死刑。"幸运的是，鲍威尔在听到希思所说的话后，撤回了这项命令。其他营的情况也与之相同，一连串此类事件的发生让整个营里的士兵们都清楚地知道——自己的长官和德军一样恐怖。这只是一个例子。

需要强调的是,哈利·托尼的大部分怒火并非针对军营里上校以下级别的军官,"这些可怜的魔鬼受到了粗暴的对待,就像我们一样。"托尼在写给威廉·贝弗里奇的信里说道:

> 我从来没有见过一个人能浑浑噩噩度过快一年的时间却没有出局,也没见过任何一个未曾骂过参谋部的人。当然了,大家从没有任何直接证据能证明军官们的无能。一个士兵永远也不会惩罚自己的上级,也不会要求其解释自己所犯下的大错,这是整个军队体系中最可怕的。整个英格兰都没有,也不会有任何有关军事的公众意见。他们安然脱逃,逍遥法外,还有什么能比贵族阶级更可怕的呢!
>
> 很多事情都证明了这一点。不管是在训练上浪费的那些时间,还是那些悲剧性事件,如在1915年的新沙佩勒,英军首次尝试突破德军战线。我想,人们普遍认为,这些上层指挥官根本不能胜任他们的工作。

当贝弗里奇在英国收到这封信时,他也许会怀疑托尼是否夸大了事实。但事实上,托尼说得一点儿没错。英军高级官员对外展示了他们的能力,好让政治家和大多数英国公民相信一切都在他们的掌控之中。然而,在这虚假的表面背后,一些真正可怕的事情正在发生着。

第三章

绅士的协议

法国北部，1916年2—5月

英国集团军在组织一些最基础的行动时已然十分低效了，考虑到这一点，若是将领们无法周密完成最重要的任务，即大进攻的战略规划工作，已经是无可厚非的了。

战士们即将冲出堑壕、奔赴战场。但绝大多数人尤其是这些可怜的战士们所不知道的是：冲突已在中层军官之中蔓延，并且扩展到了军队高层将领。虽然在外界看来，最高指挥部似乎对此次进攻的实施方案意见一致，但是，表象之下暗藏分歧，高层将领们的战略构想实际各不相同。

一方面，作为一个永远的乐天派，55岁的英国远征军总司令道格拉斯·黑格将军的观点惹人注目。他坚信，任何作战方案都应该目标宏大，策无遗算，这样至少可以取得一次决定性突破。如果方案能够实施，他希望能够由自己最信赖的骑兵团完成这致命的一击。这支装甲部队是英军的一个分支，此前，黑格将军在这支部队中获得了很高的声望。

另一方面，52岁的第四集团军指挥官亨利·罗林森将军则常常态度消极。索姆河进攻是由黑格将军选出的部队负责执行的。若是向罗林森将军询问，他可能会说黑格将军像是英国陆军的堂吉诃德。在塞万提斯的小说中，堂吉诃德是一位非正统派的主角形象。罗林森将军认为，黑格将军像堂吉诃德一样看不清敌人的本质。黑格将军计划通过一次突然袭击来突破德军层层的堑壕体系，但罗林森将军却并不这么认为。鉴于此前他在西线战场战斗的教训，他坚信，这个计划虽然在理论上可取，但实际却难以实现。

这位第四集团军的指挥官相信，在进攻索姆河的第一天，他最有可能完成的任务是突破德军前线系统的铁丝网和堑壕（人们经常误认为这是他们的前线或第一阵地，是"系统"或"战线"的一环，尽管其中一些堑壕几乎都是平行排列的）。罗林森将军意识到一定要建立一个堑壕体系，所以他决定采取相对保守的战略，由他率领的炮兵部队首先切断敌军防护网，进而摧毁敌军堑壕。不过，如果这个目标堑壕体系离炮兵部队太远的话，这项任务就难以完成。特别是在士兵无法从英军战线看到堑壕体系的情况下，就会重蹈覆辙，发生与索姆河德军第二阵地相同的情况。这就是为什么在炮兵部队攻占第一阵地并吃力地向前推进时，罗林森将军主张军队应当暂时停止进攻的原因。因为只有这样，接下来的进攻才能继续，炮兵才能够在第二次突袭开始前削弱德军第二道战线的力量。

人所共知，罗林森将军将自己的方案称为"咬住不放"战术。战术要求进攻者逐一攻破德军的堑壕体系，并且在选择进攻目标

第三章　绅士的协议

时，不能太过于贪心。

黑格将军和罗林森将军对于战争的不同预期必然使得整个进攻计划变得更加复杂。但这并不意味着谁的方案会被彻底放弃。这种富有创造性的张力能使双方意见中的好主意被采用，从而使双方达成妥协。

如果想要这种创造性的张力能够产生积极的结果，有一点至关重要，那就是双方的建议都能被同等重视。但下面要说的这件事，却与之截然相反。临近1916年4月，索姆河大战在即，黑格将军执掌了大权，这打破了双方原本的平衡状态。这也意味着，作为第四集团军的指挥官，罗林森一旦对黑格的战略提出质疑，必然会受到阻碍。

黑格这样病态的统治容易滋生危害。7月1日，即索姆河战役的第一天，灾难性的损失终于还是发生了。实际上，隐患早在英国远征军于法国战场第一次担任主攻时就被埋下了。1915年3月，部队向新沙佩勒推进时，罗林森将军犯下了一个错误，即令第四军一个师的指挥官调动一支部队来支援进攻德军堑壕体系。其实，这支分队本应当留下来，方便在德军第一道阵地被攻破后，部队能继续推进。后来，罗林森将军因此又问责了他的少将，这真是错上加错。

少将因自己成了替罪羊而愤愤不平，并要求罗林森将军向其道歉，这搞得罗林森将军十分难堪。问题最终到了必须要解决的地步。约翰·弗伦奇（John French）元帅，即后来的英国远征军总司令，完全赞同撤销罗林森的将军职务。但第一集团军司令，罗林森的直系上司——黑格则为其开脱，认为应该再给罗林森一次机会。

黑格在日记中写道："罗林森虽然不够体恤下属，但他作为一名正在服役的指挥官还是很有用处的。"

然而，这是有代价的。尽管黑格的求情能够减缓对罗林森的处罚，但这也成功地让罗林森威严尽失。除非出现逆转，否则罗林森将遵守与这两位男士的口头约定，永远不可能再挑战黑格。这件事情揭示了一个道理，如果一个人拯救了你的性命或声誉，那你就必须将他当自己的兄长对待，并且永远也不能背叛他。

罗林森极容易受到以上约定的束缚。他是典型的旧式学校出身的英国绅士，其行为和价值观都深受家族和家史的影响。他应当感谢他的家族使他继承了准男爵爵位，感谢道德课程帮他树立了正确的价值观，感谢他在伊顿公学读书时就懂得了骑士精神。伊顿公学是英国最有名望的公学，其以培养富家子弟、贵族子弟成为社会中流砥柱而闻名于世。而黑格曾经就读的学校——克利夫顿学院（Clifton College）并没有这样著名，也不是"老伊顿俱乐部"的公立学校，但是他的财产、人脉及此后得到的教育条件、拥有的地位都意味着，他所享有的待遇和那些人并无不同。

黑格对罗林森的支持能够一直保护着罗林森，让他不受到约翰·弗伦奇伯爵的惩罚，在这种情况下，罗林森若想要以相同的方式回报黑格是很容易做到的。显而易见，弗伦奇伯爵对罗林森怀有怨恨。黑格告诉罗林森，弗伦奇伯爵所说的是此前罗林森惹他不愉快的那件事：1914年10月，在第一次伊普尔战役期间，罗林森没有服从弗伦奇伯爵对比利时梅嫩市（Menin）"采取行动"的命令。事实证明，罗林森的反抗是正确的，但这惹恼了弗伦奇。现在，弗

第三章 绅士的协议

伦奇希望罗林森知道，这是最后一次对其警告。在之后的几周，每当他们偶遇，弗伦奇要么完全不理睬他，要么故意十分冷漠，这使罗林森承受了更加巨大的精神折磨，他也害怕弗伦奇有一天会突然寻机把自己贬黜回家。

罗林森在日记中写道："我知道弗伦奇伯爵永远都不会原谅我在梅嫩的所作所为，因为他知道自己是错的，我是对的。他是一个报复心很强的人，常常会心怀怨恨很多年，所以我也不指望能从他那里得到什么帮助了。"

在这段极其困难的时期，罗林森从黑格的支持中得到了慰藉，对于此，他自己也心知肚明。罗林森在日记中记述道，在弗伦奇伯爵的裁决意见提出后，黑格"接着说，自己已经准备好为我而战了，我也对他非常有信心。他人非常好。他有着坚强的品格和个性，我确信自己结交了一个很不错的朋友，一个忠诚的盟友"。

每每提及此事，罗林森总会在每天的日记中反复强调黑格的坚毅。在弗伦奇的所作所为一次又一次让罗林森丧失安全感时，他基本上都会在日记中反复写下那句他与黑格交谈后的老话："我坚信，我将从道格拉斯·黑格的手中得到正义。"

事后想来，黑格答应会为罗林森而战，其实也存在负面的影响。正如下文所说，黑格执掌了大权，便拥有了控制罗林森的能力，也能够按照自己想要的方式要求罗林森参加索姆河战役。只是，在黑格做出承诺时，罗林森或许从未想过，这将是他最后的结局。

事实上，如果黑格没有那么坚信自己在1916年制订的战略计划是正确的，那么罗林森就无法挑战黑格，一切就没有那么重要了。黑格的自信部分来源于他的宗教信仰。索姆河战役前夕，他在写给妻子桃瑞丝（Doris）的信中说道："我觉得应该是上帝给了我内心的安宁，让我能继续前行，不再感受到太多责任带来的压力。我会尽可能地做到最好，并且相信上帝。"事实证明，这种安宁的内心一旦遇到相反的观点，将变得非常危险。

或许，导致黑格如此自信的另一个原因是：他的战略是正确的。在看到罗林森对索姆河进攻的战略计划的3个月前，黑格的妹妹亨丽埃塔（Henrietta）告诉他，他们死去的哥哥乔治通过一位灵媒联系到了她：乔治希望黑格知道，上帝在通过拿破仑给他建议。理所当然，无论黑格是否相信了灵媒所言，这种方式仍然可能帮助他增强了自信心。

黑格一直坚信自己的判断，这与他的家庭教养及所受教育也有一定关系。黑格酿酒厂是苏格兰最知名的威士忌庄园之一，作为富家子弟，他从小习惯了能够轻松得到自己想要的东西，也能够按照自己的方式做事。获得这种特权与他的才智并无关系。1880—1883年间，他就读于牛津大学，学习法语、政治经济学和古典历史。对于一个普通士兵来说，这样的经历并不常见，因此人们仍有些怀疑他能取得如今的地位多半是因为他的姓氏、他的人脉，而不是他的智慧。他取得的是一个所谓的普通学位，而不是一个需要将他的努力进行评分的荣誉学位。众所周知，他所在的牛津大学布雷齐诺斯学院（Brasenose College）更乐于给那些擅长体育运动的人颁发学位，而非那些具备学术素养的学生。

在牛津求学的这段时间，相比讲堂，黑格表现出了对马球场的

第三章 绅士的协议

极高兴趣（黑格在校期间打马球），也对布灵顿俱乐部之类的餐饮俱乐部兴致勃勃。那些有抱负、有能力的人通常会选择辩论室或剧场小试牛刀，但黑格却很难在这些场合脱颖而出。而且，黑格还十分害羞，经常会紧张得说不出话，因此有些人称他为笨嘴。

黑格不善言谈，常词不达意，且学术造诣有限，但这并没有阻碍他融入英国上流社会。这都要归功于他的妹妹亨丽埃塔嫁给了威尔士亲王，即之后的爱德华七世，黑格才能够成为皇家聚会中的常客。这项特权也让他有机会结识了爱德华的儿子，1910年继位的乔治五世。

黑格从牛津毕业，在骑兵部队服役期间，经历了人生中第一次大的挫折。他首次努力尝试进入坎伯利参谋学院深造，但却因为数学考试没及格而失败了。不过，那年的数学考试格外的难，这给了黑格一个不错的借口。此次考试对他具有严密分析难题的决心和能力提出了质疑，但幸运的是，黑格在英国陆军战队的崇拜者并没有这么觉得。最终，在副官署署长的帮助下，黑格进入了坎伯利参谋学院。

在参谋学院，黑格成了班上学员中的佼佼者，而且早已被别人视为是未来的总司令。之后，就像其他有才能的年轻军官一样，黑格受到了陆军战队中许多成功人士的帮助，此后，这些人也成了黑格的庇护人。军需总监伊夫林·伍德（Evelyn Wood）就是这其中的一位。他认为，黑格看过他写的有关骑兵部队的一些具有思想深度的文章，很快就可以平步青云。黑格的另一位庇护人是约翰·弗伦奇。弗伦奇是一位骑兵军官，之后升任陆军元帅，成为英国远征军总司令。1915年12月，黑格取代约翰·弗伦奇担任英国远征军的新司令。黑格曾挽救了弗伦奇的戎马生涯，并借给了他2 500英镑，让他不至于沦落至破产的下场。之后，弗伦奇在黑格需要时，便助了他一臂之力。1899年，弗伦奇以骑兵师指挥官的身份参与了布尔战争，黑格少校担任他的参谋长。

然而，在黑格成为总司令前的几个月中，西线战场发生的一系列事件使他得到了经验教训，并对他的自信心造成了极大的冲击。在1914年10月底的第一次伊普尔战役期间，黑格得到了这样的经验教训：大局已定，作为司令官的他，即使为了牵制德军而奋战到最后一刻，也于事无补。战争使他明白，德军已经失去了突破英军战线的最佳机会，因为他们手上已经没有充裕的后备部队用以打入攻下的突破口。

担任第一集团军司令期间，黑格还发现，罗林森领导的第四集团军在攻破新沙佩勒后就停止了进攻，其原因是罗林森未能正确地带领后备部队。尽管黑格自己的部队在1915年4月第二次伊普尔战争期间没有成为攻击目标，但他从德军的失败中得到了相似的教训：他们能够取得突破性的进展都要归功于使用了燃气。最终，1915年9月25日，由于约翰·弗伦奇伯爵未能领导后备队有效利用德军战线在卢斯（Loos）被突破的突破口，黑格代替了弗伦奇被任命为英国远征军的新司令，这也着重说明了以上事实。这些事情都让黑格坚信，不管内部存在多大阻力，永远不能因为在战略策划阶段缺乏雄心壮志而错失良机。

黑格本来更倾向于在伊普尔战争期间，以英国远征军新司令的身份取得自己的第一项功绩，而非索姆河战役期间。他在佛兰德斯（Flanders）取得的突破性成果本可以让他在前线后方有更多机会瓦解德方的军事行动。然而，在黑格被任命的那天，基钦纳伯爵就命令他必须"辅佐并协助法军"。黑格觉得自己有义务答应这位64岁的法军总指挥——约瑟夫·霞飞（Joseph Joffre）将军的要求：英法联军应该携手同心，全力推动索姆河战役的进程。

在第一次讨论进攻行动时，法军主动要求担任牵头方。英军组织了40个师在25英里的战线上发起进攻，另外安排了25个师的兵力占领剩下14英里的地区。然而，1916年2月21日，德国对凡尔登发起进攻，一切都改变了。法军部队转而全力保卫凡尔登，这意味着法军兵力正在不断减少，黑格一度怀疑索姆河战争是否会成为没有法军参与下的英德两国战争。

英国内阁战争委员会的一部分成员不赞成如此大规模的进攻行动，他们担心这样的战争可能会使英国枯本竭源。但是，暮去朝来，日子一天天流逝，更好的作战方案一直没有出现，加之外部以及来自法国的压力，至1916年4月7日，战争委员会不得不批准了黑格的索姆河行动。

战争委员会有理由任命一位督查，用以获知有关黑格此次大规模攻击计划的一切事宜。若他们当真如此，那么黑格和他的顶头上司，即帝国总参谋长威廉·罗伯逊将军（William Robertson）很有可能会以总司令未能得到战争委员会信任这一理由辞职，以此来表示抗议。

黑格和罗伯逊肯定不会去挑战政治家们的权威。1916年5月，两位军人与战争委员会之间存在一个分歧：政客们是否有权力减少黑格在欧洲所使用的战马数量。当时，船舶数量存在短缺，如果没有更多的军需战马被送往西线战场，短缺状况将更加严重。黑格发现，战争委员会正在研究这个问题，于是，他写信给罗伯逊说，需要多少数量战马这个问题是他自己的事情。陆军理事会支持了总司令的想法。

理所当然地，这件事让战争委员会中的大多数人觉得不太愉快。大卫·劳合·乔治（David Lloyd George）是战争委员会的成员之一，他谴责黑格"傲慢无礼"，并表示他写给罗伯逊的这封信就是想要告诫战争委员会"应当管好自己的事情"，不要插手黑格的事情。这是"非常不合适的。只要他们想去了解，他们有正当权利调查任何与战争有关的事情"。后来，罗伯逊委婉地解释说，黑格只是在一封私人信件中表达了自己的观点，这封信也从来没有提交给战争委员会，所以他不应受到谴责。因此，此次国家宪法危机才得以避免。战争委员会成员接受了他的观点，最后也没有采取行动。更重要的是，在罗伯逊的帮助下，黑格有效阻止了政治家们对他行使命令权的监督，但这也为后来的灾难埋下了伏笔。

这就是罗林森所说的，黑格和罗伯逊将军的军事独裁权。一旦政治家将此权力交予他们，允许黑格和罗伯逊参与作战，就失去了行之有效的监控手段。罗伯逊巧言令色，让战争委员会放弃了自己更明智的判断，说服他们批准了索姆河进攻行动。但他却没有注意到，黑格实际上遵守了政治家协议中小号字印刷的、有效的附加条款。这使得情况变得更加危险。1916年4月初，罗伯逊向战争委

第三章 绅士的协议

员会成员承诺他们的总司令必定会慎重小心,战争委员会这才批准了此次进攻计划。"如果他知道法国打算把所有的作战行动都交给英军单方面完成,他肯定会立刻叫停。"罗伯逊告诉他们:"黑格将军对这种情况非常敏锐,不会做任何愚蠢的事情。"

之后,在1916年5月底,法国将领要求英军"发起一些大规模行动"。杰弗里(Jeffre)评论说:"目前,凡尔登战役中的法军缩减到了22个师。"面对这些,罗伯逊告诉战争委员会,这大概是另一个善意的谎言。不久前,黑格写信告知罗伯逊,他希望能利用骑兵部队来扩大步兵部队的战果,但罗伯逊却告诉战争委员会成员,黑格根本不知道如何突破德军战线,从而让委员会放松了警惕。据罗伯逊所说,黑格一心帮助法军减轻负担,这会使他自己泥足深陷。法国将领们感到十分恐惧,如果索姆河战役无法将德军的兵力从凡尔登战役中转移走的话,恐怕他们无法坚持太久了。

4月7日,在战争委员会批准此次作战方案前,黑格已经看到了罗林森有关索姆河进攻计划的草案。该计划已提前4天递交到了他手中。与以往不同,这项草案既束缚手脚又略显草率。南部战线的攻击目标仅局限于德军的前线系统,但东部战区的孔塔尔迈松(Contalmaison)也将成为攻击目标。攻击目标集中在前线,这意味着,前线从南部的马里库尔突出阵地一直延伸到了北部的塞尔,但是士兵却不会进攻位于阿尔贝—巴波姆公路南侧的德国第二堑壕系统。这一堑壕系统将被攻击的中心区域一分为二。道路北部的第二堑壕系统距离炮兵部队更近,有些地方甚至挨得非常近。相比之下,道路南部的第二堑壕系统距离英军前线超过4 000码,这样看来，炮兵部队摧毁其军事目标将变得愈加困难。

在道路以北，进攻行动率先被局限在了前线系统之中，因为只有在第一个系统被攻破后，军队才可以攻打第二系统，而制订新的作战计划可能需要花费罗林森3天的时间。

如上所述，在道路以南的所有进攻中，攻打孔塔尔迈松村可能是最为艰巨的任务。波济耶尔（Pozieres）村横跨马路，至关重要，它将成为随后攻打道路南部的第二堑壕体的重要基础。这是因为，只有在计划中明确标记的目标被攻下之后，下一步的进攻才能继续。

这项战略计划过于草率，它忽视了1915年西线战场中行动失败的重要经验教训。此前，查尔斯·布德沃思（Charles Budworth）准将明确提到过这个教训，他当时正在第四军担任罗林森炮兵部队的参谋。1915年9—10月，卢斯战役（Battle of Loos）打响，这是罗林森与黑格共同指挥的四场战役中的最后一场。布德沃思在写给罗林森的报告中曾提到，战役后，罗林森仍旧无法保证彻底炸毁堑壕，而且罗林森也无法保证损失不至于太过惨重，除非他能在前线每隔100码就配备一个重型榴弹炮。（简单来说，榴弹炮是一种"炮弹"，其炮弹不会直接从炮筒飞向目标，而是高高飞起，在空中画一条弧线后再竖直地落在它目标上）。布德沃思所说的那些"重型"榴弹炮是指口径（内径）超过6英寸的榴弹炮。

从罗林森的方案来看，他在表面上采纳了布德沃思的建议，但实际上却对此置若罔闻。这位第四军的总司令将6英寸口径的榴弹炮也划为了重型武器。这种障眼法足以让罗林森声称，他属意的第四军配备有用于掩护前线阵地的榴弹炮，其数量完全符合布德沃思的要求。罗林森对"重型"榴弹炮有了他自己的定义，于是，他可以宣称自己至少拥有 200 枚"重型"榴弹炮（口径为 6 英寸及 6 英寸以上的榴弹炮）。如果每颗"重型"榴弹炮可以掩护前线 100 码的距离，那么罗林森就有了足够的火力去攻打 2 万码长的前线堑壕。

在计算清楚这些事情后，罗林森发现自己可以从 17 个步兵师调动超过 16 万的兵力（每码就有超过 8 名士兵进行攻击）。这些士兵可以随时听候他的差遣。这些统计数据为他所用，为选择前线阵地的进攻方向奠定了基础。这里所指的前线阵地是马梅斯东部至塞尔的战线，从南到北大约 2 万码。

6 英寸口径的榴弹炮是否属于重型武器呢？如果这个问题能够引起争议，那么罗林森为了布德沃思的规定而做出调整大概就顺理成章了。但这尚未有定论。布德沃思在报告中明确指出："除了重型榴弹炮，我觉得其他任何火炮都不能对德国堑壕造成什么损失……6 英寸口径的榴弹炮……无疑会挫伤敌军的锐气，并在有限程度上消灭敌军兵力……但对于较深的堑壕，其破坏性明显有限。"

罗林森用这种方式扩展了布德沃思对"重型"榴弹炮的定义，但他知道自己依然无法达到黑格的期望。1916 年 4 月 3 日，他向黑格递交了这份作战计划。那天，他在日记中记道："我……觉得我不需要当面劝说，他就会默许这项计划。"第二天，罗林森补充道："我敢说，在选择作战目标这个问题上，我们两个人定会争论一番，因为我听说他更想将作战目标无限扩大，从而找到突破德军战线的机会。"

如果4天前他没有得到元帅基钦纳伯爵的支持，也许他会花费更多的精力才能达到预期目标。罗林森十分佩服基钦纳伯爵招募新军的手段，而且在早年的职业生涯中，罗林森一直将其当作自己钦慕敬仰的人生导师。基钦纳告诉罗林森，要考虑到法军可能无法承担起此次大进攻的重责大任，"如果我们把这次进攻变成一个全面的战争，并造成了5万~6万的不可弥补的伤亡，那就太不明智了"。

罗林森的作战计划相对保守，对此，他自己的阐释还是十分具有说服力的。他在提议中说道：

> 我认为攻占2英里、3英里甚至更多的土地并不那么重要。如今正是千钧一发之际，我们必须以重大伤亡为代价，让我军和大量德国预备役部队打成平局。我们的目标应该是尽可能多地杀死德军，同时尽可能减少损失，而在我看来，最好的方式就是领悟战略决策的重要意义。这样，我们可以更好地观察局势，同时，我们能察觉到，德军方面肯定会在对我军不利的情况下进行反攻……从而可以大量歼灭德军。

但是，在说服总司令接受他与基钦纳一事上，罗林森的提议显得有些南辕北辙。他没有具体说明采用更冒险的战略计划会带来哪些风险。例如，他没有全面地分析，为什么一个更加深入的进攻等同于一场"赌博"。他的报告指出，如果在仓促之际试图进攻道路以北的第一和第二堑壕系统，会带来"严重的风险"。他在报告着重阐述道：在攻打第二堑壕系统前，如果没有破坏前面的铁丝网，就会导致"非常严重的损失"。下面还有一个问题可以反映出根源深处的危机，但报告并没有提到：部队若是在向前推进前就攻打第一及第二堑壕系统，能否在一定程度上削弱第一堑壕系统内每码的炮弹强度？罗林森的部队前进时是否会受到阻碍，甚至于他们在到达第一防线系统前就会被歼灭？

罗林森未能将这个关键问题处理妥善，然而即使这样，对于进一步突击后可能出现怎样的问题，黑格相信自己能够正确判断。总参谋长兰斯洛特·基格尔（Lancelot Kiggell）中将是黑格的得力助手，他写的信中包含了黑格对这一问题的答复。黑格无视罗林森的警告，使用正式的语言，要求"进一步考虑深入推进第一项进展，而不只是计划一下而已"。

黑格要求做出的所有调整中，这条是最富争议的。正如罗林森最初所建议的那样，他希望第一天就攻占位于阿尔贝—巴波姆公路北侧的德国第二堑壕系统，而非几天后再行动。尽管黑格和基格尔在信中以一种非常礼貌得体的方式明确表达了这一观点，但罗林森立刻明白了他们背后的用意。1916年4月14日，他接到了他们的命令。罗林森在日记中写道："很显然，黑格希望我们尽快完成他布置的任务。"

进攻范围也是一个问题。和罗林森之前的建议相比，黑格想在前线阵地更广的范围内发起攻击。他让罗林森考虑是否可以在塞尔北部的戈默库尔村发起突击。该村是罗林森最初的进攻方案中提到的北部边界。向南发起进攻的法军距离较近，黑格还命令罗林森与之建立起联系。考虑到这一点，他希望南部的进攻范围可以扩展到蒙托邦和附近的砖窑。

但这好像还不够冒险。黑格要求罗林森开始思考，队伍在完成第一天的进攻后应该向何处推进。他希望罗林森能够具有全局意识，命令英国军队在攻破蒙托邦和弗里库尔（Fricourt）之间的德国阵地后，向东部推进（最初在南部的进攻行动包括了从南向北的进攻）。

对于罗林森所提到的风险，黑格称他们可以调动支援部队和炮兵部队来压制敌人可能发起的任何反击。黑格说道："大胆行动是明智之举，如此这般，在一开始基本就可以确保实现战术的价值，而不是为了规避风险畏首畏尾、裹足不前。"

但是，罗林森并未指出，黑格要求采取的进一步突击行动隐藏着一个至关重要的危机。而且，在行动开始前，没有任何人曾说过这件事。三个半星期以后，黑格查阅了总司令有关作战计划的回应。信中说，黑格需要增添25门重型榴弹炮来掩护另外2 500码的战线，即蒙托邦领域内的前线阵地（数量大概是参考了布德沃思有关重型榴弹炮的公式：每个榴弹炮可以掩护100码战线）。罗林森告诉黑格，还有另外13 500码战线的支援部队和交通壕需要他的掩护。这一答复于1916年5月10日送达了总司令部，这说明罗林森十分清楚，如果更深入地攻击德军战线，就会有更多的堑壕需要炮兵来轰炸。

1916年4月18日，即罗林森对于黑格战略变动事宜递交意见书的前一日，罗林森在日记中写下了有关蒙托邦的内容。看到这些，人们可能会更加清楚，对于黑格要他承担的风险，罗林森心中

第三章 绅士的协议

一清二楚。以下为其日记摘录：

> 我不敢确定能否依赖现有的枪炮实现更进一步的目标。如果需要做的事情太多，我们就只能取消那些可能无法完成的轰炸任务。因此，我比较反对把蒙托邦作为我们的第一个进攻目标。我知道，这么做将会使我们与法国的谈判更加困难，但我需要为这支军队的军事行动负责，我必须反对扩大攻击范围的计划。

但是，在进攻索姆河北部战线的第一天，出于一些无法解释的原因，罗林森并未落实自己曾在日记中以及5月10日寄送总司令部的信函中所提到的事情。

在1916年4月19日罗林森写给黑格的备忘录中也提到了这个错误。罗林森表示，他可以调动事先安排好的一支后备部队继续进攻蒙托邦的防御区前线，但即便如此，在没有配备充足枪支弹药的情况下，任务仍然无法完成。然而，备忘录中并没有提到黑格命令阿尔贝—巴波姆公路北侧的进攻需要进一步推进到什么程度，所以罗林森也无须配备更多的炮兵协助进攻。以下摘录表明，关于最初作战计划中的危机，罗林森曾做过有关阐述和局部的分析，所以在此只做了一些简单的重述：

> 在我看来，试图攻占更远的目标，即敌方的第二战线系统……需要承担相当大的风险。但我十分清楚，鉴于作战目标

至关重要，承担这些风险是值得的。但是，毫无疑问，这件事将由总指挥官决定，并在适当的时机向我下达明确指示。

针对戈默库尔发动进攻，并首先使用炮兵部队轰炸敌军，是罗林森唯一不会妥协的事情（他说自己没有更多兵力加入作战计划）。在最初的计划中，罗林森主张进行48~72小时的持续轰炸，而不是仅仅发动5~6小时的强攻。黑格曾对此发出质疑，他认为持续轰炸可能会打草惊蛇，使得德军对后续进攻有所防备。经过深思熟虑后，罗林森向其做出回复，他表明：只有这种强度的进攻，战士没有机会切断德军堑壕前的铁丝网，因为切断这些铁丝网需要几天的时间。此外，如果采取强攻形式，将不可能同时完成对德军堑壕的轰炸行动。轰炸产生的灰尘和烟雾会遮住火炮观察员的视线，使他们无法察看前方的铁丝网。但他们需要看清楚这些铁丝网，以方便指导炮手将炮弹瞄准它们。

最终，黑格会因为这两个原因而被罗林森说服。爱德蒙·艾伦比中将指挥的第三集团军将进攻戈默库尔，罗林森也会有条不紊地完成轰炸任务。但是，罗林森没有完成黑格所暗示的要求，即他要在进攻的第一天攻打道路北部的第二堑壕系统。所以，这项要求仅停留在了计划层面。

罗林森未能妥当地做出正确的判断并坚持自己的观点，这使人们对他的能力和诚信产生了质疑。

黑格的计划不但不切实际，而且还可能将士兵们的性命置于危险之中，罗林森是否已经意识到这点，但却由于个人原因而没有对此表示强烈反对？罗林森是否出于道德准则而在进攻问题上做出了让步，用来报答黑格在新沙佩勒事件中挽救了他的职业生涯？罗林森是否有责任保证这项计划是切实可行的，是否有责任保护士兵的安全？或者，罗林森是否被加诸他的重大责任所压垮，致使他没有真正意识到弹药的缺乏？从上述分析可见，关于罗林森对作战计划扩展到蒙托邦一事的看法，前一解释比后面的解释更为可靠。

就英国步兵的情况而言，哪种解释更为正确无关紧要。遵照这两位最高将领的指示，这些士兵即将被派往前线去进攻德军的防御系统，其中包括一些较深的尚未被摧毁的堑壕和地下堡垒，甚至有许多人迹罕至的地方。一场灾难即将降临。

第四章

集结兵力

索姆河，1916 年 4—7 月

不管英国士兵们对自己的上司意见如何，至少最初有件事大家是深信不疑的，那就是大多数人认为将军们能为大家装备充足的炮火弹药。我们暂且认为这些士兵说的都是内心的真实想法。1916年 4 月 13 日，曼彻斯特团第 22 营的上尉查理·梅所在的营正守卫着马梅斯对面的前线阵地。这一天，他被告知了他的部队将要在战时需要提供掩护的战线范围，相比之前的预期范围更广。他在日记里写道："参谋似乎认为我们在枪支方面占据优势，对此自信非常……我们只能希望他们不是盲目自信。"

然而，这份信任意味着前线的士兵们将承受更多的东西。如果一个指挥官的名誉受到了玷污，这份信任也会随即烟消云散的。在大战前期，很多类似的情况相继发生，尤其是在那些准备投入基础作战的分队中。驻守前线的营常常接到指令，派遣本营的士兵去堑壕侦察情况。有些是为了抓获德军士兵，有些是为了获取德军铁丝

第四章　集结兵力

网和地下堡垒里的情报。但有些突袭只是演习，是为了真正大进攻来临前进行的彩排，用以试探敌方的实力。

在 6 月 2 日晚上至 3 日凌晨的一场战斗中，曼彻斯特团第 22 营在保加尔攻击点（Bulgar Point）突袭了敌军堑壕，这里是德军位于马梅斯附近的一个侦察点。后来，梅称这次袭击是一次"可怕的轰炸"。尽管该营的士兵之前已经进行过密集的模拟训练，但这次对德军堑壕的突袭仍然出现了很大纰漏。进入无人区的 64 个人中，有 2 名军官丧生，包括 4 名军官在内的 31 人受伤。

所有伤亡的军官均来自阿尔弗雷德·布兰德上尉（Alfred Bland）所在的 A 连队。考虑到这些，倒是不难想象，他的妻子看到信中的坏消息后心中定会充斥着一种强烈的不祥预感。布兰德的书信仅有只言片语，但实际上，他已经告诉妻子，若是按照根据平均存活率计算，自己剩下的日子恐怕是屈指可数了。"A 连队最初所有的军官都阵亡了，这真是太令人震惊了，"他写道，

> 就剩下我自己了。是的，在一次突袭中，我们已经失去了 4 名军官……尽管在表面看来，突袭算是成功的。敌军让我方承受了相当大的损失，不仅俘虏了两名囚犯，还造成了更大范围的破坏。唯一的障碍就是敌方的铁丝网，我方炮兵部队没能准确地切断他们的铁丝网……

埃里克·斯特里特（Eric Street）中尉是最后离开德军堑壕的，他冒着巨大的风险，在铁丝网周围被捕。伯奇尔（Burchill）走过去帮他，腹部遭受了致命的攻击。据我们所知，

与之相同的还有艾德蒙·坎西诺（Edmund Cansino）中尉，他在试图营救斯特里特中尉时被杀。

值得庆幸的是，布兰德考虑到这封信必定会引发悲痛的情绪，他特意为自己的妻子隐瞒了一些血腥的细节。关于其中的一些细节，我们可以从梅上尉的记录中寻到，如梅第二天用堑壕望远镜俯视胸墙时所观察到的景象：

> 我可以清楚地看到可怜的斯特里特、坎西诺和另外一个人被缠在德军胸墙下的一堆铁丝网上。一个德军哨兵正看守着他们，不时地抬头张望，然后盯着他们。我用望远镜瞭望着，看着他的脸，我突然有那么一瞬间觉得他仿佛来自地狱，正在对着自己的战利品幸灾乐祸。斯特里特已经结婚并育有3个孩子，坎西诺也结婚了，他的妻子正怀着孕。这真是一个悲剧。

55岁的亨利·霍恩（Henry Horne）中将是第十五军的指挥官，此次突袭正是由他指挥的，他将此次重大损失的原因归咎于情报信息不足。作为唯一的炮兵部队指挥官，霍恩负责指挥一支索姆河会战中的集团军，本应该了解更多信息，但他却没有承认此次突袭失败真正的原因（梅和布兰德本可以告诉他失败的原因是：我方炮兵部队没有准确切断敌军铁丝网）。以下片段摘自霍恩的吊唁信。他在信中试图将此次失败归咎于错误的情报："事实上，皇家空军所拍摄的空中照片并没有显示出后备部队在报告中所提到的堑壕，这

第四章 集结兵力

才是最不幸的。若非因此,此次突袭原本可以在损失较少的情况下完成。"

保加尔袭击中的伤亡只是曼彻斯特团第 22 营士兵亲眼见证过的系列伤亡事件之一。起初,大部分的错误都被掩饰了过去,士兵们的日记和通信中都明确写道,他们处于前线战场相对安全的地方,因而他们的家人也从未感到不安。

威廉·戈默索尔(William Gomersall)中尉是 22 营的另一名军官。他的信被保存了下来,信中描述了他在堑壕中的作战行动,其中说这些行动就好像是他们在假期里玩的游戏。在 1915 年 12 月寄给弟弟妹妹们的信中,他感谢了他们为自己准备的生日礼物——备受欢迎的巧克力。他说:

我只希望能寄给你们一个纪念品或这里的一件礼物……下次再去堑壕时,我必须试着记住把你们每个人送的生日礼物用步枪发射给那些野兽般的老德国人,并告诉他们说,这些礼物一个是梅布尔送的,另一个是伊妮德送的,还有一个是埃迪送的。你们觉得如何?……

我现在感觉自己好像与你们是一样的年纪……我正在为所有的一切而努力。我在堑壕里忙得不可开交……我们的脸上和肩膀上满是泥土块,使我们变得难以辨别……我的身上沾满了泥,而我努力学会像你们一样享受它们……我感觉自己就像一只兔子……每当德国人开始变得凶恶的时候,或者拿东西砸向我们的时候,我就钻到地下堡垒里睡觉或远远逃离。他们是否只是在运动？

1915年的圣诞节，戈默索尔在寄给小埃迪的另一封信中写道：

  埃迪，我还活着，你不必担心。我在这里过得还不错，几乎和在英国一样舒服。如果你只写给我自己的话，我就会再给你写更多的信。我回家后，我们就会度过非常愉快的时光。你说呢？

  前几天，我看见……圣诞老人了……我让他给皇后大道的厄姆斯顿街69号打电话……并给你们留下些东西……他可能会迟到。那就在下一封信里告诉我，他是否真的去了，好吗，弟弟？

  我日子过得还挺不错的，真希望你们也能玩得开心。我买了……一只火鸡，今晚将会饱餐一顿……我还买了枣、麝香葡萄酒、葡萄干、巧克力、奶油糖果和蛋糕。5月份在伦敦的时候，我还有一个圣诞布丁，好多巧克力、枣还有雪茄。你看，我……有的东西多着呢，真希望你们都在这儿可以跟我一起分享……

然而，随着时间的流逝，每天晚上在无人区巡逻的两国士兵最终兵戎相见，人员伤亡亦不可避免。1916年2月21日晚上，一名军官发现了一个德国狙击手的尸体，查理·梅上尉预感到了接下来将会发生怎样的事情。"他们有步枪、肩章等。"他在日记中写道。4天后，他继续在日记中写道："科顿过来和我们一起吃早餐的时

第四章 集结兵力

候带来了一小本《圣经》，这是某一天晚上伯奇尔巡逻时，从一个德军士兵的尸体上拿回来的。这本《圣经》里面有着各色各样的彩色图片，好像是一本儿童读物……书籍卷首的空白页上有一个名字：赫尔曼·斯坦帕，名字上面有一个小孩子的笔迹写着'爸爸'。战争是非常残酷的……我想，他的妻子和孩子肯定都非常自豪爸爸是一名军人，而现在，他们肯定正因失去亲人而感到悲伤。"

五个半星期过后，发生了另一起事件。只是这次，事故发生地在距离营地更近的地方。4月6日，在战争委员会最终签署了允许索姆河战役之前，德军炮击了马梅斯对面的曼彻斯特团第22营阵地，造成3名士兵死亡、3名士兵受伤。"我看到中枪的士兵重重地倒了下去，"梅在他的日记中写道，"这真是可悲的一幕……英军士兵们接连中弹，纷纷倒下……那位名叫格雷斯蒂的小伙子原来是我手下的一名战士，之后，他去了D连队……他受的伤是最重的，身上满是子弹孔，真是太令人难过了。"

由于梅的大部分信件都丢失了，我们可能永远不知道他对妻子莫蒂讲述了怎样的悲剧故事。如果他没有把这些事情都告诉妻子，那么可以肯定，相比之下戈默索尔则说得更多一点。关于4月6日的事件，他向家人详细描述了以下细节：

> 轰炸快结束时，我一直在跟……3位军士开玩笑，在士兵眼里，我对整件事都不以为然……在我离开的那几分钟，一个一等兵走过我身边向他们走去，捡起了刚刚掉落在他身边的一块还在发烫的炮弹片，说："刚才差点就可以回老家安息了

啊！中士。"接着他大笑了起来。与此同时，我的另一名中士是在公立学校上学的男孩，在一名列兵的陪同下，他加入了他们3个。接着，一枚高爆炮弹刚好落在了他们中间爆炸了。几分钟后，我回来了，却发现副排长格雷斯蒂中士直接被炸死了，那两名下士……也牺牲了，甘迪下士和列兵都受了伤，我的另外一名中士……受到了巨大的惊吓，神经高度紧张……他们很快被带走了，但是……只要还活着，我就永远不会忘记这一幕。

戈默索尔的父母被其以前的书信所蒙蔽，一直感到沾沾自喜。而这段话中，戈默索尔十分坦率地揭露了实情，他的父母听闻儿子所遭受的事情，理所当然地陷入了惊慌之中。

戈默索尔所讲的事情让父母十分难过，他不得不为此而道歉。"非常抱歉我周四的来信让你们担惊受怕"，他写道："我不应该让你们为此担心，也许我本就不应该提起此事……试着……忘掉它们吧。这样的事情每天都在发生……也恰巧就发生在我们排。说到底，实际上我们还算十分幸运，应该这么想：敌人只有1%的炮弹可能会打到我们。"

阿尔弗雷德·布兰德上尉也变得愈加谨慎，与他在战争开始时的表现截然不同。1916年2月他给妻子写了一封内容骇人的信，他甚至没有将这封信寄出。如果维奥莱特收到了这封信，她就会知道丈夫在前线侦察时，德军的炮弹是如何像枪林弹雨般落下的，有一枚炮弹甚至就爆炸在距离他仅有几码的地方。布兰德总是看到生

第四章 集结兵力

活中美好的一面。他觉得,尽管炮弹距离他如此之近,自己依然没有受伤,这是一个好兆头。只有那种直接射过来的炮弹才会击中他,周围那些没有击中的炮弹打到了松软的泥土中,哑火了,所以他就更不可能受伤或牺牲了。他写道:"不小心踩到地雷的概率是非常小的。这不会……比11月5日发生的事情更危险,除非运气太差……就像市民们在皮卡迪利广场上遭遇的那场意外一样。"

然而,他把信留在了法国,亲眼看见的悲剧让他变得麻木。布兰德不明白当初为什么觉得妻子不应该看到这些信。6月18日,他把以前的那封信和他当天写的信一起寄给了妻子。

5天前布兰德写给维奥莱特的信中解释了他是如何有意识地努力控制自己的情绪,从而保持清醒。这不仅是因为他目睹了接下来的这一幕:

> 那两个小伙子的尸体倒在德军铁丝网上……这是他们最后一次在保加尔处的突袭现场被看见。有一天,我们堑壕里的迫击炮报废了。结果就是:60磅重的炮弹倾倒在了炮口上并爆炸,导致附近的物资着火。将近1英里的地面都在震动……20码堑壕被摧毁,只留下一个巨大的弹坑。我的一个士兵被埋葬了,我指挥……士兵挖出了……他的尸体。
>
> 战争会让人变得绝对冷漠。你跟一个哨兵边走边聊,可一眨眼工夫,他就牺牲了。你让信任的军士派出一支工兵队,可半小时后,这名军士突然意外地被一颗子弹爆头。
>
> 但是……我们的任务进行得还不错,战争总会结束的。我

们尽情享受生活中的所有美好。我们彼此爱护。我们唱歌、欢笑、聊天、吃吃喝喝。我们尽量避免谈到这些不愉快的事情，因为悲剧离我们太近了，也发生得太过频繁，我们都十分想念自己的家。

布兰德才刚谈及自己是如何的顽强不屈，可不久后，有关大进攻的命令终于下达给了连队指挥长。梅在日记中写道："这太快了，我以为两周以后命令才能下来。"他已经猜到大进攻马上就要开始了。自6月7日以来，休假时间已经缩短，而且越来越少，许多部队正在向前推进，并抵达了曼彻斯特团第22营布瓦德塔耶（Bois de Tailles）附近。

正如梅所说："炮兵部队的弹药如潮水般到来，重型炮弹由汽车运输，轻一些的炮弹由货车和拖车运走。拖车有两个护送队，每一列队伍都足足长500码，他们在日落时分通过了布瓦德塔耶。"梅在6月16日写道："这是一个壮观的景象，"他继续评论道："这些蓄势待发的武装力量实在太伟大了。我们伟大的国家众志成城……同仇敌忾。世界上最伟大的战斗即将拉开序幕。请上帝保佑我们旗开得胜。"

如梅所述，英军和法军指挥官正在部署所有的火力。3天前，由于法军在凡尔登保卫战中的损失以及巴黎的政治危机，索姆河战役的发起日期确定为6月25日。战况通知在6月16日晚些时候下达，通知称，由于进攻需要在凡尔登保卫战及法国议会稳定下来后发起，时间推迟至6月29日。

第四章 集结兵力

从凡尔登的战情和"大推进"之间的关系可见,两个伟大的战争是如此密不可分。在索姆河发起进攻也许是挑战德军的另一次尝试,但是到了6月中旬,它成了一场尝试突围的牵制性攻击。即使此次进攻未能达到任何目标,但我们希望至少能牵制德军将一部分后备部队从凡尔登战场转移过来,从而拯救法军,并让他们可以有一战之力。

最近一次进攻日期发生了改变,这是否与曼彻斯特团第22营第二天返回位于阿尔伯特西南大约6英里的博奈(Bonnay)的、相对舒适的兵舍有关呢?人们无从得知。但是,这一行动触动了梅,并促使他在6月17日写了另一封信给莫蒂:"我不能住在民宅里……但我不想死,我这不是在为自己着想。如果我必然奔赴沙场,我将会准备好一切。但是,每当想到我可能永远也见不到你和我们可爱的宝贝,我就会非常害怕。我甚至不能假装平静地接受这样的安排。"

布兰德上尉也很担心。第二天,他告诉维奥莱特:"尽管已经服役6个月了,可我的心情还是难以平静。"不过,这没有影响他享受战争开始前的短暂平静。安全在战争期间是无法保证的,对此博奈十分清楚,所以这样短暂的休息时光对他来说显得尤为温馨。每当有机会,他就和其他军官一起出去骑马。在6月18日的信中,他是如此描述这次出行的:"我们路过了盛产小麦的田地,麦地里零星分布着矢车菊、罂粟花、轮峰菊、野芥子、野豌豆、三叶草,还有我们都特别喜欢的罗伯特氏老鹳草……和天蓝色的石竹花。我们下方的河流若隐若现,河水流淌在碧绿的、美得令人窒息的林地深处。"

当布兰德在发现自己真正打败了梅里曼少校之后，他更是欣喜若狂了。6月22日他在写信给维奥莱特时，也就是大进攻轰炸开始前的几个小时，布兰德写道："梅里曼偶尔会露面……严格来说，他仍是A连队指挥官，但事实上，我才是总指挥。有一天指挥官在研究未来的作战行动时说：'布兰德，不管梅里曼是否会提前回来，你都要领导你的连队，我不能再……让他有令人失望的机会。'每当我回想起过去，再想到如今扭转的局面，你不知道我的内心是多么高兴。"

至6月23日，战争一触即发。用梅的话说，从布瑞（Bray）到科尔比（Corbie）的路"满是载重汽车和没有尽头的车流"。这是一幅激动人心的景象。他在日记中写道："如果这一次我们不能取得巨大的成功，绝对不会是因为缺乏弹药。"他几乎没有意识到，罗林森被命令缩减已计划好的轰炸行动恰恰是因为弹药不足。3天前，黑格命令第四军取消了一些集中式的轰炸，但罗林森却希望依靠这些轰炸来摧毁德军堑壕。在轰炸的第二天，大部分重型榴弹炮的轰炸行动也被取消了。

炮火原本就不充足，而这种不断耗费式的做法实在令人担忧。正如黑格在给第四军的最后一封信中所强调的那样，此时对于罗林森来说，正是机不可失，时不再来：英国情报部门声称，敌人正在英军第四军的对面把守堑壕，出乎意料的是，守卫堑壕的只是一支小规模部队：大概5个师的32个营。用黑格的话说，这意味着在罗林森的部队第一次发起进攻时，他的18个师具有压倒性优势。

第四章 集结兵力

如果黑格知晓了德军这些反常举动的原因，他的劝告可能会更加具有说服力。德军的失察只是源于他们的反常行为，而这随时会得到纠正：54岁的德军总参谋长埃里希·冯·法金汉（Erich von Falkenhayn）将军一时刚愎自用，丧失理智，只相信自己的直觉，他的命令没有建立在冷静的分析之上。这也是大多数普鲁士人的习惯。法金汉是普鲁士人，他在战争之前出任普鲁士战争部长（相当于德国国防部长）。普鲁士将领一叶障目，忽视事实真相，虽然罗林森和黑格也曾犯过这样的错误，但正是在这样的特殊情况之下，黑格的军队才拥有了千载难逢的机遇。

德国对凡尔登发起攻击后，法金汉出于自己的直觉，对于所有能够证明英军和法军计划在索姆河上进行反击的证据视而不见。法金汉这种无视事实的行为吓坏了他的批评者们。他们担心，如果法金汉再不收敛一点"疯狂"，最终他可能会让德国人输掉整个战争。

47岁的鲁普雷希特（Rupprecht）是最严厉的批评者之一。他为人坦率，是巴伐利亚王储及法金汉的第六集团军总司令。第六集团军所驻守的堑壕位于弗里茨·冯·毕洛（Fritz von Below）上将领导的德国第二集团军的北部，即罗林森所在部队的对面、法军的南部。鲁普雷希特6月中上旬列举的一系列证据均表明，索姆河在不久的将来会成为下一个英法的进攻目标。其中，英国联合政府工党领袖亚瑟·亨德森（Arthur Henderson）的发言词是最有说服力的证据。1916年6月初，亚瑟·亨德森面向生产军需品的工人作了一番演讲。当被问及圣灵降临节为什么不在6月，而是被推迟到了7月底时，他回答说："其实我们也好奇。简单地说，是我们请求将圣灵降临节推迟到了 7 月底的。事实本身就充分说明了这一点。""事实胜于雄辩,"鲁普雷希特在日记中说道,"这件事明确表明,用不了多久英军将会在这里发起大规模进攻。"

这番言论似乎在表明,进攻将在圣灵降临节后爆发。但是,这并非唯一的证据。最为重要的证据是,敌方战线后方货车数量急剧增加。这表明,军队、武器和弹药正被运入该地区。另有报告称,军队正在挖掘新的堑壕,索姆省以南的法国平民撤出了该地区。从第六集团军对面撤出的英军部队已经向索姆河挺进;训练有素的法军兵团也正在索姆河南部挖掘堑壕。最后,在轰炸开始前不久,鲁普雷希特获悉,法国人取消了 6 月 30 日之前所有假期。

鲁普雷希特所了解到的消息可能是从索姆河第一和第二阵地传来的。那里的德国士兵不可能没有注意到敌军如火如荼的战前准备。预备役第 29 野战炮兵团的卡尔·艾斯勒中士曾在孔塔尔迈松城堡附近的塔中占领了一个观察哨点。他在一份战后报告中称:"从 5 月 20 日起,我们观察到英军前线后方异常激烈的活动。我们从观察哨点看到了每天无数列的敌军货车在索姆河畔布赖和阿尔伯特之间穿梭,每个车队都有 100 多辆货车。我们也经常看到很长的炮兵部队,通常他们通过一个点都要花上 3 个多小时。"

铁证如山,却仍然有人不相信这是真的。1916 年 6 月 5 日,英国战争大臣基钦纳伯爵乘装甲巡洋舰去俄罗斯参加会议,却被水雷击中而不幸沉船,于奥克尼群岛西部身亡。部分怀疑论者坚持认为,基钦纳伯爵的死亡迫使英军进攻计划告一段落,因为基钦纳伯爵知道英军作战计划是什么。鲁普雷希特称:"这太自相矛盾了,

第四章 集结兵力　　　　　　　　　　　　　　　　　　　　　　　65

这是愚蠢的谣言。"这么庞大的计划不可能只依靠一个人。

然而，在德军总参谋长，末代德意志皇帝威廉二世参观了第六军杜埃总部 10 天之后，鲁普雷希特才完全明白：法金汉的意见是不合理的。在会议中，法金汉告诉鲁普雷希特，他认为没有法国将领会考虑进攻被侵占的法国和比利时领土，他认为德国的阿尔萨斯－洛林很可能是法军进攻的目标。鲁普雷希特在日记中称，即使法金汉有这种想法，他还是告诉了法金汉，在法国人眼中，阿尔萨斯－洛林与索姆河一样，都是法国的地盘。

鲁普雷希特听到了法金汉与马克斯·冯·伯恩（Max von Boehn）关于下一次英法两国进攻的最终目标讨论。伯恩领导的第九预备军是鲁普雷希特第六集团军的一部分。伯恩称，法金汉刚刚向威廉二世介绍了基本情况。在杜埃火车站即将上车时，威廉二世向他招手示意，对他说："从我了解的情况看，你们第六军将遭到攻击……"考虑到这种判断并不理性，尽管第二集团军将领弗里茨·冯·毕洛（Fritz von Below）再三请求，法金汉仍然无动于衷，拒绝加强索姆河的德军兵力。这种情形不足为奇，毕竟法金汉一向被鲁普雷希特称为非常"固执"的人。

罗林森并不知道德军阵营发生了什么，他在 1916 年 6 月 23 日最担忧的仍是天气状况。下午 2 点 30 分，英国战机在飞越敌军战线上方前遇到了强劲气流。阵阵轰隆声让士兵们明白，初次轰炸已经开始了。

那天晚上，南兰卡夏兵团第七营的 A. J. 彼得斯正坐在 B 连和 D 连的军队食堂里，这里曾是莫利安欧布瓦市（法语：Molliensau-Bois）咖啡馆大学（位于亚眠东北部 7 英里）的台球室。这时，一个勤务兵拿着两份文件走了进来，这两份文件是这两个连队接到的初步命令。"当然，我们马上就猜到了德国炮弹第一次袭击英国的日子。"彼得斯后来回忆说：

> 我们知道轰炸会持续 6 天，这有助于我们的计算……一般认为，会在下周三或周四开始。
>
> 那天晚上，我们打了一会儿桥牌，之后秉烛夜谈，聊天直至深夜……最终，当我们起身回住处时，阿尔伯特的天空明亮而闪烁。在这宁静的夜晚，听不到什么响声，但我们毫不怀疑，战争已经打响。

彼得斯看到天空中闪耀的光时，要么可能记错了日子，要么他看到了轰炸开始前发射的炮弹，因为进攻前的主要轰炸是在 6 月 24 日上午开始的。

南兰开夏郡距离前线大约 15 英里。30 岁的罗兰·英格尔（Roland Ingle）是林肯郡兵团第 10 营的中尉。林肯郡军也被称为格里姆斯比兄弟营（Grimsby Chums），是另一个离战区更近的兄弟军。然而，英格尔所属的营位于阿尔伯特西部，因其处于后方，可能会成为德军的轰炸对象。英格尔曾是一名男老师，毕业于剑桥大学，获得古希腊与古罗马文学研究一级优等学位，擅长阅读与写作。6 月 24 日下午 5 点 30 分左右，轰炸更加密集，他在户外记录了他的回忆：

第四章 集结兵力

大推进的轰炸刚刚开始。我坐在……一片曾经耕种过一半的田地上看着战场上的硝烟。这里的视野非常开阔……从这里，也可以透过树林看到……位于奥维莱尔－拉布－瓦塞勒（Ovillers-la-Boisselle）南部一英里左右的我方前线的一部分。这片树林就是我以前经常提到的贝库尔林地（Becourt Wood）。前方的山谷里……坐落着阿尔伯特这个城镇和一座破败的教堂。一夜大雨过后，云卷云舒，怡然自得。微风自西方吹来，拂面而过，似乎枪声都变得小了些……附近的角落里开着朵朵罂粟和淡蓝色的小花。那片半耕作的土地上，还有通往小镇的山坡上，有一大片黄色的东西，有可能是芥菜，也有可能不是。总的来说，这个夜晚适合闲庭信步，还能听到百灵鸟的歌声，真是愉快。

无人区的另一端则是完全不同的景象，毫无疑问，那里炮火连天。

"敌人的枪火突然开始明亮地闪烁起来。"火炮观察员卡尔·艾斯勒中士在孔塔尔迈松城堡附近的瞭望塔中观察到：

我们上空闪过无数条的闪电，随之而来的是大叫、呻吟、嘶嘶和碎裂的声音。

英国枪手们瞄准了我军后方阵地和……观察哨，还有与他们相连的交通壕和村落。他们早已清楚这些地方的所在之处。

突击声、碎裂声和爆裂声伴随着巨大爆炸而来。这次爆炸是由我们全部类型、全部口径的枪炮同时发射产生的，而且爆炸声比我过去两年在战场上听到的所有爆炸都响，非常可怕……

孔塔尔迈松城堡成为各种口径炮弹共同的攻击目标。被击中时，整座建筑都在晃动，一团砖灰弥漫在空中，人很难看清楚发生了什么。随后，空中飞来了更多炮弹，最初落在波济耶尔的郊区，之后又落在村子里，消失在烟雾后。

不久之后，重型炮弹炸毁了孔塔尔迈松村里的最后一座房屋。我们可以看到周围密布的爆炸烟尘……到处都是轰炸的破碎声和撞击声。

针对德军附近的村庄及通信线路的系统性轰炸在英国士兵们的意料之中。此前，英军炮兵部队已经接二连三地摧毁了他们的攻击目标。十分漫长的等待过后，一幅使人颇为欣喜的景象呈现出来。而查理·梅上尉的日记正记录了曼彻斯特团第22营军官是如何庆祝此次轰炸的。这些军官仍然位于距离战场较远的莫尔兰库尔（在阿尔伯特以南3英里处）。"今晚（6月24日）我们这些'老家伙'聚在一起，"他写道，"我们围坐一桌，唱着所有莫克姆、格兰瑟姆和索尔兹伯里的古老的歌谣。大家离开法国前曾在这些地方训练。这真是太棒了，我们都彼此关心着对方。"

第二天，梅爬到了莫尔兰库尔上方的山脊上，兴致勃勃地看着德军位于拉布瓦塞勒、弗里库尔村子的前线要塞。他也看向了消失在炮弹烟雾中的马梅斯，那是曼彻斯特团第22营的攻击目标。以下是他在日记中的描述，这段话让人意识到，英国指挥官是多么容

第四章 集结兵力

易就被蒙蔽蛊惑了,他竟然相信军队在向前推进的时候将不会遇到抵抗:

> 那里的山坡已经笼罩在烟雾之下。轰炸激起了……缕缕白烟、黑烟、棕烟和灰烟。这些烟雾起初是一团团轻柔的小球,之后向侧方和上方飘散,遮蔽了树林。火焰和烟雾(最终化为黑烟)仿佛巨大的白杨树一般,直插……云霄。
>
> 场面十分壮观。德军堑壕里一次又一次地发生爆炸。弹药临时堆积处一定是受到了来自马梅斯林地的攻击……形成了巨大的烟柱。马梅斯也笼罩在一团彩色的烟雾下,变得模糊起来。

或许,在5月25日那天,那些过于乐观的英国指挥官,都应该要求他们从曼彻斯特团第22营哈里·托尼中士所在位置,来观察此次轰炸的情形。第二天,托尼在寄给他妻子珍妮特的信中,描述此种情景。信中,他并没有表现出兴高采烈的情绪:

> 在距离较远的位置,大概……几英里的地方,我们可以看到模糊、暗淡的堑壕线。堑壕上方是……我军轰炸引起的团团烟雾,仿佛是在海岸冲浪一般。如果把这样的情形描述成战争,或是命令里所称的"严重轰炸",就会显得很奇怪……德军士兵也会怀疑他们是否能再次见到家人。
>
> 面对如此开阔的地形,士兵的愤怒似乎没有任何作用。生命无疑比死亡更强大,所以人们会忘记他们是前来看轰炸的,

反而只是看着日落、杨树和远处丘陵上的光。

为了欣赏英国的轰炸，托尼爬到了莫尔兰库尔以上的山脊上，但实际上，面对这样广阔的景象，引起他注意的却是被德国人炮击的阿尔伯特教堂，这就变得十分具有讽刺意味。教堂残破不堪，耳堂也被炸烂，这样怪异、尴尬、笨拙的轮廓让托尼想起了"只剩下一个翼板的风车"或"一张因病痛而扭曲的脸"。这种下意识的比喻反映了托尼心中的担忧，在交战期间，德军枪炮也可能会对英军士兵的四肢和脸造成这样的伤害。

轰炸一直持续到了深夜。那天晚上，罗兰·英格尔再次爬上了阿尔伯特西面山丘，看到"枪林弹雨下闪耀着的火海"，"炮弹带着红色的尾巴沿着地平线坠落在他们的目标上"。无论阿尔伯特山丘从远处望去是多么的不完美，这幅画面仍然给他留下了深刻的印象。

6月26日，距离进攻的原定日期（6月29日）只有2天了。战线上所有的英军士兵都在写着家书，这可能是自己的最后一封家书。他们提醒自己的家人，他们可能会失联一段时间。查理·梅也不例外，他在信中写道："亲爱的莫蒂，这是这段时间的最后一封信了，因为今晚以后，我将没有时间写下每周发生的精彩故事。"随后，他也提到了此次轰炸：

> 本次战争最宏大的一幕已经上演。全世界规模最大的轰炸就发生在那边的山谷里。此前没有人说过会发生什么，但当你看到这幅场景时，你就会知道轰炸的后果，明白一切。

第四章 集结兵力

现在，我们正躺在战线后方，等待着进攻的号令。行动时，我们营有幸被分在了第 7 师右侧，而 B 连被抽在营队右侧主战线的位置……

远在莫克姆（Morecambe）的那段日子里，我几乎没有想过我会得到这样的信任。我所在的营是我们部队人人羡慕的对象，而我们连又是整个营羡慕的对象。亲爱的，位于英国陆军部队最优秀的一个师的右侧是不小的荣誉，我知道你会像我们一样感到自豪。

亲爱的莫蒂，我谦卑地向上帝祈祷我可以完成任务、实现目标、坚持下去，准确、成功地执行命令。

在信的结尾，他写下了这些文字："我所有的爱、所有的奉献和灵魂都给我亲爱的妻子和宝贝孩子。我会一直想着你们。再见，我的爱人。爱你的丈夫，查理。"

梅的这封信在 6 月 30 日寄到了莫蒂的手里，这是原定的德国飞弹初次袭击英国（"Z" day）的后一天。由于天气原因，袭击的日子被推迟到了 7 月 1 日。莫蒂在晚上的回信中写道：

亲爱的查理……

在过去的这段时间里，我一直特别害怕在你的信中看到这个消息……我总是试着不去想它，觉得你也许是幸运的，将免遭噩运。你们的连队……会在进攻中处于非常重要的地位，这是我从未想到的……一想到你现在正遭遇的种种危险，我的心中就充满恐惧。最亲爱的查理，我相信上帝，我和我们的宝贝会一起向上帝祈祷，你将会竭尽全力地战胜这些可怕的日子，并安全地回到我们身边……

我们一直在等待的日子已经到了。你的来信中也满是有关袭击、炮兵工作等内容……但直至目前为止，还没有收到有关步兵进攻的重大消息。

我能否向你的士兵表达最美好的祝福？如果可以的话，请替我向他们问好。请告诉任何以后会来伦敦或伦敦附近的人，让我知道他们的下落。

最亲爱的查理，今晚，我的整个灵魂，我的爱，我的信任，我的思念都给了你。上帝会善待我们。他会保佑小波林的爸爸平安归来……我的挚爱。

你的妻子莫蒂

就在所有这些信件往返于英法两国之间，穿越于英吉利海峡之时，即将进行突袭的英军士兵也开始向前线推进。查理·梅在6月27日写道：

我觉得马梅斯之战可能真的是战争打响的信号。是的，根据炮兵部队在过去3天的行动而言，战争已经开始了。不过，目前步兵部队尚未介入其中，如此说来，如果没有冒犯到任何人的话，我认为这可以称作"初步的行动"。

第四章 集结兵力

然而,从今天起,战斗将会展现它本来的面貌。步兵部队虽然仍是一支小部队,但他们正在向前挺进。传令兵、负责铁丝网的工兵、信号员和军需仓库护卫已经撤走了。进攻部队将于明天抵达……

第五章

致命的错误

索姆河，1916 年 6 月—7 月 1 日早晨

从远古时代起，君主和伟大领袖们就已经掌握了最有效的手段，让自己的部队英勇作战。然而，在索姆河战役时期，英军队伍兵多将广，德国军队中却未能出现一位足以鼓舞全军士气的将领。付之无计，各军指挥官、少将和中校都必须用自己的方式来鼓舞士气。

"大战"（索姆河战役）之前的誓师演讲大多已被淡忘，但一些颇受鼓舞的战士将其记录在了自己的日记中，因而名传后世。

34 岁的休伯特·里斯（Hubert Rees）是第 94 旅的指挥官，在他命令兄弟营去攻打第四军最北部的目标——塞尔村及其周边高地的前夕，将一封公开信留给士兵们传阅。信中包含以下文字：

你们即将踏上征程，攻打敌军。我军军力远超敌军，我们有充足的枪支……你们将以最正义的理由参与世界上最伟大的

第五章 致命的错误

战斗之一……记住,大英帝国将密切关注你的一举一动……时刻保持清醒,履行职责,你们会彻底打败敌人。

亨利·德·波伏娃·德·莱尔(Henry de Beauvoir de Lisle),时年51岁,是第29师的指挥官。他所统率的部队正是博蒙特哈默尔战场的主力军。总攻的2天前,亨利在迈利林地(Mailly Wood)附近对兰开夏郡燧发枪团(Lancashire Fusiliers)第1营的士兵作了一场动员演讲。演讲中,他清楚地记得这群士兵的辉煌战绩,即第1营曾在加里波利之战中赢得了6个维多利亚十字勋章。他对士兵们说道:"令我倍感自豪的战士们,在你们投身这伟大的战斗之前,我祝你们好运。"他接着说:

这场战争是英军部队参加过的最伟大的战斗。在这个伟大的时刻,此前的所有交战,往日所有的战争,都显得微不足道。第四军是原远征军兵力的5倍。1915年8月,我们只有4个师,而现在,我们有21个师……

军事思想与科学的进步为此次战役的成功铺好了道路。我们第一次拥有这么多的枪支和不计其数的弹药。单独一个军就有600门炮。……我们发射了4万吨炮弹,即150万发炮弹。就我们这个军而言,如果把所有的弹药都存放在卡车中,那么这些卡车将占用46英里的道路……

当你们投入战斗时,我希望你们记住你们为何而战。你们是为了兰开夏郡燧发枪团往昔的辉煌而战,你们是为了29师在加里波利半岛的荣耀而战。你们更是为国家而战……为人类而战。我们要与压迫做斗争，为真理、荣誉和正义而战……

我们的上级指挥官明白，当然我也明白，只靠上级的战略筹谋并不能赢得胜利。胜利必须由士兵赢得。

各位军官，各位士兵……你们承担了……最艰巨的任务，即攻打敌人最难攻破的地方。我希望你们能攻破德国第一堑壕系统。

各位军官，各位士兵，祝你们好运，希望你们能斗志昂扬，为你们的国家做出贡献。

更令人印象深刻的是 51 岁的第八军指挥官艾尔默·亨特·韦斯顿（Aylmer Hunter-Weston）的系列演讲。他在 1916 年 6 月 30 日写给妻子格雷斯的信中是这样说的：

今天我视察了新军（第 31 师）的 8 个营。这些士兵都是此次作战部队的一部分，但他们此前从未经历过战争的洗礼，所以我为他们作了一番战前动员，鼓舞了士气，效果非常不错。我能感觉到这些士兵深受感染。

面向 8 个不同的营、2 个炮兵连超过 8 000 名士兵作公开演讲是一个重任。只是驾车和步行围绕那里作动员就花费了一上午的时间。幸运的是，我的声音还算争气，讲得也算清楚明白，振奋了士气。能讲得恰到好处也是一种重要的能力。

第五章 致命的错误

听过亨特·韦斯顿演讲的一名士兵被调到了西约克郡团第16营（布拉德福德第一兄弟营）。他还记得，亨特·韦斯顿当时"站在一个箱子上，讲述着什么是真正的作战精神"以及"为英国荣誉而战"的老话。他强调，德国人对荣誉一无所知：正是这帮人挑起了战争。这就是为什么"上帝会站在我们这边"。幸运的是，这场战争必然会胜利。亨特·韦斯顿预言："轰炸过后，德军堑壕里甚至不会留下一只老鼠。"

在这种情况下，成为逃兵会被全部队所唾弃。"他说，任何因为害怕而逃避的，以及不敢上战场的士兵，都会被就地枪决。"军纪监督人员将一直监视他们。

还有很多类似的演讲，其中最重要的是：我们用大炮就消灭了德国人，现在你要做的就是走到他们的堑壕去。没有人会反抗。

英军指挥官的所有行为，都向众人展示出，他在战前对此战毫无顾虑。6月30日，亨特·威斯顿将军在与兰开夏郡第二燧发枪团的中校弗里思（Freeth）进行了一场谈话，提到了与第4师对阵的德军，他问："弗里思，德国佬都在那战壕里吗？那他们将在明早被炸成碎片。"另一个听到这段谈话的军官把这个令人振奋的消息告诉了他们连队的士兵。"这让我们都异常兴奋，"他后来说，"事实上，当时我们都认为这场战争马上就结束了！"

然而，并不是每个人都相信这些言论。波伏娃·德·莱尔将军虽然在动员中表现出积极的态度，但他也提到过，自己在和上司交谈时并没有那么乐观。在拜读了后人对博蒙阿梅勒之战的评价后，德·莱尔说道：

在进攻前，罗林森来找我……我对他说，我觉得轰炸计划问题很大，火炮明显不充足，轰炸持续时间太长，不会产生太好的效果。我也非常反对在攻击前10分钟引爆山楂堡垒（Hawthorn Redoubt）的地雷，因为这会打草惊蛇。罗林森说他会再多考虑一下，但我觉得炮兵部队已经磨刀霍霍，随时准备战斗了。

几天后，黑格和罗林森一起来找我，我向他们重申了我的观点。黑格似乎同意我的意见，并且对昂克尔河北部地区的进攻是否能够取得成功而感到焦虑。

如果幸存者的描述是可信的，那就还有相当一部分突袭部队的士兵不相信他们的指挥官的话。以伦敦团（威斯敏斯特地区）的列兵珀西·琼斯（Percy Jones）为例，他在6月26日的日记中描述了他所在的营一次又一次地演练，如何攻下德军最北部防线戈默库尔。为了让军演更加真实，阿卢瓦（亚眠西北11英里处）附近的一块土地被征用，并标记出了英军前线和德军堑壕的相对位置。琼斯和武装起来的兄弟们"每天都要练习好几次"。

他接着描述道："斯诺将军（第七军指挥官）和他的士兵告诉我们，我们几乎没有伤亡，因为所有的德军士兵都将死于轰炸。然而，我们知道德国人已经挖了40英尺深的地下堡垒，我认为最强的轰炸也不能杀掉全部士兵。如果德军固执地拒绝投降，拒绝为我们让路，那么我们的计划将变得不切实际。"

当琼斯向他的军士长提到这一点时，他至少能够感到："军士

第五章　致命的错误

长弗鲁姆同意我的意见，并认为我们的做法是'愚蠢的行为，浪费了那些庄稼'（因为作战会践踏小麦田地）。这份精心制订的进攻和巩固作战成果的计划难以让大部分士兵信服。"

在这种情况下，竟然没有人反对这个计划，这令人难以置信。琼斯总结道："他们都决心执行计划，不撞南墙不回头。"

考虑到对前景的悲观分析，琼斯谨慎地给家人写了最后一封信。这不足为奇，因此这封信只有在他遭遇不测时才会寄出。他在信中描述了6月29日，那是开战的前一晚，兄弟们在前线后方的一个咖啡馆聚会："我们……唱起了老歌，这也许是最后一次了。这都是换命的朋友，军营的艰苦生活让我们相知。我们希望一两天内还能够再次见到彼此，但显然我们中必定会有人牺牲。"

他在信的最后写道："我觉得，我在过去给人写回信时很懈怠，所以，当你以后遇到我的朋友们时，请替我向他们道歉，并告诉他们，他们都是我最好的朋友，拥有他们是我的荣幸。再见，祝你们好运。"

琼斯和他的战友并不是唯一洞若观火的人，还有许多士兵也不会肤浅地看待长官的鼓励。更令人担心的是，将军们这种基于不全面信息的预测会对那些更有洞察力、眼光更敏锐的中级军官产生恶劣的影响。如果他们认为作战计划是不可行的，他们基本不可能将自己的战士派往前线执行计划。

库迈·科尔多（Kyre Cordeaux）中校是新任命的罗兰·英格尔营（林肯郡第10营）指挥官。科尔多的父亲是一位杰出的鸟类学家，他也继承了父亲对鸟类的兴趣。他在写给妻子希尔达（Hilda）

的信中，将两种鸟类的生活状况进行了对比，分别是索姆河地区的鸟类，以及在地图上用白粉笔圈出的德军无人区"要塞"附近的鸟类，来证明德军区域未受保护的鸟类是脆弱的，容易受伤的。科尔多想："那些在我床铺上方的鸟窝里的雏鸟会怎么看待这一切？它们将在幼年就笼罩在火炮的攻击范围之中，我们很快就会知道……这对德国佬们造成了怎样的影响。我相信，深深的地下堡垒会保护它们不至于受到太多伤害。"

但愿黑格和他的将军们是理智的，不过我们也只能依据后见之明才能做出判断了。即使是现在，我们依旧难以寻得德军士兵详细的记录，难以得知轰炸期间德军堑壕里究竟发生了什么故事。最能展示当时战况的是 27 岁犹太籍 F. L. 卡塞尔（F. L. Cassel）中尉的日记。1916 年 6 月底，卡塞尔在第 26 预备役师下属的第 99 预备役兵团效力。轰炸开始时，他正位于蒂耶普瓦勒的南部地段。

希特勒在独裁统治期间，为了获得更多的支持者，报道的许多日记都对德国士兵的英勇进行了过度的赞扬。卡塞尔的日记则不同，他的日记写于 20 世纪 20 年代，是在国家利用人们的痴迷或宗教崇拜吹捧德国的政体和军事之前。卡塞尔在大屠杀中得以幸存，又移民到英国，他的日记也被翻译成英文。但是，卡塞尔并没有采用浪漫主义的手法去描述曾发生在德国无人区的那些故事，这与他自身曾在军队服役的经历息息相关。

从卡塞尔的日记中可见，第一次世界大战期间，制度化的反犹太主义已经在德国的军队文化中逐渐形成。1915 年，卡塞尔在一所军官学校中接受训练，这所学校的教官不允许犹太士兵被提拔到

第五章　致命的错误

军士以上的级别,因此卡塞尔比同期的兄弟们晋升得更晚些。卡塞尔所在的堑壕被轰炸后,他果断采取了防御措施,之后被授予铁十字勋章,这才得以提升至中尉。

某些兵团因循守旧,盛行用第三人称和上司讲话这样的旧规矩。进部队前,有几周时间里,卡塞尔就因为拒绝遵守这样的规矩,而不得不忍受别人在用餐期间对他的排挤。然而,到1916年6月24日轰炸开始时,这些早期的矛盾早已被人遗忘。此时,卡塞尔已经在某一驻守前线的兵团中担任指挥官,指挥几条堑壕及穿插其中挖掘很深的地下堡垒。这些地下堡垒距离地表大约3米,下18~20级台阶后,才能进入洞中。大家一致相信,这些地下堡垒能够完全保护战士不受敌人炮弹的攻击。但也有人对此产生了质疑,他们提出问题:如果这个地下掩体被直接命中,里面的士兵能否生还?地下堡垒的入口是十分脆弱的,因此典型的德军地下堡垒会至少设有两个出口。

6月24日开始轰炸时,卡塞尔与其他人仍在堑壕里。他们没有意识到这就是总进攻前的轰炸。在最前线的部队还没有受到攻击的时候,炮弹已经从他们的头顶飞到了部队的后方。"我们想着此事与我们无关,"他说道,"我们甚至想着,后方的那些'养尊处优'的人们这回可以体会一下我们经常不得不体验的滋味了。"

轰炸昼夜不停,持续了数天,人们终于恍然大悟,意识到这是总攻前的轰炸。前3天,前线阵地没有食物,德军士兵只能将就着吃一些随身携带的"应急口粮"。就在那时"我们才意识到这种情况有一些危险",卡塞尔说:"他们似乎想等我们饿死,然后再上来歼灭我们。"德军的通信线直到第三天晚上才恢复正常，供给的口粮这才能够趁黑夜里被运来此地。

然而，肚子问题刚刚得到解决，他们的生活就又被另一件事占据，即敌军开始集中轰炸他们的堑壕了。不过，德军士兵大部分时间都在地下掩体中，这对他们暂时还没有直接威胁。但卡塞尔说："这让人很不愉快！"士兵们已经非常累了，可"连续的猛烈炮火"令人厌烦，更让人难以入睡。哨兵要站在地下堡垒最高的台阶上放哨，一旦敌军有什么风吹草动，他们就可以及时报告。卡塞尔等军官也时刻保持清醒，他们担心这些哨兵们会擅离职守。卡塞尔在意识到"并不是所有的士兵都是英雄"时，才变得现实起来。

轰炸期间的一天晚上，瓦斯报警器响了，人们大声喊着："所有人都带好防毒面具进入堑壕！"前面，一朵黄绿色的云向我们飘来。卡塞尔回忆说："他还在犹豫！不想上山！"幸运的是，那个时候，炮火还不是太激烈，不到一个小时，气体就已经被风吹走了。大家可以继续在地下堡垒里过冬了。

但是，地下堡垒就安全吗？以下是卡塞尔在日志中记述的他所发现的事：

轰炸期间的某个下午，我躺在铁丝床上，听到了……一架重机枪发出"嗒嗒嗒"的射击声、令人恐惧的嗡嗡声，还有一枚急速上升的重型导弹的"嗖嗖"声。之后，整个地面都在震动，泥土打到了板子上。头顶上的光束慢慢下降了约10厘米。我的心跳似乎都停止了。我想一切可能就要结束了。但灾难并

第五章　致命的错误

没有出现。短暂的麻痹无力感消失了，我坐了起来，走进了堑壕里。与其在野外被炸死，还不如在土墙间被压碎。晚上，我起身检查了地下堡垒上方的防御土墙，发现了一个直径为几米的弹坑。这个弹坑是由一个……8 英寸的哑弹所造成的。如果它真爆炸了，地下堡垒里的任何人都无法看到……耶稣复活前的黎明！

卡塞尔的这番论述表明，较大型的英军炮弹至少可以炸毁几座德军地下堡垒，但只有当炮弹直接击中时，这些地下堡垒才能被炸毁。地下堡垒的出口也不太安全。然而，正如罗林森将军在"卢斯战役"（1915 年 9 月至 10 月）中所说，英军的问题是"甚至是航拍照片也无法准确定位到这些地下堡垒的出口……因此，炸毁它们是小概率情况"。

早在 1915 年，罗林森清晰的分析已让人们惊讶非常。大约一年之后，他的军队中的许多高级军官仍在训练士兵，他们在索姆河战役之前就认为，前线所有的进攻都是无效的，并据此制定了相关战术。

罗林森甚至没有意识到还存在另一个会影响战争胜负的问题。战争后保存的记录显示，德军情报人员在大战的初步轰炸中就已经取得了惊人的成果。这要归功于他们对囚犯的审问流程简洁，得到情报的效率较高，情报官员如此才得以从无人区被捕士兵的口中提取到关键的信息，并快速传达给大家，此举在这场举世瞩目的大战中发挥了重要的作用。

第一次情报行动，是对 22 岁的维克托·惠特（Victor Wheat）

实施抓捕。进攻期间，戈默库尔村是最北端的攻击目标。1916年6月23日晚上至24日凌晨，惠特出现在了德军戈默库尔据点对面的无人区。他和所在班队——北斯塔福德郡团一些士兵奉第46师的命令，先行挖掘一个堑壕，这样，到了军队向前推进的时候，他们就可以离敌军更近些。然而，当他们正在挖掘堑壕时，德军枪手瞄准了他们。此次行动造成掩护部队的24名士兵伤亡，惠特就是其中之一。其他战友牺牲后，惠特只能自己摸索回去的路，但显然他失血过多，神志已不清晰，所以最终不小心走向了德军阵地。那天晚上晚些时候，德军士兵在前线附近发现了他。此事真假未知，但惠特是如此对德国士兵陈情的。

如果惠特在被审前能够稍微恢复些体力，谁又能从他口中问出什么。然而，以下德军报告的摘录显示，他在接受询问之前几乎没有时间歇一口气："囚犯处于非常虚弱的状态，他痛苦难耐，且失血过多。当谈到进攻事宜时，他又陷入了头晕目眩之中。这使得我们很容易相信了他所说的话。"

情报报告中的这种说法让我们产生了一个疑问：审问者是否在得到想要情报之前故意拒绝为惠特提供治疗？在惠特被捕后的几个小时里，无论审问者是否运用了这种战术，惠特最终都是知情必报，坦诚直言。审讯人在报告中写道："囚犯受够了英军对待他的方式，并自愿做出此声明。"

惠特在第一次被审问时（可能是在战前轰炸开始之前）披露的信息可能已经对英军的作战计划造成了破坏："英军的进攻肯定会在未来2~3天内开始。轰炸将持续4~5天的时间。"但是，在随后

第五章 致命的错误

的审讯中，惠特供出的情报实际上决定着即将在戈默库尔发动攻击的数千名英军士兵的命运。

1916年6月25日，星期日，审讯报告写道："囚犯已经休息，他的伤口刚刚包扎好。"报告还说道：

> 在被问到英军的"大推进"时，他明确说"大推进"将在未来几天开展，可能是星期三（28日）。他只知道他所在旅部的细节（第46师第137旅）：进攻部队以戈默库尔为界，分为两部分，一支队伍自北方而来，另一支自南方而来……进攻目标是堑壕后面的树林。当被问到他是怎么知道这一点时，他说他们之前在前线后方的这片树林和堑壕里进行过训练。

显然，这种程度的演习并没有达到需要使用毒气的程度。于是，惠特只能解释说："毒气只会在需要的时候，在某些地方使用。"

惠特之所以会无所顾忌地谈论这些，是因为他认为自己不会在接下来的进攻中会被援救出去。目前指挥英军的将领是卢斯战役中的失败者黑格，惠特及其战友一致认为，黑格在这次战役中不可能比卢斯战役表现得更好。

索姆河上的德军在6月27日至28日晚上俘获了一名英军士兵和两名纽芬兰兵团的人，之后更加确信了他们即将受到攻击的消息。德军的记录告诉我们，这一次，为他们提供信息最多的告密者是约瑟夫·李普曼（Josef Lipman）——一个23岁的木匠。

在德国审讯报告中，李普曼被描述为一名犹太人。他的父母是俄罗斯人，在他2岁时把他带到英国。李普曼于1914年入伍，他在被捕时正效力于皇家燧发枪团第2营。该营隶属于第29师第86旅，其营地在山楂树堡垒的对面（见第一章）。

这也揭露了第252隧道隐藏的秘密，而李普曼似乎并不知道任何有关山楂树堡垒隧道的事情。1916年6月28日星期三，德军的审讯报告并未记录有关铺设地雷的内容，却详细记录了即将到来的进攻的日期，这使得任何碰巧读到它的英国人都感到不安。

李普曼和维克托·惠特的情况并不相同。惠特似乎是在不情愿的状况下被俘虏的，而李普曼擅离部队的行为不仅是主动的，而且还是有预谋的。德军的审讯报告指出，李普曼不想在进攻中发挥任何作用。这解释了他为什么会自愿参加17人突击队，该突击队此前奉令在德军前线俘虏一名士兵，从而搜集情报。他希望这次突袭能够让他寻机逃跑。

这是一个危险的策略。在他们到达德军的铁丝网之前，德军守卫就会向他们开枪了。李普曼说，他们中的大多数人都牺牲了。但给了李普曼一直等待的机会。当幸存者被掩埋时，李普曼离队了。最后，他用德语大喊，告诉对方，他真的只想要叛逃投敌而不是发起袭击，于是他被带到了德军战线中。

但与惠特相似的是，李普曼很快就被审讯了。如果德国人想充分利用李普曼所带来的情报，那么审讯是必不可少的。相比之下，李普曼披露的信息更加精确。德军的审讯报告称："上周五（6月23日），囚犯所在营的指挥官发出命令，英军的大进攻将于本周四（6月29日）清晨5—6点开始，进攻前将进行5天4夜

第五章 致命的错误

的炮击。"

关于是否使用毒气的疑问,报告继续写道:

> 自上周六(6月24日)以来,此营已多次释放有毒气体,最近一次是在昨天上午。他们现在已经没有多余的毒气罐了。
>
> 在攻击之前不久,大量的发烟器将被点燃。英国人知道,此举会让我军开火,并且他们只有在烟雾减轻时才会发动攻击。

在李普曼的情报中,只有一个有关前线战况的关键描述是有误的:他过高估计了北部区域被袭击的可能性,而忽视了南部区域。他告诉德国人,进攻将在阿尔伯特和阿拉斯之间展开,而且更加明确地表示,英军今后的进攻范围也包括戈默库尔地区,还计划去攻占其南部30~50英里的地区(英法前线的直线距离相隔大约21英里,所以有点容易产生误导)。

此外,李普曼也错误地夸大了伤亡人数。他所在营队的战争日志称,没有人死亡,只有一个士兵受伤、一个士兵失踪(李普曼)。目前,德军对李普曼提供的情报十分信任,毫不怀疑。但是,如果德军发现了这个错误,此事就变得非常关键,因为这很可能会让他们怀疑这是一个巨大的阴谋,整个行动都是为了误导他们。

这些讯问的详细细节很快传到了前线部队。此事造成了这样的结果:战士们知道这次袭击将要在什么时候发生,而且在6月29日黎明,战争爆发的时候,德国守军全部处于戒备状态。

也许对于英国人来说，6月28日早餐之后，天降大雨，何其幸运。正如罗林森在日记中写的那样："大雨如注。"64岁的"北方"集团军司令，法国陆军统帅斐迪南·福煦（Ferdinand Foch）是与罗林森同级别的军官。两人磋商后认为，天气太过潮湿，不适合开展重大行动，所以将进攻时间推迟到了7月1日上午7点30分。

那天晚些时候，查理·梅上尉和曼彻斯特团第22营的其他突击部队仍在从前线返回的路上。查理·梅在布瓦德塔耶写下了当天的日记，其中写道："今晚我们将会就位……但目前还未动身。终于在最后一刻传来了一个命令：待命。于是，我们就在原地待命，而炮兵部队依然在猛烈地轰炸中。"

哈里·托尼中士曾对军队的组织结构颇有微词。从曼彻斯特团第22营士兵的现存记录来看，面对这次延迟进攻，托尼是最冷静的一个人。他在6月29日写给他的妻子珍妮特的信中说，他还在"树林的临时露营地里（这是一个弯曲的树枝折成的绿色笼子，上面有一张防水帆布。我和另外两名中士在里面，看起来还不算太糟糕）"。他希望妻子不要过于忧心，之后他继续说："我认为我们的祖先是受到了上帝的托付，才召唤了你我和其他的士兵们。我没有感到烦恼……我唯一担心的是无法履行自己的职责。"

两天后，就在发动进攻前的几个小时，查理·梅于5点45分详细记录了他和整个攻击部队一直在等待的这个行动：

> 昨晚，我们终于向前挺进了，这次是我们能想象到的最令人兴奋的一次行军。周围的枪炮发出巨响，有时候我们甚至无

第五章 致命的错误

法听到自己说话的声音……德军反应过来用机枪扫射我们，造成了……一些伤亡……

现在阳光明媚，这真是一个光荣的早晨。我们花费了2个小时才走了上去。等待总是漫长的。我想，无论发生什么，一旦这条战线上烽火四起，我们就会舒一口气……我们的大炮已经损坏……敌方前线堑壕却还安然无恙，但我们似乎还无法阻止敌方的机枪扫射。就在我写信的时候，敌军……仍在向我们的护墙开火。我相信，他们是不可能在一天之内夺取太多士兵生命的。

尽管天气晴朗，却有一朵乌云遮蔽了阳光。7月1日前，罗林森的情报官员所掌握的情报显示，德国人正在拦截英军的电话和"信号兵"的消息。据英国巡逻队抓获的德军俘虏透露，德军能够通过这种方式来预测英国炮兵的轰炸计划，并击退英国的进攻。据了解，德国陆军正在使用阿伦特窃听装置，其被放置在拉布瓦塞勒村（La Boisselle），代号"莫里茨"。

假设英国军队是一个雷厉风行的组织，那么除了那些严格规定的军令外，有关机密信息的绝对禁令将会在进攻开始前被传达至前线附近的所有地方。但是，正如我们所见，在1916年的时候英国军队的管理远远没有如此高效，他们尚未制订一种万无一失的执行程序，用以确保令出如山、令行禁止。即使高级指挥官头脑清晰、耳聪目明，能够意识到应在何时下达指令，也无法确保命令在执行中毫无差错。以上这些情况可能共同导致了一个致命的结果：6月

22日，第三军的参谋向包括第34师指挥官在内的所有少将发出警告："电话线路很容易被窃听，所以用此传达机密信息就会非常危险。"同时，他认为军队已经采取了所有必要的安全措施。然而，所有人都没有想到，在7月1日凌晨，关于第四军的机密信息依然被第三军第34师散播了出去：

> 军队指挥官希望，每一个级别的将领们都能够红运当头。而所有的步兵部队、所有的士兵们都能互助互信、共同保卫好每一寸土地，这是极为重要的。在轰炸期间，准确而持续的炮击会很好地帮助步兵完成任务。

这条信息是德军情报员在拉布瓦塞勒用阿伦特装置窃听到的。几分钟内，关于进攻即将到来的警告就被传达到了德军的前线部队中。令人感到讽刺的是，亨利·罗林森本想用这条消息达到鼓舞士气的目的，就像亨利五世当年极为鼓舞人心的演讲"往前冲向那突破口，亲爱的朋友们"一样（在莎士比亚的同名戏剧中，亨利五世在阿金库尔战役前对士兵的演讲）。但是，这条消息却达到了相反的效果。正如德国人窃听到的那样，英军士兵不得不在7月1日上午7点30分跳出堑壕，发起进攻。这条消息的泄露导致英军丧失了至关重要的战术优势——出其不意、攻其不备。当他们进攻敌人的堑壕时，德军士兵也会在那里等着他们。

第六章

第一次猛击

索姆河，1916 年 7 月 1 日

空中，一团团毒气云穿过无人区飘浮而来。许多德军士兵认为，这是预示着他们即将受到袭击的第一个迹象。1916 年 7 月 1 日，孔塔尔迈松的炮兵观察员在日记中记录下了黎明引起的恐慌，以及人们在英法两军轰炸后的恐怖经历。第 28 预备役师第 29 野战炮兵团的卡尔·艾斯勒中士对初次轰炸的密集程度进行了描述。本书第四章已经引用了有关内容：

> 一堵乳白色的墙正向我们缓缓飘来……波济耶尔到弗里库尔之间的洼地都笼罩在这种"雾气"中……它带着非常强烈的苦杏仁味。我们相信这一定是氢氰酸的味道，而且我们的防毒面具没有保护作用，这令我们感到十分忧心。
>
> 早晨的第一缕阳光照亮了天空，可怕的气体洪流又增加了不少，它们攀爬到越来越高的地方，直到将我们也淹没于其

中。周围能见度几乎不超过10米。

伴随着前线密集的敌军火炮,枪炮的咆哮声越来越响……恶魔般的吼叫声与……炮弹的爆炸声……似乎要把整个世界撕裂,把一切颠倒过来。

爆炸声变得巨大无比,以至于我们根本不可能听到自己讲话的声音。我们也看不到任何东西,因为雾气太大了……

我们紧张地等待着,想知道接下来会发生什么……我们知道这也许是我们生命的最后一天。

艾斯勒并不是唯一有这种情绪的人。随着发起进攻时间的临近,德国士兵们也在前线的许多要塞前经历着类似的场景、询问着类似的问题。那些士兵们虽然戴着防毒面具,却又害怕自己会中毒或窒息,这样的情况对于他们的敌人来说或许正中下怀。虽然在重点攻击前会有毒气袭击,但7月1日上午时分,空中的大多数气体要么是清晨时分天然的薄雾,要么是敌人为阻碍他们视野而发出的烟雾。如果是后者,这种烟雾的味道肯定会令人作呕,因为其目的是为了隐藏进攻者并恐吓敌人,而不是杀害那些守军。

早晨临近7点30分的时候,这种烟雾从英军的战线喷涌而出,笼罩在了戈默库尔、马梅斯及其他几个地方。因为英军指挥官认为这些地方的战士在穿越无人区后,是最容易受到攻击的。此外,某些地方的烟雾相比其他地方要更加浓厚,例如,在十分关键的攻击第一阶段,这些防护性烟幕也在一些进攻过程被施放,一直蔓延至博蒙阿梅勒和塞尔之间的地区,那里正位于德军防线中突出阵地的

第六章 第一次猛击

南部。

德国人把这个地方称为"海登寇"（这是建立这块阵地的军官的名字），英国人称之为"四边形地区"。德军121预备役兵团的中尉贝克当时正从一座加固的观察塔中监视着敌军的行动，这座塔距前线后方的距离很短。他说：

> 起初……我什么也看不到，因为雾气太重……然而，就在视野变得清晰的短暂时刻，我看到了他们的堑壕中聚集了大批英军。他们身着战斗装备，闲坐在堑壕的边缘，聊天、开玩笑、吸烟。随后炮击更加密集了……像飓风般扫过我们的头顶。突然间……我们脚下有一阵剧烈的震动，这是山楂岭上的地雷坑爆炸引起的……与此同时，炮弹瞄准了我们后方阵地，从我们前线的堑壕中发射出来。几秒钟后，我们对面的斜坡就变成了一窝被炸开的蚂蚁巢穴。当一拨拨的英军向我们阵地挺进时，我们仍然笼罩在烟雾之中。我告诉战友们，攻击开始了。我话音刚落，连接到后方的电缆就被切断了。
>
> 我看到第一拨英军正在炮火和烟雾掩护下行动，一步步到达了我军前线的堑壕……他们迅速占领了我方位于海登寇左侧的地下掩体，并从侧翼和后方向第三连队发动攻击。

但至少，贝克中尉有足够的时间将此事禀报上级。位于英军进攻线北部戈默库尔村的德军观察员却无法看到正在逼近的军队。在戈默库尔村前面，照明、投掷及燃烧所产生的烟雾，以及投掷到无人区的烟幕弹十分密集，这是该区域英军两个师的指挥官命令投掷的。对于56师（伦敦第一师）的5个营来说，烟幕弹的使用极为重要，因为这些部队将带头突击村庄的南部地区，并挺近750码的距离，其中大约一半的距离是在无人区，且这里没有设立防御性工事，无法保护士兵免遭德军枪炮的攻击。

队伍即将开拔，伦敦团（维多利亚女王步枪队）的R. H. 林德赛-伦顿上尉记录了这最后的时分：

> 早晨6点25分，最终的密集轰炸开始了……这是……一个非常壮观的场景。我们的炮弹似乎无处不在，德国的堑壕被烟雾笼罩着。当重型炮弹爆炸时，土地、砖块和树木都会炸到空中。
>
> 后备部队所处位置的所有士兵都高兴地站在射击踏台上，眺望着整个战场。上午7点20分，烟雾投射开始了，5分钟后烟雾扩散到了整条战线。上午7点30分，攻击开始了，前线士兵……平静而又缓慢地……仿佛在游行一般……后备部队的士兵看着队伍挺进，站在护墙上欢呼……随后，军队逐渐消失在烟雾中。

成千上万的英军向着德军阵地步步逼近，这样的场景可能会让无人区另一端的德国守军胆战心惊，然而事实却恰恰相反。越来越多的记录显示，逼近的英军部队以及瞄准前线堑壕的齐射式攻击反而激励了德军士兵的士气，他们摩拳擦掌，严阵以待。位于塞尔地区的南部阵地（戈默库尔南部）的奥托·莱斯（Otto Lais）是德军第 169 兵团的机关枪手，他说：

> 我们终于不再做那些……由连续猛烈的轰炸而引起的噩梦了……不再像困在陷阱中的老鼠一般，不再被囚禁在地下堡垒里。我们再也不会因为那种地面爆炸而发出的，像是锤子敲打戴着头盔的头骨一般的声音而害怕得发抖了。我们再也不需要通过彼此拥抱来冷静下来，再也不需要将士兵们绑在一起，以防他们像之前那般被轰炸声、碎裂声逼疯……令人窒息的气氛以及晃动的地下堡垒墙面让士兵们想要尖叫，想要逃离囚禁他们的洞穴。外面对他们来说意味着满天的炮火，那些被击中的人就意味着死亡。
>
> 每个士兵都窒息得透不过气来，每个人的内心都有一个冲动。当这场让人解脱的战争打响时，他们终于能大喊一句："他们来了！"

随着越来越多的英军在广阔的地区向前挺进，这声大喊被重复了一遍又一遍，一直沿着进攻线传到南部。德军第 99 预备役兵团的堑壕位于距离南部 4 英里的地方，即昂克尔河另一边的蒂耶普瓦勒以南的地区。那里也传来了同样的大喊声："他们来了！"这句大喊瞬间驱散了 F. L. 卡塞尔的睡意。片刻之前，他一直无精打采地躺在一座地下堡垒里，他在那里待了一周的时间，整日听着沉闷的炮弹落地声和随之而来的巨大爆炸声。尖锐的打斗声、战争的响声让他从幻想中惊醒。他抓起头盔，带好皮带和步枪，爬到外面的堑壕上。他后来描述了自己在冲到地面后所目睹的场景："台阶上有一团白乎乎和血淋淋的东西，堑壕里有一具无头的尸体。"这是哨兵的遗骸，他"用自己生命的代价保持了警惕"。英军炮兵部队发射的最后一枚炮弹在前线的堑壕爆炸了，之后他们便横扫后方，"他的头部被撕裂了，脑浆就散落在地下堡垒台阶上。"

"我们冲到了城墙上"，卡塞尔报告说，希望能够击退向他猛冲而来的大批野蛮步兵。他看到一个令他惊讶的现象，出现了很多他称之为"卡其黄"的士兵，但他们并不是突击队。他们配好装备，"慢慢地"推进，仿佛相信自己可以"跨过我们的身体，进到旷野中"。

"但我们还活着呢！"卡塞尔写道，英军士兵这种显然满不在乎的表现激起了德军士兵们的愤怒：

> "鼹鼠"从洞里爬了出来。机枪连续不断地扫射着。他们发现我们时，必须卧倒或躲藏到我们堑壕前。或者说……曾经是……堑壕，现在已满是弹坑。这时，迎接他们的就是我们的手榴弹和机枪，如果他们想进一步挺进的话，他们将不得不……葬送自己的生命……

然而，有些德军士兵可能永远不会有机会听到有人喊"他们来了！"除了英德枪炮轰鸣之外，守卫拉布瓦塞勒村庄的一些德国驻军最后听到的是"嗡嗡"的嘈杂声，那是正在向他们逼近的敌军战机引擎发出的声音。7月1日7点28分，最具标志性的一件事发生了：村庄上空，18岁的英国飞行员塞西尔·路易斯中尉正驾驶着莫兰伞翼侦察机。在这架飞机下方大约8 000英尺的地方，隧道连队的指挥官按下了活塞，引爆了放置在德军堑壕下的最大的一对地雷。不久之后，另一个巨大的地雷爆炸了。路易斯后来描述了这些事对他的影响：

> 我们正观察着拉布瓦塞勒这片突出阵线。突然……有一声刺耳的隆隆声……整片土地都被翻了起来，两个看上去……像是……巨型柏树的……东西被连根拔起。庞大的黑色锥形土堆被翻到了300~500英尺的高空。过了一会儿，我们感受到了一股冲击波……将我们……猛甩到了爆炸的另一边。之后……第二颗地雷爆炸了。我们再一次听到巨大的爆炸声，奇怪的、破败的黑色物体被炸到空中。尘土消散后，我们看到了弹坑上的两个白眼儿。炮火已烧到了第二条堑壕，步兵已经冲了过来，攻击已经开始了。

第七章

虚假的曙光

塞尔，1916年7月1日

距离罗林森将军领导的第四集团军对最左侧目标的进攻，只剩下最后几个小时了。这使负责北翼军队的军官陷入了沉思。1916年6月30日，第八军指挥官艾尔默·亨特－韦斯顿中将，对即将在第二天攻打塞尔的第31师最后一个兄弟营进行了动员，之后，他写了一封信给妻子格雷丝，告诉她自己内心深处对于将要发生的事情的想法：

> 明天是伟大的一天……明天的这个时候，历史将要开启伟大又崭新的篇章。一切都为这次伟大行动的胜利打好了基础……我从来没有参加过一场对我方如此有利的战斗。
>
> 结果掌握在上帝的手中，但可以说，为确保此次战争成功，我所能做的准备，黑格将军、罗林森将军和参谋们所能做的准备都已经做了。

第七章　虚假的曙光

困难、失望、不幸和重大伤亡肯定会有。但是，我为经历了这些困难而感到高兴。我祈祷上帝能够赐予我力量和判断力，让我在遇到困难的时候能够正确应对。

紧接着，他告诉了格雷丝他下一步将要做的事情。他所在军中5万名步兵进入了战斗。他们有以下目标：亨特-韦斯顿曾在1915年4月军队登陆加里波利期间指挥过的最南部的第29师，他负责攻打位于矿山附近的博蒙阿梅勒村庄周围的地区（见第一章）。他的第四师部队正在等待开拔，奔赴第29师北部的地区。他们要在31师发起最北部进攻的同时攻打海登寇据点。

部队将向一座高地挺近，高地的顶部就是塞尔村，部队的目标就在于攻下塞尔，建立一个面向东北方向（NNE）的防御侧翼，保护第四军的北部边界。第48师以及第31师是第四师北部的两支部队，他们不打算在"零时"前进，而计划通过从堑壕释放烟雾的方式，让敌军误以为他们即将采取进攻行动。

亨特-韦斯顿继续对妻子说道：

7点30分，步兵将进行攻击……宁静的夜晚过后……我起床了……我会在马里厄的城堡里安静地吃早饭，远离枪声，做与战争无关的事情，直到报告告诉我们，哪些战役取得了成功，哪些地方没有攻破，然后我的参谋会将地图摆在我面前，介绍现在的战况。这与那种小规模战役的指挥官需要亲自观看战场的陈规陋习不同。

鉴于我们已经知道了7月1日所发生的事情，所以，像亨特-韦斯顿这样经验丰富的指挥官依旧是如此自满和乐观，实在令人困惑不解。对于手下的士兵们将要面临的困难，他真的一无所知吗？英国战争史的正史中丝毫没有提及这个问题的答案，但是，在英国伦敦的大英图书馆里，一封尘封在保险柜里的私人信件却对此做出了解答。关于这位将军，别人的评价也是见仁见智。他的私人信件从另一个视角，记录了不常为人所知的故事。

亨特-韦斯顿（Hunter-Weston），绰号"亨特-邦特"（Hunter-Bunter）。他的某些表达方式也许会让他看起来像是一个古人。他的句子里满是夸张的惊叹式语气，如"多么快乐！""上尉！"。当谈到炮弹时，他会说，"多好的小家伙！"这都是国王发音般的纯正英语。他具有无知、嗜杀的特质，这点是上层社会十分典型的小丑形象，因此他很有可能会遭人诟病。他是在战争年代被授予英军指挥权的众多人中的一位，但他的书信表明，他有时会表现出非常果断的判断力。他有一个让人百思不得其解的本领，即能够在大型的、准备好的进攻前，分析作战计划，并说出这次作战能否成功。

事实上，他第一次以29师指挥官的身份出现时是在劳斯莱斯的车里，他有着浓密的胡子，年轻漂亮的妻子紧随其后。不久后，其部队就于1915年被派往加里波利，这也许会导致士兵们对这位刚来的指挥官并不当成一回事。但在幕后，亨特-韦斯顿曾在行动开始之前试图向上司呈递一份坦率直白的谏言，催促上司叫停此次行动，拯救所有士兵的生命。他的建议是正确的。加里波利之战对于英国和澳大利亚来说都是一场灾难，成千上万名士兵在此战中牺

第七章 虚假的曙光

牲了,其中也有许多士兵听命于亨特-韦斯顿。而且在当时看来,土耳其军被击败的可能性微乎其微。

最初,亨特-韦斯顿同样对第八集团军在索姆的战局表示悲观。1916年3月25日,他将一份报告呈送至罗林森第四军总部,其中的片段证据确凿地对黑格说服罗林森接受目前战略计划一事进行了控诉:"我们已经在层层密布的堑壕、铁丝网以及3个难以攻破的村庄构成的阵地上开展了最为密集的轰炸行动,即使如此,我们仍旧可以料想到,攻占塞尔-博库尔山脊上的德军堑壕线必定会让许多战士牺牲……如果我们攻占……山脊时,手上还能剩下一个旅,那都是幸运之神垂青。"

基于此情况,亨特-韦斯顿强调,在开放的山谷上,进攻距离第一目标(塞尔-博库尔山脊)后面2 000码的德军第二阵地(塞尔-格朗库尔山脊)是"愚蠢的指挥"。除非他的军队在已有四师的基础上,又被分配了第五师,因为这样,新的第五师就可以进行最后的攻击。此外,他强调了另一个关键问题,即需要确保有足够多的炮兵部队去轰炸第一目标,以掩护随后针对塞尔-格朗库尔山脊的进攻。

亨特-韦斯顿怕这还不够清楚,就总结道:

> 我强烈反对先遣部队对距离堑壕4 000码的目标实行猛攻。即使他们跨越了中间的堑壕线,但当到达其余堑壕时,军队也只会变得散乱、无序。这时,我军甚至没有力量用以压制敌军堑壕微弱的抵抗,也难以有机会守住那里。

这些观点都有严密的逻辑支持。然而,仅仅两个多星期后,第八军总部对于此次进攻的分析有了巨大的转变。1916年4月12日,亨特-韦斯顿的参谋长、准将"杰里"·霍尔鲁斯文("Jerry" Hore-Ruthven)做出了以下评论,从更积极的角度分析了进攻的可能结果:

> 我们认为,密集的初步轰炸以及士兵们的斗志,将在攻击开始前的半小时内将战士们带到第一个作战目标……
>
> 炮兵的轰炸将牵制那些守卫前线的敌军,让他们无法离开自己的阵地。与此同时,我们要在博蒙阿梅勒和塞尔地区进行连续进攻,直到让这两个村庄的一切抵抗都成为徒劳。

报告继续分析了德国预备部队的可能行动及其对英军进攻的影响。如果这确实代表了英军巨大的战略转变,而不只是陈述一种假设以便仔细研究另一种观点,那么就有一个问题:是什么让亨特-韦斯顿及他的参谋官改变了主意呢?

黑格在4月8日访问了第八集团军的马里厄总部,并与亨特-韦斯顿进行了一场谈话,此事大概就是事情的开端。在知道亨特-韦斯顿对这个计划持保留态度后,黑格找到了罗林森,命令他前去阻止亨特-韦斯顿。黑格坚持认为,亨特-韦斯顿必须用"同样的努力"攻打两个目标,否则德军就会在战斗还未开始前,就派遣增援部队前往第二阵地。

没有相关记录来说明罗林森到底是如何说服亨特-韦斯顿,让

第七章 虚假的曙光

他相信至少第一个目标是可以实现的（亨特-韦斯顿的参谋长仍然坚持认为，如果不把炮兵部队调至前线的话，德军第二阵地将很难被攻取）。据猜测，这很大可能与第八军被分配了大量的火炮相关，也与罗林森预测这些军火对德军堑壕的作用有关联。

罗林森对黑格改变计划一事持有保留意见，但即使如此，他在 7 月 19 日还是被说服了：数千枚炮弹轰炸敌军战线后，德军将无法进行大规模的行动。那天他在一张纸条上计算了在初步轰击结束之前，需要多少吨炮弹投掷到德军阵地（4 万吨）。他得出结论："到战争的最后，部队应该不会剩下多少炮弹了。"

几天后，亨特-韦斯顿自豪地告诉格雷丝有多少枪炮被划归到了他所在军的名下："我掌控着 596 门大炮……这对任何一个军队来说，都是非常富足的军备物资。如果这些都归我掌控的话，在加里波利战役中，我们应该能打到君士坦丁堡，那时，战争将会比现在更早地结束。"

虽然亨特-韦斯顿提到的大炮包括迫击炮、重型榴弹炮和火炮，以及用于切断德军铁丝网的轻型火炮，但这些枪炮与他之前的期望相比，仍是一个巨大的数字。正因如此，他从一个坚决的反对者，转变为积极的支持者，但这也让他忽视了此次作战计划的缺陷所在。

我们还有理由认为，亨特-韦斯顿、黑格和罗林森三者之间达成了某种妥协。随着计划的日期越来越近，第八集团军在切断敌军铁丝网以及火炮反击方面的表现变得越来越令人担忧，这似乎也解释了为什么集团军试图进行突袭却总是无法成功。6 月 28 日，黑格在视察亨特－韦斯顿军队后，针对迟迟未能攻占德军堑壕的情况，在日记中写道："尽管上级命令士兵进行突袭，并组织了突袭计划，但至今为止，士兵还未进入敌军战线！"

黑格在同一篇日记中提到，他希望延迟进攻2天，其间可以为第八军提供很好的机会用以改良作战行动。

然而，该军的两位将领无法让大家乐观起来。黑格说，他认为第八集团军的两位主要将领：第29师的德莱尔（de Lisle）少将和第31师的奥高恩（O' Gowan）少将"能力很差"。

不过，黑格在第二天的日记中表示，尽管他对这两人多有不满，罗林森也与亨特－韦斯顿讨论过此事，但第八军的指挥官依然"相当满意和自信"。在黑格的日记中，没有任何证据表明两人曾经针锋相对过。这就让人们怀疑，两人之间是否取得了某种和解：如果黑格和罗林森不严厉斥责亨特－韦斯顿不充分的战前准备，那么亨特－韦斯顿就不会反对这个计划。

亨特－韦斯顿的一些下属则没有那么容易通融和妥协。当然，还是会有人认为他的进攻计划需要调整。曾被要求担任塞尔行动指挥官的第31师北部分队（第94旅）的休伯特·里斯（Hubert Rees）准将在战后报道中特意提到了一个疏漏之处：

在攻击的前几天，我向亨特－韦斯顿将军指出，位于第94旅左侧堑壕的集结行动突然停止了，而且在我军与戈默库尔的辅助进攻点之间，没有任何驻锄被打进地面。更糟的是，在那段时间，士兵也没有如期切断敌方的铁丝网。白痴都可以发现

第七章　虚假的曙光

我们进攻的侧翼部队。

里斯也回忆起，他曾与指挥官针对军队不允许延误的问题展开了"激烈的争论"。第 94 旅指挥官不知道的是，亨特－韦斯顿曾在 5 月对黑格提出了相同的观点，而那时他还反对这项计划。

尽管如此，里斯的反对也并没有得到重视："我被视为异端分子，因为我说一切都是被安排好的……除了那些意料之外的事，而这些意外通常会发生在战争之中。我曾说过……部队需要逐个击破目标，然而为每个目标预留的作战时间实在有限。"士兵必须在 20 分钟内攻占保护塞尔的 4 个堑壕。20 分钟后，士兵们不得不再次行动，如此才能在半个多小时的时间内，攻下 800 码的阵地。最后，他的部队留有 20 分钟时间在最后 300 码之外的小山上攻占一个果园。"我最终说服他给我额外 10 分钟的时间来攻占……果园。"

话虽如此，里斯也承认他从来没有对作战计划做过思量，这导致计划的缺陷终将变成一场灾难。他悲哀地承认道："全军上下，乐观的情绪感染着每个人。"

如果里斯和亨特－韦斯顿知道进攻的前一晚，在英军前线暗中巡查的人是谁的话，他们或许无法对第 31 师的前景保持乐观态度。第 52 师第 169 团是德国负责防守塞尔地区的部队，其战争日志内的一份报告里写道：

凌晨 4 点（德国时间，比英国时间早 1 小时），即 6 月 30 日晚上至 7 月 1 日凌晨，一位姓氏为阿克曼（Ackermann）的军官、一位低级官员和其他3位军官从南部前线前往英军前线。英军堑壕内没有任何士兵。然而，他们的第二堑壕却发生了一些状况。德军巡逻队没有被发现。在北部的前线堑壕对面，阿克曼剪断了英军第二堑壕到前方的标记，并带回了一部分。

对德军来说，标记的重要意义不言而喻。标记为什么会被固定在这里？最可能的解释是：在即将来临的进攻前，步兵需要知道在哪里开始整队。169兵团恰好看到了这个标记，同时拦截了来自罗林森将军（在第五章中提到）"祝好运"的信息，这为169兵团敲响了警钟。

战争日志的撰写者描述了接下来发生的事情：

> 大约在早上5点（德国时间），敌军堑壕方向飘来的"雾"变得越来越浓。雾气笼罩着我们的阵地，遮挡了我们面前的区域。
>
> 一切已经安排就绪，我们准备行动了。那些本不需要站岗的士兵坐在通往地下堡垒的台阶上，他们把枪放在腿上，袋子里的手榴弹袋就放在身旁。
>
> 如果英国人认为他们能通过"地毯式"的炮击摧毁我们，那他们就大错特错了。当我们被封锁时，战斗的欲望……要比平时强得多。无一例外，每个人都只想抓住敌人……
>
> 过了一会儿，"雾"散开了，阳光照在我们身上。约上午7点30分（德国时间），持续不断的猛烈炮击开始了，随后扩

散到了整个阵地。这告诉我们所有人，我们日夜期盼的复仇时刻即将来临。我们做了最后的准备环节，这包括储备弹药和手榴弹，之后我们就可以准备行动了。

一位德国军官记录，唯一无法回避的能够打击士气的因素是："英军地平线上满是被拴住的热气球，敌军的飞机嗡嗡作响。"这导致英军士兵可以看到德方的任何行动。每当天空可见度良好时，这都能对德军的防御行动造成阻碍。

同时，在无人区的另一边，即将进攻塞尔的英国军队也在做着最后的准备。令指挥官觉得安心的是，最南部的第31师第93旅的兄弟营，肯定不会因为不适应战场而失败。他们是英国远征军中最强大的部队之一。他们的队伍中，有4人是曾参与过足球甲级联赛的足球运动员（其中3位是英格兰或苏格兰国际比赛选手，另1位是1912年奥运会的足球金牌得主），还有4人是在战前或战后为英格兰球队效过力的板球运动员。

51岁的万利斯·奥高恩少将（Wanless O'Gowan）是31师的指挥官，他对士兵们慷慨激昂地说出了他的最后指示，就像足球俱乐部经理和板球队队长在上场前的动员讲话。6月30日下午6点30分左右，部队从比莱萨图瓦（Bus-les-Artois，大约位于亚眠东北部17英里）出发前往前线。士兵们听到的永远都是那句老话："祝你们好运！堑壕里没有一个德国人。我们的大炮已经把他们都炸到地狱了！"

休伯特·里斯准将的第94旅是位于最北部的旅，此旅的主要作战部队包括东兰开夏郡第11团（阿克林顿兄弟营）。像大多数英国军队一样，战士们即使在最糟糕的时候，也愿意看到生命中充满乐趣的一面，所以每一个乐观的演讲都给予了他们无限的信心。6月30日晚上，在赶往前线的路上，战士们有说有笑，他们似乎完全没有意识到德国人为他们准备了什么。

事实上，他们沿着交通壕前行时，浑身都湿透了。战争日志中描述道："泥浆盖过了膝盖，又软又黏。"但这并没有影响他们在路过火炮时说着俏皮话，比如："你想带回来什么：德军头盔？或者是军官的手表？"

7月1日上午，他们在前线集结堑壕的安全地带安顿完毕。在正式开始进攻前，他们不得不等上好几个小时。上午7时许，战士们正在一个集结堑壕里唱着歌打磨时间，突然警报信号打断了他们："士兵们，距离上战场还有20分钟！"10分钟后，警报再次响起："还有10分钟！"

警报响起后，德军机枪手开始射击了。现在，他们被英军炮兵最后的"狂风"般的轰炸所吞没。上午7点20分，英军的第一批部队出现了，他们翻越山顶，向前挺进。

即使如此，在左侧指挥的里斯准将仍然坚信，他的士兵会以某种方式取得胜利。进攻开始的前10分钟，最后的轰炸开始了，里斯走出地下堡垒，爬上了距离前线后方大约600码的位置，观察他绘制的这幅壮观的场景。"这太宏伟了，"后来，他在个人日记中写道，"塞尔前方的堑壕已经改变了形状，在狂轰滥炸之下，一分一秒地化为乌有。我开始相信胜利的可能性了。"

第七章 虚假的曙光

某种程度上,在接下来的几分钟里,后进入的英军相比行军缓慢而平稳的先头部队更加英勇。在听到警报后,他们离开安全的堑壕。紧接着跟上的阿克林顿帕斯兄弟营在听到"5 分钟!""3 分钟!"的警告时,仍在吸烟、开玩笑。在阿克林顿兄弟营里,有一名 38 岁的煤矿工程师,他名叫哈里·罗伯茨,来自伯恩利。战情正如他后来报告的那样:那时"德国人用他们的机枪横扫……堑壕顶部,炮弹满天飞"。然而,在大多数情况下,当兄弟营的战士听到最后的命令"上!小伙子们!"时,他们毫不犹豫地就冲了出去。"四批部队中,我们是最后一批出发的。"他回忆说:"看看我们的战士!他们就像是和平时期阅兵队伍一般,排成四排,稳步前进,步伐矫健。德军机枪手的子弹看起来就像是一个闪闪发光的风扇。"至少,这是他肩部被子弹打穿后,躺在地面上看到的场景。后来,他又说道:"就这样,我们离敌人越来越近了。我惊叹不已。"

第 94 旅左侧打头阵的是约克和兰卡斯特兵团第 12 营(谢菲尔德兄弟营)。列兵雷金纳德·格伦(Reginald Glenn)是与第二批部队一同前进的信号员,他描述了他们是如何醒悟过来的:

> 我们被告知要继续前进。我们不得不高高地擎着步枪……第一排先出发。我看到他们走得很慢……之后,他们全部都卧倒在地。起初,我以为他们是在执行不同的命令,后来我才意识到发生了什么,他们倒下是因为他们被射杀了……有的已经牺牲,有的受了伤。他们被……德军机枪火力扫射倒,就像……被割掉的玉米一样。当时我们都不知道他们是死了还是在垂死

挣扎。但我们依然可以听到枪声。这就解释了为什么我们这排会继续……往前冲。同样的事情……如果不出意外……也会发生在我们身上。

格伦最终得救了。他也卧倒在地上，因为他以为这是命令，于是他没有再往前走。最终，幸存者被要求返回到原来的地方，格伦就和他们一起回来了。谢菲尔德兄弟营中，没有多少战士能够到达德军的铁丝网，即使成功抵达的那一部分士兵也发现了，德军的铁丝网大部分是未被割断的。只有少数几名战士进入了德军第一个堑壕。位于右侧的阿克林顿兄弟营，似乎很可能也是如此，尽管他们前面的铁丝网已经被彻底切断了。

在阿克林顿帕尔斯右侧的第 93 旅中，能取得这样进展的部队就更少了。德国士兵一直在地下堡垒台阶上期待着他们的到来，他们的炮兵也看到了这幅场景。利兹兄弟营（第 15 西约克郡团）第 10 排和第 13 排是负责第 93 旅进攻的先头部队，以下的描述清楚地记录了这一点：

大约 7 点 15 分……我们 19 岁的中尉汤姆·威利（Tom Willey）传达了命令"第 13 排准备！"这句命令说得就像平常军队检阅时那么随意。随后，我们陆续出动，爬上梯子，穿过我们的铁丝网，第一批部队抵达铁丝网并在铁丝网前集合。威利中尉下令："十步间隔。"一切仿佛是在军演一般。

第七章 虚假的曙光

另一名参战者，亚瑟·霍林斯（Arthur Hollings）描述了他们刚一爬出堑壕，德国人就开始射击的情形：

> 在我们排爬过"盖子"前的1个多小时里，我们以为敌军第一堑壕线里应该没有什么人了。我们听不到炮弹声，只能听到上空连续的尖叫声、轰鸣声和对面炮弹的爆炸声……然而，第一批部队刚刚跨过胸墙后，德国士兵就开始狂轰滥炸，大型的炮弹、榴霰弹满天飞射。敌方的矮护墙里挤满了士兵，露出了腰部以上的位置。他们……迅速开火射击……整片天空似乎没有一处是没有子弹的。

然而，他们在相继爬出堑壕并分散成几队后，就被命令卧倒了大约10分钟。之后，正如霍林斯所说的那样："在那个时候，威利跳起来，挥舞着左轮手枪喊道：'来吧，13排兄弟们！让他们都下地狱！'之后，威利带领他们冲向了德军堑壕。但是，他们并没有前进太远。"营队的战争日志记载，离开英军前线堑壕100码的距离是他们前行的极限了，就连最勇敢、最幸运的人也只能够走这么远了。

德军第169兵团的战争日志中记录了本团的步兵战士，如蒂耶普瓦勒南部的F.L.卡塞尔中尉（见第六章）是如何被同样激动人心的战斗口号鼓舞的："他们来了！""士兵们冲出了地下堡垒，爬上了堑壕上的射击踏台。"日志中写道：

> 现在，我们终于可以主动出击。我们可以采取一些主动的

行动，报复敌人。我们向敌人开枪，仿佛是在射击场上一般，非常冷静和精准……几乎每一个子弹都找到了它的目标……

第一拨和第二拨逼近的士兵都被我们的炮火消灭了。我们得到了炮兵部队的帮助。我们的炮弹正好打到了他们中间，将他们炸成了碎片……有些士兵甚至在开始行动之前就被击中。多亏了我们的火炮，敌方甚至无法冲出他们自己的堑壕就已经被消灭，就在他们集结训练的地方。

德国战争记者的记录已经由几位英国士兵提交的报告证实。例如，第 93 旅左翼辅助部队，西约克郡团（第 1 布拉德福德兄弟营）第 16 营的军士长乔治·库辛（George Cussins），他证实道："进攻发起前的 5 分钟，即上午 7 点 25 分，敌方机枪、步枪和炮弹射向了我军集结堑壕的胸墙——布拉德福德堑壕南部，我方损失惨重。很多士兵都还没来得及爬下梯子就被迫连连后退，许多战士在翻越矮护墙时就被迫撤退了。"

德军日志中所提到的"我们的枪支"大概主要指的是第 169 团的机枪手。这就是为什么"一战"最有名的证词之一——机枪手奥托·莱斯（Otto Lais）的证词如此重要。人们可能会认为，此段证词写于第二次世界大战期间，是纳粹时代不可靠的政治宣传，其目的性非常明确，就是为了向年轻一代的德国人展示勇敢坚定的士兵是如何克服不可抗力的。尽管如此，他的证词仍然为许多不详尽的战争日志提供了其中缺少的细节。

如果没有其他的证据，这份证词就可以让我们了解到，在满是

第七章 虚假的曙光

敌军的战场上，寥寥几位机枪手是如何主宰整个局面的。莱斯在一段报告中指出，他所讲的这支机枪队位于马伊马耶至塞尔（第31师前线南部）的路边，在7月1日发射了2万多枚机枪子弹。这就解释了位于第31师最南端部队的第93旅为何无法穿过铁丝网，更遑论进入德军堑壕了。

奥托·莱斯说，直到1916年7月1日，第169团的机枪手还在被指责未曾参与作战，例如他们没有承担将重型炮弹运到前线这种不讨好的任务。但在大战中，一切都变了。莱斯接下来的描述解释了原因。

莱斯首先描述了第一拨英国士兵开始向他们挺进时，一支德国机枪队的反应。莱斯谈道："我们快速射出了250发、1 000发、3 000发子弹"，直到枪管"又红又热"。而他们的指挥官，下级军官科赫大声喊道："把储备的枪管拿来！"

科赫在充分利用枪支火力方面发挥了至关重要的作用。他不仅在战斗期间促成了机枪部件的迅速更换，而且还对队伍里的年轻下属开展了激励动员，直到他们为了逃脱科赫的苛责而愿意做任何事情，愿意牺牲一切。

在发射了大约5 000发子弹后，过热的枪管需要再次被换掉。这并非仅因为枪管过热。枪管里本应冷却枪支的水也沸腾了起来，因此几乎不可能再按下扳机了。莱斯告诉我们，"机枪手的手都被烧坏了，差不多快要熟了"，但他们的指挥官仍然没有丝毫的同情，大叫道："继续射击，要不就得死！"这种说法实际上也是合理的，因为：

枪管"绝热罩"里本应冷却枪支的水也变得滚烫，开始蒸发。在焦灼的战斗中，带走蒸汽的软管与"水壶"断开了，"水壶"中的蒸汽本应转化成液体。蒸汽喷射到我们上空，发出"嘶嘶"的声音，这就让敌军很容易发现我们。我们身后的阳光直射在他们脸上，我们这才没有被发现。

很快，水几乎完全蒸发了。"水在哪里？"愤怒的指挥官大喊道。看到没有水了，他尖叫着："把喝的水拿来！"这种水是战士"应急口粮"的一部分，都被储存在地下堡垒里。他的下属抱歉地回答说："没有剩下的了，长官。所有应急口粮都已经用完了。"

正如莱斯所说，这是一个潜在的灾难。机枪手几乎单枪匹马地阻止了正在逼近的英军。的确，"英军士兵正匍匐在我们堑壕前的弹坑里，目测有数百人，但新一拨的敌军也正从无人区另一侧的堑壕中涌出。我们不得不继续射击，否则后果不堪设想。"

危急关头，一名机枪手采取了行动。他拿起水壶，跳进了一个弹坑，并向里面小便。第二个士兵也用尿填满了水壶。"紧要关头，他们把水壶放回了机关枪的绝热罩中。"莱斯继续说：

英国士兵正在靠近，这个距离足够用手榴弹炸他们了。手榴弹四处飞溅。但与此同时，枪管也发生了变化，绝热罩中的水被重新装满了。

"装好枪，不要紧张，别弄乱了。"士兵们大声说出需要准备的工作，扣好枪机，系紧腰带，跟上右边。"嗒嗒嗒嗒"，

第七章 虚假的曙光

机枪再次开火,打到了我们面前的洼地上。

但危机并没有过去。很明显,这些机枪手并不是唯一遭遇此种问题的人。正如莱斯所见,"兵团几乎所有的机枪都在喷射蒸汽。同样,他们的软管要么被烧破,要么就被射出去了。"

除此之外,还有一个新问题:

机枪手的手都被烧坏了,手指上的皮肤被烧得垂在勋带上。由于他们不得不反复按压枪的保险栓,他们的左拇指甚至变成了畸形、肿胀的肉块。士兵们需要紧紧握住机枪的振动手柄,因此,手部的痉挛也成了一个麻烦。

子弹的发射数量已经达到了 1.8 万枚,将弹链装填入机枪的士兵被击穿了头部。他的倒下使得弹链被扭住,子弹被卡住。然而,这个困难也未能阻断子弹流的发射。"他的尸体被拖到了一边",莱斯说道。另一个士兵补上了他的位置,挪开装弹机,重新装好弹药,再次射出子弹。

里斯准将所在的第 94 旅参与了塞尔战争。莱斯称,无论世人如何评说,德国的机枪手都是塞尔战争胜负的关键。里斯准将最为关注的是英军在左侧的进攻行动,德军的火炮给他留下了深刻的印象。这是"我所见过的最可怕的一次轰炸",他在个人日记中这样记录了这个灾难:"我们旅和第 93 旅面前的整堵墙都被炸毁了。"

这大概就解释了为什么他对第 31 师的奥高恩少将的言论愈加

怀疑。奥高恩称，他手下的一些士兵在塞尔或塞尔附近的地区建立了据点。这种说法也并非完全没有根据。上午 8 点 25 分，占领了该师一个观察哨所的士兵报告说，他们在塞尔看到了"一小撮"英军。他们肯定是英国人，因为在阳光下，哨兵看到了一些士兵身上带着的闪闪发光的三角形徽章，这是很容易辨识的记号。

这次目击似乎证实了机组人员在一架飞机上发射的一个"暗码"信号。这架飞机于上午 8 点 09 分在塞尔上空丢下了一颗照明弹。据推测，这是因为他们认为英军部队已经抵达该村庄。上午 10 时许，有 3 名军官报告说，塞尔正在遭受敌人的炮击。

这些报告都没有表明，驻扎塞尔的部队已经进入战斗了。然而，尽管距离村庄最近的指挥官里斯准将确信，这里并没有出现英国士兵，但奥高恩少将却坚持认为有英国士兵存在。关于此次战况的评估，奥高恩少将的表现与战前那种，在已造成巨大损失情况下仍然存在的盲目自信极为相似，而里斯准将的评估却并非如此。奥高恩少将的战况评估被送往了亨特－韦斯顿所在的第八军总部，并最终提交到了罗林森和黑格的手中。

尽管如此，31 师总部内充斥着的乐观情绪并未对战况造成任何影响。中午过后不久，奥高恩命令第 94 旅尽力与位于塞尔的部队联系。里斯直截了当地表明，他拒绝执行这项命令，原因是"我们前线没有明确发出有关此事的报告"。里斯认为，这只是 31 师总部一系列"最疯狂的报告"之一。

有流言称，里斯的总部已经被敌军攻占了。奥高恩的另一个命令也让里斯很是恼火。那天晚些时候，奥高恩让里斯派遣几支部队

第七章 虚假的曙光

去轰炸第 93 旅前线堑壕外的德军。里斯认为，前线堑壕已经不复存在了，他写道，在听到这个命令时"我反驳了奥高恩"。就在攻击开始前不久，里斯成功挑战了奥高恩，但让里斯感到"大为震惊"的是，奥高恩对他的看法表示了赞同。里斯随后指出，在这种情况下，他应该被免责，这样就能撤销"奥高恩刚刚让他进攻的命令"了。

正如里斯承认的那样，这是"灾难的巨大后果"的重要组成部分。31 师两个负责进攻的旅，伤亡人数已经接近 3 500 人（包括大约 1 700 人牺牲或失踪）。

在军队战争日志的报告中，每日提取的伤亡人数也在不断变化，这是因为在无人区找到了那些被认为已经牺牲的战士，也找到了那些被认为可能幸存但实际却已经牺牲的战士。

无论是牺牲还是幸存，士兵的家人都急不可待地想要知道自己心爱的儿子、兄弟、丈夫或男朋友究竟发生了什么事情，特别是当他们的名字出现在伤员名单上的时候。两位著名运动员的家人最担心的事情已经成为残忍的现实：英格兰年轻有为的全能型选手——板球运动员梅杰失踪了，而且再也没有被找到；曾经为英国国家队效力的足球运动员伊夫林·林托特（Evelyn Lintott）也牺牲了。

约克郡晚报上描述了他们牺牲前最后的时刻：

> 林托特中尉的死亡颇为壮烈。他带领士兵英勇冲锋。第一次被击中时，他不想自己被击败，反而拔出了左轮手枪，以更大的呐喊声继续奋勇前进。这一次，他再次被子弹击中，但他仍然在挣扎，直到第三次中弹后，他终于倒下了。

一个炮弹碎片打穿了布思中尉的肩膀，而且一定已经伤到心脏了。尽管忍受着巨大的痛苦，布思还是尽最大努力继续前进，但在向前走了几码后，他无奈地踉跄倒下。他和林托特都是英勇的运动员，他们知道应当为了什么奉献生命。在他们之后，所有士兵也是如此做的。

莫里斯·比克斯特思中尉（Morris Bickersteth）的家人紧张不安地离开了。比克斯特思今年25岁，他与布思和林托特都隶属于第15西约克郡团（利兹兄弟营），这是第93旅的先头突击部队。攻击失败后不久，随军牧师给他的家人发了一封电报，电报中说："我试图寻找到你们儿子的好消息，但我只能找到最坏的消息。他失踪了。我正在想尽一切办法打听他的下落，但希望不是很大。你们需要做好准备接受利兹辉煌英勇献身的消息。噢，这实在是太悲伤了！"

第二天，随军牧师再次写道："想着你们可能会焦灼不安地等待着，我觉得我最好还是告诉你们另一条消息。但我只能说，我们仍然没有莫里斯的消息。更多的士兵过来向我们说，他们看到莫里斯倒下了。在他倒下后，他的手下看了看他，并确信他已经牺牲了！"

7月3日，随军牧师才得到确切的消息："现在已经确定，莫里斯已经牺牲了。我今天下午看到他的弟弟朱利安，并向他说明了详细情况。"

朱利安·比克斯特思上尉在随后的来信中，告诉了莫里斯的家人一个完整的故事，这是他与同连队的18岁士兵贝特森交谈时得

第七章 虚假的曙光

知的。莫里斯一直在一支支援部队里,当他们需要出动时,莫里斯就派他的士兵开拔了,他对士兵们喊道:"来吧,小伙子们,人生虽然短暂,但却也充满乐趣。"在离开前线几码的距离后,他们停了下来,在那里,前面一批士兵已经倒在地上,或死或伤。

当他们倒在那里时,贝特森想让莫里斯允许自己返程,因为他已经受了伤。莫里斯给他留下了一张便条,并告诉他要尽快回去。就在那时,"一颗子弹击中了他的后脑勺。1秒钟后,另一颗子弹正好又打穿了他的头部,从前额飞了出来。他的身体倒了下去,他没有再说一句话,或发出一点声音。贝特森能看到,他确实已经牺牲了。当时就牺牲了……"

没有人能说,比克斯特思的家庭是幸运的。任何一个失去25岁儿子的家庭都是饱受苦难的。但我们可以说,他们在某种意义上是幸运的,因为比失去一个心爱的孩子或丈夫更糟糕的是那种长时间心神不宁、焦灼等待的状态。考虑到塞尔战役期间的伤亡人数,许多家庭必然是属于后一类的。31岁的军官罗伯特·托尔森和莫里斯·比克斯特思一样,也是一名利兹兄弟营的中尉。他的家人也在经历着这种痛苦。

7月2日,塞尔战争后的第二天,托尔森的家人收到了第一封电报,得知出事了。曾写信给比克斯特思一家的那位随军牧师告诉罗伯特·托尔森的妻子佐伊,显而易见,托尔森受了伤。牧师在信的最后写道:"你也许很快就会再看到他了。"

然而,8天后,牧师再次写信给佐伊说,罗伯特实际上已经失踪了。"6名士兵告诉我,他们知道罗伯特受了伤,但是已经被带回来了。然而战后,一切都太混乱了,恐怕真相是他并没有被带回来。我检查了医院,但没有发现他的踪迹,我们只能说他失踪了。"

7月13日,第93旅的一封信再次点燃了佐伊的希望。信中说,她的丈夫受了伤,被送往了医院,"我认为他是平安无事的,要不然我们肯定会听说的"。然而,5天后,营队牧师发来的另一封信让她的心情跌入了谷底。信中对她丈夫的牺牲表示了同情。

7月22日,营部的另一名军官告诉了托尔森的家人关于他的经历。和莫里斯·比克斯特思一样,罗伯特也在最后一批队伍中并已经成功穿越了前线。"他无法跨过我们的铁丝网,在那短短的距离里,任何事情都有可能发生。我军前线遭到了炮轰,敌军榴霰弹和各种炮弹……在四周爆炸。当堑壕向内坍塌时,那些无法从堑壕中走到急救站的伤员很可能被掩埋了。我很遗憾地说,许多士兵都是这样被埋葬的。"

月底,托尔森的家人仍在等待消息。7月27日,托尔森跟随英国远征军的表弟纽科姆·赖特(Newcombe Wright)和营中幸存的士兵作了一番交谈。之后,他写信给罗伯特的父亲怀特利·托尔森(Whiteley Tolson),告诉他自己发现的一些情况。显然,几乎整个营的士兵都被机关枪"消灭"了:

> 罗伯特所在连队(A连队)的经历最糟糕……他们排只有两三名士兵和伤员回来了。有两个军官脱逃了,没有人看到罗伯特……他们连队,但不是他们排的一个士兵安全返回了,他告诉我,那时罗伯特正倒在我军铁丝网前,一个受伤的士兵试

第七章 虚假的曙光

图回到我们的堑壕里,并告知他托尔森先生被子弹击中了颈部。我们军队中没有人能到达德军一侧的铁丝网。就在攻击过后,德军炮兵用密集的火力轰炸了无人区,我们的前线堑壕遭到了轰炸,埋葬了许多设法返回的伤员。这名战士认为任何人生还的可能性都很小。

这些战士只有一线生还的希望,但我个人认为这丝希望恐怕并不大。我得知,轰炸停止后,德国人不允许我们抬担架的士兵走出我们自己的铁丝网,但他们带走了我方少数几个伤员。他们对这些我方的伤员进行了包扎和照料。我们没有朝他们开枪。罗伯特有可能就是被他们带走了。

然而,纽科姆·赖特确实有一条线索。罗伯特手下的一个名叫思朋斯的士兵受了伤,目前在布里斯托尔的指定医院接受治疗。"如果我是你,我会立即去布里斯托尔打听,这不会浪费太多时间,因为这个人没有受重伤,可能随时会返回岗位。"

那时,罗伯特的父亲或许已经放弃了希望。7月28日,他写信给大儿子杰拉尔德:"我希望罗伯特是被俘虏了,但这可能性不大……没有士兵暗示说罗伯特可能会被俘虏。如果有人提到的话,这就是能带来慰藉的最后希望了。"

怀特利·托尔森在接下来的一封信中,说明了自己所承受的痛苦。"德军在无人区严阵以待,进入这里确实是非常危险的……罗伯特牺牲了,好几百名士兵也牺牲了。新来的士兵听说,他的颈部受了伤。我十分沮丧,想象着他临死前的场景,也许他不停在流血,因失血过多而徘徊在死亡的边缘。"但是,罗伯特的父亲没有让此事不了了之。他写信给杰拉尔德说:"佐伊仍然坚信,罗伯特是被俘了。"

9月5日左右,罗伯特的家人收到了新的消息,这是一封来自红十字会的信件。信中说,埃普索姆医院里一个名为杰普森的士兵掉进了一个堑壕,恰好倒在托尔森中尉尸体的右边。不久,杰普森收到了一封请求见面的书信,并于9月8日去信同意下周日在医院门外见面。

9月11日,杰拉尔德写信给叔叔利(Legh),告知他杰普森目睹的一切。突袭期间,杰普森的脸部受了伤,坠入了一个堑壕里,他起初以为这是德军的第一堑壕。他落到了罗伯特的尸体上,"罗伯特的身体直挺挺地倒在地上,脸朝下,手臂呈伸开的状态。他的身体冰冷僵硬,眼睛闭着。"

怀特利在写给儿子杰拉尔德的回信中说道:"他的悲惨命运使我恐惧,对此我甚至无法用言语进行表述。我没有理由产生自豪的情绪,这是一场彻头彻尾的邪恶谋杀!"

杰普森的描述存在一个问题,他的脸部受了伤,头上滴下来的血使得他的视线无法完全清晰。然而,大约6个星期后,一名一等兵发来了一份更确切的消息。他看到罗伯特倒在了英军前线堑壕里。"我认为他已经死了,"他说,"我不明白他是怎么被报告失踪了的,除非这个堑壕被炸了,他被掩埋在下面。"

然而,第二年的3月,人们才发现了罗伯特·托尔森死亡的确凿证据。德军士兵撤出塞尔后,他的尸体被找到,并被体面地

第七章 虚假的曙光

安葬了。

鉴于塞尔战役进攻期间的死亡人数,许多家庭也很可能像怀特利·托尔森一样,觉得自己的亲人遭到了无情的屠杀。然而,有 2 名士兵是被故意杀害的,而凶手正是一群本国杀手——英国行刑队。人们并不清楚,这些士兵遭受的折磨能否与这两位年轻士兵的家人所忍受的痛苦相提并论。

1916 年 6 月,列兵赫伯特·克里明斯(Herbert Crimmins,32 岁)和亚瑟·怀尔德(Arthur Wild,24 岁),在索姆的西约克郡团(第二布拉德福德兄弟营)第 18 营担任运粮兵。战斗打响的前一天中午前后,营内所有的运粮兵都被警告禁止离开比莱萨图瓦的营地。但是,克里明斯和怀尔德没有服从这项命令,下午 2 点左右,两人偷偷溜了出来,来到了当地一家小酒吧。下午 4 点之前,他们都没有回来。下午 4 点,他们的主管军官收到命令:2 小时后前往前线。在那天剩余的时间里,两人一直待在这家小酒馆里,直到打烊。后来,他们在附近的玉米地里睡着了,到黄昏时才醒来。他们因过于害怕并未立刻返回营中,于是在索姆河后方晃悠了 3 天,直至 7 月 4 日才回到营里。

这意味着克里明斯和怀尔德错过了对塞尔的攻击行动,他们都被指控擅离职守罪。1916 年 8 月 21 日,两人受到了军事审判。他们是否会出席听证会并不清楚,而两个关键性证据是否会受到质疑也不了解。

一名军士作证说,两人在去小酒馆前,他就已经告诉他们要准备在下午 5 点 45 分赶赴前线堑壕。如果这是真的,可以说他们是故意逃避了即将来临的行动。黑格在后来说，尽管规则表明，任何擅离职守的士兵都将受到无条件的处罚，但实际上，只有那些没有取得请假许可的士兵才会受到处罚，故意逃跑的士兵才会被处决，这是一个重要的意见。因此，军士的证词就变得非常重要。

但是他们真的是故意逃跑的吗？我们可以想象，一位有经验的律师（如果能找到的话）会对这名军士证词的真实性表示怀疑。一名下士在他的上级军官接到命令前，早已知道军队将要向堑壕挺进，这看起来有些不太可能。

第二份关键证词来自亚瑟·怀尔德，即两名士兵中相对年轻的那位。他声称，自己在睡醒熬过酒劲后，没有回到部队，第一是因为自己害怕后果，第二是因为他担心自己无法"忍受枪声"。这一证据也许再次证明他是有罪的。如果克里明斯和怀尔德在逃跑之前就知道他们将要去挨子弹的地方，那么就可以说，他们是故意擅离职守的。而如果怀尔德只是想说，他和他朋友都没有被告知即将要前往前线，只是想暂时摆脱因即将被送往前线而产生的源源不断的恐惧情绪，那么他们将会成为黑格所定义的那种可以被谅解的人。

即使上述证据是含混不清，但如果军事法庭已经向这两名士兵的准将提交了意见，且上至黑格的相关官员没有异议，他们就可能逃避严重的惩罚。尽管法院宣判了他们死刑，但大家一致建议宽恕这两名士兵，因为克里明斯被公认人品很好，而且大家认为怀尔德只是刚从炮弹轰炸中平复下来，对枪炮声太恐惧了，可以被原谅。

然而，他们的指挥官将军事审判文件交给准将时，多说了几句贬损的言论。他认为，对这两名士兵的判决是建立在那些未被递交

第七章　虚假的曙光

至军事法庭的证据之上的。此外，他也认为这两人均是故意擅离职守，于是他利用了这些评论来证实自己判断。考虑到证据的模糊性，他的判断有可能是正确的。虽然更仁慈、更富有同情心的人可能会考虑到这个案子中存在着可以减轻罪责的情节，因而对这些士兵从轻处罚。然而，不合理的地方是这名指挥官做出决定的方式，他剥夺了这两名士兵申辩的机会，这就公然违反了自然公正的准则。

或许正是这项对其擅离职守的指控，最终葬送了2名士兵的性命。所以，在得知第93旅的指挥官约翰·英格尔斯以及黑格一致建议应该对他们执行死刑时，众人也就觉得不足为奇了。1916年9月5日，这两名士兵被处以枪决。

枪决后，2名士兵的尸体被埋在附近区域。有传言说，万利斯·奥高恩将军踢掉了这两名士兵墓地上摆放着的鲜花，嘟囔着："这些人最好被遗忘。"据说，亚瑟·怀尔德的家人通过以下刻在他墓碑上的铭文做出反击："他没有被最爱他的人所遗忘。"

第八章

亨特－邦特的荒唐事

博蒙阿梅勒，1916年7月1日

在彰显英国年轻士兵于1916年7月1日牺牲之壮烈的所有照片中，那些展现兰开夏郡燧发枪团第1营士兵年轻风采的照片最具有代表性。这些年轻战士们走在无人区的下沉公路上，厉兵秣马，为博蒙阿梅勒村的战斗做好了准备。

不知这些照片是否拍摄于大战开始之前，但正如官方拍摄的索姆河战役电影的文字说明中写的那样，英国士兵能够悄无声息地接近德军前线，这一事实本身就是一个胜利。这是一个新颖独特的思路，这种想法造就了英国工兵卓越的挖掘技术，确保了通往战略要地的主要途径并非是地面，而是隧道。士兵们穿过众多隧道，使军队隐匿了行踪。这些隧道都是在索姆河地区工作的隧道连队将白垩岩打穿修凿而成，一切努力都是为了不引起德军的注意。

电影摄影师杰弗里·马林斯拍摄下了蓄势待发的燧发枪团，也记录了山楂岭山脊下那场大爆炸的难忘场景（见第一章）。通往

第八章　亨特-邦特的荒唐事

下沉公路的隧道以及通向山楂岭的隧道都在同一区域，由英军第29师负责防守，而兰开夏郡燧发枪团第1营是该师第86旅的一支进攻部队。

马林斯声称他于7月1日黎明时参观了与下沉公路相连的隧道。之后，他描述道：

> 隧道不超过2.6英尺宽，有5英尺高。里面的士兵正在从隧道的一头运送弹药到另一头去，运送队伍"无限地"长……他们正埋头苦干，大汗淋漓，冒着热气……我们只能紧贴着运弹药的人，才能继续前进……有些地方，两个人根本不可能同时穿过。

隧道的旅程只是开始。从隧道的另一端出来后，马林斯不得不沿着一条窄窄的交通壕"扭动着行进"，身后还拖着相机。"地面向下倾斜，"他回忆说，直到"我看到了坑道的出口……从那里，呈直角沿两侧道路跑下去，就能看到下沉公路了……这条路上野草丛生，满是弹坑。面前的河两岸有许多树桩和一个粗糙的树篱，然后就是一排排……兰开夏郡燧发枪团士兵了"。

马林斯说，在原路返回之前，他快速拍好了他的电影素材。回去时，隧道里全是士兵，他们难以看清自己和领路人朝着哪个方向前进。"我们只能尽可能地摸索着道路，"马林斯回忆说："我的三脚架和相机只能通过人传人的方式通过隧道。将它从一个人手里传递到另一个人手里，士兵蹲下，我跨过他们的身体，这样才最终到达了隧道的另一端，看到了阳光。"

下午 6 点 30 分左右，距离下一次行动只有不到 1 个小时。如果他想要拍摄影片中最重要的部分：山楂树堡垒下方地雷爆炸的情形，那么他就必须回到英军的前线后方。爆炸发生前甚至就有预兆表明，在阶段性战役中，此次爆炸也许会是其中具有决定性的节点。

与连接下沉公路的隧道相比，从英军战线后面一直延伸到山楂树堡垒的隧道是一个更伟大的功绩。士兵们还沿着整个前线，间隔地建造了相对较浅的隧道。这些隧道被设计成横跨无人区的有顶的交通壕，可以在战斗的任何时候使用。山楂树堡垒隧道是 1916 年 4 月初才开始建设的，即在罗林森的攻击计划最终确定前不久，因此很难确定它是否可以按时完成。

隧道的第一部分挖掘工作并没有什么困难。第 252 隧道连队指挥官雷克斯·特罗尔（Rex Trower）上尉在手下士兵挖掘了不到 1 个月后说："我们连队记录了军队在山楂树地雷坑遇到的每一次困难。在这里，我们昼夜不停地工作，7 天时间挖掘 200 英尺，14 天挖掘了 322 英尺，26 天挖掘了 565 英尺。这是一个只有一个采掘面的隧道，能够摧毁 1 055 英尺长的敌军堑壕。

然而，在三周半以后，他们发现按时完工的可能性越发变小。雷克斯·特罗尔报告称："我们在 H3 号地雷坑遇到了很大的困难。现在的隧道长度是 900 英尺……整项工作都是悄无声息地进行着，我们通过打湿采掘面，用刺刀来量白垩岩的长度。现在，这个挖掘面完全是火燧石，我们的进展很慢。"

特罗尔上尉担心，如果施工进展太快而导致产生了太大的噪音，那么德军将会听到，从而会挖掘一条反地道进行对抗。他的担心是有道理的。1916年7月1日进攻过后，英国情报机构从获得的资料中了解到，德国地雷工兵被要求在每8小时轮班一次，每天轮换3次班，最长间歇半个小时，以便监听英国地雷工兵挖掘的声音。

这些监听的时间段与监听所有相邻坑的时间段同步，这是典型的德国效率。他们通过在每个坑中使用一种简单的代码来实现监听，而地雷工兵被要求在坑内的木材上敲击指定次数的声响，以标示监听的开始或结束。这些敲击会重复出现，直到相邻隧道中的地雷工兵相应地敲出特定次数，这是在告诉第一个坑中的地雷工兵，编码信息已经收到。

尽管有延误，特罗尔手下的士兵们最终还是提前完成了任务。1916年6月22日，80英尺深的坑道中装满了40 600磅的炸药，爆炸装置已经完成了。

现在问题来了：地雷何时引爆？第一个计划是，在攻击前几个小时，甚至在进攻前一天晚上就引爆。总司令部否决了工兵们的建议，他们考虑到德军在占领爆炸造成的弹坑方面，比英军速度更快，因此担心爆炸后的弹坑将会被德军所占领。

随后的事件表明，在进攻发动前就引爆地雷会更好些，这也是该地区的主要负责人——第29师的指挥官博瓦尔·德·列尔的建议。但是，有人担心，在战斗之前引爆这么巨大的炸弹，对英军士兵造成的伤亡可能会和德军一样多。最终，第八军的指挥官，艾尔默·亨特－韦斯顿中将命令炸弹在进攻发起前10分钟，即上午7点20分引爆。工兵随后称，这是"亨特－邦特的愚蠢行为"，因为这个爆炸等于警告了地下堡垒里的德军士兵，英国人即将开始攻击了。

"亨特–邦特"还犯下了另一个重大错误。如果英军炮兵在地雷引爆前继续朝德军前线（除了步兵部队所在的矿坑附近）开火，一直轰炸直至进攻开始，这将有可能造成地下堡垒里的守备部队无法行动，只能等待英军主攻部队的到来。

然而，为了保持所有连队能够在通过德军前线后统一时间，该军决定在上午7点20分将整个军的重型炮兵向德军前线堑壕发射。上午7点27分，29师调动了一半的18磅轻型火炮向该师所在区域的前线堑壕发起进攻。因此，在关键时刻，即大批英军部队向这片区域挺进前，第29师所在区域的前线堑壕里，可发射的炮弹数量已非常有限了。这些决定对整个29师前线区域造成了影响，而被皇家燧发枪团第2营（第29师左翼旅部——第86旅的右翼部队）制造的弹坑附近地区暂无波及。

第1兰开夏郡燧发枪团位于第86旅最北部，人们对其在下沉公路的行军情况抱有很大期望，然而该部队却进展缓慢，这也是所有的主攻部队面临的普遍困境。进攻发起时，下沉公路的军队翻越了山顶。其后的支援部队从位于道路西面大约180码的英军前线赶来。营队的战争日志中毫不隐讳地记录了他们的遭遇：

> 一直位于下沉公路的B连队和D连队的主要部队并没有多少闪光点。敌军机枪发射了，周围遍布枪林弹雨。在几英寸的下沉公路中，B连队和D连队的第三和第四小队基本上全部被摧毁，只有一些伤员设法爬了回来。

第八章 亨特-邦特的荒唐事

乔治·阿什赫斯特（George Ashurst）是燧发枪团的士兵之一，他从英军前线后方的支援堑壕来到下沉公路。路上，他遭到了敌军机枪猛烈的射击。"我们匍匐在交通壕内，向前移动着。"他在行动过后写道：

> 德国佬的……榴霰弹似乎在我们上方爆炸了。四面八方传来了痛苦的哀号声和呼救声……当我们跨过身受重伤、奄奄一息的士兵时，他们试图抓住我们的腿……我们挤过了堑壕的一边，身边受伤的士兵挣扎着，渴望自己裂开的伤口能够有人来包扎……他们咒骂着难听的脏话，身上可怕的创伤让他们垂死挣扎……另外一些士兵坐在堑壕底部，颤抖着，大喊着。他们虽然没有受伤，但他们无法承受这巨大的噪音、难闻的气味和可怕的景象。

这些就是在他未到达前线之前所经历的一切。阿什赫斯特后来回忆道，他和连队里的其他士兵不得不爬过山顶才到达了下沉公路。"我们曲折前进……想到我随时都可能会挨子弹，我就抱着头……这样子弹就会打到我的钢盔上了……快点跑！这是我脑子里唯一的想法……直到……我奇迹般地、气喘吁吁地到达了下沉公路，我几乎是钻进那里的防御工事的。"

直到那时，他才注意到在过去几分钟内发生的灾难。"整条路上躺满了尸体以及垂死挣扎的士兵"，阿什赫斯特后来写道：

> 有些人语无伦次地说着胡话，有些喊着救命，想要喝水……

之后，我听到上校要求所有未受伤的士兵沿着路边排成队列……他气势汹汹地挥舞着左轮手枪，叫着通信员，并走上前去，怒喝道："跑到这条道路的高处，发信号，请求增援部队！"信号员立刻服从，没有丝毫犹豫。但是，当他抬起第一面旗帜，发出第一个信号时，就倒在了路上，被子弹打得千疮百孔。

类似的命运也在等待着增援部队的大多数士兵，他们被命令去增援兰开夏郡燧发枪团。上午 8 点 15 分，幸存的燧发枪手们收到命令，要从下沉公路进行第二次突击。此次突击中，只有一位军官和 10 名普通士兵抵达了德军的铁丝网。阿什赫斯特保住了性命，因为突击开始不久后，他发现自己是最后一个仍在前进的人，所以他就躲在一个弹坑里避难。从那里，他可以看到整片战场。这并不是一个令人愉快的景象。他所在的地方和英军堑壕之间到处都是"尸体……和受伤的士兵"。更糟糕的是，许多人都很痛苦。枪声消失之后，他仍能听到那些受伤的士兵们令人心碎的哭声。

直到黄昏，阿什赫斯特都没有看到几名逃回至右侧前线的英军士兵（可能是今早撤退的第二皇家燧发枪手团，第 86 旅右翼突击部队）。他担心，如果自己一直停留在前线，很可能会被支援新一轮英军袭击的轰炸困住，所以，阿什赫斯特抓住机会，往回飞奔，最终再次回到了下沉公路。

幸运的是，阿什赫斯特所在部队的指挥官是梅雷迪思·马尼亚克（Meredith Magniac）中校，他今年 36 岁，是一个身体强健的人。事实上，这位中校的父亲是一名上将，这对他的仕途注定会有些帮

第八章 亨特-邦特的荒唐事

助。战争前,他是一个很厉害的板球运动员,但他不像正在攻打塞尔的那些兄弟营中的一些运动员,取得过那般辉煌的成绩(见第七章),他只是参加过一流的体育赛事而已。战斗是马尼亚克充满活力的来源。但是,马尼亚克刚刚目睹了一场大规模的屠杀,这与克里米亚战争中轻骑兵猛攻下的大屠杀毫无二致。当他第一次看到自己已失联的指挥官,韦尔·德·兰西·威廉斯准将(Weir De Lancey Williams)发出的命令时,一定感到十分震惊。11点45分,马尼亚克收到了指令,此时他正位于白城(White City),这里是英军前线的后方河岸,一系列的地下堡垒被建造于此,用作部队总部以及死伤士兵的急救站。指令内容如下:

> 中午12点至12点30分将会有另一次针对前线的轰炸。你一定要尽你所能,召集每一个士兵,并在12点30分的时候与他们一起再次发动进攻。
>
> 建议你去博蒙阿梅勒北部,因为我听说第四师在那边取得了一些进展……
>
> 无论付出怎样的代价,你都必须守住下沉公路。许多敌军部队已经撤退,左翼部队和右翼部队正在挺进。只要我们朝着敌人发动猛烈攻击,他们就一定会撤退的!

显然,威廉斯准将的命令让尼亚克中校大吃一惊,但他很快便回复道:

您应该尚未收到我此前的回复吧。

我现在已经到了下沉公路，手下有 75 名战士和一名军官。其他堑壕里还有大约 50 个士兵。

我在斯托克斯和路易斯的掩护下，曾两次尝试让军队向前推进，但都以失败而告终了。我们遭到了机枪扫射，因此只前进了几码的距离。

如果您愿意，我当然会进攻，但我认为行动一定会失败。敌军的机枪都藏在村庄的残骸后面，向前扫射。

看到马尼亚克的回信后，威廉斯准将很快做出了回应，并通过他的副旅长向其转达："参考了你的回信。在这种情况下，总指挥官同意停止进攻。"不幸的是，对于燧发枪团的士兵来说，这个答复并不够及时。这封信在下午 1 点以后才传到马尼亚克的手里，而此时此刻，进攻已经开始了。所以，他没有什么选择的余地，只能命令营里为数不多的几位军官中的一位，带领余下的 25 名士兵出发。12 点 30 分，这位军官仍然在等待命令，准备从英军前线出发。如果这名军官和他的士兵抵达了下沉公路，尼亚克就会派额外的 75 名士兵在那里等候，然后他们将一起出发，孤注一掷，进行最后一次攻占德军前线的尝试。

在该营的战争日志中，对马尼亚克的决定是这样描述的："尽管我军前线没有机会取得任何进展，但在山楂树堡垒对面的我军堑壕内，仍有大约 700 名士兵。为了支援他们，我们的士兵似乎有必要吸引尽可能多的机枪炮火。"

第八章 亨特－邦特的荒唐事

可以预见的是，一旦军队从英军前线挺进，德军机枪将会再次扫射。那位军官在抵达下沉公路时，身边只剩下 4 名战士了。战争日志中言辞激烈地谴责道，其右翼部队"从来没有动过，所以我们的牺牲是徒劳的"。马尼亚克在这个时候已经回到了下沉公路，但当他看到他手下幸存的士兵仅有寥寥数人后，便取消了进攻计划。

这次注定失败的进攻让兰开夏郡燧发枪团的伤亡人数超过了 500 人。但在某种程度上，第 86 旅的兄弟团即第二皇家燧发枪团遭遇的情况则更加悲惨。由于山楂树堡垒的爆炸，皇家燧发枪手团的先锋部队已经抵达了德军前线，并在到达的第一个地下堡垒时压制住了里面的德军火力（见第一章）。同时，他们还得到了一些支援营幸存者的支持。这些支援营的幸存者来自第 16 米德尔塞克斯兵团，该兵团此前在无人区曾遭受重大损失。

英军炮兵部队计划建立一个炮火屏障，地点就位于此区域德军前线堑壕的背后，如若这个计划被取消，那么守备部队将直面腹背受敌、孤立无援的处境，而且得到增援也变得毫无希望，如此守备部队极有可能会选择投降。在此情况下，皇家燧发枪团如果还在固守阵地，结局也许就不为人所知了。如果英军能够在山楂树堡垒弹坑附近的德军前线地区建立稳固的据点，必定将为相邻两个前线阵地互相呼应提供可行性条件。

相反，德军支援部队并没有受到英国炮兵的牵制。他们能够冲到弹坑旁的救援部队那里去。在经历了猛烈的射击和炮弹后，他们完全消除了皇家燧发枪团对他们整个前线阵地的威胁。

令英军部队失望的是，地雷爆炸以及第二皇家燧发枪团的猛击几乎可以击败山楂树堡垒旁的德国兵，但由于英军总司令轻率的作战计划，他们最终还是失败了。具有讽刺意味的是，黑格的作战计划过于雄心勃勃，反而弄巧成拙，适得其反。他坚持让英军炮兵炮轰德军前线堑壕后方的区域，这就使得军队难以对入侵实施防御措施。第七和第八军每一次打入德军阵地时也是这样的情况（在戈默库尔、海登寇以及山楂岭山脊的进攻，参见第九章和第十章）。

和兰开夏郡燧发枪团相比，位于皇家燧发枪团南部的第29师右翼部队第87旅，在枪林弹雨中，并没有取得任何进展。唯一的区别是，这段时间以来，各种报告都错误地表明，右翼营即第一皇家恩尼斯基林燧发枪团，可能已经穿越了德军前线，甚至抵达了博蒙阿梅勒。然而，又有炮弹从村庄里射向英军前线，这导致人们对英军是否攻入博蒙阿梅勒产生了疑问，这与之前人们对塞尔北部战斗的质疑是大致相似的（见第七章）。

正是这些未经证实的报告，才让第29师的指挥官亨利·博瓦尔·德·列尔少将派出了另一批士兵。这次，他调遣的是后备部队第88旅，因为亨利想看看他们能否突破进去。纽芬兰第一军（7月1日唯一参战的海外步兵部队）以及第一艾塞克斯兵团进军的目标是Y峡谷的突出部分（89处）和03处之间的区域，即29师前线南端。难以置信的是，第一批向此地区挺进的部队遭受到了密集的机枪炮火攻击，因为没有炮兵部队能够再次压制德军炮兵了。鉴于此，目前唯一能掩护新一轮袭击的只有英军的机枪火力。

几年后，纽芬兰副官亚瑟·雷利（Arthur Raley）上尉在接受记者采访时，回忆起了这次惨败，他声称自己和旅部参谋最后一次谈话过后，形势变得越来越不利于己方。

> 我们起初被告知，两支部队将会向前进攻（右翼的第一艾塞克斯兵团和左翼的纽芬兰军）……之后，我们被要求要从当前位置出发……我们在第三行队列……实际上，我给旅部打了电话……询问我们是单独行动，还是与我们的右翼部队一起。电话中明确地说，我们准备好后就尽快出发。所以（在上午9点15分），我们的部队在没有任何支援的情况下就出发了……我认为这是一个非常糟糕的决定！
>
> 我们行军的区域有一个缓坡，一直通到德军战线。我们所在的地方没有掩蔽物……我们所有人都被德军士兵们看得一清二楚。
>
> 那里还有相当茂密的草……这或许就是我和指挥官能保住性命的原因。我们……先跳出了堑壕……德军没有注意到我们……当距离前线还有一半路程时，我们趴了下来……这时候，我们能看到周围发生的一切。我们面前有一簇簇野草。除此以外没有别的了。

正是从这个位置，雷利观察到了德军对纽芬兰军袭击的反应：用机枪向山坡"扫射"。尽管如此，纽芬兰军仍在继续前进，"士兵们知道自己正处于猛烈的炮火之下，大家的动作都是统一的：本能地把自己的下巴缩到肩膀里，就像他们在远离纽芬兰的一些小前哨基地里，在每次巡逻后回营地的路上，经常与暴风雪抗争的样子一样"。

"有些士兵正在运载堑壕桥、钢丝绳和爆破筒,以及其他各式各样这类东西。他们……还没来得及朝敌人开火……就被撂倒了。"

由于英国军队在己方铁丝网上只留下为数不多的豁口,所以德军机枪手的任务完成得非常轻松。所有的德军士兵只要把自己的枪炮瞄准这些纽芬兰人不得不通过的豁口,就很容易打中,几乎不会失手。

金杰·伯恩(Ginger Byrne)是一名19岁的英国士兵,他加入了纽芬兰军,也是少数几个毫发无损地抵达德军铁丝网的士兵之一。但是,当他们的第一个士兵被撂倒后不久,第二个士兵就"像木头一样倒下了"。伯恩意识到是时候采取规避行动了。"汹涌而来的机枪子弹……就像冰雹一样砸来,"他后来回忆说:"我前面有两个……士兵都……牺牲了。其中一个尸体倒在左边,直接倒在德军铁丝网……另一个在他右侧大约25码的距离,身体四肢挂在铁丝网上。"唯一明智的选择就是跳到最近的弹坑里。伯恩就是这么做的。他在那里待了一整天,天黑后才逃走。

纽芬兰营的列兵伯特·埃利斯(Bert Ellis)右腿中弹,他躺在旺兹沃思(Wandsworth)的医院里接受治疗时,描述了自己所目睹的真相:

> 我们的士兵从头到尾都表现得像英雄一样。他们坐在山顶唱歌,仿佛是在行军途中,而不是在赴死之路上……这里简直就是人间地狱……他们用机枪炮火……撂倒我们时,就像用长柄大镰刀割麦子一样。你知道吗,机枪开火的声音,就像是气

锤在码头发出的噪音。他们踩躏着我们的士兵，更糟糕的是，他们有着所谓的纵射炮火，这是最致命的一种射击方式。你几乎可以看到子弹来了，那么密集，又那么快。

另一名幸存者是纽芬兰的列兵詹姆斯·麦格拉（James McGrath）。他说了一句话，看起来像是描述了他所经历的一切："我永远不会忘记1916年7月1日索姆河进攻开始的那天！"他继续说道：

> 当我们向德军堑壕推进时，遭到了可怕的机枪扫射。德国人实际上把我们当成了活靶子。我设法到达了他们的铁丝网，在那里我挨了第一枪。之后，当我跳进他们的堑壕里时，我的腿部中了第二枪。
>
> 我倒在无人区里15个小时，然后爬了1.25英里。他们再次向我开枪，这次是左腿中枪。所以我又等了1个小时，然后再次移动。现在，我只能用我的左臂了。
>
> 我将一切事情都完成得很好，正在逐渐靠近我军堑壕。当时，我正在趴着匍匐前进，他们再一次击中了我，这一次子弹打中了我的臀部。我设法到达了我军战线，那里，军队正在撤离，因为我军的炮兵部队正在堑壕上发射炮弹。由于我军开始炮击敌军，于是我就又在洞里待了1个小时。
>
> 那个时候……温德勒上尉救了我，他背着我回到了2英里外的急救站。感谢上帝，我的伤口都只是皮肉伤，不需要很长时间来治愈。

列兵麦格拉是成功抵达德军铁丝网的士兵之一。虽然有几位勇敢的士兵已经能够将手榴弹投掷到德军前线，但那里已经是他们所能够到达的极限了。进攻停止的时候，几乎没有士兵能站起来。参与进攻的纽芬兰士兵大约有 780 名，但最终，有 700 多人伤亡。

之后，在当天早些时候，荒凉可怕的无人区里还遍布着行进中的士兵。这些士兵至少从无人区带回了一个幸存者。这位幸存者是列兵伯特·埃利斯，他亲眼看见了这片战场，以下是他的陈述：

我独自一人爬回了 400 码的距离。一路上就没遇到过一个活人，全是死尸！只有死尸！到处都是！这可怕的景象让我感觉很不舒服，我不知道自己应该继续前行，还是留下来和他们待在一起。

情况本来不会这么糟糕。我们试图返回时，我们又成了靶子。我最困惑的是，我究竟是怎么活着回来的。

点名时，只活下来 43 个人，其中 2 名士兵是 C 连队的。

在某种程度上，埃利斯和麦格拉都很幸运。早晨 7 点 30 分，达德利·梅诺－莱森伯格（Dudley Menaud-Lissenberg）观察到第一批英军部队冲了过去（见第一章）。下午，他一直待在他所占领的那个皇家炮兵团的观察哨内，并看到了那些不幸的士兵所经历的事情："我看到了一个孤独的身影，他正从远处的山脊返回我军战线，并不时地跳到弹坑里掩蔽起来。这肯定是一个通信兵。当他到达我军的铁丝网，正准备跳到堑壕里时，一枚炮弹击中了他的脚，

第八章 亨特－邦特的荒唐事

并把他炸飞到了空中。"正如梅诺－莱森伯格所说,对许多人来说,那天确实是"灾难性的一天"。

这一次轮到第一艾塞克斯兵团试图打破僵局了。但他们却以失败而告终,造成了额外 230 名士兵的伤亡。正是在这以后,新的命令下达了,命令要求他们在凌晨 0 点 30 分发起另一轮攻击(上文提及的有关兰开夏郡燧发枪团的任务)。这场进攻本应该连同海登寇地区第四师的攻击一起进行。但在 20 分钟前,第 88 旅的指挥官却要求推迟此次行动,并获得了批准。然而,在得知第 88 旅不能依照计划,在 0 点 45 分抵达英军前线后,德·列尔与亨特－韦斯顿进行了商议,两人决定为了减少损失,取消进一步的进攻行动。考虑到第 29 师的伤亡人数已经达到 5 000 人,任何人都会同意这个决定。

事实上,如果将军们距离前线足够近,能够看到以他们的名义批准的行动造成了多少士兵的痛苦,那么进攻可能会被更早地叫停。这或许就解释了为什么在最后一次进攻发动后,官方报告没有提及战场究竟是何情形。但是,一些参战者不会那么容易就被愚弄。23 岁的第二中尉亚瑟·斯坦福是南威尔士边防团(the South Wales Borderers)第 2 营的炮兵联络官。该部队领导了第 87 旅前线左翼的进攻。对于自己所看到的事情,斯坦福感到非常愤怒,他在第二天寄给父亲的信中描述了战后的景象:"我军士兵在跳出堑壕后遭到了扫射,他们成排地倒下,尸体与堑壕平行。然后那些野蛮的德国佬……一整天都在用机关枪向那些不幸的士兵扫射,并将他们全部杀死。如果哪一个士兵动了一下,他就会被立刻……被扫射。"

与 7 月 1 日的许多幸存者一样,斯坦福躲在了一个弹坑中,直到天黑才飞快地跑回了英军一侧。这是一个令人悲伤的回家之旅。"我们营只剩下60名士兵了",斯坦福讽刺地说,对将军们而言"这些人可以临时组成一个反击小分队了"。

对于那些已经牺牲或重伤的士兵家属来说,这无疑是一个毁灭性的打击。然而,与那些为兄弟营注入兵力的地区相同,纽芬兰军的士兵来自这样一个规模小却紧密团结的群体,所以战争的影响对他们来说更为严重。威廉·奈特(William Knight)本是一名机械员,早在1914年,年仅22岁的他便入伍了。他的家人一定承受了比大多数人更多的痛苦。

7月4日,首批分散的伤员名单被送到纽芬兰省手里。那时,在纽芬兰省会圣约翰斯(St John's),没有人意识到纽芬兰军有多少士兵伤亡。然而,在几天内,新闻媒体就让人们意识到了伤亡士兵的数量。这份名单太长了,所以一般来说,当局不会私下通知伤员家属。家属们只能忍受着痛苦,自己前去当地的邮局查看在那里张贴着的伤亡名单。

可以想象得到,一位父亲或母亲,以这种方式看到自己心爱的孩子的名字出现在死亡名单或失踪名单上时,将忍受着怎样的痛苦。即使是那些受伤士兵的家属,也一定会非常担心:他们是严重烧伤,还是失去了四肢,抑或只是受了可以治愈的轻伤?

奈特家则面临着不同的情况。当许多人都在为自己受伤或已经死去的儿子哭泣时,他们却没有收到任何有关威廉的音信。最后,威廉的母亲写信给他,试图了解发生了什么。这封信写于7月18日:

亲爱的威尔：

我 6 月 20 日收到了你的卡片。我本来以为这是一封信，所以我很失望。我知道你很忙。不过一张卡片也能让我们知道你过得很好。

战争过后，我极为苦恼。我盼望得到你的消息。这太可怕了，比实际情况糟糕 10 倍。这已经够糟糕了。我想起了你曾对我说过的话，你总是告诉我，没有消息就是好消息。

我已经好几天吃不下饭了。

你可怜的爷爷就像一条离开了水的鱼。他疲惫地走上邮局台阶，想去看看那些名字。

同一天，威廉的爷爷沃伦也决定写一封信。他写下"我亲爱的威利"，并继续道：

我写这封信想告诉你，你 6 月 18 日的来信我已如期收到，我们很高兴得知你身体健康……我希望这封信能换来相同的好消息。

我能看出来你写信时是在堑壕。我希望你能安全出来。但我也能看出，从那之后，你参加了一场大的战役，我希望上帝能保佑你顺利挺过去，因为那段时间一定非常可怕。如果你顺利地挺过去了，你一定是非常幸运的那个孩子，我只能希望事实确实如此。如果真的这么幸运，那我们一定要感谢上帝。我能从伤亡名单中的伤亡人数来判断，现在伤亡人数已经超过了

500，并且这个数字还在持续增加。但到目前为止，你还没有出现在那个名单里。我希望并祈祷上帝，你不要出现在这份名单上。

我注意到你说……你们营已经有了些名气。我的孩子，如果你在写信时已经出了名，那么从那以后，你所获得的成就一定还要更多，因为你为纽芬兰人和纽芬兰省带来了光荣和荣耀……

你的伯母向你致以最好的祝福，希望战争能够很快结束，你可以安然无恙地回家。在上帝的帮助下，你一定会的。现在，我不得不以我对你的爱作为完结，来结束这封信。

愿上帝祝福你，保护你。

爱你的爷爷
沃伦

信函发出后，没有人知道奈特的家人经历了什么。也许，沃伦会继续"疲惫地"去邮局，继续在伤员名单上寻找威廉的名字。也许威廉的母亲会因为无法联系到儿子而变得越发焦躁不安。或者，整个家庭都会坐立不安，屏住呼吸，等待着威廉的回信。他们的等待是无果的。7月26日，一封来自殖民地大臣的信件打印了出来，并随后交给了威廉的父亲弗雷德。信以"亲爱的先生"为开始，并继续道：

我很遗憾地通知您，伦敦纽芬兰第一军档案局于今日的报

第八章 亨特－邦特的荒唐事

告中称，您的儿子，编号第 290 号，威廉·B. 奈特于 7 月 1 日在战斗中牺牲。

同情您的，
殖民地大臣

这一定是一个可怕的打击，威廉的家人可能需要一些时间才能从威廉再也无法回来的噩耗中走出来。有些父母在儿子的个人物品被归还时，才接受了这一事实。如果同样的事情发生在了奈特的家人身上，那么或许威廉的母亲和爷爷写的信也会有一些意义。这些信被退还到他们手里时，信封上用红色墨水写着"已故"。

当然，在这些等待着亲人消息的人中，有些人等待的时间更长。许多人在等待了五六个月后，最担心的事情才得到了确认。最后，大多数人收到的虽然是一封格式化的来信，但却充满了鼓舞人心的爱国情绪。这些信件可以归类为历史文件。这里附上一封完整的信件：

亲爱的先生，

过去一段时间，帝国政府一直在调查纽芬兰第一军士兵的下落，他们中有些人自 7 月 1 日的行动以来就一直没有音信。但是，我非常遗憾地表示，从我们得到的消息可知……显然，这些士兵中没有一个成了德军的战俘，而且当局不得不得出以下结论：所有这些英勇无畏的军人……（其中有的是您的亲人），在 7 月 1 日的重大行动中战死。

在这一悲痛时刻，我谨代表政府和我本人向您表示最诚挚的同情。我们失去了挚爱的亲人，但毫无疑问的是，您现在哀悼的亲人自愿响应了国王和国家的召唤，他无比高尚地完成了他的使命，面对敌人，捍卫正义、真理和自由，这对您也是一种慰藉。他放下了人世间的武器，却戴上战士的胜利之冠，他的名字将被铭刻在光荣的阵亡将士名册之上，并被祖国所有的同胞铭记于心。当战争胜利的那一刻，和平将再次笼罩地球。令人宽慰的是，这个光荣的成就中，也有来自您家人的一份伟大的贡献。

我相信，在这个时候，您可以享有我们伟大的国父的恩典与慰问。

真诚地同情，
相信我
您顺从的仆人
殖民地大臣

第九章

紧张形势

海登寇，1916年7月1日

英军在其对面的塞尔和博蒙阿梅勒历经灾难，这使得他们无法守住两个村庄之间的目标区域。但是，英军司令部仍下达了守住目标区域的命令。7月1日，英军突破了博蒙阿梅勒北部和塞尔以南的德军阵地。如第六章所述，这片堑壕被德军称为海登寇（Heidenkopf），英国人称之为四边形地区，严格地说，这片区域的名称是以其最鲜明的特征命名的。这是一块面向英军战线，向西延伸的突出阵地。

这片区域有一个更加生动形象的德语昵称——"狮子的后背"（Lôwen-rücken）。此昵称表示，这里相比狮子的正面而言，更容易进攻。如果这样的地方确实存在，那么此处一定是德军防御的一个弱点。但事实上，针对英军进攻者而言，这样的地方并不意味着安全，仍然充满了危险。英军作战参谋不知道的是，隐藏在这块突出阵地西部的地下部分，就是4个德军隧道的终点，这里面布满了炸药，随时会在士兵按下按钮后爆炸。

进攻部队面临着众多问题，里面就包括如果这里的炸药被引爆，保护这个地点的堑壕还有什么意义。当然，第一批英军还没来得及顾虑这块被炸药填满的突出阵地。在进攻刚开始时，英军所面临的最大威胁是德军的机枪，这与英军在索姆河前线的其他地方所面临的危险一样。在这块区域的北部和南部都没有行之有效的措施可以摧毁德军的机枪。进攻发动前的几分钟，第一批英军士兵刚刚爬上胸墙，不久之后，第121预备役步兵团的机枪就开始扫射了。这个兵团是第26预备役师最北部的部队，镇守在海登寇防区。

机枪手的射击方向和效率均由该团的贝克中尉监控着。贝克是一位德国军官，几分钟之前他还看到，英军士兵正幸灾乐祸地看着自己的战果：步兵部队的重型火炮对德军堑壕造成毁灭性破坏。海登寇后面的瞭望塔里有一个望远镜，贝克透过它观察到，德军在进攻开始时处于优势地位："我军枪炮想落空都难，因为敌人大多都是一起集体前进的。"他在报告中称："我看到机枪子弹如同镰刀一般，收割着敌军。"

机枪只是用来击退敌袭的武器之一，还有所谓的土灰浆，这是射向敌军装有玻璃与爆炸物的桶。正如贝克中尉所说，它们造成的破坏性，可能比炮弹落地后、炸药被点燃时造成的破坏更大。"在作战的某一时刻，我看到一个桶状物高高地飞向天空，然后落在了英军士兵附近。"贝克继续回忆道：

英军士兵对此感到非常惊讶，呆若木鸡，一个士兵甚至走

第九章 紧张形势

上前去仔细观察它，并叫其他人也来看。我刚刚还在想着这可怕的后果，就看到一个巨大的黑云腾空而起，裹卷着这些人的尸体。其中一名士兵是个高个子的苏格兰人，他被摔在了一根曾挂着我军铁丝网的铁柱上，铁柱刺穿了他的下巴。在那一刻，我看到了那双盯着我的眼睛，那是死人的眼睛。

德国人热衷于使用各式新型武器，但这似乎并不能弥补他们已经犯下的原则性错误。首先，地雷需要时刻准备引爆，但这个命令并没有传达给"工兵"连队。该连队负责迅速炸毁海登寇地区，因此在第一批进攻部队逼近时，工兵及作战部队（以下统称为轻工兵）根本不会停留在原地。同时，布雷区两边的士兵人数也被大幅削减，以减轻地雷爆炸对两侧所造成的损害。

这就解释了以下有关这种地雷的评论。这些言论涵盖在轻工兵在战后所写的事后分析报告中："如果这些地雷很强大，它们就会对安全防御工作造成阻碍，因为人们害怕被炸飞的石头会砸回自己的阵地。同样，只有在爆炸过后，雷区附近的堑壕才会有士兵出现。"

贝克中尉观察到，英军士兵闯入了堑壕，并到达了突出阵地的南部。而这片堑壕本应由他所在兵团的第三连队守卫。贝克中尉的观察以及以上的评论，让人们产生了一个疑问：英军最初是如何突破德军防卫系统的，其缘由是否是德军出现了战术错误，加之英军幸运地摧毁了德军为弥补防御缺口而设的一挺重机枪？

不管缘何如此，少数有关攻破德军防卫的证据表明，英军部队里确实有一些具有洞察力且英勇顽强的士兵。如果萨默塞特轻步兵队第1营的军士长珀西·查普尔（Percy Chappell）的回忆是正确的话，包括第4师第11旅——第1燧发枪旅的兄弟部队在内的第一拨士兵被滞留在了德军铁丝网附近。那时，他所在的萨默塞特轻装步兵队从后面赶了过来。另一记录描述道，在这个时刻，燧发枪旅不得不忍受着"最可怕的步枪和机枪压制"。查普尔称，双方在一段时间内形成了僵持局面，英德两军互相朝彼此投掷手榴弹。但之后，指挥官突然大喊道："来吧小伙子们，让他们也尝尝失败的滋味！"于是，燧发枪旅的士兵开始冲锋陷阵，而德军前线的守备部队纷纷逃离了。

针对这一意外，德军采取了应对措施，如果笼罩在这片前线地区的浓雾不会致使这些措施失败的话，这种意外情况可能很快就会得到控制。"我绝望地发射了红色信号弹，"贝克中尉写道，"这一信号要求炮兵部队停止炮击，因为这会阻止增援部队接近敌军。但只有少数部队对此做出回应。"

由于毗邻海登寇突出阵地的德军防御力量不足，许多英军部队因此受益。显然，受益部队并非只有第1燧发枪旅一支。皇家沃里克郡兵团第1/8营（早晨7点30分时，燧发枪旅的左翼部队）的战争日志中记录："军队开始挺进了。第一支部队已经到达，并且行进速度非常快。第二支部队也是，这两支部队偶尔停顿一两次。"这就证实了那个推测：在布有地雷的突出阵地上，德军的防御力量已经很弱了，敌军很少。

英军第一批部队中，不是每个士兵都这么幸运。第四师最右翼的部队，即第11旅东兰开夏郡团第1营进攻了突出阵地的南部区

第九章 紧张形势

域。该部队遇到的情况则非常不同。营队右侧的部队甚至无法穿过德军铁丝网，因为那里的铁丝网并没有被切断。营队中设法进入德军前线的大多数士兵要么被击毙，要么被俘虏。

对于英军来说，情况更糟的是（见第十章）德军炮兵部队联合机枪手，一起切断了英军先头部队和支援部队之间的联系，这与英军部队之前在戈默库尔地区南部实施的行动一样。这次，德军在无人区设立了一堵火墙。

中尉 W. J. 佩奇是东兰开夏郡团第 1 营的参谋官，他曾尝试破除这堵火墙，但却以失败而告终。那是在进攻发动后不久，佩奇试图跟随先头部队穿越无人区。他在战后报告中写道："要是有谁能够在这样的炮火中生还的话，才真是不可思议。"

战争造成了很大的伤亡，其中包括营队的机枪队长纽科姆中尉。"纽基"当时平静地跟在佩奇的身后，抽着烟，而他在爬出堑壕、发动进攻的短短几分钟内，就惨遭射杀了。炮弹和机枪子弹造成的受害者"到处都是"。佩奇在报告中称：

> 我奇迹般地穿过了所有炮火，来到了这段轻微有些凹陷的路段，这里大约位于无人区的中间。在这里，我催促那些试图寻找避难处、躲避这毁灭性炮火的士兵继续前进，虽然现在我可以看到这些避难处或许就在他们身边……
>
> 进攻发动大约 8 分钟后……我直接面对着德军的铁丝网……我……看到一小批敌军步兵正站在胸墙上……他们在自己的木制手榴弹上，挥舞着帽子……高喊着："来啊，英国人！"

我……将左轮手枪瞄准这批士兵，直到子弹打完。这时，我军的一台野战炮……向他们中间发射了第一枚炮弹。

"目标被消灭，"佩奇总结道，"但是军队不可能再向前挺进了。任何在无人区的行动……都会引发子弹像冰雹似的砸来。佩奇意识到谨慎即大勇，于是他便和随行的士兵一起在附近的弹坑中寻找避难处。

与此同时，第11旅的核心联队——步兵旅第1营取得了更大的进展。尽管其右翼连队没有突破防线，但是仍有些（但不是全部）左翼连队抵达了他们的第一个攻击目标：德军阵地。后来，第1燧发枪旅的中尉格洛弗对一位上级军官报告称："我们大多数人似乎都已经被击败。"但那时，他们没有时间去统计伤亡人数，"堑壕里有一些德军……霍尔中士、霍尔斯下士和我开始轰炸行动了……直到我们右侧的敌军被全部清空。"

之后，他们继续前进，抵达第三条德军战线，过了一段时间后，他们抵达了第四条战线，第1/8皇家沃里克兵团此时就位于他们的左侧。之后，支援的士兵前来对他们实施了援助，来此的支援部队有萨默塞特轻步兵队第1营支援第1步兵旅，以及皇家沃里克兵团第1/6营支援皇家沃里克兵团的第1/8营。

皇家沃里克兵团第1/8营的战争日志中总结了他们的进展："抵达第三条德军战线时，我们暂时被机枪火力压制，被迫暂时停止了前进。但我们很快攻占了它……发起进攻后大约35~40分钟，我们完成了第一个目标……并立即开始加固防线，同时清理步枪。"

第九章 紧张形势

由于手榴弹的供应越来越少，他们对已攻占堑壕的防守能力也因此减弱。"很多时候我们都遭到了来自这片阵地的炸弹轰炸，"他们的战争记者记录道，"我们不得不撤退……沿着胸墙排成一列，用机枪和步枪坚持着。英德两军的士兵各自组成搜索队，尽可能多地搜集着炸弹。当我们搜集得差不多时，我们再次完成了任务。"

不久，第4师支援旅的士兵已经都在堑壕里了，甚至可以说，堑壕里的士兵太满了。就像格洛弗说的："堑壕过于拥挤……每个人都挡着另一个人的道，人们很难移动或挖掘堑壕。我尝试让第11旅的士兵从右侧散开，但却没有那么成功。皇家沃里克兵团第1/8营的马丁上尉也试图让第10旅和第12旅的士兵往左侧散开，但却在德军火力压制下失败了，我们动弹不得，无法走出这个堑壕去支援他们。"

格洛弗讲道，炎热的天气中，这种长时间无法在堑壕里向其他方向快速移动的状态，可能会引发危机。"突然，堑壕右侧……遭到了德军投弹手的突袭。防爆小组附近的士兵冲回了左侧。防爆小组显然被切断了与其他部队的联系。"

这是一个艰难的时刻。"我们弹药匮乏，"格洛弗解释道，"刘易斯机枪也几乎报废了。"然而，他竟临时拼凑了一支防御部队。"我们所有的炸药以及左侧备用的所有炸弹都传递了过去。在一名下士的帮助下，我设法聚集了……4位……优秀的投手……帮助我们坚守住……堑壕。"

虽然有了这些"优秀的投手"，但如若他们意志不够坚定，也还是无法成事的。格洛弗称"有一名士兵非常出色"，那是一名通信员，他似乎从德军前线的堑壕处带来了补给。那里，支援先头部队的各个连队都在掘壕防守。"这位通信员往返于敌军堑壕和我方堑壕至少20次，带来了炸弹和刘易斯机枪。在保证军队运转方面，他所做的工作超越了任何一个人"。

这位通信员还从第二奥尔巴尼公爵团（Seaforth Highlanders）的指挥官那里得到了一条命令，命令他们要尽可能地长时间坚守阵地。奥尔巴尼公爵团是第4师第10旅的唯一一支苏格兰部队，是成功进入德军前线的支援部队之一。"奥尔巴尼公爵团的上校称，他会送来更多炸弹，"格洛弗说，"但对这位通信员来说，这样的消息来得太晚。掷弹手都已经精疲力竭，而德军士兵仍充满战斗力。在极力劝说下，我们设法要来了大约6个人的团队，他们都是身强体壮的战士。"

贝克中尉回到了最初被突破的战线附近，他感到焦虑不安。英军取得的进展刺激了像他一样驻扎在德军前线的士兵们。英军部队向前推进前，他在德军第一和第二堑壕之间的哨塔里，感到相对安全。之后，这座塔变得更像是一个监狱，特别是当他听到英军指挥官在外面喊叫时。"接下来的时刻将决定我是死是活。"贝克后来写道：

> 一群……英国士兵爬到了我所在的塔的入口，喊道："这里有德国兵吗？"发现没有人回答时，他们投掷了两枚手榴弹。手榴弹爆炸了，但只摧毁了防守的木栅栏，损伤了我的听力。
>
> 不久之后，第二批英军士兵上来了，但是他们没有再多

第九章 紧张形势

看,因为这座塔看上去好像已经被处理了。

等到四下无人的时候,他匆忙撤退,藏在了附近的一个弹坑里。而他未能料想到的是,自己恰巧发现了一位正在站岗的士兵,而那位士兵距离他刚逃跑的地方只有10米远。他意识到,或许自己必须等到天黑时才能逃脱了,就像在无人区避难的英国士兵一样。

但当贝克计划着他的逃跑路线时,英军士兵的命运,特别是中尉格洛弗的命运,再一次被改变了。"谨慎起见,我们设立了一个路障,"格洛弗说道,"大约35码的堑壕土墙上被配置了刘易斯机枪,我们在最初的阵地坚守着。"

"在很长时间内,打入……这段堑壕和两侧胸墙的德军士兵再也没有出现。另一位躲在地下堡垒里的军官发出了呼喊声,格洛弗的注意力因此被分散了,于是,德军士兵才得以冲了出来,且没有被发现。"格洛弗说,之后他们"把我们的人驱逐出堑壕""回到了四边形阵地"。

正是在这段匆忙撤退回德军前线的过程里,整个行动中最戏剧的一幕发生了。在突击部队快速返回的途中,占领德军前线的那些士兵们认为自己或许已经错过了总撤退的命令,于是他们就成群结队地穿越无人区,回到了英军阵地。如果不是因为24岁的鼓手沃尔特·里奇冒着生命危险爬上了胸墙,并多次吹响军号,重复这一命令,蜂拥而来的士兵可能会引发混乱,整片阵地可能会被敌军反攻。正是因为士兵们听到了响亮的军号声,看到了高高站在人群之中的沃尔特,及时打消了撤退的计划,秩序才得到恢复。

然而，在第三条德军战线实施的撤退行动却是一个让人失望的举措。对于中尉格洛弗来说，唯一可资弥补的地方在于，德国前线后面的防御带内的英军数量比他之前想得更多。此时，他和手下士兵抵达了第一条德军堑壕，这条堑壕是沿着海登寇基地而建的，格洛弗惊讶地发现，一大批英军士兵已经驻扎在此，并且奥尔巴尼公爵团的霍普金森中校正密切监控着、把守着这块阵地，甚至第10旅的参谋官也出现在了这里。此外，此地区还有100~200位其他级别的将士。

然而，他们不得不待在德国前线的日子也没几天了。上级决定，驻守在德军堑壕的英军士兵已经难以继续维持，应当在可行的情况下尽快撤离。霍普金森决定，军队的撤退时间应在天黑以后，那时候穿越无人区不会像在白天那么危险。

当所有的一切都在进行时，贝克中尉也采取了行动。靠近他藏身之处的英军被一场交火分散了注意力，他趁此时爬了出来，溜到了后方。在那里，他与他所在兵团第3营的一支分队取得了联系，这支部队也参加了反击行动。贝克中尉随同他们一起参与了对武装塔周围地区的突袭，却发现其他一些德国士兵已经率先到达了那里："3具英军士兵的尸体、一些损坏的机枪以及无线电装置缠在一起。"

天色暗了下来，那些被困于无人区德军铁丝网旁的英军士兵也得以脱逃了。但是，东兰开夏郡团的佩奇上尉意识到，这一天战斗结束了，但英军士兵所受的痛苦却并未完全结束。广袤的无人区里散落着英军士兵的尸体，唯有夜色将他们遮蔽。尽管如此，佩奇上

第九章　紧张形势

尉和他的兄弟军官——第二中尉 W. 戴利在穿越无人区回到英军战线的路上仍对"同样可怕的场景"历历在目。

穿越无人区的过程就是一场噩梦，回家之旅远非闲庭信步，几乎和进攻行动一样令人不安。他们周围遍布着"维利式信号弹""各类炸药""突然发射的机枪"以及"需要人们冲到最近的弹坑躲避齐射的炮火"。与此同时，人们知道，自救意味着要抛弃自己的同志。"有些受伤的士兵被轻轻地放在弹坑里"，虽然很明显他们无法存活很久。但除此之外，佩奇和他的同伴所能做的就是"从一个呻吟的士兵身边来到另一个士兵的身边，给……他们喝水……并给予他们希望和鼓励"。

两名东兰开夏郡军官回到英军阵地时已经是筋疲力尽了。然而，佩奇整晚都在帮助那些路上遇见的士兵，令他们能够回到阵地，至少他帮助了那些他记得位置的士兵。当黎明的第一缕阳光照亮了黑暗的天空，伤员的救援工作就变得更加危险，他不得不停下来。佩奇回到了保卫堑壕安全的地下堡垒里，靠一杯茶清醒过来。

"在那一刻，我的心情难以言喻，"他后来写道，"我一时哽咽，流下泪水，感伤而又脆弱。我们失去了太多的朋友和战友，我们知道他们都有顽强的毅力……但一切都已经没有意义了。"

佩奇快到地下堡垒时，巨大的灾难也被带了回来。他和戴利偶然撞见了第 10 旅的长官怀尔丁准将，这位准将也接管了第 11 旅的指挥工作。前任指挥官普劳斯准将受了致命的重伤，于是怀尔丁一看到佩奇和他的兄弟军官，便毫不避讳地说道："什么？东兰开夏郡的军官？怎么会，我以为他们都死了。"

不过，在那一刻，接踵而至的坏消息以及焦虑不安的情绪已经麻痹了所有情感。战场上的指挥官不只需要应对死亡，他们的战略方案也必须考虑到战争会造成千千万万名士兵的伤亡。他们正在应对前所未有的灾难，而且这场灾难还没有结束。虽然海登寇地区的撤退行动已于 7 月 1 日夜里 1 点左右成功实施了，但第 10 旅仍有一支连队失踪。这支连队来自皇家爱尔兰燧发枪团的第 1 营。他们没有收到相关通知，告知他们海登寇地区的占领行动必须结束。因为这是在午夜后做出的决定，那时，上级军官终于承认一切有关塞尔地区的报告都是虚假的。最初派去搜寻皇家爱尔兰燧发枪团的 3 组传令兵甚至没有成功穿越无人区。7 月 2 日上午，一个通信员终于与他们联系上了，最后一批有建制的部队因此才能在上午 11 点 15 分撤离了海登寇地区的德军战线。

撤退过后，尽是一片残破不堪的景象。如此景象不单单发生在突出阵地的尖端区域。进攻开始一段时间后，地雷被引爆，这一区域布满了英军和一部分德军的尸体。另一位东兰开夏郡的官员说，前一天晚上他被德军士兵俘获后，看到"广阔的无人区遍布着身穿卡其布军服的英军士兵的尸体和伤员"。

英军的大量伤亡以及强制的撤退命令确保了德军的胜利。但在某种程度上，这种胜利付出了极大的代价。据贝克中尉说，其 121 后备兵团第三连队只有 35 人幸存，且"身心受到了严重的创伤"，该连队 3/4 的士兵都牺牲了。"他们与其他连队的幸存者一起坐在地下堡垒里，如同走丢的孤儿。他们遭受了极大的打击，别人一点也帮不上忙。他们已经精疲力竭，用尽了全部的力气。"

第九章 紧张形势

至少他们身处安全之处,远离断壁残垣的战场。正如贝克所说,"这些堑壕里到处是可怕的场景。在有些地方,五六具尸体堆叠在一起,战友和敌人也混在了一起,他们的尸体因战斗而遭到了严重的毁坏,而且这种事情还在继续发生"。

在 7 月上旬,贝克所在兵团的伤亡超过了 500 人,其中大部分发生在 7 月 1 日。尽管如此,与英军的损失情况相比,这个数字实在是没有任何可比性。在此期间,英军第四师的伤亡人数是这个数字的 10 倍以上,多达 5 900 人。仅第 11 旅就损失了 3 200 名士兵,而其下属的 6 个营中,伤亡的军官和士兵数量超过 450 人,最高损失将近 600 人。

鉴于牺牲、受伤以及失踪的士兵人数,显而易见,进攻结束以后,战争的影响在相当长的一段时间里都不会消散。贝克中尉说道:

随后的几天里,我们可以听到无人区中英国士兵的求助和呻吟。尽管我努力将他们救回,但第一天晚上,我也只带回了少数几名士兵。

在接下来的几天时间里,战场上再也没有硝烟。英国人已经得到了教训。前线死一般的沉寂,只能偶尔听到无人区传来英国士兵的呼喊声。

第四天,倾盆大雨。雨水把更多的英军士兵从充满水的弹坑中冲了出来。我们把他们作为俘虏带了回去。

然而,第 121 预备兵团史记载,海登寇阵地花了 10 天时间才恢复了秩序。当150名德军尸体在费斯特佐登（Feste Soden，位于堑壕东部的一个据点，进攻期间被英军攻占）后面的一大片墓地中被埋葬，此后清扫行动才算完成了一部分。但是，7月11日，最后一批英军士兵的尸体才从德军前线前方的无人区带回。那时，被带回的尸体堆积成山，用史学家的话说就是"他们污染了空气"。

事实上，海登寇地区的军事进攻导致了太多士兵的伤亡和痛苦，这让人们不禁产生疑问：战争对德军造成了什么影响？第121预备兵团第1营负责把守该地区北部，这里也是英军最初进攻的地方。该营的指挥官编写了一份战后报告，其中描述道："如果没有得到第3营的支援，我是无法守住这片地区的。"他的另一份报告也证实道："第三营以及第169团第11连队（负责塞尔阵线的兵团）的支援太有必要了，如果没有这两支部队的援助，这一地区将会失守。"

第169团第11连队在塞尔阵地战斗到精疲力竭，但并没有被彻底击败，这就取得了一些优势。根据德军对这支部队的依赖，以及许多参与海登寇地区进攻的英军士兵（被塞尔和博蒙阿梅勒的炮火击退）的声明，人们得出这样一个结论：德军在这两个村庄的胜利对海登寇地区的防御者十分有利。可以准确地说，德国人在海登寇地区所取得的大部分成功，要归功于他们在塞尔和博蒙阿梅勒对面取得的优势。

第四师从前线撤出后，人们称赞其进攻勇猛。这就使得东兰开夏郡团佩奇中尉在报告中陈述了以下的批评言论：

第九章 紧张形势

我们师的日志可能会认为我们取得的成就相当有限，但身为其中的一员……许多战士死得壮烈，这或许是光荣的，值得称道的。但他们的努力却是徒劳的。如果不是因为无知，因为……训练不足，因为对总参谋部的决策缺乏判断，许多士兵或许可以在有生之年实现……更伟大的功绩。

第十章

不伦不类

戈默库尔，1916 年 7 月 1 日

1916 年 7 月，开始了很多进攻行动。其中，发起于英军防线北端戈默库尔周围的战斗，最令英国人感到屈辱。其实，那只是一场佯攻，是一场牵制性的进攻，其目的是占领德军驻守的防地，以防止德军在悄悄撤走后又出其不意地杀回来，这会削弱英军在南部战场的主攻力量。这场佯攻还有另一个目的，为了对付英军部队，德军在戈默库尔的后方地区准备了大量火炮，并计划向最北边的主攻目标塞尔地区发射，该行动由第四集团军（罗林森将军指挥）执行（详见第七章），而佯攻可以阻止这些火炮的发射。

军方计划针对北部地区执行双线进攻，但其准备工作却并未采取严厉的保密措施，而以上则对此做出了合理的解释。被俘的矿工维克托·惠特已经向德军透露，第 46 和第 56 师将分别对戈默库尔的东北和东南两侧由发起攻击（详见第五章）。如果袭击成功的话，本就处于钳形攻势的两翼部队将会在村子的东部会合，因此，戈默

第十章　不伦不类

库尔的守备部队与外界的通信线路将会被切断。

这场备战范围广泛，规模巨大，甚至挖掘了更先进的军用堑壕。这些堑壕是在7月22—24日的两个夜晚挖好的，一直延伸到了戈默库尔的东北部。如此一来，作战部队与之前在英军前线的位置相比，距离德军近了100~140码。7月26日晚上至28日凌晨，村子东南部进行的挖掘活动使堑壕向前推进了多达350~400码的距离。然而，尽管有了这些堑壕，但是在这场计划的突袭中，北部的军队和南部的军队仍然需要分别在无人区穿越250~300码和300~400码的距离。

这种牵制敌军的想法对托马斯·斯诺中将的话做出了解释。托马斯·斯诺中将统率着2个师，是第七军的指挥官。他在攻击发起的4天前，自豪地，或许还带有一丝冷酷地对黑格说道："他们知道我们肯定会来的。"

如果这只是一系列象征性的小规模突击，那么还不至于出现什么大麻烦，然而，斯诺命令少将们要全力以赴，全面发起进攻。考虑到随之而来的灾难，斯诺向黑格传达的那条看上去另有所指的信息，以及斯诺面对惨剧时的麻木不仁，人们对这位58岁的中将进行了批评，指责他牺牲了手下太多年轻士兵的性命。不过，人们对他的部分批评有失公允。实际上，斯诺曾经尝试取消戈默库尔的行动，并提醒了自己的顶头上司——55岁的第三军的长官艾德蒙·艾伦比中将，告诉他，自己认为这个村子不适合佯攻。甚至在袭击发起前，仍担心村子及周边地区会有一些很顽强的抵抗力量，这就是为什么英军一旦袭击失败，就很难不付出巨大代价才能脱身的原因之一。艾伦比提醒黑格要小心这些令人担忧的因素，但黑格却要求必须执行此项行动以协助主攻。随后，艾伦比和斯诺的意见达成了一致。

然而，尽管这两名高级将领并不愿意进行这场错误的行动，但是他们依然不能完全逃脱人们对这场行动计划的指责。撇开别的不说，虽然有20台轻型火炮集中打哑了德军的炮火，但是在只有8台重炮反击的情况下，把2个师派到战场的做法必然会造成一场灾难。或许，艾伦比和斯诺对分配至各自战区火炮数量不足并不负有责任，但是，如果他们能够意识到炮火数量的不足将会导致部队陷入危险的境地，肯定会出于道义上的责任而拒绝参与此次袭击。实际上，斯诺和艾伦比命令了负责这些枪炮的指挥官要更多地把注意力集中在南部第八军袭击的区域，而不是戈默库尔对面的德军炮火占领的地区。这种做法无疑雪上加霜，进一步扩大了此次军事行动的缺陷。

由于德军火炮相对英军来说，偏向于自由射击，故此，没有一个将军有信心可以准确地给出问题的答案，即如何在较低危险情况下，完成以下事情：在德军炮兵部队将两军中间地带变得无法通行之前，军队如何转移足够的兵力、手榴弹、机关枪和弹药。

进攻戈默库尔的行动共造成了7 900多人的伤亡。此次进攻后，第56师的左翼进攻部队，第1/5伦敦团（伦敦第五步兵团）的指挥官亚瑟·贝茨（Arthur Bates）中校指责了第169旅的指挥官迪尤斯·科克准将，认为他没有在此问题上听从自己的劝告："我的意见已经跟你说过了。我强烈建议，尽可能地让每个人都穿

第十章 不伦不类

越无人区，以尽快做好准备应对任何可能出现的意外，这样后续的事情就会变得容易一些。人们普遍认为，轰炸过后，敌方已经没有更多的士兵和火炮来阻止我军。如果这一观点是正确的，那么第四连队可能只会被当作炮灰。"

迪尤斯·科克准将没有听从中校的警告，正因如此导致了接下来事情的发生：该师在德军堑壕的先头部队缺失弹药，甚至不足以自卫，更别说去消灭敌人了。

整个行动的不利因素均被掩盖了，基于这个前提考虑，从戈默库尔东南部开始进攻看起来很有希望。当然并不是说就毫无困难。列兵亚瑟·舒曼（Arthur Schuman）来自伦敦燧发枪旅，该旅位于4个主攻营的最左翼，在无人区大约穿越了 400 码的距离。亚瑟·舒曼说自己听到了来自四面八方的机枪射击声，看到了周围的士兵纷纷在自己身边倒下。不管怎样，他还是设法抵达了德军战线，即他所谓的必须攀越的"缠绕网"。他回忆称："这里只有一个入口，我们当中许多士兵都没能通过。"然而，有些士兵仍然能继续翻越，直到"掉入"第一个德军堑壕。舒曼最终是"软着陆"，这是他没有预料到的。他意识到，自己在跳下来时，地上的"垫子其实是一具德军士兵的尸体"。

第一个德军堑壕其实只是一个集结待命区。在接下来的 2 个小时内，侦察机、通信兵以及伤兵会把好消息传到营部，告知他们进攻部队正在稳步前进。上午 10 点左右，在后方监测战局的指挥官认为，率先进入的 56 师所属的 4 个营连同其他前来支援的部队，已经占领了第三个德军堑壕的一部分。

对于他们来说，这是那天最后一个好消息了。上午 9 点 15 分以后，一切都变糟了，因为德军炮兵部队用全部火炮的火力覆盖了整片无人区。从那一刻起，几乎没有士兵可以穿越无人区，抵达德军战线。大家都期盼着战士们能够抵达下一个作战目标，但这个消息一直没有传来。相反，各营总部里充斥着描述伤亡不断攀升的报告。

第一份报告指出，由于密集的炮击，该营支援部队无法继续前进。然后有消息称，军队在尝试继续进攻时被彻底击溃了，现在只剩下少数几个士兵。最后，德国战线剪铁丝网的部队一遍一遍地传来令人不安又绝望的信号："SOS 炸弹……SOS 炸弹……SOS 炸弹！"这一信号暗示了更多救援任务的失败和更多的伤亡。

不只是德军炮兵部队实行了封锁。穿越无人区后幸存的一位英军士兵讲述道，战士们每次朝下一弹坑突进 30 码距离时，枪林弹雨便会射向他们。密集的子弹彻底打消了他们直接穿越无人区的想法。在抵达第一条德军战线的安全区前，他的同伴牺牲了，而他自己也受了伤。后来，他对其中一位中弹的士兵家属说，他只能顾全自己的性命，不得已抛弃了他们倒下的儿子和同伴的尸体，最终沿着来时的路回到了英军阵地。

在凌晨 0 点 30 分左右，德军或许意识到英军投掷的手榴弹数量在不断地减少，于是他们就实施了反击行动，逼退了英军部队。而由于手榴弹匮乏，英军一时间也无计可施。最初，英军撤退到了第二堑壕。但随着德军士兵的反扑，他们又退回到了第一堑壕。下午 1 点 30 分左右，有些士兵被发现已经撤退到了无人区。

第十章 不伦不类

此次行动本来应该是一场进攻，突然间却似乎转变成了大撤退，英军部队在后来的一场军事冲突中，以发生类似事件而再次闻名于世。回顾戈默库尔的行动及之后20世纪40年代的黑暗时光，人们或许会发现，戈默库尔的行动与后来英军被围困在法国敦刻尔克港口有些相似之处。但这次，无人区承担了英吉利海峡的角色，英军前线承担了拉姆斯盖特和多佛的角色。这两次军事行动中建立的防御带都能够使英军部队撤离。

随着德军部队不断向前挺进，位于第56师右翼的第168旅的下属营率先放弃了他们的桥头堡。观察哨发现，其左翼部队——伦敦团（游骑兵）第1/12营于下午3点10分撤退。右翼部队——伦敦团（伦敦苏格兰团）第1/14营所持有手榴弹半小时后抛射，代理指挥官H. C. 斯帕克斯上尉将此情况作了以下总结：

> 我面对着这片阵地。我从所有的阵亡士兵那里收集回来一些手榴弹。每枚手榴弹都被派上了用场。由于敌军持续轰炸，没人能提供给我们补给。我面临着3个选择：
> 1. 与我手下活着的以及已牺牲的士兵一起，继续留在这里。
> 2. 向敌人投降。
> 3. 尽可能地让士兵撤离。
>
> 前两种选择都不合我心意。我建议采用最后一个选择。

之后，他命令尽可能多的伤员转移到无人区，其余幸存者立刻跟上，而他和4位士兵用刘易斯机枪压制敌人的进攻，直到其他还能撤离的士兵已经顺利撤走之后，斯帕克斯上尉和这 4 名士兵也撤退了。上尉冷静处理这次困境的方式，获得了其指挥官的称赞。

如果不是因为疏忽，第 56 师左侧的第 168 旅部队可能已经在同一时间撤回到英军阵地。第三条德军战线实际上是由一系列堑壕共同组成，但是这些堑壕被大块土堆隔开，彼此并不相连，考虑到这个情况，加之战斗的激烈程度，英军一些部队无法收到撤退的命令也就不奇怪了。效力于伦敦燧发枪旅的第 169 旅左翼部队就发生了这样的事情。下午 2 点左右，第 169 旅左翼部队的中尉 R. E. 佩特利和大约 40 名该营 D 连的士兵，在该营位于德军第三条战线最右侧的防御区掘壕固守（艾克堑壕）。佩特利意识到这里只剩下他们自己了，并记录下了这一时刻：

> 我……沿着左侧寻找葛络上尉，但是没有找到 D 连队和 C 连队的其他士兵。我立刻向上级发出消息，要求支援更多的炸药和士兵。之后，我听说葛络上尉在离开艾克堑壕之前，就已经向我下达命令，要求撤军。但我没有收到这个命令，而且我们当时正在右侧阻挡德军，所以我没有理由在未接到命令的时候撤退……
>
> 下午 4 点，我将下列情况送交到更高一级的指挥部：
>
> 我在 2 小时前向您发了一封消息，报告了我与大约 40 名士兵在艾克堑壕固守的情况。这 40 名士兵中有 12 名来自伦敦团第 1/9 营（维多利亚女王步枪队，QVR）的士兵（他们在伦敦燧发枪旅右翼率领部队发起进攻），以及 1 名来自伦敦团第

第十章 不伦不类

1/16 营（威斯敏斯特皇后步枪队，QWR）的士兵（该营跟随第 169 旅的主攻部队进入德军战线）。我在报告中提出，我需要更多炸药。我们已经与两翼部队失去了联系，且一直阻挡左侧的德军士兵。如果今晚我们继续守在这里，是相当"荒唐的"。

下午 4 点 30 分，罗宾逊中士来了。他解释了一下情况，并向我口头传达了撤军命令。我……让他带领部队撤离……并……请他给葛络上尉捎带以下的消息："罗宾逊中士传来口头撤军命令，所以我们只能服从。罗宾逊中士正带领所有士兵到你那里，奥斯丁中士和我正在寻找奥洛伦肖中士。我们大概于晚餐时间返回！"

不幸的是，伦敦燧发枪旅的这些士兵遭到了炮火袭击，因此将伤员带回的想法破灭了。然而，多亏了佩特利和奥斯丁中士的顽强抵抗，大多数士兵已成功退回至德军第一战线（低地沼泽与雪貂，Fen and Ferret），并与已在那里的六七十名士兵会合。他们到达的时机比较好。因为他们在撤退的时候，德军正在向其防御区内仅剩的一个交通壕（Exe）三面夹击，没有顾及他们，从而为他们提供了相对安全的撤军路线。

如果他们能够在天黑前抵达这里就更好了，这样他们撤离无人区的时间将更加充裕。但在晚上 7 点 45 分左右，他们补给的德式手榴弹已经用完。在听到"每位士兵照顾好自己"的命令后，整支队伍就分散撤离。佩特利独自一人殿后。在他的掩护下，戈默库尔东南部的德军前线里最后一批英军迅速逃脱。阻击的德军士兵不断投掷着手榴弹，四射的子弹扬起了滚滚尘土。不幸的是，伤亡也在持续增加。佩特利在报告中称："我们部队的大多数……士兵在无人区遭到了密集的扫射。"

史书将会把第56师的进攻记载为一场失败。然而，没有人会抱怨这些士兵的表现。如果他们在攻击时没有束手束脚，可能会有更好的表现。斯诺中尉不相信爱德华·蒙塔古－斯图尔特－沃特利少将指挥的第46师部队的进攻也被描述为一场失败，至少最初他是不相信的。当时，爱德华与第56师同时从西北方向朝着戈默库尔逼近。

3天后，斯图尔特－沃特利和他的下属接受了法庭的调查。他们遭到了指控，被指责第46师第137旅为什么不"参加与敌军的战斗"，其中一项错误行为是他们在部队进攻前5分钟于无人区放烟幕弹。虽然人们会认为，提早释放烟雾能够保护士兵免受德军枪炮的第一波扫射，但它也会打草惊蛇。如果将时间调整到英军火炮部队向德军前线堑壕提供火力掩护后再释放烟雾，将会得到更好的效果。英军火炮部队提供火力掩护的时间是经过精确计算的，那时，步兵部队即将越过德军胸墙，向敌人发起进攻。

英军前线的后方，局面一片混乱，对此没有什么正当的理由可以为此辩解。进攻前夕，天公不作美，后方堑壕中淤积的雨水给部队的行动增加了困难。

根据以往的经验，一旦德国士兵看到烟雾从无人区上空飘向他们，其炮兵部队就会炮击英军前线、支援堑壕和交通壕。在过去的几个月里，他们的枪炮一直瞄准着这些堑壕。然而，在德军

第十章　不伦不类

士兵做出反应之前，英军部队甚至没有做出任何计划，以确保初次进攻所需的炸弹补给能够落实，以及所有的士兵、援兵的撤离路线能够畅通。

如果进攻发起前，支援部队已经在前方战线附近的集结堑壕里待命了，那么烟雾一旦释放，支援部队将接到命令有序地穿越无人区，那么此次行动看起来再无任何阻碍。然而，现实中如此安排支援部队是违背常理的。

这些部队被命令带着补给的炸弹向交通壕进攻。位于支援部队前方的士兵发现自己难以轻松且快速地抵达德军阵地：这些士兵绑着大捆的铁丝网、钢杆、炸弹、照明弹以及其他负重。由于天气原因，行军甚至比最初的预期更受限制。英军堑壕底部堆着厚厚一层泥浆，而前几天用于抽雨水的水泵已经无法将其吸走。

这就引起了军队极大的混乱。交通壕里一片"拥堵"，支援部队无法在敌军机枪扫射前抵达进攻堑壕和无人区。士兵们在拥堵的交通壕中密集穿行，几乎无人能逃过德军的机枪扫射。德军用榴霰弹和烈性炸药炸毁了英军的战线。第137旅位于第46师最南部，该旅的情报官西里尔·阿什福德（Cyril Ashford）中尉在下面的陈述中，描述了随之而来的"恐慌"：

> 在行动期间，我听从旅部指挥官的命令多次穿越堑壕。我发现自己几乎无法在堑壕里前进。拥堵的堑壕和密集的轰炸让我军伤亡……惨重。许多受伤和牺牲的士兵……消失在了泥潭里。我在堑壕里行走时……多次被这样看不见的尸体所绊倒。

还有一个令人担忧的问题，即没有考虑到切断德军阵地铁丝网的进度。6月29日的报告指出，第137旅右翼部队——南斯塔福德郡兵团第1/6营面对的德军阵地铁丝网几乎都没有被夹断。这里的铁丝网修建在丰克维莱尔到戈默库尔的道路北部的一处洼地上，因此，人们就很容易理解为什么18磅重的低弹道炮弹也无法击中这一阵地的铁丝网。这条低洼路标记出了右翼部队的进攻界限。让每个人都知道当前的困难所在，斯图尔特-沃特利找不到适合的方式说服其他人采取规避措施，躲避危险，人们对此很难理解。

正如斯诺所说，当他把法院调查报告递交给艾伦比将军时，没有人能为这些不为人知的实情"找到理由"。不顾后果地命令士兵继续作战是一个十分可怕的错误，会导致致命的后果。这就意味着，第6南斯塔福德郡兵团的大部分士兵要摸索着穿过层层烟雾，进入大片铁丝网区域，有些地方的铁丝网甚至有30~40英尺"厚"（也就是说，英军士兵在跳出堑壕、穿越无人区、第一次见到铁丝网后，需要夹断阻挡他们的30~40英尺厚的铁丝网才能出来）。不言而喻，风一旦吹走了烟雾，那些试图想要夹断铁丝网，并杀开一条血路的士兵上马上就会成为敌人的目标。

对第137旅情报官西里尔·阿什福德（Cyril Ashford）中尉来说，这显然是一场悲剧性的灾难。他在报告中说道："在军队放弃进攻后，我从丰克维莱尔郊外一棵大树的树枝上观察了整个场景。我看到伤亡的士兵就像被大坝拦住而水位急剧升高的河水一样，堆叠在德军铁丝网附近。"

在无人区里，炸弹和增援物资的短缺也严重影响了第46师左

第十章　不伦不类

翼旅（第 139 旅）的舍伍德林地人团（Sherwood Foresters）向北部的进军。一些舍伍德兵团的士兵成功进入了德军的前线堑壕，少数几个陆续进入了第二条德军战线。然而，战争日志对此记载的并不明确，所以很难断定这些士兵的数量。德军第 91 预备役兵团当时驻守在第 46 师对面的阵地内，他们的战争日志中记载，舍伍德林地人团的士兵数量超过 60 人。

不管准确的士兵数量是多少，少数幸存的士兵都在讲述着同样的故事：他们在进攻地区，手持手榴弹，尚能够控制战局，杀死德军士兵或不让他们冲过来。如果能够快速得到支援，他们或许能建立桥头防御工事，甚至能够将此地作为进一步前进的据点。但是，由于前往第二条德军战线的士兵未能清除沿路堑壕坑洞内的敌军，他们的任务也就变得更加困难。结果，后续跟上进攻的英军士兵在即将抵达第一条德国线时，遭遇了敌军的抵抗。

没有哪个英军士兵能在德军战线上坚持很久。他们的手榴弹少得可怜，一旦消耗殆尽，他们就只能像南部那些手榴弹已耗尽的 56 师的战友们一样无助。那些不得不撤离的士兵最初撤退到了无人区的弹坑里，后来，他们在晚上撤退回英军阵地。当天早上，他们就是从这里出发的。

P. J. 墨菲下士向我们讲述道，如果他和其他来自第 139 旅右翼突击部队，即舍伍德林地人团第 1/5 营的战友们，能够及时得到支援的话，他们将取得怎样的成就：

我们排的士兵在前线待了整整一夜。大约早上 7 点 25 分时，中尉巴伯传令……让我们整理好刺刀。林肯郡兵团的士兵……投掷了烟幕弹。几分钟后,中尉巴伯命令我们前进。我们都顺着提前开凿的台阶,爬上了胸墙,并进入堑壕……我们一直待在那里,直到中尉道恩登下令继续前进。途中,我发现右手边的士兵向右移了一些,所以我快步前去让他们调整一下……

现在,烟雾变得越来越浓,我和排里的其他士兵失去了联系。但我很快找到了中尉道恩登,并陪他抵达了德军铁丝网。我们在这里遇到了上尉内勒、中尉巴伯……塞西尔和……阿滕伯勒……列兵,我们一起翻越了铁丝网,进入了德军堑壕……

我们在凹地入口处发现了9名敌军士兵,其中5名士兵正在发射台猛烈地射击,其他士兵都待在堑壕底部。他们的肩带上写着91号,除了防毒面具外,他们没有携带其他装备。他们的刺刀也都没有固定好。领头的内勒上尉……击中了发射台上的一名德军士兵,随后,发射台上的其他士兵急忙冲向胸墙下方的地下堡垒。

我紧追其后,用刺刀杀死了最后两名士兵,我军部队其他成员在地下堡垒台阶上射杀了其余的敌兵。

清理了整片洼地后,内勒上尉命令我们爬上背墙,准备向第二战线前进。爬上背墙后,我们发现这道墙没有能挡子弹的地方,就又后撤回到了堑壕。现在,哈里森下士和其他两名士兵与我们会合了。我告诉他要沿着堑壕左侧前行。中尉塞西尔、列兵阿滕伯勒和我一起进入了右侧的下一个洼地。那里,我们遇到了一只敌军炮兵部队。我们一直坚守着这块阵地,直到弹

第十章 不伦不类

药用尽。之后,我们撤退到了第一次进入的那块洼地。

这时,一名德军士兵从左侧的背墙跑了过来。只听内勒上尉大喊道:"有敌人!朝他射击!"但为时已晚。这名德国兵丢下炸药后,就跳到了下一处洼地。现在,我们忍受着两侧的轰炸,而我们自己的炸弹已经耗尽,只能用德军的木柄手榴弹向他们"回击"。这些手榴弹还够用时,我们坚守着这片洼地。但当它们用完后,我们不得不顶着机枪的扫射,被迫撤退。

然而,不是所有成功抵达德军战线的部队都如此幸运。第139旅的舍伍德林地人团的一些士兵没能成功逃脱,这可能是后面发生的事情。"我们听到他们被狂轰滥炸了相当长的时间,之后,他们被浓烟熏倒了,"阿什福德中尉后来报告称,"但我们已经无法接近他们了。"

一位谨慎的指挥官可能会做好准备应对失败。但或许是被充满了士气的战前动员所影响,几乎每一位士兵都相信这次进攻必然取得成功。如果第二次进攻是必要的,军队却没有预先准备第二次发射烟幕。斯诺在上午9点30分重新发起了进攻,但正是由于未能预先计划,行动最终失败。

这并非是说未能考虑周全是此次进攻失败的唯一原因。这支部队已经排好了队列,准备进行第二次进攻,甚至即将跳出堑壕。然而,其指挥官犯下的错误似乎是直接导致这支部队失败的原因。第46师右翼部队(第137旅)的指挥官布鲁斯·威廉斯(Bruce Williams)准将把该部队委托给了副旅长理查德·阿巴迪(Richard

Abadie）。此前，第46师左翼部队（第139旅）的指挥官告诉阿巴迪，除非第139旅有烟幕弹，否则他们不会发起进攻。之后，阿巴迪似乎下达了一条不太清楚的指令，或者说，他虽指令明确却被人误解了。

似乎阿巴迪曾明确指出，第137旅部队应该无论"有没有烟幕弹"都要继续进攻，这也是指挥官——威廉斯准将的命令。由于他已经了解到第139旅的想法，并意识到这个命令也许意味着第137旅必须独自进攻。但他的下属却没有明白他的想法。威廉斯也没有静下心来想一想，第137旅的指挥官并未曾参与过讨论会，当突然看到其左翼最终没有在前线发起进攻时，他将会不知所措。

这正是当时发生的事情。下午3点30分，进攻的时候到了。指挥第137旅左翼营的指挥官得到通知，第139旅部队没有离开他们的堑壕。这支左翼营本应进一步向前进攻，但指挥官决定向上级询问更明确的命令，而不是命令手下士兵继续前进。这一决定引发了连锁反应。南斯塔福德郡兵团第1/5营位于第137旅最南端，在进攻发动前不久，指挥该营的高级军官受了伤，因此，是否应该继续前进这一决定被扔给了一位缺乏经验的18岁士兵。当他看到左侧的部队在进攻应该开始的时刻并没有发起进攻时，他没有吹响进攻口哨也就不会有人责怪了。

此次进攻本来会受到第46师在南部部署的烟幕弹和炮火的保护，然而结果却与之相反。在还未遭到德军抵抗前，进攻的时机已经丧失，第137旅的威廉斯准将知道进攻被延误，便取消了行动。

正如第七军的斯诺中将所说，未能参加"与敌人的战斗"是否

第十章　不伦不类

也是因祸得福（没有更多的士兵做出不必要的牺牲）呢？这是一个有待商榷的问题。很显然，另外一场进攻可能会导致更多士兵的伤亡。原定于下午3点30分发动的这场攻击并没有施行，尽管如此，第46师伤亡人数也占了相当大的比例（在参与攻击的4个营中，至少有2个营即舍伍德步兵团第1/5营和第1/7营的伤亡率大约达到了50%，死伤人数分别是415人和445人）。

然而，斯诺中尉并没有质疑自己的战略和监督不足对此次灾难所造成的影响，他在法庭调查开始前，就将部分责任归咎于斯图尔特－沃特利（Stuart-Wortley），并指责他对46师"进攻精神的缺乏"负有责任。进攻行动发起后的第二天，斯诺在一封递交给阿伦比将军的关键信件中讲到，斯图尔特－沃特利今年已58岁，他的腿部患有坐骨神经痛，如果没有这个病的话，他可能会更适合领导职务。斯诺认为，沃特利应该被"一位更年轻的军官"所替代，并在信中说，斯图尔特－沃特利的"年龄、身体素质，都不允许他和手下的士兵一起在前线奋战，他也无法激发所有将士足够的信心和士气"。

在指控斯图尔特－沃特利时，斯诺可能已经感觉到自己可能会失去职位，而他的一些指控很快就被证明是荒谬的。

两天后，一些向调查法庭提出的证据免除了对斯图尔特－沃特利及其部队施加的最不利的指控。斯诺认为，此次进攻的失败是由军队的懦弱而导致的，然而，没有证据可以支撑他的言论。

此外，斯诺在7月10日向艾伦比递交调查记录时承认，导致此次失败的重要原因不是斯图尔特－沃特利的错误，而是"我军堑壕与敌军堑壕之间距离太长"。他在信中继续说道："如果两者之间的距离是 150 码而不是某些地方的 350 码，结果可能会有所不同。当我军在抵达敌军堑壕后，我军本应及时供应手榴弹和支援部队。"1 个月后，斯诺保住了自己的职位，并认同了这个观点，即反击过程中，枪炮的匮乏是极其致命的。

但这并不足以挽救斯图尔特-沃特利。斯诺在 7 月 10 日的信中坚持认为，"对于不知道铁丝网仍处于未切断状态的言论，找不到任何理由为其辩解""第 46 师部队的检查工作做得极不认真"，而且"缺乏组织"的殿后部队也应被停职调查。如果是这样的话，斯图尔特-沃特利可能会被解除指挥权，遣送回家。这也是黑格在调查当天所做的事情。

具有讽刺意味的是，人人都知道，斯图尔特-沃特利犯下的"错误"可能挽救了许多士兵的生命。由于在英军进攻的延误，第 46 师很少有士兵被无人区猛烈的炮火射击到。在 8 天的时间里，包括 7 月 1 日当天，第 46 师的伤亡人数要比第 56 师的伤亡人数少得多。第 46 师的伤亡人数约 3 000 人（包括约 1 250 人死亡或失踪），而第 56 师的伤亡人数接近 5 000 人（包括约 2 000 人死亡或失踪）。然而，两个师取得的战果实际上是差不多的。或许，这只是凸显出了此次行动的失策和不明智。这场行动的主要目标本可以通过有效的进攻和更少的伤亡来达到：一种是英军部队在即将发生的战斗前，便已经采取了他们通常采取的所有必要措施；另一种，他们仍然待在堑壕里没有发动进攻，这两者最终的结果可能会是一样的。战斗还是以出乎意料的方式发生了。

然而，激昂的情绪掩盖了人们对进攻计划的失误以及斯图尔特－沃特利事件处理方式的关注。斯诺竭力防止部队士气低落，这的确是值得称赞的。但不幸的是，7月4日，斯诺向56师部队发表演说时无意说道，对于士兵们未能守住攻下来的德军阵地，他丝毫不感到失望。原因有二：其一，他从来没有真正地期望过他们能攻占德军阵地；其二，这次行动只是为了协助南部部队而进行的佯攻。对于士兵们来说，这场行动造成了无数战友和伙伴的伤亡，可以想象，当在听到斯诺亲口承认这次行动毫不重要时，士兵们是多么震惊。这更让他们觉得，那些不了解实情、经验不足的决策制订者，以及指挥作战的军官们，是多么不在乎普通士兵的感受。

负责戈默库尔防御区是德军第二预备役后卫师，其伤亡人数达到600人，这一数字与英军部队的伤亡人数相比，简直微不足道。该德军部队指挥官弗赖赫尔·冯·萨斯坎德将军作了最后的总结演讲，这肯定比斯诺的演讲听着更让人感到振奋："我军的损失令人遗憾。然而，在7月1日的战斗中，第二预备役后卫师取得了完全的胜利。西线战场中，最西部的德军战线由我们牢牢把守着。我们勇敢的战士将会继续守卫着这片土地，我相信，无论敌人什么时候到来，他们都会用强大的力量和坚忍顽强的毅力，打败敌人的任何进攻！"

第十一章

致命要害

施瓦本堡垒与蒂耶普瓦勒，1916年7月1日

俯瞰昂克尔河山谷，博蒙阿梅勒以南和蒂耶普瓦勒以北，这里就是最坚固，也最重要的守卫德国前线的阵地之一：施瓦本堡垒的筑防据点（Feste Schwaben）。

施瓦本堡垒庞大而又复杂，位于山顶附近，内设堑壕、地下堡垒和机枪炮台。山下的斜坡一直通向英军前线东北边缘的蒂耶普瓦勒林地。堡垒正面大约横跨500码地，德军守卫部队能够在位于山顶下方约300码距离的堑壕后驻守着这块区域。施瓦本堡垒同样能够俯瞰南部的蒂耶普瓦勒村和昂克尔河北部的德军炮兵阵地，所以它的战略意义远远超越了自己本身的防御价值。任何想接近这些地方的人都必须小心避开从施瓦本堡垒射来的子弹。

同样地，在某种程度上，施瓦本堡垒的位置也使它成了德军防御的一块软肋。事实上，施瓦本堡垒远离前线，地处一个相对平整的山坡上，而不是向前倾斜的坡面，所以，施瓦本堡垒的驻军不容

第十一章 致命要害

易看到他们正前方堑壕中走出的英军。这就意味着堡垒的安全需要依靠正对面的德军前线作战部队，而这些作战部队所在的阵地本身就易受到攻击。由于蒂耶普瓦勒林地茂密树叶的遮盖，英军部队可以在不被无人区的德军士兵发现的情况下，撤回英军前线。

如果这一防御区的德军前线被攻破，堡垒将会失守，那么第26师后备部队建立的整个防御系统将受到威胁，这对协约国来说是一个相当大的突破点。该后备部队的士兵把守着全部3个蒂耶普瓦勒防御区：蒂耶普瓦勒北部，包括堡垒前面及其周围地区；蒂耶普瓦勒中部，蒂耶普瓦勒城堡遗址周围地区，即蒂耶普瓦勒教会和蒂耶普瓦勒村；以及蒂耶普瓦勒村南部区域，包括另一处高耸着的战略要地：莱比锡突出阵地。曾隐蔽在堡垒中的英国炮兵也能看到昂克尔河以北的德国炮兵部队，并且可以阻止其进攻。这就很容易让人们怀疑，这块依赖于这些炮兵部队保护的昂克尔河以北阵地还能坚守多久。

承担攻占施瓦本堡垒这一重要任务的英军部队是第十军第36师（阿尔斯特师）。实际上，攻占施瓦本堡垒是攻破昂克尔河山谷正面德军阵地的关键。阿尔斯特师下辖各营的士兵都来自爱尔兰北部。在某种程度上，这是一个优势。研究爱尔兰国内战争的人可能都知道，爱尔兰战士凶猛无情。此外，虽然这些战士对此次战斗了解不多，但他们绝非尚无经验的新手。第36师的许多士兵曾在阿尔斯特志愿军（UVF）接受第一次军事训练。该志愿军组织旨在抵制英国政府下放给爱尔兰的权力，反对这个被广泛讨论的爱尔兰自治法案。北爱尔兰的新教徒反对政府将权力下放给爱尔兰人，担心生活在一个罗马天主教会支配的天主教国家，自己身为少数群体会受到不好的待遇。阿尔斯特志愿军的训练意味着，其中至少有一些士兵会和英国国防义勇军的士兵有相类似的经历。

他们中的许多士兵都有着相同的政治信仰，这是一个额外的优势。出乎人们意料的是，对英国政府自治政策的抵制其实有助于武装力量的发展：英国北爱尔兰营的阿尔斯特志愿军士兵所追求的共同目标有助于一支有着强大团队精神的军队的形成。同兄弟营一样，许多爱尔兰新兵来自同一地区，所以军队的集体荣誉感得到了进一步加强。

英国和新教徒之间的主要政治纠纷在战争期间被搁置。但其他分歧仍存在着。许多爱尔兰士兵习惯了阿尔斯特志愿军自由散漫的气氛，所以他们觉得很难接受较为死板的英国陆军对他们施加的限制。这意味着，在有些部队中纪律并不是准则，反而是额外的要求。

第36师第9营皇家爱尔兰步枪队之前没有在法国待过一天。后来有一天，他们被指控违反军规。指挥官被告知，军队在乘船从英格兰前往布洛涅期间，有士兵闯入酒吧，偷了一些酒。该部队的一名军官发现自己付过钱的酒水不见后，这项指控就被搁置了。这对法军来说是一个不太好的开始。这些勇敢却不守规矩的爱尔兰士兵因纪律涣散和嗜酒成性而被警告了，但这绝不会是最后一次。

在这个问题出现之前，他们还没有前往法国。第9营的4名士官未能对士兵进行例行检查，因为他们自己也喝了太多的法国白兰地，在当地的一家小酒馆醉得不省人事。此外，同一旅中的其他营士兵也参与过小规模的抢劫，这就使第36师的55岁司令奥利

第十一章 致命要害

弗·纽金特（Oliver Nugent）少将坚信，他必须进一步树立个人权威，否则他会面临军队完全失控的风险。他无法带领这样一群"无纪律的暴徒"打仗。在特别召开的会议上，纽金特批评了自己主管的三个旅之一的第107旅的军官，指责其手下士兵的行为造成了恶劣影响，败坏了自己和这些军官的名誉。为了整顿军纪，也为了惩罚这些士兵，该旅暂时接受正规军第4师的指挥。结果，这一解决方案十分奏效，第36师是第一批进入堑壕的部队之一，而且，后方的村子里显然也不会有什么能够诱惑这些士兵的东西。

然而，问题并没有完全解决。在"大推进"即将开始的那段时间里，皇家爱尔兰第9燧发枪团指挥官由37岁英裔爱尔兰籍的弗朗克·克罗泽少校（Frank Crozier）担任。该营里一位年纪较大的上校因肺炎而死，所以，克罗泽少校不得不处理种种不端行为所带来的恶果。在此背景下，部队里的勤务兵会称他为脾气暴躁的"身材魁梧的老先生"，所以，他决定对这些任性的士兵采取严厉手段，这也让克罗泽变得更不受欢迎。很快，人们就认为他是一个恪守细枝末节、一板一眼、喜欢出风头的人。他的下属认为，他将侦察队派遣到无人区是无意义之举，只是为了惹人注意而已。他们也不喜欢上级对自己饮酒的嗜好指指点点。

这些士兵的思想都太过狭隘，无法意识到在他们看来奇怪、愚蠢的行为自有其道理。克罗泽少校曾经是一个喝酒无节制的人，他从自己的亲身经历领悟到，过度地饮酒会严重影响士兵的表现。如果一支部队想要在危机中有良好表现，那么严明的军纪显然是必要的。考虑到这一点，他四处寻找他认为能够帮助重整军纪，减少涣散的军风对战场的不利影响的士官。他任命了这样的军士，但却从未达到他想要的效果。尽管如此，渴望追求完美的他以及手下那批粗野、叛逆的士兵也为接下来发生的事情做好了准备。

克罗泽面临的第一个问题就与手下一名勤务兵的作风有关。这名酒醉的勤务兵被派去协助前线部队，后来，一名在无人区侦查的德国士兵俘获了正在打瞌睡的他，并把他和其他两名士兵作为人质带走。该营乔治·加菲金（Captain George Gaffikin）上尉，他在服役前是一名身材魁梧的教师，他或许也觉得应该在确保士兵清醒的前提下，再派他们去前线。他借酒消愁，想要借此减轻自己的愧疚。之后，他命令一名下级军官突袭德军堑壕，试图救回这几名被俘的士兵。克罗泽知道后，立刻叫停了这次行动。他告诉加菲金自己会原谅他的行为，但前提是他必须承诺再也不会在执勤期间醉酒。后来，加菲金也确实兑现了自己的承诺。

克罗泽营队里的另一名军官有着不一样的恶习。他虽然已经订婚了，但却与一个当地的法国女孩上了床，并染上了淋病。克罗泽准许他离队寻求法国医生的帮助，而没有向英军上级报告他的性病，因为如果他上报了这个情况，他的未婚妻就会知道。

但克罗泽在知道这名军官在德军轰炸期间被吓破了胆，拼命逃回了后方，并且让手下士兵发现时，就没有那么宽容了。在后来的军事行动中，如果假设他患有炮弹恐惧症，那么他的所作所为或许会被无罪释放。然而，克罗泽在士兵面前谴责了他的懦弱行为，并认为他应该被处决。他还对詹姆斯·克罗泽列兵（两者无亲缘关系）实施了同样的处罚，因为他在另一战场上临阵脱逃。后来，这

第十一章 致命要害

名军官在接受了上级机关的调查后,最终被无罪释放,他们可能认为这个案子中确实存在可以减轻罪责的情节。但詹姆斯·克罗泽列兵没有得到宽大处理。

克罗泽对叛逃的士兵及其带来的后果的处理方式表明,此前他在堑壕里目睹的场景对于他的判断产生了不利的影响。他一定看到了太多可怕的场景。他在回忆录中描述了无辜的年轻士兵在德国的轰炸下被掩埋在泥土中或是被炸得尸骨无存。很可能是这些他亲眼看到的场景才让他处于精神错乱的边缘。尽管他决心严惩那些不守规章的爱尔兰士兵,但克罗泽也在某些时间里展现了仁慈的一面。加菲金事件表明,他还是一个有同情心、讲情理的人。在这一点上,他还是能把握分寸,区分轻重缓急,在军纪的整顿过程中,宽严相济,恩威并施。

然而,当他决定手下的士兵应该被处决后,一切都改变了。后来,他觉得没有什么命令太严苛,是他不应该发布的。他也确实变成了下属所说的那样冷酷无情。公开处决这名列兵,以及他在回忆录中描述这个场景时的喜形于色都表明,道德真空已经抹杀了他善良的天性。具有讽刺意味的是:为了整顿那些粗野的士兵,他实际上也在残忍地虐待自己手下的士兵。

克罗泽在回忆录中记载了此次处决是分两个阶段进行的。回忆录中首先描述了这位列兵被杀前一天发生的事情:

> 离开战线的第一天下午,我们在一个空旷的广场将这名囚犯游街示众。他摘掉了帽子,被军士长押到了广场中心。副官

念着他的姓名、编号、罪名、法庭的裁决、被判处的罪行以及道格拉斯·黑格爵士确认书。这名囚犯笔直地站着，毫不畏缩。或许他已经神志不清。谁不是呢？后来，他被特警押走。我就站在部队前面，人群之后，后来返回了营队。鼓声响起来了。囚犯上前一步。

克罗泽继续描述了第二天早晨这名囚犯是怎么被带到雪地里的。为了不让他察觉到即将发生的事情，在克罗泽的批准下，那天晚上这名囚犯被灌了很多酒。即使做了这些，仍然担心还不够，就蒙住了他的眼睛，并用绳子捆绑起来，之后，他被送往后院，被木桩上的铁钩牢牢吊住。"他就像屠夫店里的牲畜一样被钩住。"克罗泽回忆说。这名囚犯是在所有士兵面前被处决的，这些士兵由克罗泽排成一排，看不见囚犯被处决的过程，但却能听到枪声。克罗泽站在墙旁边的一个土墩上，挡住了大部分士兵，所以只有他才能同时看到营队士兵和行刑队。在此期间，行刑队的士兵们拿起了枪。他们不知道哪支步枪没有子弹，所以他们在扣扳机时，不知道是否是自己杀了这名囚犯。

就在这名囚犯即将被枪决前，克罗泽提醒墙另一边的士兵注意。然后，负责行刑队的军官甩下了手帕，一排子弹呼啸而出。"确实是齐射的一排子弹，枪声刺耳，"克罗泽说道，"我看到军医上前对尸体进行了检查。他打了个手势，中尉向前迈了一大步。这时又听见了一声清脆的枪声。这名囚犯已经死了。"詹姆斯·克罗泽列兵已经不复存在了。"之后，我们返回营里去吃早饭时，有些

第十一章 致命要害

士兵在这位不幸的战士墓前致哀。这就是战争。"克罗泽说。

尽管克罗泽对手下士兵总是违抗自己十分沮丧,但他心里也清楚,他手下的这支爱尔兰部队中也有许多优秀的士兵。例如,他欣赏他们健壮的体魄。他在回忆录中记述了在大进攻开始前不久,他碰到一些年轻士兵正准备在前线后方的泳池进行游泳比赛,他同意给他们吹响比赛开始的哨声。"他们站在简易的跳板上,赤裸着身子。"他写道,当时欣赏着这一场景:

他们看上去是多么的美好。他们有着结实的身材、强健的肌肉,身体健壮而又灵活,精力充沛。他们注视着我的眼睛,等待我发号口令。感谢这次机会让我意识到了,这些男孩不仅精通战场作战,而且他们还是女人眼中的男子汉。我看着他们把彼此按入水中,就像我在北方看到的海豹一样嬉戏打闹。我心想,如果他们没有结婚,没有子女,那该多可惜啊。命运已经决定了他们可能很快就会战死沙场。唉,弱者和逃兵像兔子一样逃跑与繁殖,而强壮的人却要遭受磨难,被赶尽杀绝。

克罗泽在听到皇家爱尔兰第 10 燧发枪团的指挥官——赫伯特·伯纳德上校(Herbert Bernard)立场鲜明的观点后,他意识到,所有这些士兵可能都要战死沙场了。克罗泽和伯纳德上校是在阿弗吕伊林地(Aveluy Wood)偶然碰面的,他们手下的士兵也是于进攻前夜在这片林地里集合。阿弗吕伊林地距离蒂耶普瓦勒林地南部边缘西南部大约半英里,第 36 师前线就设在那里。克罗泽和伯纳德负责第 107 旅 4 个营中的 2 个营，并派士兵前去拓展、巩固第 36 师第 108 旅和第 109 旅的作战成果。这两个旅的士兵曾被派去带领第 10 军先头部队开展进攻。

50 岁的伯纳德领导的营在进攻时位于克罗泽营的右侧。对克罗泽来说，伯纳德就代表着阅历与理性。克罗泽盯着他看了很久。"上校的脸上仿佛有一张文凭证书，"克罗泽在自传中写道，"印度的太阳把他的皮肤晒得黝黑，晒出了皱纹，好像只有在热带待了 33 年才可能会这样。"

克罗泽还记叙道，他们在说话时，伯纳德无意中透露，"他认为我们右翼的 32 师对蒂耶普瓦勒的进攻不一定会成功，'如果进攻失败，'伯纳德说，'我们两侧的军队将会何去何从？'"如果进攻过程中发现蒂耶普瓦勒仍由敌军控制，他们一致同意违抗命令，不会待在安全的营部指挥作战行动。他们决定在无人区会合，采取另一个作战计划。如果他们之中只有一个人顺利穿过了前线，那么这位幸存者就需要指挥两个营。他们将这一协定传给两个营的其他军官。

伯纳德是一位十分有经验的军官，他不会因焦虑而打乱自己的日常生活。最终决定临时休息一下。克罗泽穿行于躺着的士兵之间，内心无法平静。大多数士兵都睡在地上，武器堆放在身旁，清醒着的大多数士兵则透过树枝，凝望夜空中的星星。他们或许在想，这是否是自己最后一次凝望夜空了。克罗泽压低了嗓音，与那些还没入睡的士兵聊了聊，给予他们慰藉与鼓励。读过莎士比亚《亨利五世》的人可能会说："那一夜，大小三军，不分尊卑，多少都感到在精神上跟克罗泽有了共鸣。"

第十一章 致命要害

克罗泽在战前对士兵的鼓舞，就像莎士比亚笔下的亨利国王对士气的振奋一样，是既充满激情又富含柔情的。在蒂耶普瓦勒林地的北部边缘，他突然看到了一丝幽暗的灯光。"把那灯光熄灭！"他生气地低声喝道，"你想让整个行动都暴露吗！"原来，这名年轻的列兵是在给家里写他认为的最后一封家书。得知此事后，克罗泽的语气温柔了下来。"没关系，"听到这名士兵承认错误后，他宽慰道，"一切都会过去的。"之后，他补充说："我相信你会平安无事的。"不过他还是取走了信件，以防这名士兵发生不测时，他可以帮忙把信寄出。

第36师中，克罗泽不是唯一无法入睡的指挥官。第109旅皇家爱尔兰燧发枪团第14营的37岁指挥官——弗朗西斯·鲍恩中校（Francis Bowen），也在7月1日凌晨不安地来回踱着步。凌晨1点左右，在他的部队进入了位于蒂耶普瓦勒林地东北边缘的前线后方的集结堑壕。他注意到，两侧的炮火突然停止开火。"沉寂似乎笼罩着整片大地，"鲍恩回忆说，"仿佛是即将到来的暴风雨前的宁静。一只水鸟在附近的芦苇沼泽中呼唤着它的伴侣，一只勇敢的夜莺大胆地对我们唱着歌。"

枪声的沉寂让他有机会在一个相对宁静的环境下告诉战友们要在什么时间出发。第14营是第109旅下属的两个营之一，该营的士兵会跟随第109旅的两支先头部队进攻。他的士兵将会在早上7点20分离开前线后方的集结堑壕，以便准备在进攻发起时（7点30分）爬过前线的胸墙。到那时，该旅的两支先头部队就会分散在250码的前线，抵达无人区，"安全地"逼近德军战线，但活动范围不能超过 150 码。所有 4 个营的士兵都已经做好准备，将于 7 点 30 分德军前线堑壕的炮火发射时进军。之后，他们会第二次进攻，攻占德军第二条战线，接着再第三次进攻。每次都会等待炮火发射时再行动。

炮兵部队计划分别于上午 7 点 48 分和 8 点 48 分停止对敌军第二和第三战线的轰炸。第 108 旅的 4 个营将试图在先头部队左侧发起进攻，并遵循类似的进度表行动。第 107 旅由克罗泽和伯纳德的人指挥，在进攻发动半小时后，他们会跟随第 109 旅士兵的脚步，在上午 10 点 08 分炮火发射时，尽快攻破第四条战线。

鲍恩中校在战争日志中记录道，德军和英军士兵在听到震耳欲聋的炮火声后，只有很短的喘息时间。大约凌晨 3 点时，"蒂耶普瓦勒的北端敌军部队的炮火声打破了这一相对宁静的时刻"，鲍恩写道，"炮火四射，营部的蜡烛不断被震灭"。

巨大的炮火声或许能够解释鲍恩的战争日记里为什么没有提到营里一名勇敢的战士在当天的壮举。鲍恩中校可能从未听到那声夺取这位英雄战士生命的爆炸。在进攻的准备阶段，一箱手榴弹被丢到了蒂耶普瓦勒林地里的一处集结堑壕里。这时，两个手榴弹的保险不知怎么被拔掉了。如果不是这位 20 岁的投弹手比利·麦克法登的迅速反应，随之引发的爆炸可能会炸死附近的每一个人。他没有试图逃跑，置他人于不顾而保全自己的性命，而是朝相反的方向扑倒，在炸弹爆炸前，用自己的身体盖在这两枚手榴弹上，用牺牲自己生命的方式挽救了自己的战友。

这几乎是一个令人难以置信的壮举，麦克法登也当之无愧地成

第十一章　致命要害

为索姆河战役期间,第一位被授予维多利亚十字勋章的战士。然而,此次颁的奖只是与即将到来的战役相关的一系列荣誉之一。此外,第十军还有至少 6 名士兵(或其家属)也因其在 1916 年 7 月 1 日的英勇表现而被授予了维多利亚十字勋章。

面对这样的情况,很少有士兵会像麦克法登那么做。大多数士兵觉得很难硬着头皮向前进攻,虽然他们很可能不会战死沙场。他们也想出了各种各样的策略让自己头脑冷静。19 岁的莱斯利·贝尔(Leslie Bell)列兵是一位农夫的儿子,他效力于皇家恩尼斯基伦燧发枪团第 10 营。该部队是第 109 旅下属的两个营之一。贝尔描述了自己在等待进攻发起时的心情:

> 这是一个令人愉快的夏天清晨。火红的太阳从东边升起。有人说太阳升起时,上面会有血。它在落山前肯定会散射更多火红的光芒。
>
> 有些士兵借着黎明的阳光读着《圣经》;有些士兵在给妻子或女朋友写信,感觉这封信会是自己写下的最后一封信;还有些士兵在擦着自己的步枪和刺刀,他们知道,一旦进攻开始,它俩才是自己最重要的伙伴。
>
> 我很难知道其他士兵的感受。每个士兵都被密集的炮火搞得茫然不知所措。我十分难过,很想家。这个时候家里该给从牧场回来的奶牛挤奶了。村子里会是一片生机勃勃、静谧祥和的景象。

贝尔的白日梦最终被打断了。上午 7 点 15 分，该营先头部队爬出了堑壕。走出蒂耶普瓦勒林地后，他们就开始爬上了那个通向敌军的长长的斜坡。但这还只是进攻的第一阶段。正如命令所指出的那样，当他们即将到达敌军攻击距离之内（100 码）时，需要待在原地待命。那时，贝尔和战友们只能服从命令，乖乖趴下等着。

起初，德军没有做出任何反应。大多数德国士兵都还在地下堡垒里等候哨兵吹响炮火停止的命令。贝尔和战友仍然在半路避难。早上 7 点 30 分，英军前线皇家恩尼斯基伦燧发枪团的号兵吹响了号角，进攻开始了。几乎在同一时刻，连和排的指挥官也吹响了口哨。皇家恩尼斯基伦燧发枪团第 10 营的战争日志记录者也对接下来发生的事情感到震惊：一排排的士兵跳了起来，稳步向敌军堑壕挺进。这些士兵斜跨步枪，持续向前挺进，场面颇为壮观。清晨的阳光闪耀在他们佩戴的刺刀上。他们保持的队列和间距仿佛让人以为他们是在举行阅兵仪式，步伐坚定，稳步向前，让人印象深刻。这是多么壮观的场面啊！

皇家恩尼斯基伦燧发枪团第 9 营的士兵位于第 10 营部队的右侧，同时进军。指挥官安布罗斯·里卡多中校（Ambrose Ricardo）注视着他们，并记录下了自己眼中这幅令人震撼的场面。他的这段描述也常常被人引用：

我站在出口之间的胸墙上，祝福他们好运。部队就这么离开了，没有任何延迟，没有大吵大闹，没有喊叫，没有逃跑，一切都这么井然有序，坚不可挡，就像这些战士们一样。我用

第十一章 致命要害

喇叭朝他们大声鼓劲时，不时有士兵向我挥舞着手臂，所有人都洋溢着兴高采烈的情绪。

大多数士兵都肩负重物。相信你们一定能扛着一大卷铁丝网，迎着敌军炮火向前进攻！

鲍恩中校在皇家恩尼斯基伦燧发枪团第 14 营的战争日记中写道，他对这幅场景的印象也尤为深刻，至少最初是这样的：

部队动身出发时仿佛是在举行阅兵。我再也没有见到过比此次行军更壮观的场面了。皇家恩尼斯基伦燧发枪团第 14 营的士兵刚切断我军铁丝网，德军机枪就开始从蒂耶普瓦勒村和博蒙阿梅勒朝我军缓慢发射，战士们只能在这些致命的、横飞的子弹下继续前行。

以下描述摘自鲍恩营约翰·肯尼迪·霍普列兵（John Kennedy Hope）的日记。这段描述表明，从部队右翼射过来的弹药瞬间将他们跳出堑壕以后相对安宁的时刻转变成了玩命时刻：

一位皇家恩尼斯基伦燧发枪团的士兵躺在胸墙上面，子弹打穿了他的头盔。他滚落到了我脚下的堑壕里。他看上去糟糕透了，脑浆从头部一侧慢慢溢了出来。他呼唤着他的朋友："比利·格雷，比利·格雷，你会来找我的，不是吗？"他所喊的这名军官倒在同一个堑壕里，大腿骨折，大量出血，不想让任何人碰他。短短时间内，一切都恢复了安静。他们一起牺牲了。

皇家恩尼斯基伦燧发枪团第 9 营的军队在右侧进攻，所以也就更容易受到来自蒂耶普瓦勒的炮火，这也不足为奇。然而，有些逼近德军前线的士兵则认为自己很幸运。无论这归功于人们常说的爱尔兰人的好运，还是因为他们精准的射击，施瓦本堡垒前的德军机枪被英军炮兵击中，而且大部分德军机枪手都被射杀。因此，在这一带的爱尔兰士兵就无须再穿越英军部队此前在北端经受过的密集的、灾难性的机枪火力。同时，德军前线的这一部分坡地也让他们的穿行更为容易：这一异乎寻常的坡面使得其前方的无人区成了一块德军堑壕里的士兵无法看到的盲区。

由于这种双重好运，大批爱尔兰士兵在德军守备部队还没开始行动前，就已经成功进入了前两条德军堑壕（在阿尔斯特师的地图上，这两条堑壕都被标示为堑壕系统）。之后，他们继续移动到地图上所标示的"B"堑壕，甚至到了"C"堑壕。在这一过程中，许多驻守施瓦本堡垒（"B"堑壕的一部分）的德军士兵要么受了伤，要么被击杀，要么被俘虏。

穿越德军战线的过程所发生的事情只被简单地概述。第 36 师第 108 旅的右翼部队——皇家爱尔兰燧发枪团第 6 营休·斯图尔特（Hugh Stewart）列兵描述了进攻部队是如何在军官被炮弹射杀后成功穿越德军战线的。这次，当他们抵达第一条德军堑壕后，他们的中士率先采取了行动，虽然他在途中受了伤："他抛出的第一个手榴弹将地下堡垒的门炸开，之后，他又朝里面猛掷两颗炸弹。地下堡

第十一章 致命要害

垒里的所有德军一定都被炸死了。我们让他坐在胸墙下面,每只手都握住一颗手榴弹,以防幸存的德军士兵会从地下堡垒里走出来。"

斯图尔特继续描述了他们是如何用一种更非同寻常的方式威胁堑壕中遇到的德兵:

一名士兵给自己做了一个特殊的武器。这个武器大概相当于一支长矛的一半长。它的一头是一个梨形的铸铁块,另一头是个皮条,绑在他的腰间。他用步枪来抵挡刺刀的攻击,再朝上挥舞这块铸铁块。无论这块铁块会击中哪个人,他的骨头必会被打碎。他会打碎敌军的手腕或手掌。如果有敌人用步枪射击,他就会开枪射杀他。

斯图尔特和战友一起爬向德军交通壕时,他看起来很让人闻风丧胆,如果他自己的描述是实情的话。"我一只手持刺刀;另一只手持一把左轮手枪,"他回忆说,"我参军前的工作就是给马钉马蹄铁,我手腕非常有劲。对我来说,使用这么大一把左轮手枪并不是很困难。德国佬就像是马一样会反踢你一脚,但如果你用一把左轮手枪射他,他就不会再给你找麻烦了。"

然而,他们在到达第三条堑壕时,遭到了激烈的抵抗。"在这里,真正的战斗开始了,"斯图尔特回忆说,"我以前从来没有用刺刀杀过人,我常常晚上想起的时候,脊背就会阵阵发凉。我们花了大约15分钟的时间才清除了大约100码的堑壕里面的敌人。我们没有抓到俘虏。我们清除的这条堑壕直通莫奎特斜行壕

（Mouquet Switch）。"

在此期间，克罗泽少校一直在筹备皇家爱尔兰第9燧发枪团的进攻计划。他们在昂克尔河堤道上遇到了第一个危险。昂克尔河从北流向南，将欧蒂耶林地与蒂耶普瓦勒林地分割开来。军队在穿越过河点附近时，德军只需要一波精准的射击就能消灭整个营的士兵。幸运的是，克罗泽和他的士兵在过河时，被河边沼泽地层层的雾气掩护着。事实上，英军战机在整个索姆河前线上空拥有绝对的空中优势，这就为他们提供了另一重保护。然而，他们在行进过程中，敌军的两发炮弹差一点就击中了他们，打到了距离他们只有20码的水中。

他们在等候时，遇到了第二个严峻的考验。等候的过程让人焦急不安。先是受到了德军炮火的挑衅，他们在早上7点30分出发后，德军所有的枪炮都在连续猛烈地朝他们射击。他们的主要目标之一似乎是要到达英军前线后方，即克罗泽和手下士兵休息的地方。皇家爱尔兰第9燧发枪团士兵没有被击中的唯一原因是，军队被蒂耶普瓦勒林地小路旁的一处高高的名叫斯贝塞（Speyside）的河岸掩护着。这就让他们免受炮弹的威胁，即使飞过头顶的炮弹距离他们只有几英寸。对他们来说，唯一算是安慰的是，这种恐惧也是前线地下堡垒里的许多德国兵在过去7天曾忍受过的。

士兵们试图通过唱歌来打起精神，但他们的歌声却被隆隆的爆炸声掩盖。克罗泽吹响口哨，命令军队穿越蒂耶普瓦勒林地，向前线挺进，在德军枪炮的震慑下，这一信号对他们来说算是一种慰藉。

第十一章 致命要害

然而，正如克罗泽尔在他的回忆录中所说，行进途中看到的可怕景象让他停了下来：

> 透过树叶的空隙，我看到了无人区倒下的一排排受伤、垂死挣扎或已死的英国士兵。（他们是在南部地区受到了第32师的攻击）。到处可以看到军官在为自己的士兵加油打气。我还不时看到士兵们挥舞着双手，之后，我看到一个士兵"砰"的一声倒下。不久后，我朝南望去，看到大量的英军尸体堆叠在蒂耶普瓦勒根据地前的德军铁丝网上。炮火和弥漫的灰尘让能见度变得很差。然而，这一切都足以让我相信，蒂耶普瓦勒仍然被严密防守着，伯纳德说得没错。

克罗泽没有在日志中透露他能看多远，也没写他看了多久。如果他能一直看到蒂耶普瓦勒南部防御区，并且观察了足够长的时间，那么他就可能看到了上演的第一幕悲剧，而且这幕悲剧已经发展成为一场名副其实的大屠杀。由第32师右翼旅（第97旅）支援的高地轻步兵团第17营已经成功在莱比锡突出阵地建立了稳固的据点。该突出阵地是德军的战略要地，在蒂耶普瓦勒南部最南端的地方向英军阵地延伸。然而，第17营所取得的任何成功都是相对而言微不足道的，因为他们还无法穿越德军的支援堑壕。

不过，如果所有支援部队能够紧随其后，取得突破的话，那么这个问题可能就没有那么严重了。不幸的是，对进攻者来说，当支援部队尝试穿越无人区时，进攻部队压根就没有取得任何进展。高地轻步兵团第 17 营以及紧随其后的国王嫡系约克郡轻步兵第 2 营，在炮兵部队的保护下，悄悄进入了德军前线 40 码区域内。当时大多数德军机枪手都还躲在地下堡垒里。英军炮兵部队停止开火后，德军防御者就能够在他们的阵地上就位，让通往莱比锡突出阵地道路变得更无法通行。

在英军部队看来，情况确实如此。高地轻步兵团第 17 营首次进攻后，英军部队试图从西南方接近莱比锡突出阵地桥头堡。上午 8 点，边防团第 97 旅第 11 营从欧蒂耶林地北部的集结堑壕出发，德军防御者没有对他们留有半点慈悲。虽然 11 营的有些士兵成功穿越了密集的炮火，在莱比锡突出阵地与高地轻步兵团会合，但大多数士兵都被右侧未被突袭的德军战线射来的机枪火力撂倒。在短短的几分钟内，边防团近 550 名士兵都倒在了无人区和英军前线后面。

然而，真正糟糕的事情还没有到来。当英军突然决定，如果边防团遭到了敌军的顽强抵抗，就不会再阻止后续支援部队继续前进时，不幸的遭遇就演变成了一场大屠杀。尽管边防团那么多年轻的士兵被杀，也没有人能阻止多塞特郡兵团第 14 旅第 1 营的士兵从同一地方进攻。

多塞特郡兵团从距离英军前线后方 100 码处，欧蒂耶林地北部边缘的树丛中冲出后引发的骚乱，被记录在了该营的战争日志中："那时，营里一半的士兵都已经离开了邓巴顿路（通往林地北部）尽头的欧蒂耶林地。我军前线堑壕的地面上铺满了士兵的尸体和受伤的士兵。然而，仍有士兵继续跳出堑壕，踩着倒下的战士向前挺进，因为前进的号令已经响起。只有 66 名多塞特郡兵团士兵成功抵达英军前线，其中只有25名士兵能够跨越德军占领的无人区，并支援苏格兰军队和在那里抵抗的约克郡军队，只有很少的士兵能够成功回来。"这个营的伤亡士兵人数超过500人。

之后，营部传令兵看到第14旅的兰开夏郡燧发枪团第19营从欧蒂耶林地出发，这就使得前往英军前线的道路上更多的士兵牺牲或受伤。和之前的营一样，只有少数幸运儿抵达了桥头堡（7月1日，兰开夏郡燧发枪团第19营伤亡人数超过275人）。当兰开夏郡燧发枪团的一名军官率先开始停止行动时，此次行动才开始被叫停。他告诉传令兵说，英军前线部队数量太多，无法再容纳更多的士兵。

那些进军蒂耶普瓦勒南部的士兵攻占了桥头堡，这对他们的伤亡战友们来说也算是一种慰藉。最靠近克罗泽中校及其所在营的第32师第96旅和第97旅左翼部队，穿越了蒂耶普瓦勒林地，在还未攻占任何目标时就全线阵亡了。更糟糕的是，第十军指挥官，托马斯·莫兰中将（Thomas Morland）毫无怀疑地相信一个错误的报告，固执地认为距离最近的兰开夏郡燧发枪团第15营已经成功突破德军防线，到达了蒂耶普瓦勒村的东部边缘，所以他没有为第36师派增援部队。如果他派出增援部队的话，情况可能会大不一样（见第十二章）。

人们很难找到有关第96旅的两个主攻营试图占领蒂耶普瓦勒村的详细记录。然而，历史学家却不得不寻找存留下来的战争日志，回顾他们的过往。例如，诺森伯兰郡燧发枪团第16营（纽卡斯尔兵团，第96旅右翼进攻营）的战争日志撰写者描述了德军防卫者是如何爬上胸墙，嘲笑那些进攻者，并向他们挥手，示意让他们离得更近一些，从而更容易将他们全部射倒。还有一个事件与兰开夏郡燧发枪团第 15 营的 30 岁阿尔佛雷德·李·伍德上尉有关。他的头部被划了一道很大很深的伤口。当他有机会撤离时，他对士兵说的最后一句话是："不，我还没有干掉那个机枪手。"然而伍德上尉没有成功，敌军朝他的头部猛击三枪。7 月 1 日，该营伤亡人员接近 475 人，而他也是其中之一。

第 96 旅的增援部队——兰开夏郡燧发枪团第 16 营的上尉给一名战后失踪列兵的亲人写了一封信。信中说，如果他是那些倒在战场上的士兵之一，他可能会无法逃生，因为残暴的德国兵会"让这些尸体布满枪眼"。7 月 1 日下午，德国兵也确实是怎么做的。

然而，兰开夏郡燧发枪团第 16 营的第二中尉查尔斯·马里奥特（Charles Marriot）接下来的描述，可能预示了大多数第 96 旅士兵接下来要面对的可怕场景，恐惧开始笼罩在他们的心头。上午 8 点左右，他被告知必须爬上蒂耶普瓦勒林地的东部边缘通往蒂耶普瓦勒堡垒的陡峭山坡。该堡垒位于山上大约 700 码的距离。之后，他回忆了他在路上目睹和感受到的场景：

> 我带领士兵爬向前线后方（或可能是左方）被称作汉密尔顿大道（Hamilton Avenue）的交通壕。格里正在用高性能炸药轰炸整片防御区。结果，这里到处都是一排排的弹坑和小山丘。位于我们上方高地的德军机枪手发现我们后，我们加快了步伐，翻过了这片区域。

第十一章 致命要害

我们在努力前往前线的途中看到了一些可怕的场景。我看见手、脚和胫骨从光秃的土地上伸了出来，散发着恶臭。我还看到了一名矮小的士兵坐在弹坑上，两肘撑在膝盖上，肩膀上背着沙袋。我把沙袋举了起来，想看看他是否还活着，却震惊地发现他没有脑袋。此外，我还碰到一名下士，弓着身倒在地上。我想着能否为他做点儿什么，就弯下腰来将他扶起，却发现他的头已经掉到身上的其余部位，中间只靠一点点皮肤粘连。

当我们抵达前线堑壕时，发现它已经被炸弹炸得满目疮痍，只残留下了一些小的碎片。我得知，一名严重受伤的军官倒在了那里，距离我们大约20码。为了找到他，我不得不爬上一个巨大的被炸碎的土包，身旁的子弹"嗖嗖"掠过，像是黄蜂的鸣叫。这名中尉个头很高，是皇家诺森伯兰郡燧发枪团的军官。他的两个膝盖、手腕和肩膀被子弹射穿。当他爬上胸墙时被子弹击中，猛地倒在了堑壕里。我尝试替他打上了绷带，抬到了医疗担架那里。之后，我不得不离开了他。

我们还发现了许多像他一样倒在胸墙后的士兵。子弹射穿了一名中士的前额，脑浆像头发一样流到了脖子后面。

最后，我们做好了准备，决定跳出堑壕发动进攻。无人区遍布着士兵的尸体，整个皇家诺森伯兰郡燧发枪团第16营的士兵似乎都倒在这里。这时，一位汗流浃背的传令员停了下来，带着指挥官的命令。天哪！这是多么激动人心的时刻！消息上说，我们得救了。这个好消息真是来得恰是时候。

难怪马里奥特中尉得到了解脱。在所有战争日志的记载中,那天早上,蒂耶普瓦勒是坚不可摧、无法攻破的。正如英国官方历史表明,"有人说,只有'刀枪不入'的战士才能在这一天攻下蒂耶普瓦勒,这是有道理的"。

第十二章

错失的机遇

施瓦本堡垒与蒂耶普瓦勒，1916年7月1日

随着弗朗克·克罗泽少校及其指挥的皇家爱尔兰第9燧发枪团越来越接近蒂耶普瓦勒林地东北边缘的英军前线，克罗泽意识到，如果他们无法压制德军火力，那么他们营的士兵将会和他在南边看到的那些不幸的人一样，遭遇同样的命运（见第十一章）。敌军炮火的密集程度让本应轻松攻破堑壕的行动变成了近乎去送死。然而，"奇迹"发生了。炮火突然停止了，仿佛是被施了魔法一样。克罗泽在自传中记下了他的感受：

> 现在就是机会，我对自己说。他们必须加快步伐，到达下沉公路（距离英军前线约100码），以连为单位撤军。
> 我笔直地站在空旷的野外，看着每个连队穿行而过。我对每个连的指挥官下达了撤军的命令。乔治·加菲金从一旁走过，挥舞着一条橙色的手帕。

"再见长官。祝你好运！"他向我大声喊道，"告诉他们，我用模具制作了一个滴酒不沾的小人儿。如果你再也找不到我的话，你就把它放在石头上。"

"祝你好运，乔治，"我说，"不要胡说八道了。无论如何你都是一个真正的战士！"

就是在这一关键时刻，克罗泽对士兵们的训练与管教的成果体现出来了。军官和士兵都严格遵循着他的命令。他们迅速在下沉公路展开阵形，来面对德军炮兵对蒂耶普瓦勒林地边缘的再一次轰炸。大多数士兵已经脱离了危险地带。

但是，赫伯特·伯纳德上校及其指挥的皇家爱尔兰第 10 燧发枪团的士兵都在哪呢？他们本应在克罗泽军队的右侧一同撤军的。克罗泽返回蒂耶普瓦勒林地寻找他，却发现上校在进攻期间已丧命于炮击。伯纳德的士兵聚集在前线后方 300 码的地方，他们不愿意在没有上级命令的情况下撤走。这令克罗泽很恼火。他拔出左轮手枪，威胁那些拒绝撤退的士兵。"这确实起了作用"克罗泽后来回忆道。他所威胁的这些士兵向前走着，跟随克罗泽的部队抵达了下沉公路。

事实上，下沉公路并不安全的，甚至可以说很危险。下沉公路是德军炮兵部队的另一个主要进攻目标。此外，德军机枪手得到了南部军队的支援，这些士兵已经无须在前线击退进攻者。蒂耶普瓦勒及其北部的机枪手已经击毙了第 32 师的前线传令兵。他们想要射击下沉公路的士兵，只需朝向右方扣动扳机就能实现。这就解释

第十二章　错失的机遇

了为什么躲避在下沉公路皇家爱尔兰第9和第10燧发枪团的士兵需要尽快朝下一个目标前进，否则，他们就有很大的风险被重机枪打成筛子。

克罗泽的属下大卫·斯塔雷特（David Starrett）说：

> 克罗泽弯着身子，到达了下沉公路。路上他喊道："伯纳德死了！"我们与其他士兵会合。他们已经做好准备通过这一地区。克罗泽还聚集了第10燧发枪团的其余士兵。之后他大喊："吹响前进的号令！吹响前进的号令！想活命就前进！"号手已经口干舌燥，还受了伤。他的肺被打穿了。1秒钟后，他倒在了克罗泽的脚下。海恩切断了绳子，把号角递给了其他士兵。这时，克罗泽给士兵们打了个手势，之后，他跳到了弹坑里。他的衣服上满是弹眼，但他本人没有什么大碍。军队不断地行进着，仿佛在阅兵场一般。克罗泽一遍又一遍地让士兵都集结在一起。

上午8点过后，他们继续向前推进。紧随其后的是第107旅的支援部队——皇家爱尔兰步枪第8营，以及那些在胸墙前没有受伤的幸存士兵。第8营的汤米·欧文（Tommy Ervine）描述了他在等待行动时，看到面前的一名士兵摇摇晃晃地倒在了堑壕里。当欧文正要问他发生了什么时，只见这名士兵张开嘴巴，血喷涌而出，心脏每跳动一次，嘴里就喷一次血。欧文摘下他的头盔，看到他的头部有一个巨大的伤口。他最终因为出血过多而死。

尽管不断有士兵伤亡，第 107 旅的一些士兵还是成功地抵达了之前攻占的德军战线。上午 10 点，第 107 旅的部分士兵已经准备好朝阿尔斯特师地图上标记的"D"堑壕挺进，这里也是德军的第二阵地。不久后，克罗泽部队里约 35 名士兵向"D"堑壕突击，但遭到了顽强的抵抗。上午 11 点，他们得到了皇家爱尔兰第 8 燧发枪团部分士兵的支援。

这三个部队的士兵可能吓到了 D 堑壕施陶芬堡垒（Feste Staufen）里的德军炮兵观察员。这是横跨蒂耶普瓦勒和北部格朗库尔的一个战略要地。一些历史学家引用了第 26 预备役野战炮兵团菲力克斯·基歇尔（Felix Kircher）下士的描述（历史学家没有说明他们是如何找到这段描述的）。基歇尔声称自己对英军先头部队的进展表示震惊：

> 突然，一名观察员用惊讶的声音朝地下堡垒下喊着："汤米在这儿，来吧！"我们冲了出去，看到了很多头戴钢盔，身穿卡其色军服的士兵。他们是我们近距离见到的第一批英国士兵。他们爬上了我们面前的铁丝网，寻找着突破口。他们大多都是年轻的男孩，20 岁左右，就跟我们一样。
>
> 我们非常绝望。作为炮兵观察员，我们没有武器，也没有弹药。我们每时每刻都盼望着能用手榴弹反击。

如果德军炮兵部队没有进行轰炸，没有在开始行动前就将英军已经消灭了大部分，那么这种情况可能会发生得更早一些。"我们

第十二章　错失的机遇

看到尸体被抛到了空中，"基歇尔说道。之后，他看到"幸存的士兵猛然冲下山丘"。

如果基歇尔说的是真的，他就见证了第十军进攻的关键时刻之一。即使不是真实所见，他的描述也与其他人的描述相一致。巴伐利亚第 8 预备役兵团的历史学家在描述德军的反击时，曾记录过，从施陶芬堡垒到格朗库尔的德军第二条战线后方的贝尔塔高炮群（Berta），整条战线都烧毁了所有秘密文件，以防落入敌人的手中。领导巴伐利亚第 8 预备役兵团反击的指挥官布拉姆中校（Bram）于下午 1 点到达施陶芬堡垒时，看到英国士兵正在第二条战线前方的铁丝网附近巡逻，这就让他下定了必须马上行动的决心。

在德军还未采取行动前，面对大量的机会，英军蜗牛式的反应令人心痛。没有人可以说英军指挥官缺少足够的时间指挥军队进行突破。与他们对抗的德军防御者的动作也并不是很快，部分原因是，英军炮兵部队在几乎拥有绝对优势的英军战机的协助下，给德军高级指挥所制造了极大的麻烦。

此次轰炸不仅让第 52 预备役旅的指挥官弗里德里希·冯·奥韦特尔（Friedrich von Auwarter）将司令部从德军第二条战线的另一处要塞——索伦堡垒（Zollern Redoubt）转移到了库尔瑟莱特（Courcelette）。轰炸还切断了连接库尔瑟莱特总机与德军第二条战线其他的指挥部。这条电话线是该旅用于了解前线战情的重要手段。上午 8 点 35 分后，奥韦特尔第一次听到施瓦本堡垒的防御已被攻破。他是从第 26 预备役师那里看到了消息后才知道的，他一般都从这里得到消息。

15分钟后，奥韦特尔获悉，敌人已经到达了汉莎阵地（Hansa Stellung，这里指阿尔斯特师地图上标记的"C"堑壕的一部分，一直延伸到昂克尔河南岸），以及格朗库尔以西一处名为炮兵洞的地方。1个小时后，奥韦特尔从上级指挥官——巴伦·冯·索登中尉（Baron von Soden）那里接到命令，要求他进行反击。他立即派已经驻扎在德军第二阵地的部队采取行动，虽然这意味着奥韦特尔需要在没有支援部队协助的情况下发起反击。

然而，这说起来容易做起来难。上午10点20分，奥韦特尔发消息告诉布拉姆，他要带领巴伐利亚第8预备役兵团反击。由于布拉姆没有汽车，所以弥足珍贵的时间就这么溜走了。他必须从皮村（Pys）一路走到库尔瑟莱特（直线距离大约两英里）才能听取奥韦特尔介绍情况。他们在11点15分见面后，布拉姆必须要继续走到施陶芬堡垒（直线距离依然大约两英里）听取战地指挥所有关进攻的命令，所以又耽误了一段时间。他到达那里时已经是下午1点了，之后他又花了2个小时为反击战做准备。

在他的指挥下，部队的右翼负责进攻汉莎阵地，中央部队从施陶芬堡垒出发，向施瓦本堡垒进军。剩余的部队可以在到达时参与作战。

至少，布拉姆的作战目标是正确的。而他即将对抗的军队就不是那么容易说清了。第十军50岁的指挥官托马斯·莫兰中将（Thomas Morland）却无法了解昂格勒贝尔梅尔附近"观察树"之外的形势。在那里，他试图通过日记中所称的"大望远镜"来了解正在发生的事情进展。

第十二章 错失的机遇

那天上午，莫兰进展得相当不错。上午 8 点 15 分，他了解到，他的两支主攻部队都进入了德军前线。在听到这个好消息后的半个小时内，他命令第十军预备役部队——第 49 师的指挥官，爱德华·珀西瓦尔少将（Edward Perceval）派遣一个旅的部队到蒂耶普瓦勒林地等候命令。这样的话，这支部队就能在第 36 师或第 32 师需要的时候，予以支援（具体支援哪一支军队，要看谁的需求更迫切）。

不久后，在第 36 师第 108 和 109 旅部队取得的部分战果的前提下，莫兰本有机会利用第 49 师扩大战果。然而，他不仅没有把他的预备役部队早点投入战场中，他还试图撤销现行命令，阻止第 107 旅的攻击部队在火炮轰炸时尽快进攻德军第二阵地。这是将作战计划来了个 180° 大翻转，因为 45 分钟前，他还告诉第 36（阿尔斯特）师指挥官奥利弗·纽金特（Oliver Nugent）少将，即使德军炮火从两侧轰炸，第 107 旅也应该继续进攻。这种领导上的优柔寡断、迟疑不决也是莫兰中将在那天表现出来的特点。

事实证明，即使他考虑这么久的决定，也没有发挥出多大作用。无论如何，第 107 旅还是继续进攻了，因为无人区的密集的炮火让传令员无法带着莫兰的停战命令顺利及时地穿越无人区。更重要的是，他没有理性地分析战况，也没有分清主次。这个命令也会把 7 月 1 日英军部队最有希望取得的成功，转变成当天最大的失败之一。

但这不是说，莫兰在很随便地挑选预备役部队。因为他做出的任何一个决定都可能会受到批评。然而，支持军队前往救援第 32

师而不是第36师的观点已经很明确：如果预备役部队前去支援第36师第107旅的部队，两侧德军炮火的轰炸可能会让他们无法前进半步，在造成更严重的伤亡的同时，也不会取得预期效果。如果在第36师重新进攻德国第二阵地之前，预备役部队能够成功协助第32师96旅夺取蒂耶普瓦勒，或至少攻占敌军炮火最猛烈的蒂耶普瓦勒村北部区域，那么这种风险就完全被消除了。

不幸的是，对于莫兰来说，派预备役部队支援第36师的观点同样具有说服力。对比两个师突袭的可行性分析时，第36师很明显是更具优势的。毫无疑问，爱尔兰军队已深入德军战线内部。上午10点30分左右，第十军收到了来自第36师的消息，称其部队正在"C"线上掘壕防守，准备迎战。如果需要更多更具体的证据的话，莫兰只需参考第十军的战争日志中提到的，关于上午10点30分的战况。日志告诉他，500名德军俘虏已经越过第36师前线，返回了后方。

事实上，第36师取得的部分成果与第32师在蒂耶普瓦勒以北的进展的不确定性形成了鲜明对比。莫兰的大型望远镜所看到的"壮观"的前线战况，也无法让他知道第32师的进攻情况到底怎么样了。他所了解到的最确凿的证据表明，第32师还未取得什么进展。上午8点30分后不久，纽金特报告称，位于36师右侧蒂耶普瓦勒，特别是堡垒里"疯狂的"德军机枪手正在将他们36师的士兵一个一个射杀。他本应告诉莫兰，第32师向蒂耶普瓦勒村庄北部及其周围的进军并不成功。

唯一与这一结论相左的证据还不详细、不明确。炮兵观察员的

第十二章 错失的机遇

两份报告只说了蒂耶普瓦勒东部发现了一些英军士兵。这两份报告都是在上午 11 点之前就交到第 32 师那里了。考虑到这两封报告是莫兰在 7 月 1 日上午和下午接到的所有情报，所以难怪第十军的战争日志对蒂耶普瓦勒战局的唯一评论是"不清楚""尚不明晰"。

所以，这种对战局的分析可能会促使一位更好强、更富有侵略性的指挥官派出自己有限的预备役兵力前往支援第 36 师，因为就目前来说，第 36 师比 32 师更需要援助。这也引起了第 32 师指挥官里克罗夫特（Rycroft）少将的注意。下午 12 点 30 分，珀西瓦尔前来拜访时，里克罗夫特也建议采取这个行动，希望军队能够穿越莫奎特斜行壕或德军第二阵地，攻占蒂耶普瓦勒。

然而莫兰显然并不是一个敢于承担风险的人。或许这本就是他性格的一部分。或许，在经历了一系列个人不幸后，他性格中较为激进冒险的那一部分已经被压制住了。在德国产生入侵法国和比利时的想法前，这些变故就已经发生了，并且对他的影响是终生的。他不到 6 岁就失去了双亲，成了孤儿。后来，他 33 岁的妻子于 1901 年去世，他不得不独自照顾两个年幼的女儿。

没有任何证据能够表明，莫兰意识到了这些沉重的打击会影响到他今后作为一名军人所做出的决定。然而，他也会有一些下意识的心理反应，这也不足为奇。在考虑把士兵派往前线时，一位曾忍受过悲痛带来的巨大痛苦的将军，会比那些没有经历过这种痛苦的人更不愿意做冒险的事情。

无论这是否是理解接下来所发生事情的关键，莫兰还是采取了一切以安全为主的战略，而不是采取在当时看来更具风险的策略。

这就意味着他需要果断迅速地将此前派去蒂耶普瓦勒林地候命的第49师第146旅的全部部队移交给纽金特少将，以便抓住眼下的机会。莫兰犹豫了。然而，他所做的这个决定最终也没有帮到任何人。

在第十军得知第36师的部队正在"C"线掘壕防守后的头3个小时里，莫兰犹豫不安地坐在围栏上，无法做出任何决定指挥预备役军队行动。之后，他得知第32师在凌晨1点50分对蒂耶普瓦勒的后续攻击失败了，第96旅下属的两支部队——兰开夏郡燧发枪团第16营和皇家恩尼斯基伦燧发枪团第2营，都遭到了德军炮手的猛烈轰炸。德军炮手对他们的轰炸就像他们反击第96旅的第一次进攻一样容易。他首次将第49师的大部分预备役部队派给了32师，希望第32师能够更快速取得成功，这样对第36师之后的行动有利。

然而，不管这样的决策在当时看来是多么的合乎情理，但结果却是弄巧成拙。下午2点30分后，当布拉姆中校已经调动军队，准备对施瓦本堡垒实行反击。莫兰命令第49师指挥官珀西瓦尔，第146旅必须在相反的方向进军：即朝蒂耶普瓦勒进军，因为这里才是最重要的。第36师只能象征性地得到第148旅（第49师146旅的兄弟部队）的援助。

之后，主攻部队不出所料地被德军机枪手撂倒，第146旅在下午4点对蒂耶普瓦勒发起的进攻被取消。莫兰坚持认为，第148旅的其他两个营应当支援第32师第96旅，这样在需要对同一目标再次发起进攻时，可以被派上用场。

莫兰在下午得知第36师的部队被迫撤军后，才突然改变战略，

第十二章　错失的机遇

试图将增援部队平均分派给两支进攻部队。不幸的是，那时大部分支援部队已经被派到了其他战场，所以，他几乎不可能再改变这种形势。

莫兰无法查到他所派遣的预备役部队所处的位置，因为他们先是被派到了战场的一边，之后又被派到另一边，这就增加了他下达任务的难度。结果，他只能下达极其模糊的命令，例如他在下午6点08分下达的命令是：如果第146旅有一支小分队在合适的位置上，就命令其再对蒂耶普瓦勒发起进攻。如果没有，就派第148旅去进攻。

在这种情况下，所有发出的进攻命令和收回的命令在英军前线后方满天飞，而那些接收命令的士兵会感到茫然不解，得到的军令也是滞后的，这一点都不奇怪。第146旅下属的第1/7西约克郡兵团的军官在几小时内被命令加入两个不同的军事行动：下午4点进攻蒂耶普瓦勒；之后，抵达蒂耶普瓦勒林地边缘，守卫施瓦本堡垒对面的前线。随后他们又得到另外一个收回的命令，要求他们协助施瓦本堡垒的部队时，他们十分困惑，茫然不知所措。

当这些军官接到第36师指挥官的命令时，恰巧在穿越蒂耶普瓦勒，执行上一个命令。他们愿意立即遵守这个收回成命的命令，如果它不违背旅长之前下达的命令的话。他们在与第36师的另一支部队联系上之前，一直茫然不知所措。该营营部刚得到一份抄送文件，得知第146旅的两个营正被派去援助守在施瓦本堡垒的部队。晚上7点30分左右，就在莫兰最初将第146旅部队移交给36师部队后的3个小时后，以及36师发出紧急援助需求的8小时后，

第146旅部队最终得以解脱，可以去巩固英军桥头堡。

那个时候，施瓦本堡垒附近的局势已经完全改变了。我们无从得知德军炮火观察员菲力克斯·基歇尔有没有看到皇家爱尔兰燧发枪团第8营或第9营的士兵。这些士兵已经无法在被攻占的德军第二阵地部分地区长时间逗留，两侧密集的德军炮火让他们根本招架不住。

来自昂克尔河北部的博库尔堡垒的炮火对进攻河岸南侧的士兵来说又是致命的。已经挺进昂克尔河北部德军战线的第108旅的两支部队原本希望他们能在第29师右翼穿越堡垒时对其施以保护，而现在，他们完全被德军的炮火压制住了，更别说去攻占另一处战略要塞。这一次，德军炮手可以从第36师的北侧，对这些被困在这里的进攻者实行纵向射击。

上午11点30分这一重要关头，莫兰做出了一个正确的决定，这个决定可能会将整个战役转变成对英军有利的局面。大约就在这时，已经到达昂克尔河南部德军第二战线（D堑壕）的爱尔兰幸存士兵，要被迫撤退到B堑壕和C堑壕。这是自从这天上午以来，施瓦本堡垒的英军进攻者第一次处于撤退状态。

由于英军部队未能一鼓作气地向前冲，所以德军士兵才有了时间和空间组织反击。在莫兰放弃第107旅取得的战果时，德军第26预备役师，第52预备役旅和巴伐利亚第8预备役兵团的指挥官悄悄地将一些重要的反制手段落实到位。下午3点后不久，第一次反击开始了。起初，德军部队试图打入施瓦本堡垒东部的英军前方战线，但渐渐地，随着越来越多的德军士兵部署在这里，第36部

第十二章 错失的机遇

队被迫撤退。这与发生在戈默库尔南侧的战况很类似（见第十章）。

向德军 C 战线挺进（其实在某些情况下已经突破了德军 C 战线）的爱尔兰士兵只能被迫撤退。在一些被捕军官的证词中，这些爱尔兰士兵所经历的折磨被特别强调。在一份报告中，来自皇家恩尼斯基伦燧发枪团第 10 营的 25 岁的中尉约瑟夫·香农（Joseph Shannon），描述了他和他们排的士兵的经历。那时，他和战友们从他们挖掘的高级堑壕一直撤退到了德军 C 战线：

> 我们正沿着这条堑壕移动时，附近 5.9 英寸的炮弹接二连三地爆炸，占领这里的大部分士兵都被炸死了。其中一个炮弹就在我旁边爆炸了，4 名士兵被击中，我的两条腿都被子弹击中。其中一颗子弹刺穿了右腿，打碎了胫骨。我待在原地，4 名士兵面目全非的尸体倒在我身上，我就这么熬过了 45 分钟。之后，两位军官救了我。

毫不意外的是，考虑到香农受伤情况比较严重，救援人员觉得他们无法将他带离危险区，所以他们把香农留在了这里，并告诉他，他们过一会儿抬一个担架回来。他们并没有很快就返回。他们再次回来前，德军反击部队已经来过这里，将香农作为俘虏带走了。

或许，香农可能会认为自己很幸运。爱尔兰士兵和德国兵都没有将约翰·贝里带走。贝里是一名来自贝尔法斯特的 27 岁的会计师，效力于克罗泽中校的皇家爱尔兰第 9 燧发枪团。贝里在德军 C 线和第二阵地之间，被子弹击中。子弹射穿了他的大腿根儿，切断了一条神经，造成他右腿瘫痪，只能困在这里，无法逃脱。他别无选择，只能尝试自己解救自己。"我努力与蒂耶普瓦勒林地的战友会合，"他写道，"但我只能缓慢匍匐前进。7月2日到3日晚间，我穿越了敌军 C 线，并于 7 月 4 日晚上 7 点左右抵达圣皮埃尔迪维永（St. Pierre Divion）附近的 B 线。我爬进了那里的堑壕，但由于伤势严重，我无法再爬出来。那时敌军控制了这条战线，过了一会儿，我被敌军发现，并被带到了急救站。"

在此期间，这些军官本可以联合 C 线剩余的战士牵制德军。爱尔兰战线左侧的部队由皇家爱尔兰燧发枪团第 11 营（第 36 师第 108 旅的右翼突击营）50 岁的亚当·詹金斯少校（Adam Jenkins）指挥。他是 7 月 1 日在德军堑壕的所有爱尔兰人中年纪最大的军官之一。他描述了自己被释放后，与士兵们一起采取的措施：

> 敌军第三条战线挖在下沉公路的一侧。来自不同部队的士兵开始集结在这条路上，这其中就包括我们的人。他们此前已经打进敌军第四条战线，现在撤退到了这里。这条路遭到了严重的炮击，造成了无数士兵的伤亡。作为这里的最高长官，我立即命令所有这些部队从通往施瓦本堡垒的道路撤军。一路上，炮击仍在继续着，但由于这条路上的士兵已经被疏散，所以炮击造成的损害并不大。
>
> 我连发了好几条消息，请求增派支援部队、军用物资和弹药。但我并没有得到这些物资。所以我们几乎不可能如期望的那样，巩固好我们的战果。

第十二章 错失的机遇

我在前沿堑壕中存有一把刘易斯机枪和约60支步枪；在中部堑壕留有一台斯托克斯式迫击炮、一把维克斯机枪和大约20支步枪；在支援堑壕里留有一把刘易斯机枪和约40支步枪。

德军在遭受严重炮击后，从我军最左翼的位置发起反击。斯托克斯式迫击炮立刻就被派上了用场。敌军队形密集，所以他们一定会伤亡惨重。我军在发射了大约6发斯托克斯式迫击炮炮弹后，敌人撤退了。

之后，我们又遭到了密集的炮轰。他们增派了兵力，试图再一次进攻。这次，他们向前走得更远了些。我军步枪和机关枪朝他们射击，并再一次将他们击退。

之后，他们继续朝我们轰炸，再一次进攻。到现在为止，我的维克斯战团的士兵都受了伤，只有一人没受伤。我在协助这名士兵的时候，被敌军机枪手击中。

子弹击中了詹金斯的右脸，打穿了上腭，从左臼骨下方1英寸处射出。詹金斯昏了过去，失去了知觉。士兵以为他已经牺牲了。大约24小时以后，他醒了过来，左眼看不清任何东西。但他用右眼可以看到，自己已经被德国人包围，他手下的士兵早已撤退了。

人们本期望此次撤军是为了支援最高一级的部队。然而，下午3点30分后不久，皇家爱尔兰第9燧发枪团的加菲金少校从施瓦本堡垒发来的战地报告中称：

我们遇到了相当大的困难，到了火烧眉毛的境地。在昂克尔河北部，我们遭到了左侧机枪的纵射，我们的右翼部队也深陷于困境之中。我们不可能成功完成任何任务，也几乎没有什么作战物资了，只有6个钢丝球，没有木桩。如果今晚我们被袭击的话，我认为我们无法坚持抵抗，因为敌人从前后进攻都可以攻占这里，除非蒂耶普瓦勒被攻克。士兵们都非常疲惫，不适合再次作战。我们也缺乏刘易斯枪、机关枪和弹药。我们也没有炸弹。

蒂耶普瓦勒林地东北边缘的爱尔兰军队的处境也变得非常糟糕。上午，他们担心的最主要的事情是，德军可能会袭击爱尔兰前线，这里相对防守没有那么严密。在这高度紧张的时刻，一些投降的德军士兵急于躲避德军发射的密集炮火，他们穿越无人区，冲向英军前线，却被爱尔兰支援部队误以为他们要进行反攻，爱尔兰士兵一怒之下将其射杀。

当另一组德军士兵在蒂耶普瓦勒林地东北边缘被发现后，第二次类似事件发生了。克罗泽中校赶紧前来，看到了"一群前进的身穿灰军服的士兵"。周围人喊道："德国人来了！"士兵立刻架起了刘易斯枪，朝着他所认为的进攻部队开火。克罗泽透过双筒望远镜观察着他们，他突然大喊道："停火，停火，看在上帝的分上！这些人都是向我们投降的俘虏，我们的一些伤兵正在护送着他们呢！"

过了一段时间后，枪声才逐渐平息。其中护送的一些士兵来自伯纳德上校指挥的皇家爱尔兰第10燧发枪团。作战开始时，他们未能成功突破，用克罗泽的话说就是"狼狈不堪"，同时，他们

第十二章 错失的机遇

也失去了勇气。并失去了他们的底线，他们甚至觉得被俘房的德国兵都是可作弄的对象。"我听到一个年轻人说：'毕竟，他们只是德国人而已。'"克罗泽说，"但我最终还是控制了局面。"

讽刺的是，大批投降的俘房表明，驻守在施瓦本堡垒的德军遭到了惨败，而德军指挥官还误以为他们看到了部队在发动猛烈的反击。这似乎也解释了为什么德军会花很长时间才对爱尔兰士兵的进攻做出回应。等到这天下午结束时，形势出现了反转。这次，轮到爱尔兰军队逃离战场，而不是德军部队。

皇家爱尔兰燧发枪团第 14 营的鲍恩（Bowen）中校在蒂耶普瓦勒林地的地下堡垒中指挥作战。他在日记上记述了一件他经历的事情："我被堑壕里的一声喊叫声惊醒，堑壕里的士兵都在后退。我在埃尔金大道停了下来（埃尔金大道是一条从蒂耶普瓦勒林地直通前线的交通壕）。我不得不拿起左轮手枪。形势非常危急。榴霰弹划过我们头顶，子弹满天飞，惊恐万状的士兵们盲目地冲了出去。"

克罗泽在回忆录中描述了另一群士兵。"他们说，如果要留在这里，他们就死定了。对他们来说，一切都完了。"他还记录了事情的结果，"一位年轻的中尉冲上前去截住了他们，他们用力从他旁边挤过去。中尉拿起了左轮手枪，威胁着他们。但士兵们并没有注意。中尉开枪了。一名英军士兵倒在了他的脚下。这件事几乎是瞬间发生的。士兵们被迫返回，帮助自己的战友。"

尽管英军投入了大量兵力，德军仍在无休止地进行着反击。晚上 7 点 45 分，几名尤为顽强的爱尔兰机枪手还在拦截通往施瓦本堡垒东南部道路的德军士兵。德军在迅速将这些士兵消灭后，扫清这条通往施瓦本据点的道路只是时间问题。

然而，皇家恩尼斯基伦燧发枪团第 9 营的皮科克少校最终决定，军队需要撤回到最初的爱尔兰前线。但他这么做并非是因为正在施瓦本堡垒的德国士兵。一系列的报告表明，德国人已经重新收复了英军侧翼的前线堑壕，并威胁要包围滞留在这里的英军。坚守在这里的爱尔兰士兵接到命令，于晚上 11 点后迅速返回蒂耶普瓦勒林地。

一名聚集在施瓦本堡垒的德国士兵描述了他认识到他们已经赢了的那一刻："晚上 11 点 30 分左右，我们在施瓦本堡垒看到，大批士兵朝我军前线走来。我们不知道他们是否是德军。邻近的蒂耶普瓦勒防御区发射的炮火让我们能够看清他们头盔的形状。之后，我们意识到是英军正在撤退。长官命令我们朝他们射击。结果就是，英军收到了我们善意的深夜的问候。"

德军报告中没有记录，他们朝爱尔兰前线最后一次开火时有多少士兵倒下。但人们知道的是，英军方面，第 36 师在进攻过程中损伤惨重，总伤亡人数接近 5 500 人，其中，第 109 旅右翼支援部队——皇家恩尼斯基伦燧发枪团第 11 营伤亡人数接近 600 人。这意味着这个营的部队不仅要在进攻开始几分钟后承受敌军对无人区倾泻而下的炮火，他们还要比其他军队承受更多来自蒂耶普瓦勒方向机枪子弹的扫射。

第 36 师的损失并不意味着战争的结束。虽然官兵们相信他们已经在 7 月 1 日晚上至 2 日凌晨被敌人打残，但第 49 师的一些士兵仍滞留在德军第一堑壕，并在第二天下午得到了支援。这些部队

第十二章 错失的机遇

穿越无人区，守在 A15 点和 A19 点之间的位置（施瓦本堡垒南部堑壕线西南部）。7 月 7 日，在密集的炮火轰炸以及步兵部队的猛攻之下才被迫撤军。这就让第 49 师第 148 旅的伤亡人数增加到了近 1 400 人。许多战士白白牺牲，因为他们在德军战线滞留期间，没有取得有价值的战果，这又是一场悲剧。

相比之下，第 14 旅曼彻斯特团第 2 营部队在下午 6 点解救出了莱比锡突出阵地西端的第 32 师，使该部队不需要再继续守着德军战线的这一常设火力点。因此，尽管第 32 师没有像北部爱尔兰军队那样深入德军防线内部，但他们的进攻最终产生了更持久的效果。

但这一有限的进攻也是有代价的。第 32 师的报告指出，7 月 1—3 日，该师伤亡人数超过 4 600 人，其中就包含了最让人心痛的第 11 边防团的伤亡人数。如第十一章所述，第 11 边防团伤亡人数接近 550 人。

或许，正是由于去往德国前线的途中以及在德军前线的伤亡规模，英军才激起了对德军俘虏最残酷的报复。英军在 7 月 1 日的战争日记中就有所记载。据曼彻斯特团第 2 营的战争记者称："罗伯逊中尉让德军俘虏在野外穿越德军炮火轰炸，这给了我相当大的享受。他们抵达我军战线时，被我们用锋利的刺刀阻拦在地下堡垒外。"

与第十军的损失相比，德军在蒂耶普瓦勒三个防御区的伤亡率相对较低。巴伐利亚第 8 预备役兵团的部队作为先头部队，带头对施瓦本堡垒实行反击。在 7 月 1—3 日（该兵团历史上唯一具体记载伤亡人数的日子），该部队"仅有"800 人伤亡，是爱尔兰军队占领施瓦本堡垒期间所有失踪以及被俘人数的 1/4 左右。在蒂耶普瓦勒北部、中部和南部守卫德军前线的第 99 预备役兵团在 7 月 1 日大约有 1 000 名士兵伤亡。与英军第 32 师和第 36 师相比，这个数字虽然不大，但在第 99 预备役兵团的士兵人数中占据了很高的比例。

考虑到第 36 师部队实际上是兄弟营，所以，他们同乡的亲友在听到消息后感到极为震惊和难过，也就不足为怪了。英军伤亡人数过多，所以英国当局在当地报纸上刊登伤亡名单前，没有来得及通知所有死者家属。正如纽芬兰圣约翰斯发生的那样，该部队在博蒙阿梅勒附近被全军歼灭之后（见第八章），当地书报亭窗口张贴的剪报上刊登着伤亡人员名单，那些无法穿过拥挤人群看到这份名单的人，只能询问朋友或熟人有没有看到自己家人的名字。随处可见妇女或儿童穿越北爱尔兰受灾城镇或村庄的街道，哭红着眼赶回家去，告诉家人自己刚刚得知的坏消息。

看到报纸上刊登的消息，与得知亲人失踪的消息一样让人酸楚。贝尔法斯特晚报上刊登着这样一条消息：

> 从大进攻开始就没有收到沃尔特·弗格森的消息，他的亲人们对此感到非常伤心，任何人如果能提供一些消息，我们都表示非常感谢……

后续报道没有交代这名失踪的一等兵是否找到，但在极个别情况下，报纸上刊登的那些已牺牲的士兵会"奇迹般地"复活。贝尔法斯特晚报就报道了这样一件事情：

第十二章 错失的机遇

　　官方曾报道过，奈斯比特夫人收到了她的儿子的阵亡通知书，他的儿子在 7 月 1 日的行动中牺牲了，然而过了几天，她收到一份来自一家私人医院的电报，通知她，她的儿子受伤了，正在他们那里治疗。

然而，这样的通告是很少见的，更常见的则是情真意切的慰问信。皇家阿尔斯特博物馆里收藏的一封信件尤为感人：

亲爱的朋友玛丽：
　　我在报纸上看到你的兄弟在法国因受伤而牺牲。听到你的亲人去世的消息，我很难过。我想让你知道我的感受。我做了祷告，并在星期天参加弥撒时为他点燃了一支蜡烛。你可能会觉得这没有什么用，但它至少减轻了我心里对你的忧虑。愿上帝保护你和你的家人。
　　　　　　　　　　　　　　　　　　　　　　　爱你的莉齐

第十三章

鼹鼠与士兵

奥维莱尔，1916 年 7 月 1 日

如果说攻占施瓦本堡垒与蒂耶普瓦勒，是英军攻破德军索姆河战线北端防御力量的关键，那么占领通往波济耶尔高地的大门——奥维莱尔，对德国第二集团军的核心领导层来说，肯定是最关键的任务。一名指挥官站在第 160 号山上（德军将领用数字代指高地），他几乎能看到几英里连绵起伏的山峦中发生的任何事情，当然他的炮手也能。

这可能解释了为什么第三军第 8 师第 23 旅的指挥官 H. D. 图森准将肩负着攻占这两个具有重要战略意义的村子的责任。7 月 1 日，在行动开始前，他在奥维莱尔对下属作了一番振奋人心的演讲：

> 在这场即将展开的伟大进攻中，英法两军同心协力，对抗共同的敌人。第 23 步兵旅的士兵将率先突破敌军防线，攻占波济耶尔村。

第十三章 鼹鼠与士兵

对于这场决定性的,具有非凡意义的胜利来说,这只是第一步。许多部队将跟随第 23 步兵旅的脚步,前赴后继。

在第 8 师里,图森的第 23 旅部队肩负的作战目标最为出名。他们在 7 月 1 日的最终目标还包括:北翼部队攻占莫奎特农场东南部,南翼部队攻占波济耶尔东郊的南部地区。由于奥维莱尔和波济耶尔都位于第 8 师的右侧阵地,所以也就自然地落到了第 23 旅的地盘内(第 23 旅是第 8 师的右翼部队)。

然而,这一声望也是一种责任。图森除了振奋士气之外,还似乎向他们发出了含蓄的警告:

敌人尽管有这样那样的过错,但他们都是勇敢的战士。这场任务很可能并不轻松。

我们要告诉敌人,他们根本不是我们的对手。英国人不会让他们逍遥法外,他们会为自己对欧洲大陆做出的恶行付出代价。

这一偏离既定政策的警告很可能会在未流传开来前就被图森的上级拦截。这些言论与普遍存在的乐观精神相抵触,而大多数参加索姆河会战的英国军官似乎认为,这种乐观主义是必须的,是强制性的。或许,第三军的指挥官,如第八师的准将,由于领导人自身自由的本性而得到了特许,可以说一些不能说的话。

第三军 55 岁的威廉·普尔特尼(William Pulteney)中将是一位特立独行的指挥官。他流传出来的书信表明,他是目前为止英国陆军最高层军官中，最心直口快、直言不讳的一位将领。作为一名明显喜欢女性、爱聊八卦和园艺的单身汉，他的信中，即使是那些大进攻前不久写的信，都会不时夹杂着他对上流社会小道消息的渴望，满篇都是园艺小技巧与性暗示，这不足为奇。1916年6月22日，即大进攻开始的前一个星期，普尔特尼中将在与贵族女性密友、伦敦德里侯爵夫人伊迪丝写信时，说到了寒流到来以及他是否应该换上冬天穿的内衣这一"重要"话题。他说："我认为，某些部位最好还是保持寒冷，这样，当它们进到其他部位里时，就能充分感受到它的温暖了！"普尔特尼还告诉伊迪丝，他刚与朋友结束了巴黎之行，回到了总部。"我们玩得很愉快，"他向她保证，"但这个朋友星期天晚上就被拉走了，所以我们还没有太多时间干坏事。"

他不检点的言行并不局限于他的个人生活。德斯伯勒夫人埃蒂是他另一位经常写信的朋友。他在1916年6月29日寄给埃蒂的信中透露："敌人可能在这场行动中隐蔽得很深，所以他们实际上在这种密集的炸弹轰炸中是安全的。"而就在大进攻开始的两天前，他的炮兵部队正在那一刻朝敌人轰炸。这封信表明，实际上，对"油灰"（他喜欢这么称呼自己）来说，没有什么话题是不能说的。但这些信也表明，他非常清楚，所有对此次战役成功的讨论，都仅仅是一种形式主义，是一厢情愿的想法。

不过，或许也不是。在早先写给伦敦德里侯爵夫人伊迪丝的信中，他说："我这里的花园相当不错，但这里的鼹鼠真是太让人讨厌了。它们会在花坛下面打地洞，还制造大量的粪堆，污染草地。所以我们设陷阱捕到了3只鼹鼠，而且我还打破纪录了，昨天，我

第十三章 鼹鼠与士兵

趁它夜里再回来时，在野外杀死了一只鼹鼠。作为一只早起的鸟儿，我发现了那些大清早习惯从别人的床上回来的人，他们真是太倒霉了！"

这封信是在"大推进"之前的几天写的。普尔特尼即使在与英国远征军一起来法国期间，也依然是一名园艺爱好者。人们困惑，他和炮兵指挥官是否会觉得，让德军陷入困境会和抓住那些破坏他草坪的鼹鼠一样容易？ 如果是的话，他就会为此前打击手下的那些乐观态度而感到愧疚。

阿尔弗雷德·邦迪（Alfred Bundy）是米德尔塞克斯兵团第23旅第2营的中尉。他在战争开始的前一天才刚到达前线。他在第一次抵达奥维莱尔对面的堑壕时，就注意到了这里普遍盛行的乐观主义精神。他在当天的日记中写道："我们明天就要发动进攻了，但我们可以直言不讳地说，这里将不会有什么抵抗。我军连续猛烈的炮火已经持续好几天了，德军战线似乎已经被瓦解。很明显，那里不可能会有生还的士兵。"

他的连队指挥官亨特上尉不同意这个观点。"他不相信会这么容易，"邦迪说。亨特不是唯一持有此看法的人。雷金纳德·莱瑟姆（Reginald Leetham）上尉指挥的第8师第25燧发枪旅第2营将要在第23旅的北部发起进攻。莱瑟姆上尉见识过过分自信的后果。在"大推进"开始前的轰炸期间，第2营的士兵突袭了奥维莱尔附近的德军堑壕。那天晚上过后，德军炮兵部队猛烈炮轰了这支部队。"在一个地下堡垒里，我们就损失了8名士兵，"莱瑟姆在他的日记里（6月26日）说道，"我看到了我所见过的最可怕的景象：

两具没有头的尸体。另一名士兵只剩下了躯干。但是最让我作呕的一幕是，我走到拐角处时，发现一具尸体，他身上的所有衣服都被炸没了。"

看到这个场景，再对比袭击过程中未受到伤害的德军地下堡垒，莱瑟姆在日记中对这场本应在主攻开始前削弱敌军力量的轰炸效果，产生了质疑：

> 进攻的士兵发现德军前线士兵抵抗顽强，前线被防守得很坚固。这就让人怀疑此次轰炸是否对我们产生了有利的结果。我军炮兵部队表现非常完美，但轰炸地面30英尺以下的德国兵有什么意义？
>
> 我军地下堡垒就没有那么幸运。地下堡垒只有2~4英尺厚，每次敌军直接轰炸后，屋顶总会倒塌，将里面的士兵埋葬。真是一群狡猾的德国佬！

尽管莱瑟姆持怀疑态度，他在日记里还是充满了对壮观的轰炸景象的赞美。他在日记中写道："在轰炸开始阶段，有士兵从堑壕里观察到，波济耶尔教堂的大方塔都倒塌了。"他还在晚上看到，"奥维莱尔的房子被炸毁，这里和其他村子的炮火点亮了整片天空"。

"看到我军炮火朝各个方向发射，这真是一个壮观的景象。"莱瑟姆写道，"轰炸的第一天早晨，对面堑壕的胸墙被德国人用白垩刷成了白色。但到了这周周末，这些胸墙已经被夷为平地了，人们只能看到棕色的土块。所有的白垩都被炸毁了。"

第十三章 鼹鼠与士兵

1916年6月30日,在距离前线大约1英里的地下堡垒里集合等待的时候,莱瑟姆还欣赏了一番大自然的景色。毫无疑问,他意识到了自己可能永远不会再看到这幅美景了,所以他对这些景色格外敏感。在攻击前的那天夜里,他写道:

> 我站在外面。天气变得更好了。透过附近的林地,我看到了最美的日落。天空呈现漂亮的粉红色,颇为壮观,预示着明天又是美好的一天,战斗就要打响了。
>
> 看完日落后,我准备去睡觉。天气非常冷,我几乎睡不着。大约凌晨3点的时候我就起床了。这时候天刚蒙蒙亮,天空又变得异常美丽,还有点泛着绿光,甚是好看,前一天晚上它还是粉红色的。

据莱瑟姆称,早上4点左右,德军炮火打响了,"比以往任何一次都更猛烈,显然是想要尽可能多地炸死我军士兵"。结果,当天更亮时,"前一天晚上还那么可爱的天空,映衬着绚烂的晚霞,现在却几乎被团团白烟遮住,空气似乎都已经凝结"。之后,早上6点25分,他注意到"我军的狂轰滥炸开始了",这为步兵突袭打好了前奏。"这次轰炸是我见过的最猛烈的一次,我觉得许多德军士兵肯定都被炸死了!"

莱瑟姆的营是第25旅的后备队,所以在进攻开始(上午7点30分)前,他的部队不会向前线挺进。结果,他没有目睹袭击开始的那一刻。但是,第25旅皇家伯克郡团第2营的艾伦·汉伯里-斯帕罗（Alan Hanbury-Sparrow）上尉作为炮兵观察员，记录下了他的回忆：

起初，他什么也没有看清。他在前线后方 400 码处的河岸上占据了一处有利位置，他看到，在进攻的初期阶段，硝烟滚滚而来，弥漫的烟雾遮盖了无人区的大部分行动，人们无从得知战争的最新进展。第 25 旅的进攻部队开始玩命进攻时，战场上弥漫的烟雾使能见度变得更低了。第 25 旅和第 23 旅的战争日志告诉我们，第 25 旅有至少一支进攻部队与他们右翼的第 23 旅至少一支进攻部队一起，在进攻发起前不久就爬出了堑壕，所以他们就能够在作战开始前整顿好队形，向奥维莱尔一路挺进。

这一举动可能有助于第 23 旅左翼德文郡团第 2 营的第一次进攻，因为在上午 7 点 30 分进攻开始前，他们就已经位于德军前线约 100 码范围内。但此举似乎不利于左翼部队的进攻。第 25 旅右翼部队皇家伯克郡团第 2 营的战争日志中称，德军机枪手在进攻发起前就一直在瞄准他们的胸墙，并大约在上午 7 点 15 分时，对德文郡团的第二次进攻做出反击。

汉伯里-斯帕罗上尉看到前进中的士兵被雾气所吞没，也听到第一声枪响从德军战线传来。但至于发生了什么，他得出了错误的结论："我认为我军前线部队已经进入了德军第一堑壕。"他后来在回想当天发生的事情时，回忆道：

和我在一起的士兵也是这么以为的。我将这个情况上报给长官，我说："我要继续前进。在这里我看不清发生了什么。"

第十三章 鼹鼠与士兵

但是我得到命令,要留在原地。所以我就一直这么待着。过了不久,轰炸向前推移,天空再次明朗,我又能看清楚了。

我看到远处,炮弹朝波济耶尔猛烈轰炸着。无人区有成堆的尸体,另一边的德国军队几乎是站在堑壕上,朝那些在弹坑里避难的士兵开火。这真是一场巨大的灾难。

德文郡团第 2 营的战争日志中,对此事的记载略有不同:

不久之后,军队向前推进,敌人从前方和两侧开始了疯狂的机枪扫射,我军部队损伤惨重。然而,这次扫射并没有阻止我们继续前进,但只有极少数活着的士兵抵达了德军战线。其中一些人尝试进入德军战线。在那里,他们决心克服重重困难,誓死拼搏,但却很快阵亡。

起初有一段时间,由于我军炮火激起的烟雾和尘土,我们很难准确判断发生了什么,但敌军机枪扫射的激烈程度是不言自明的。第一眼看上去,战线似乎是完好无损的,但后来我们才清楚地看到,战线上满是伤员和尸体。没有一个人会前往那里支援幸存的士兵,也没有人继续前进。

最终的战果终于传了出来。第 23 旅支援部队:西约克郡团第 2 营刚从集结堑壕出发时,就被敌机机枪和炮弹击中,被炸成碎片。

第 8 师其余的进攻部队——左翼的第 70 旅,中央的第 25 旅或右翼的第 23 旅的报告中也有类似的描述。例如，约有 200 名来自德文郡团右翼部队——第 23 旅米德尔塞克斯团第 2 营的士兵，抵达了德军第二战线。上午 9 点 50 分时，仍然坚守在那里的士兵数量只剩下 10 多个。之后，剩余部队被迫撤退到无人区的弹坑中。

这些士兵是幸运的，因为只要他们足够耐心，他们就能够在天黑后回到英军前线。米德尔塞克斯团第 2 营的邦迪中尉记录了无人区发生的事件。他的描述可能代表大部分该营士兵的经历：

在经历无休止的恐惧之后，我跳出堑壕开始进攻。爆炸产生了巨大的烟云和大量的灰尘，轰炸声震耳欲聋，烟雾呛得人快要窒息，能见度也很低。这里是真正的地狱。我有"片刻"时间觉得自己还不如被炸死算了。

我们排继续向前推进，秩序井然，在差不多距离德军前线还有一半路程之前，我军没有太多伤亡。但是突然间，步枪和机枪朝我们开火，我大喊道"卧倒！"，没有被击中的士兵大部分都已经找到了避难的方法。

我掉到了一个弹坑里，试图移动，但子弹似乎形成一个密不透风的屏障，把头部暴露出来无疑意味着死亡。我看不见我们的人。但悲哀的呻吟和痛苦的哭声从四面八方传来。

这绝望的声音让邦迪陷入了两难的境地。他不得不决定是优先保护自己，还是帮助他的士兵。他做出了合乎情理的决定：选择了前者。

第十三章 鼹鼠与士兵

索姆大多数的战区里即便是发生了最可怕的屠杀,但还是有一些部队取得了令人骄傲的战果。然而,奥维莱尔对面的英军部队却没有这么幸运。第 25 旅左翼突击部队林肯郡团第 2 营在与德军进行激烈的战斗后,成功占领了 200 码长的德军前线,但他们却逐渐看到自己的战果被反攻者又夺了回去。首先,自德军从左翼突袭以后,这条 200 码的战线被缩短至 100 码。因此,第 70 旅(第 25 旅左翼进攻部队)暂时把守的堑壕,与林肯郡团之间有一个很大的缺口。之后,林肯郡团被迫撤退到德军铁丝网附近。

在那里,他们坚持等待着,而他们的指挥官,雷金纳德·巴斯塔德(Reginald Bastard)中校冲回到他们最初的前线,请求准将的指示。准将同意巴斯塔德的观点,认为这是一场注定要失败的行动,于是,中校再次偷偷溜进无人区,与队伍会合后,护送他们回到早晨出发的地方。

这个位置已经不像上次看到的那样,是一个理想的避难所了。第 25 旅的支援部队,皇家爱尔兰第 1 燧发枪团本应前去支援进攻部队。该团第二中尉 W. V. C. 莱克(W. V. C. Lake)的记述让我们隐约感觉到,前线堑壕的情况为什么不适合军队进行援助。当他们排的士兵试图翻越胸墙时,许多士兵都被击落,他们掉落到堑壕里,有的阵亡,有的受伤。

"我们连队的罗斯上尉在沿着堑壕匍匐前进时,根本没有意识到在他身下的那些痛苦呻吟的士兵。"莱克回忆说,"他目光呆滞,脸上的鲜血往外汩汩直喷,所以嘴里叼着的香烟似乎永远也不会点燃。他从我身边穿过时,我对他说了些什么,但他没有回答。他继续匍匐着四处爬行，之后我再也没有见过他。"

或许，不久后莱克身后发生的大爆炸与这有关。他回忆说："我耸着肩，一堆土块落到了我的头盔上。可是，唉，我的传令兵牺牲了。他被炸成了碎块。不远处，另一名士兵倒在地上，大腿上的伤口很严重，不断流着血。我走到他身边，看到他的股动脉已被切断。急救已经没有什么用了。我用水壶里的水帮他润湿嘴唇，并向他保证他很快就不再痛苦了。"他的确很快就不再痛苦了。他已经死了，莱克就这样默默地看着他。

"之后，我意识到有一名士兵正张大嘴巴，发出可怕的声音，"莱克回忆道，"他就像一只被困的动物。副排长站在他身边，担心恐慌的情绪会蔓延。我对他说：'打他下巴，副排长。'副排长是一个很结实的男人，有强健的二头肌。副排长打了他一拳。在拳击场，这一击肯定能将任何一名拳击手都打倒。但没什么用。我走向这名士兵，指着堑壕喊道：'走吧！'之后，他转身逃跑了。"

与此同时，莱瑟姆上尉和一名兄弟军官正吃力地爬上交通壕，与第2步兵旅一起朝前线挺进。莱克和他们营的士兵应该早就从这里撤军了。"我们意识到了一些问题，因为我们总是走走停停。很明显这条堑壕被堵住了。"莱瑟姆说。

他们在距离前线还有大约500码时，明白了原因。他们遇到了一群惊慌失措的伤兵，这些伤员正沿着交通壕向急救站冲去。他们头顶"嗖嗖"飞过的子弹让他们已经无法保持理智。也正是这种子弹的"嗖嗖"声让莱瑟姆坚信："轰炸没有将德国人赶出堑壕。暴露在外的这些士兵肯定会像草一样被扫倒。"

第十三章 鼹鼠与士兵

在继续行进了大约 300 码后，莱瑟姆和他士兵向右改道，想找到一个人更少的交通壕。他让兄弟军官继续带领他们排的士兵前进。莱瑟姆在催促士兵前进时，听到飞溅的弹片在四周爆炸，他心中突然有一种不祥的预感。这也预示着他们将会在前线遇到的情况。

那天，当他第一次遇到无法动弹的伤员时，他更害怕了。这名士兵"被半埋在一个残破不堪的地下堡垒里，"莱瑟姆回忆说，"他恳求我把他挖出来，但我无法为他做任何事情，因为我得到命令，不要为任何人停下来。我需要镇守住前线，直到接到允许救人的命令。"

然而，当莱瑟姆的士兵最终抵达目的地，当他能够爬到山顶俯瞰整片无人区时，他对眼前即将看到的场景还没有做好准备："在我面前的这片球场大的空间里，首先映入我眼帘的是，倒在我军铁丝网上的大约 100 具尸体或受伤严重的士兵。"在亲眼看到这番场景后，他甚至无法将自己的忧虑与另一位军官分担。除了他们排以外，他所在的部分堑壕已经被遗弃了。莱瑟姆后来发现，受命把守前线的连队，已经无法穿越交通壕抵达前线，因为这条交通壕已经被伤亡的士兵堵得水泄不通。唯一能让他感到些许安慰的是，他朝 300 码无人区以外的一名德国士兵射击，并将其击倒。此前，这名德国士兵正向逃离的英国士兵开枪。所以他冲回前线终归是有意义的，是取得了一些战果的。

没有哪个将领乐意看到他的部队被消灭，面对奥维莱尔的第 8 师也一样。但第 8 师指挥官哈德森少将感觉到一定是发生了什么。他认为对奥维莱尔的进攻只有在莱比锡突出阵地和拉布瓦塞勒的进攻都已成功的情况下才能继续进行，因为未被消灭的机枪手可以站在这些高地上，朝正在向奥维莱尔挺进的军队疯狂扫射，特别是位于奥维莱尔两侧山谷的那些军队。但他的担心其实就是现实中正在发生的事情。

而现在，哈德森被命令于下午 5 点再次发动进攻。他立即告诉第三军司令普尔特尼中将说，这次进攻不会成功。于是作战计划很快被取消了。

这是一个明智的决定。然而，人们激烈地指责那些在上午 7:30 进攻开始之前做出的愚蠢决定。在进攻期间，第 8 师伤亡人数超过 5 100 人（包括 2 000 多人死亡或失踪），然而，这一惨重的伤亡却没有换来任何结果。相比之下，在奥维莱尔与英军作战的德军士兵伤亡极少。第 26 预备役师第 180 团的记录表明，德军在 7 月 1 日只有 280 名士兵伤亡。

第 25 旅的指挥官波拉德（J.H.W.Pollard）准将是对英军持批评意见最强烈的人之一。他甚至觉得，如果自己是英军陆军总指挥，那么会因为战术过于幼稚而将黑格和罗林森二人开除！让波拉德抱怨的不仅仅是将希望过于寄托在对前线系统的轰炸上，当然这是黑格犯下的最可怕的错误（见第三章），他更不满于黑格指挥英军炮兵部队在 7 月 1 日所有轰炸行动的炮兵战术：在前线系统发射炮弹，之后再根据预先安排的（"固定的"）时间表，瞄准德军后方阵地。正如波拉德所说：

针对后方某些战线的轰炸可能会破坏敌军防御系统，阻止前来支援的部队。但如果这条战线是在我军进攻部队把守的战

第十三章 鼹鼠与士兵

线后方 1 000 码处，那就很不理想了！如果我军无法把守住敌军前线，那么阻止前来支援的敌军部队意义就不大了。

考虑到我军在恢复轰炸期间所经历的困难，第 25 旅的士兵实际上没有得到附近炮兵的援助，而在当时，这是非常必要的。正如我在电话里上报的那样，那些已经占领敌军前线的士兵已经无法再继续守住这片阵地。

1916 年 7 月 13 日，17 岁的列兵西里尔·何塞（Cyril José）在写给妹妹艾薇的信中道出了他对"操控"奥维莱尔行动的英军指挥官的不满。那时他还在普利茅斯的一家医院养伤。他跟随德文郡团第 2 营向奥维莱尔挺进的时候，被子弹射穿了胸部：

> 长官告诉我们，这是一场轻而易举就会取得胜利的战役。我军的机枪和火炮已经全部准备就绪，在最后几个小时的轰炸中，它们将全部被发射到敌方阵地。因此，我们会想当然地认为自己不会遭到零星的德军士兵的伏击！我们会一直前进，先发制人，前往奥维莱尔村，然后到达波济耶尔村的第 3 和第 4 条战线。如果我们遭到了敌军的抵抗，我们就会掘壕防守，其他团的士兵就会过来支援我们。相当简单！
>
> 好吧，我们出发了。在所有的火炮和机枪被发射完毕后，不知怎么地，这些炮火却几乎把我们的堑壕夷为平地！
>
> 有些人说我肯定是疯了。不，我没疯。我此生都没有这么冷静过，没有丝毫情绪化。我很惊讶。但我对敌军的反抗更惊讶。

你知道子弹如冰雹一般砸过来的感觉吧。我们还有机会躲避这些子弹（比如榴弹）。一定是零星的狙击手在给我们放冷枪！

"德国佬"总是那么体贴，当我从胸墙爬了大约20码距离后，他们就让我"休息"一下。那是7月1日上午7点35分。第二天早上之前我都不能回到我军战线。我没有吃任何东西，只能靠牺牲的战友水瓶里的水继续活下去。

7月2日大约6点时，我开始向我军堑壕爬去。可是"德国佬"一路都在伏击我，我只能跳进弹坑来避子弹。不过我最后还是回来了。跳进我军堑壕时，我默默祈祷以表感谢。我旁边的一个家伙在我进来的时候一直拿望远镜盯着我。

3天后，何塞在写给他母亲的信中描述了他在无人区是如何处理伤口的："我无法给自己缠绷带，但有个家伙帮我脱掉了衣服，拉开了外套。我按住伤口，过了大约2分钟，血透过衣服渗了出来。然后我又用另一件衣服按住伤口。当这件衣服也被血浸泡后，我就不再理会这两件衣服了。当我再次返回堑壕时，我的外套、开襟衫和衬衫全都被血渗透了。我只能把它们都撕掉。"

当何塞在追究谁让他备受折磨时，他也没有客气：

当然，有些"大人物"会认为在光天化日之下行动是一个很棒的主意，而不是晚上在炮兵的掩护下，爬到胸墙附近，就像以正常的思维进攻一样。这样的话，我们就可以几乎毫发无损地回到堑壕。当然，德国佬不会对我们期望太多。我想，这些"大人物"会认为，如果德国佬不会预料到我们的到来的话，他们也就不会伏击我们。当然不是！结果是：德国佬看到我们翻越胸墙，我们不得不冒着枪林弹雨再走大约600码的路程。道格拉斯这老家伙的脑子究竟是怎么想的？

　　昨天我读了他的快信时笑了："我们开始进攻了……"英国的老妇人描绘着道格拉斯爵士站在大批英军部队前，朝堑壕里的德国佬挥舞着剑的模样。在下一次战争来临时，我也想有这样一份工作。在100英里之外攻击德国人！我们所有人都无法主导战场，不是吗？

第十四章

希望与荣耀之城

拉布瓦塞勒，1916 年 7 月 1 日

拉布瓦塞勒村已经被划在奥维莱尔南部 0.75 英里处的德军前线体系中，所以在地雷爆炸后，如果该村被成功占领，那就再好不过了。拉布瓦塞勒村是西线战场地雷最密集的地区之一。在大进攻开始前的几个月里，法国和英国的工兵与德国人进行了激烈的斗争，试图在这片相对狭窄的、通往村子西部无人区的区域内，建立地下世界。

在被称作"荣耀之洞"的英军前线堑壕对面，德军前线呈一条长长的突出阵地，伸向敌军阵地。这片突出阵地中有一处没有突出的地方（区区 50 码距离）能够将阵地分开。

对外行而言，这里似乎是一个理想的发动进攻的战场。毕竟，参与戈默库尔战役的英军将领试图通过挖掘距离德军更近的堑壕，来提高他们成功的机会（见第十章）。然而由大规模挖掘地下堡垒和轰炸会影响到这里的地形；再加上与这块突出阵地尖端的敌军战

第十四章　希望与荣耀之城

线的距离，无疑会给攻击者带来许多其他问题。这些问题将会大大降低其他方面的额外优势。

一开始，德军突出阵地对面的无人区不再是一个平缓的坡道。以前，士兵们可以不受阻碍地朝着他们的目标前进。现在，由于地下的隆起，成堆覆盖的白垩以及凹陷的深洞让拉布瓦塞勒西部地带看上去就像一些古老的穴居人的住处。即使人们能指望这些向来以射击不准确而闻名的英军炮手能够准确击中距离英军堑壕那么近的目标，这些土墩和隆起物也让英军炮手观察员很难看清德军前线的具体布局。

但是，让进攻者更沮丧的是毗邻的德军前线的形状所带来的不便，因为英军将领习惯于展开钳形攻势，从两翼包抄，进攻这块突出阵地。在拉布瓦塞勒突出阵地的任一侧，德军战线都向后延伸，远离英军堑壕，向东延伸，形成了士兵称作的"凹角"（凸形阵地对面相对凹陷的部分）。这不仅意味着英军部队向拉布瓦塞勒北部和南部堑壕发起的任何进攻，都需要穿越超过 800 码的无人区，这对处在突出阵地上野心勃勃的机枪手来说，简直就是白送一份礼物。没有哪个英军士兵可以在没有受到拉布瓦塞勒村敌军的纵射（从两翼射击）的情况下，逼近这块凹角。这就意味着，整个排，整个连，甚至整个营的士兵都可能会被一挺机枪歼灭。

正是因为这种噩梦一样的事实，第 179 隧道连队的指挥官亨利·汉斯（Henry Hance）上尉才建议应该开凿一条长隧道，一直通到 Y 坑道下面的突出阵地的东北角，作为另一处据点。他相信，如果有大型炸弹在那里爆炸，所形成的弹坑边沿可以在士兵向附近的凹角进攻时，为其充当屏障，掩护这些士兵。最终，他的上司同意了，现在就要看进攻前，地雷坑能否及时挖好。

由于类似的原因，1916年3月，汉斯被命令建造第二条隧道，目标是针对村庄南部的施瓦本高地（Schwaben Höhe）。这处据点位于德军战线另一处突出阵地的尖端，能够俯瞰到一处更显眼的凹角，而这块凹角就位于上文提到的凹角内。第二条隧道被称为洛赫纳加地雷坑（Lochnagar mine），它的名字取自英军前线后方的洛赫纳加交通壕。

通过山楂树堡垒地雷坑我们已经了解到，在埋地雷时不惊动德国人是多么重要（见第八章）。汉斯在地雷被引爆后说出了他的矿工们为了保持洛赫纳加地雷坑的隐秘性所付出的非凡努力：

> 整项工作都是在"沉默"中完成的（只允许耳语）。大量的刺刀都配有把手。操作员将刺刀的尖端插入墙面的裂缝中，或者沿着燧石的边，这些燧石都含有不等量的白垩，之后，再转一下。这么一拧就会让石头或白垩松动。工人会用另一只手接住，放在地上。如果他需要双手使用更大的力气，另一个人就会在石头或白垩掉下来的时候接住它们。
>
> 这些工人们都是"赤脚"工作的（事实上，这通常意味着他们需要脱下靴子，在袜子里垫上软垫）。地道的地面上铺满了沙袋，总有一名军官在场，保持"安静"的秩序。这些沙袋里装满了白垩，坐在地上的一排人会将这些沙袋运出去，挨着墙摆起来，以便之后用作"填塞物"（埋好炸药后，可以用这

第十四章 希望与荣耀之城

种填塞物填上洞口。这样的话,由爆炸产生的冲击不会沿隧道从出口泄出,而会集中在要被引爆的区域)。

加强铁的纪律是必要的,因为士兵们都知道他们所面临的巨大风险。洛赫纳加地雷坑下面还有一条德军隧道。工人们经常能听到下面德军矿工重重的脚步声,仿佛德国人随时都可能炸毁英军的地雷坑。

即使英军地雷工兵没有被炸死,他们也随时面临窒息的危险。由于这条长长的通道里缺乏氧气,所以除了出口以外的其他地方通常都无法点燃蜡烛,井口是氧气能从软管中输出的唯一地方。

负责Y坑道的工程师休·克尔上尉不想让任何与第179隧道连队有关的人忘记1915年9月那令人悲痛的一天。那天,拉布瓦塞勒附近的一处德军地雷爆炸,随后,一氧化碳泄漏,一名英国矿工牺牲。当时,这名矿工被放到竖井下,以调查炸毁情况。出于某种原因,他的供氧设备出了问题。克尔也吸入了有毒气体,昏了过去,并被送往医院,尽管他当时还在地面上。这是一份非常危险的工作。

与山楂树堡垒一样,如果需要地雷能够准时为"大推进"做好准备,那么挖掘速度是至关重要的。尽管对汉斯的团队来说,洛赫纳加地雷坑已经没什么可挖的了。在1915年11月,另一个隧道连队就已经开始了这项工作,后来,当这个连队被调到别的地方以后,隧道的工作就被暂停了。第179隧道连队是在1916年3月才接管这项工作的,他们只需要接着上一个连队的进度就行。在这条通往德军前线的隧道里采取的任何安全措施都只会减慢工程进度。

当洛赫纳加隧道已经从英军前线向前挖掘了大约170码时，隧道被分成两支，其中一支长约30码，稍微向右侧偏移，第二个分支和第一个分支长度相仿，偏向左侧。挖掘工作在6月中旬停止，从而在隧道的两个分支里装上炸药。大约3.6万磅的阿芒拿（一种炸药）被填充到了地表约70英尺下的左支隧道顶端，2.4万磅炸药被填充到了地表约45英尺下的右支隧道顶端。

在爆炸物运往地雷坑表面的方法和此前清理废弃物的方法相同：士兵在隧道内排成一队，一个接一个地传递被安全包裹在防水袋中的阿芒拿。之后，所有炸药都被运送到位后，超过100码长的隧道被重新用填塞物填满。

与此同时，矿工们需要从零开始，完成Y坑道的挖掘工作。Y坑道的建设十分必要，挖掘的规模也更大些。这里，矿工们无法接着拉布瓦塞勒前面的进度继续，将隧道径直瞄准他们的目标，因此情况有些复杂。他们必须朝相反方向，即在西北方向上开凿大约500码，然后再一个直角转弯，并朝着Y坑道的东北方向开挖。他们一共挖穿了超过1000码的白垩土层。如果没有调派600名矿工挖掘的话，这一切将是不可能完成的。就像他们的指挥官说的那样，这些矿工就像在地狱工作一样。最终，4万磅的阿芒拿被放置在地雷坑底部，大约75英尺地下。1916年6月28日，大约100码的隧道被重新填充了填塞物以后，Y坑道地雷也随时等待着被引爆。

第三军指挥官威廉·普尔特尼中将负责拉布瓦塞勒以及奥维莱尔对面的进攻。他希望地雷于7月1日进攻发起前2分钟引爆。如

第十四章 希望与荣耀之城

果地雷没有干扰步兵的进攻，那一切就会非常顺利。如果这些步兵被要求从任一侧进攻拉布瓦塞勒而不是正面进攻的话，他们就会仿照此前提到的戈默库尔战役中，进攻这些突出阵地的方法（见第十章）。事实上，这些地雷的干扰让第 101 旅皇家苏格兰团第 15 营的奥尔米森（Urmison）中校非常不满。奥尔米森中校领导该部队从第 34 师的最右翼进攻。他不希望左翼进攻部队驻扎在施瓦本高地的地雷坑对面，并在进攻发起时，从他后方的阵地发起进攻。普尔特尼或第 34 师的指挥官安谷韦尔 - 威廉斯少将此前曾规定，第 101 旅的左翼主攻部队——林肯郡团第 10 营，需要在皇家苏格兰团第 15 营（充当右翼主攻部队）后面较远处出发，因为他们担心地雷抛出的碎片会伤害到前进的士兵。

虽然奥尔米森抗议，甚至提出与林肯郡团交换位置，理由是现有的作战计划将使两支部队面对的德军采取行动，逐个铲除这些营的士兵。第 101 旅的戈尔（R. C. Gore）准将承认，在这个问题上，他受到了一些制约，多有不便，因为这些决定是他的上司做出的。

戈尔对于第 34 师全部三个旅都应该同时前进的决定也深感不满。该师的支援部队——第 103 旅，要在驻扎在英军前线系统的两支主攻部队的后面出发，在进攻发动时，从塔拉—乌斯纳山出发后（Tara-Usna Hills，位于英军前线后方，拉布瓦塞勒防御区内），会立即暴露在敌军炮火和机枪子弹之下，而这些敌军的枪炮都是由进攻部队引出来的。如果这些部队遭受重大损失，那么第 34 师将不会得到预备役部队的援助，无法取得任何进展。

或许，第 103 旅皇家诺森伯兰郡燧发枪团第 27 营（泰恩赛德爱尔兰第4营）的指挥官斯图尔德（G. R. V. Steward）中校在第三军会议上的控诉更为重要：他担心在所有可用的大炮中，没有哪个重型炮或榴弹炮能瞄准拉布瓦塞勒。后来的事件表明，这一点相当关键。但正如营指挥官或旅部指挥官提出的许多问题一样，斯图尔德中校提出的问题也被当成了耳边风，得到的是敷衍的答复。在这种情况下，斯图尔德被告知，拉布瓦塞勒的德国枪炮手将被重型迫击炮所压制。但是无论被派到村子侧面或后方的一小批英军投弹手会遭遇到敌军怎样的抵抗，这些迫击炮只会在进攻发动后的头12分钟内射击。

所以，拉布瓦塞勒的作战计划被批准了，尽管这项计划有很多错误，却没有什么实质性的调整。第34师部队于1916年6月15日发出的命令内容，其实就是两个月前黑格和罗林森看过的信件的更详细的版本。进攻将由一个纵队完成，这个纵队包括村子北部的2个营；而村子南部有不少于3个纵队，每个纵队都有一个营，并会得到支援营的支持。这些纵队将会同那里的德军部队较量。最初的作战目标是德军前线系统，但这只是分配给第34师的主要任务的开头。第34师会继续占领孔塔尔迈松以及从这里通往波济耶尔的线路。第34师北翼部队的最终作战目标是攻占波济耶尔南部，南翼部队的最终作战目标是攻占孔塔尔迈松东南部的南端。

第34师的几个旅——右翼的第101旅和左翼的第102旅将负责前两个目标，第103旅负责最后的孔塔尔迈松。

一个令人质疑的问题是，在军队会议上，指挥官提出的忧虑有没有对林肯郡团第10营较低级别的军官说过。林肯郡团第10营是第 101 旅的左翼主攻部队之一，可能是受影响最大的部队。沃尔特·维尼奥尔斯（Walter Vignoles）少校的报告显然没有将这些顾虑考虑进去。这份报告是林肯郡团第 10 营的军官编写的最详细的、可供公众查阅的材料。然而，他的报告却提到了大进攻前的一些其他预警信息。

林肯郡团第 10 营的每个人都知道几天前皇家苏格兰团第 16 营（第 101 旅的一支兄弟部队）把对拉布瓦塞勒南部敌军战线发动的进攻搞砸了。该营没有按照预计的那样俘获德军囚犯，拿到能够确认前线防守薄弱的准确消息。正如维尼奥尔斯所说，皇家苏格兰团的"日子很不好过"，他们遭遇了敌军顽强的抗争，铺天盖地的子弹射向他们。从进攻现场传来的消息糟糕极了。"这场袭击告诉我们，堑壕里布满了负责防守的德军士兵。"维尼奥尔斯回忆道，"并且，炮击并没有摧毁敌军的重机枪。"

尽管如此，维尼奥尔斯说，奇怪的是这些人还颇为乐观和自信，他们认为进攻一定会成功。或许，他只是想说明一个有关人性的，放诸四海而皆准的真理。这个观点无须反复解释，无论是在战时还是和平年代都是如此：大多数人拒绝相信即将到来的灾难会对他们产生影响，这是人类的本性，不可能改变。

"随着进攻的时刻临近，所有人都有一种被压抑的兴奋，"他后来写道，"我也不知道这是为什么，但我们都知道，我们当中许多人都很有可能牺牲或受伤。但我们精神状态很好，他们都不认为自己会牺牲或受伤。我想，我们都希望能与德军近距离作战，并成功将其击败。"

维尼奥尔斯的报告中记录了士兵在等待地雷爆炸时所做的事情。他们细细品味着"烟斗和香烟","聊着,笑着",在上司的鼓励下保持着高度乐观的状态。他们"不知道德国兵会不会已经全副武装等着我们上门"。该营的另一名列兵写的报告中,记录了一些士兵待在地下堡垒里,放声高歌,振奋着士气。

当维尼奥尔斯少校和士兵们等待进攻的时候,他试图预估他们即将攻打的地雷坑附近的敌军堑壕数量,以此来消磨时间。"我没法看清太多。"他后来承认道。德军堑壕"被薄雾笼罩着,我们朝敌军战线发射的炮火散发的浓烟让能见度更低了"。这种被迫无事可做、单调乏味的日子在上午 7 点 28 分结束。那时,两个负责拉布瓦塞勒地雷坑的隧道连队队长压下撞针杆,发出了进攻的信号,随后,士兵全速向德军胸墙挺进。

休·克尔上尉坐在距离英国前线大约 40 英尺的交通壕中,描述了他引爆 Y 坑道地雷的那一刻:

> 时间到了,我们把手柄拉下。约翰·艾伦和我一起待在地下堡垒里。手柄被直接拉了下来,艾伦拉掉地雷顶部,确保它会被引爆。我们装的弹药过多,冲击反而不是很大。我说:"天哪,真是见鬼,太糟糕了。难道它没有爆炸!"这个时候,艾伦就在上面,他说:"真见鬼,不是吗? 来吧,上来看看。"我出来时,周围仍然有大量的烟雾,这真是太壮观了!

克尔可能并不会为 Y 坑道地雷被引爆时地面的震动感到兴奋不

第十四章 希望与荣耀之城

已,但是对于林肯郡团第 10 营的士兵来说,他们已经看见或感觉到附近的地雷爆炸了,这是一个可喜的信号,属于他们的时刻终于来了。

然而,这个营的高级军官正在从英军前线回来的路上,并不像士兵们一样兴奋。维尼奥尔斯在看到爆炸时,轻蔑地称其为"三级地震"。他的指挥官,库迈·科杜克斯(Kyme Cordeaux)少校将这种"摇摆"和"猛烈晃动"比作是"地震"。林肯郡团的其他士兵似乎感受更深。迪克·坎马克(Dick Cammack)中士当时是在洛赫纳加地雷坑对面,他回想起"白垩被卷到了大约 100 码的空中,周围还有德国人。白垩掉下来的时候成了粉末,之后就看得不太清楚了"。哈里·邦伯(Harry Baumber)列兵记录道:"堑壕就像暴风雨中的一条船一样猛烈摇晃着。"他对自己所目睹的场景感到无比震惊。"我们似乎离它非常近,"他写道,"我们震惊地看到巨大的土块被炸到了空中,这些土块仿佛有四轮马车那么大,泥浆、白垩和火焰喷涌而出。它们似乎朝我们猛冲而来,翻滚着,呼啸着。"

在爆炸的同时,英军前线后方的拉布瓦塞勒村南部也引爆了一些烟幕弹,英军认为烟雾会飘过村对面的布雷区,从而让德军误以为这里即将发动进攻。这个目的似乎达到了,因为负责投放此次烟幕弹的中尉称,德军以"密集的步枪和机枪子弹"作为回应。英军此前以为,所有的德军防御工事已经被摧毁了,所以他们看到这一幕时不免震惊、慌乱。

在进攻开始后的 65 分钟里,炮弹从前线发射,炸毁了德军堑壕,然后士兵开始进攻了。这时,拉布瓦塞勒村北部第 8 师的一名士兵见证了第 34 师哨兵的勇敢行为，仿佛看到了几个世纪前苏格兰大败英格兰的班诺克本战役：

> 泰恩赛德苏格兰旅（第 102 旅）就在我们右边，他们的军官发出进攻的命令时，我看到了一名哨兵跳出堑壕，直奔无人区，冲向德军战线。敌人立刻朝我们猛烈射击，巨大的炮火声完全淹没了他的哨子声。但很明显，他只是在表演，为了振奋全军士气。透过巨大的嘈杂声，我们隐约能听到他的战友们在他身后蜂拥而上，大声呼喊着他的名字。
>
> 我无法理解他是怎么避开子弹的，因为密集的火力仿佛把地面重新犁过了一番。但他冥冥中仿佛有天神保佑。我们冲了出去。我最后一次瞥见他时，他仍然笔直地向前走着，气势汹汹地，毫不理会漫天飞舞的子弹和周围倒下的士兵。这是我见过的最大胆的行为。

诺森伯兰郡燧发枪团第 20 营（泰恩赛德苏格兰第 1 营）负责在第 34 师最左翼指挥进攻。在同一部队服役的 J. 埃利奥特（J. Elliot）列兵称，他们的哨兵就没那么幸运了。"他被子弹打得千疮百孔，痛苦地翻滚着，尖叫着。另一名小伙子跪在地上，他的脑袋被扔了回来。子弹朝他身上啪啪地打着，滴着血的肉块从身上掉下来。"他并不是唯一倒下的士兵。埃利奥特列兵认为，我们营的士兵在穿越无人区前，德军一直没有采取行动。"这样，如果继续前进的话，我们就有罪可受了，如果试图返回，情况也一样糟糕，我们还是会被杀，会被子弹直接撂倒。"

考虑到德国枪炮的猛烈程度，诺森伯兰郡燧发枪团第 20 营的士兵最终到达德军堑壕简直是一个奇迹。第 102 旅的战争日志记载，有些士兵甚至抵达了德军第三道战线。然而，他们没有得到支援，不久后，正如日志中记录的那样，那些在德军堑壕里的英军被"歼灭"了。

进攻拉布瓦塞勒南部的两个泰恩赛德苏格兰营本应作为这场钳形攻势的右翼主攻部队，攻下这个村子，但该部队同样遭到敌军顽强的抵抗。吉姆·菲迪恩（Jim Fiddian）医生是萨福克郡第 11 团（第 101 旅的左翼支援部队）的军医，他记录了该部队的情况：

> 从救护站的后面，我看到左翼的第 102 旅士兵从集结堑壕出发，并迅速前进。我军的炮火声逐渐减弱，但新的声音又出现了：德军机枪的弹雨扑面而来，如同地狱一般，枪炮声越来越大，仿佛朝堑壕上方丢一块手帕都会立刻被子弹打得千疮百孔。
>
> 我还看了右手边成排的士兵穿越了广阔的洼地，这才进入了香肠谷（Sausage Valley）。他们很快就被子弹击倒，甚至还没有走到我军前线。这时候我突然意识到，我们错误地估计了我军炮火对德军机枪手的杀伤力，之后，我被叫到别处支援，伤兵开始不断涌现了。

林肯郡团指挥官科杜克斯少校的报告中解释了原因：

该营很快就暴露在重型炮火、榴霰弹和烈性炸药之下，纵射机枪子弹从拉布瓦塞勒和黑尔戈兰岛堡垒猛烈地射向这里。然而，营里的士兵以前所未有的沉稳和勇气向前进攻。他们与德军堑壕之间的距离，以及敌军凶猛的火力却让他们无法冲向敌军战线。

哈里·邦伯列兵回忆了他们在爬过山顶后，他发现：

前面的一排士兵步伐稳健，坚定地向前走着，不知道等待着我们的将是什么。我们很快就被发现了。我注意到周围的战友重重地倒了下去，始终可以听见机关枪"嗒嗒"的响声。我们仿佛走进了暴风雪里。一切都发生得太快了，很明显，德军并没有被消灭，他们的铁丝网没有被毁坏，我们被命令继续前进800码，我们要穿越无人区，一直走到地狱里去。这与军官们此前的估计完全不一样。

最终，纵射的机枪从两翼射来，变成了一场屠杀，尽管少数几名士兵最终进入了敌军的防御工事，但滞留在无人区的我们却动弹不得。我们显然无法再继续前进，这时候，我们也无法返回我军战线。这里就是一个血腥的屠宰场！

如果你敢稍微移动一下，机枪扫射的"嗒嗒"声就会立马传来，我们这些幸存者意识到，在这里待到天黑是我们唯一的希望。

如果我们需要其他人的证词来证实邦伯的回忆，那么德军机枪连队指挥官的陈述或许会是最好的选择。他指挥的机枪手对此次发生的大屠杀负有部分责任。他所在的策林格地堑（Zurringer Graben）位于贝库尔洼地（Becourt Mulde，香肠谷）入口处对面，在这里，他让部队待命，等待合适的时机：

> 我军机枪手和步兵部队安静地等待敌军逼近。之后，当敌人接近我军堑壕时，我们的机枪手朝聚集在一起的敌军队列飓风般地猛烈射击。我们有些战士爬上了胸墙，朝那些躺在地上的袭击者投掷手榴弹。在不到1分钟的时间里，战场似乎变成了一片废墟。
>
> 然而，没过多久，敌军部队开始向贝库尔方向撤退，似乎所有的进攻者都想要朝他们最初发动进攻的地方撤退。我军步兵和机枪手朝他们发射了更多子弹，击中了更多的敌军，还有些士兵追着一些逃跑的英军士兵，想要俘虏他们。我们的枪炮持续射击了2个小时后，贝库尔洼地的战斗才逐渐平息。

与此同时，在后方驻扎的林肯郡团预备役部队完全不清楚无人区正在上演的这场灾难。受维尼奥尔斯少校的指挥，该部队开始向前线挺进。他们的任务是向进攻部队提供所需弹药和其他物资，如果进攻成功的话。开始时，他们对前方发生的事情全然不知，在看到一路出现的情况后，才逐渐醒悟过来。

"我们向前行进时看到德军对我们的轰炸做出了反击，"维尼奥尔斯后来回忆道，"我们脚下的堑壕被炸成了碎片，四周遍布着尸体。我不时透过胸墙可以看到我们的士兵，透过铁丝网，可以看到我们的人在无人区往回撤退，但我们无法看到敌军的情况。"

最终，维尼奥尔斯手下士兵因为一大队需要快速返回的伤员队伍而停下了脚步。这就导致维尼奥尔斯离开了交通壕的安全环境，爬到上面指挥着他的士兵。虽然那时第一次进攻已经发动，"机枪的轰鸣声仍然非常可怕，"维尼奥莱斯说：

> 德军朝我左手边的拉布瓦塞勒前方战线猛烈轰炸时，我们也轰炸了敌军后方战线。空气中弥漫着薄薄的雾气。我面前的画面及其引发的骚乱，让我永远不可能忘怀。
>
> 地平线从我所在的这个位置开始下降一直到香肠谷，之后又上升到敌方堑壕区之上。没有炮弹落在这里，因为我军已经停止射击，但身穿深绿色军服的士兵仍从右边向堑壕区前进。无人区到处是倒下的士兵，他们显然已经牺牲了。我最初没有意识到这些都是死伤者，而那些继续行进的士兵是营里仅剩的幸存士兵了。我左侧的局势更不容乐观。敌军发射的巨大炮弹不断在爆炸。
>
> 上午8点15分左右，我认为我们左翼部队成了敌军攻击的目标，但是右翼部队的情况还算不错。

只有在那时，维尼奥尔斯才第一次意识到了前面的部队究竟遭遇了什么。"我所在的这个地方变得非常危险。"他报告说，"我能听到子弹从我身边'嗖嗖'地穿过，看到周围扬起的滚滚尘埃。我让士兵从交通壕里出来并卧倒在地。在此期间，一两名士兵被击中。当我帮着最后一名士兵跳出交通壕时，听见了另一声枪响，感觉红色的子弹从我的手掌穿过。我低头向下看，发现4个手指被射断，透过喷射的鲜血，我能看到一条动脉已被打断。"

他的传令兵镇定而又快速地在他胳膊上包扎了止血带，救了维尼奥尔斯少校的命。但很明显，他无法为少校的伤口做进一步处理。

维尼奥尔斯少校在给第二中尉特恩布尔（J. H. Turnbull）下达命令时，扫了一眼返回英军前线的路，看看哪里还能走通？"这一切看起来并不像是很有希望的样子，"他总结说，"子弹仍激荡起了大量尘土。在我们本该进入的敌军前线后方没有一个人。"最后，一些士兵带着他们的补给试图穿越过无人区撤退到英军前线，走到弹坑右侧停了下来。弹坑的边缘保护着他们不会受到拉布瓦塞勒的炮火轰炸。但就在他们认为自己已经安全的时候，特恩布尔说："天知道有多少机枪子弹朝我们射来。"他们已经无法再继续撤回。特恩布尔背部被子弹击中后，他别无选择，只能加入伤员的队伍，集合在弹坑旁边，等待天黑时逃回他们自己的战线。

正是德军预备役第28师右翼部队——预备役第110步兵团的顽强抵抗，拉布瓦塞勒才没有在第一天进攻时就被英军攻占。然而，对德军而言，这并不意味着一切顺利。虽然拉布瓦塞勒村仍由德军掌控，但在诺森伯兰郡燧发枪团第21营（泰恩赛德苏格兰第2营）的进攻下，以及诺森伯兰郡燧发枪团第22营（泰恩赛德苏格兰第3营）的支援下，这一地区的一小块据点被约200名英军士兵一直占领着。这里位于许多林肯郡团和萨福克郡团士兵丧命的那块地方的左侧。

虽然这个位于德军前线后方的英军桥头堡勉强代表了英军进攻的成功，但第 34 师绝不会认为这是他们预想中的胜利。第 34 师最右翼部队（最初是皇家苏格兰团第 15 营和第 16 营部队，随后是其他加入的部队）的进攻对德军威胁更大，取得了较大的战果，然而过了一段时间以后，整个战斗过程才被众人得知。如果不是第 110 预备役团的海涅（Heine）中尉决心要让真相浮出水面的话，除了参战者以外，很可能没有人会知道发生了什么。海涅中尉在 7 月 1 日的战役中被捕后，被监禁在诺丁汉附近的萨顿·博宁顿战俘营。他在卷烟纸中写下了他所认为的事件的经过，并将其私运出去，交给了一个即将被遣返的德军俘虏。

卷烟纸中解释了皇家苏格兰团第 15 营及支援的第 16 营部队能够取得成功，而其他英军部队会失败的原因。没有人会认为皇家苏格兰团很轻易地穿越了无人区。仍有许多人见证了他们堑壕前被扑灭的可怕的火墙。皇家苏格兰团弗兰克·斯科特列兵（Frank Scott）的以下叙述证明，他们部队遇到的情况与其他师部队所遭遇的没什么两样：

敌军的机枪子弹和炮火简直让整个无人区变成了人间地狱。当你看到身边的战友一个个倒下，而自己却无能为力时，实在是太糟糕了。

然而，我们当中还是有一些人顺利穿越了无人区。我们发现敌军前线已经被炸得一片狼藉，成堆白垩堆在那里，几乎没有见到任何人的踪影。那里还活着的德国士兵意志消沉，马上就投降了。

皇家苏格兰团到达那里后，德军战线成败的关键都被记录在了海涅中尉偷偷送出来的报告中。它首先描述了他们第二连队所经历的困难导致他们很难取胜。他们面临的根本问题是，该部队没有做好在这块阵地上战斗的准备。第2连队是在开战前最后时刻才被召唤过来的，因为英军最初的轰炸已经造成了第8连队大批德军士兵的伤亡，而他所在的第2连队被要求顶替第8连队作战。

首先，海涅和手下士兵在堑壕里只能看到面前很短的一段距离：最多40米，在有些地方甚至连20米以外都看不见。这是因为他们面前的坡道一直通向了英国人所谓的香肠谷，这是一片大而长的洼地，德国人称之为贝库尔洼地。这片洼地前面就是一块盲区，英国士兵可以轻松逼近这里而不被发现。

大进攻前不久，海涅的一位军官朋友交给他的报告中指出了第二个问题。报告中的消息令人震惊："邻近的第111预备役连队已经疏散了两个团之间的150米距离。前线堑壕里只有第4、5组士兵，第9、10组士兵已撤回到了第二堑壕。他们也带走了机枪，这些机枪都是之前防守这块区域的必备武器。我们自己的机枪都已经不能用了。"

可能正是由于这种简单的疏忽和防守空当才导致了之后的严重问题。但接下来海涅在卷烟纸中写下的有关此次进攻的描述表明，海涅认为，英军士兵已经想出了一种新的对付德军的方式，在敌军

取得更危险的突破成果前,这种方式已经引起了他的指挥官的重视:

> 进攻者突然从俄式坑道里出来,距离我军堑壕只有几米。他们从地下堡垒出来前,已经消灭了我军第2和第6连队的所有士兵。之后,他们在这片坑道里收集他们所需的物资,为堑壕的士兵做好防御准备。那些没有拿到装备的士兵继续沿着轻工兵堑壕,朝第二阵地走去。整个过程没有人拖后腿。

海涅的报告中称,这种俄式坑道在突围中发挥了部分作用,这似乎是报告里唯一错误。英军报告显示,除了洛赫纳加地雷坑以外,开战前在拉布瓦塞勒南部挖掘隧道的唯一目的是,为那些需要在进攻发起前接近德军堑壕的英国炮兵提供隐蔽之处。部队的官方文件中并没有指出这种隧道的作用是海涅认为的那样。

不管拉布瓦塞勒南部的俄式坑道是否在最初的突围中起到了作用,可以肯定的是,这只已经向皮克堑壕(Peake Trench)进军,大部分由皇家苏格兰团士兵组成,由第102和第103旅的不同部队支援,包括萨福克郡第11团,诺森伯兰郡燧发枪团第24、27营(泰恩赛德爱尔兰营)的约250名英国士兵的队伍,却要撤退到木巷(Wood Alley)和圆木林(Round Wood)。甚至有报告称,诺森伯兰郡燧发枪团第27营的一些士兵在开始撤离准备与皇家苏格兰团会合时,已经抵达了第34师的第二作战目标孔塔尔迈松。

大部分顺利穿越无人区并继续深入德军战线后方的都是第34师最右翼部队,从而没有遭受到来自拉布瓦塞勒的凶猛扫射(皇家

第十四章 希望与荣耀之城

苏格兰团和诺森伯兰郡燧发枪团第 27 营都属于第 34 师最右翼部队）。此前有一名军官曾抱怨，炮兵部队缺少火力来消灭拉布瓦塞勒猛烈的射击，事实已经证明，忽略这名军官的意见要付出多么高昂的代价。

但那些指挥官还犯下了更令人发指的"罪行"。在看到林肯郡第 10 团指挥官科杜克斯少校所写的信件后，没有任何人对他在 7 月 1 日所遭受的精神上的痛苦感到同情。然而据说在这可怕的一天，他指挥了号称最没有意义的进攻中的一场。那么问题来了：他是否是在执行长官下达的命令呢？尽管 7 月 1 日下午大家都清楚地明白，大批士兵实际上是不可能穿越洛赫纳加地雷坑对面的无人区的，而科杜克斯少校却命令维尼奥尔斯少校的剩余的运输连队在当天下午与第 34 师布雷部队——诺森伯兰郡燧发枪团第 18 营的士兵协同发动进攻。这些都是为了攻占德军前线所做出的努力。尽管皇家苏格兰团已经突破了德军前线，在其后方继续前进，但这条前线实际上仍由德军控制。

伯纳德·安德森（Bernard Anderson）中尉在维尼奥尔斯缺席期间负责指挥进攻，他告诉科杜克斯少校，大批德国士兵仍驻守在前线，但他得到的回答却是，师指挥部"已经收到相关警告"。攻击必须要继续进行。下午 3 点 20 分，安德森带领士兵开始进攻，主导进攻的林肯郡团士兵爬出堑壕就立刻被撂倒，随即只能放弃任务。

这只是那天下午奉第 101 旅的命令，或者说第 101 旅所了解的两场进攻之一；两者都以同样悲惨的结局收尾。第二中尉安德鲁·赖特（Andrew Wright）是萨福克郡第 11 团（林肯郡团第 10

营的支援部队）在那天上午的进攻中得以生还的军官。他指出，士兵们组织了很多非正式的进攻：

> 幸存的士兵们一整天都在试图再次发动进攻，他们当中许多人已经受伤了。时不时会看到正在行动中的士兵突然倒下。特别值得一提的是12名士兵对德军堑壕的一处名为黑尔戈兰岛堡垒发起的攻击。他们动作迅速，以惊人的速度前进，然而当他们登上胸墙顶部时，却被敌军的火焰喷射器烧死。这件事发生在下午。他们被烧着的身体摇摇晃晃地从火舌和烟雾中走出来，绝望地撕开燃烧着的衣服，然后一个接一个地倒下，这是怎样一副悲壮的场景。

在接下来的日子里，英军部队逐渐建立起了对整片区域的控制。皇家苏格兰团首战告捷，于7月2日夺取了德军据点——苏格兰堡垒（Scots Redoubt）。接着是第三军的第19师，他们最终攻下拉布瓦塞勒的大部分区域。

英军取得优势地位后，其中一位年轻的德国军官布拉哈特（Aspirant Brachat）在成为俘虏后记录了他和战友们最后的自由时刻：

> 当英国人逼近我们的地堡时，我对手下的士兵喊道："出去！和英国人拼了！"我站在出口时被手榴弹炸伤，洞里储存的弹药爆炸了，起了火。我就站在英军士兵和着火的地堡之间。很多士兵尖叫着，大喊着，因为我许多亲密的战友都被窒

第十四章 希望与荣耀之城

息而死或被烧死了。我唯一的愿望就是逃跑。我做了一个简短的祷告,之后快速穿越熊熊大火,跑到了出口处。当我成功穿越后,我自己都很震惊。我不知道自己是怎么做到的。我穿过战友们的尸体,爬上了地堡台阶。一名英国军官用手枪指着我。在他射击前,他被我勇敢的战友福斯特开枪射死。我放下了手枪,被数百名英国士兵包围着。我被抓了。

在某种程度上,布拉哈特是幸运的。当他发现抓他的人中有一名法国少年时,他更是觉得上天眷顾。这名少年几年前曾到父母家中学习德语,现在他正在用德语为英国士兵翻译。

无人区里倒下了许多英国士兵,他们没有成为布拉哈特一样的幸运儿。确切的伤亡人数没有被记录下来。然而,如果按照一些部队提供的数据的话,第34师的伤亡人数可能超过6 000人。第101旅称其伤亡人数超过2 200人,其中包括超过1200人死亡或失踪;而第103旅报告的伤亡人数只有不到2 000人,包括1 400人死亡或失踪。第34师的皇家炮兵部队的副旅长在战后的几天穿越无人区时,回忆起自己看到"一排排的士兵死在了他们倒下的地方"。

如果这些伤员在同一天能被带往英军战线,情况也会一样糟糕。然而正如萨福克郡第11团的军医吉姆·菲迪恩所说,这根本不可能。因为7月2日还有一些战斗,所以在那一天将伤兵带离敌军战线是不安全的。一旦战斗停止,英军前线的伤员就会被集中送往伤员运输站和医院。7月3日上午,菲迪恩才终于能给那些倒在无人区无人问津的、受伤最严重的士兵提供医疗救助。

菲迪恩接下来的描述揭示了这些伤亡：

那天早上，我第一次透过胸墙看到整个地面似乎都遍布着尸体。但现在，当一些伤兵看到我时，发出了微弱的呼喊声："抬担架的！"这个声音逐渐被许多其他伤员的声音盖过。

我向前走着，看到他四肢已经被炸飞了。接着，令人震惊的是，残缺不全的身体开始极其诡异而又缓慢地爬向我。我永远不会忘记这一骇人的景象。这一幕就发生在我们面前。

起初，我仍然很难与抬担架的士兵一起救助伤员，因为零星战斗仍在继续。但我的勤务兵和我能够四处走动，在汽油桶里装水了。

在这片土地上，又一幕可怕的悲剧上演了。距离德军铁丝网几码远的地方有一块烧焦的草皮。这片烧焦的野草和烧煳了的衣服碎片一直通向了一具烧焦了的、赤裸着的尸体。我自己没有认出他是谁。

至少，这个烧焦了的尸体没有让他太过痛苦。但当菲迪恩穿过战场，力所能及地提供短暂援助，安慰每一个人他们一定会被带走时，他几乎哭了出来。

不幸的是，他只能为他遇到的头几名士兵减轻痛苦。他的吗啡很快就用完了。在那以后，他只能提供一些最基本的援助。幸运的是，周围有很多空罐子可以接水。和他说话的每个人都想先要一杯水。

第十四章 希望与荣耀之城

但菲迪恩的描述也清楚地表明，有些士兵太过虚弱，或受伤太严重，以至于他们无法正常地喝水：

> 有一位士兵坐在坑道里，头向前歪着。血液和唾液从很严重的伤口上滴落到他的脸上。他的右臂被完全打碎了，伤口上爬满了蛆。
>
> 他渴望喝口水，却因碎裂的下巴无法用杯子或勺子喝水。他无法仰头或向后靠，因为任何一种姿势都会让他立即窒息。
>
> 几分钟后，我发现有一种方式可以让他喝到水。我将他工具包里的毛巾撕成条并用力按压，把刀尖上的水滴到他的嘴里。他用一种滑稽的军礼表达了他的谢意，他终于被抬走了，坐在担架上，再次以同样的军礼致敬。

菲迪恩和一些担架抬担架的士兵所在的前线有太多伤亡的士兵，如果不是他急于去师部急救站的话，他们可能无法在那天晚上将整个战场的伤兵都抬走。在急救站，他遇到了一名负责50位伤病的中士，他们都愿意提供帮助。菲迪恩立即将他们全部送往英军前线。他说："皇家苏格兰团的一名军医带着担架手加入了我们，我们齐心协力，最终转移了所有伤员。"

与此同时，第34师及其所有下属部队也等到了被救援的时刻，包括那些坚守在苏格兰堡垒附近的皇家苏格兰团、诺森伯兰郡燧发枪团和萨福克郡团。多年后，第二中尉安德鲁·赖特回忆了这些幸存者返回的场景：

7月4日上午8点，布朗上尉（O. H. Brown）将他的士兵带回了贝库尔林地。当他们休息片刻后，我们带他们去了阿尔伯特以西1英里外的山地里的营地。在过去的3天里，他破旧的袖子上满是污垢，胳膊上的绷带还是之前在无人区粗略缠上的。布朗在队伍的最前面，骑在一匹名叫伊丽莎的母马上。伊丽莎是所有军官坐骑中最难控制的，也是最笨拙的。每当他回头看他身后的四路纵队，他们都会朝他大声欢呼。营指挥部人员各自独立返回，在上午11点时离开堑壕。

最后一批离开的是萨福克郡团的担架手，他们在完成任务后被允许离开，按照自己的时间安排结伴返回。他们中有些人在贝库尔城堡停下来，采摘了花园墙壁上的玫瑰。这天虽然不是战役纪念日，但他们还是将玫瑰佩戴到了浸有鲜血的长袍上。

第十五章

要害所在

蒙托邦，1916 年 7 月 1 日

如果要说在索姆河战场上，确实有哪片区域让黑格和罗林森的信心能够符合实际情况，那就要属马梅斯和蒙托邦对面的德军前线南端了。在这里，他们确实运气不错，在情报行动中取得胜利。6 月 27 日刚好有两名德军逃兵逃向英军一方：阿诺德·富克斯（Arnold Fuchs）和他的朋友恩斯特·吉恩特（Erast Girndt）逃出位于蒙托邦的德军前线，他们愿意提供情报。

好运仿佛常常成双出现。两天后，另一名逃兵投降了。这次是来自第 109 预备役团第 1 营的奥斯瓦德·拉克迈克（Oswald Lakemaker），他也带来了有关马梅斯的相关情报。他提供的情报与富克斯和吉恩特提供的情报相类似，虽然他汇报情报的语言表达很蹩脚，但这份情报内容还是非常清晰。奥斯瓦德的报告首先说道："俘虏称我们的轰炸非常有效。"他继续道：

他说前线堑壕已经成了一排弹坑。他们排的 4 个地下堡垒已经坍塌。轰炸期间，大约 45 名士兵挤在一个尚未炸毁的地下堡垒里。入口处被炸过两次，他们就挖出了一条出路。他还听说后方甚至比前线情况更糟。

拉克迈克的报告中在描述了士兵的心态时，为我们呈现了一幅更消极的情景：

俘虏称，士兵的士气被严重打击，大多数人都渴望进攻的来临。在最近一次的毒气袭击中，他们躲在地下堡垒里，希望我们在进攻时能将他们俘虏。

拉克迈克在情报报告中补充说：

第 109 预备役团的士兵抱怨他们不得不离开在奥维莱尔建造的幽深的地下堡垒，住在现在这个防御阵地中条件不太好的地下堡垒里。他们还说现在这个地下堡垒不适合抵御炮火轰炸。

然而，对拉克迈克的审问结果表示，德军战线中有一个薄弱点。那么，罗林森是否应该利用好这一薄弱点，改变他的作战总方案呢？

如果他觉得应该改变一下作战计划，那么他能改变吗？时间太短了。即使罗林森在当天早晨（6 月 29 日）得到了这一消息，在

第十五章　要害所在

进攻发动前，他也只有48小时来做出反应。此外，在考虑改变英军进攻的重点前，第四军还需要考虑拉克迈克是否可以信任。毕竟，他是自愿叛逃的，不是偶然落入英军手中的。如果这是德军设下的圈套，他是一个密探，那么谁是幕后的主使呢？或者，能对他说的话信以为真吗？或者，他只是另一个脆弱不堪的士兵，无法承受坚守在堑壕里的压力？

这些肯定是英军情报官员需要考虑的问题。阿诺德·富克斯和恩斯特·吉恩特声称他们在地下堡垒坍塌后，从第12师62团叛逃。这一事件的负责人在撰写相关报告时指出："他们的陈述似乎是准确的，唯一可疑的一点是，他们竟然能够在白天逃出来，没有受到其他德军的阻拦。他们解释说，我军轰炸太过猛烈，没有哪个德军士兵还能顾得上朝他们开枪。"

情报官似乎对拉克迈克的说法比较信服，这可能是因为他的年龄和声明让他听起来更可信。他31岁，正如情报官员所说的，是"一个受过教育的人"。他在入伍之前在一家眼镜店工作。拉克迈克也给了情报官一个令人信服的叛逃的理由：由于猛烈的炮击，前线士兵无法得到食物和水源，他十分绝望，叛逃只是结束这种痛苦的一种方式。

考虑到拉克迈克和两名62团的逃兵提供的情报的重要性，审问他们的军官得知这些重要情报被曲解时，十分苦恼。依照当时许多英国军官普遍盛行的积极心态，第四军的情报汇总中提到这些逃兵时，大家都对逃兵的证词抱有正面的看法。他们没有觉得这一情报不见得就与其他防御区无关，所以就得出了一个更宽泛的结论。

在战斗开始前发布的最终版的情报汇总中包含了以下令人难以置信的、过于乐观的结论："很明显，我们的轰炸是非常有效的。德军前线的大多数地下堡垒都已经被我们炸毁或封锁了。"

情报汇总的负责人提出这一推论时缺乏严谨态度，这一情况令人担忧。首先，他只是从少数几份没有什么相关性且只能代表某些特定区域的报告就推断出了整个前线的战况，这是没有根据的。其次，他完全忽视了与选取材料相矛盾的证据。拉克迈克明明已经明确表示，奥维莱尔的地下堡垒，与马梅斯的地下堡垒不是一个防护级别的，要坚固很多。此外，他也没有提到弗里库尔防御区俘虏提供的其他证据，这些证据都表明他们的地下堡垒仍处于良好的状态。

人们只能假设，情报官员的判断出于对蒂耶普瓦勒防御区第四位德军俘虏提供的证据的误解。这名俘虏说，他所在地区的一些地下堡垒入口被轰炸"封锁"。仔细分析这一证据可以得知，虽然地下堡垒的入口可能已经塌陷，但地下堡垒本身可能还是完好的，这种表面的损伤是可以恢复的。

无论什么原因，情报官员没有正确地理解事实，似乎带来了灾难性的后果。黑格和罗林森应该得到的建议是：经证实，前线南部确实存在薄弱环节。因此，首先应该将很大一部分预备役部队集结在那里，再向第十三军和第十五军指挥官下达命令，要求他们随时准备在这一防御区抓住任何可能的突破口。

相反，黑格和罗林森理解的是，前线的地下堡垒都已经被炸毁，这就让他们得出一个结论：既然如此，为什么不用大约相同的兵力进攻其他地区呢？

第十五章　要害所在

唯一稍令人感到欣慰的地方是，德军前线朝东部急转弯后，至少在马梅斯和蒙托邦对面，这个对英军来说占据重要地位的村子里，指挥官们确实有理由将较乐观的判断传达给士兵。

这种事不太可能会向炊事员解释，或者向那些需要为马梅斯南部，在东西走向前线的西端待命的第7师部队提供食物的士兵解释。第7师皇家爱尔兰第2团的列兵布伦南（A. R. Brennan）注意到，那天晚上提供的伙食和朗姆酒尤为丰富，他对此感激不尽。后来他才怀疑，"我们是不是在为接下来的大屠杀养精蓄锐？我们当中有些士兵可能已经猜到了，但很少会有人认为索姆河战役会让那么多人丧生"。

布伦南所在的第22旅需要在第7师的第二进攻阶段中承担增援的任务。在英军堑壕后方的安全地带，布伦南看到了蔚为壮观的炮兵队列，他似乎不再对第二天产生恐惧：

> 6月30日，我们转移到了山脊上的堑壕，俯瞰发射18磅炮弹的排炮前的欢乐谷（Happy Valley）。欢乐谷下面呈现出一派生气勃勃的景象。成千上万的士兵聚集在一起，所有人都认为他们将要取得巨大突破。
>
> 山谷的另一边似乎有无限的大炮，几乎是车轮挨着车轮。这些炮弹朝着德军堑壕连续发射，德军饱受磨难。我们的炮兵部队处在一个被完美遮蔽的阵地，即使敌军有十分猛烈的火力，也很难准确定位。结果就是，我们似乎完全压制住了他们，而且我们应该能在第二天轻易取得胜利。

显然，第 30 师国王团（利物浦）第 18 营的不只是一名军官在传播着这种情绪，该营占领了位于蒙托邦南部，堑壕（东西走向）东端的部分前线。此前已提到，进攻在两天前就已提前计划好，当军官试图在战斗打响前帮助詹姆斯·迪尔利（James Deary）列兵消除焦虑、保持镇静时，军官告诉他："迪尔利，明天我们需要做的只是跳出堑壕冲过去，然后就是收集敌军头盔。"

在攻击即将开始前，有些人身上的盲目乐观开始逐渐消失。在距离进攻发起（上午 7 点 30 分，这里及索姆河以北的其他地区）还有 2 分钟的时候，第 18 师支援部队——艾塞克斯团第 10 营的一等兵爱德华·费希尔（Edward Fisher）开始从这条东西走向堑壕的中心位置的后方发起进攻，他发现进攻并没有说的那样容易：

> 前进了大约 20 码后，我向左看了看我的士兵是否保持在一条直线，这时，我看到一个毕生难忘的场景：在我前方约 100 码，一个巨大的喷水池一样的东西飞到了队伍头顶上，它越升越高，几乎和纳尔逊纪念碑一样高，之后，它开始碎裂，下降，大块的泥土和白垩砰地砸到了下面的士兵队伍上，有些还附着着火焰。

费希尔看见的从地面而起的大规模爆炸是英军坑道工兵引爆另一处地雷的结果。这次爆炸"只"引爆了埋在了德军突出阵地卡西诺火力点（Casino Point）之下的 5 000 磅炸药。这是进攻发起前不久，在德军前线南端引爆的一系列地雷之一。然而，这似乎是唯

第十五章 要害所在

一导致英军士兵受伤的错误引爆。第 18 师 53 旅指挥官希金森（H. W. Higginson）准将的士兵被爆炸激起的瓦砾击伤，他说按下地雷引爆的时间比计划晚了 1 分钟（早上 7 点 28 分而不是 7 点 27 分），这就解释了此次爆炸为什么会炸伤那么多士兵。

这场爆炸对德军的破坏显然更大。希金森称，此前一直在卡西诺火力点射击的机枪被炸到了空中，之后又落到了无人区。相当多的德军死在了弹坑周围。然而，爆炸中心地带造成的破坏随之引发的附近堑壕的骚乱，才是对进攻者最有利的。当受到惊吓的德军防御者想办法处理这些时，第 53 旅的主攻部队冲进了前线堑壕，消除了敌军的抵抗，之后继续向前推进，在波米耶尔堡垒及其周围（位于攻占的波米耶尔堑壕北部 400 码）遭遇顽强抵抗后，才被迫停了下来。

一名英军炮兵观察员正在跟进部队的进展，以便将这一消息传达给后面较远处的英军。当这条东西走向的堑壕线上的进攻发起时，他描述了他所目睹的场景：

> 7 月 1 日的早晨，朝霞瑰丽，雾气弥漫。浓雾笼罩在山谷（这里是英军前线所在的地方），只能看到山顶（蒙托邦位于英军战线北部的山脊上）。上午 7 点 15 分以前，翻滚着的雾气，上升的烟雾以及炮弹的火光让我几乎无法看清任何东西，只能看到几英里外的模糊的轮廓，仿佛是爆发的火山。
>
> 上午 7 点 20 分，沿着前线，我能看到一排排钢盔和闪烁着的刺刀。7 点 30 分，云梯已经被摆放好，士兵稳步翻过胸墙，

在高高的草丛中待命，直到所有人都集合完毕。上午 7 点 30 分，部队出发了，晨雾散了些，长长的队伍发动进攻了。在我们的右手边的是法军第 39 师，面前的是我军第 30 师，左边的是第 18 师。

部队稳步前进，在前三条堑壕几乎没有遇到任何敌军的抵抗。

雾气飘散后，观察视野很完美。当然，我自己有一副野外望远镜，还有一个 7 英尺的巨型望远镜，这是最近罗伯茨夫人基金会送来的，每一处细节都显示其极高的准确性。德军没有炮轰我们，我军部队逐渐从隧道中走出，坐在电梯井上，人挨着人。

这可能是从法军和英军控制区域的交界点后方看到的场景。但德军在其他地方的零星抵抗仍然存在，有些地区的抵抗很难被消灭。这种少数地区的零星抵抗是德军宣传的必然结果，他们认为，任何被俘虏的士兵都会遭枪杀。

虽然这种"宣传"被夸大了，但是，我们遗憾地看到，数百名德军俘虏在进攻中被直接消灭，所以这也不是完全没有根据的。回顾战前发生的事件，第 53 预备役旅第 8 萨福克团趁着卡西诺地雷爆炸时采取行动，该部队的悉尼·富勒（Sydney Fuller）列兵写道："长官在（6 月 30 日）下午让我们接受检阅，并对我们发表了一番简短的严肃的演讲。他让我们记住的重要一点是：'杀死所有你能杀死的人，不要任何俘虏。'"

另一名被这种充满杀戮的演讲点燃的英国士兵是 25 岁的列兵

第十五章　要害所在

艾伯特·安德鲁斯（Albert Andrews）。他效力于曼彻斯特团第 19 营（曼彻斯特第 3 兄弟营），即第 30 师左翼旅（第 21 旅）的右翼主攻营。他说他们穿越了 400 码无人区后，德军的反击将他们打散。他的下述描述在某种程度上解释了他和曼彻斯特兄弟营的战友为什么会接受这样一种残暴的命令：

> 当我们前进时，德军用机枪和步枪扫射我们，我们的士兵不断倒下。在穿越了大约一半无人区时，第二波子弹又朝我们射来。在距离德军堑壕大约 100 码时，军官转过身说："向左边靠拢！"之后便向前倒在了地上。这是他给我们下达的最后一条命令。
>
> 我跳进德军堑壕，想看看地下堡垒附近还剩下什么人。门口有一个大桶。我刚一跳进去，就看到一个德军士兵从木桶后面一跃而起。但我已经处于警戒状态了，我用刺刀顶在他的胸口上。他颤抖着，把手举过了头顶上，然后对我说了一些我听不懂的话。
>
> 我指着他的皮带和刺刀。他把这些东西都解了下来，包括他的帽子，还掏空了口袋，并把所有东西都给了我。
>
> 就在那时，我的一个战友从堑壕里出来。"走开，安迪。把他留给我！我会给他个了断的！"他的意思是，他会向德国人投掷一枚炸弹，将他炸成碎片。
>
> 现在，这名德国士兵就跪在我面前，恳求着我。"他是一个老兵，"我说。他看起来有 60 岁。最后，我用手指了指我军

阵地。他跳了起来，双手举在头顶上，跳出堑壕，朝我军战线跑去，一直大声叫喊着。

之后，我们炸毁了地下堡垒，转身沿着堑壕走去。这时，3名德军士兵朝我们跑过来，他们都举起手来。我们两个都朝他们射击了，其中两个当场倒地。我的战友在开枪时说："这一发子弹是为我达达尼尔海峡的兄弟。"他再次开枪，第三个德国士兵倒下了。"这发子弹是为了冬天堑壕里的我自己。"我们朝他们走过去，其中一个还在动。战友踹了他一脚，用刺刀扎死了他。

这种事情一直在发生，没有哪个德国士兵能幸免。我们没有明确规定"不准抓战俘"，但我们都知道这是什么意思。第二条、第三条德军堑壕都上演了同样的一幕。

之后，我们在格拉茨堡垒（Glatz Redoubt）外待命。我们所有的子弹都用在了进攻这个堑壕上。随后，我们收到了"冲锋"的命令，然后我们快速冲上前去，击毙了堑壕里所有剩余的敌军。很多德军都已经向蒙托邦方向投降了，我们还是朝他们开了火。

当时才上午8点30分，但这差不多是曼彻斯特团第19营进攻的极限了。（那天晚些时候，该部队还需要向前推进较短的一段距离。）后来，第19营士兵最终得到了第21旅皇家第18团（利物浦）姊妹营的支援。由于左侧隐蔽的德军机枪手的伏击，这只姊妹营已经有大约500名士兵伤亡，之后，他们成了曼彻斯特团第19营左

第十五章　要害所在

翼及第 89 旅的支援部队。而第 89 旅的战线则从右侧水平向下倾斜，一直通到都柏林堑壕。英军炮兵部队和步兵部队在第四集团军最右翼牵制德军，第 89 旅两个营的炮兵部队和步兵部队伤亡人数都少于 150 人。这对于 1916 年 7 月 1 日突破了这么远距离的部队来说，一定是一项纪录。

但对于第 30 师的第三个旅——第 90 旅来说，格拉茨堡垒及西边相邻的堑壕只是进攻的开始。它的两个主攻营——曼彻斯特团第 16 营和第 17 营于上午 8 点 30 分离开最初的英军前线，途经曼彻斯特团第 19 营阵地，抵达蒙托邦。

这也是第十三军指挥官沃尔特·康格里夫中将制订的作战计划。该计划要求第十三军第 30 师和第 18 师朝蒙托邦北部、西北部和东部挺进，从而与村子西北部的第十五军，以及东南部的法军部队会合。为了实现会合目的，最右翼部队需要在距离村庄南部一定距离的地方停下来，这样就能与法军在都柏林堑壕南端的伯纳法林地（Bernafay Wood）南部会合。

肯尼思·马卡德尔（Kenneth Macardle），26 岁，参加了第 90 旅的突击行动，他是曼彻斯特团第 17 营第二中尉。前一天晚上，当第一次知道自己可以参战后，他首先描述了内心的兴奋，在 6 月 30 日晚上的日记中，他激动地写道：

> 就是今晚了。明天就是自由之日。每个连队只有 4 名军官能参战。然而，尽管我没有像其他人一样接受所有训练，但我要和我的连队一起出发了。

其他人都已经一遍又一遍地演练过了。他们冲出堑壕，占领蒙托邦，去过多次皮基尼（Picquigny），并在那里用旗子标出边界，翻过较浅的堑壕。他们知道每处房子，因为我们之前用 12 英寸的炮弹轰炸过这个村庄。他们知道每一处院子，知道每个人要去的位置。他们已经交代过我大部分的任务。

从埃蒂讷昂（Étinehem，阿尔伯特东南约 4 英里）到剑桥矮林（Cambridge Copse，马里库尔西北约半英里）的路上，他们会进入集结堑壕。马卡德尔发现自己走在第二皇家苏格兰燧发枪团"年轻的"维克托·戈弗雷（Victor Godfrey）身边。第二皇家苏格兰燧发枪团将在第二天支援曼彻斯特团。春天时他们曾在一起工作。"我们有很多话要说，"马卡德尔说道，"他是一个很帅气的年轻人。我们谈起了一位比他大 6 岁的姑娘，他想要娶她。"

但是，这种关于未来以及幸福婚姻的想法必须先放在一边，以便现在能将精力集中到这里。马卡德尔首先要忍受的就是他所谓的"不舒服"的寒冷，以及在交通壕里的不眠之夜。"这里非常拥挤，没地儿坐，更不用说躺下了。"他回忆说。之后就迎来了新一天漫长而又索然无味的黎明。最后，早上 6 点 25 分，密集的炮火轰炸开始了。火力一直沿着索姆河轰炸，士兵很难去想其他的事情，只想知道德军前线的反击炮火什么时候会发射，想知道这样是不是就意味着期待已久的进攻开始了？

马卡德尔继续描述了部队从最初的英军前线开始前进：

第十五章 要害所在

A 连在前面行进着,之后是苏格兰的运输部队,再之后就是我们 B 连。我们距离蒙托邦 1.25 英里。在我们与那个树木茂密的村子之间,每一英寸土地都在晃动,地表布满了弹坑。

我们甚至无法确认敌军前线。敌军第二战线是一个庞大的不规则壕沟,上面满是弹坑和新近被轰炸翻起来的土。

但是,对马卡德尔的考验在上午 10 点左右才刚刚开始。当他们越过第 89 旅后,曼彻斯特团第 17 营的士兵会进驻格拉茨堡垒以北的村庄。在格拉茨堡垒,他们被英军炮兵部队阻挡,所以当时只能爬到蒙托邦以北的堑壕上。

"终于,时候到了。"马卡德尔回忆说:

我看着 A 连,希望看到他们还活着。时间一分一秒地流逝,什么也没发生。我找了一名 A 连的中士,在他的耳边大喊,问他的军官在哪儿。"全都死了!"他大声喊道。

之后,我看到了韦恩,他是 A 连的最后一名军官。他的表情十分痛苦,一条腿上全是血。他啜泣着,喊道:"起来!你们这群混蛋!打起精神来!爬起来!"我向他挥手时,他微笑着,倒在了地上。我知道,这已不再是他能胜任的了。这里由我们 B 连接管。

马卡德尔和两个连的幸存者站了起来,大步向前冲去,这时,机枪和步枪子弹从他们的左侧射了过来。但是当他们抵达目标阵地后，就很少再遭到敌军的抵抗了。村子里没有剩下什么人了，用马卡德尔的话说就是，剩下的仅仅是"一堆破烂的瓦砾"和腐烂发臭的尸体。随处可见"已经死了的和正在垂死挣扎的德军士兵，有些还带着可怕的伤口"。那些躲在地下堡垒里避难、没有受伤的士兵都非常愿意投降。后来，正如马卡德尔描述的那样，这些人接二连三涌入马里库尔，没有一丝抵抗，举起手臂，大喊着"我们投降！"他们都丢掉了武器，士气十分低落。

占领了蒙托邦后，第90旅部队抵达了蒙托邦村子北部的小路，以便占据制高点，防御不可避免的反击。部队在上午11点就已经完成了所有的作战任务。然而，此次伤亡人员也很多，这一点也同样重要，但1916年7月1日的伤亡人数仍然在合理范围内。马卡德尔所在部队中，大约330人死亡、受伤或失踪，而第90旅的总伤亡人数在1 200人以内。

尽管第18师的部分队伍（这个部队由艾弗·马克西少将严格训练。他的训练方法将会成为一流、高效的英军陆军训练的典范）也同样快速进军德国战线，其左翼的第54旅在上午8点之前抵达波米耶尔堑壕。其他地方的部队还有一些延误，其中最糟糕的是在马克西最东部的第55旅，它本该作为第30师的左翼部队，对其进行保护。事实上，第55旅右翼的东萨里第8团的延误行军，使得位于沃伦（Warren）据点的德军机枪手有机会消灭第30师国王团（利物浦）第18营左翼部队的大部分士兵。

问题并非出在东萨里第8团身上。该团的比利·内维尔（Billie Nevill）上尉曾安排士兵将两个足球踢过无人区，以此增强士兵的

第十五章 要害所在

决心。东萨里团和第 55 旅的第 7 皇家女王团（西萨里）被延误的原因是，因为他们第 55 旅的兄弟连——第 7 皇家东方肯特团未能清除蒙托邦至卡尔努瓦附近的雷区。第 30 师朝格拉茨堡垒和蒙托邦推进后，阻挡第 55 旅的德军部队才决定撤退，因为他们担心自己与北方的通信线路被切断，这时，僵局才被打破。下午 5 点后，皇家女王团和第 18 师的其他部队沿着第 30 师西部的蒙托邦小巷排队候命，因此，这两支部队也就牢牢地占领了这一阵地。

第一天结束以后，当第 55 旅的延误行动将要影响到整个行动时，第 18 师的预备役部队——第 8 萨福克郡团的指挥官被要求将他的部队部署在原先的英军前线后方，以便支援其他部队处理一些紧急情况。事实上，此次延误的影响在没有他们协助的情况下也解决了，下午第 8 萨福克郡团继续向附近的集结堑壕前进。在那里，悉尼·富勒看到一个让他不寒而栗的场景：

> 我们部队的几名士兵被敌军炮弹击中，倒在那里。有个人跪着，仿佛在祈祷，他的手遮住了脸。倒在他身后堑壕里的另一名士兵脸朝下。他的半个脸都埋在炮弹炸碎的土块里。离此地不远处，另一个人坐在射击位上，脸埋在膝盖上，他看上去仿佛突然会变成石头。
>
> 沿着堑壕走了一小会，我好像踩到了什么东西。往下一看，发现是一块脊梁骨以及撒在堑壕附近的碎肉块。拐角处的胸墙上悬挂着一堆内脏，上面到处都是苍蝇。这样的场景太多了，堑壕内外，只要是敌人的炮火轰炸过的地方，到处都是这样的景象。

这些让富勒深受刺激的可怕遗骸警示着人们，德军火炮如果没有被大规模火力控制和镇压，它们将会造成巨大的伤亡。本章大幅描写了步兵部队的成功。但如果没有英法炮兵部队的贡献，步兵不可能取得成功。英国官方历史没有详细说明法国炮兵部队对第十三军支援的程度，但历史表明，在康格利夫军和第十三军右翼的法国第二十军所在区域内，英法炮兵数量远超德军炮兵数量，"几乎是4倍的差距。7月1日，英法炮兵实际上摧毁了敌军部队，敌军炮兵部队几乎完全没有报复行动"。

在这样的背景下，法军炮兵部队在索姆河北部和南部地区摧毁德军地下堡垒，与英军炮兵部队在蒙托邦和马梅斯地区摧毁德军地下堡垒一样高效、有力，法军部队在7月1日的进展非常顺利，这也就不足为奇了。法国第二十军的第39师和第11师在同一时间（上午7点30分）在英军部队右侧进攻了索姆河北部的德军堑壕，完成了所有作战目标，包括占领屈尔吕（Curlu）的村庄。同时，索姆河南部的两支法国军在上午9点30分发起的进攻也同样成功，他们攻克了东皮耶尔（Dompierre）和贝克坎库尔（Becquincourt），这令德军非常意外。法国人俘获的战俘总数超过4 000人。

有趣的是，考虑到德军一直处于英法炮兵的连续轰炸下，蒙托邦地区的英军伤亡人数仍然较高：第十三军的每个师都有超过3 000名士兵伤亡，第30师总共有大约825名士兵死亡或失踪，第18师总共有大约950名士兵死亡或失踪。

德军的伤亡人数更是可以估计出来的。巴伐利亚第6预备役团是在蒙托邦和索姆河北部法军部队袭击的区域作战的德军部队之

第十五章 要害所在

一。该团有至少 2 000 人伤亡。但有消息称，战斗结束后，该团的 3 500 名士兵中只有 500 人生还。

这些都还只是统计数据。实际情况呢？富勒所目睹的飓风般轰炸后的可怕景象，与他所见到的在战场上的相对和平与宁静之间形成的对比，让人留下了颇深的印象。"现在敌人出奇地安静，相比之下，我们只有很少的士兵还在射击。"富勒报告称。这表明，英军部队在这一部分前线所取得的绝对的优势地位。现在的问题是：罗林森能抓住这次机会吗？

第十六章

进 攻

马梅斯与弗里库尔，1916年7月1日

前线的英军士兵忍受着所有的折磨，而诗人所写的诗歌却是我们大多数人了解"一战"期间堑壕生活的主要途径，这似乎有点不公平。能找到这样的诗人，让他描述出在索姆河会战第一天的经历，这毫不奇怪。

齐格弗里德·沙逊（Siegfried Sassoon），29岁，在这伟大的一天到来时，他担任皇家威尔士燧发枪团第7师第1营的第二中尉。在第一次进攻期间，他所在部队驻扎在马梅斯西南部的支援堑壕内。虽然该部队注定无法参加"大推进"的第一阶段，然而沙逊仍然声称，他在确保自己所在的第22旅如期顺利进攻的过程中，发挥了小小的作用。

这场大进攻开始时，沙逊是最聪明的旁观者之一，所以大家知道沙逊并不完全相信最初的进攻是一帆风顺的，也就不奇怪了。当他第一次参与战前的准备工作时，他回想起自己在看到上级指示中

第十六章 进 攻

宽慰人的话时，有一种非常奇怪的感觉，觉得这些是毫无意义的：

> 当我把第七师的作战计划抄在笔记本上时，我并没有觉得这些作战计划看起来有丝毫战斗力，让人非常不愉快。玫瑰堑壕、果园小巷、苹果胡同和柳树大道都是我们防御区的首要目标，我也一直在想象它们美丽的景象。然而，在这一历史时刻到来之际，这个乐园即将被夺取、被清除、被占领。这次不会犯下任何错误。我们非常兴奋地决定，第四集团军将要让德军遭受耻辱的彻底失败。

虽然沙逊及其所在部队并不会在击败德军的过程中发挥直接的作用，但是沙逊还是想尽一份力。在等待战斗打响时，他决定用他之前在伦敦军用物品商店里购买的钢丝钳来打开英军铁丝网的间隙，从而贡献自己小小的一份力。"傻瓜都能预见到，大部队集结在一起，在大白天离开堑壕发动进攻时会发生什么。"他写道，加宽铁丝网间隙可能会降低曼彻斯特团第20营（第22旅的兄弟部队）暴露的概率。第20营要在次日冲出堑壕，沿着无人区斜坡发动进攻，攻占下沉公路堑壕。

考虑到这一点，6月30日清晨，沙逊从前线堑壕里爬了出来，他后面紧跟着一名助手。两人悄悄穿过茂密的草丛，匍匐着，行动起来。"在黑暗中，我们拼命夹断这些缠在一起的、困扰着我们的铁丝网，天亮了以后，这些都被我们处理完成。"更让他们兴奋的是，他们前一天晚上开始这项任务前，并没有征求连队指挥官的同意。"这更像是在得知一只老虎可能会出没在醋栗树丛中时，修剪一个未被照料的花园。"沙逊说道。

幸运的是，对沙逊和他的助手来说，这只老虎从未出现。最终，连队指挥官看到了他们在做什么，让他们回来。两个人爬回前线堑壕，没有中弹。"这感觉非常棒。"沙逊挥舞着钢丝钳说道。

无论是否真的如沙逊所说，他献出了自己的一份力量，但他在进攻发起前的叙述无疑让我们了解到战前的情况。这份记述是这样开始的："7月的第一天，清晨的薄雾散去后，天气无比美好，令人愉快。"沙逊继续描述了他在集结堑壕地下堡垒里的经历，在那里，他和连队指挥官在战前避难，"气氛似乎紧张得令人发颤，地表都在摇晃和震动。透过持续的嘈杂声，我们能听到号角声和机枪的轰鸣声。但敌军没有对我们发动反击。之后几枚炮弹震得地下堡垒的屋顶晃了晃"。这时，沙逊和指挥官"沉默地坐着，看到这种地震般的晃动，两人顿时觉得天旋地转，耳朵都要被震聋了"。指挥官点了一根香烟，"火焰都在疯狂颤抖着"。

然而，曼彻斯特团第22营的哈里·托尼中士（35岁，此前是一名经济史讲师）为我们生动地描述了战场的样子。他现在不得不挺身而出，采取行动，做一位战士与指挥官该做的事情。之前有消息称，作为第7师右翼部队的曼彻斯特团第22营可能会在这次战役中发挥至关重要的作用。原因是，第十五军的司令霍恩中将设计的整个作战计划能否成功，取决于曼彻斯特团第22营能否拿下作战目标。

霍恩的作战计划中明确表示，至少在进攻的第一阶段，要绕

第十六章 进 攻

开马梅斯以西由敌军坚守的弗里库尔村。这一作战策略类似于此前进攻戈默库尔的策略（见第十章）：第十五军第 21 师将对村庄北侧发起进攻，马梅斯东部则由第 7 师负责进攻，以便在弗里库尔后方会师。

那里是曼彻斯特营和皇家女王团（西萨里）第 2 营进军的地方。在这场钳形攻势中，他们将充当右翼部队。在马梅斯东部，大家都希望他们不仅能拿下马梅斯东北部的但泽小路（Danzig Alley）和弗里茨堑壕，还能继续在博顿林地（Bottom Wood）与钳形攻势的左翼部队呼应。

但在进攻开始前，部队必须集结。哈里·托尼称，曼彻斯特团第 22 营的例行集结将在 6 月 30 日晚上开始，不久后，晚上 9 点 30 分时，他们会从布瓦德塔耶出发。这些人会得到"牧师"的祝福：

> 牧师站在木屋门口。大家在外面排队跪下。人们听到了步枪枪栓"咔嗒"作响声、阵阵的歌声，以及其他人偶尔传来的笑声。他们将武器一起放到了营地外，踏过灌木丛，罩上防水油布，在这种不用做杂役、难得的自由时光里，幸福地吸着烟。
>
> 1 个小时后，我们抵达了林地边缘，指挥官点完名后，我们就出发了。这是一个完美的夜晚。漫无边际的宁静夜空下聚集着数以百万计的敌军和友军。这种庄严、肃穆而又超脱的气氛让人类的愤怒与狂热的、具有破坏性的力量相形见绌。人们似乎忘记了朝堑壕挺进的目标，觉得自己仿佛是在去往探索新大陆的路上。而那一小群人看着我们行进的士兵柔和悦耳的欢

呼声，就像是未出海的水手对即将驶向未知海洋的探险者渐行渐远的送别。

接着，我们当中有人中弹了，我们不得不停下来，迅速卧倒，像狗一样喘着气。

从布瓦德塔耶到前线大约需要 40 分钟时间。曼彻斯特团的防御区位于保加尔处东南部，6 月初，该营的所有军官都在这里负伤乃至牺牲（见第四章，第 38 页）。然而，在这个时候，他们每前进 10 码或 20 码就会被托尼所谓的"可恶的机枪子弹"光顾一次，这些机枪手显然还没有学会如何使用这些"野兽般的武器"。2 个小时过去了，他们终于抵达了堑壕。

到达后他们又耽误很多时间。士兵数量太多，而堑壕空间又有限，所以他们几乎是被挤在堑壕里的。托尼不得不在堑壕里来回走动，检查是不是每个人都已经就位。午夜过后，士兵们可以休息了。托尼紧靠在堑壕壁的一个小洞上。这时，一位军官让他挪动一下，好爬到堑壕里面去，他假装自己睡着了。"现在是假期了，离开了学校的我们都是平等的。"托尼想着，但他没有说出来，他很高兴自己有机会把平等思想应用到战场上。

托尼没有休息很长时间，因为他担心有人会认为他擅离职守。终于，新的一天来临了。很快，7 月 1 日进攻前已经开始朝第 7 师对面的德军堑壕进行密集轰炸。

6 天前，托尼在远处观察德军堑壕的轰炸时，并没有留下很深的印象（见第四章）。然而，目前他就身处轰炸最猛烈的地区，他

第十六章 进 攻

或多或少有不同的感悟。以下的描述可以表明他兴奋的心情：

> 这是一个阳光明媚的早晨，耳朵和眼睛之间仿佛存在着一种神秘的共鸣。这种让人不知所措的躁动似乎与这越发辉煌的时刻和七月更加蔚蓝的天空相互映衬。这种声音不仅在大小上有所不同，其本质也与我知道的差别很大。
>
> 这不是一连串的爆炸，或连续的射击声。至少我从来没有听到过这样的枪声或炮弹爆炸的声音。这不是一种噪音，而是交响乐。这个声音一直存在，就笼罩在我们周围。空气中仿佛弥漫着巨大的痛苦不堪的情绪，现在又转变成呻吟与叹息，演变成锐利的尖叫声和令人怜悯的啜泣声。人们在可怕的爆炸下打着战，被神秘的鞭子抽打着，在巨型翅膀的扇动下颤抖着。
>
> 这种超自然的喧哗并没有沿着这个方向传递。它没有开始、加剧、减弱或结束。它在空中静止着，成了一种凝固的声音，一种状态。我似乎只有抬起眼睛才能被头顶这种扭曲的、饱受折磨的天空震撼。哪怕只把手伸出堑壕外一点点，就会被吸入旋涡，卷入残酷的、不可思议的，超越无限深度的失速当中。
>
> 这种感觉，虽然让人充满敬畏，但也让人充满了胜利的喜悦，让人感受到对抗山间暴风雨的狂喜，或看到一条不可阻挡的、快速流淌着而又具有破坏性的河流时的兴奋。

尽管托尼被这种轰炸声震惊，他还是依然像往常一样继续自己的任务：

我决心专注于具体的细节，擦拭每把步枪枪栓上的泥土，提醒每个人该做的事情。听到"还有5分钟！"后，我看到所有的刺刀都已被装配好。

早上7点30分，我们爬上了梯子，翻过铁丝网，放下武器，等待每个人都排好队形。一切都准备好后，我们没有加速前进，而是缓步而行，因为我们需要穿过900码高低不平的堑壕路面，这也是我们的第一个目标，之后再走大约150码距离，到达另一处堑壕，我们要在那里待命。

在行进过程中，托尼即将经历一种彻底的变化。即使到了进攻前夜，他内心仍然只是一个平民而并不是一名士兵。随后他再次被军队的低效激怒了。指挥官甚至不知道如何让部队在短时间内穿越堑壕。然而，进入敌军控制区域后，他内心深处的战士形象开始萌发，这在他内心已经压抑很久了。

在他进入无人区的几秒钟内，这种变化就开始了：

我还没有走过10码的距离，就看到前面有个士兵倒下了。我一直担心会不会"有人失去理智，发狂然后伤害自己人。会不会有人吓得腿打战，拒绝前行"。现在我相信一切正常。我不应该害怕，不该惊慌失措。想象一下我意识到这个的喜悦！我觉得自己非常快乐，也很冷静。这不是勇气。我想象着即将面临的危险，想象着一个人的精神战胜了内心的恐惧。但我知道我不会有危险的。我知道自己不会受伤。

第十六章 进 攻

人们一直在喊着那些长官们常说,却从没有人在意的话:"散开!""不要聚在一起!""保持左侧行进!"

我们穿过了3条战线,这里都曾是堑壕。之后,我们一头冲进了第四条战线,这也是我们的第一个目标。"如果一直这样,那就太简单了",我身边的一名小个子士兵说道。

但事情并不总像这样。托尼在敌军战线后方承受的杀戮与折磨导致了他内心的第二次转变。他固有的敏感性被冷酷和麻木所掩盖:

背墙上靠着一名受伤的士兵,他被子弹击中,血染红了整个上衣,他的伤势应该是在腰部或者是腹部。我走向他,他嘟哝着,好像在说"我很害怕,我需要你的帮助"。我不太喜欢接触伤员。他受伤太过严重,我几乎帮不上什么忙。我试着帮他解除身上的装备,但却没有成功,之后,我想把他扶进堑壕里,但堑壕里实在太挤了,没有容身之地。所以我只能离开了他。

这时,他愤怒地嘟囔着,用仇恨和痛苦的眼神看着我。这种感觉太差了!他在忍受着巨大的折磨的同时,诅咒我为什么仍然活着。

我试图把他忘掉。我从一名士兵那里拿了把铲子,开始在胸墙那儿埋头苦干。但是我的心思并不在这儿,它飘到了有人等候我们集结的地方。

我环顾四周,我看到那些士兵盯着两个人在看,就像牛虻嗅到了血一样。其中一个人弯下身子,蜷缩着,皱着眉。另一个人伸出手来,用困惑的表情看着他。这个人的手上流着血,指头都被炸没了。他似乎在说:"有一只手是一件有趣的事情。"然而,我们的命令非常严苛,长官要求我们不可为任何伤员逗留。所以谢天谢地,我就不用想着能为他们做些什么了。

然而,进攻第二阶段发生的事件才会让人做出最极端的改变:一个有教养、有礼貌的教授转变成了托尼自己所说的"旧石器时代的野蛮人",初次尝试后,他很快就又发现了狩猎的乐趣,体会到了杀戮而带来的喜悦。自从他在孩童时代最后一次射弹弓,在年轻的时候最后一次用猎枪射击之后,就再也没有体会过这种心情了。

从第二阶段开始,托尼就想知道进度延误是否会导致德军士兵有空暇朝己方开枪:

现在该为我们的下一个作战目标努力了。事实上,我们已经延误3分钟了,这不是小事。炮兵部队将在固定的时间,在下一个堑壕改变火力方向,我们也会在这个时间出发。而我们的延误就意味着,德军有机会重新占领这块阵地,假定他们能在此次炮火轰炸中幸存的话。

然而,当我们爬上了一个小山谷后,就正好走进了机枪扫射的区域。整排士兵全都倒下了,整齐得就像一个士兵倒地一样。有些人死了,有些人受伤了,其余的人本能地寻找掩体。

现在,看到德军士兵后,我就把其他事情全抛之脑后了。他们很容易就能被我们所击中。他们当中有些人跪在地上,有

第十六章 进攻

的甚至站在胸墙上朝我们开枪。他们距离我们不超过100码。我的子弹不会打偏。每个被我瞄准的士兵都倒下了,只有一个人幸免。这个人是最大胆的,我的子弹打偏了好几次。我既费解又愤怒。并不是因为我想伤害他,或伤害任何人。而是频繁打偏子弹让我非常愤怒。

许多士兵都谈到了战场上的红色烟雾,这让他们正常的视野受到一些影响。这种红色烟雾是为了帮助士兵消除恐惧。然而,当烟雾消散后,士兵必须直面这个被轰炸过的战场,而这才是他们最痛苦的时刻。这是托尼击败了保加尔小巷-布克特堑壕以北的敌军后所面临的情况。这时,他和其他战友似乎陷入了孤立无援的困境:

> 当德军士兵回到他们的堑壕后,我停止了射击。环顾四周,我发现了面前倒下的一个男孩。他之前是我的传令兵,后来我因为他工作懈怠而将他调离。前一天我还抱怨他喝醉了酒。他平躺着,可能是在休息。我看到他的头盖骨底部有一个巨大的、边缘很不整齐的洞,这里是被子弹打穿的地方。
>
> 他最好的朋友也是一个不太听话的士兵,死在了他身边。我身旁的士兵试图用沾满泥土的手拿起战地止血包轻搭着一位一等兵的后背。这个一等兵的胸部似乎被子弹穿透,脸和手都像大理石一样白。他的灵魂已经死去。
>
> "我们有机会吗,中士?"一个人低声问道。我说,一切都会没事的。增援会在1个小时内赶来,我们会和他们一起前

进。尽管如此，这里看起来除了我们之外，只剩下尸体了。

有人可能会说，托尼没有躲到弹坑中等待迟早会到来的支援，值得尊重。也有人可能会说，他受到了惊吓，所以判断失误。不知道哪个描述最适合他。他认为自己必须先了解究竟还剩下多少士兵，以及在他们两翼的是哪支部队。

他派人寻找右翼部队，那人却再也没有回来。他刚一离开安全的弹坑就听到有人报告称："他中弹了。"

听到这个消息后，"我很难过，"托尼说，"好像是我置他于死地一样。"他决心爬出去，看看左翼部队能否找到。"这名军官还非常年轻，他已经到了崩溃的边缘。这不怪他。他坚决反对我去，但最终还是放我走了。"

"当然，事后看来，这确实是愚蠢的，"托尼随后承认，"如果我们连队已经损伤过半，那么即使有了左翼部队的支援，又能怎么样呢？"

无论如何，我先直接回去，再去右边。一切似乎都很平静。人们不敢相信头顶一两英尺的上空会置人于死地。

之后，我在右侧看到了一群倒下的士兵。我没有意识到他们已经死了或受伤了。我对他们挥手，喊着："请求增援！"看到他们没有反应，我跪了下来，再次挥手。

我不知道大多数人受伤时是什么感觉。我感觉到自己被一个有着不可思议力量的巨人用巨大的铁锤击中，然后，这个巨

第十六章 进 攻

人用一种让人十分痛苦的扳手扭曲着我,我的头部和背部都被撞到了地上,双脚挣扎着,仿佛都已经不再属于我。在这一两秒时间里,我呼吸不上来。我想这就是死亡吧,还希望这个过程不会太漫长。

我试图侧翻,但我每动一下就会万分痛苦,像是被刀子扎了一样,不让我就这么死掉。我什么也做不了,只能这么躺着。几分钟后,我们排的两个士兵走到了我身边,看了我一眼,但没有停下来。我本可以为他们的冷漠和残酷而哭泣。这种感觉就像是与人类隔绝,就像受到严厉的惩罚一样糟糕。后来,一个小伙子看向我,问道:"怎么了,军士?"我简直太爱他了。我对他说:"我应该死不了,但我现在的情况很糟糕。"他扭了下身子。他还能做什么呢?

我抬起膝盖,以缓解我的疼痛。这时,子弹立刻射了过来。所以我只能继续跪着。这并不是说我现在非常介意死亡。如果上天对我们仁慈,那么当我们已经快要不行了的时候,剩下的过程不会太痛苦。

我现在非常热,无力地喊着担架手。当然,这是懦弱的表现。他们听不到我说话,即使能听到,他们也不会过来的,这就相当于叫他们自杀。但我已经失去自尊了。

托尼的下一段回忆较为美好:

这是一个可爱的夜晚,一个士兵站在我身边。我抓住他的脚踝，以免他走掉。在他的呼喊下，医生来了，看了我一眼。之后，他承诺在1分钟内回来。之后，他们去照顾另一个士兵。这段时间是我经历过的最糟糕的时刻，我以为他们骗了我，以为他们再也不回来了。这种感觉就像是完全丧失了信心，觉得整个世界把我抛到一个无人的沙漠。这种被人抛弃感越发强烈，让人心碎。我太想听人说话了，我开始啜泣着，时而喃喃自语，时而大声喊着。

但他们最终还是回来了。医生对护理员说着话。我知道他是我见过的最好的人之一。我用毫无条理的语言告诉他，我被机头罩击中了后背，而他就像一个天使一样听我讲话。他说，一枚步枪子弹穿过了我的胸部和腹部。他还给我打了吗啡。他无法再做更多的事情，周围没有担架手，所以他们无法在那个晚上把我抬出去。

但是，当我感觉到上帝对我起了恻隐之心后，我却并不在乎。我就像一只人人都能踢，人人都能欺负，但最后找到了亲切主人的小狗。

托尼没有描述他被带离战场的情景，最终他还是被抬走了，并活了下来，讲述自己的真实经历。曼彻斯特团第22营中，近350名士兵死亡或失踪，总伤亡人数超过470人。

这么多年轻士兵的牺牲并不完全是徒劳无功的。多亏了曼彻斯特团的最初的进攻，其支援部队——皇家女王团（西萨里）第2营最终能够在布克特堑壕（Bucket Trench）与他们会师，并继续向

第十六章 进 攻

前推进,占领了第 91 旅的第一个目标——但泽小巷。皇家女王团(西萨里)第 2 营占领了马梅斯东北部的弗里茨堑壕,与第 91 旅左翼主攻部队——南斯塔福德郡团第 1 营会师。他们不仅占领了马梅斯,还攻占了北端的长长的堑壕线。这条堑壕线从马梅斯北部起,绕过西侧,最终抵达村庄西南部的德军前线。由于第 7 师第 22 旅的支援,这条堑壕线最终也一直在英军的手中。

弗里库尔北部第 21 师的进攻也有运气的成分。一方面,其北部的第 64 旅在这天结束时,攻占了从德军前线到克吕西菲堑壕(Crucifix Trench)的桥头堡,并与皇家苏格兰团在苏格兰堡垒会师(见第十四章)。另一方面,第 21 师指挥下的一些部队遭受了灾难性的损失。其中,从第 17 师"借来"的第 50 旅伤亡最为严重。例如,西约克郡团第 10 营本应经过弗里库尔北侧,并在此过程中压制射向往北进攻的第 21 师两个旅的敌军火力。然而不幸的是,西约克郡团第 10 营在 7 月 1 日的行动中,伤亡人数不下 710 人。第 16 军指挥官和第 21 师决定,在第一阶段,不对弗里库尔实行正面进攻,所以他们无法在这片还没遭到进攻的地区持续提供炮火掩护,才导致了这些伤亡。在德军圆堡周围爆炸的地雷也未能提供足够的保护。

尽管西约克郡团第 10 营的进攻本应削弱弗里库尔村的防御力量,使其变得更易攻破,所以当部队正面进攻弗里库尔这个最坚固的防御工事时,之前进攻失败的影响显现出来了。第 50 旅的格拉斯哥(W. J. T. Glasgow)准将曾提出反对意见,却被驳回,因此,格林霍华德团第 7 营在下午 2 点 30 分发动的进攻也就注定不会成功。果不出所料，许多士兵都被子弹撂倒，该部队在 3 分钟内就损失了超过 350 名士兵。如果最初的炮火轰炸能够准确击中前方的铁丝网的话，伤亡人数也许不会这么多。而现在，英军只有很少的铁丝网空隙可以穿行，这对德军防守的机枪手来说，是天赐的良机。

这是格林霍华德团第 7 营的士兵面临的第二次灾难。令人费解的是，当天上午 7 点 45 分，肯特少校命令他的连队向弗里库尔前进。然而他本应该知道，在西约克郡团第 10 营完成进攻任务，削弱弗里库尔村的防御力量之前，他们是不应该发动任何进攻的。格林霍华德团第 7 营的士兵直接被一挺机枪放倒，后来冲上来的战士们也被同样快速地击倒。被一挺机关枪击中，跟他们的战友在后来的进攻中倒下的一样快。当他的指挥官罗纳德·法伊夫（Ronald Fife）中校听闻后，第一反应就是指责肯特"疯了"。不过，肯特少校也同样受了伤，他可能确实有些头脑发热。然而，由于肯特从来没有公开解释过他为什么会发出这样一个草率的命令，所以除了他亲友，其他人可能就无从知晓了。

马梅斯的德军日益瓦解的前线防御系统可能会让人们有些期望，部队会在伤亡较轻的前提下攻下马梅斯。事实证明，部队在马梅斯的伤亡情况几乎和攻占蒙托邦时的伤亡情况类似：第 7 师的伤亡人数接近 3 400 人，包括超过 1 000 人死亡或失踪。第 21 师伤亡人数较多：超过 4 200 名士兵伤亡，包括近 1 300 人死亡或失踪，然而他们的战果却并不显著（这也是可以预见到的，因为在进攻发起前，敌军的防御工事并没有被破坏）。第 50 旅的伤亡人数超过 1 100 人，包括约 600 人死亡或失踪。

第十六章 进攻

然而，其他的德军士兵还担心，一旦马梅斯和蒙托邦失守，他们是否会成为下一个被进攻的目标，英军的巨大伤亡对他们也并没有起到什么安慰作用。野战炮兵团第29营的卡尔·艾斯勒（Karl Eisler）中士震惊地得知，他和孔塔尔迈松附近的炮手并没有得到支援："当得知没有增援部队时，我们不寒而栗。"他后来回忆说：

> 我们感到非常痛苦。为什么没有增援部队？难道这就是对我们所做的一切努力的回报吗？如果派来了支援部队，我们本可以继续坚守在此。而事实上，我们几乎没有得到任何部队的保护。

> 总部的司令官连夜驾车离去，因为他们担心会被敌军包围。

如果艾斯勒知道德军的伤亡程度，他可能就不会这样想了。负责马梅斯地区的第109预备役团伤亡人数超过2 100人。虽然和英军的损失相比，德军伤亡人数较少，但由于德军参战士兵数量较少，所以其伤亡率是更高的。

这些令人震惊的统计数据还是让另一名德国军官感到愤愤不平。莱布洛克（Leibrock）上校是第6巴伐利亚预备役步兵团的指挥官，该部队负责把守蒙托邦地区。自从他于7月1日上午4点抵达伯纳法林地南部的总司令部以来，他的日子就一直不好过。

他刚到就接到了"欢迎"消息：总司令部已经与前线阵地的大多数连队失联，而询问第12师指挥官是否转移总司令部已经没有意义了。指挥官已经说了大势已去。之后，一名英军士兵在上午抵达了地下堡垒，要求莱布洛克投降。由于负责马梅斯地区的第109预备役团已经投降，所以这名英军士兵告诉莱布洛克，他同样也可以投降。

听到这个消息后，莱布洛克焦躁不安，但如果没有确凿证据证明这个英国士兵说的是实话的话，他是不会投降的。在此期间，他把英国士兵当作俘虏抓了起来。

当上空有飞机出现的时候，局势对德军来说开始恶化。莱布洛克派了一名通信员前往伯纳法林地的通信中心，要求派一架飞机将其驱逐走。没等到通信员返回，地下堡垒就已经被英军士兵包围了。莱布洛克通过电话联系到了一支连队，请求迅速支援。但该连队指挥官说，这是不可能的，如果他前来支援，那么他自己的阵地就守不住了。

双方交火后，莱布洛克投降了。不料，他得知英国人想要杀掉军官，这个人很可能会是他。幸运的是，在一位英军军医的干预下，他只是被囚禁。

曼彻斯特团第22营的4名军官中，有3名军官都未能幸存，本书已重点介绍了他们的书信（见第四章）。阿尔弗雷德·布兰德上尉、查理·梅上尉和威廉·戈默索尔中尉都在进攻期间牺牲了。多亏了查理·梅上尉的勤务兵——亚瑟·邦廷（Arthur Bunting）写给妻子埃菲的信件，我们才得知了一小部分有关查理·梅的伤势情况。信中提到了他在德军堑壕里："我刚刚在堑壕里拐了个弯就听到了炮弹的爆炸声，上尉喊着我的名字。我尽我所能地照顾着他，我用绑腿缠着他的四肢。可怜的上尉啊！在此期间，我一遍又一遍

第十六章 进 攻

地祷告，因为我俩十有八九都会被炸得粉碎，我们无处躲藏。当你的下一封来信寄过来时，我们也无法收到，我们都会死在这里。"

7月11日，莫蒂·梅写信给邦廷，想要问他一些问题。她想知道她丈夫查理在战场上经历了什么。"在那3个小时，你和我丈夫坐在一起，他受苦了吗？他还有意识吗？他哪儿受伤了？你能听清他说的任何话吗？请告诉我一切你所知道的。"

邦廷的信中一定提到了查理的一些私人物品。这个月的晚些时候，莫蒂给邦廷写了封回信：

> 谢谢您帮忙照看上尉的行李。东西寄给我时，一切都完好无损。收拾他的旅行袋是一项让人心碎的活，抚摸他的衣物带给我的不只是这个可怕的灾难。如果我的生命里不再有他，我真不知道该如何度日。对我来说，生活还有什么意义吗？
>
> 皮箱里装着我和查理的合照，以及他的小笔记簿。他被袭击的那一刻也随身携带着这些东西吗？他背着那个帆布背包吗？他的帽子也寄回来了。那个时候他也是戴着这顶帽子吗？
>
> 我问的所有这些问题可能会让你烦扰，但这些细节对我太重要了。见到你后，我想听你叙说与查理有关的一切细节，从进攻开始一直讲到他牺牲的那一刻。邦廷，请把一切都告诉我！我很期待与您见面。

第十七章

余 波

索姆河，皮卡第与伦敦，1916年7月1—4日

1916年7月1日，皮卡第的士兵不会忘记大进攻开始时他们所在的位置。莱斯特郡团第8营的迪克·里德（Dick Read）还记得他在戈默库尔西北半英里的拉科希（La Cauchie）的经历。就在上午7点30分前，他听到枪声逐渐达到峰值。这意味着，第46师的战友们开始进攻了。但随着时间渐渐过去，炮火声逐渐平息，他想知道发生了什么。周围安静的可怕。是德军防溃败了吗？还是英军被击退了？

里德描述了当时盛传的谣言：

> 英军取得了突破。虽然进度有些延误，但他们已经重新出发。所有人都已经疲惫不堪。
>
> 晚上9点左右，在暮色中，我们看到远处出现了几辆拖车。它们过来后，我们看到车上的南斯塔福德郡团的士兵。司机们

第十七章 余波

都收拾得整洁干净，与后面的大约80名士兵形成了强烈而鲜明的对照。士兵们看起来乱蓬蓬的、脏兮兮的，眼神空洞，身上满是污泥，沙袋下的钢盔上满是白垩、泥土和灰尘。他们步伐很乱，低着头，要么在看着前方，要么四处张望。

不知怎的，我们能感到这些人仿佛在地狱中走了一遭。但没有人敢问这个问题，后来，我们当中有个人喊道："老兄，你们怎么了？"没有人理睬他，除了一名携带3支步枪的下士。他半转过身来，指着他面前的这些疲惫不堪的、零零散散的队伍，耸了耸肩说道："将军又下令了，"然后他转了转身，继续补充道："我们要返回到出发的地方。"

前线后方的许多未遭到破坏的村子里，也发生了类似的情景。兰开夏郡燧发枪团第15营的埃德加·洛德（Edgar Lord）中尉在布赞库尔（Bouzincourt，距离阿尔伯特西北约1英里）焦急地等待着部队的消息。该部队在蒂耶普瓦勒遭遇德军第32师。这时，他看到"好几百名伤员"沿着这条尘土飞扬的路向他走来：

有些伤势严重的士兵躺在救护车里，但这种救护车非常短缺，供不应求。其他人坐在推车、货车、卡车、前车、水箱以及其他任何可能搭乘的车上。车里挤的全是人。

他们常常被灰尘呛得窒息。他们在前车之间艰难地走着，不时互相搀扶着。大多数士兵都缠着带血的绷带，带着固定断肢用的简易夹板。

洛德所在部队的幸存者3天后才回来。参战的26名军官和600多名士兵中，只有3名军官和37名士兵活着回来了。"我看到这一小批人时，是怎样的场面啊！他们面容疲倦、憔悴、苍白，身体疲惫不堪，腿几乎无力走路。他们经历了太多的苦难，说都说不完。所有人都失去了太多的挚友。当我和他们一起行走时，我感觉自己像个狱吏，护送着被定罪的囚犯。这批人加入了我们，当他们唱道'让家乡的火焰熊熊燃烧，直到战士们都安全返乡'，我怆然泪下。"

然而，对于这名年轻人来说，这件事只是他接下来要承担的众多痛苦之一。首先，他需要写信给朋友伊凡·唐卡斯特（Ivan Doncaster）的母亲，告诉她，她可能永远不会再见到她的儿子了。一名列兵在无人区躺了3天后，被带了进来，他声称自己看到伊凡在距离德军铁丝网10码远处被击中。洛德当时有些心不在焉，他很难辨别这个列兵的话是否可靠。但他还是把这一切告诉了伊凡的家人。之后，他需要捡回散落在堑壕里的装备。最后，他还需要帮助埋葬死者。洛德后来写下他的经历时回忆说："到处都是尸体，腐烂的尸体散发的恶臭让人非常难受。"尸体也让人非常不安：

地上伸出一只发黑的手，毫不夸张地说，令人毛骨悚然。有一天晚上，我和十几名士兵被派来埋葬前线附近已经牺牲的战友。由于他们中有些人在前一天已经做过这件事了，他们觉得非常恶心，眩晕无力。所以我命令他们在地上挖洞，做木制十字架，我和另一名战士处理尸体。

第十七章 余 波

> 这是一个艰巨的任务。我们摸黑找着他们的身份牌和个人物品,大多数尸体已经发胀,都已经好几天了。
>
> 很多尸体失去了双脚,握着身份牌的手已经粉碎,身份牌与腐败的血肉混在了一起。我们尝试将身份牌取出,却是徒然,只能将他标记为未知身份。

这样的任务还有很多。许多尸体让人感觉不舒服。第4师的查普林·海力特(Chaplain Halet)描述了自己在7月2日过来帮忙时,看到战地救援正在发生的事情让他不由得深吸一口气。"我途经火葬现场,看到尸体被持续焚烧着。火葬现场周围都是成堆的尸体,成千上万条被血浸泡过的绷带,还有几个无法用语言形容的担架。这些人正在有条不紊地、面无表情地将尸体火化。这里发生的事情,这里的气味让我感到很难受。"

自从他来到法国以后,他在战地救援目睹的场景,闻到的气味,他都能冷静处理,奇怪的是,这种经历却将他推向边缘。他说:"我看到了一些可怕的景象。士兵支离破碎的、不完整的身体已经无法识别,四肢残缺不全,脸也被炸得血肉模糊、面目全非,血流成河。"

战地救护车是整个救助体系的一环:从最靠近前线的急救站,将伤员运送到更远一些的伤员运输站,他们行驶的路线都是计划好的。如海力特所说,在战地救护车中,你反而会期待只看到士兵身上"沾满厚厚的黄泥",这样"就不会看见他染血的绑腿了"。海力特还说,伤员的典型动作是"耷拉着脑袋","每隔几分钟就会疼得皱起眉头"。伤员的制服很可能会被"撕裂，有的甚至已经被炮火烧毁，有的已经被血浸透，不时滴着血。失去体面，没有剃须，鲜血溅得哪儿都是，情况看上去非常糟糕"。

很明显，他发现伤兵"精神上的痛苦比其他任何事情都更令人心痛"：

> 我看到过安然生还的官兵，但我总觉得他们的目光有点儿不太对劲。这些人可能患了炮弹休克症。透过他们的面孔，我能看到这些人几乎已经望见了死亡，现实得比这更糟。
>
> 地狱不可能比那名列兵对我讲述的更恶劣。他被炸弹的冲击波炸飞，之后被炸飞的土块所掩埋。我相信他，因为我在他的脸上，以及所有人的脸上都看到了恐惧。

在 7 月 1 日过后的大约 48 小时，海力特关心的这些伤兵都已被送往医院，接受长期治疗。伊迪丝·阿普尔顿（Edith Appleton）修女，39 岁，是埃特雷塔（Étretat，勒阿弗尔以北约 12 英里）第一综合医院的一名护士，她在日记中记录了 7 月 4 日第一次接触来自索姆河的士兵时的场景：

> 这里有数以百计的伤员：担架上抬着的，能自己走的，他们所有人从头到脚都裹着厚厚的一层泥。昨天我在病房外面唯一记得的就是匆忙赶来的救护车和其他车辆的嗡嗡声。在医院里，我们看到了太多伤势严重的士兵，有些士兵的身上还爬着

第十七章 余 波

蛆，有些士兵的身体已经发臭，生了坏疽。

一个可怜的小伙子两只眼睛都被子弹打穿了，已经血肉模糊，与睫毛混在一起。他看上去十分平静，但也确实很疲惫。他说："我需要做手术吗？我什么也看不见。"可怜的孩子，他再也看不见了。

3名士兵死在了车上，2名士兵刚刚被送到医院，就死去了。还有3名士兵再也无法说话。

伊迪丝·阿普尔顿还说，她所在的医院在7月4日接收了1 000多名伤员，而她7月6日的日记表明，医院床铺需求量激增，这对于办理入院手续的人来说，意味着什么：

起初跟平常一样，我们从阿布维尔的电报得知，搭载很多人的火车已经出发，朝我们驶来。之后，电报上就不再说准确的数字，只是说了列车满员。现在，就连电报都不发来了。满员的火车直接开来！

昨天，我们除了医院的1 300张床外，又接管了一个大餐厅，后勤兵的营房，救护车库，卡西诺前线和部分军官的军用食堂。

医院的床位原本就已经非常紧张，以至于当第一批索姆河的伤员被送来时，医院的一些护士甚至没有察觉到。至少马乔里·比顿（Marjorie Beeton）是这样的。比顿的祖父是一位知名的厨师，在鲁昂（Rouen）的英国红十字会第二医院工作。她在 7 月 3 日的日记中写道：

> 我在上午 10 点清洗早餐餐具的时候，车队的鸣笛声就响起了。我朝窗外望去，看到了一群可怜兮兮的战士费力地开着车。看上去最疲惫不堪的约 30 名士兵穿着破旧的衣服，衣服上沾满了泥土，残缺不全的肢体上缠着严重褪色的绷带。有些人一瘸一拐地走着，其他人弯着腰，两条被炸得伤痕累累的胳膊痛苦地耷拉着。
>
> 我刚开始以为这只是一群普通士兵，但当他们靠近时，我才看到他们都是军官。如果已经需要徒步护送这些军官，那当前对救护车的需求量一定是前所未有的大。

被送往埃特雷塔的第一批伤员似乎只是那些在戈默库尔行动中受伤的士兵（伊迪丝·阿普尔顿得知，她们医院"在救好这个师的伤员后，才能容纳更多其他师的士兵前来救治"）。鲁昂医院似乎只有第 34 师的军官，他们参与了拉布瓦塞勒的行动，如第十四章所述。她随后的日记中提到了第 34 师的莫顿少校。7 月 1 日，他的部队在洛赫纳加弹坑附近损失惨重。日记中写道："他双腿受伤，其中一条腿受伤非常严重，"她回忆说，"这个可怜人在地上躺了 48 小时后才被人发现，其间德国人还朝他多次射击。"

比顿还负责救治贝拉米上尉。贝拉米上尉似乎是第 34 师林肯郡团第 10 营的一名军官。比顿说："他的脊椎严重受伤，几乎无药

第十七章 余 波

可救,腰部以下已经瘫痪。他相貌英俊,尤为乐观和勇敢。"

马乔里·比顿是一名自愿前来参与救援的护士,病人不得不忍受的痛苦显然让她大吃一惊。月底的时候,她写道:"整个医院都回荡着可怕的呻吟声,散发着敷料的恶臭。啊!"她在另一天的日记中写道:"我现在对手术的看法非常具有萧伯纳风格。明知道这些可怜人注定会在一两天内死去,那么为什么还要折磨他们呢?"

7月1日后,对伤者的照顾必须要放到重中之重。接下来的事件如何影响那些不幸的、仍然处于生死边缘的士兵,非常令人关注。

"大推进"让保守党议员巴兹尔·皮托(Basil Peto)的妻子南希·皮托(Nancy Peto)焦虑不安。虽然德国人不可能对身处伦敦寓所中的她造成直接伤害,但她仍然紧张不安,因为她的儿子是一名士兵。她在7月4日的日记里写道:

现在是晚上11点,我将卧室窗帘拉开,把窗户打开。我先关掉了灯,之后再使用了其他保护措施。我看到五六个明亮的探照灯将巨大的光束打向天空。我还没有想过齐柏林飞艇会有多么恐怖,但这个气氛就让人不寒而栗。人们需要承受多少痛苦啊!它每跳一下,每震动一次,都会带来意想不到的声音。这不由得让我突然想起那些亲爱的男孩们。当听到前门"砰砰"声响时,我紧张了起来,但这没什么,只是来了一封信。

我用颤抖的手抚平信封上的褶皱,将信从信封中取出。我先看了下信中的签名,心跳似乎都停止了。我发现这只不过是一封有关公共事务的来信,也可能是一封接受邀请或谢绝邀请的复函。我松了一口气，内心默默祈祷着，同时恢复我的正常生活，可惜我下次再收到电报时，又要再一次忍受这种痛苦了。

7月1日战争爆发后，英国远征军似乎有不少人没有参与第一轮作战。7月1日，38岁的卢埃林·普赖斯·戴维斯（Llewelyn Price Davies）准将用浪漫的笔触写信给妻子艾琳（Eileen）。他或许意识到他的时刻到了，他应该更好地珍惜他离家后的每一天。这只是一系列这样的信件中的第一封，在他们被迫分开的日子里，这样的通信无疑会为他们的婚姻增添一些乐趣。"我有一个很棒的阁楼，如果她在这里的话，可以躺在床上休息，而我在工作，我们就像往常那样。之后，宝贝会很淘气，她会打断我，必须要我在她脸上响亮地亲一下，之后还要亲吻。"这时，他稍稍改变了一下语气，继续说道："当然，我知道你想要礼物了。你看，当宝贝说她想要什么，或者什么衣服已经穿破了，我就会用心记下它，当然，宝贝一定有漂亮的内衣，因为这本身就已经是一种乐趣！"

两天后，他写了另一封信，这一次责备妻子说："当你试穿这件新内衣时，你从来没有告诉过我它长什么样。你还是我的甜心宝贝吗？亲爱的，我昨晚梦见我和你走在一间拥挤的房间里，我吻了你。这是多么棒的一个吻啊。"他接下来的信中提到，"维奥莱特"写信给他描述了她的新内衣。"我告诉她，她哪天一定要让我们看看她的新内衣。"他告诉妻子。然而，艾琳十分生气，这已经超出了她的忍耐范围。几天后，他的妻子不让他会见维奥莱特，除非她已经"穿好衣服了"。普赖斯·戴维斯回信说："请转告维奥莱特，

第十七章 余 波

我妻子吃醋了,我没法见到她的小内衣了。我很失望。这本该很有趣的!"

收到这封来信后,他的妻子做出了让步,写信告诉他,只要他带自己一起去,她就同意他去看穿着"内衣"的维奥莱特。看到这封信后,普赖斯·戴维斯埋怨说:"我本来就是这个意思啊,我说了我们应该一起去看维奥莱特的内衣的嘛。你不会是想着我打算自己去吧?她是一个坏女人,你永远不知道会发生什么!"

与此同时,在法国,林肯郡团第10营基米·科尔多(Kyme Cordeaux)中校在拉布瓦塞勒的行动中幸存,他写信告诉家人,7月1日进攻后,自己对新闻中所有评论的看法:"家乡的报纸上说伤亡'很轻',我看到以后非常生气。天哪!英国民众都是一群傻子!"他对这个话题越说越起劲,在随后的一封信中,他写道:"家乡的报纸和民众似乎都完全没长脑子,说起来好像整个德国军队都被打垮了一样。记住,目前所有取得的进展都只是暂时的,距离成功还很遥远,我们进展缓慢,伤亡也必然会非常严重。"

他认为,道格拉斯·黑格将军一定对北部战线的战况不满意。他在7月1日的日记中写道:"根据进一步的报道情况,我倾向于相信第八军(亨特-韦斯顿的部队)中很少有士兵冲出堑壕!第八军似乎想要保存实力。"

亨特-韦斯顿中将很可能也会赞同这种猜测。7月1日下午,他写信给妻子格雷斯,承认说:"我们没有取得预期的成功。到今天下午3点为止,战果令人失望。"

然而,亨特-韦斯顿在第二天写信给英帝国总参谋长威廉·罗伯森将军的信中指出，他没有足够的弹药，无法顺利完成任务。亨特－韦斯顿说，他在前线每前进 1 码距离，只能使用 1 发炮弹，而他的部队需要的是每码 10 发炮弹。这意味着，罗林森和黑格极大地高估了他们的弹药消灭的敌军数量。事实证明，他的判断是正确的。

不管是不是他的错误，亨特－韦斯顿不仅说不清自己所负责的区域的问题出在哪儿，他也无法指出整场进攻的问题，除了南端战线。如果前线战士配有充足的枪支和弹药，那么，亨特－韦斯顿等军团级指挥官不仅能将德军机枪手压制在地下堡垒里，以便士兵们能迅速占领这块阵地，同时，英军指挥官们还能有更充裕的炮火支援，能将大部分重型火炮用于反轰炸行动。

事实上，亨特－韦斯顿并没有将炮弹直接用于反轰炸中，他也没有很好地完成反轰炸任务。这就是为什么第八军在 7 月 1 日表现不太好的原因之一。而第十三军留出了大量炮弹用于反轰炸，因此能够从容应对。由于法国炮兵也帮助第十三军轰炸区域内的目标，因此第十三军更出色地完成了任务。

按理说，这些都是 7 月 1 日出问题的关键点。然而，亨特－韦斯顿并不希望他们的错误让黑格和罗林森听到，于是，在写给罗林森的信中，他又附加了一条他的不满："散布这种不愉快的、危险的事实是不可取的。"

可悲的是，向英军最高长官推心置腹，并没有达到预期的效果。最终，亨特－韦斯顿的命运掌握在了黑格的手中，显然，黑格对他的评价不高。第八军与第十军已经出局，7 月 3 日，他们将休伯特·高夫（Hubert Gough）中将的第四军由后备军转为正式。免

第十七章 余 波

职通知会于 7 月 19 日下达。他们的部队转移到伊普尔防御区，再也不会参与索姆河战役。

被免职确实十分丢脸。亨特－韦斯顿很高兴可以不与高夫合作，因为他敏锐地判断出高夫是一个冲动鲁莽、过分自信的人，但他不得不承认，俱乐部的流言蜚语会将其视为"调充闲职"，这让他感到屈辱。

亨特－韦斯顿说他只是休息一阵子，虽然大家并不接受这一说法，但人们都知道，亨特－韦斯顿不会是索姆河战役中，第一个"不合格"的高级军官。当然，他也不会是最后一个。免职并不仅限于索姆河战役中的英军。在大进攻过后，备受瞩目的德国军官——德国第二军指挥官弗瑞兹·冯·贝洛（Fritz von Below）将军的总参谋长：保罗·格鲁纳特（Paul Grünert）将军，也在大进攻之后被解职。

法军部队在 7 月 1 日袭击成功后，格鲁纳特给了索姆省南部德国第十七军司令冯·帕尼维茨（von Pannewitz）将军撤军的命令。这让德军总司令埃里希·冯·法金汉（Erich von Falkenhayn）将军非常不满。法金汉认为，格鲁纳特本应督促士兵重新占领失守的阵地，虽然这意味着他们会战斗到全军覆没。法金汉决定让格鲁纳特必须为他的撤军命令付出代价。

巴伐利亚王储鲁普雷希特并不赞同冯·法金汉的做法，他认为格鲁纳特受到了不公平的惩罚。鲁普雷希特在大进攻后所写的日记中评论说，格鲁纳特曾一再警告过法金汉，德国部队在索姆河前线纵深的区域太小，而现在，法金汉未能认真地考虑这个警告，却要由格鲁纳特承担后果。

鲁普雷希特还指责冯·法金汉利用格鲁纳特的免职,来削弱冯·贝洛将军的威信。鲁普雷希特认为,这是另一个不公正的待遇。每个人都认为冯·贝洛了解格鲁纳特的决定,所以批评格鲁纳特也即是间接指责了冯·贝洛。格鲁纳特的免职只是第一步。就在2个多星期后,冯·贝洛负责的军队数量大幅减少。

尽管他还将继续负责在索姆省北部的德军——第一军,然而,索姆省以南的第二军则会由马克斯·冯·加尔维茨(Max von Gallwitz)将军指挥。对62岁的冯·贝洛来说,64岁的冯·加尔维茨还能指挥由2个军组成的部队,这是一个不太令人满意的结果。

冯·贝洛当然会非常心烦意乱。对于一个本应得到祝贺,而不是受到了谴责的将军来说,这个结果令人震惊。冯·贝洛将军在极为不利的条件下,取得了种种胜利。在英军占有优势兵力的前提下,他还是把守住了整个战线,即使这条战线和进攻开始的时候相比,已经后退了一些。当然,没有人能说,这名将军因为不公正待遇所受的痛苦,会和前线受伤的士兵所受的痛苦一样多。然而,对于那些把索姆河战役当成轻松谈资的指挥官来说,没有人会说,像冯·贝洛一样受到如此待遇的将军是罪有应得的。

第十八章

见树不见林

马梅斯林地，1916年7月2—12日

出乎意料的是，7月2日清晨，战场上最安全的地方之一竟是位于弗里库尔村对面的英军前线。之前一天，格林霍华德团第7营伤亡惨重。罗纳德·法伊夫（Ronald Fife）中校得出结论，弗里库尔不会再有战斗。"敌军也没有再朝我军射击，所以我认为他们已经撤退了。"他回忆说。

费尔准将所在的第51旅已经接手了第50旅的阵地，根据法伊夫中校的建议，费尔立即要求所有针对弗里库尔的进攻应当立即停止，以便派遣巡逻队过去侦察。上面刚将这些安排好，法伊夫就决定展开他的初步调查：

我沿着小路走到弗里库尔。这条路穿过我们的前线堑壕，我看到了一名士兵。我告诉他，我打算看看前方是否还有受伤的、无法行动的士兵，并问他愿不愿意跟我一起，他答应了。

我们沿着 A 连和 D 连的进军路线，发现了成堆的尸体。这里没有伤兵。我让这名士兵给林肯郡团第 7 营的佛利斯特中校带个消息，说我要去弗里库尔，并告诉他，很高兴能跟他走过这一段路。等了 15 分钟后，这个士兵没有返回，我就独自走进了德军堑壕。

这里被炮击受损的程度更严重，许多士兵都死在了堑壕里。我来到一个幽深的地下堡垒，朝下喊着："出来吧！"没有人回应我。然后，我又爬上了胸墙，看见我的传令兵回来了。他从佛利斯特中校那里带来一条消息，说林肯郡团将要朝这边前进。

我坐下来等着，很快就看到林肯郡团的士兵从堑壕里走来，排成进攻阵形。但是他们没有遇到丝毫抵抗。他们穿过弗里库尔时，一批批的敌人从地下堡垒里走出来投降。

7 月 2 日早些时候，占领了弗里古尔使得英军占领并需要保卫的村庄增加至 3 个，这是 7 月 1 日进攻的战果。德军部队并没有使出全力反攻马梅斯。7 月 1 日晚上至 2 日凌晨，德军对蒙托邦的反攻被击退。7 月 3 日，英军以最小的伤亡代价攻破了伯纳法林地（蒙托邦以东约 500 码）。

德军尝试着加固自己的防御工事，这就给英军提供了向前推进的机会，特别是在他们已经取得一定战果的南部前线。当黑格在 7 月 3 日与法军将军若弗尔会晤，策划下一步行动时，罗林森的第十五军第 7 师已经逼近了下一地标：马梅斯林地。这里可能是此次

第十八章　见树不见林

进攻的下一个重要关卡。第三军也取得了进展：第 19 师的一个旅攻占了拉布瓦塞勒以南地区的核心目标赫里戈兰据点（香肠堡垒），并进入了拉布瓦塞勒村（但没有完全拿下）。7 月 4 日，英军最终占领了拉布瓦塞勒村。事实证明，就像德军在 7 月 3 日一样，只有奥维莱尔村及其北部的村庄才能够持久固守。英军试图打进奥维莱尔和蒂耶普瓦勒，但都被顽强的德军防御者抵挡在外。

英军从南部桥头堡向北进军的容易程度，以及他们从英军战线中心试图向波济耶尔方向进攻时遇到的困难，都让黑格更加明确了下一步进攻的方向：从南到北进军。然而，这种方式虽然会对德军造成最大的破坏，但同时也会对英法之间脆弱的联盟关系造成损害。

协约国之间的分歧促使两国最高将领下午在瓦尔维翁城堡（Château Val Vion）召开了讨论会。该城堡是黑格设在博凯讷（Beauquesne，亚眠东北约 12 英里，距离德军前线约 13 英里）的总部。

问题是，法国人似乎被他们和英军在南部取得的胜利冲昏了头脑，他们忽略了英军在中心地带和北部被大规模屠杀的事实。尽管如此，若弗尔希望黑格能按之前计划执行"蒂耶普瓦勒山地"的进攻。黑格回答说，他想从南部进攻隆格瓦勒，并询问法军部队能否协助进攻吉耶蒙（Guillemont）。黑格在日记中描述了若弗尔当时的反应："在这个问题上，若弗尔将军非常恼火，一下子就爆发了。他的胸脯上下起伏，脸憋得通红。他不可能同意。他命令我攻击蒂耶普瓦勒和波济耶尔，说如果我进攻隆格瓦勒，那必然溃败等类似的话。"

黑格冷静地回答说，他不必服从若弗尔的"命令"，因为英国陆军最终听命于英国政府。若弗尔最终放弃改变黑格的看法，但表明自己不赞同他的计划。

法国人离开后，黑格把注意力转移到了如何制定最佳战略，从而能够让在德军第二战线隆格瓦勒防御区发起的进攻取得进展。第二天，他对罗林森讲了这一计划的优点。"我给他讲了攻下王位林（Trônes Wood），从而掩护我军右翼部队的重要性。这样当我们进攻隆格瓦勒时，马梅斯林地能掩护我军左翼部队。"

当时，很少会有人意识到"占领"一片林地需要付出什么代价。如果他们真的了解，那马梅斯林地或许早就被攻占了，而现在，防守这片林地的堑壕被敌军控制着。如果敌军严密防守林地，那它就会变成了一个巨大的障碍。往常人们可能会想着穿过这片林地，只要沿着林地东北边缘通往东南边缘的小路，在15~20分钟的时间里就会抵达林地中心。在和平年代，这个人可能会花更少的时间，沿着东西方向的两条路中的其中一条，就能从林地的一侧走到另一侧。但是，如果这片林地被敌军严密地防守着的话，想要穿越这片林地就另当别论了。

马梅斯林地是一片混交林，里面有成熟的橡树、山毛榉和桦树，还有茂密的灌木丛点缀其间，主要包括山楂和野蔷薇。对于那些想要埋伏起来袭击敌军的军队来说，这里是设伏的理想场所。树林里有无数的地方可供伏击者躲藏。而进攻者就很难夺取这片林地，他们无法使用交通工具，也很容易迷路，因为这片林地是很难用语言描述清楚的不规则形状。如果英军被敌人的火力压制住，那

第十八章 见树不见林

么可能需要花费几个小时才能脱身。这虽然不是一片巨大的森林，但其横跨长度很大。换句话说，从它的东北边缘到最南端只有不到1英里长，而从东到西的最宽距离却超过1 000码。

在这种情况下，占领这片林地可能会损失大量士兵并且影响士气，7月3日下午，英军部队没能拿下这片林地，注定会影响到士气。巡逻队报告说，当时，马梅斯林地和四边形堑壕（其中一条从西南方向蜿蜒伸向林地的堑壕）里空无一人，所以英军进入这片林地时，没有遇到什么阻力。

由于数百支德军部队的投降，导致德军在马梅斯林地的防御系统中存在防御缺口。在那天早些时候，德军在另外两片林地（谢尔特林地和博顿林地）被逼至绝路，随后投降。这两片林地被英军17师和21师占领，这两支部队从弗里库尔出发，占领该村后，向村子北部继续前进。

然而，7月3日下午5时许，第十五军的司令霍恩中将命令第7师进入马梅斯林地，然而，负责进攻这片林地的部队走错了方向，行动也被延误了。第二天早上，巡逻队报告说，四边形堑壕和林地堑壕里都有德军负责把守马梅斯林地及其南部区域。英军部队已经错失了良机。

第二中尉齐格弗里德·沙逊描述了英军首次尝试进攻刚建好的德军防御工事的过程中，他们部队所发挥的作用。7月4—5日晚上，他所在部队——皇家威尔士燧发枪团第1营及其左翼的两支部队，成功突破了四边形堑壕的德军防区。然而，皇家威尔士燧发枪团右翼部队——皇家爱尔兰第2团第4营在还未抵达林地堑壕之前就被击退了。沙逊说，他率领的巡逻队被派往四边形堑壕的西侧，这样只要横跨中间的山谷，就能到达林地堑壕的西侧。

不管事实是否如此，沙逊下面的描述确实让我们体会到了那天晚上四边形堑壕里的情形：

> 穿越这片开阔地到新攻占的四边形堑壕，大约需要走500码的路程。在右手边，我看到了年轻的费恩比（Fernby）。他跟我说，没有人知道我们的右侧会发生什么。我们沿着这条不及腰深的堑壕走着，有些地方甚至只有1英尺深。在阻击战中被打伤或打死的士兵倒在堑壕里。曾经试图帮助一名重伤士兵的肯德尔（Kendle）也加入了我们，跟着我们前进。我们继续沿着这条逐渐变短的堑壕匍匐前进。然后，我们来到一个爆破点，我拿了一包炸弹后，与紧跟在我后面的肯德尔又匍匐前进了大约60码远。
>
> 堑壕逐渐变成一条浅沟。站在堑壕末端向下俯瞰，能看到一座小小的山谷，山谷间还有一条轻轨线。另一边，偶尔会有一发步枪子弹射来，有时还能看到一个戴着头盔的士兵。"我打算朝他开一枪。"肯德尔在掩护我们的坍塌的河岸边扭了一下身子，说道。我还记得，他把钢盔从前额转到脑后，头抬起来几英寸高，然后瞄准了那个士兵。开火后，他还朝我们笑了笑。但是接下来的1秒钟，他侧身倒在地上。脸上的血迹表明，子弹击中了他眼睛正上方。
>
> 情况就是这样，我没有理由震惊或惊讶。但是，当他被杀

第十八章 见树不见林

后，我大脑一片空白，所有的感觉都汇聚成了一个念头：干掉山谷另一边的狙击手。

如果我当初能停下来好好想想我到底应不应该去就好了。然而，我却对费恩比说，我想要知道谁在那里。我从一个下坡的急转弯处出发，一路小跑，到达对面斜坡时，我已经气喘吁吁。就在我到达山顶前，我放慢了速度，投掷了两枚炸弹。之后，我冲向河岸，有点儿期待接下来的战斗。让我非常意外的是，我发现自己正低头看着下面的堑壕，堑壕里有大批德军。幸运的是，他们已经在撤退了。压根没有想到会被突然袭击。费恩比沉着地掩护着我，用刘易斯枪横扫堑壕顶部，这很可能救了我一命。

无论沙逊英勇的突击能否真的清空林地堑壕这一片区域，皇家爱尔兰团已经在那时撤退回到他们的最初位置。因此，沙逊的疯狂行为带来的突破机会，他们也无法利用。

不管怎样，沙逊只描述了初步行动。为了进一步了解对马梅斯林地的首次进攻，我们有必要回顾卢埃林·温·格里菲思（Llewelyn Wyn Griffith）的回忆录。格里菲思，25岁，皇家威尔士燧发枪团第15营的队长，最近被调到第38师（威尔士）第115旅做参谋。因此，他有权限能够获知霍雷肖·埃文斯（Horatio Evans）准将的意见。

温·格里菲思称，埃文斯准将是英国陆军少数几个完全无可挑剔的军官之一。他和温·格里菲思以前的长官完全不同。在皇家威尔士燧发枪团第 15 营服役期间,温·格里菲思听命于第 38 师第 113 旅指挥官卢埃林·普赖斯·戴维斯准将。7 月 1 日,普赖斯·戴维斯在他 38 岁生日的第二天写信给妻子艾琳,用她和她朋友的内衣捉弄她(见第十七章)。

也许正是由于他对女性服装的兴趣,或者是由于他面相过于年轻,他老气横秋的说话方式,以及他过分痴迷相对不那么重要的堑壕生活中的细枝末节,人们都在背地里叫他简或玛丽这类比较偏向女性的称呼。比如,他会担心士兵会不会吃饱了以后撇下空罐头瓶;躺在堑壕底部,或者不确定射击踏台上的胸墙的高度是不是符合规定,有没有超过 4 英尺 6 英寸。即使就是这区区几英寸,他也会像警犬一样,用木标尺嗅出任何可能的偏差,确保精确的高度。他传奇般的英勇也是一大祸根。他本可能获得维多利亚十字勋章和优异服务勋章,但他的英勇缺乏理性。许多人在索姆河战役中快速晋升,成为高级军官,这在高级军官中并不少见,他像那些人一样,急不可待地想要跳出地下堡垒,再次体验战场的刺激。他很愿意将自己暴露于危险之中,同时对他指挥下的部队逐一谈话,并期望和他谈过话的人都能效仿他。

霍雷肖·埃文斯准将则跟他完全不同。指挥第 115 旅加入索姆河战役期间,他已经 50 多岁了。他已经过了再次创造辉煌的阶段。他也没有兴趣去指出那些细枝末节的违规行为。一次,温·格里菲思为了跟自己的新上司拉近距离,就假装知道怎么骑马。埃文斯指责了这名年轻的队长说:"天哪,你可能会摔断脖子的。不要再做这样的事情了。"埃文斯认为他有责任保护自己的人不受伤害,以

第十八章　见树不见林

及不受德军的伤害，这在第一次世界大战以外的其他任何场景下，都是一个广受称赞的优点。他准备始终贯彻这一高尚的原则，即使他知道这最终可能会毁了他。

7月6日，这个原则首次在温·格里菲思身上受到考验。那时，埃文斯接到第38师指挥官艾弗·菲利普斯（Ivor Philipps）少将的命令，要求他进攻马梅斯林地。进攻将会于第二天早上发起。在进攻来临前，第115旅在卡特彼勒林地（马梅斯林地东部）北部的一个山洼顶部后待命。如果前一天晚上，第17师在林地另一次的初步进攻失败了的话，此次进攻就会在7月7日上午8点，或上午8点30分发起。第17师将再次前往马梅斯林地，届时，埃文斯准将的部队也会同时朝马梅斯林地进军。

问题在于埃文斯的部队是在天色已经大亮的时候行动，而不是在黎明时分发动进攻，所以军队在穿越无人区时，没有受到夜幕的保护。埃文斯知道菲利普斯的命令意味着他必须率领两支部队并肩作战，而不是像他和菲利普斯参谋一起在进攻开始前侦察战场时，他所提的建议那样做。在他们对战场进行侦察后，得知紧挨着卡特彼勒林地北部边缘的一支部队在朝马梅斯林地前进时，能够躲避德军第二阵地，以及阵地南部的两片林地（熨斗形山和萨博林地）里的德军机枪手，而其北翼进攻部队则会被敌军发现。埃文斯坚持第二支部队应该在第一支部队的右翼发动进攻，而菲利普斯少将则批评道，这样会造成重大伤亡。

埃文斯果真坚持这一观点了吗？1916年7月6日，第38师的第36号命令实际上没有明文规定两支部队应该并肩作战。这就引出了一个问题：菲利普斯或其参谋是口头告诉埃文斯准将两支部队应该并肩前进的吗？或者说，埃文斯实在太过疲惫，以至于他误解了书面指示"两支部队应在卡特彼勒林地就位"的意思？我们可能永远不知道这个问题的答案，而这个命令却引发了悲剧性的后果。

追究责任并不会影响结果。埃文斯相信自己被当成了傻瓜，执行他并不同意的战术，责任也落在了他的头上。温·格里菲思后来描述了埃文斯准将的反应，说他：

> 对命令破口大骂。他说只有疯子会发出这些命令。他说师参谋人员都是一群水管工，只会搞破坏。他坚决主张并要求牵制炮兵部队，但却是徒劳。我们不能在黎明时分发动进攻，就只能等着孔塔尔迈松上演的剧情再次出现。为什么两支部队不能同时发动进攻呢？这样就能分散德军火力啊。

在进攻开始前，埃文斯准将的指挥部搬到了波米耶尔堡垒的地下堡垒内，这里是 7 月 1 日攻下来的敌军阵地。这里位于马梅斯林地南部 100 码，进攻发起的当天，温·格里菲思在这听到了不同的声音。首先是进攻孔塔尔迈松时雷鸣般的声音。孔塔尔迈松在山上是可见的，后来就被浓浓的烟雾遮挡了。上午 8 点，马梅斯林地开始被狂轰滥炸。几分钟后，连接第 115 旅总部与两支进攻部队——威尔士团第 16 营以及南威尔士边防团 11 营的电话线被德军炮击切断了。埃文斯和温·格里菲思一下子就与部队失去了联系。

在上午 9 点与 10 点之间，一名参谋被派出去了解情况后，战

第十八章 见树不见林

斗进展的消息才渐渐传到波米耶尔堡垒。由于一些不明原因,进展得并不顺利。本来应该投放的烟幕并没有投放。这就意味着,进攻发动前隐蔽在山顶后的士兵,一旦翻越了山顶,就会成为杂树林北部,以及第二战线北部的德军炮兵轰炸的目标,更不用说在马梅斯林地准备伏击的德军士兵了。第115旅被困在了距离第一个目标(马梅斯林地东部边缘)200码以外的地方。

如果能重新集结一支新的炮兵,与另一支勇猛进攻的部队相呼应,可能还会有一线希望。但是正如温·格里菲思指出的,这不是那些经验不足的高级指挥官的能力可以实现的:

> 上午10点25分,师部传来消息。在20分钟内,炮兵将开始对林地边缘进行一次轰炸,在此次炮兵部队的掩护下,我们将在20分钟内重新发起攻击。但这又有什么意义呢?我们和其他部队相隔1 000码远,也无法取得联系。师指挥部有地图,他们知道我们在哪儿,也知道其他部队在哪儿,知道我们的线路被切断了。他们如果做一下简单的算术就会知道,我们不可能及时将消息传递给各营。
>
> 我们的行动是孤立无援的,所以我们完全有自由选择的时间。我们有充足的时间去有选择地执行指挥官的命令,从而避免在接下来的时间里受到损失。

更多的坏消息传回了波米耶尔堡垒。波米耶尔堡垒没有得到第115旅的第三支部队——南威尔士边防团10营的支援。

下午4点后不久，仿佛师部是在故意戏弄埃文斯准将及其士兵一样。另一个消息在最后一刻才宣布：下午4点30分进行一次炮击，为下午5点的进攻做准备。

事实上，该部队的战争日志表明，上午10点45分和下午4点30分这两次考虑不周全的炮击时间表实际上是由霍恩的第十五军军部确定的。

这次，埃文斯随时待命，皇家威尔士燧发枪团第17营可能会随时发起进攻。有了温·格里菲思的跟随，埃文斯马上出发，前往卡特彼勒林地北部的溪谷，他的士兵就在那里集合。这是一段艰难的旅途，需要穿越泥泞的道路，糟糕的天气让他们的行程更加困难。但这不是那天下午发生的主要事情。温·格里菲思永远不会忘记他的长官第一次向他道歉的那一刻。他们当时在卡特彼勒林地北部的溪谷，幸存的士兵都聚集在那里。埃文斯显然备受煎熬。

"这真是疯了，"准将说，"我一整天都在尝试组织这次行动。我们可以在晚间匍匐到林地边缘，然后第二天早上抵达，但他们根本不听我的。我真是太伤心了。"

"如果我能让你接通电话，你能再和他们谈谈吗？"我问。

"当然，我一定会的，但现在所有的电线都被切断了，我们也没有时间回去。"

"我知道一个炮兵部队的电话。他们可能会帮你接通师指挥部的电话。"我回答。

"立刻去做。"他命令道。

第十八章 见树不见林

他们是幸运的。电话接通到了师指挥部。几分钟后，温·格里菲思坐在林地的一个堑壕里，而埃文斯则在电话里申辩着。他建议的方案遭到了电话另一头的反对。他想停止进攻。最终，他放下电话，温·格里菲思能感觉到，埃文斯赢了。

此次糟糕的行动已经导致了两支进攻部队中超过400名士兵伤亡。但是，如果此次行动没有被终止，那么这一数字和接下来本会发生的大屠杀相比，是微不足道的。后来，埃文斯和温·格里菲思回到波米耶尔堡垒，坐在一起聊天时，埃文斯说道，"这拯救了数以百计士兵的性命。"他继续说：

"但它已经毁掉了我。"

"为什么这么说？"

"我已经说了自己的想法。你也听到了。他们希望我们不惜一切代价，多下定一些决心，还说我没有意识到这项行动的重要性。这几乎就是在指责我，说我累了，我不想解决这个问题，无法立即做出判断。"

"你记住我的话。他们会为此送我回家。他们想要的是屠夫而不是准将。他们现在会记得我在进攻开始前就对他们说过的话：进攻不可能成功，除非机枪手都被干掉了。我将在一个月内被遣送回英国。"

那天，第17师试图攻占四边形支援堑壕也失败了，在某种情况下，它们失败的原因是相同的。霍恩中将及其参谋也不知道在战场上打一场战役需要花费多长时间，所以他们就试图把另一次进攻安排在7月7日上午8点，即凌晨2点的初步进攻和上午8点30分的主攻之间。他们没有停下来仔细想想，这样或许会让进攻部队很难及时抵达英军前线。部分原因是只有英军炮兵部队向德军前线堑壕发射炮弹后，曼彻斯特团第12营才有机会安全到达，然而……所以他们的伤亡人数飙升：超过550名士兵伤亡。这是一个悲剧性的损失，因为占领四边形支援堑壕才只是攻占主要目标——马梅斯林地的前奏。

第十五军参谋向第17师58岁少将艾弗·皮尔彻（Ivor Pilcher）报告一次作战行动时，皮尔彻对四边形支援堑壕上发动的一系列进攻提出了更重要的反对意见："我说过，孔塔尔迈松被攻占后，四边形支援堑壕也会失守，而且只要孔塔尔迈松仍由敌军控制，四边形支援堑壕就会失去作用，因为它受孔塔尔迈松的控制，也容易受到孔塔尔迈松敌军的纵射。"但他对第十五军作战战略的反对意见被当场驳回，或许他们会认为皮尔彻并不值得相信，就像埃文斯准将一样。

在还未真正调查清楚谁要为攻占马梅斯林地及其掩护堑壕失败负责时，第17师的皮尔彻少将和第38师的菲利普斯少将已经在下一次大进攻开始前被遣返回英国了。最后皮尔彻被勉强证明不需要承担责任。正如他预测的那样，在孔塔尔迈松被占领后，第17师于7月10日下午攻占了四边形支援堑壕。

最终，穿越马梅斯林地，从南向北推进的更简单的战略似乎可以破解这一棘手难题。这项战略于7月10日上午4点15分实施。

第十八章 见树不见林

第 38 师第 113 旅和第 114 旅在向马梅斯林地两条东西走向的小路北部挺进，随后被终止任务。

威尔士师赶到这里后，埃文斯准将接到命令：在 7 月 11 日接管马梅斯林地的所有部队。部队挺进马梅斯林地后不久，有消息称他们副旅长受伤了，温·格里菲思会来帮忙。

温·格里菲思沿着林地主路行走时，才意识到士兵在树木和茂密的灌木丛间战斗的激烈程度。以下是他看到的景象：

> 装备、弹药、铁丝网卷、食品罐头、防毒面具和步枪到处都是。这里尸体的数量远比活人多。但这儿还有比尸体更可怕的景象。肢体、缺少大腿与胳膊的身躯和掉落的脑袋零星散布着，一摊摊血渍与绿叶形成了鲜明对比。一条血肉模糊的腿悬挂在树枝上，撕裂的血肉垂挂在一根枝条的叶片上。这是我们有生之年见到过的最可怕的场景，年轻士兵承受了太多的折磨。

最后，温·格里菲思无意中在第二条穿越主路的小道上找到了埃文斯的指挥部，里面有一条堑壕的入口和一个形状怪异的弹坑，但没有可供避难的地下堡垒。当他正在驻足观看时，传令兵带来了一条传达给埃文斯的信息。温·格里菲思说埃文斯看到命令后面部表情都僵了。上级并没有要求他们把守距离马梅斯林地北部约 300 码的战线，而是要求他们继续挺进，彻底攻下剩下的林地。

埃文斯本打算出其不意地攻下残余的德军防区，用刺刀而不是炮弹镇压德军守卫部队。但就在下午 3 点，距离进攻发起还有 15

分钟的时候，前方的英军炮弹就开始朝指挥部北部数百码外的地方猛烈开火了。

炮兵的这一举动让聚集在林地中的士兵很不满。他们急忙派一批传令兵穿过马梅斯林地，告诉炮兵部队停止轰炸。那些发射炮弹的士兵很少有人会意识到他们的行为给友军造成的危险。德军枪炮手迅速做出反应，在集结的威尔士师身后，用炮弹地毯式轰炸这片区域，这就为那些不得不从南边撤离的部队造成了巨大的危险。

"准将坐在一根树干上。"温·格里菲思回忆道。"一切都结束了，"埃文斯轻声嘀咕道，"这真是愚蠢啊！在这样的林地里轰炸有什么好处？"

英军的炮击大约持续了45分钟后终于结束了，就像突然开始的那样，毫无征兆地结束了。马梅斯林地的部队可以按照命令向前推进。只有右翼的南威尔士边防团11营抵达了林地的北部边缘。其他在左侧前进的部队被林地北部顽强驻守的敌军击退。这就让南威尔士边防团陷入了孤立无援的困境，于是决定撤退。

但这种临时性的进军也要付出代价。"接近黄昏时，泰勒（主管传令兵）过来找我，"温·格里菲思回忆说，"'我有一个坏消息'，他说。"

这个坏消息和温·格里菲思的弟弟沃特金（Watcyn）有关。他也是一名传令兵，带着消息穿越德军炮火而来。他送达了消息，但却在回来的路上被炮弹击中。温·格里菲思在回忆录中记下了他当时的反应：

第十八章 见树不见林

"我的上帝!他只是倒在那里,泰勒!"

"不是的,老兄。他已经牺牲了。"

"是的,是的,他牺牲了。"

所以是我导致他死亡的。他带着我的消息,努力拯救其他兄弟的性命。

不管怎样,生活还得继续下去。"还有更多的命令需要起草,更多的战情报告需要发出,更大的炮火需求,还有需要打掉敌军的迫击炮和大家都想要的机枪。准将把手放在我的肩上。天色开始变黑。师部发来消息说,我们那天晚上会得到救援。"

第21师的救援行动于第二天早上(7月12日)上午9点完成。之后,不可思议的是,德军竟决定放弃对马梅斯林地北部的控制。他们渐渐撤离,撤回到第二条德军战线。他们会在那里养精蓄锐,继续战斗下去。而第38师的伤亡人数达到了3 250人,需要调整一段时间才能恢复元气。

几天后,温·格里菲思正准备前往另一个防御区时,看到了下面这幕让人悲伤的场景:

7月的一天清晨,天气晴朗,风和日丽。在这种空气清新凉爽的环境下,一只脏得发黑的蠕虫缓慢移动着,在一个丘陵高处的突出角落里扭动着。部队沿着大道行进着,但很明显士兵都是无精打采的,不时还能看到一群深一脚浅一脚、费力前行的士兵,他们摇摇晃晃着上下坡,身体前倾着,仿佛随时要倒下。就在两个星期前，6月底的早晨，一支勇敢坚毅的部队蹒跚着走在树篱环绕着的小路上，从索姆河战场返回的部队的那种士气的损伤，在这支队伍中表现得并不明显。他们唱着歌，笑着，从佛兰德斯堑壕的束缚中解脱出来，因自己被解救而高兴不已。今天，这种祥和的氛围并没有被完整保留下来，只听到拖沓的脚步声和装备叮当作响的声音。

第十九章

大爆炸

巴藏丹－隆格瓦勒山脊，1916 年 7 月 14 日

英军部队在索姆河南端战线取得的成功，导致了黑格开始幻想着没有任何德军抵抗、阳光明媚的阵地。他喜欢把这种完美结局称为德军"士气的消沉"。

黑格在 1916 年 7 月 9 日在给帝国总参谋长威廉·罗伯逊的信中写道："我们在过去几天取得的成功已经让敌军许多部队士气开始低落，而且这种迹象已经越来越明显了。"他补充说，"以敌军目前的状况来看，这种消沉的气氛可能会迅速蔓延。"

实际上，只有右翼法军部队取得的成果才有可能让黑格的希望实现。他们并没有朝索姆省以北的地区拼命进攻，而是想等待时机，等法维埃林地（距离马里库尔东北部半英里）的德军都被清除后再行动，但是他们却没有攻占埃姆（屈尔吕东南部大约 1.5 英里处）。法军部队在索姆省南部的进展比英军部队在蒙托邦的进展更令人激动：在 7 月 4 日结束时，法军突破了德军第二阵地埃尔贝库尔（Herbécourt）和亚瑟维莱尔（Assevillers），并抵达了弗洛库尔（Flaucourt）和贝卢瓦。7月9日，他们又攻占了比亚什（Biaches）。

也许，最令人鼓舞的是，德军终于在7月11日停止了对韦尔丹（Verdun）的进攻，他们需要调集更多部队来守卫索姆河前线。因此，索姆河会战的主要目标之一已经实现了。

然而，不仅仅是德军感受到了压力。英军在索姆河会战第一天遭受的巨大损失也重重地打击了黑格手中军队的士气。第11边防团在7月1日的伤亡人数超过了500人，这一重大的伤亡情况引起了黑格的注意。他认为该边防团的士兵战斗力太弱，无法参加原定在7月10日晚间的袭击。

最终，在该部队之前的中校牺牲后，下级军官帕尔默（G.A.C.Palmer）上尉临时代理他的位置。他认为，应当向该团的军医柯克伍德（G.K.Kirkwood）中尉确定一下这些人是否适合参战。柯克伍德中尉认为他们不适合参战，并给第97旅准将写了一封信，建议所有参与进攻的士兵都不能再参与战斗，因为该团"几乎所有士兵都患上了一定程度的炮弹休克症"。

第97旅传来消息，表示会继续进行强攻。然而，当这些军官试图带领战士们冲向前线时，其中一些士兵却与他们的长官失去了联系。因此，这次进攻被取消了。

这就让此前一直指挥北部战线的预备役部队指挥官休伯特·高夫中将大为震惊。他在写给第十军司令的信中指出，在他看来，这些士兵的行为"应当受到最严厉的惩罚"，他还埋怨没有足够证据将他们送上军事法庭。

高夫还称，应当解除军医柯克伍德中尉的职务，因为如果继续允许他担任军医的话，他会成为整项行动的"危险源"。黑格不同意高夫强硬的处罚措施，并决定赦免这名军医，原因是他认为帕尔默上尉才是罪魁祸首。尽管当时的帕尔默上尉患有炮弹休克症，他的这个污点还是被记录在了秘密档案中。

黑格的军队所产生的这种"低迷的士气"，其实只是7月1日的行动导致的令人难以接受的后果之一。另一个影响则是黑格的权力被削弱了。7月1日以前，内阁授权他全权负责与德军交战事宜，他的权力堪比独裁者。几乎可以在战场上做任何他想做的事情。而7月1日的惨剧改变了这一切。黑格也无法确定是否所有的将军仍会支持他的作战策略。罗林森似乎也意识到，现在他的机会来了。

罗林森获得的自主权首先表现在下一次进攻上。两人都希望进攻小巴藏丹与隆格瓦勒之间的德军第二阵地。罗林森的计划是，2个军的部队一旦准备好了，就从南部进军。他们会在晚上穿越无人区，以保证此次行动的隐蔽性。

黑格反对"大批部队在夜间行动，特别是那些没有经验的参谋和年轻士兵"。相反，他命令罗林森将部队兵分两路在白天进军。由亨利·霍恩指挥的最靠近德军第二阵地的第十五军首先发动进攻，目标是夺取小巴藏丹林地和大巴藏丹林地。只有攻下这些目标后，霍恩的部队才能向东部的隆格瓦勒方向挺进，与此同时，沃尔特·康格里夫的第十三军从南部对隆格瓦勒发起进攻。

如果黑格在7月1日以前提出这个计划，大家或许不会反对。但7月1日以后，将军们肯定不会不假思索地就去执行一个明显不周全的作战计划。霍恩对此计划表示反对，因为如果第十五军在没有其他部队支援的情况下发动进攻，德军的全部火力都会集中到他的部队，如果第十五军和第十三军同时进攻，德军火力就会被分散。

事实上，霍恩此前几乎是完全支持黑格的战术，但他这次准备抗议了，他的抗议或许会产生关键性的作用，促使黑格重新思考。或许仅仅是因为此项行动被推迟到了7月13—14日，从而让第十三军有充足的时间在通往隆格瓦勒的斜坡上挖掘黑格所要求的集结堑壕。或许是罗林森在7月11日写的信让黑格改变了主意。罗林森在信中承诺，即使黑格最终拒绝了夜间袭击的计划，他也会尽最大努力执行黑格的命令，这就缓和了他此前拒绝立刻执行黑格命令所产生的矛盾。不管是出于哪种原因，罗林森再次询问黑格是否同意夜袭时，他同意了。

黑格同意夜袭的一个条件是，他们必须攻下王位林，这样右翼进攻部队就会得到掩护。差不多到了7月11日才最终确定采取哪个计划。第30师也是在经历了多次失败的进攻后，才按时攻下了王位林。德军部队第二天返回林地意欲夺回阵地，用新调来的第18师代替第30师，然而也并没有达到预期目标。第18师在7月13日下午7点发动的第一次进攻也没有比之前部队的进攻强多少。进攻德军第二阵地定于次日凌晨3点25分，时间快到了。

因此，人们可以想象，第十三军指挥官康格里夫中将在7月14日12点40分打电话给第18师的少将艾弗·马克西（Ivor

第十九章 大爆炸

Maxse),询问他的建议时,其内心是多么焦虑。马克西的建议是,他应该把任务交给第54旅的准将赫伯特·肖布里奇(Herbert Shoubridge),7月1日,在他的指挥下,第18师部队取得了最突出的战果。

被选中担任这次极其重要任务的长官,也是最能胜任这项工作的人选。第12米德尔塞克斯团的44岁指挥官弗兰克·麦斯威尔中校不仅有钢铁般的意志,获得了一枚维多利亚十字勋章,同时他还是一名非常体贴、有魅力的领导者。具备这些特点使得他有些与众不同。麦斯威尔写给妻子的一封信中说道,他与大多数军官都不同的是,如果一名士兵的血溅了他一身,他完全不会生气,"只会为受害者可怜的母亲或妻子而感到遗憾。我很高兴自己似乎不会神经紧张也不太容易受到打击,我对此感到很欣慰,即使这可能意味着会失去一些美好的感受"。

他冷静的头脑在攻占王位林时发挥了很大作用。下属向麦斯威尔通报时,他得知林地内部的一些英军部队已经抵达北端(这片林地的形状有点像三角形,西南部呈平坦的直线,北部是三角形的顶点)。然而,当他碰到几名士兵,并问了他们几个问题后,就知道部队进入林地后迷失了方向,把林地东部误当作北部。

他决定让手下的第12米德尔塞克斯团和第6北安普敦郡团的士兵在"三角形"的底边组成阵形,这样他们在横扫王位林时,就不会错过任何潜伏的敌军。"我的神经高度紧张,"他回忆说,"为了缓解紧张的情绪,我命令每个士兵前进的同时开枪射击,这产生了预期效果,部队有序地稳步前进。"

这似乎也对隐蔽在灌木丛中的德军士兵产生了震慑作用。麦斯威尔看到许多德军士兵发现英军大部队逼近时,都逃出了王位林。他和手下70名士兵攻占了林地西部的据点,最终抵达了林地最北端,在最后一刻完成了任务。

大家都为进攻尽了最大努力,不留任何漏洞。必须要解决的关键问题是:如何保证两个军中的每一支进攻部队,在穿越无人区数百码区域之后,到达距离德国堑壕约500码处,不被敌军发现,而且所有这些行动都要在黑暗中完成?总的来说,第十三军需要从他们的起始位置(伯纳法林地西北角到马尔伯勒林地)穿越大约1 200码后,抵达目的地(德尔维尔林地—隆格瓦勒—大巴藏丹),而第十五军只需要从他们的起始位置(马尔伯勒林地—马梅斯林地北部)穿越300~600码的距离就能到达目的地(大巴藏丹林地—小巴藏丹林地及村落,以及500码以外的墓地)。

以下两种方法都能够解决这个问题:用马路之类容易找到的地标来标记向德军战线进军的方向,之后,沿着马路做标记的飘带可以在拐角处用木钉钉住,队伍可以在这后面集合。如果这里没有马路或其他类似地标,则可用一条飘带标记英军战线通往特定方向德军堑壕的路。直角处的飘带与主路带子之间的位置就是士兵集合的位置。如果用这种方法,士兵就会在进攻发动前准备就位,从而在炮兵部队朝德军前线发射前,有更多机会逼近德军阵地。

除了寻找一种不被德军注意的集结队伍的方式外,罗林森还意识到炮兵部队的弹药损耗问题也需要解决。自战争打响以来,枪支和弹药在初次进攻中十分充裕,不仅能炸毁一些特殊的德军"障碍

第十九章 大爆炸

物"（两周前阻挡众多士兵的铁丝网），还能摧毁德军前线堑壕，使得德军士兵在英军部队逼近时，不得不躲到地下的地下堡垒里。

7月1日有大约1 500门炮覆盖2.5万码左右的前线，7月14日有大约1 000门覆盖6 000码左右的前线。火炮的减少是因为现在需要进攻的德军前线范围变小了，只有第四军在战争首日的进攻区域的25%左右。每门炮需要覆盖的前线码数，以及前线每码距离需要耗费的弹药重量都变小了。这一统计数字十分重要。如果使用上述数字，7月1日，每门炮需要覆盖16码的前线距离，7月14日，每门炮只需要覆盖6码的前线距离。换句话说，7月14日每门炮可以覆盖的战线距离几乎是7月1日的3倍。

炮弹的发射速度也同样重要。原计划最后一次密集轰炸将会持续半小时。然而，第9师的炮手称，他们的步兵部队一直远在无人区等待炮兵部队朝敌军前线堑壕发射炮火，但是如果他们的猛烈轰炸持续这么长时间的话，最终他们可能会被德军报复性的密集炮火消灭掉。考虑到这一点，大家一致认为英军的密集轰炸只会持续5分钟。对火炮统计数字感兴趣的人可能会纳闷为什么英军部队在7月14日的轰炸效果会远比7月1日的轰炸效果好得多。虽然7月14日前线平均每码发射的炮弹数量要大得多，但与7月1日相比，7月14日实际发射的炮弹数量却并不像宣称的那样多。（7月1日发射的炮弹数量为1 627 824枚。如果我们接受英国官方历史上有关前线长度的粗略统计，即2.5万码，这就意味着，每码需要的炮弹数量约为65枚。7月14日发射的炮弹总数为491 804枚。如果按照英国官方历史上的统计数字计算，前线被炮击的范围是6 000

码,那么每码发射的炮弹数量约为81枚,即比7月1日多25%。)在某些情况下,快速向敌人密集轰炸可能会对敌军产生了巨大的震慑作用,这与在较长时间发射同样数量的炮弹相比,更有可能将敌人限制在地下堡垒内。

凌晨3点30分,大量火炮一齐开火,这给皇家炮兵观察员尼尔·弗雷泽-泰勒(Neil Fraser-Tytler)留下了颇深印象。他后来写道:"这是一个惊人的壮举!数千发炮弹照亮了黑暗的夜空。北部天际线上闪烁着数不清的炮弹,几分钟之后,德军弹药仓库被引爆,大火熊熊燃烧。"

法军对此也感到大为震惊。法国第二十军司令莫里斯·巴尔福里(Maurice Balfourier)将军建议英国将军阿奇博尔德·蒙哥马利-马辛伯德(Archibald Montgomery-Massingberd)不要在夜间发动进攻,蒙哥马利-马辛伯德公开反驳道:"向我问候诉巴尔福里将军。请告诉他,如果我们的士兵明天早上8点没有出现在隆格瓦勒山脊上,我就把帽子吃了!"那天早上,英军士兵完成了所有目标,并在山脊上驻扎。一位法军联络官给巴尔福里将军打来电话,告诉他:"他们果然进攻了,而且他们成功了。"巴尔福里将军回应道:"所以蒙哥马利将军不用吃掉自己帽子了。"

但最重要的是,德国士兵被英军炮兵的火力震慑住了。英军的所有4支突击部队:第十五军的第7师、第21师,以及第十三军的第3师、第9师都抵达的山脊,攻占了大巴藏丹和大巴藏丹林地,以及小巴藏丹和小巴藏丹林地。有些英军部队的任务相对没有那么容易。例如,由于第3师第8旅进攻的前线的铁丝网未被夹

第十九章 大爆炸

断，这就造成了一些困难。当一些部队绕过障碍物，抵达德军堑壕后，在未夹断的铁丝网对面朝德军堑壕投放炸弹，这才巧妙地处理了这一难题。与之相对较容易的，第 7 师第 20 旅在计划所安排的时间内攻占了全部的目标阵地。

这并不意味着德军在整个 6 000 码的进攻区域内被完全打败。例如，虽然英国士兵在隆格瓦勒南半部分占据了立足之地，但他们却无法驱逐北部地区的德军。此外，尽管一些英军进入了德尔维尔林地南部，但是到了 7 月 15 日，我们无法确定林地是否在英军控制下。

令人惊讶的是，英军部队在 7 月 14 日取得了令人骄傲的战果，战后却几乎没有什么有趣或生动的记载。然而，我们还是可以从第 9 师第 26 旅的最右翼部队——苏格兰高地第 8 警卫团的军医约翰·贝茨少校写的信中，感觉到隆格瓦勒防御区当天来来回回发生的事情：

进攻后的第一个早晨，我在堑壕里，当时，一颗炮弹就在我头顶爆炸了。我旁边的人距离我 1 码，受了伤，另一侧的传令兵当场就牺牲了。然后，我跳进了一个弹坑，帮忙照顾两名伤员。我回到 20 码外的堑壕里取纱布，当我拿到纱布后，一颗巨大的炮弹就落在我刚刚离开的那个弹坑里，把两名伤兵炸得粉碎，也炸死了留在那里的一名下士。

然后我挑选了一个房子做急救站。我到那里时，旁边的房子被一个巨大炮弹炸成了碎片，里面的病人被灰尘呛得窒息，我们看上去就像磨坊里的工人一样。5分钟后，对面的房子起火了，被烧成了平地，我们不得不离开。

我选了一个地方作为急救站，唯一可悬挂的红十字旗就是一件德国士兵的白衬衫，上面有两条浸满血液的绷带。我把这面旗子绑在一支德军步枪的刺刀上，插在外面的树干上。

最后一天，我和3名伤员待在地下堡垒里，完全被德军包围，但他们却从未发现我。7小时以前的轰炸期间，炮弹把这里的入口处炸毁了，所以这里看上去完全不像一个地下堡垒，从远处看只是一堆废墟。

我的战友们发动了一次漂亮的猛攻，清扫了村庄里的敌人，当我正准备匍匐着逃跑时，远在100码外，手持机枪的德军士兵发现了试图逃跑的我们。

所有3名伤兵都可以走路，所以他们眼看着我们逃跑了。

第9师司令威廉·弗斯（William Furse）少将可能不得不接受隆格瓦勒尚未被攻占地区的长期消耗战。第21师指挥官坎贝尔少将在扫除小巴藏丹林地西北角的敌军时，可能也遇到了类似的情况。（那里的抵抗持续到晚上7点，附近甚至还有未被制服的德军机枪手）。但是，这并没有让第十三军第3师和第十五军第7师的指挥官停下脚步，他们都想要扩大战果。上午10点，由于初期进攻的强度很大，抵抗的敌军已经逐渐从各自的防御区逃离。第3师长官沿着高木林地北部走了一圈，没有发现任何德军部队。

然而，这两支部队都不能派剩余的预备部队进一步向前推进。

第十九章 大爆炸

第十五军的霍恩中将已经决定让现有的骑兵部队从新的前线出发，首先行动起来。

印度骑兵部队第2师接到命令，要在上午7点40分从莫尔朗库尔（阿尔伯特南部4英里）附近的集结区前进。可是到了上午8点20分该部队才出发。骑马穿过满是弹坑的滑坡十分困难，先遣部队塞康德拉巴骑兵旅到了中午才抵达蒙托邦南部的山谷，之后被第十三军拦住，目的是让这支先遣部队攻占隆格瓦勒。

下午3点30分，霍恩中将收到一份错误的报告，称隆格瓦勒的所有地盘终于被英军控制。于是，霍恩命令第7师在下午5点55分前往高木林地，要求骑兵部队紧贴第十三军侧翼进行掩护。

最后，第7师第91旅接受了此次任务。但到了下午6点45分，该部队和骑兵部队都在小巴藏丹东部准备就位，这就让晚上7点进军高木林地的行动有可能实现。第91旅在林地南部发现了少数几名德军士兵。然而，林地北部则另当别论了，而且该部队并没有想要突破林地北部东西走向的斜行壕战。

大批骑兵奔向萨博林地，随后与第7师步兵部队会合，所有看到这一幕的英军士兵都为之感到振奋。第3师第76旅的随军牧师帕特·伦纳德（Pat Leonard）回忆道：

> 晚上，我们结束了进攻第二天掘壕固守的工作，看到了最激动人心的战争场面。我们后面的山脊上，骑兵排着长长的队列走过来。排头兵是一位面相凶猛的印度人。士兵们骑着马慢跑，头巾在身后飘着，有些携带着闪闪发亮的长矛，其他人挎

着卡宾枪和机枪。背后走来英国骑兵部队，身后则是更多的印度士兵，队伍长到我们甚至觉得没有尽头。

部队骑行漫步整个山谷，爬上山谷的另一边，在山顶后面停了下来，排成队形和中队。当最后一名士兵爬过顶峰后不久，我们听到德军机枪发射了死亡般的子弹流。

为了不让读者以为他们会落个可悲的下场，我引用了第 7 龙骑兵军团历史上有关翻越山顶后接着发生的事情的细节：

就在两支主要中队突然策马飞奔，疏散开来形成战斗队形时，两翼遭到了敌军猛烈的炮火。但令人惊讶的是，这些炮火造成的伤亡并不大。

B 中队的所有战士们都把长矛取下，其余士兵拔出剑。行进了大约几百码后，中尉及其部队抵达了一个陡峭的河岸，那里有一片尚未收割的玉米地。他们跳上河岸，向右奔去，用长矛瞄准敌人，向掩蔽在弹坑中的机枪手刺去。大约 15 名敌军被刺死，32 名投降，其他人逃跑了。

炮火依然猛烈，如果继续冲下去，就等同于自杀。龙骑兵团的其余士兵在河岸的掩护下下马，带着步枪和霍奇基斯机枪投入战斗。

与此同时，第二中尉看到几名在玉米田受伤的士兵勇敢地三进火海，将两名士兵横放在马鞍上，救了出来。

哈特利中尉带领一支机枪小队冲出侧翼部队，但是在他采取行动前，战马就被杀了，而他自己也在逃离枪林弹雨时中弹，受了重伤。

那天结束时，第 7 龙骑兵团伤亡 24 人，损失了 38 匹战马。这和当天抵达德军第二阵地的 4 支英军步兵师的伤亡人数相比，不过是一个零头。英国官方统计资料显示，他们的伤亡人数在 9 000 人左右。

但这并没有像帕特·伦纳德被机关枪开火吓得不知所措那样糟糕。然而考虑到人们太过希望骑兵部队能最终彻底打破了这个僵局，而他们并没有能控制战场，就意味着 7 月 14 日的局势是令人失望的，尽管这场战役开始时形势还不错。

第二十章

被　围

德尔维尔林地，1916年7月15—20日

最令英军失望的是，7月14日的夜袭没能深度渗入德尔维尔林地。占领德尔维尔林地意义重大，相关原因在黑格的日记中有提道：期望法军进入莫勒帕，这很不明智。如果第四军没能首先攻克法尔弗蒙农庄（Falfemont Farm）的德军据点，法军的下一个目标只能是前往英军防线南部。为防不测，英军必须守护好然希和吉耶蒙。如果能拿下德尔维尔林地，他们接下来的行动会简单很多。

正是基于上述情况，一条命令于7月14日晚间至15日凌晨下达给前线的指挥官。命令要求他们"尽快""不惜一切代价地"拿下隆格瓦勒和德尔维尔林地。这一任务落在了南非第一步兵旅的身上。

南非军队的两个营，纳塔尔和奥兰治自由邦步兵团2营和德兰士瓦和罗得西亚步兵团3营，受命于15日凌晨5点穿越隆格瓦勒南部进入林地。3营3连20岁的二等兵梅雷迪思这样描述他们遭遇的情况：

第二十章 被 围

> 我们在挺进隆格瓦勒的路上（他们在蒙托邦北部的堑壕休息了一晚）……天开始亮了……昏暗中一片寂静……隆格瓦勒……包括冒烟的砖块，积水的弹坑，但我们仍能看到主要街道上发生了什么……街道上躺着很多"苏格兰人"尸体，并且……街道下面的一条小径上有许多德国人尸体，大部分肢体残缺都比较严重。

南非士兵看得目瞪口呆，他们意识到自己随时也有可能遭遇一场这样的大屠杀。他们转向东前进，德尔维尔林地的景致美得让他们呼吸停滞，梅雷迪思用"太美"来形容。那时，"德尔维尔林地被轰炸得还不严重，"梅雷迪思回忆说，"仲夏朦胧黎明时，庄严的大树和林下枝繁叶茂的灌木丛看起来那么的静谧。不似那些乞讨的人安静不语……一切都是那么宁静。"他接着说：

> 进入德尔维尔林地不远，我们来到一个较浅的堑壕，只有齐腰深，由卡梅伦高地人部看守。这个堑壕，又叫布坎南大街堑壕，是进攻的前沿阵地……前一天……我们在堑壕前部署兵力，然后静静地等待进攻的命令……我们接到的命令是攻占德尔维尔林地南半部分，并且沿着外围挖一条堑壕。
>
> 很快，我们连离开，向右前进，不久我们到了南部边界……战场对面三四百码处是一家残破的厂房（瓦特洛农庄）……我们看到远处有人影移动……大家就他们是法国人还是德国人争论了半个小时……过了一会儿，消息传了过来，对

方是德国人，然后我们开火。我们也遭到了对方猛烈的回击，这着实证明对方就是敌军。

梅雷迪思的记录表明，在遭到敌人炮火轰炸之前，他们3连也并不清闲：

> 我们用工具挖堑壕，呼啸而过……的子弹使我们加倍卖力地挖……但在硬质地上挖堑壕……树根盘错……进展很慢。我们很多人，几个小时后……只挖了条仅有18英寸深，可供避难的堑壕。这导致我们伤亡惨重。2个小时后，在德尔维尔林地……3连……5/6的……军官都受伤了。

梅雷迪思提到了一位伤员，3连二等兵伯特·诺克。诺克描述了没人探头观察德尔维尔林地外面的情况时，如何辨认四周的士兵是不是德军。他的中尉派遣一名二等兵去干掉他们左侧的一挺机枪，中尉担心这挺机枪会射击英军盟友——法军。"但机枪不断扫射，"诺克回忆道，"然后中尉让我'去把那个机枪手干掉'"：

> 我站起来……朝德尔维尔林地里面走了一两码……发现……它的边界……一个急转弯，绕到了我们阵地的后方……我沿着边界继续走……那时，令我感到震惊甚至恐怖的是，眼前的人都死了，有6名甚至更多的我们同胞躺在那里，死了。
>
> 站在一株直径约3英寸的树后面，我拨开细枝往外看，发

第二十章 被 围

现距离敌人堑壕1/3处有挺机枪。机枪几乎埋进了地下，隐藏得很巧妙。就在此时，机枪开火了，射击了两次，我跪在了地上……右手……我觉得有些不对劲，我想让它动时……胳膊肘以上开始圆形旋转……我没感到疼，因为神经已经阻断了。

诺克很幸运，德尔维尔林地里南非军队的一挺机枪救了他。被人包扎后，他拜托一名炮兵去告诉中尉发生了什么，而他则返回隆格瓦勒，从那里前往部队后方。他不敢保证这是否可行。这时，德军炮兵意识到林地里有敌军，他们把炮弹倾泻到了林地、隆格瓦勒和周围区域。德军炮兵还瞄准了从隆格瓦勒返回蒙托邦的公路。路面已经下沉。大多数伤员通过这条路线运出去接受专业的医疗救治。不管德军炮兵这么做是出于什么意图，他们使英军所处的境地更加恶劣。那些受伤失去行动力的士兵，原本还庆幸可以逃离战争旋涡，没想到却又被卷入了战斗。

返回部队后方时，诺克走到下沉道路对面，绕着最近被炸出来的弹坑前进。他这样描述过程中的所见所闻：

我正前行时，听到了求救声。往下一望，我看到弹坑底部有一名士兵，他明显双目失明了，还丢了条腿……他正试着爬出来，我不得不移开视线。要不然，我也得掉下去……

在弹坑的另一边……我看到其他要返回的伤员……那个……在我前面的是南非第四步兵团的……一枚炮弹碰巧落在他身边，而……当我到了那个地方，我能看到的只是他……他的短褶裙和他的腿从路……的一侧伸出来。

也许，这人死了反而是幸运的。诺克自己去了伦敦一家医院，他的右手差点被医院给截掉。所有获救的南非士兵都知道，除了他们，还有很多人在摆脱病痛前，不得不长时间忍受煎熬。一个去过隆格瓦勒医疗点的信使被那里的碘酒、血和无烟火药的气味给呛到了。他很惊讶那些伤势"恐怖"的人是怎么坚持活下来的。他提到了那些被切掉内脏，却没要求吸支烟或喝口水的伤员。

至少这些人还能说话，能喝水。那些面部伤势严重的士兵，连这些乐趣也享受不到。围攻德尔维尔林地的第三天，南非2营二等兵阿尔夫·曼迪的下巴被德军狙击手给打掉了。夜里在去医疗站的路上他被英军逮到，因为受的伤他没法讲话，一位军官怀疑他是德国士兵，图谋不轨，差点处决了他。幸好军官在千钧一发的时刻赶到，帮忙确认了曼迪的身份，他才保住小命。

这只是磨难的开始。医疗站的医生和护士不知道该怎么给曼迪喂食，他转去的医院也不知道。"他们没有喂食的杯子，我在科尔比医院的两天，他们什么也做不了。"曼迪说。直到他被放在驳船上，沿索姆河向上前往阿布维尔后，这才有了解决办法：

> 我一吸引到护士的注意，就马上给她看我的笔记本，上面写着我已经三天没喝水了。她拿过来一个喂食杯子，但解决不了问题。正常型号的橡胶管也和喷嘴大小不符。幸运的是，护士找到了一根细管，我把它削尖，通过阻塞区，从喉咙穿了下去。然后，

第二十章 被 围

护士把杯子放在细管上,这样能倒水……液体流到了我的喉咙。这种方法缓解了我的焦渴,我也借此吃上了一些流食。

7月15日早上,不只南非3营3连(梅雷迪思和诺克的部队)有伤亡,德尔维尔林地边线处的另一支南非部队也遭受了损失。该部队左翼有序驻守着南非3营的1连、2连和4连。王子街南部一经攻占,南非2营就马上动身前往北部林地外围。

下午2点40分,除了与隆格瓦勒北半部毗邻的德尔维尔林地西北部仍在德军手中外,德尔维尔林地外围已全部处于南非军队的控制下。英军认为需要分兵进击以清除西北部德军机枪的威胁。鉴于这种情况,南非2营沿河滨街挖堑壕,堑壕延伸到了林地西北部外围的东侧。河滨街的走向是从林地北部通到林地中心与王子街的交会处。

从理论上讲,德尔维尔林地里的军队由布坎南街和王子街堑壕处的总部指挥。但是,现实情况却不是这样。因为枪声和炮火轰鸣,林地外围的军队与司令部的联系很多时候都被切断了。

7月15日下午,德军步兵向林地东北外围进军,企图从南非军队手中夺过林地控制权。南非军队击退了他们,但是自身也损失惨重。不过,南非军损失最惨重的战役是在他们攻取林地西北部时发生的。

南非军队的一个营加上苏格兰军队的一个营于7月16日上午10点发动了第一次进攻。南非开普省步兵团1营从王子街穿过林地向北进发,而皇家苏格兰团(9师27团)11营从开阔地出发。

两军都被德军重机枪挡住，没能深入林地。此次战役之惨烈，可以从南非1营2连亚瑟·克雷格中尉写的战后报告中窥得一二。以下为报告节选：

> 我左肩再次中弹……跌倒了……离德军堑壕不远……很多我的兵……也倒下了……距离75码……机枪冲我连续射击……躺在地上，我的外套被机枪子弹打成了碎片，我的装备也都破碎了……这时，二等兵威廉福尔兹爬上路障（路障把德军堑壕与南非军堑壕以合适的角度分开），并且向我爬过来。和他一块的……另外两个人，花了25分钟把我从躺着的地方拖到障碍的另一边。他们拉着我的左脚，他们中有个人伤势很重……我们有人能活着出去就是奇迹。

德尔维尔林地西北角的战斗逐渐停止后，南非1营营长弗雷德里克·道森中校向南非步兵旅旅长蒂姆·卢金准将报告，称他的部队已经"筋疲力尽"，需要马上休整。卢金把情况转达给了9师师长比尔·弗斯少将。少将不但不准卢金把疲惫的士兵撤下来，反而在7月16日上午10点30分命令他把部队部署在林地西北角，于次日凌晨2点再次进攻。推迟进攻时间是为了使南非及苏格兰军队有时间撤出林地西北部，这样，炮兵就能轰炸驻守该区及隆格瓦勒北半部的德军部队。

考虑到进攻部队的减员情况，不出意外的话，这次进攻还会失败。罗林森不禁在他7月17日的日记中写道："今天早上我很

第二十章 被 围

恼火，我发现我昨晚下发的将隆格瓦勒北部敌人赶出去的命令，9师并没有执行。我严厉批评了康格里夫（十三军军长），并向他转达了总司令的不满，让他把这一情况也转达给比尔·弗斯（9师师长）。我会认真考虑是否把9师调走。"

如果罗林森看到了从林地东部外围幸存下来的军官传来的消息，他可能真会把9师调走。7月16日下午5点50分，负责王子街南部林地的南非3营2连连长理查德·梅德利科特中尉，向营长爱德华·撒克里中校报告说："敌人增援了约数百人，他们正进入王子街东侧及东北侧的堑壕。这些德国佬是从然希过来的……我拼命地鼓舞士气……战士们已经丧失斗志，1连（在2连南边）连长报告说他们连的情况也很糟糕。"

10分钟后，1连欧文·汤马斯中尉解释了情况糟糕的原因："很多步枪打烂了，还有很多步枪里面沾上了泥土、灰尘，暂时不能用了。连里还具备战斗力的……只剩81人。"汤马斯次日早晨送过来报告的时候，因为德军的炮击，1连又牺牲了10名战士。"我们连的维克斯机枪已经用不了了，也没有新的机枪补充。"他报告说，"我没看见，也没听说3连相关的事情。我想，他们凌晨时正在进攻。我们连减员严重，剩下的几个战士都疲惫不堪。如果敌人攻过来，我们没办法进行有效的防御。"

南非2营总部位于布坎南街与王子街交会处附近。该营总部某战士归档的一份报告中，描述了德军针对南非军及英军炮击进行的凶残报复："那晚（7月16—17日）……德军不停地轰炸。树木的枝叶很快脱落，到了早上……只剩下光秃秃的树桩……不论从哪个方向看，我们能看到的都是一片光秃秃的开阔地。"

德军应该趁着夜晚的时候，悄悄从交战激烈的德尔维尔林地西北部撤离出去。南非军队多次探查河滨街西侧的德军防守情况，他们想与3师76旅会合。该旅在7月18日凌晨3点45分从林地西侧出发，前往交战更为激烈的隆格瓦勒北部，然后再前往战线后方的果园。但是在探查过程中，南非1营发现敌军已经全部撤离了林地，他们没有遭遇任何反击。

如果说德军7月18日凌晨没有表现出任何的抵抗，南非军队因此毫无戒备，那么德军炮兵8点30分出人意料的轰炸很快将南非军拉回了现实。林地外围以及林地西北部是德军炮击的重点区域。二等兵欧内斯特·所罗门跟着南非3营1连在东南角，他回忆说：

> 18号那天是以狂轰滥炸开始的……大自然因不堪重负而低鸣……德军的炮手像是……打开了泄洪闸门，炮弹如洪水猛兽般打过来，轰炸的猛烈度和强度我们之前从没有遇到过。
>
> 炮弹不断向我们阵地倾泻下来，空气中充斥着炮弹的呼啸声，大气层似乎要被无休止的猛烈爆炸给撕碎。沙土、石块被掀到空中……再"哗啦啦"落到我们的钢盔上。大地颤动，树木崩裂……这是暴怒的地狱。

所罗门没有回避，还描述了他和战友的无助情绪。他们蹲在散兵坑里，想结束这种考验，但上级禁止他们攻击敌军。他详细记述了在德尔维尔林地第一天时，一名战士"奇怪的轻声呼叫"，这名战

第二十章 被 围

士就在距他几码远的弹坑里。从叫声中所罗门得知，他附近有名士兵中弹了。他转身看过去，那人"脸朝下"躺着，召唤过来的担架员宣称他死了。这样的死亡宣告对一个"被炮弹削成两半"的人，抑或对一个"消失了……被埋了或是被炸得粉身碎骨永远找不到尸骸的人……"来说，并没有什么必要，我们看一眼就知道他死了。

所罗门记述的残疾列表还很长：

> 两个著名的约翰内斯堡足球运动员都断了腿。其中一个死了，另一个今天安装了假肢。有个士兵经常在营地音乐会上唱歌，而且歌声令人愉悦。他现在躺在弹坑里，面色平静。他的身上看不到伤口，有人说他是死于脑震荡。还有个年轻人，两条腿都被炸断了。

> 防线上隔一段距离就会出现的巨大坑洞是炮弹的杰作。炮弹把掩体炸得干干净净，把里面的人也都炸到了天堂。战士三三两两或成群地失去行动能力。有个路易斯机枪小队最后只剩下一个人。弹坑里面及其周围，还有战士的临时掩体的里里外外，都躺满了尸体。

这就是第一天发生的所有事。似乎觉得这还不够惨，他们自己的炮兵第二天竟然朝他们开炮。"有门炮……瞄错了方向"，好几个人跑去传递这个消息才让炮兵停火，"但那时炮弹已经又炸死了我们一些人。"

时间一分一秒地逝去，士兵原本幻想用来庇护的树木也被炸没了。"灌木丛、大树和小树都被连根拔起。很多参天大树也被从根部拔起,向前倾倒。有些大树撞到其他树的枝叶,断到地面。还有一些被周围的树枝撑着,像疲惫的巨人一样在那个地方歇息。"

更糟糕的是,他们第二天在德尔维尔林地内必须忍受不时"瓢泼而下"的大雨,还要忍受雨水的浸泡。但按照所罗门解释的:"前三天,尽管战事频频,但相对于18日之后,都像是暴风雨前的宁静。"

然而不知何故,尽管他们死伤很多,但林地东部外围活下来的人仍继续坚守着,所罗门记述道:"杰克森少校死了……仅剩下的一名连级长官也受伤了……有个士兵的掩体被整个掩埋了。我们赶紧把他挖了出来。他鼻子、耳朵、嘴和眼睛里都是沙土…他颤抖得……像一片树叶……被那样的重物压着,他一点儿也动不了……想着……他快要死了。"

林地东侧的部队被德军压制时,西北部的部队也受到了相似的对待,76旅被迫后撤。这产生了连锁反应:林地西侧德军的到来最终意味着南非1营的殿后部队必须后撤到他们早晨的出发地点——河滨街。

南非1营伤亡惨重(在林地里的数日内,约伤亡630人),这可能说明了为什么最后与防守相关的信息那么少。战争日记中相关条目很稀少,这明确表明该营被逼到了极限。上午8点左右,负责调控林地内所有军队的道森中校派遣50人去增援1营,以加强防卫。但晌午过后不久,只有3个人了,汇报称该营还有战斗力的只剩12人。道森计划派遣150人把他们换防下来,但因为德军炮兵

第二十章 被 围

的猛烈轰击中止了。

德尔维尔林地西北部被围军队能得到的唯一援助,是下级军官们积极行动,努力争取的结果。这一援助是由24岁的埃罗尔·泰瑟姆少尉组织的。他在战前是一名律师。因为所在部队南非2营的伤亡率较高,他被说服做了人事行政参谋。有关他那个下午忙前忙后的资料,使我们有机会知晓前线及二线堑壕内的情况。平常的记述中是看不到这些的。

泰瑟姆明显不喜欢被束缚在布坎南街和王子街及其附近的总部堑壕里。这时,他在2营2连的老部下们正与1连剩下的战士并肩战斗在河滨街,面临着生死威胁。7月18日下午3点左右,他把人事行政参谋用的背包交给营部勤务室的军士,然后上了前线。刚到河滨街时,指挥部队的1营爱德华·伯吉斯少校告诉他,这里急需更多的人手。泰瑟姆就离开了,带着他能找到的几个人回来时,却发现伯吉斯在他离开期间受了伤,而且伤势致命。这意味着泰瑟姆不得不接过指挥权。他从没指挥过战斗。

"我看到他躺在河滨街堑壕里,肩部受了伤。"南非2营二等兵威廉·普尔事后报告说:

> 他包扎了伤口。在那里躺了一会儿……我看见他挣扎着起来,鼓舞士气,发布命令。他是……剩下的唯一军官。他那时明显疼得要命,但仍继续鼓励战士,鼓舞了约半个小时。然后他又躺了5分钟,面色看起来很苍白。恢复体力后,他……站起来,离开了堑壕……我想护送他……去医疗站……因为我能

看出来他很虚弱，但他不让我送……让我留下，帮助守住堑壕，因为剩下的人不多了。

泰瑟姆步履蹒跚地返回河滨街，但是晚了一步。他走近总部堑壕，爬上一堆沙袋，担架员威廉·赫尔弗里希和一个伤员躲在沙袋防护的弹坑里以避免被猛烈的炮火伤到。就在这时，两侧交火了。"德军正在向前推进，重机枪和步枪枪声不断……泰瑟姆中尉突然出现在我们上方的胸墙上。"赫尔弗里希记述道：

> 他……手臂在空中吊着……我告诉他快跳下来……德军正朝他开火。他……向前倾着，看着像要掉下来。我说："不要砸到那个人身上，他的腿骨折了"，借此表明担架上伤员的情况。就在这时，他向前踉跄倒下。我刚好接住他，避免他砸到担架。
>
> 他……坐起来说："看这儿"……他晃动手臂，肘以下都被打掉了，"那些混蛋……这是重机枪打的。"我……把他的制服脱下来，用止血带绑住他胳膊。"不要为我费心了，"他说，"我不行了。"
>
> "不，你还有救，"我说，"他们会截掉你的断臂，你会好的。""不，不会了，"他……说，"还有其他伤口。"……他让我看他胸口。我解开他上衣，看到他胸部右侧被打烂了……他胸部左侧、心脏上方也有枪伤。
>
> 他然后问，"我脱了止血带会怎么样？"我告诉他会流血过多死亡。他央求我解开止血带……

第二十章 被 围

"不行，长官，我……不能，"我回答……他问我有没有吗啡……我说都用完了……

就在这时，担架上的……病号叫我……照顾他后，我又回到中尉身边，发现他用牙解开了止血带……他……几乎没意识了……喃喃说："雨……美丽的雨……可爱的雨。"我抬起他的头……用双臂轻轻抱着，但没用……几分钟后，他去世了。

不久，德军攻克了南非军队的防线，泰瑟姆阵亡前避难的弹坑失去了防护，赫尔弗里希暂时成了俘虏，他不久后逃脱跑到了布坎南街一侧的德尔维尔林地南部。锡福斯岛高地人团 7 营（7th Seaforth Highlanders）和黑卫士团 8 营（8th Black Watch）26 旅猛攻了一番才使他们快速撤回到林地中心。不可思议的是，当晚晚些时候只增援了 100 多人的布坎南街上的南非士兵，竟多次击退了企图从两翼俘虏他们的德军，成功守住了阵地。

没人会因此抱怨那些指挥官，责怪他们没有预先提醒将会发生的事。下午 1 点 50 分，爱德华·撒克里中校向卢金准将汇报了后续情况："敌军对西北、北和东侧堑壕狂轰滥炸 3 个多小时。我们吃尽了苦头。很多地方已经无人驻守。其他地方所剩不多的几个人也被迫撤离了。他们撤退，我留在布坎南街二线堑壕，我会尽力守住这道防线。"

卢金没有批准部队在 7 月 17 日晚上至 18 日凌晨进行休整，理由是休整会影响到夜间反击的准备工作。由此看来，像"反击"这样的绝望字眼肯定触及了他的痛处。不管是不是卢金的过错，他都是误判了。现在已经来不及去救援他的士兵。在如此猛烈的炮火下救援是无法想象的。

如果德尔维尔林地外围区域的士兵能够有与敌人战斗的机会，那肯定需要采取非常措施。路易斯机枪手二等兵弗兰克·莫里利尔曾在林地东北外围支援步兵，他讲述了自己是怎么逃离的："我们能获救，多亏了英勇的霍普特夫上尉（南非2营4连）。他冲到我们阵地，没有废话，直接喊道'出去！出去！'。几乎刚说完，他就被子弹击中了……当场死亡。"但那两个字足以拯救机枪手们的生命。他们穿过林地，一路疾跑，与集聚在河滨街3营营部的70名杂牌士兵会合。

尚不清楚是谁命令霍普特夫上尉撤兵的，也许是他自己的意思。在林地东侧及东南侧防守的大多数南非部队就没那么幸运了。有些部队，比如防守东侧外围区域的二等兵约翰·劳森所属排（南非3营4连15排），一个军士都没剩下，更别说军官了。猛烈的炮轰切断了他们与营部的一切联系。劳森和好友二等兵布雷滕巴赫意识到，"现在是人人为己的时刻了"。只有受伤或死亡能让他们从折磨中解脱。浓烟造成的黑暗使情形变得更加恶劣，他们从早上开始就因此感到沮丧：

> 这情况就像是黑夜一直不想让白天出来。天空下着牛毛细雨，空气中感觉不到一丝风的搅动……猛烈的炮击又开始了……浓烟和毒气随之而来，污染了空气，形成了罩篷，阳光透不进来。多么鲜明的对比……今天早晨和那个……我们刚踏

第二十章 被围

进这美丽林地的早晨，但这里现在到处荒芜。

到了晌午，我们在这肮脏的浓烟中就餐。无人区一整天都笼罩在昏暗中，大家看不清任何东西，只能看到模糊的轮廓。

我们小队不得不在拥挤的环境下，在折磨人的焦虑中，等待我们所期盼的唯一解脱，这种解脱是通过决绝还击、以寡敌众……的兴奋情绪带来的。我们一直等到将近下午3点，敌人在呼啸的炮弹掩护下以绝对优势兵力发动了进攻。他们再一次发现我们准备得很充分，已经筋疲力尽了的战士也不再困倦，从浅堑壕里站起来，直面他们……德国佬往前冲，我们就把他们放倒。一枪击毙一个。我们的步枪枪管冒烟了，烫得拿不住。看起来战斗就要结束了，然而并没有。

德国佬动摇崩溃的时候，他们的援军到了。他们再次进攻，不过我们又占据了优势，击退了他们……他们又失败了……我们堑壕的边沿比话语更有说服力，他们这次差点就成功了。

但是疲乏劳累却做到了敌人的炮弹和反击没做到的事，我们瘫在堑壕里，身体乏力……精神涣散。我们的任务太艰巨了。接下来的2个小时或更长时间，我不知道发生了什么。我所有的感官都麻木了，我眼神空洞地盯着空白处……直到被另一枚在我头顶爆炸的炮弹炸醒。

炮弹炸伤了约翰·劳森，炸死了他的朋友布雷滕巴赫，他们因此算是得到了解脱。劳森沿着已经毁坏的道路，穿过敌军火力还很凶猛的德尔维尔林地前往隆格瓦勒。在这之前，他和仍在防守的

6名士兵中的一位有过一番交谈:"我叫醒了一些勇敢但疲劳昏睡的年轻战士,告诉其中一个人,我受的伤很严重,要试试走出去。他……问我需要他做什么。我说不需要做什么,继续坚守,因为周六早上(7月15日)的命令还没有撤销。"

鉴于德军涌向南部导致的混乱,几个坚守岗位的军官还在继续把信息发送回布坎南街总部,这简直不可思议。下午晚些时候,仍在指挥南非3营1连的欧文·汤马斯中尉发送的以下信息,证实了撒克里中校最担心的事情:

> 我现在是1连剩下的唯一军官了。我们的路易斯机枪全打废了。您能再送一批过来吗?我面前躺满了受伤的士兵,但……我这里没担架了……他们得不到治疗已经快要死了,我的战场止血包已经全部用完。您那里还有担架员吗?很紧急!……不可能分出人手带走伤员……我认为阵地已经不堪一击了……我们的胸墙……都塌进来了……我们的前沿有很多缺口,士兵勉强防守着。大多数士兵得了炮弹休克症……要救剩下的这些人,就得后撤。

在1连被敌军湮没之前不久,这条信息似乎就传递出去了。那天下午1连防线上的战斗进入了白热化,欧内斯特·所罗门记录下了他目睹的情况:

> 所有枪突然都停止了射击。出现了令人愉快的……短暂安

第二十章 被 围

宁。接着,哨兵喊道"他们攻过来了",大家都站了起来,迎接敌人的进攻……但是我们没能遏制住敌军步兵的攻势……他们从侧面攻了过来,切断了我们的后路。

(南非3营)3连有些士兵向我们跑过来。"后面的林地里有德国人……"他们说。那儿有德国人,看来没错。

这是该部队全军覆灭的开始,原来的1连现在只剩下不到30个人了。

在林地外围1连南侧的3连也被包围了。幸存的几个人不是被俘就是被杀了。达德利·梅雷迪思活了下来,他见证了美丽的林地如何被变成屠杀场。投降前不久,德国人对阵地上最后的军官所做的事让他感到恐怖:"巴顿中尉,"他写道,"被踢得死去活来,躺在梅雷迪思身边的地面上。我一个人在堑壕里。"梅雷迪思真的已经战斗到了最后一人。

这意味着南非军队展示完坚定的忍耐力后,7月18日结束时,还在他们手上的阵地只剩下由布坎南街撒克里和他部下,德尔维尔林地外围南侧少数人,以及林地外围东侧瞒着撒克里坚持到19日清晨的2、3连余部掌控的阵地。

德尔维尔林地最东边的那小部分南非士兵差点就被救出来,这个消息让人悲伤难忍。9师比尔·弗斯少将想在7月18日晚上营救南非步兵旅整部。尽管那晚派遣了一些未参战部队到后方,但林地外围东侧及东南侧的士兵却只能听天由命,因为弗斯少将认为他们被德军全歼了。

如果不是因为一些事情，他们本来有可能获救的。7月18日晚，弗斯命令26旅旅长动用一个没有任务的新成立营在夜间重新攻占王子街南侧的德尔维尔林地部分。行动如果成功，就能把幸存的南非士兵救出来。然而，原定的攻击最终取消了，原因是有人认为军队不熟悉进攻地域，会在黑夜里迷失方向。

即便如此，还是有人希望能为南非士兵做些什么。只要原定于7月19日早晨的进攻在6点15分发动，就像原来计划好的那样，他们本来有可能就获救了。不幸的是，对于那些在德尔维尔林地东侧外围等待的士兵来说，部署的53旅，由诺福克郡士兵充当前锋的英军，直到7点15分才出发穿越林地南部，他们的延误使他们没有避过敌军炮兵的轰炸。他们的优势在到达林地边缘时逐渐消失了。他们后来试图向王子街北部推进，也因为德军的轰炸而终止了。

同时，防守在德尔维尔林地东侧外围、王子街两侧的南非第3营4连余部也被进一步削弱。南非军队表现出了真正的"到了绝境也绝不屈服"的态度。一个排阵亡13人，最终只剩下7人。根据其中一人说的，他们占领阵地后，弗朗西斯·萨默赛特中尉的"英勇和乐观"鼓舞了战士们的士气。他"坚持让我们刮胡子，让我们拾掇干净，说一具尸体看起来已经很可怖了，我们不用把自己弄得比死了的时候还难看"。

他的鼓励使得战士坚持战斗到最后一人。他们加深堑壕，保存弹药，以便顶住敌人的下轮进攻。他们几个人，与其他战斗力差不多的排并肩作战，设法顶住了德军在7月18日的进攻。有时，他们得同时击退前线和背部的敌军。最后，德军压制不住南非军队的

第二十章 被 围

机枪,撤退了。但之前还帮助南非军队的枪炮,却向他们开火了,没人意识到他们还坚守在这儿。这促使萨默赛特中尉试图将军队撤出来。在这过程中,正如目睹到的人所叙述,"子弹射穿了他的额头……当场就死了"。

顽强不屈的理查德·梅德利科特上尉是2连连长,他们连在萨默赛特连的南边。如他后来汇报所说,"决心坚守"。他们连发射火箭弹,向头顶低飞的飞机挥舞连排的旗帜,他希望计划中由英军发动的反击会在次日早上出现。但反击没能抵达他们连的位置。7月19日早上,英军第53旅终于向东进军,半小时后,德军从北部突然插入,俘获了梅德利科特和他的炮兵,以及北边的4连,他们没有继续战斗所需要的弹药了。那些没在战斗中死去的人都被俘虏了。有个例外,一名炮兵被捉到他的德国人仓促处决了。还有个炮兵可能是担心类似的命运,用萨默赛特的手枪朝自己脑袋开了一枪。

这些人必须经历的心理和身体上的折磨向我们解释了他们为什么会做出这样的极端行为。如果这些人无法经受住忍耐力的考验,人们就会好奇撒克里中校手下的士兵是如何经受住考验,成功守住了布坎南街,守住了阵地的。他们击退了德军7月18日晚上至19日凌晨的3次进攻,最后一次与悄悄迫近的敌军在前面和后面两线作战,他们"差点就失败了",正如撒克里发给南非第2营3连余部的指挥官,一名军士长的信息中承认的那样。2营3连余部作战的地方在另一片区域,德尔维尔林地南侧边缘。

"感谢上帝,我们的战士坚持到了最后,"撒克里写道,"他们鏖战良久……大部分人牺牲了。今天早些时候我希望能有救援。"

他希望他和士兵请求援救的信息被快速传出去。下午 1 点 15 分，卢金准将收到了他的信息，包括以下内容：

> 援军……有点慢……援军这个时候最重要，因为敌军步步迫近，离我们还有差不多 100 码。他们不停地放冷枪，在我们东西侧都布置了机枪……截至目前，南非步兵守住了阵地，但我感觉这压力太大了。
>
> 我们的重炮轰击了我们自己的堑壕，得有 2 小时……伤了……埋了我们几名战士……敌人的炮火……打死了 2 个军官和许多士兵……我没办法转移伤员，也没办法埋葬死了的士兵，因为有狙击手。4 名战士在帮助 1 名伤员时被打中了。我现在手边只有菲利普斯中尉和一两个军士，我觉得。面对敌人的猛烈进攻，我们会守不住堑壕……请您……尽快安排换防部队替换我们。

可是，那晚撒克里不但没被换防下来，他还寻思着把最后一条信息发给卢金后，到底什么时候他就不用 24 小时值守了。7 月 20 日下午 1 点，他再次联系卢金："紧急！我们已经筋疲力尽了。我没法让一些士兵保持清醒。他们连手里的步枪都拿不住了，虽然炮火连天他们却睡倒了。我们想发动一场进攻，即使这无法阻止伤亡……请务必成功解救这些人，我担心他们承受不住了。"

7 月 19 日晚，9 师不想接受前往前线的命令，造成救援行动不断滞后。第二次反击的失利也是一个因素。这次反击，由 3 师 76

第二十章 被 围

旅于 7 月 20 日清早发动。直到下午 4 点 15 分，53 旅旅长才给撒克里派发了信息，确定会把他换防下来。当天晚上，跟随撒克里的 2 名军官和其他 140 名各级别的士兵，筋疲力尽，跌跌撞撞地撤到了德尔维尔林地外面。

鉴于德军 7 月 18 日的猛烈进攻，即使只有一小堆人获救，这也是奇迹。但这无法逃避失败的命运，7 月 14 日踏入战场时有 3 150 人的南非步兵旅，死伤多半后却没能取得任何战果。7 月 14 日前后占领的阵地相继丢失。7 月 20 日的战斗收尾时，南非步兵旅还有战斗力的只剩 720 人。该旅 7 月 14 日时作为生力军，到 7 月 20 日阵亡了将近 77%。伤亡率堪比 7 月 1 日损失最为惨重的那次，即使这次历时更长。南非第 3 营，5 天前进入林地时有 875 人，出来时只剩下 100 多人。

在如此小的区域内牺牲这么多人，一名下个月会在德尔维尔林地执行任务的英国士兵因此写道："我从没碰到过这么小一片地方死这么多人的情况。有条路上，尸体堆得有五六人那么高。"他做出这番议论时正是夏季，高温加速了尸体腐化，使空气充满腐肉的难闻气味。

7 月 20 日，有些残肢腐烂，腐臭刺鼻的士兵仍还活着，但也仅仅只是活着。一位那天到过德尔维尔林地的德国人在他的日记中写道："德尔维尔林地成了一片废墟，被毁坏的树木，已经烧焦的和正在燃烧的树桩，厚厚泥浆覆盖着的血和尸体。到处都是尸体，堆得有 4 人高。最糟糕的是伤员的低声哀吟，听起来就像是春天集市上牛的叫声。"

第二十一章

击　退

波济耶尔，1916 年 7 月 15 日

罗林森在制定索姆河战役第一天的进攻目标时，执意要把一个村子列入目标：波济耶尔。7 月 14 日战役胜利后，铺天盖地的祝贺使他感到振奋的同时，也使他清醒地意识到，索姆河战役打了 15 天了，但波济耶尔这一"香饽饽"他们还没有攻击过，更别说占领了。

罗林森希望 7 月 15 日将改变这一切。前一天战役被排除在进攻主力之外的第三军，只是在最左翼攻占几个小地方。此次该部命令不少于 3 个师的兵力合围波济耶尔。第 1 师想进军西北，从小巴藏丹林地西部边界靠近德军第二阵地。25 师则是从西部派遣侦察兵进村。但最重要的是 34 师的 112 旅，他们当天会从南部正面进攻波济耶尔。这和原计划有了出入，原计划设定占领奥维莱尔后再从西侧向波济耶尔发动主攻（参见第十三章）。发动了无数次进攻后，奥维莱尔却于 7 月 16 日落在了第十军的手里。

7 月 14 日的胜利让罗林森很高兴。签署第三军多部参战的方

第二十一章 击 退

案时,他显得志得意满,想着几个小时之内,另一个重要的战利品就要收入囊中了。他没意识到,一旦攻击波济耶尔,英军会陷入另一场消耗战。在德军坚固的防御工事面前,索姆河会成为英军进展缓慢的代称。

罗林森和预备集团军司令休伯特·高夫中将——随后负责前线战事,两人似乎都没意识到,拿下波济耶尔不是一次简单攻击就完事了,德国人已经构筑了多道防御工事。首先南部有堑壕,村庄西边有碉堡辅助。然后,在波济耶尔内的房屋也是德军的防御工事。即使突破了这些工事,还有最艰难的障碍:村庄东部构成德军第二防守阵地的两道堑壕,防守着村庄最重要的区域——波济耶尔高地,高地上有风车,从这里往下能看到索姆河周围方圆数英里的地方。

尽管针对波济耶尔的一些攻击有很多记录,但7月15日到底发生了什么我们知之甚少,只知道有两次进攻,第一次在上午9点20分发动,第二次是在下午6点。这两次进攻在英国官方历史中只用了一段话叙述。第一次进攻中,112旅的4个营到达了距村南200~300码的堑壕。而第二次进攻,多亏了皇家燧发枪团第10营25岁的一等兵鲁珀特·怀特曼写的报告,我们才知道了一些信息。他参加了第二次进攻。考虑到怀特曼之前的经历,第二次进攻足以让这个把战争看作一场伟大冒险从而兴奋地来到索姆河战场的热血青年,变得厌恶与战争有关的一切东西。

皇家燧发枪团第10营没有参加第一天的战役。他们直到7月7日才到达索姆河区域。在怀特曼描述的"瓢泼大雨"中,他们抵达阿尔贝。和部队其他人一起,怀特曼他们躲在被木桩撑起2英尺高的油布帐篷下，度过了第一晚。刚开始的情形并没有让他觉得沮丧，第二天，他甚至有点嫉妒那些拿到了第一次任务——包括埋葬英军尸体——的士兵。正如怀特曼在他的报告中所坦承的，他对涉及死人的事情有种"病态的着迷"。此外，这时回家的机会如果摆在他面前，他会拒绝，"开始兴奋了，这个时候不被落在后面，我很高兴，"他知道燧发枪团要去前线堑壕之后提到，"我觉得很好"。黄昏时分，他观察蜷缩在草地上的尸体的结构，着迷于"观察与体验新的事物"。

怀特曼这种积极的态度转变得比他预期的要快。7月9日，当燧发枪团向堑壕进发时，他听到了机枪发射的子弹从头顶呼啸而过的声音，他开始后悔出现在战场了。

不过，怀特曼7月10日带领一个掩埋小队，在靠近从拉布瓦赛到孔塔尔迈松的路与沿香肠山谷的路交会处埋葬尸体期间，他才真正失去了兴趣。总结起来一句话，这是个"很恶心的活儿"。尸体很臭，他和小队的其他人只有边抽烟边工作才能忍受着靠近尸体。这些原来是人的"东西"，在炎炎烈日下晒得太久了，已经开始腐烂。"没有人去取下身份牌，没有人去体面地安放肢体……他们对我们来说不是母亲的儿子，"怀特曼承认，他们"只是东西……没有了人性的……要在最短时间清除出视野的腐尸"。

难怪掩埋小队都要承受一种被怀特曼称为"急性呕吐"的痛苦。他们把尸体抬到由两块槽板搭成的担架上。怀特曼要抬的第一具尸体被踩进了厚厚泥土里，不得不用镐"松一松"。还有很多这样的尸体。负责的中士命令他们把英军尸体放在一个洞里，德军放

第二十一章 击 退

在另一个洞里。最后一具尸体"很胖""脸绿了"。看到这具尸体放在槽板搭成的担架上"爆裂成碎片",怀特曼一帮人放下工具,冲出去呕吐不止。

这才只是那天的开始。之后,怀特曼还必须得忍受恐惧,跳出堑壕发动进攻,为的是在大家看到德军前,行军不会中断。那天结束前,德军一枚炮弹把他连带着另外7名战士炸飞,抛进了那天早上掩埋尸体的洞里,这次轮到他被埋。他事后回忆当时感受,"在密闭空间……很多土下面……让人窒息,呼吸着让人窒息、有热度的高爆弹烟气""脚下是奇怪的东西,温暖而且非常软"。怀特曼"过于愤怒,陷入疯狂",他奋力抓土、尖叫,拼命想从这无异于地狱的地方逃离出去。

怀特曼最后被堑壕里看见了事情经过的战友给挖了出来。但他随后不得不忍受炮弹轰隆的"可怕黑夜",这使他"从头到脚开始颤抖",每当炮弹在他附近炸响,都使他痛得龇牙咧嘴。他的朋友塞西尔·波特在他身旁坐下时,他才有所缓解,用怀特曼自己的话说,"我能坐下像个小孩子一样哭了",想什么时候哭就什么时候哭。第二天早上太阳升起来,驱散了昨夜看起来像无尽梦魇的恐惧后,他才变得正常了些。

这一切都发生在他参加战斗前。15日早晨,怀特曼得知他们要向北进军去进攻波济耶尔,他们得小心地待在孔塔尔迈松到波济耶尔和拜里夫林地到波济耶尔的道路之间的区域。

他们向波济耶尔不断前进,村庄看起来很诱人。怀特曼的报告记录了他从南部靠近波济耶尔过程中目睹的事情:"大约3/4英里之外，我们能看到另一条垄上的绿树丛，有人告诉我们这是进攻目标外围的苹果树。各区域间看起来……令人愉悦，几块杂草地，弹坑很少，比来时路上的少。"

这和他们从前线一路走过来看到的风景不同，对此，他们很高兴。怀特曼写道："周围的地方，通常种小麦的田地……看起来很贫瘠，地面一片灰暗，被烧焦了，缺乏绿色植物……弹坑隔开的碎土都是统一的单调颜色。"这画面不只是充斥在怀特曼的眼前，所有看到那一幕的人都记忆深刻。

环绕波济耶尔的绿色植物跟他们之前看到的对比太过鲜明。"我们心存感激，"怀特曼写道，"天气极好……如果没有机枪发射子弹的话，我们应该在这样的天气去野餐。"

但是子弹扑灭了他希望庆祝一番的想法。怀特曼他们排第一批被打中的有他最好的朋友。塞西尔·波特在被德军子弹命中前，觉得自己要精神崩溃那晚和他坐在一块。在波特被枪打中前，怀特曼还告诉他要"保持距离！"

"知道了，怀特，"波特回答说。怀特曼回忆说，然后，"他突然停住了，枪抛向空中……迎面倒下，一动不动……别人拦着不让我停下去救他。"

好像德军的子弹不充足，怀特曼他们发现德军铁丝网有很小的空隙。通过铁丝网的唯一办法就是从这些故意留下的空隙中穿过去。不论事实如何，怀特曼认为这些空隙是"死亡陷阱，因为没有穿过铁丝网进到村里的其他办法，我们会成为敌军机枪手的活靶子"。

"我能看见正前方有个足够三四个人并肩过去的空隙，"怀特曼

第二十一章 击退

记得,"我像做梦一样跑过去,发现空隙里面及周围地面躺满了人,或死或伤。"但他没有停下,像着了魔一样,他跑啊跑,像是一场比赛,踩着那些受伤的人与尸体穿过那空隙,快得子弹都打不着。

如果不是那里已经挤满了抢先他一步过来的皇家燧发枪团 10 营士兵,他早跳进铁丝网后几码远的堑壕里了。他只能平躺在地上,借助于堑壕背墙避开德军机枪手的射击。躺在那里,怀特曼回望来时的地方:"我看到 3 具尸体挂在铁丝网上,像装有一半糠的卡其色麻袋,他们的胳膊倒悬着像要触碰到地面。在铁丝网那一边……平均大概有 10 英尺厚,4 英尺高……很多人堆在草丛里:他们想爬过来,但失败了。"

往前看,他看到一个叫斯蒂德曼的士兵正匍匐向一个地方靠过去,这样他只要跳起来就能跑到附近的堑壕里:

> 我冲他喊,"斯蒂德曼,别犯傻!"但没用。他跳了起来跑过去……朝堑壕跑了十步,发现里面挤满了人,因此他坐在边沿上准备溜下去,但太迟了,子弹打中了他的头部,他躺在地上,直到有人拽着他的脚……把他拉进去。

一名军官设法从铁丝网下面爬了过去,不断滚动,竭力避免把自己暴露在敌军机枪手面前。他告诉怀特曼攻击开始时间是下午 6 点,英军后方会发射红色信号弹,表示英军要从前线堑壕发射炮弹,掩护他们最后冲刺到德军前线。然后这名军官爬走去通知其他人。

如果怀特曼等到信号弹再进攻的话,他就永远不用往前冲了。

因为营部战争日志记载："营地总部试图发射 2 枚信号弹。不幸的是，由于信号弹受潮，没能发射成功，这导致有些部队发动了进攻，有些则在等待信号。"即使对这些部队来说，看起来"宝贵的两三分钟没了"，这使德军机枪手制造的火力网比当天早上的阻击更难以突破。

怀特曼没有因此放弃，他跟在跳出堑壕的士兵后面向前冲。"几分钟前，前方区域还没有人，"他写道，"但现在像变魔法似的，堑壕和'林地'之间的区域到处都是卡其色的身影在向树林狂奔。"

"又一次，好像灵魂出窍，我毫无畏惧，"怀特曼回忆，"一切看起来都那么陌生、那么不真实。我前面和旁边的士兵被子弹射中倒下；受了伤的开枪还击，咒骂着；我前进的方向上充斥着持续、尖锐的机枪'嗒嗒'声，这些都没有影响到我。"

直到他跑到波济耶尔南边的果园里，他才恢复了知觉。坐在一个英军路易斯机枪队后面，他惊骇地看着一个德军机枪手给英军造成的打击：

> 把英军第一位机枪手打成了筛子，他差点就倒在我身上。之后，换上来的第二个人只坚持了几分钟。他之后第三个人也被射杀，两人都是被子弹射穿头部。只剩下军官了。在那个位置射击等同于自杀，但军官另有想法。他使自己处在机枪后部，发射了几十枚子弹后，他被两枚子弹射穿脖颈。他坐起来，捂着脖子惊愕地看着我，然后栽倒在之前那三个人身上。

第二十一章 击 退

最后，英军下达了撤退的命令，所有能撤离的都退回到那天下午6点他们发动进攻时的堑壕。怀特曼就包含在能撤离的人中，他们这些人活着是为了让他们营战士的功绩能够永垂不朽。刚开始，怀特曼还担心他们营幸存下来的只有32名士兵。不过，这只是进军后第一次点名后的数字。随后，文件显示他们营"只"伤亡了约250人，比旅部其他3个营伤亡人数要少。全旅伤亡超过1 400人，其中阵亡超过340人。

如果该旅拿下了波济耶尔，这一程度的伤亡还可能使当天的军事行动被认为是成功的。问题是，德军在波济耶尔的防御几乎没有被削弱。此后，英军不得不发动了更多次进攻，牺牲了更多的人，才最终占领波济耶尔后方高地。

第二十二章

严重失误

弗罗梅勒：第一阶段，1916年7月13—19日

黑格发现从准备阶段至7月1日这段时间内，他的兵力相对德军总是保持着"相当大的数量优势"。自此，他对保持这种数量优势变得近乎痴迷。7月14日进攻前不久，黑格得知敌军最近从朗斯—里尔战区调来9个营投入索姆河战区。然后，他绞尽脑汁想策略，意欲切断德军的增援力量。

因此，黑格想进攻距阿尔芒蒂耶尔西南约6英里，距里尔西部约10英里处的德军前线。这个区域地势比欧贝和佛罗梅勒低。刚开始，黑格只是计划展示军事力量，以震慑德军，使他们不管索姆河战局多么不利，都不敢冒险从其他战区调兵过来。同时，英军的行动要尽量谨慎，以确保减少伤亡。

然而，本来只想展示一下军事力量的震慑进攻很快就演变成大规模战役。问题在于，努力调和上述两个想法之间的矛盾却致使每个想法都打了折扣，直到当事人明白哪个目标也不可能圆满实现。

第二十二章　严重失误

这与7月1日戈默库尔发生的情况很相似。

弗罗梅勒战役代表着一种转折。那是澳大利亚军队第一次参与西线重大军事行动。隶属于第二澳新军团（2 ANZAN-Australian and New Zealand Army Corps）的澳军第5师，是参加了弗罗梅勒战役的澳大利亚部队。可是，在第5师进攻的几天里，隶属于第一澳新军团的澳军第1师，开始在索姆河战场发挥主导作用。第一军的另外两个师，澳军第2师和第4师，在索姆河战场辅助第1师。

大家一致认为，大多数前来法国参战的澳大利亚士兵都皮肤黝黑，看起来健康且强壮。有一些是从加里波利战役中幸存下来的，经验丰富。不过，大多数人之前从没经历过激烈的战斗，因此，有经验的士兵也许能避免的错误，他们却很容易犯。他们缺乏经验，这在弗罗梅勒和索姆河战役中会是个重要的影响因素。

尽管弗罗梅勒战役有澳军第5师身影，但进攻的4 200码前线差不多由英军第61师及澳军第5师平均分配。隶属于第一集团军第十一军的英军第61师负责进攻右（西）侧，而澳军第5师负责左（东）侧。英军和澳军都得克服一些相似的障碍。

弗罗梅勒战役开始前，大家就已经明白，一场把混合进攻和单纯展示实力的想法杂糅起来的军事行动会产生许多问题。第十一军司令理查德·哈金中将是本场战役总指挥。他制订的部分攻击计划目的是为了"有效杀伤敌军"。计划要求炮兵把炮火弹幕从德军前线移动到德军支援堑壕甚至更靠后，这是进攻时才会采取的常规行为。但哈金在步兵进军前，却不止做了一次。炮火发射后，他想再次瞄准德军前线。发射的炮火只是为了引诱德军走出堑壕，这样他们的炮火弹幕就会重新瞄准前线，尽量杀伤德军。这种方式会重复多次。

为了进一步欺骗德军，哈金命令，每一次"炮弹升空"后都要马上采取下列行动："每次发射炮火后……堑壕内的步兵都要在胸墙上露出他们的刺刀，还有假脑袋和假肩膀。军官们要吹口哨、喊口号，引诱德军防守他们的胸墙。"

想让敌人相信另一方的攻击马上要开始了，这计谋倒也不错。不过，在真正进攻开始前采取这一计策，效果可能相当于自杀。真正的进攻，时间的保密性是成败的关键。这并不意味着弗罗梅勒战役开始前需要保密的事项很少。犹太人沃尔多·詹德少尉，入伍前是一名来自悉尼的仓库管理员。他服役于澳军第 8 旅第 30 营，弗罗梅勒战役中，该部队在进攻最左侧协助突击营。詹德战后回顾说，他和士兵对战前发布的杂乱信息感到困惑。一方面，命令要求他们"必须严格保守秘密"；另一方面，他特别提道：

在附近所有的小酒馆里，人们谈的都是"特技"。甚至连那些"小姐"都问我们"特技"什么时候上演。炮兵开始行动，挖堑壕防护。同时，林荫路入口附近的道路上变得更加拥挤了。军需品临时存放处分布得零零落落，每当士兵走在交通壕里时，总会经过携带着弹药和"李子布丁"（绑在木棒上的迫击炮弹的别称，又称为"焦糖苹果"）的人。德国佬不得不盯着我们，观察我们做的所有准备工作，他们飞机侦查的频率已经不能用频繁来形容了。

第二十二章 严重失误

这只是弗罗梅勒战役与戈默库尔惨剧的相同点之一。两次战役的共同难点在于攻守双方阵地之间的距离过长。澳军第15旅旅长哈洛德·"庞培"·埃利奥特准将，明显不相信澳军的炮兵能压制正面的德军。这也解释了为什么上级要求其部队跨越对面的400码无人区，前往位于德军前线的酷似面包的一座山中间的突出部的左侧时（这里的德军实际控制着双方堑壕之间的区域），他会那么沮丧了。

抱怨的机会出现了，埃利奥特绕过上司——詹姆斯·麦凯少将，强留来访的总司令部参谋霍华德（H.C.L.Howard）上校谈话，以确保其能够明白命令到底要求澳大利亚士兵去做什么。埃利奥特指出，上级要求他们旅穿越400码的区域，而这是发给每位在法作战军官手册中建议的最远距离（200码）的2倍。霍华德同意本次进攻最终会变成"血腥大屠杀"的看法。

攻击结束后，埃利奥特指责麦凯少将没有就计划向哈金提出异议。埃利奥特认为麦凯将个人虚荣放在了部队利益的前面。当然，有证据表明，麦凯想率领澳军第1师参加战斗的雄心壮志可能影响了他的判断。麦凯手下第54营营长沃尔特·卡斯中校，在弗罗梅勒战役中发挥了关键作用。他回顾了麦凯在他们抵达弗罗梅勒战场后几小时内，是如何迫不及待地命令他们向德军堑壕发动突袭的。

虽然麦凯没有反对，但埃利奥特借参谋霍华德中校抱怨的话似乎起了点作用。7月15日，黑格在批准哈金打算17日发动进攻的作战计划时，在方案底部潦草写了以下条件：如果提供了"充足的火炮和弹药用以反击德军火炮群"，计划才能执行。

埃利奥特在7月16日讨论会上作的评论可能也促使了黑格做出干预。司令部副总参谋长理查德·巴特勒少将和第一、二集团军司令门罗上将与普卢默上将也参加了讨论会：黑格希望在有了足够火炮能够占领并控制德军堑壕时再进攻。巴特勒因此认为，17日没有必要发动攻击。可是，哈金不但没有借此机会后退一步，他还告诉与会的各位将军，他对配给的资源很"满意"，弹药"充足"，他"自信"行动会成功。

那天下午，雨下得很大，就像命运女神也在竭力劝说这些将军中止这项行动。巴特勒返回位于绍克的第一集团军总部，告诉门罗的参谋行动应该推迟，如果天气不允许甚至得取消。但是哈金不同意取消行动，他赞成推迟。直到17日因为天气不佳哈金给门罗写信告知行动需要继续推迟后，门罗才最终决定取消这次进攻。

然而，门罗上报总司令部后，总参谋长回复说如果天气条件允许，物资充足，黑格希望行动最终能够继续进行。鉴于哈金已经说过他对此很满意，如果撤销行动，他会难以接受。因此，本来有第三次机会可以取消的行动最终却通过了。哈金最后发布命令，要求炮轰7小时以削弱德军，随后于7月19日下午6点发动攻击。

他的决定带着自满的味道。考虑到3周前的7月1日那天部队在大白天穿越广阔的无人区时这么做所造成的悲惨情况，哈金的这个决定看起来有悖常理——换言之，除非他认定德军被他的火炮给吓坏了。但德军吓到了吗？

哈金的支持者义正词严地声称，哈金不负责决定进攻所用火炮和弹药的数量。但哈金有义务确定提供给他的火炮可以使他能够在

第二十二章 严重失误

多长的战线展开攻势。最初，他知道能指挥3个师进攻，炮火支援来自另外2个师。火炮数量的规模压缩后，他缩小了进攻半径，使进攻战线缩短到4 200码，参战的部队也从3个师减少至2个师。

正如在第三章中叙述的，罗林森将军的炮兵顾问曾经提醒他，要摧毁德军的防御力量，需要每100码布置1门重型榴弹炮。但哈金似乎提议在4 200码战线上，只需要布置28~34门重型榴弹炮，相当于每150码或每123码——取决于批准的榴弹炮数量——布置1门。这只是考虑了德军前线的情况，如果把德军第二道防线也考虑在内，那实际数字会比炮兵顾问建议的码数还要低。

这些失误，还有那些将军们的推诿，进攻部队都不知情。哈金读给参战全军的声明内容，还在他们耳边回响：

> 一切准备就绪时，我们约300门各式各样的大炮会针对德军的前线堑壕系统进行狂轰滥炸……等我们切断所有的铁丝网，摧毁敌人所有的机枪阵地，轰倒大多数胸墙，炸死大部分敌军，彻底震慑了残存的敌军后，我们的步兵发动攻击，占领并且控制敌人整个前线的支援堑壕。

进攻当天（7月19日）上午10点左右，即旨在削弱敌军的主要炮击开始前1小时，澳军第15旅旅长埃利奥特开始给"亲爱的娇妻"写信。鉴于他向霍华德上校提到过的他所担忧的事情，可以说这是一封充满虚假乐观的信件。他写道：

我是在早晨写的这封信。今晚6点左右，我们就会发动进攻。不同于正在索姆河地区发生的情况，倒是和其他一些地区挺像，这会是一场相当重大的战役。为了激励这些小伙子，我把能想到的一切招儿都用上了。我现在在等信号。又会有很多士兵死去。他们也在热切等待着信号。我们希望炮兵狠狠轰炸敌军暂壕，这样我们的人就不会有太大损失。昨天，我们轰击敌军暂壕，炮弹已经打了很多。和前些日子相比，德国佬昨晚非常安静。我觉得他们坚持不了几天了。昨天轰炸他们的程度跟今天1个小时后即将开始的轰炸一点都不能比，这轮轰炸会持续到晚上6点。

然后，我们的小伙子会带着刺刀猛冲上去，我们希望能冲到最前面。大家都相信这次我们会顺利拿下敌军阵地。他们谈到的困难好像都是拿下后该怎么守住它。我会离开前线，跟上去盯着攻击态势，我不能远离战场待在这里。如果我遭遇不测，我只能说：上帝保佑，让你，我亲爱的真正的爱妻，我的贤内助，有我们那些可爱的小宝贝儿一直安慰你。我很有信心，这次比以前更有信心，我会没事的。你也这么想的话，这份信念或许能帮我……

我的遗嘱放在标有我姓名的办公室保险柜里……

像很多第一次奔赴战场的士兵一样，二等兵亨利·威廉斯，埃利奥特他们旅的"小伙子"，在战斗前两天写信给他"亲爱的妈妈"，他意识到那可能是他人生中最后一封信了。信中提道：

第二十二章　严重失误

> 大攻势就要开始了。如果我倒下了，我会很自豪，我明白我这么做是为了公平……和……正义的事业。在上帝和整个人类角度看，这是光荣的。这对您是个沉重打击，但您要振作起来。我相信用不了多久，我们会在新世界再见到彼此……上帝保佑您，直到我们再次相见。

这些都只是文字。对第5师的很多澳大利亚士兵来说，他们从没有参加过战斗，更别说是一个像德军这样复杂的强大对手。德军火炮瞄准他们轰炸时，他们才真正意识到自己的处境。"一切正常的情况持续了约10分钟，"30营赞德少尉在其部队向支援堑壕东侧移动时，回顾说，"然后开炮了，看起来是冲我们来的，主要是瞄准我们。5.9英寸口径炮弹……成双飞过来。有些飞过去……但有几枚击中了目标。看到有些战友被担架员抬走时努力忍着不流露出任何伤痛的情绪，我们感到十分难过。"

快到下午6点时，赞德和他们营带着武器的士兵转移到第8旅突击营腾出来的前线位置。"看起来到处都是尸体，"他回忆说：

> 有个人被炮弹击中，炸掉了半边脸。尸体躺在小路上，挡住了路。一名中士停下来，把他移到了另一边。还有一个人把附近沾满血迹的制服盖在了尸体脸部。这一切在我们眼里太过恐怖……那时，我们还没有习惯看死人的场面。
>
> 战线更远处，一处军需品临时存放处着火了。随着火势变大，弹药筒开始爆炸。这种尖锐短促的爆炸声，和附近重炮沉

闷的爆裂声相比，让人听得更加清楚。我们经过这个军需品临时存放处，到达了我们的阵地。

结果，击中那个军需品临时存放处对德军来说喜忧参半。烟雾飘过无人区，最后竟然会遮蔽住本已经暴露的澳军。这些澳军必须把补给运送到还在德军前线的同伴手里。此外，火焰慢慢沉寂后留下的微弱火光，却为许多因迷路而不得不趁天黑撤回澳军前线阵地的士兵指明了方向。

当晚，赞德和后援部队第30营的战友们不得不多次穿越无人区。虽然哈金制订的计划存在内在的致命缺陷，但左翼的进攻部队有能力排除万难穿越无人区，抵达德军前线。在那里他们几乎没有遇到抵抗，最起码在短时间内没有。他们的优势在于只需要跨越不足200码的距离，而不像他们右侧的澳军第15旅一样要跨越400码。他们与凸向第15旅右侧无人区的甜面包山突出部的距离，在一定程度上起了缓冲作用。这样，他们不会在第一时间被德军机枪手注意，双方前线间区域处在德军机枪纵向射击范围内。

下午6点前，左翼领先的澳军已经全部爬上胸墙。成功穿越他们一侧的无人区后，他们到达靠近德军铁丝网的地方。摧毁他们身前胸墙的炮火弹幕一升空，他们就冲向了德军阵地。随后欣喜地发现，尽管他们的炮兵没什么经验，但还是多多少少摧毁了德军的前线防御。

弗雷德·托尔中校是澳军第8旅王牌部队31营营长，他在事后的报告中写道：

第二十二章 严重失误

一抵达德军前线，我们就发现，这里被我们的炮火摧毁严重。许多敌军尸体躺在地上，也有在地下堡垒和掩体里的。我们发现地下工事里还有很多德军，我们马上炸死或杀死了他们。另一名澳军士兵证实，至少前线有些德军在乞求饶命时，"被澳军冰冷的刺刀结果了性命"。

不过，托尔的人也付出了惨重的代价。德军在英军攻击前不久，对英军前线进行了十分猛烈的轰炸，让人怀疑敌人是不是预先感知到了什么。澳军炮兵进一步增加了己方伤亡。有一次，他们把如雨般的炮弹打到对方前线上。

托尔手下的弗朗西斯·劳中尉冲到德军前线。他这样描述失去这么多战士的结果：

我意识到穿过空地攻击德军第二防线徒劳无用……附近没有军官（我们损失了大量军官……），就命令战士（约100人）返回德国前线堑壕，停止前进……

就在这时，一名军官过来挥舞着他的左轮手枪……大喊："小伙子们，继续！"他们跟上去，我心里骂了一句，也跟了上去。

托尔在报告中描述了"剩下的人为了占领德军前线系统的第二和第三道堑壕猛冲过去……我们一拨一拨地往前冲，但进攻路线都不一样。很快……我们发现提供给我们的信息与实际情况有很大差别。航拍照片上显示的'堑壕'实际上只是漫着水的沟渠,两边是笔直的几排树木"。

托尔的部队在德军前线后方约 400 码处挖堑壕,而他们的指挥官又前移了 150 码,看到德军堡垒后才停了下来。德军堡垒前有 5 英尺高的铁丝网保护着。这使托尔明白,他们已经走得够远了。他和士兵后撤,他们在德军旧防线上建立防御工事,以备前线部队需要在夜间撤退。托尔的进攻防线遭到了敌人的猛烈炮击,最终他们又向后撤了约 100 码,退回到了接近前线的地方。31 营在这里进入堑壕,在他们左侧的是第 32 营——澳军第 8 旅的兄弟部队,他们右侧是澳军第 14 旅第 54 营。

托尔的报告总结了他们部队面临的挑战:

> 抵御敌人第一轮进攻的人手太少……然而,所有能派出去的人手都被要求去把沙袋从我们"后方"转运到"前线"。用手里现有的挖掘工具和几把铁铲挖掘泥土,以此加固堑壕的背墙。我们急需铁锹、铁铲和沙袋,但需要数千沙袋的地方,我们却只有几百……这工作令人心碎——我们用手头仅有的资源去堵堑壕那么多缺口。虽然我们时时刻刻……处在炮火之下,但我们的战士却斗志昂扬地创造了奇迹。

即便如此,托尔仍感觉信心十足,他在傍晚 7 点 25 分给旅长埃德温·蒂维(Edwin Tivey)发送了以下信息:"如果增援能马上到位,我们能守住敌人的第一轮进攻。请让士兵拿着铁镐、铁铲和

第二十二章 严重失误

更多的机枪弹药过来，我们还需要人。"

监测最右翼进攻部队——61师182旅皇家沃里克郡第7步兵团2营——初步进展的观察员们，同托尔一样非常乐观。这份乐观情有可原。确切来说，两个突击连是在下午5点31分穿过英军矮墙打开的"出击口"开始向外转移，并且在矮墙前的沟渠里分散开。下午5点50分，他们开始穿越危险的无人区，分4拨前进。就像最左翼的澳军一样，他们到达了德军堑壕前方约40码处时，炮击结束了。对他们来讲，这是向德军前线——如果这样去描述"几乎被掩埋的"且躺满德军尸体的堑壕更精确的话——冲锋的信号。

他们到达很及时，此时，那些钻进地下堡垒躲避英军炮火而残存的德军刚爬出来。虽然德军知道了他们即将到来的命运后有可能变得更加凶悍，但这次德军没反抗。英国士兵做出手势示意大家穿越无人区，很多德军被英军堑壕里落在后边的士兵枪杀了，因为他们认为德军在组织反击。

同时，一些英军部队沿着德军前线向左右两侧延伸，以此尝试扩大他们占领的区域，而剩下的一些人向他们的下一个目标——德军的支援防线进军。他们刚开始取得的胜利由一名观察员记录下来，报告给了右侧的炮兵部队。该部队于下午6点05分发送信息"步兵进去了"。这一消息在下午6点15分被皇家沃里克郡第7步兵团2营唐纳森上尉发送的另一条信息印证了，"约有20人把守着敌军支援防线，火炮正在轰炸敌军防线"。

但这是那些冲锋陷阵的勇士们被记录的最后话语。唐纳森的信息到达营部的几分钟内，英军旧防线信号哨所的韦尔奇少校传来另一条信息。韦尔奇提到,敌人正从两侧包抄:在他们左侧能看见"德国人的头盔"向英军逼近,快要将支援防线的部队与这次被增援了3个排的英军部队切断。晚上7点05分,韦尔奇又传来了另一条消息。这条令人不安的消息只包含几个字:"轰炸机停飞了。"

短短1小时过后,营部残余人员接到命令后撤。流了这么多血,但攻占的区域都没能保住。晚上9点45分,营部克罗斯比上尉传送的一条消息总结了刚开始的胜利是如何在最后转变成惨剧的:"德军已经在他们前线部署了兵力,但后来没人仔细查看。"能够从德军防线撤回来的部队是没能与支援防线的沃里克郡团实现会合的增援部队。

皇家沃里克郡第7步兵团2营左翼的情况更加严峻。其左翼4个营的部队要么是炮击结束时距离德军前线太远,被先一步到达胸墙的德军机枪手给打残;要么是穿过胸墙的出击口时被射中。只有其中2个营中很少的人到达了德军前线堑壕。

第61师左侧部队白金汉郡第1步兵团2营的进军情况更复杂。他们的任务是占领德军防线上被称为甜面包山突出部的最重要区域。但该营早在7月19日进攻前就已实力大损。7月18日,一枚德军炮弹击中弹药箱,导致78人死亡。在19日的进攻前,德军炮击又造成约100人伤亡。

因此,进攻连队从朗达坑道——甜面包山对面由英军防线延伸出的一条交通壕——出来时,战斗人员已经减少到了120人。他们没打算秘密行动。相反,他们高呼着向甜面包山的堡垒发起了冲锋。目击者看到一些战士爬上了德军胸墙,但这是他们看到的最后

第二十二章 严重失误

画面。

尽管如此，一段时间后，英军总部仍希望他们能够突破之前多次进攻都没能突破的德军防线。早上6点23分，一名炮兵观察员报告"184旅突破进去了"。但6点51分紧接着又收到一条相互矛盾的报告："德军一直严密防守着他们的胸墙。看不到我们的人。"不过，出于某些考虑，更高级的指挥官好像忽视了这条报告。在这最佳的1小时里，指挥官一厢情愿地认为掌握着最新的报告内容。

人们对埃利奥特准将率领的澳军第15旅的命运有着相类似的困惑。该旅第59营和第60营在早晨5点45分已经派遣士兵爬过胸墙。刚开始，与敌军之间距离很远这点似乎帮到了他们。早上6点02分的第一份报告中写道，尽管敌军开火了，但"并不猛烈"。6点30分前不久，埃利奥特给麦凯上将发了封报告，内容是："进攻看起来一切顺利。敌军的步枪火力几乎失效。"

几分钟后，当埃利奥特不得不给麦凯上将发消息告知他十分担心右侧部队时，能够想象埃利奥特内心的失望："第59营被阻滞在无人区中部，伤亡惨重。"不知道他们右侧的184旅能否成功突破德军在甜面包山堡垒处的防御，不过他们没能压制住甜面包山上向他们右侧区域扫射的机枪手。后果是灾难性的。大概35分钟后，埃利奥特发送了另一条证实没有取得进展的信息："堑壕里都是敌军，只要站起来，马上就会被射倒。"

稍后不久，有几次差点被射中的埃利奥特才意识到士兵经受的令人震惊的所有磨难的细节。他在之后的信件中提到了一些他所知道的情况。比如，他回忆了还是"小屁孩"时就认识了的安德鲁·莫洛中尉：

  他以卓越能力率领着手下战士前进，直到一枚炮弹击中其脸部，把他炸到弹坑里。士兵把他挖出来。他原来是个帅气的小伙。就算他会因此严重毁容，我也希望他能挺过来、活下去。但第二天他在昏迷中去世了……

  沃利·韦尔（中尉）的两个脚跟都被射穿，胳膊都被打烂了。莫洛死在野战医院时，韦尔还远在加来。受寒加上失血过多，莫洛和韦尔不幸逝世。但是，被抬进病房的时候，两人都非常勇敢坚强，没有喊疼，哪怕一句抱怨的话也没有说过。韦尔好像从没考虑过自己，他想着杰克·鲍登（中尉）。他想让人把杰克带回来，但英勇的杰克过于深入敌军堑壕，士兵多番努力后还是没能带回他的尸体。

  这些只是失去战斗能力的军官中的一部分。另一名军官，即使在当天早些时候被击中了喉咙，仍坚持参加"冲锋"，被"炸弹炸得粉碎"。第59营营长被吓坏了，不得不由副营长伯特·莱（Bert Layh）少校接替他。很幸运，莱安然无恙。埃利奥特写信给他的妻子，但内容只有："一枚很大的炮弹爆炸了，把他炸进了满是泥和水的深坑。他被半掩埋着，难以呼吸，费了九牛二虎之力才爬出来。"

  第59营被阻挡在了中途，这消息可能促使一些长官下令取消进攻。而卡特准将晚上7点35分宣布他的184旅进攻受阻后，更多人支持取消进攻。184旅占到了进攻中间区域兵力的一半。之前

第二十二章 严重失误

说白金汉郡第 1 步兵团 2 营在甜面包山的报告被认为"可疑"而不予考虑。如果麦凯能意识到这点,他和哈金本来应该知道,英澳军队没能占领事关整个战事成败的关键区域。

相反,麦凯也许被埃利奥特的第 60 营攻占了第 59 营左侧的德军阵地这件事激怒了,他批准投入澳军第 3 旅第 15 营、第 58 营,希望这样的增援会助第 59 营一臂之力,突破德军前线堑壕。不久,晚上 7 点 52 分,184 旅旅长卡特准将给埃利奥特去信强调哈金计划中的另一处致命失误。信中提道:"我会在晚上 9 点再次进攻。你右侧的步兵营能助我一臂之力吗?"因此埃利奥特下令第 58 营协同第 59 营进攻战略目标。

如果哈金能够确保第十一军及其下属各师部、旅部都有联络员,那么卡特发的信息就不会难以到达。但是,联络员不足。哈金命令针对甜面包山堡垒及其周围区域的中部攻击应该由两个师执行。因为中途可能突发意外事件,这要求不同连队间有快捷的通信。因此,哈金打电话给第 60 师师长科林·麦肯齐(Colin Mackenzie)少将,要求他取消晚上 9 点的进攻,把所有部队撤回到原来位置准备在次日进攻。但埃利奥特却并不知情。

形势并没有得到改善,即使第 61 师晚上 8 点 30 分向澳军第 5 师发送了以下信息:"遵照军团司令指示,天黑后我们会撤出已经占领的敌军堑壕。"麦凯既没看到信息,也不理解其重要性:即使他看过了,他也不会意识到把信息转交给埃利奥特是件十分重要的事,除非他也看到了卡特向埃利奥特求助的信息。如果麦凯没看到卡特的信息,即使埃利奥特声称信息是澳军第 5 师传送给澳军第

15旅，那时麦凯也不会知道埃利奥特可能会致力于发动一场没有卡特旅团参与，注定会失败的进攻。

还有第三种可能。有可能麦凯没有理解第61师的信息；信息的措辞模棱两可，可能被误解为184旅打算撤退到原来位置，以便再次进攻。

不管何种解释，麦凯似乎直到晚上9点10分才意识到有些事情不对。那时，埃利奥特解释第58营进军支援第61师进攻的信息送达澳军第5师，几分钟前，第十一军陈述61师接到命令不发动进攻的信息刚抵达澳军师部。麦凯收到埃利奥特信息后的反应无从得知。麦凯没有通知埃利奥特，不论他是否因此认为自己是一名罪犯，他都可能被吓到了。尽管如此，晚上9点37分，卡特的进攻被取消超过70分钟后，埃利奥特才被告知61师定于晚上9点发动的进攻取消了。

但这已经太迟了。晚上9点，埃利奥特第58营的部队已经向德军防线进军，第59营3小时前曾被阻于该防线。只是这次，德军堡垒对面没有同时进军的部队来分散甜面包山的机枪手和步兵。

澳大利亚历史学家描述这是"澳大利亚皇家军队发动过的最无畏、最无希望的进攻之一"。攻击命令下达时：

他们向前冲……带着第59营幸存的一些战士，直到他们穿越了2/3的无人区，突出部的机枪开始猛烈扫射，队形被撕裂了……幸存下来的人在一个沟渠里找到些很脆弱的掩体。他们躺在那里，头顶是让人感到害怕的子弹声。他们的长官哈里

第二十二章 严重失误

森少校努力想把这次进攻推得更远。他一个人前进，在靠近德军铁丝网处被子弹打得满身窟窿。第58营两个突击连几乎全军覆没了。

因为部队伤亡惨重，战士所受折磨方面的记录几乎找不到。证明他们进展的最佳证据是一位澳洲人在1918年停战以后参观战场时所做的记录，描述了令人毛骨悚然的景象。"我们发现无人区躺满了士兵尸体。在莱河以西和甜面包山突出部以东的狭窄地段，到处可以看到骷髅和破烂的军服。我在距甜面包山突出部角落50码的地方发现一些澳大利亚军队的工具包，在100码以内还发现一个澳军军官和几个士兵的骸骨。"

这些遗骸也许是和第58营并肩作战的战士留下的最后痕迹。这些人的牺牲很明显是哈金的失策导致的，所有或部分涉及的将军，包括麦凯、卡特、埃利奥特和麦肯齐，他们都负有一定的责任。

第二十三章

澳军的牺牲

弗罗梅勒：第二部分，1916 年 7 月 19—24 日

如果澳军在弗罗梅勒战役上的失败仅限于进攻计划存在缺陷的地方，那他们的伤亡就可以保持在可控范围内。而知道在什么时机冲锋、什么时机停止进攻后撤的将军没有承担起应尽的义务，这才导致了他们伤亡惨重。

在 58 营进攻不利遭受重创后，放弃进攻弗罗梅勒并要求部队返回澳军出发时的前沿防线的命令，似乎是在 7 月 19 日晚上 9 点后不久下达的。那时候，不仅哈金中将的先锋部队折戟，澳军再次向前突破的尝试也失败了。

然而，在一场将军和前线部队通过电话保持联络的战斗中，他们的通信最佳状态也是断断续续的。因此，指挥官常常得等着鸽子或通信兵把消息送过来，其间肯定会有延误。这种延误，在高速运行的今天是无法接受的。因为通信不畅，将军们坚持认为应该加强澳军在甜面包山东侧阵地上的防御，而不是躲避危险选择后撤。

第二十三章　澳军的牺牲

　　哈金和麦凯两人收到了报告，报告提到一架侦察机在 7 月 19 日晚 9 点 10 分看到澳军调派了别的军队增援外围部队，从而得知在甜面包山上发射了照明弹之后，军队的调动情况。这自然让澳军第 5 师及第十一军司令部的参谋人员疑惑 184 旅的进攻究竟是成功了还是失败了。哈金中将被第二次问及白金汉郡第 1 步兵团 2 营在甜面包山的进展情况时，他表现得像一头受了伤的公牛，决定再发动攻势。那晚，他们又一次进攻甜面包山，在第二日早上又对敌军余下阵地发起攻势。哈金中将的参谋安德森准将到访麦凯的司令部时告诉他，他的部队必须在当晚 10 点 10 分守住左侧外围的阵地，这"相当重要"。

　　不过，正如沃尔多·詹德和澳军第 8 旅 30 营的战友告诉他的，说起来容易做起来难。以下从詹德写的有关当晚亲身经历的报告中节选的内容，鲜明揭示了那些试图跨过无人区给外围部队送去补给的战士遇到的灾难：

> 德国佬发射了一些燃烧弹，爆炸后……把所有接触的东西都点着了。那些闪烁的火焰使躺在地上的尸体及残骸也燃起了鬼火。有个被炸弹炸掉胳膊的可怜家伙正在忍痛爬过无人区，想到一处避难的地方得到些援助。这时，一枚恶魔似的燃烧弹在他附近爆炸，他被燃烧弹的火焰吞噬了。借助燃烧弹的火光，我们看见他发疯似的想扑灭正吞噬他血肉的火焰，痛苦中，他努力用手抓起一抔抔泥土。他的尖叫持续了一两秒——然后沉寂了……第二天从他的尸体旁经过时，我们看到他身体

的一边被烧焦了。

詹德认为无人区不安全，30营巴伯尔上尉写的报告证实了詹德的结论。巴伯尔在报告中写道，他跳出壕沟发动进攻前，向上级询问穿越无人区最安全的路径在哪里：

> 珀泽少校那时十分沮丧，他告诉我他们连……在穿越我们碰面的左侧区域时全军覆没，所有军官不是被杀就是受了伤，他们不可能再继续前进……由于炮火猛烈，他们只能在天黑后再去搜寻伤员。
>
> 尽管如此，他……亲自把我带到一个地方，他认为我们在那儿有更多机会可以顺利穿过无人区。我立即给我们排下达指示，让他们爬过胸墙，但很快出现了伤亡……是德军的步枪和机枪造成的。一枚炸弹落在前锋部队所在区域，造成众多伤亡，其中就有我的二等兵罗斯。他是我的勤务兵，被炸断了一条腿。
>
> 我们有几个战士都惊呆了，被炸进了弹坑。刚一恢复知觉，我们就向前推进。途中大家看到了很多死去和受伤的战士（命令要求我们不能去帮助伤员，以避免行军延误）。然后，我们按照指示进入了左边的德军堑壕。

如果这些描写了穿越无人区相关危险的内容不足以说服将军们，让他们相信澳军在外围的防守坚持不了太久，那么当他们问过

第二十三章 澳军的牺牲

巴伯尔，得知他在德军前线及跨过前线后看到的场景后就会相信了。令巴伯尔吃惊的是，当他和士兵终于爬进德国堑壕后，他们发现里面到处都是尸体，绝大多数是德军的，一眼望去没有一个还活着的人。

令人难以置信的是，虽然英军在 7 月 1 日就学到了经验教训——不防守好占领的德军前线就向前推进，会令他们腹背受敌，通信中断，但澳军是否懂得这些基本的经验教训，他们没有去考证过。这不能责怪其他军官，他们只是服从命令而已。麦凯少将给所辖各旅的指令明确规定，前线的敌军一旦被压制，部队就丢下一切辎重，移动到外围区域。

巴伯尔意识到，目前的荒凉场景随时可能被战斗部队在其中爬行的场景所取代，他指导手下士兵掘壕固守，并且搜集能找到的所有弹药，让他们设立一个军需品临时存放处。而他则前往离他们最近的交通壕去查看更前方的敌军动态。他最后到了一个壕沟，32营正迎着德军炮火在壕沟内拼命坚守阵地。

正是那时，巴伯尔被再次震惊到了。进攻阵地的部队十分分散，负责外围左侧区域的怀特上尉不清楚在他右侧的是哪支部队。巴伯尔看到怀特的部队与另一支澳军相隔一段距离，如果德军有想法，那他们只需要发动一次进攻就可以冲过那块间隔区域。

巴伯尔在报告中记录了他接下来的做法：

> 我努力朝右侧前进，射击仍在继续……我想在那里找到相接续的部队。过了一会儿后，我碰见一些 32 营的士兵。稍后，

我又碰见了一些8旅的小分队，和左侧的普遍情况类似，他们混在一起。我终于见到了一名军官，31营的查尔斯·米尔斯上尉。他说手下只有几号人了，但会坚持住……

我检查的整个防线，尤其是左侧，暴露得厉害，遭到了敌军的炮火纵射，还被敌军的步枪和机枪不断扫射，伤亡非常多，伤员不幸被炸到沟渠里。德军火炮射程只差了一码。沟里的水本身并没有让那些平安的士兵感到不适，但他们的弹药沾上了泥土，步枪被严重堵塞……

由于泥土会堵住枪管，因此很多人都备有三四把步枪，是他们从阵亡士兵那里搜集的……他们需要大量的沙袋来构筑胸墙。这在当时的情况下很难办到，而且他们还缺乏材料。

虽然巴伯尔能把情况报告给怀特上尉，使怀特做出安排来填补他与米尔斯上尉小队之间防御空白，队伍之间不能留有空白地区。此外，填补好怀特右侧的空隙并不意味着外围就安全了。如果巴伯尔向右探查得更远些，他就会看到米尔斯右侧的另一个更宽的缺口，缺口另一侧驻守着同样损耗严重的澳军第14旅54营的部队。敌军奔波600码突袭他们后，54营后撤占据了一条水沟。

他们后撤的命令是指挥官卡斯中校下达的。他把在德军原前沿防线后方堑壕里的地下堡垒作为司令部。他们在这儿不用遭受在前沿防线时的痛苦。这里有电灯，还有两张床，墙用纸糊过，甚至用类似相框的金色饰条装饰。"这里有一张桌子，一把扶手椅，一个加热炉"，卡斯后来回顾说。

第二十三章 澳军的牺牲

在这个相对隐蔽的地方，卡斯打算把14旅和8旅防守的外围区域内的一切行动都谋划一番。从他那里以及从前线发回总部的信息，让我们了解到卡斯鼓舞士气的方式，以及他们忍受的诸多苦难。如果麦凯和哈金将军考虑过动用联络员向他们汇报前线的局势，那他们也能知道这些细节。

7月19日晚上9点15分，一切明显是在澳大利亚步兵的预期中。卡斯把以下煽情的话语发给前线军官："告诉战士们，他们干得漂亮。让他们坚持住。"他随后又发信息劝勉道："认真作业，加固阵地。敌人会在今晚发动反攻。已经占领的土地，我们绝不能丢失一寸。为了54营的荣誉，我们一定要守住拥有的所有阵地，绝不能让德国人进入我们的防线一步，除非在俘虏了他们之后。我对你们很有信心。"

反馈给卡斯的情绪中表现出了乐观的态度，但如果转发给将军们，他们可能会发现，这些信息与其说是在鼓舞人心，不如说会令人不安。哈里斯中尉从前线发回的报道称："必须给我们右侧毗连的53营提供些沙袋和铲子。工程兵已经派人去拿水泵。有些地方，水已经漫到我们的腰了！有450人左右。材料到了，我们能把这水沟打造成'不错的'阵地。"

凌晨零点55分时，哈里斯报告说："53营要求我们增援，填补相接处的空缺。我已调派50人左右增援他们，现在从前线上再也抽调不出一名战士了……敌人的攻势更强了，我们的香烟和火柴不多了。"50分钟后，他接着报告说，"我们的防线现在有5~9英尺高的防弹胸墙"。哈里斯并没有提到，如果德军在反攻前炮轰胸墙的话，那战士们该如何防守阵地。

哈里斯中尉和怀特上尉竭尽全力防守战场上他们所在那一侧的阵地时，在他们后方无人区的另一侧，医生和担架员正在努力拯救因战斗而造成的大量伤员。每个旅都有自己的"野战救护队（field ambulance）"，其核心人员是医生、担架员及救护车司机。野战救护队都在前线后方几英里的"主要医疗站（main dressing station）"行动，同时运营着一个或多个更靠近前线的"高级医疗站（advanced dressing station）"。理论上，团部担架员将伤员带到团部的伤员救护站，野战救护队的担架员会把伤员移到最近的高级救护站，救护车再送到主要救护站。其他救护车会把伤势更重的士兵送到伤员处理站（casualty clearing station）。

但 7 月 19 日当天的伤亡率出人意料地高，其中不乏跟在进攻部队后方的团部担架员。高死亡率就代表着指导士兵行为的《规则手册》必须得快点撕掉，它毫无意义。某野战救护队的担架员像棋盘上的棋子一样穿梭在战线后方，哪里最需要他们，他们就出现在哪里。

二等兵朗福德·科利牧师，名义上属于第 8 野战救护队，在战前轰炸没开始前被调到另一个野战救护队的高级医疗 4 站。他在日记中提到的第一名死者，在进攻开始前 2 小时正经受炮弹震荡症的折磨："他坐在我身边，可怜的家伙。他整个身体都在颤抖。人们还以为他是冷得发抖。他的神经都崩溃了。"德军的大量炮弹落在他们 200 码远的地方，科利牧师勇敢面对炮击的努力并没起到多大作用。"太近了，不容乐观"，他轻描淡写地评论道。

第二十三章　澳军的牺牲

但7月19日22点左右，担架员被刚刚到达高级医疗站的消息所鼓舞：澳军攻占了德军堑壕的两条防线。"他们正进入第四条防线……他们不惜一切代价攻克了德军完整的堑壕系统并成功守住了……有些部队穿过了弗罗梅勒村。"他们对战争的看法变得更加乐观，这得益于科利牧师接下来观察到的情况："一小批德国战俘刚刚从我们身边经过，有十几个人被带进我们的医疗站包扎伤口。"

大约4个小时后，科利牧师才察觉到进攻没有刚开始时那样顺利了。"凌晨2点，我们接到命令要求我们进入堑壕尽一份力，"他记录道，"大家处在'扫射'范围内，都很担忧。"对此，他随后补充的评论发人深省："如果当时我们就知道是这种情况，那么一切可能会不同。"科利牧师没有战场经验，进攻之前被信息所误导，所以过度乐观。他肯定不知道等待他的会是什么，也不清楚接下来会发生什么意外把他调到另一个部队的高级医疗站。

科利牧师到达后，立即被人带着沿交通壕前行，交通壕是用来保护部队从后方转移到前线的。"我跟着一名熟知壕沟走向的小伙子，"他回忆道，"靠近危险地方的时候，他会提醒我。到了那时，我们必须蹲着迅速跑过去。机枪子弹从我们头顶呼啸而过。走了大约一半路程……我们碰到一个小伙子的尸体被挂在胸墙中间。我们穿过许多危险地方后才到达前线。"

直到那时，他才意识到这次灾难的规模之大。对此，他事后在日记里写下的当时对此事印象的潦草总结算是简短的证明："在这里看到的景象，我永远不会忘记。上帝啊，太可怕了！到处躺着死亡的澳军士兵。我们不得不从他们身上跨过去，寻找路径去拯救给我们发出求救信号的伤员。有些地方的死人堆得有四五人高。壕沟几乎被炮弹炸烂了。"

由于科利牧师必须抬着担架的一头，担架上躺着一名他和战友找到的伤员，沿着狭窄的交通壕上行显然比下行要困难很多。"在一些地方，担架几乎过不去，"科利牧师记录道。虽然地面凹凸不平，但对此却毫无帮助。他们第一次返回战地救护车时很吃力，用了2个小时。"返回途中很恐怖，我在一段路上被绊了一跤，把担架掉地上了。我之后很紧张，生怕担架再次脱手加重伤员伤势，伤员的伤势已经很重。我全身都在发抖，大家就让我坐下来休息了15分钟左右。我连走路走直线都做不到。后面20多副担架等着我，但他们都知道出了什么问题。"幸运的是，他最终返回了医疗站，途中没再出什么事故。

然而，科利牧师在澳军原前沿防线及后方忍受战争洗礼的同时，那些在无人区另一侧前线的士兵有更多的理由感到焦虑。54营赫斯特中尉7月20日凌晨2点05分发给卡斯中校的信息中有以下内容："信号弹几乎是在我们右后方原德军壕沟附近升起的。我听说53营没有与15旅一起行动，其他营也没有。"

正是这则信息以及该信息背后透露的事实，凸显了导致8旅和14旅犹豫不决的愚蠢行为。在不断恶化的情况中，澳军指挥官应变迟钝，这和他们盲目的乐观有关。对此没有相关描述的词汇，"他们拒不接受"可能更恰当。虽然没有收到15旅60营首次进攻甜面包山东侧区域后的确切消息，但大家都认为，除了某营发送的对伤员的乐观陈述外，没有消息就是好消息。

第二十三章 澳军的牺牲

一名前线炮兵观察员在早晨 6 点 40 分写的报告可能是这种荒谬看法背后的主要推手。报告称，他在 59 营第一攻击目标后的德军堑壕里——在莱河与德军前线交界处的东侧——观察到了澳军步兵。几乎同一时间，15 旅已经收到确切的消息，得知所辖 59 营被阻挡在无人区，可能也有些人以为被困的是 60 营，因为在 50 营左侧行军的正是 60 营。但初步观察后发现，似乎没有确凿的证据证明 60 营还待在或曾经待在德军堑壕。然而，报告一份接一份地发往澳军上层，报告中甚至包括对 60 营已经取得胜利的假设。

15 旅直到 7 月 19 日午夜接近 20 日才向麦凯将军发送了确凿的报告。"58 营丹尼少校的如下信息显示该旅的进攻彻底失败了。60 营真正抵达敌军堑壕的士兵，要么被杀要么被俘。58 营两个连在靠近敌军堑壕时被机枪扫射，安全归来的人很少。"这促使麦凯迅速做出反应，他致电 11 军询问是否该把他所辖的 8 旅和 14 旅从德军战线撤下来。但他得到的回复是他们必须坚持，哈金中将仍然希望 184 旅会夜袭甜面包山。

这一点上，哈金的批评者又有理由质疑他的判断。他现在掌握了首次进攻所需的一切信息，可以做出卓有远见的决策。如果哈金想过在所辖军团和前线部队间建立一个联络网，那他就会明白让澳军停留在外围有多么危险，他还可以知道让 184 旅进攻他指定的地方是不可能的。

哈金没有建立这样的联络机制，因此他一直震惊于发生的各种事件，被迫做出反应，而不是提前预知，做好应对各种不测的准备。184 旅旅长卡特准将 7 月 20 日凌晨 3 点报告说，德军枪炮严重摧毁了他们的交通壕，哈金的后备军不可能在天亮前抵达澳军前线后方。哈金得知后，不得不取消当晚的进攻。

即使那时，哈金也在一门心思地想着当天晚些时候再次发动进攻。为了消除失败的影响，他们在白天发动了另一场战役进攻他们曾经失利的地区。即使他们当下没有进攻德军的机会，他们仍期望澳军能守住防线，在关键时刻多撑几个小时。

说起来容易做起来难。凌晨2点40分卡斯把以下信息发给旅长哈罗德·波普上校时，他仍指望60营来保护他的右翼。"您能告知我方右翼阵地的一些信息吗？敌人从背后攻击，他们的炮火来自我部右后方。右翼的53营安全吗？"

55营考伊（Cowey）少校的记录能够回答卡斯的问题，考伊正带领部队在夜幕降临时穿越无人区前往增援澳军14旅突击营，他的记录：

> 收到回复，要求我支援更多的炮弹和火炮。马修斯中尉（在前线右翼）和麦康纳基中校（考伊的上司，在靠近卡斯的地下堡垒指挥）命令我增援，我决定从右侧前进，横穿德军原前沿防线后再继续前进。在我前方，走着两个人，相反方向上不断有人从我们身旁急切地走过去，他们提醒我们不要走得太远……
>
> 有两个人和我在一起，当他们转过一个斜坡时，我听到有人喊"举起手来！"接着我听到了手榴弹的爆炸声。我等着后续事情的发生以此来判断目前发生的事情，但我没看到其他任何迹象，随后得出结论，是德国人打死了我的两名同伴，如果

第二十三章 澳军的牺牲

他们两人没停下的话，会沿着堑壕继续前进。

考伊迅速向麦康纳基和卡斯中校汇报了情况。

如果澳军只是在一侧有危险，那他们还有可能守住阵地。但他们在承受右侧德军压力的同时，他们还在左侧进行着一场不利的战斗。8 旅 31 营的查尔斯·米尔斯上尉在原德军前沿防线以南 150 码的有利地形上看到了危险出现的原因。当时，他正和 32 营怀特上尉在两军的前线交界处闲聊："站在怀特边的是 32 营一个中士，很是'夸夸其谈'。我们说话时，他歇斯底里地叫嚷……'我们必须回去，要不然我们都会被敌人杀死！'我跟他说话时，语气经常非常粗暴。"

几分钟后，他们看到 32 营阵地东南的德兰古热农庄（Delangre Farm）基地里出现了一队德军，米尔斯不得不承认自己错了。怀特向米尔斯保证会截断他们的退路，但他的计划被德军破坏了，另一队德军从交通壕爬到了他的后方。怀特认为，那是战役终结的开始。他和战士迎战这些德军潜入者，但他们手榴弹不足，怀特认为他们不可能击溃敌军，因此命令营部幸存的人后退到澳军原来的前沿防线。

几乎与此同时，外围右侧的澳军阵地上形势也开始恶化。卡斯中校匆忙向他的旅长发送了一系列消息，信息的内容越来越绝望，反映出他们面临的危险在不断增加。7 月 20 日凌晨 3 点 20 分，卡斯向波普上校报告："阵地处境危险。"原因呢？"我们没手榴弹了，敌人正在准备进攻。如果右翼被攻破，我部坚守阵地的难度会非常大。希望您能马上增派援军，调拨更多的手榴弹。"5分钟后，卡斯又给波普发信："阵地处境非常危险。"主要战况变化："53营在后撤。敌人紧追不放，他们原来的防线也有敌军……在我右侧100码……在阵地上炮击……紧急！"

卡斯凌晨4点20分发给波普的消息，开篇就写道"处境几乎令人绝望！"之后，他得出结论："暂时阻止了敌人。但53营已经失去信心，他们不会坚守阵地。有些人似乎正在穿越无人区。如果他们放弃了我的右后方，我必须撤退，或者投降。"

不管卡斯的信息是否传送到了14旅旅部，波普在下午5点时意识到，他的部队坚持不了多久，他必须要提醒澳军第5师。刚开始，他被旅部下达的必须坚持守住防线的命令给欺骗了。但他回想后发现，8旅大部分士兵已经撤到澳军原前线。他立马打电话询问麦凯，麦凯当时正与第一集团军司令门罗上将开会。正是门罗最终决定取消在弗罗梅勒的全部行动，允许14旅撤退。

但由于通信问题，门罗做出的这项决定还远不是事件的结束。卡斯在做出反应之前，不得不等着传令兵跑去传达波普的消息。尽管波普确认8旅已经撤退了，卡斯他们也能在当晚撤离，但凌晨5点15分寄给卡斯的信息，他过了1小时15分后才收到。信息内容："收到信件后才能后撤。"与此同时，他们的外围区域正在不断缩小，他们为了生存而进行着殊死搏斗。

仍在防守战线和后方德军原前沿防线的8旅31营残部快要崩溃了。7月20日凌晨5点30分，该营战线剩余阵地的两侧遭到德军夹击，有些士兵无视长官左轮手枪的威胁，向澳军原前沿防线逃

第二十三章 澳军的牺牲

跑了。随后，31营营长托尔中校很不情愿地跟随余部穿过了无人区。因为8旅后撤时——托尔描述说——"一团糟"，所以很难知道其他部队是什么时候撤离德军防线的。8旅撤退时，到达后就没有离开过原德军防线的31营沃尔多·赞德（Waldo Zander）意识到，他们也该撤退了，具体时间可能是在他们从进攻战线仓皇后撤之前。他描述了他在德军阵地的最后时刻：

> 我们看到一些机枪手朝我们跑回来，他们在德国佬的原来防线上架起机枪。我们问他们原因，他们说是接到命令，要求他们撤回来占领一处防御阵地，掩护前方部队后撤。
>
> 前方的人开始逐渐后撤……我们看到德国佬正在前进。敌军的火力弹幕现在到了我们所在的防线区域。同时，敌人开始在侧翼炮击我们……我们无力反击……只能后退，重新占领我们原来的阵地。他们穿越无人区时，其他人用路易斯机枪掩护他们后撤，过程比较缓慢。
>
> 该旅最右翼的路易斯机枪队坚持到了最后。所有人都撤走后还能听到他们开火的声音。我们看到德国佬沿着堑壕从两侧逼近他们，但命令要求他们坚守阵地，不断射击敌军。最终，我们看到一些手榴弹被扔进他们小小的据点，随后那里陷入一片寂静。

8旅撤退后，左翼德军之所以没有突破澳军防线，其中一个原因在于55营诺曼·吉宾斯上尉树立了光辉典范。而卡斯又控制着

14 旅外围区域内部队的主要行动。在卡斯所在的德军前线的地堡处，吉宾斯不停激励地面上的部队，他没有只停留在一个地方，哪里有风险，他就出现在哪里。

虽然吉宾斯的首要任务是在 14 旅左翼区域，但他也把时间用在了进攻战线上。他开始建造将防护用的德军原前沿防线堑壕连接起来的栅栏。不过，是他第二次冒险时孤注一掷的英勇反击，抵制了德军从德军原堑壕左侧对他们的突袭，足以让看到那个场面的人们永远记住他。据一个目击者说："他头上那时绑着一块白色的绑带，人们在三四十码之外还能清楚看见他。他穿过能看到所有人的堑壕顶部，士兵紧跟在他身后。"

吉宾斯有弗朗西斯·劳和 8 旅 321 营其他 8 名战士的协助。德军原前沿防线上的阵地把他们与最左翼进行的激烈战役隔绝开。吉宾斯命令劳去填补因战友缺失而造成的缺口。因此，劳和 8 名士兵移动到德军原前沿防线的一处阵地，位于有人把守的坚固"外御工事"左侧 150 码，该工事按吉宾斯命令曾用沙袋堆造过，长达 40 码，一路延伸至德军原前沿防线一处坍塌的地方。工事掩护着劳的新阵地，以免新阵地受到南部敌军的攻击。正如劳后来回想的那样，在他们八人小队和德军之间没有其他人了：

> 我们试图占据我们左侧上方 100 码的区域，但是发现据守那里的是敌军一支劲旅。现在，一场激烈的手榴弹战斗打响了，敌人连续 5 次试图沿着堑壕发动突袭。但每一次都被我们发现，然后被击溃。在战斗间歇期间，吉宾斯上尉听到一阵

第二十三章 澳军的牺牲

"咔嗒"声,他走到高处去查看原因,恰好及时协助击退了敌人的再次进攻。

反抗性抵挡和耻辱性被围之间有条细小的分界线,而卡斯对其最左翼正在发生的事情似乎也没有做出什么评论,这件事让人感觉很有趣。当时,离卡斯最近的 54 营位于劳他们阵地右侧 300 码左右的地方。他 7 月 20 日早上 6 点 15 分发给 14 旅如下消息:"局势更加明朗,缓和很多……和我之前看到的消息内容一样。8 旅后撤了吗?"信息中没有提到他在之前信件中提及的不断蔓延的恐慌情绪。他那时保持着相对的冷静,他们接下来还会发动一场英勇反击,这次是在右翼,由 55 营德农中尉负责。

25 分钟后,他终于收到了波普的消息,提醒他 14 旅随时可能接到命令撤退,卡斯命令他的路易斯机枪队把他们的装备运回到澳军原前沿防线。但是,随着时间一点一点地流逝,他们并没有看到任何最终决定后撤的迹象,卡斯所在地下堡垒里的不安气氛在上升。他早上 7 点 20 分发送给波普的消息证实了这一点。消息内写道:"还没有收到撤退的命令。"

不仅卡斯在担心,麦凯少将的指挥部内也出现了明显的惊慌。麦凯在傍晚 7 点 45 分得知被派遣穿过无人区去告诉卡斯撤退的 8 名送信员,都没有回来。他想派一架飞机在外围投下该信息的复印件。皇家航空兵的代表指出,和发生在澳军身上的情况一样,德军可能很容易就捡到信件。因此,麦凯的提议就被否决了。

麦凯不知道的是,8 名送信员中,有一名是在 7 月 20 日早上 7

点出发，最终在 7 点 50 分成功到达德军原前沿防线。他交给了卡斯如下命令："14 旅全军，从德军防线撤退。"

命令迟到了很久，大家该同情卡斯，他们所有的战士当时仍在防线上吃了很多苦。同样的情形也发生在午夜后所有失去亲人的家庭，伤亡发生在麦凯通知哈金他们外围右侧的区域失去掩护之后。人们不能因为通信员穿过无人区时耗费了整个白天的时间，就责怪哈金和门罗将军。但收到麦凯上文提到的信息后，哈金和门罗浪费了当晚的时机，而他们原本可以召集士兵，让部队快速撤退的。然而由于他们的失误，将外围区域所有战士的生命寄托在了一个送信员的身上。

这次行动的失误是致命的，这会导致另一个代价惨重的失误出现。这次失误大概是由于他们对外围区域了解有误差造成的。接到命令准备撤退时，卡斯要求 55 营的麦康纳基中校确保德军原前沿防线上的各连要在吉宾斯上尉的指挥下做好殿后工作。那时，吉宾斯与另一个连都在外围的左侧区域防御。然而，麦康纳基把信息传递给吉宾斯时，吉宾斯似乎对信息理解有误。吉宾斯认为，不只是他被要求后退到原德军前沿防线，而是他属下的整个连都要后退。

这导致了爆发式的连锁反应：德国人被吉宾斯的士兵压制在远处，不能靠近。然后他们突然冲到失去防御的澳军左侧，利用一次突击切断了仍在进攻的 30 多名澳军的逃跑路线。30 多名澳军因此冲向德军，射杀或刺伤了任何挡住他们去路的敌军。

澳军的描述中没有记录最近这场灾难的伤亡人数，但他们记录了澳军从德军防线的匆忙撤退——外围 3 个澳军步兵营的大部

第二十三章 澳军的牺牲

分兵力从前夜挖的一个较浅坑道穿过了无人区，爬回到澳军原前沿防线。

有些澳军没能进入坑道。很多人从无人区跑过去时被德军射杀。吉宾斯上尉认为，这次撤退的结局仍会比较悲惨。吉宾斯没有在坑道里耐心地等着，一枚射击精准的炮弹把他前面的几位战士炸伤后，他和几个人就爬出坑道，向澳军胸墙跑去。到了胸墙顶部时，吉宾斯回头看了一下，像是要察看一下有没有人需要他的援助。但他的好心却害了自己。就在此时，一发子弹击中他的头部，他跌到了地上。他成了没能在相对安全时期撤退的又一名牺牲者。

那些退回到原前沿防线的澳军伤员原本希望被尽快送到后方接受护理。如果他们是这样期待的，那他们得失望了。在澳军前线上，很多伤员无人照料，先是31营营长托尔中校，然后是卡斯中校，两人都匆忙返回旅部请求援助。托尔要求火炮支援以消灭德军的炮兵，德军的炸弹无情地轰击澳军前线。15旅57营休·尼维特下士后来报告说："第二日（7月20日）清晨时那些堑壕的景象深深烙印在我的脑海中，就像把1000家屠宰店的牲畜切碎后撒得各处都是，比喻的场景能让你模糊联想到堑壕里的惨状。"

无怪乎他们会寻求紧急援助。新西兰第2野战救护队的雷吉诺德·格雷中士描述了他与另外2名医生以及40名左右的担架员在7月20日上午10点被带到高级救护站处理澳军前线最左侧的伤员时，他所发挥的作用。格雷这样汇报他做的事情：

我们到了救护站，在一个叫作伊顿堡的地方的破旧砖砌农房里。在这里，我们的两个军官和一些澳军军官待在一起，他们派我们（格雷和另一名中士）和他们的担架员去向在支援堑壕的医疗主任汇报。交通壕离此地约100码，我们很快进去，钻进炮弹轰开的胸墙，用木板将地面的坑坑洼洼盖住。有一队看起来很沮丧的人从我们身旁经过，有些人在战争中残废了，很多人在哭，还有些人试图抓住我们，乞求我们救救还在无人区外面的士兵。经过的一个将军感到很心痛。他的旅死伤惨重，从我们身旁经过时他说："把这些优秀的小伙子治好交还给我们。上帝知道，我们需要他们。"

看到的景象让我们恐惧，第一个堑壕里大量的尸体，无法用语言形容。到处都是尸体和伤员，人们能想到的各种惨状，这里都有。大型弹坑使得地面工事面目全非，步枪、炮弹、子弹、士兵的给养和军队所有的辎重都散乱地堆在胸墙后面……

一名站在望远镜旁的澳军士兵告诉我，他举着步枪靠近敌军堑壕外的一名德国士兵，当他看到德国士兵把我们的战士从铁丝网向他们堑壕拉的时候，他扣动了扳机。我用望远镜看。前方是德军前线，恐怖的无人区也在视线之内。伤员还躺在外面……

哪怕有一点机会跨过胸墙，我们的人都会去救他们。然而只要我们稍一露头就会被打死，我们把水瓶扔过去，有经验的士兵告诉我们他们活不了多久了……我们能做的只是等着黑夜降临。

第二十三章　澳军的牺牲

尼维特下士是防守澳军前线右翼57营的一员。他第二天（7月20日）夜晚冒险进入了无人区。他后来汇报了他所看到的场景：

> 有些士兵腿被炸没了，胳膊通过一丝皮肤连着身体，有的人没了半边脸，什么都看不见。大部分人必须依靠我们背着，一位中士做的举动最无私。我们在德军带刺铁丝网上发现一个士兵，伤势十分严重。我们想把他扶起来，但看起来我们会把他拉成几块。血从他的嘴里喷出来，他求我们，让我们结束他的苦难。这时那名中士躺在地上，用自己的身体作为雪橇。其他人过来帮忙，我们把伤员放到他的身上，拉着他们俩穿过无人区。我们着急赶回安全区域，就没有注意到中士的状况，等到了堑壕才注意到。结果，很难说两人到底谁的伤势更重。
>
> 一个约莫15岁的小伙子向我呼喊，他的两条腿都断了。他跟那些小伙子一样，参军时多报了自己的年龄。但现实情况暴露了他的年轻，他紧紧抓住我，就像抓着他的父亲，说"先救其他人"，只有他是这么说的。

虽然尼维特和同伴尽了最大努力，但崭新一天（7月21日）的黎明到来时，还是有很多伤员躺在无人区，没能被带回来。这些人中有莫蒂默上尉。据说，他受伤了，躺在靠近胸墙的地方。守卫在澳军防线左侧部分的8旅29营的比利·迈尔斯中士描述了莫蒂默被带进来后所发生的事：

有人给了我一个红十字徽章，让我绑在胳膊上。我走过去，停在一个弹坑问两三个伤员他们是否看到莫蒂默中尉。在这个弹坑没找到他，我跳到另一个弹坑，这时我听到有人在德军防线叫喊，就看过去，看见有个人向我招手。我缓缓走过去，停住脚步在地上捡起一副双筒望远镜。我在铁丝网旁边停下，和他发生了下面的对话：

德国佬：你要干什么？

我回答：照顾伤员，给他们喝点水，卸下他们的装备，这样我们把他们抬进去的时候他们会更舒服些。

他说：你可能在铺设电线。这不是红十字会在战场上应该发挥的"作用"。

我回答：不，红十字会一直可以不受阻挠地工作。

他说：你刚才捡了什么？

我回答：一副双筒望远镜。

他说：那可能是枚炸弹。

我回答：我拿给你看……

但他说：不要把手靠近口袋。把手高举过头顶。

我照做了，站了一段时间，他用野战电话给总部汇报，然后他放下电话说道：

你的级别是？

我回答：先生，我只是名二等兵。

他说：好的，我要你回到你的阵地，让一名军官过来，和我们商谈一下如何安排救回伤员的事情。你会回来，然后告诉

第二十三章 澳军的牺牲

我他们说了什么,对吧?

迈尔斯中士说他"会的"。他走回防线,29 营默多克少校随后陪同迈尔斯一起去讨论休战的条款。过去之前,他们把报纸粘在顶部固定有红色坐垫的木板上,拼成红十字,做了个标牌。他们从胸墙上挥舞着标牌吸引德军的注意。

返回德军铁丝网后,默多克被告知澳军能抬走无人区中靠近他们一侧的伤员,剩下一半区域交给德军。同时还有个条件,需要默多克同意被蒙住双眼,在德军防线充当德军人质直到休战协议达成,否则相关安排无法进行。

然后,默多克和迈尔斯被送回澳军防线,一名澳军士兵开枪射击他们,很明显他不知道这场微妙的谈判,这也表明如果达成此事,默多克会承担怎样的风险。最后这些战场上的伤员很不幸,麦凯少将不同意休战。默多克因为这个决定而遭受了不公正的指责。其实麦凯也只是遵照命令,即使他想同意休战,门罗将军不批准,他也不得不改变想法。

从上述事件可以看出,前线的大多数德军似乎比英军的长官更有同情心,他们同意澳军的担架员去把伤员和死者抬回来,只要担架员暴露得不明显。然而,从埃利奥特准将寄给他妻子信的以下节选可以看出,也有许多例外情况:

> 我们很多可怜的伤员躺在外面无人区,缓慢死去。我们救援了上百人,但由于德军射击,其间不得不中止。有个可怜的

士兵躺在靠近德军堑壕的位置，我们的观察员看到一名德军从堑壕走出来，像是要去帮助这个可怜的小伙子。但实际上，他故意朝小伙子扔了颗手榴弹，把他炸死了。还有个可怜的士兵在外面躺了4天，但还活着。是不是很惊人？他没有吃的喝的，好在天气凉爽，但我们没法靠近他。我们每次尝试去救他时，德军都会开枪射击。今天早上时，他无力地挥动着一面白旗。

这名士兵后来的命运怎样，我们无从得知，但很有可能是被饿死或流血过多而死。也许，他会更喜欢那位眼睛看不见，失去防御能力的士兵的死法。那名士兵绕圈走，跌倒爬起来后接着绕圈前往甜面包山对面的地方。德军的子弹最终结束了他的痛苦。

上述那名士兵的命运我们无法得知，我们知道的是澳军和英军的伤亡人数：澳军伤亡超过5 300人，英军伤亡超过1 400人。这些数字还不包括进攻中心关键位置的伤亡人员，即澳军59营和60营各自的约675名和740名伤亡人员。7月20日战斗结束后点名时，59营只剩下了4名军官和90名士兵；60营只剩下4名军官和61名士兵。

伤亡这么多，但哈金中将似乎没有受到影响。埃利奥特写信给妻子抱怨战争残酷的同一天，哈金把以下令人震惊、没有同情心，且很自满的信息发给了门罗将军："简短来说，我们的炮兵准备充分，我们的枪炮和弹药很充足。敌军的铁丝网被切断了，进攻部队顺利攻进敌军的堑壕。"然而，哈金声称，尽管澳军"奋勇杀敌"，但他们"训练不足，没能守住攻克的阵地"，特别是他们左侧的区

第二十三章　澳军的牺牲

域。关于61师，"虽然他们防御能力不佳，但两个训练有素的步兵旅，可以在炮击后轻松攻克敌军阵地，我认为进攻对两个旅都是最优选择。"

哈金的决断肯定没有得到所有参与佛罗梅勒战役的指挥官的认可。后来写了《澳大利亚国家战史1914—1918》的记者查尔斯·比恩在7月20日访问了澳军3个步兵师师部后，用有趣的视角叙述了3位师长的看法。"埃利奥特这老家伙睡得太熟了，"他写道，"但是麦凯进来把他叫醒了。埃利奥特走出去时，我觉得我几乎是在面对一个刚失去妻子的人。他盯着地面，几乎不说话。很明显，他十分绝望，也感到很疲惫。"

"麦凯也很忧虑。"比恩陈述说，并且责怪英国方面下达了把58营两个连调派战场的命令，导致他们伤亡惨重。"英军错误地报道……说他们已经攻克高地"麦凯解释了一下。但是，"14旅波普上校那种自负的说话方式让我很反感，"比恩道，"我认为他经受压力后，现在已经恢复了。'很好，我们旅是唯一一支被命令撤退时才撤退的部队。'波普意味深长地说道。他十分轻蔑埃利奥特和15旅。"

波普看到比恩时可能情绪比较激昂，但麦凯下午时称波普"令人无法理解，他也做不成任何事"，这是他谴责波普醉酒的简要表达。波普解除了自己的旅长职务，就像他要被任命为师长似的。波普被开除了，这算是最后的讽刺：其所率部队在佛罗梅勒大溃败时表现出色，而他却被解除了职务，而那些发布导致成百上千士兵受伤、改变了人生轨迹、遭受累年痛苦和折磨的命令的军官，却继续担任要职，尽管他们的名誉受损了，但他们的职位却未受影响。

不是只有波普在佛罗梅勒大溃败中丢了饭碗，184旅旅长卡尔顿也被遣送回家，在一些人眼中他成了没能攻下甜面包山的替罪羊。在其他人看来，卡尔顿就该被解除职务，因为他表现得跟一些更高级的将军一样，不切实际。之前，他让手下士兵从无法通行的公路穿行过去，把瓦斯罐搬到前线，还在公众场合把一场精心策划的突袭说漏了嘴，因此不受战士爱戴。卡尔顿没有充分考虑他所作所为的后果，其代价是大量的战士丢掉了性命。同时再次进攻甜面包山的行动被取消后，他也没有把取消行动的消息传达给埃利奥特，这种行为令人无法宽恕。白金汉郡第1步兵团2营营长威廉斯中校在前线看到，大量伤亡导致卡特要求发动的再次进攻难以奏效。威廉斯也因此被解除了职务。

尽管受尽煎熬，在进攻中名誉受损，还被解除了职务，但如果他们阻止德军增援索姆河战场的主要目标实现了，那也算得上功过相抵。即使如此，也是哈金中将妥协的结果。他的愚蠢决策——批准的攻击目标，通过书面或口头命令广为传播。德军可能是从他们俘虏或杀死的敌方士兵口袋里发现了命令复印件。对他们来说，这个发现很有意义。只要看过复印件中记录的内容，在索姆河整个战役中，弗罗梅勒战役对德军来说就如探囊取物般简单。

第二十四章

冲　锋

波济耶尔，1916年7月18—23日

1916年7月17日后，弗罗梅勒对面的澳军第5师推迟进攻。弗罗梅勒战役中被指定策应他们的澳军第1师，战场首秀则被"预定"在索姆河战场。"我希望你们进入阵地，明晚进攻波济耶尔。"预备集团军司令休伯特·高夫爵士这样告诉澳军第1师师长哈罗德·沃克少将。

高夫轻率地下达这条命令时，威廉斯·伯德伍德中将——第一澳新军团司令、沃克的顶头上司——还没有到达位于孔泰的索姆河战区总部，更别说有机会就此提出建议。难怪第一澳新军团参谋都对高夫的命令感到吃惊。高夫本人性格急躁，其行事方式也就可以想象了。他认为，如果只是为了遵守军队惯例，就不该放慢部队的进攻速度。

战役开始前，高夫是某骑兵师准将，两年内就晋升为英军历史上最年轻的中将，随后又担任集团军司令。索姆河战役开始前，他

只有45岁。升到这样一个令人眩晕的高度，他没有花太长时间。

高夫渴望成为一个举足轻重的人，这一欲望因为战争而变得更加炽热。1915年，高夫向上级证明，他知道如何去攻破德军的前沿防线。他第一次指挥一个师进攻敌军防线是在费斯蒂贝尔（Festubert），当时他的军衔是少将。之后，他作为中将在卢斯指挥了一个军。他和军队高层都认为在卢斯之所以没能干净利落地突破德军第二道防线，仅是因为当时在法国的总司令陆军元帅约翰·弗伦奇爵士没能及时安排预备队，准备充足的手榴弹。能够相信这些理由，可见当时军队里的一些人多么乐观。难怪高夫认为很多"一战"指挥官热情拥护的"联合作战"概念是个贬义词，除非"联合作战"能够高效地突破敌军防线。

陆军元帅弗伦奇没能确保指挥官拥有足够的必要资源，以取得首战胜利，他也因此很快丢掉了饭碗。单单因为上述因素，高夫与本应获得的荣誉失之交臂。但他提出的这个观点，则是他职业生涯中最大的闪光点。黑格明显记住了高夫"深具"潜力，他指派高夫及他的预备集团军在罗林森第四集团军突破后，进一步消灭敌军，扩大战果。

高夫的预备集团军没能在7月1日或之后马上获得展示獠牙的机会，高夫自身并没有什么过错。16天后，高夫终于有机会大放光彩了。7月18日，黑格认定罗林森无法集中力量向东推进到吉耶蒙和然希。他意识到，如果第四集团军也不得不进攻波济耶尔的话，就必须在弗伦奇同意进攻莫勒帕（Maurepas）之前采取行动。

然而，黑格把波济耶尔交给高夫时附加了一条劝诫。7月20

第二十四章　冲　锋

日，黑格听闻澳军在弗罗梅勒惨败。仅仅几个小时过后，黑格在日记中写道："战斗和炮火轰炸的实际情况似乎比很多人预想的更加猛烈！"，还写道，"我……在图唐库尔（预备集团军司令部）见到了高夫将军……澳军第1师之前没有列入参战队伍，将士可能会忽视这类战斗的困难程度，因此我告诉他要认真考虑（与波济耶尔进攻计划有关的）所有细节。"事实表明，如果黑格是一名经验丰富的总司令或者非常擅长判断他人的性格，那么对高夫的这条劝诫，他应该用更坚决的手段强化一下。

要是黑格目睹了发生在高夫所在总部的事情，那他可能会意识到，下达命令后，他不可能在波济耶尔这件事情上撇清责任。高夫给沃克将军的指令考虑不周，因为这些指令是在黑格劝诫他之前下发的。由于澳军缺乏战场经验，这些指令中几乎没有黑格希望看到的。

高夫部下的反应也出乎黑格意料：黑格担忧澳军不注重细节，然而讽刺的是，正是第一澳新军团39岁的总参谋长西瑞尔·布鲁德内尔·怀特指出后勤补给有很大问题，从而使高夫相信，马上进攻不切实际。根据总司令部下发给指挥官的建议做参考，在之前的进攻中，英军到达的波济耶尔南部防线距离德军前线太远了。正如第二十二章中提到的，让部队穿过宽达200码以上的无人区是不可能实现的，因此要花时间挖掘更近的进攻阵地。因此进攻相应地推迟到7月21日晚上至22日凌晨，接着又推迟到22日晚上至23日凌晨。

这表示，进攻可以和罗林森第四集团军计划的总攻在同一晚发起。罗林森 7 月 21 日和 22 日发布的命令意味着，他余下的 3 个军会进攻德军在吉耶蒙、德尔维尔林地、高地林地和沿高地林地北端并延伸向林地东西两侧的防线。第四集团军最西侧的进攻目标是芒斯特山谷（Munster Alley）。高夫希望第十军第 48 师来掩护澳军左翼。7 月 21 日发布的书面命令中，他设想第 48 师占领延伸向波济耶尔西侧的堑壕，这样，澳军可以毫无顾虑地从南侧进攻该村。

尽管缺乏战场经验，但澳军在对手面前表现出来的士气是大家有目共睹的。37 岁的约翰·哈里斯在成为澳军第 1 师 1 旅 3 营军官前是一名教师。他编写的事件簿，记录了自 1916 年 3 月他们被船运到法国后，"静坐政策"如何"消磨掉战士的全部耐心"。他们"按捺不住想打架……上校在全体军官参与的会议上宣布'将士们，我们的训练结束了'时……大家都感到松了口气"。

哈里斯接着描述了他们从阿尔芒蒂耶尔附近的巴约勒（Bailleul）南下的过程。他们不断前进，部队 7 月 16 日到达瓦卢瓦巴永（Warloy-Baillon）才算告一段落。瓦卢瓦巴永是一个英军基地，位于 7 月 1 日前沿防线西侧 6 英里处。

"再见，佛兰德斯（Flanders），沼泽密布、沟渠纵横的草原"，哈里斯在记录中写道：

> 那里的人们，对士兵一直很冷漠，不信任他们……坐了一夜火车，我们被带到另一个很像法国的国家，这里的人们更快乐、更友好。他们成群结队来到街上看"澳大利亚人"。澳大利亚人对他们来说是个"新物种"。

第二十四章 冲　锋

　　郊外也很不同：白垩土地连绵起伏，地面覆盖着被啃噬过但仍很茂密的青草，地面上有大块白色的烧焦痕迹。这里挖掘的堑壕要么是为了供部队在防线后方训练，要么是为了设立堡垒。田地里闪耀着小麦的金色、田芥菜的黄色、罂粟的猩红和矢车菊的蓝色。有那么一周，我们在炎热的天气中赶往前线。不过，热气腾腾的白垩纪路面荡起的灰尘和我们头顶的炎炎烈日影响了我们欣赏郊野的自然美景。

有些路人盯着澳大利亚士兵看，就像是在看从遥远陆地引进来的某个异域物种。这些观看的人里包括保罗·梅兹（Paul Maze），他是预备集团军的随军法国艺术家。高夫委派他绘制德军前线的草图。下文节选自梅兹的回忆录，他在其中描述了他站在图唐库尔附近一座山上，第一次看到澳大利亚人，听到他们讲话的那个场景。

　　我跟一个农民闲聊，他放下手里犁地的活儿，擦了擦额头上的汗。我们两人把头转向山谷下铜管乐队演奏的地方，侧耳倾听。这时，太阳奇迹般地出来，驱散了轻雾，像是拉起了窗帘一样。下方公路上，澳军的一列列纵队蜿蜒着向前行进。我等在那里，直到他们迈着沉重的步伐上了山坡。他们走过去，背包随着他们的行走而来回摇摆。他们唱着几个月来走到哪儿唱到哪儿的歌曲。队列看不到尽头，一个营接着另一个营。皮肤被加里波利的太阳晒成了古铜色的士兵，他们的健硕体格给我留下了深刻印象。

紧接着，哈里斯描述在瓦卢瓦停留的3天里，他们为日后的磨难所做的准备工作，包括进入战时秩序。

> 所有的背包、军官手提箱和毛毯必须封存入库。军帽被收上去，今后能戴的只有钢盔。军官必须穿作战军服，装备和士兵没有差别。粉色方形贴布缝在制服背部的领子下方，这样炮兵和其他观察员能辨别出是我方人马。
>
> 在这儿，我第一次听到重炮发出的声音……整个地平线被大爆炸的火光照亮。我想到几天后就要身处战场，面临重炮的轰炸，心情就很压抑。

部队战争日记中写道，澳军第1师各突击营在19日下午向前线转移。他们都要经过阿尔贝镇，没有例外。小镇就像过滤器，将镇子西侧的安宁与东侧由于备战引发的躁动不安分隔开来。

澳军士兵日记中记录的内容都和哈里斯回忆的内容差不多：

> 那些参加过索姆河战役的人会永远记住这个小镇。它留给人最深刻的印象是被炮弹炸得千疮百孔的砖砌教堂。教堂顶部有一尊高大的金色圣母雕像。因为炮弹轰炸，雕像偏离了原来位置，但因为金属底座，所以并没有掉落到地上。现在，雕像头朝下挂在街道上方，很像跳水的姿势。法国人预言，雕像掉下来时就是战争结束之时。

第二十四章 冲锋

宗教或是迷信在这里都没有起到什么作用，很多经过的澳军对雕像并没有多少敬畏之情，反而把它称作"芬妮·杜拉克"——澳大利亚著名游泳选手，获得1912年奥运金牌。保罗·梅兹奔赴前线以及从前线返回时多次从雕像旁经过。他的解读更加令人忧郁。他认为圣母"摆出的姿势有着一种绝望情绪，好像在把孩子抛进战场"。

7月19日下午晚些时候，阿尔贝镇挤满了士兵。哈里斯回顾说，"轰鸣的车队，整队的战士……火炮、送水车、战地厨房、马队"争相挤过鹅卵石道路时发出"铿锵"响声。他们营终于走到了镇子另一侧。"我们在镇子外面停下，走下主干道来到两边的草地上喝茶。骑马的军官把马匹送回去。夜幕降临了，我们坐下耐心等待着向导。向导会指引我们前往我们需要攻占的堑壕。"

哈里斯对此的记录和梅兹一样，他们强烈预感到有危险事情要发生。

我们在北部一直小心翼翼，以免被敌人发现，但我们的侦查行动明显不够细致。主干道旁都是军队，到处是露天的营地，营地内火势旺盛，士兵围坐在一起，枪支放得到处都是……即使有些炮弹在距离我们300码左右的地方爆炸，我们也没有采取分散部队的防轰炸措施，更没有隐蔽起来的营地。很多情况下，火炮也没有进行任何伪装。

哈里斯记录中的批评言论并不代表主流观点。澳军第1旅4营差不多滞留在相同的地方。该营军士维恩记录说："道路上挤满了要去前线或从前线回来的部队，很多从前线被换防下来的英军步兵团从我们身边经过，他们打了胜仗，行进过程中很多人都在唱歌，所有人都戴着德军头盔。"

可能受到随后发生的事情影响，维恩的说法明显更加乐观。和在日记中的记录一样，他在阿尔贝小镇的第一晚，虽然远远算不上舒服，但他睡在镇子东侧后方，那里并不是战斗最开始爆发的地方：

> 休息一个小时后，我们继续前进直到抵达旧防线。我们现在在拉波瓦赛（La Boissell）……不久之后，我们全身都沾满了白垩尘土，四周许多被地雷炸得四分五裂的尸体，直接被掩埋在堑壕废墟里……
>
> 晚上，我们终于在一处已攻克的德军堑壕里休息一下。前方猛烈的炮击还在继续，德国佬正往他们的旧防线里扔催泪弹，空气中充斥着刺鼻的瓦斯味。我的双眼都变得红肿，大家都有点受不了……那天晚上，我一夜没睡。整个地面在炮弹爆炸和火炮轰鸣中震动。

在之后的休息点，哈里斯也记录了他们营面对更加危险的抛射火炮时的具体情况：

> 最后，我们的向导赶过来了。我们排成一列向堑壕进发。天还没完全变黑，离开公路后，我们仍能看清道路，还能辨识周围的环境。随着我们往前走的时间越久，草也变得越来越

第二十四章 冲 锋

少,而弹坑则越来越多,一股微弱的刺鼻气味在鼻孔周围环绕,我们开始意识到,目前经过的地区是7月1日第一次进攻期间从德军手上夺过来的。我们行进速度很慢,便于向导寻找方向。虽然战士们都受过训练,负重也不重,但最后到达堑壕时大家都筋疲力尽了。

在我们到达目的地之前20分钟,在左前方看到并听到一系列爆炸发出的火光和声音。向导让我们打起精神,他说:"又开始轰炸了。"炸弹是5.9英寸口径的高能炸弹。过了今晚等到天明,我们就要把正被轰炸的我军部队替换下来。

这里的堑壕很深,很牢固,很畅通,但这里除了在堑壕内壁掏开的洞之外,没有任何可以躲避的地方,在连部我见到了这里负责的连长,从他那里正式接管过来堑壕仓库,里面有几把铁镐和铁锹,还有一个只剩1/8朗姆酒的酒瓶。他告诉我,他们连队在这儿只待了24小时,火炮不分昼夜地轰炸阵地,他们吃了不少苦。在前线后方约半英里的地方有条堑壕,横亘在我们和前线之间……

还好我们的堑壕是干的,有两具尸体埋在堑壕里面,但没掩埋好,于是一直有一股很难闻的味道。地面上也躺满了没来得及掩埋的尸体,我们的首要任务就是成立一个打扫战场小队,搜集死者身份牌,并把尸体掩埋在离堑壕最近的地方。

轰炸很频繁,但我们很幸运,很多都是哑弹。我们在那儿的3天里,只有5枚炮弹落在了堑壕里。有一天晚上落进堑壕的有2枚,但那时所有的战士都在外面一边吃饭一边聊天。然而，由于频繁的爆炸，以及在堑壕里人们无法舒适地躺着，这导致我们在晚上根本睡不着。那段时间，我们身边唯一能见到的奢侈品就是德军大衣，但也不得不打包送往后方。

不同类型的奢侈品被筛选分类之后送到后方。野战炮兵第 3 旅军官亚特·史密斯中尉给他母亲写的信中提到了他在拉波瓦赛地雷坑附近发现的东西：

> 在那个巨大的地洞里，有家具、床、发电设备、灯具和陶瓷，很明显所有东西都是德军匆忙撤退时落下的。在一个地下堡垒里，我发现了豪华地毯、美丽的墙纸、装饰过的墙、床架、玻璃门、堆满美食的橱柜。有个很明显的迹象表明肯定有女性使用过这个地下堡垒。洞里有一件女士外套，还有一条女士头巾和一只手套。

除了斯密斯向她母亲吐露的上述内容外，堑壕内部的场景也有可怕的一面：

> 德国人在 7 月 1 日的进攻中伤亡惨重，这从弹坑及其他并不适合掩埋的地方发现的尸体数量可以判断出来。尸体被匆忙扔进这些弹坑里，只往上面覆盖了几英寸的土。由于走出堑壕将尸体埋在外面太危险，因此只能把尸体埋在胸墙里或埋在他们死亡的地方，挖几铲土盖上去。然而这样做根本不是长久之

第二十四章 冲 锋

计,战士们在上面走来走去,几天后地面就会诡异地陷下去,接着会向上鼓起几英尺。

这些酷似地狱的场景十分可怖,但与那些目睹战友被炸得粉身碎骨的人忍受的痛苦相比,看到这些场景的人受到的折磨根本就不算什么。澳军第1师迫击炮1连二等兵阿索尔·邓禄普(Athol Dunlop)在日记中描述了他们连队第一次出现伤亡给他的心灵带来的冲击。那时,他们在前线后方几百码外一处名叫白垩矿场(Chalk Pit)的地方休息。原来大家都认为这个地方足够安全,甚至可以建立一个医疗站。阿索尔·邓禄普在日记中写道:

> 休息了几个小时后,我们开始检查武器弹药。突然间我们感到了战争的恐怖,这是我们连队第一次上战场。一枚很大的榴弹炮在我们中间爆炸,炸死7人,炸伤5人,一些人的大腿被炸飞了,还有些人的胳膊被炸断了,一个战友更可怜,现场只找到了他的靴子。我恰好刚刚离开爆炸地点,所以只是被炸飞的土掩盖住了。我永远忘不了那些可怜的小伙子们的哭喊声。

让人心痛的是,虽然出现了伤亡,但是这时候主要的进攻行动并没有开始。7月21日晚上至22日凌晨,澳军在波济耶尔预备行动中的伤亡较大。计划于次日夜晚发动的主攻,主要是对环绕在波济耶尔南部边缘的3个堑壕进行正面的进攻。但是,如果澳军想防守住他们的右翼,就必须要炸掉他们右侧两道平行的德军堑壕。这两道堑壕和3条防线差不多形成一个直角。

那两道堑壕构成了德军第二防线的一部分。两道堑壕胸墙面对着英军西侧前线。这时，德军发现主要威胁来自南部，他们因此调整了防御措施。这样，两道堑壕对于从南部逼近的澳军进攻部队来说，就成了巨大的障碍。

如果澳军能够攻克环绕波济耶尔南部边缘的三条堑壕，同时又能拿下德军第一道旧堑壕和德军第二道旧堑壕，那么整个行动堪称完美。不过，这并不太可能。从开阔地向德军第一道旧堑壕西侧进军的部队，可能会比那些需要在狭窄堑壕里行军的部队速度更快。堑壕里建有地堡，而且有敌军防守。唯一可行的办法只能是提前将地堡拔除。这也是大家同意7月22日凌晨2点30分攻击那两道堑壕的原因。澳军一路推进，攻克了德军第一道旧堑壕与德军前沿防线（波济耶尔堑壕）交会处，以及德军第二道旧堑壕与芒斯特山谷交会处附近的地区。

计划十分简单。堑壕迫击炮和火炮压制德军，掩护澳军第3旅9营由100名战士组成的突击队冲向敌军堑壕的地堡。然而，由于一些难以道明的原因，进攻从头到尾都是乱七八糟、毫无章法。迫击炮炮弹不充足，轰炸的效果并不明显。进攻前，半个多小时内发射的14枚炮弹数量太少，作用也很有限。没有足够的火炮支援，注定了他们的最终命运并不会太好。

可以预见到澳军的进攻肯定会失败。位于德军第一道旧堑壕地堡的德军疯狂反击，他们在机枪掩护下，向澳军投掷了大量手榴弹，把冲到地堡附近能够威胁到他们地堡的士兵与澳军大部队切断了。21岁的菲利普·布朗中士尽其所能地向这些澳军提供进攻必需的手榴弹。随后布朗被德军的机枪击中了。在放弃进攻德军第一道与第二道旧堑壕的命令到来前，澳军共阵亡了45人，他成为其中的一位。

澳军的进攻开局不利。如果他们能够吸取经验教训，战局仍然还会有转机。这个惨败本该让澳军指挥官认识到：在加里波利时，他们强壮的身体、英勇无畏的精神足够应付土耳其军，但这些优势在面对德军复杂周密的反击时却不再是优势，战胜德军必须要制订完美的计划。

澳军的进攻失利也凸显了一个事实：战场上对细节不够重视，必然会导致惨痛的伤亡。匆忙进攻后遭受的损失与伤害并不只体现在索姆河战场，在澳大利亚国内创伤会持续很多年。

发生在布朗中士身上的事在整个战争中非常具有普遍性。尽管红十字会的档案中记录他"受伤且失踪"，死后的第二天被埋在了一个弹坑中，然而从此之后就再也没找到过他的尸体残骸。他的父母詹姆斯·布朗和杰西·布朗住在昆士兰，一直生活在痛苦之中。多年来他们一直给澳大利亚官方写信，但从来没有收到关于布朗是如何死亡的确切说明。

不仅如此，关于布朗死亡情况的不同报告彼此矛盾。由蔡尔兹（J.R.Childs）整理的记录最具信服力，其中记述道，"他志愿向前线运送炮弹。小口径超高速炮弹在无人区爆炸的时候，我就跟在他身后。炮弹击中了他，他因此丧命。"他的叙述和其他人的信件仍存在互相矛盾的地方，这件事情还有待解决。

布朗中士的父母收到了一位士兵充满激情的反馈，该士兵甚至没有见过他们儿子的英勇行为。信中有段充满爱国热情的文字："他的离去，我们都深感遗憾。大家都非常崇敬他带着荣耀为国献身。作为他的朋友，我深感骄傲。希望我们所有人都能各尽其责，完成光荣使命。"这可能是索姆河战役参战士兵的想法，当然只有在参战前他们才会这么说。收到这些反馈，布朗的父母却没有感到丝毫慰藉，他们看到的事实是儿子被战争吞噬了。没有人告诉他们布朗真正的死亡原因，也没有人告诉他们布朗的埋葬地点，他们连去悼念的机会也没有。

进攻德军旧防线左侧堑壕的全过程中，开战初期、中期直至战斗结束，澳军的失误层出不穷。澳军原计划在7月23日凌晨0点30分发动进攻。考虑到即将有一场漫长且艰难的夜战，本来可以安排得更合理一些，但是澳军却在7月21日晚上至22日凌晨安排进攻部队挖堑壕，一直挖到无人区中间位置，这是个艰巨的任务。约翰·哈里斯上尉的部队在外面一直挖到凌晨3点钟。第二日冲锋时，战士们毫无精神。哈里斯后来精神崩溃了，有人认为应该将失利的部分原因归因于他们过于疲劳。

在战斗开始之前，把进攻部队过早带到前线，这个决定也很有问题。哈里斯上尉记录中的以下内容表明，他意识到整个过程问题频出："和我想的一样，我发现有些粗心的家伙把垃圾桶踢倒了，桶里的垃圾撒了一地。我仔细查看，发现两三枚炮弹正好被扔在堑壕里。"

向集结堑壕出发前，澳军并没有成功建立起任何确认机制，以

第二十四章 冲 锋

确保部队能够进入准确位置。这对没有经验的澳大利亚士兵来说是个巨大的考验。如果问哈里斯,他可能会说,22 日早上 6 点就开始进行战前整编太早了。而结果显示一点也不早。他们连最后分成两个批次从进攻堑壕进发。为了确保每一拨士兵都能部署在指定给他们的位置上,在进攻堑壕内,有必要把第一拨连队的小队和第二拨分散安置(比如,在堑壕左侧的第一拨某小队,在其右侧应该部署第二拨某个小队,该小队的右侧应该布置第一拨的另一个小队,以此类推)。

从理论上可以轻易看出如何去部署,但实际操作中,从澳军所在的狭窄堑壕到前线后方这个范围内,却很难去实施部署。因为德军的火炮轰炸——炸死 1 人,炸伤 5 人——导致澳军的部署拖延了很长时间。哈里斯和士兵直到晚上 8 点才最终出发赶往前线。

"3 枚炮弹在队伍前方右侧爆炸,一定程度上预示了我们即将到来的命运,"哈里斯回顾说,"幸运的是,虽然炸弹爆炸威力大,弹丸像冰雹雨一样落在四周,但伤亡却不大。"事实与他所担心的一样,前方遍布着各种危险与困难:

> 某个受惊的笨蛋,可能是负责疏导交通的,突然闯到长长队列的中间……把部队带偏到了右侧,跑到另一支部队的后方。过了很长时间他们才发现站错了位置。等到重新归队之后就直接插进已经排好的队伍之中。这导致之前的布置都白费了,必须重新排列并安置刚刚归队的士兵……多亏德军机枪的扫射和小口径超高速炮弹的轰炸,才使得这次重新整队能够高

速地进行。

由于德军的"帮助",哈里斯与战士们快速地列队完毕,充满危险的进攻行动即将开始。

保罗·梅兹的记录表明他先于哈里斯到达了集结堑壕。澳军皮肤呈现古铜色,他们的目光让梅兹有些不知所措。梅兹会和他们一起冲出堑壕发动进攻。"夕阳的余晖在一排排猩红的脸上跳跃闪烁。他们卷起衬衫袖子,展示出粗壮的前臂。士兵忙着喝茶,擦拭枪械,将枪栓上下推动。这些澳新军团士兵明显都非常健硕。"

25岁的一等兵道格拉斯·霍顿就在澳新军团。像哈里斯一样,他入伍前也是一名教师。霍顿的记录为深入了解进攻堑壕内的情况提供了一个视角。该进攻堑壕位于哈里斯所在进攻堑壕的前方。霍顿所在的1营驻扎在澳军第1旅所在的宽度达800码的阵地右侧。他们要在第一时间冲出堑壕发动进攻,他们要攻击的目标是德军前线、波济耶尔堑壕和位于铁路后面的德军第二道防线。只要拿下这些目标,哈里斯所在的3营就能越过它们去攻占第三目标,即位于东南侧从阿尔贝到巴波姆之间的主要公路:澳军第1旅2营会进攻1营左侧的区域,澳军第3旅各营(右侧的9营和左侧的11营)负责扩大1营和2营在进攻区域东侧(右侧)所取得的成果。

在记录中,霍顿还提到了进攻前的最后1小时里不断蔓延的焦虑情绪:"最后1个小时,大家的情绪开始失去控制,担心各种各样的事情。"但是几乎可以确定最核心的问题只有一个。那天清晨这个问题一直萦绕在霍顿心头:

第二十四章 冲 锋

我们还有机会欣赏到明天的太阳吗？抑或我们会躺在医院，缺胳膊少腿儿，忍受着伤痛折磨？这些想法会持续存在，但不会成为谈论的主题。每个人都知道其他人也有这样的想法，但每个人都知道他应该表现得就像这样的想法从来没有出现在他的意识里那样，我们认为每个人都有义务把这个想法隐藏起来。

我的情况呢？说我不紧张那是不可能的。不过，这种紧张并不是让我在战斗中犹豫不前的那种紧张，而是一种潜意识里面的紧张，不是害怕。

0点之后，又过了25分钟，消息传了过来："5分钟后出发。"3分钟后，"2分钟后出发，做好准备"。之后，我们的徐进弹幕开始轰向敌军堑壕，命令开始下达："行动！"……几秒后我们都到了无人区。我们冲出了15码，然后卧倒。

在霍顿后面一个集结堑壕里观察的哈里斯，用以下文字记录了轰炸的震撼："集结堑壕里面的连队刚刚结束整编，这时，我们的炮击开始了。场面一片混乱。德军第一道防线几乎成了一道伸展开的火墙，炮弹在他们头顶爆炸，高能炮弹轰炸着沿线所有堑壕。"

指挥霍顿他们营的基斯·麦康奈尔这样描述轰炸情况："2 000多枚炮弹落在敌军防线。炮火弹幕像一大片火焰，爆炸声不断，听起来仿佛是震耳欲聋的怒吼。"

保罗·梅兹跟着一支他不知道番号的部队随军报道。他记录道："突然，传来一声爆炸，像晴天霹雳，地面都在震颤。数百门火炮同时开火……炮弹呼啸而过，在波济耶尔爆炸，然后火墙开始蔓延，刺眼的光照亮一排排等待进攻的战士，他们都被这空前绝后的爆炸声惊到了！"

轰向德军前线的密集火力可能也给那些德军留下了深刻印象，但是炮火只持续了2分钟，向前只推进到了第二道防线。这是霍顿所在4连的进攻目标。这时德军炮兵也用同样的方式回击澳军，但想阻挡住1营的第一次进攻，已经太迟了。霍顿和战友跟在第一次进攻部队后面。后来，霍顿回忆道：

关于这次充满危险的行动的记忆有些模糊。脑海中浮现的都是漆黑的夜晚伴随着"电闪雷鸣"的画面。只能回想起照亮天空的火光，以及印象较深的几件事。

有人听到一个小伙子呼喊求救，但是去救他的话又违反命令。有人看到一个男孩儿走过去，给这个伤员包扎。在波济耶尔堑壕的一处，我们堵住了地下堡垒里的德军，一颗手榴弹要了他们的性命。我们还用刺刀捅死一些炮火下幸存的敌人，躺在附近的尸体也证明了我们炮火有多么的密集。

在一个地方，我看到一个德国人。他肩上扛着步枪，手指扣着扳机，站在堑壕里，但是却一动不动。走近他，我才确定他已经被炮弹震死了，死在了炸弹爆炸时他所在的地方，身上没有伤口。很明显，炮弹爆炸地点离他不远。他的心脏跳动了最后一下，然后站在那里，永远也不能动了……我还见到一个澳大利亚士兵和一个德国士兵，两人都被对方手中的手榴弹吓

第二十四章 冲 锋

得不敢动弹……

借助于爆炸的火光，周围不停地闪亮，战士们仿佛幽灵般忽隐忽现，有些人托着枪，有些人举着枪。他们阔步前行，穿过周围的地狱。我仿佛看到了解救瓦尔基里的英雄，阔步穿行在环绕着瓦尔基里的火焰中。

除了连绵不断的爆炸声之外，炮弹从头顶飞过的声音像数以千计的鸟儿快速挥动翅膀的"唰唰"声。从攻守双方阵地呼啸而过的炮弹那么沉重，看起来飞得并不远……同时你会奇怪为什么双方火炮没有互相摧毁对方。

一个人面对这样乱糟糟的场面，他会想些什么？他只会下意识地向前冲，不会有精力去感到恐惧。他除了努力对付敌人之外，没有时间觉得危险。有时候，一枚炮弹落在几英尺外，突然爆炸，把他掀飞，站起来之后，他会继续往前走……

冲到德军阵地上并没有发生什么大规模战斗，之前的火力太猛了，德军已经差不多崩溃了。

哈里斯回忆称，"一个个由弹坑串联而成的较浅堑壕……一队队士兵点缀其间，战士们有些在疯狂欢呼，有些在歌唱，有些在咆哮。"

第二道防线更不会对澳军产生什么阻碍作用。据霍顿说，第二道防线已经"被炮弹彻底摧毁了"。少数几个德军军官没被炸死，其中一个向澳军展示德军在环绕他们的林地里挖掘的堑壕，这是他们活下来的原因。"再向前几码，在林地边缘，安置着5.9英寸小口径排炮，在我们和排炮之间躺着一具炮兵的尸体。"

霍顿安然无恙地到达攻击目标。第一次进攻中，负责指挥4连右手边一个排的刘易斯·布莱克莫尔少尉运气不太好。据指挥左边一个排的基斯·麦康奈尔说："我们爬出集结堑壕，继续向敌军阵地前进了10分钟，2枚炮弹落在我们之前所在堑壕布莱克莫尔所处的位置，炸死8个人，这是他们排一半的兵力。为此，布莱克莫尔不得不'变换位置'。他负责指挥13排，但他没告诉士兵参与的是什么任务。这有点儿令人担忧。"

正如麦康奈尔意识到的，布莱克莫尔的行为有可能会危及整个行动。在行进过程中，布莱克莫尔带队抄近路穿过麦康奈尔他们前进的路线，而不是前往他们本该去的德军第二道防线。"我观察了一会儿，发现要出问题，"麦康奈尔在日记中写道：

> 那时，我找到布莱克莫尔。我质问他这么做的原因。结果他又让他们排返回到右侧。可怜的家伙！这是他活着的时候做的最后一件事。他在前往德军第一防线时被子弹射中了头部。
>
> 我本来认为我们可能也到不了那道防线。当我们到了时，我们发现2连（在布莱克莫尔前面的连）在岔路（在他们前面岔开的）那里也犯了错误。他们没有攻占的堑壕少了70码左右没有清理。幸运的是，里面只有几名德军。我们解决了他们。

随后麦康奈尔带领士兵继续出发去搜寻位于第二道防线前与防线平行的铁轨。如果他们能在凌晨1点前到达，那么他们就来得及

第二十四章 冲 锋

利用原计划为进攻第三目标时提供的，长达半个小时的炮火掩护。

可是，在行军途中困扰布莱克莫尔和2连的一些问题，也开始成为麦康奈尔他们的问题。他们聚到左侧，在右侧留出一段比较宽的空当，布莱克莫尔他们连已经不见了踪影。"见鬼！刚开始，我不知道自己该做些什么，"他写道，"但我终于走到了部队前面。我向士兵比画手势，幅度很大，而且嚷道：'加油1营！''向右侧散开！'"多亏了麦康奈尔的及时调整，他们才能在距离凌晨1点还剩3分钟的时候到达铁轨。"虽然我们按时到了铁轨，"麦康奈尔回顾道：

> 但德国佬发射的一枚燃烧弹落在了我们右侧，火红的弹片钻入我左腿，火光照亮了周围。那时，好像一切坏事都找上了我们。我正站起来打算鼓励大家穿过防线的时候，一枚炮弹在我身后爆炸。我马上意识到我的右腿断了，我的天啊，我当时竟然还有胆量把表举到有光亮的地方看时间。时针指向凌晨1点钟时，我向那些小伙子吼叫，让他们向前冲。

不久后，麦康奈尔记起，他曾看到哈里斯的3营沿阿尔贝—巴波姆公路跑了过去，去进攻他们的第三个目标。凌晨4点，他们把堑壕挖好了。除了在德军旧防线上的壮举，哈里斯左右两翼的部队也完成了同样的壮举。

澳军在德军第一道与第二道旧堑壕上的延误不是因为不够努力。虽然被位于波济耶尔堑壕和德军第一道旧堑壕交会处北边的德军地堡阻挡住了前进步伐，但他们还是在 1 点前拿下了阵地。澳军第 9 营二等兵约翰·利克（John Leak）没等命令直接冲向敌军阵地，杀死了阵地内的 3 名德军。他的长官抵达现场时发现，利克正用毡帽（利克违反军令，偷偷保留下来的）擦拭刺刀上的血迹。利克也因为这英勇不凡的举动荣获了维多利亚十字勋章。

不过，澳军并未因此沿着德军旧防线推进到更深入的区域。德军的火炮轰炸使得澳军无法向德军第二道旧堑壕前进一步，甚至因利克英勇表现占领的德军第一道旧堑壕也被德军一轮反冲锋后夺了回去。澳军被德军击溃，向德军第一道旧堑壕和波济耶尔堑壕南部后撤约 150 码。丢失的这些区域，澳军第 10 营亚瑟·布莱克本（Arthur Blackburn）中尉指挥士兵与"刺刀队"近身肉搏拼杀一番之后才又一次夺了回来。布莱克本也因此获得了维多利亚十字勋章。

布莱克本对此描述道：

> 这是我碰到的最麻烦的事。预先轰炸中，我们的重炮已经把德军第一道旧堑壕一部分炸毁了。德国佬能从他们的第二道防线（即德军第二道旧堑壕）观察到德军第一道旧堑壕被炸成了一段一段的。每隔 20 码左右，就有一段 3~4 码长的堑壕被炸毁。有时候为了前进得更远，不得不暴露自己。当然，德国佬一发现我们进攻，他们的机枪手和狙击手就从空隙间向我们射击，这也使得这道堑壕成了最危险的地方。此外，我们重点攻击他们堑壕里面的地下堡垒，地下堡垒深 30~40 码。德国佬奋力反击，据守地下堡垒。

第二十四章 冲 锋

这个小角落里的战斗,在布莱克本爬到德军第一道旧堑壕和波济耶尔堑壕交会处后达到了高潮。布莱克本发现自己被一名位于他所处位置东南方,从德军第二道旧堑壕向外扫射的德军机枪手截断退路,与部队其他人分隔开了。"有一小会儿,看起来我们像是被切断了,"他写道:

> 但我向另一堑壕左翼移动过程中,发现了一个毁坏的地道。沿地道往下爬的时候,我开始在地道向另一侧挖掘。地道被落下来的土堵住了。我比较担心地道是敌人挖掘的。随后,我确定了这是9营之前打下来的阵地(位于波济耶尔堑壕,主攻中被攻下),因此舒了一口气⋯⋯
>
> 我很快就挖好了一条足够宽、可以爬出去的通道。9营钱伯斯(Chambers)上尉随后马上派人拿着工具穿过地道来协助我,我们加固了阵地。我是凌晨5点开始的。到下午2点时,我已经清理到波济耶尔堑壕⋯⋯我松了口气。那时我都快要崩溃了。

那些援助布莱克本的幸存者也快要崩溃了,有14人在行动期间丧生。

虽然德军第一道和第二道旧堑壕右侧的部队没能达到中间及左侧部队的推进速度,但这并没有妨碍澳军在波济耶尔南部取得胜利。但他们是怎样取得胜利的?如果他们仔细分析的话,就不会这么高兴了。如果哈里斯上尉就像麦康奈尔中尉描述的那样,那么他的3营士兵所犯的错误，可能使得所有占领的阵地会被敌军强横的反攻夺回。

和1营在行军过程中出现的问题一样，3营也没有遵守命令，在前线把兵力分散开。这表示哈里斯在阿尔贝—巴波姆公路东南侧赶上他们的时候，本应在该营3连右侧的4连大部分战士，最后却出现了3连的左侧。

轰炸使得进行抵抗的德军数量有限，澳军很容易解决掉他们。据哈里斯说，在4连的第二次进攻中，很多"挖壕兵"兴奋地扔下铁镐和铁锹直接加入战斗序列，但他们的食宿问题却根本无法解决。结果前往第三进攻目标的过程中，他们发现自己再次成为"挖壕兵"，并且这次还没有足够的工具，这使得他们对自己的愚蠢行为感到"非常后悔"。

说到德军第三道防线，一直被称作"第三进攻目标"，这里根本没有能够用来进攻用的堑壕。同时由于士兵迫切想要击败德军，这导致哈里斯手下的士兵不等炮火轰炸就冲向了德军第三道防线。他们还没对敌军造成任何伤害之前，就已经白白牺牲了6名士兵和1名军官。

澳军没能按时集结部队的显著不良后果是，原本该攻占4连右侧第三目标的澳军第3旅直到几个小时后才到达阵地。随后发现，该连队在后方一个交通壕里由于多支部队聚集造成拥堵而耽误了时间。有部队转错了方向，他们两次折返挤占了别的部队通行的道路。索姆河战役期间，这些毫无必要的交通堵塞成了澳军在进攻过程中经常发生的特殊事件。

第二十四章 冲锋

由于组织问题而导致的混乱，都是自作自受，本可以避免。澳军士气也因此更加低落。虽然这些问题的直接责任不是由高夫这样的高级将领来承担，但人们不经意间也会琢磨：黑格提醒高夫让他认真监察澳军的准备工作，他有没有把黑格的话当回事呢？人们无意中也会怀疑：黑格任命官员的方式是否过于极端？在波济耶尔问题上，是不是应该像弗罗梅勒那样，采用一套制约与平衡的方式？如果中间执行过程中出现问题，这种方式还能确保他及时知道具体情况吗？

无论普通的澳军士兵是否记得他们长官出现的问题，但几乎没人在7月23日那天发出任何批评的声音。

约翰·哈里斯上尉描述3营4连的士兵在早上6点非常艰苦地挖掘堑壕。堑壕很深，他们可以在里面站起来。"那些因工作繁重、缺少睡眠而疲劳不堪的士兵可以原地休息。他们以各种扭曲的姿势蜷缩在堑壕里，这样睡觉既危险又不舒服。"在他们休息时，有些人还在站岗。有些站岗的士兵会拿出扶手椅子，放到连部堑壕宽阔区域后方的巨大弹坑里。这些椅子是哈里斯的勤务兵在附近损毁的房屋里找到的。

哈里斯回顾说："上校过来视察在建的防线。随后，我们吃了一顿相当不错的早餐，有面包、果酱和茶。那是7月的一个早晨，温暖且静谧。在徐进弹幕开始之前偶尔有几次爆炸，除此之外一片安宁，战争好像被隔绝在另一个世界中。"

第二十五章

以牙还牙

波济耶尔，1916年7月23—26日

7月23日前，英军曾试图多次进攻波济耶尔，但却毫无进展。澳军在第一次进攻中就能击穿德军在波济耶尔北部的防守，与之前英军的战果对比，澳军所有士兵还有长官都显得得意扬扬是很正常的。虽然澳军犯了些错误，但他们胜利了，这个事实可能让他们认为自己是无敌的。

那些没在前线，但听说了第四集团军7月23日进攻成果的士兵，对他们取得的胜利显然会很高兴。波济耶尔由预备集团军而非第四集团军攻克，那是当天唯一取得的重大胜利。第四集团军3军、15军和13军（见第二十四章）毫无所获，没有攻克7月23日战役中的任何重要地标。次日，他们必须进攻吉耶蒙、德尔维尔林地、隆格瓦勒、高地林地、换防线和芒斯特山谷。

不过，事后的一等兵道格拉斯·霍顿对自己和战友当时的天真嗤之以鼻，他认为是自己的天真而导致他们随后被德军痛击：

第二十五章　以牙还牙

我们沉浸在满溢的自负和无知中庆祝我们取得的伟大胜利，尽管当时不只我们在说取得的胜利大小和伤亡的人数不成比例。

我们年轻，还有很多需要学习。接下来的60个小时教会我们很多进攻方面的知识，也告诉了我们战争会有什么样的创伤……

整天时间，我们为取得的胜利而兴奋不已。我们躺在堑壕的背墙上晒着日光浴。那里通常会有几个人坐着吃饭。我们急需粮食支援。一整天里，不断有人从堑壕外进来，不断有人在堑壕里来回走动。对我们来说，这没有任何意义。但敌人对此观察得十分仔细，我们在第二天和余下的日子里，为我们的鲁莽付出了惨痛代价。

那晚似乎没有发生让我们懊悔的事。德军在23日下午5点30分发动了第一次反击，他们的目标是阿尔贝—巴波姆公路与南侧铁轨间的澳军右翼地区，那里防守薄弱，但澳军轻轻松松地击退了德军。起码从表面来看，像是澳军在追着德军打。

如果欢庆的澳军停下来想想，他们可能会对他们当时的处境有另一种看法。比如，如果澳军的防御首先被德军火炮削弱后，他们还能轻易击退德军的第一次反攻吗？德军发动反攻是为了攻破澳军右翼的区域。右翼澳军部队占领的防线向后绕了回来，他们没有和阿尔贝—巴波姆公路沿线上的其他澳军步兵在同一条防线上，而是直接面对着没被占领的旧防线阵地上的德军。澳军右翼的9营并不像左翼其他部队那么顺利。显而易见，敌军猛攻这个薄弱环节会使得整个澳军防线变得十分脆弱。

需要提防的是波济耶尔村里的地下堡垒。尽管有些人说澳军已经占据了这个村子，但村里各处明显还有很多德军。所以，清理村子在一定程度上要比发动主攻时的冲锋更加危险。因为德军持续不断的反抗，战场上的紧张气氛还在。德军反抗的激烈程度，会使人们理解澳军为何那么残酷地对待他们的俘虏。

澳军第3旅12营的埃尔默·莱恩中尉是西澳州的一名农民。他可能习惯了猎杀农场里一切有害生物，因此认为对德军除了消灭之外，不值得采用更多的策略。23日20点，他接到命令去清理波济耶尔外围的德军。那时，8营已经转移到该村东北部，莱恩在任务开始前决定"对狙击手不留情面"。任务开始不久，他们列队前进，站在他身边的士兵头部中弹突然倒在了地上，那天很多人被敌军狙击手射杀。

莱恩在写给他父母的信中描述了上述事件。这件事肯定给他留下了深刻印象，他觉得应该冷酷地回敬敌军。"士兵见到弹坑就往里面扔手榴弹，"他在信中写道：

> 德国人看到我们的士兵拿着刺刀过来，要么坚持抵抗，要么试图投降。但太晚了！一个德国佬冲我开了3枪，都没打中我。然后，我的一个士兵击中了他。在运行中的无线电站我们发现了另一个德国佬。他一看到我们过来了，就试图投降。"滚出来，你这个浑蛋！"我们一个战士喊道。我听到战士的叫声

第二十五章 以牙还牙

后,从右侧跑过来,对那个战士大声喊,让他开枪杀了这猪猡,要不就让我开枪。所以他开枪了。我们共杀了6人,从地下堡垒俘虏18人。

没有杀死这18个人是因为发现他们的地方,用莱恩的话说"那是在25英尺深的地下,像一座医院一样的地方,里面还有很多绷带等物资"。他们并不憎恨这些德军找了个舒适的地方躲藏,反而莱恩说那是"我唯一感谢德国人的地方。这能拯救我们伤员的性命。这个地方是用木头搭建起来的,仍保留有两个入口,第三个被炸毁了"。

莱恩一直对德军俘虏开着玩笑,对象是被俘的德军军官,说他虽然是德国人,但有个听起来像英国人的名字。"有个德军上尉告诉我说他叫庞森比·里昂斯,是波济耶尔的指挥官。我告诉他,他作为指挥官已经是过去式了。但沃尔斯上尉(莱恩的连长)不想让那名德军上尉遭受过多的嘲讽。我们护送他们到后方。看到快要离开这里,他们显得很高兴。如一名德军小伙子说的,轰炸开始时,他就没期望过能离开这儿。"

最终并不清楚他们是否安全抵达了后方。1营下士阿奇博尔德·巴威克评论说:"这些小伙子一见到血就变得凶猛残暴",他在日记中提到了15名德军俘虏所受到的待遇。"他们搜索时,发现其中13人都带着匕首和左轮手枪,我们迅速把这些人按到墙上控制住。"

这并不意味着某些波济耶尔的胜利者缺乏同情心。詹姆斯·艾特肯中尉的11营攻克了哈里斯上尉3营右侧的一段波济耶尔德军堑壕。他在写给"亲爱的母亲"的信中提到,看到德军求饶实在"大快人心"。"他们也会乞求怜悯,至少有时会这样!在第一堑壕,遍地的尸体都扭曲成各种形状,其中一名德国士兵吸引了我的注意力,他应该是被活埋的。我对问我应该怎么做的士兵说'开枪打死他或者埋了他,你自己决定',他把德国士兵埋了,我很高兴,我把其他的俘虏都留给他处理。"

另一位在道德上有顾虑的是2营一名连长——弗雷德·卡拉威。他们进攻的是澳军第1旅左翼的德军前线堑壕。在写给家里的信中,卡拉威描述了8名德军的命运,他、他的长官和一位一等兵清理了一个地下堡垒:

> 我往里扔了一枚手榴弹,他们爬出来,哀鸣道"饶命,伙计,饶命"。不用说,我们又把他们逼了回去。
>
> 有个人两只胳膊上都绑着红十字。他抓住我向我求饶。我摸了摸他衣服下面,发现有把匕首和一支漂亮的左轮手枪,我留了下来。我指了指他的红十字臂章,然后指了指左轮手枪。他只是哭。我举起枪打算打死这猪猡……然后他跪下,抓着我的膝盖求饶。我没有冷血到杀了他的程度,虽然他该死。视线范围内任何胳膊上绑着红十字臂章的德军都有被射杀的可能。

卡拉威为他想杀掉德军战俘的冲动解释道:"德国佬落单时就是懦夫……也很狡诈。如果你拿着刺刀走近他,他就尖叫求饶。饶了他作为俘虏,他会跟在你背后,找时机用刀捅你或在你背后放冷

第二十五章 以牙还牙

枪。我们的士兵都知道这点,他们不给德国佬机会。我看到些很冷血的人,没理由责备他们,他们必须保护自己。"

卡拉威可能听说过 2 营广受欢迎的沃尔特·霍斯特中尉的一些事情。霍斯特中尉在波济耶尔的地下堡垒抓到一些德军。据红十字档案里的一封报告显示,"他的士兵想杀了这些俘虏,但霍斯特中尉阻止了他们。随即,有个伤势严重的德军士兵捡起一把刺刀刺穿了他的身体"。其他的澳军士兵讨论过这个传言,他们说霍斯特中尉是在护送俘虏去后方时被炮弹炸死的。不管中尉是怎么死的,这件事传递出的信息是明确的,杀了俘虏比抓获他们的风险要小得多。

杀戮过后,住在村子西南角坚固混凝土碉堡——被澳军称之为"要塞"里的德军幸运地被 2 营虔诚的基督徒沃尔特·沃特豪斯少尉率领的 10 人小队俘获。这位 28 岁的少尉是一名宗教信徒。他在军队的入伍文件中把自己描述为大学"示范生",他描述了他们是如何攻克德军碉堡的:

> 我们在入口抓到一名德军,迅速捆住他的双手,同时让其他德军出来。他们鱼贯而出,共有 2 名军官,25 名士兵。我和下士一起,一手拿着手电筒,一手拿着手枪,往下探查。下面第一层有 3 挺机枪和 27 个弹药带,还有步枪、测距设备、望远镜和很多干粮、啤酒……毫无疑问,这里是个据点。
>
> 从第一段台阶下到第二段台阶,我们发现一间屋子。那是军官宿舍,里面有个受伤的上尉,还有他的警卫员。除了宿舍,还有一段很长的通道,里面安置了架子床,还有几十条步

枪，大量子弹。在通道尽头转弯，我们发现了另一个成直角的地下室通道，在尽头看到一名德军中士和两名二等兵。我们迅速冲向他们，把他们的双手绑上。那中士像是要去拔枪，我拿枪抵在他鼻子上，他才老实了。

沃特豪斯的方式可能使一些堡垒里面的德军免于一死，但他来晚了，不可能拯救所有德军的性命。那天晚些时候，野战第1连的工程师约翰·史蒂文森中尉参观了这个堡垒，他发现一些"奇怪的景象"："两只波斯猫在享用大餐——人脑。有一名德军头部的一部分被削了下来，掉落在尸体旁，就像是专门为猫准备的。"

就如一等兵道格拉斯·霍顿清晰的描述那样，7月24日黎明，在波济耶尔存活的澳军看到了非常美丽的景色："那是夏季7月里美好的一天。天空湛蓝，阳光温暖，令人感到愉悦。"

但是霍顿很快发现这里的美景充满了血色：

> 我们肯定会再想起那天。但不是因为那天的美景，而是因为这几个小时内我们所忍受的痛苦……
>
> 黎明前我肯定是有点懵，因为提起那天，我先想到的是一些落在堑壕里的炮弹。这还只是开始，轰炸不休不止，1个小时接着1个小时。敌军火炮群发射的炮弹落在堑壕周围几码范围内，或干脆落在堑壕里，我经历过多次炮弹轰炸，但我一直觉得波济耶尔的那次轰炸最猛烈，德军打得太准了。偶尔有打偏的炮弹，向我们射来的炮弹只有2发打偏了。从那天早晨开

第二十五章 以牙还牙

始直到战斗结束,几十个小时里,炮火从未间断过。他们小口径的炮弹明显不多。目前来看,大多数都是直径5.9英寸或更大的炮弹。接下来的时间里,这些炮弹不停地落在攻击目标的几码范围内……

坐在堑壕里的时候,我看到一位在我看来最勇敢的战士。炮弹落在四人中间,他们都被炸得支离破碎,并且直接被土掩埋了。我们把他们挖出来,只有一个人还活着。他的腿断了,手和胳膊都被炸碎了,头部也被严重烧伤。然而,我们不可能把他送出堑壕,当时炮击还在继续。来回的路也不通畅,因为交通壕已经不存在了。我们做了我们所能做的一切,虽然能做的事很少。我们让他躺在堑壕底部担架上,尽可能把他包扎好。之后他只有等待……

从接下来发生的事中可以明显看出这意味着什么。1小时前我丢了烟斗,我们接到命令把堑壕再往深处挖,我发现烟斗就被埋在18英尺深的堑壕底部。这个小伙子不得不躺着,然后忍受细小土块落在伤得很重的残肢上的痛苦。有时候,他痛得忍不住发出了呻吟,随后他会因为没忍住痛而发出了声音向我们道歉。

霍顿没有提到这名勇敢的小伙子是否活了下来。从其他人的叙述来看,躺在后方医疗站和救护所的担架上与在前线几乎一样危险。第1野战救护队的一等兵罗杰·摩根是2营的医疗兵。他报告说:"我们的救护所看起来就在火炮射程内,炮弹不断落在这里及周围地区。想要清理整齐这片地方,仅仅凭借回来的担架兵根本不够。救护所里面的场景很恐怖,外面的情况则更加恶劣。我们必须在路边开阔地上或在堑壕里给伤员包扎伤口。很多人中弹了,不能移动,还有很多人被炮弹炸起来的土直接活埋了。"

澳军第 7 营随行医疗兵在简短日记里提到了他在靠近东侧的澳军第 11 营救护所里看到的场景,同样令人毛骨悚然:

7月23日凌晨4点30分,医务官和我向支援堑壕转移。我们在7点30分到达支援堑壕,然后等待命令下达,等了2个小时,命令我们在11营的医疗站制订伤员的撤离计划。我后来离开医疗站去找连里一名长官,回来时发现医疗站被炮弹炸没了。躺在医疗站里的伤员都被炸死了。11营的战士和我们自己的医务人员也受了很重的伤。担架上一片狼藉。这场景太可怕了!

考虑到位于刚占领的前线后方几百码远的医疗站都已经遭到攻击,就会知道支援堑壕和在白垩矿场及阿尔贝—巴波姆公路间的人都已经在敌军射程内。二等兵阿索尔·邓禄普把迫击炮留在支援堑壕的原始位置以抵御德军的反击。他把自己不得不忍受的事记录了下来。"最危险的事是下到地堡里面去取军粮和水……沿路所有的敌方都被轰炸过",躺着很多尸体。"(7月25日)周二下午,一枚很大的炮弹落在我们的胸墙上,炸死了我们的中士和其他两人,爆炸还把3个人给埋了。我稍后成功救出了其中2个人,别人帮忙救出了另一个。我

第二十五章 以牙还牙

很幸运,虽然就在中士旁边,但只是被松土盖住了腰。"

看哪种类型的人忍受惊心动魄、冷酷无情的轰炸时间最久是件很有趣的事。3营约翰·哈里斯上尉:"之前在舒适的宿舍里咆哮和在后方安全环境中承受压力好好工作的人,现在来到前线了,他们一个个都兴高采烈。这群人工作起来,就像是在享受一样。"一个连队里的爱尔兰人不停地说话,"完全无视危险"。一发子弹或一枚弹片击中他的头盔时,他停下来闲聊,开玩笑地问那些围在他身边的人:"我们自己人打的还是德军打的?"

相反,在战斗前、战斗期间和战斗后都非常尽职、非常勇敢的哈里斯觉得,自己的精力和体力已经开始不济。他在记录中描述了他在吃过早饭需要坐在扶手椅上休息,椅子是勤务兵在主攻结束不久后从废墟里捡回来的。很荒谬,这可以帮助他切换到另一个状态。休息和娱乐似乎降低了他的警惕性。他记述那段时间发生的事情时写道:"我记得真切,保持清醒的头脑去努力执行更多命令是多么的困难。"又一个随时可能发动进攻的夜晚飘然过去,哈里斯回忆说一系列"炮弹落在附近让人感觉很不舒服的"轰炸过后,他感到"头晕目眩"。

7月24日19点,哈里斯的团长把他派到波济耶尔堑壕的营部。"营部设在一个很深的德军地下堡垒里,地下堡垒面向前线,"哈里斯还记得,然后补充道:"第二天早晨,我对下一步行动的兴趣已经消失了。我来到地堡上面,刚好遇到一枚小口径超高速炮弹……它击中了胸墙顶部,炸死了一名刚从地堡出来,走在我面前的士兵。爆炸也把我掀飞,我摔到台阶底部,那个死去的士兵就压在我身上。"

哈里斯的个人档案记录得很清楚,哈里斯的身体没什么问题,但他的精神却崩溃了,患上了炮弹休克症。这种病可以击垮褐色皮肤、健壮的澳军,很明显也能打垮其他士兵。有人好奇,是不是敏感的诗人和像哈里斯一般想象力丰富的教师更容易受到这种病的伤害。

在 7 月 24 日中午至 14 点时间内,34 岁的澳军第 4 营埃文·麦凯中校给澳军第 1 旅内维尔·史密斯准将发的报告显示,在猛烈的炮击中浑身颤抖的人不止有哈里斯。史密斯在报告中写道:

敌军大概有 4 门大炮(5.9 英寸口径)在朝着我们防线(澳军防线最左侧部队在阿尔贝—巴波姆公路西北侧,剩余部队在该路东南侧南部约 50~70 码)开火。

轰炸并不是很有章法,德军没有沿堑壕开炮,炮弹的落点非常杂乱。炮击频率比较稳定,是不是会突然炸到堑壕,堑壕的破损已经非常严重。我们所能采取的唯一措施,就是把伤亡人员挖出来。在该防线驻守的 6 个小时中,两个连的伤亡达到了 100 人左右。轰炸和繁重的救援工作似乎都会让一些士兵感到害怕。

即使敌方没有采取其他的反击行动,澳军的伤亡人数也在随着时间而不断攀升。鉴于此,进攻德军火炮的发射地点,尽可能地摧毁它就变得很有意义。尽管现实情况如此,人们也无法指责预备集团军的高夫将军,说他不应该在 24 日下午早些时候向澳军第 1 师下达命令让他们向东部和北部发动进攻。但第 1 师组织进攻的方式

第二十五章 以牙还牙

一直被人谴责。

有人可能希望，在7月23日进攻之前出现的"阻碍"（"阻碍"指的是那些想前往澳军前线但被别的部队挡住路线而无法前进的部队）能够吸取教训，这样的事情不会再次发生。令人失望的是，计划在7月25日凌晨2点首次发动的从西向东对德军旧防线的进攻，途中还是出现了类似的情况。

澳军之前做出了精细安排，以预防这种阻塞情况的发生：澳军第7营的突击连在7月24日半夜首先离开堑壕，其他部队顺次出发。想抵达进攻区域，即阿尔贝—巴波姆公路与南部铁路间最北端地区的话，7营要走的路最远。紧跟7营的是5营两个连，他们要进攻7营南侧的地方。

然而，掌控两个突击营的澳军第3旅组织过于松散，以至于没有强制要求部队遵守进攻安排。5营各连过早地到达了出发位置，之后又不得不陆续撤出。然后，他们跟随第一批部队出发。这在一定程度上延误了7营，抵达进攻地点时该营各连比预定时间晚了10分钟。结果正好赶上一轮从德军前线发射的持续了2分钟的密集轰炸。使问题进一步恶化的是，7营增援连队行进方向的有误，最终到了波济耶尔村里。

如果澳军在弗罗梅勒吸取了经验教训，那么上述事件就不会产生太大影响。当时占据德军前线的澳军部队如果留在堑壕里，击退侧翼敌军的各种反击，那他们攻占弗罗梅勒至少是有成功可能的。同样的经验也适用于7月25日的进攻。5营负责攻克的是德军第一道旧堑壕残留的较浅地段，大多数德军已经从那里撤退。澳军针对德军第二道旧堑壕的第一次进攻，覆盖的地区差不多到了德军第一道旧堑壕北部。

参考发生在弗罗梅勒战场的情况，在德军第二道旧堑壕的澳军有被包围的风险，从他们左后方发射升空的照明弹就是一个危险信号。紧接着，沿德军第一道旧堑壕从北向南冲下来的德军开始反击，他们几乎成功切断了澳军——包括攻克了芒斯特山谷北部交通壕里德军邮局的10营——与大本营的联系。这些澳军能获救完全得益于5营营长，他下令部队马上向德军第一道旧堑壕撤退。澳大利亚官方史学家称之为"澳大利亚皇家部队历史上最孤注一掷的行动之一"。后来，澳军最终占据了德军第一道旧堑壕防线大部分区域——防线与波济耶尔堑壕的交叉点已经到了铁路附近。这次进攻，5营伤亡450多人，战果相对较小。

如果一定要对这次战斗评价一下，那么7月25日15分钟密集轰炸后，于凌晨3点45分发动的进攻中出现的失误可能造成了更加严重的危害。澳军第1师发布了错误命令，强调第1旅要在7月26日凌晨3点45分，而不是7月25日的凌晨向北发动进攻。随后，第1师想下达带有正确进攻时间的命令，但也无济于事，命令送达方向有误。结果，澳军第1旅的史密斯准将直到7月24日午夜11点55分才发现进攻时间有问题，他4小时后就应该开始行动，而他下属的4营直到炮兵开火10分钟后的凌晨3点55分才开始向K堑壕（波济耶尔西侧向北）进军。

幸运的是，随着同属澳军第1旅的8营沿堑壕东侧向北进军后，4营在K堑壕遭遇的德军反抗逐渐变得微弱。最后，8营抵达

第二十五章　以牙还牙

波济耶尔公墓的北部，吓住了在 K 堑壕的德军驻军，他们仓皇撤离，但这并不表示进攻时间上的失误不会产生额外的麻烦。

欧文·豪厄尔·普赖斯中校描述了进攻时间上的错误对他们 3 营的间接影响。他们在进攻前没有收到任何提醒，他这样描述：

> 7 月 25 日凌晨 3 点 45 分，我收到命令……我的 3 个连要支援 8 营的进攻。德军重炮开始轰击时，我的堑壕里挤满了人。但因为攻击马上就要开始，我不能把他们赶回去。而且当时我一点也不清楚情况，8 营也没有提供额外的信息。我只能继续侦察敌军阵地……
>
> 我最终决定只安排一个连向前推进，但回到堑壕后我发现，这根本是杯水车薪。一个连几乎全部阵亡……我决定向前推进，向 8 营防线再靠近些。我们一开始行动，敌军的炮火就出现在我们的前方，我们不得不穿越恐怖的轰炸区……很多士兵都被埋住了。

幸亏 6 营有部分部队占领了前线，我们才能生存下来，起码从攻占的区域来看，情况应该是这样。进攻结束后，环绕波济耶尔北部、西部和南部形成了一条连绵防线，只有村子外围东侧没有。

在整个过程中，冒着生命危险的士兵可能会对形势有不同的看法。4 营麦凯中校在报告中记录了 7 月 25 日他所目睹的事：

> 我沿着被攻占的堑壕前往我们与 8 营相连接的地方。炮火

持续不断，德军火炮能对堑壕多处进行纵射。结果，堑壕被轰炸坍塌得厉害，很多地方都被土覆盖住了。士兵在努力清理，但他们那时很累，跟不上堑壕的破损速度。因为持续的炮火，加上担架兵很疲惫，而且人数不够，把伤员送出去十分困难，因此我们的伤亡比较严重。

澳军所不知道的是，德军炮击的目的是想在25日下午4点30分发动反击前削弱澳军的实力。然而，德军部队一旦行动，就会遭受支援澳军第1师步兵的火炮的轰击。德军的进攻以及计划随后在晚上8点30分发动的进攻都不得不取消，重新夺回波济耶尔的希望因此成为泡影。

当晚，澳军第1旅和第3旅的大部分士兵最终被换防下来。但换防部队不知道德军已经放弃了波济耶尔，他们不得不咬紧牙关继续坚守在阵地上。7月26日的炮轰甚至比前一天更加猛烈。

7月26日，虽然澳军当晚曾尝试进攻阿尔贝—巴波姆公路与铁路之间南侧的德军旧防线，但他们并没有尝试进攻公路北侧。他们这一次的进攻之所以会失败，是决策不当所造成的。在进攻途中，他们没有使用炮火掩护，就开始突袭敌军防线。此外，进攻部队没有充足的时间侦察地形，也没有足够的手榴弹来强攻德军第一道旧堑壕。

波济耶尔前线东北部的澳军第6营戈登中校的部队，经受了当天某个时段内最猛烈的炮火。他在清晨4点05分报告说："我的士兵正遭受炮火的无情打击。如果此时德军开始进攻，我们根本守不住阵地。我们的射击点和营部已经被敌军重炮轰炸，村镇也被榴弹席卷。我自己还好，但我们的阵地正在被火焰吞没。"

几小时后，德军发射炮弹的频率似乎达到了峰值，而所辖部队有些还在 K 堑壕的 7 营营长卡尔·杰斯中校在直布罗陀碉堡（Gibraltar blockhouse）给旅长发送了一条内容更加绝望的信息说："敌人整天都在不断轰炸我们的防线。地面被打成了泥浆，我们没办法建造足够的堑壕……战士们也被爆炸弄得头晕目眩，没办法挖堑壕或参加战斗。如果炮袭是敌军进攻的前奏，那我们抵挡不住接下来的进攻。建议旅部换防，紧急！"

然后，杰斯抓起还能联通波济耶尔第 2 旅的电话，他建议在敌军反击前先发制人。考虑到空气能见度降低很多，他建议把所有能用到的炮弹都打到敌军的前线上。该建议震惊了 2 旅约翰·福赛斯准将，他回复说："如有必要，将士必须参加战斗。所有炮兵针对敌方轰炸开始反击。"杰斯又回复说："将士没有后撤举动。士兵在弹坑坚守……不会有人后撤。发送给您的信息是为了让后方的旅部意识到阵地上的严峻状况。"

杰斯的请求最终似乎说服了高夫将军。高夫批准预备集团军的重炮对德军阵地实施充分打击。晚上 10 点 30 分过后不久，威胁澳军三天的德军炮击终于减弱了。事态的转变马上反映在波济耶尔守军发回的信息上，7 营弗雷德·霍德中尉发送的一个简短信息足以证明。"情况得到极大好转，德军的炮火已经停止，我们的战士虽然疲乏，但很高兴。"当晚，澳军第 2 师把第 1 师的剩余部队替换了下来。

此时澳军第 1 师已经筋疲力尽，他们经过阿尔贝撤向后方。攻占波济耶尔时，1 师伤亡 5 285 人。大家都知道，如果要攻占波济耶尔东侧的斜坡顶端的话，伤亡会更多。

这样的统计数字并没有透露给其他部队，即使已经估算出了相关数字。但正如二等兵鲍曼在 7 月 27 日的日记中有关他们 9 营停留在波济耶尔西侧 12 英里的瓦卢瓦－巴永时所做的记录："大家能大概猜到我们的伤亡数字。在我们侦查组，进入波济耶尔的有 28 人……现在只剩下 6 个。"他补充说："这里的每个人几乎都人手一顶德军步兵的便帽，德军的尖顶头盔或其他来自德军的礼物。地狱般的经历过去后，大家的反应令人称道。几乎所有人都在高声畅谈或开怀大笑。这种欢乐确实是无奈之举，远比坐下来回想我们经历过的事情要好得多。"

但鲍曼的反应绝不是人们普遍有的反应。（澳军第 4 师）14 营特德·鲁尔的部队最终会随同澳军第 2 师进入防线。他把记忆中受到创伤的部队给他留下的印象记录在他的回忆录里：

在一个清晨，第 1 师穿过瓦卢瓦回来了。他们夜晚是在阿尔贝和桑利斯附近度过的。我们知道那是一场艰苦的战斗，看到这些人时我们睁大了双眼，他们看起来像在地狱里待过。每个人看起来都很憔悴和消瘦，而且都是晕乎乎的，好像在梦游，几乎没有例外。他们的目光呆滞，有不少人看起来已经傻了。在睡觉和清洗前，他们比我们刚看到他们时又蔫了一倍。我们注意到他们损失了很多人。一些连队看起来已经被成建制地打光了。我的人生中再没出现过像他们那样一直不停颤抖的人。

第二十六章

检 查

波济耶尔高地，1916年7月20日

波济耶尔新到的澳军步兵师也面临着很多不利因素。虽然大家都知道澳军第2师与澳军第1师之间不太可能存在明显差距，但人们对52岁的戈登·莱格少将仍带有一点疑问。

英军的困惑可能不是由于莱格的口音导致的，而是因为他谈到为之奋斗的事业时太过直率。与澳军第1师师长沃克将军不同，莱格是一名澳大利亚人，虽然是移民过去的。他出生在英国，15岁时和父母移民到了澳大利亚。尽管如此，在移居的国度里他成了少有的人物。1916年时，来自澳军的少将在西部前沿防线的，之前只有澳军第5师师长詹姆斯·麦凯。

没有人质疑莱格具有处理好行政和物流，以及指挥一个师的能力。对一个澳军师长来说，这很不一般。他上过大学，这对他快速晋升并且担任了澳军的高级职务是极大助力。不过，有人质疑他组织进攻方面的能力。尽管莱格在加里波利指挥过一个师，但他没有指挥过大规模战役。考虑到麦凯将军在弗罗梅勒已经犯的或被认为已经犯的过错,那些对澳军军官有偏见的人可能认为对待莱格他们应该采用更加谨慎的态度。

尤其让莱格的英方参谋人员警醒的是,莱格倾向于提出各种不切实际的想法。他和谨慎的总参谋长在一起工作时会把这些想法掩盖起来,但在索姆河战场不能低估这些想法所产生的影响。正是在索姆河战场,一位有同样名声的总参谋长拖累了莱格。

莱格有时用错误的方式挑动同僚彼此产生摩擦,这导致他不会轻易地获得晋升。第一澳新军团司令格德伍德将军于1916年4月支持沃克将军而非莱格担任临时军长。格德伍德将军在一封写给澳洲总督的信中陈述道:"(莱格)信心尚有不足,而沃克则没有这个问题。"

兴许,莱格的属下认为他太强势、太自大。如果仅仅是这样的话,他们还是有可能相处融洽的。至少1912—1914年他在英国参谋本部担任澳洲代表期间,与其共事过的一些英国军官持有这种观点。莱格天马行空的想法,以及他让人们接受这些想法所采用的盛气凌人的方式,和英军军官通常采用的温和方式有冲突,即使莱格的分析更有利于解决问题时情况也是如此。这不令人奇怪。莱格成为士兵前,参加过辩护律师培训,他因此知道如何把各种有利于他的情况联系起来。

当莱格仍然不停地谈论他想要谈的话题,即战场上需要更多由澳大利亚军官指挥的澳军部队时,英军在法国的部队可能觉得莱格是在冒犯他们。50岁的第一澳新军团司令格德伍德发现莱格十分

第二十六章 检 查

令人讨厌。如果出了问题，莱格会向澳大利亚国防部抱怨，而不是听取上级的意见。他的这一做法尤其让格德伍德恼怒。格德伍德近乎严厉地批评了莱格喋喋不休的毛病。格德伍德向一位同事评论莱格时说："看他多能说！"澳军离开索姆河地区后，格德伍德向澳军总督倾诉："他们告诉我莱格生病了，嗓子不舒服不能说话，除了这个，我想不到他还能遭受什么痛苦，这可能是他由于不停说话而受到的惩罚。"

尽管莱格有些缺点，格德伍德还是尝试满足他的要求。莱格发动下一轮进攻时，格德伍德允许莱格自己决定进攻时间，但进攻目标必须是波济耶尔东部高地及村子北部的山脊。果不其然，莱格想到一个不切实际的计划。在该计划中，他打算在7月28日夜晚进军，但他几乎没做任何准备。然而第一澳新军团司令和他的参谋长布鲁德耐尔·怀特准将没有无条件地通过他的计划。

这两人的做法并不明智。莱格7月28日早晨5点下达的命令，因此，他不可能在当天夜晚将还剩一半的前线堑壕挖好。虽然澳军在夜间行军会有一些天然的掩护，但他们仍然要穿越面前漫长的无人区（400~600码，取决于他们要到达的目的地）。虽然罗林森的第四集团军在7月14日发动的进攻仿佛证明较长的无人区并不是个阻碍因素，但是到目前为止的进攻却只成功了这一次。德军时刻都在观察提防着澳军的夜袭。如果澳军离开堑壕时，被德军借助于照明弹的光亮发现了，他们就会面临英军7月1日和澳军7月19日在弗罗梅勒时的情形：需要在敌军的炮火轰炸中冲过很长的距离。

支援澳军的炮兵情况也不乐观。黑格在7月28日夜晚的日记中做了以下记录：

> 据伯奇将军（Gen. Birch）（黑格的炮兵顾问）报告，澳军在进攻前最后时刻表明，即使没有炮兵的支援他们也会进攻，"他们认为德军的机枪火力不会造成太大伤害"！伯奇马上去见预备集团军司令高夫将军。高夫认为应该执行原定的炮击方案。澳军是很出色的同伴，但很多时候表现得很无知。

问题出在原定的方案中对德军的炮击力度不够，只包括了对德军前线 1 分钟的密集打击，以及针对德军第二防线的 10 分钟打击。之后，炮兵会转而轰炸那些最有可能成为澳军进军阻碍的地方。

考虑到该计划有些地方明显失策，人们很好奇格德伍德和怀特是因为什么而批准了该方案。他们为何没有采取果断措施，扼杀高夫制订的第一次进攻波济耶尔的不成熟方案？什么原因使得这一次与众不同？莱格之后抱怨高夫多次催他加速行动。也许格德伍德也是迫不得已，或者是莱格恫吓格德伍德和怀特，让两人认为，如果他们不允许澳军在索姆河战场有自己的行事方式，澳大利亚政府会不高兴？莱格肯定不断催促怀特，让他重视澳军，再加上莱格的唠叨，可能才会导致这个失误。

还有另一个原因可以用来简单评判莱格匆忙拼凑起来的计划。虽然德军的炮击在 7 月 26 日夜晚最终停止了，但在 27 日早上又再次开始。那时，德军的炮击强度很大，如果澳军第 2 师只守在堑壕里，而不是发动计划好的进攻，那他们很有可能损失更多的兵力。

第二十六章 检 查

奥布里·威尔特希尔用大量文件充分证明了炮击所造成的压力之大。25岁的威尔特希尔是澳军第2师6旅22营的一名上尉，他们营在7月26日晚上至27日凌晨前去接替澳军第1师的6营。以下截取的片段中，他描述了他们是如何应对的：

（7月26日）下午5点30分，我们穿过阿尔贝。轰炸正在进行，两名向导最后入队，我们一列纵队开始前进。天黑得不见五指，炮弹漫天呼啸。眼下，我们到了一个很糟糕的地区，一片混乱，有个30英尺深的坑，坑里有横梁、砖头和其他凸出来的尖东西。如果有人掉进去，爬出来时会累得满头大汗，还会受一些伤。过了一段时间，我们才意识到，这个地方曾经是波济耶尔村……

该"村"已经被完全摧毁，一点原来的痕迹都没了，除了高能炮弹炸的深坑里的一些砖块和横梁。这地方看起来就像肮脏的垃圾堆。设备、步枪、路易斯机枪弹夹和很多东西丢弃在地面上。腐烂难闻的尸体到处可见。有一具尸体已经干瘪，脸也被炸没了。有个小伙子身边就是他的断腿。还有个小伙子斜靠在树上，脸上淌着血，除了身体膨胀外，没有其他明显伤口。我们的鼻子里充斥着尸体腐烂的臭味，缓缓地穿过了这片腐臭的地方。

虽然道路上有一些阻碍，威尔特希尔他们营最终到了波济耶尔北部的前沿防线，与澳军第6旅24营成功汇合。28岁的24营二等兵亚瑟·克利福德也有写日记的习惯。他在日记中写道:"那是(7月27日)2点,我们刚刚到达前线,刚进入阵地,我们就不得不加深堑壕,很多地方只有几英寸深。我们被迫做苦工,到天亮时,我们把堑壕挖到了约3英尺6英寸深。"

但是正如克利福德的记录所证明的那样,这个深度仍然不够。"阿伦·克尔中尉和贾格斯下士被落到我们中间的炮弹……炸得肢体横飞。克尔中尉的尸体一点都找不到了。"克利福德按时间顺序记录了德军是如何"在接下来的36个小时内时持续不断地进行毁灭性轰炸,"他补充道:"到晚上时,我们连的一半战士都牺牲了。"

威尔特希尔的日记显示,他们的情况也好不到哪里去:

大多数阵亡士兵的尸体被安置在他们倒下的地方。堑壕太窄,也只能这样处理死者了。在火力点,我们看到有只手从堑壕底伸了出来,那是名澳军士兵的手。他被1英寸左右厚的土埋住了,大家都从上面踩着过去。

我安排人手去收集所有的澳军尸体。天黑后,我们把他们放进弹坑埋了。德军的尸体用来砌挡子弹的胸墙。

(7月27日)早晨,我们的火炮占据优势,但下午德军用同样的方式反击,不断有爆炸,升起滚滚的浓烟。他们把我们的胸墙打得坑坑洼洼,后来胸墙自己塌了,斯科特中士也被埋住了。我们把他挖出来,发现他并没受什么伤。德军的狙击手透过堑壕缺口向我们射击……

萨瑟兰也被埋了。大地的晃动让他的行动看起来像个婴儿

第二十六章 检 查

在学走路。我让他躺下,给他盖上毯子。这次所有的士兵都有点狼狈,我沿着堑壕行走,一边开玩笑,一边问问题……这让他们都振作了起来。

下午3点左右,我坐在堑壕里,这时一个炮弹打穿胸墙,爆炸过后,我感到有个非常重的东西压在我左腿上,恢复知觉后,我发现自己满身是血。到处都是呻吟和喊叫声,一位不幸的战友就躺在我身旁堑壕的一堆死人中。另一个人痛得扭来扭去,他伤得很重,但还活着。亚岱尔的腿和胳膊都中弹了,他疼得厉害。斯科特中士的屁股被炸飞了,他也痛得厉害。金的整个手掌被炸掉了。把裤腿拉上来,我发现我腿上都是血,膝盖往上3英寸的地方有个伤口在流血,我用止血包缠住伤口。

火炮持续轰炸着堑壕,炸到死去的和受伤的士兵身上。呻吟声和喊叫声,混合着炮弹持续不断的爆炸声,把这里变成了地狱。我命令所有哨兵都撤回来,观察敌人是否有进攻的迹象。而我则观察战况的进展。我躺在"舷梯"右侧,他们爬过去时会不自觉地踩在我受伤的腿上……我最后也爬出去了。

我出去时,埃德温·贝兹利中尉让我卧倒。这时,一枚炮弹在我们头顶炸响,一个弹片击中了我另一只脚,还有一枚弹片击伤了贝兹利,没入他的肩膀,他流了很多血。战友们用防水床单把我们抬出去,最糟糕的情况都发生在担架上。他们抬着我们一次只能走几码,从一个弹坑到另一个弹坑,道路极其坎坷。腐烂了的尸体到处可见。士兵们发现一个担架,但上面有具尸体,士兵把尸体挪走,把我和防水床单放在这个令人作呕的潮湿担架上。

威尔特希尔和贝兹利最后都返回了伤员救护站。克利福德在日记中记录说，他当天晚上和他们营大概20人一起被派去接收来自香肠谷的补给手榴弹时，苦难的一天才算结束。"交通壕开口很大，我们需要找掩护……菲诺蒂正从我前面的开阔地跑过去，这时一枚炮弹落在他脚下，他被炸得只剩下头和肩膀。其他人安全撤了回来。"

克利福德从高级救护站到波济耶尔途中，看到了以下一些恐怖的场景：

我们戏称那条路是死人之路，因为路两边堆满了英军和澳军的尸体。尸体的破损情况让人看着很不舒服，最让人受不了的是炮车从他们身上压过去，还有马车轮子压碎他们的尸体。

在22营的支援堑壕，我们必须从死人身上踩过去，有时候踩的是些只被埋了半边身子的人。到处都是变黑的尸体，有些尸身不全了，有些还比较完整。

据克利福德说，返回前线时最让他害怕的是火炮轰炸："我们坐在K堑壕里，随着时间一分一秒过去，我们等着被炸塌的斜坡把我们砸死或把我们掩埋住。炮弹爆炸的震动很恐怖。土、石块和金属碎片砸到我们头上，我们能做的就是贴着堑壕，彼此挨在一起。铺天盖地的爆炸发生在我们身边时，有些人被活埋了，挖出来

第二十六章 检查

后,很快又会被埋住。"

24营7月27日的阵亡人数没有在战争日记中特别写明,但不可能比22营的伤亡少。22营阵亡人员中最终加上了受伤过重的威尔特希尔上尉。不过,这些统计数字也存在误导性。数据中不包括那些虽然还活着,但因为过度惊吓、缺乏睡眠而感到晕眩,或因为炮击导致状态不佳而不能参加进攻波济耶尔北部山脊任务的士兵。同样的情况也适用于澳军第5旅19营。该营驻扎在波济耶尔东侧,伤亡将近350人。其他营也在7月26日援助英军攻占芒斯特山谷的行动中也都损失惨重。

现实如此,难怪莱格将军想接收新的部队来展开他的大攻势。大攻势预定在7月28日晚上至29日凌晨0点15分发动。莱格在28日5点发布的进攻命令中特别强调,澳军第7旅是进攻中央区域的主力,5旅和6旅分别是右翼和左翼。然而,7旅53岁的直率旅长约翰·盖利布兰德(John Gellibrand)准将对这个决定感到失望。他认为7旅有3个营之前对中央区域并不了解,仅凭指挥官最后时刻调查搜集的一些信息,7旅怎么可能战胜有堑壕防护的德军。同时7营一些尸位素餐的参谋做出来的报告增强了他对进攻的悲观预期(让人想起在弗罗梅勒战役前澳军第15旅哈罗德·埃利奥特准将的看法)。

尽管如此,盖利布兰德像弗罗梅勒战役前的埃利奥特一样,他把疑虑搁置起来,在部队进入前线前对他们讲了以下话语,他也因此有了信心:"有统计数据表明,你们在进攻时会有25%的人战死。你向前会死,你退后也会死。所以最好是死在向前的路上。"

虽然盖利布兰德有些疑惑,但东侧进攻的主力还是由澳军第7旅28营担任。他们需要前往阿尔贝—巴波姆公路北部的德军旧防线。在进攻命令下达前,28营在靠近香肠谷的堑壕中过夜。该营年轻的二等兵欧内斯特·诺加德后来回忆说:"在那里根本没办法入睡,因为轰炸以及浓浓的恶臭味。恶臭的原因没人能解释清楚。所以,我们很多时候都在思念家乡。(7月28日)天亮后,处于忧虑中的我们很自然地去探索周围环境,随后我们动身出发了。离我们夜晚睡觉地方很近的位置,我们发现一些死去的德军士兵。到处都是德军的尸体,那是我见过的最令人厌恶的场景。"他继续说道:"3点时,我们排长把全排集结起来,然后给我们说'小伙子们,我们要冲出堑壕进攻了。行动!'"

28日18点,28营的士兵行进到位于铁路和阿尔贝-波济耶尔公路交会处北部的前线堑壕。他们计划在密集的炮击开始前14分钟,即凌晨12点出发。他们本来不知道将要发生的事情,在途中经过19营时,却看到了炮击对19营士兵所产生的影响。28营的弗朗西斯·梅杰记录道:

很多人被炸得肢体横飞,他们高大威猛,但却颤抖得像风中的树叶一样。有些人只是笔直坐着,盯着前面发呆。其他人在很激动地讨论着,话题是巨大炮弹恐怖的杀伤力。他们的精神已经崩溃了。大多数人在炮弹爆炸后被埋住了,上帝才知道他们有多少伙伴被炸得粉身碎骨。

第二十六章 检 查

梅杰的预感很多澳军第 6 旅的士兵似乎也都有。6 旅 23 营是北部进攻的先锋，他们的进攻目标是波济耶尔公墓的北部山脊。但去前线途中听到的谣言让他们的担忧变得更加强烈。19 岁的汽车维修工维克多·格雷厄姆于 6 旅 21 营服役。他询问在阿尔贝西部遇到的法国平民，空气中为什么有股难闻的味道。他听到的答案令人脊背发凉："在波济耶尔牺牲的许多澳军士兵的尸体产生的臭味。"

战后，23 营的二等兵弗雷德·霍金——来自墨尔本的 18 岁职员——给他"亲爱的老父亲"写信描述了他目睹的场景。他在信中讲述了自己记得最清楚的一件事——澳军第 1 师老兵们是怎么吓唬那些刚刚补充进来的士兵，老兵们告诉新兵："'哦，不要担心，你们都会完蛋的。第一波冲锋的人会被杀到只剩下最后一个。'这让我们紧张起来。"他写道，"因为我们排就在第一波进攻梯队里面。"

然而，霍金和他们营到达波济耶尔南部的预定防线时，所有他害怕的事情都奇迹般地被他抛诸脑后了："我眺望波济耶尔，那里炮声阵阵，炮火很密集。我觉得我好像什么都不在乎了，我的感官已经麻木。"他这样告诉他父亲。但霍金在听到上级发布"如果德军堑壕里有人，也只有很少的几个人"这种言论时，却会以怀疑的态度说"不少吧，伦敦佬是这么说的？"

霍金写给父亲的信件表明，与黑格相比，莱格命令发射的徐进弹幕给他留下了更深的印象："快到 0 点 15 分时，炮击猛烈到让人难以置信的程度。随着我们的火炮向德军阵地发射的频率增加，大地在雨点般的炮弹轰炸下摇晃颤动。就像地狱里雷暴的震荡。然后，我们突然接到命令：'第一拨准备，上刺刀。进攻！'"

前线部队开始进攻时，在后方很远处的澳军第6旅旅部内的气氛也越来越紧张。随行的澳大利亚记者查尔斯·比恩观察到了这个情况。他在记录各种各样消息的笔记本上记下将要发生的灾难场景：

> 我参加了澳军第2师的第一次大规模进攻，盖利布兰德所在的香肠谷总部。所有旅部距离前线都很远，都在很深的德军地下堡垒里。我是在地下20英尺的卧室写的这段话……有些德军长官把它改造得像是精心装饰的列车隔间。房间里装饰着黑色木条，石头色墙纸，还有通电照明设备与架子床，盖利正躺在上面。他脏死了。床头的电话连接着7旅旅部。

比恩笔记中第一条有时间标记的内容是在0点14分记录的。这表明至少炮兵是按计划时间开炮的："1分钟的密集炮击。从来没听到过这种频率的炮击声音。"比恩也记录下了他观察到的令人不安的事情："炮击开始前有相当多的机枪扫射。"这表明，虽然各种说法要求澳军出其不意地突袭敌人，但德军已经注意到了攻上来的澳军。

比恩还在报告中描述了他如何在夜幕中想要看到进攻成功的标记。他知道，按计划刚开始时德军的红色照明弹会在波济耶尔高地发射升空，如果澳军胜利，德军的照明弹将逐渐消失。但正如他在记录中所写的，虽然照明弹的数量刚开始时减少了，但却没有中

第二十六章 检 查

断:"0点55分,"他写道,"照明弹仍在发射中……我能听到佩顿少将给澳军第7旅约翰·盖利布兰德准将打电话询问他是不是一切正常。另外,佩顿想知道为什么他们没有收到任何消息。"

不幸的是,不论是那时还是接下来的2小时内,盖利布兰德都很难回答这个问题。正如比恩记录的照明弹情况所证明的:

凌晨1点35分,照明弹还被不断射向空中……

凌晨2点25分,波济耶尔上空仍有红色亮光……

盖利表情冷峻,他明显在思考着什么,思考间歇他也会睡觉。

直到进攻开始3个小时后,即凌晨3点15分时,佩顿终于收到了前线的第一批消息,他对此期待已久。但消息内容令人十分失望。佩顿25营的(28营左侧部队)营长詹姆斯·沃克中校从营部花了大概1个小时传递出来的消息,说道:

约翰·尼克斯上尉受伤了,报告如下:我们午夜时离开出击地点,继续向敌人的前线行进了300码。午夜过后,敌人的步枪和机枪朝他们开火,持续了七八分钟。0点14分,我方火炮开火,但不足以压制全部敌人。我们毫不费力,也没产生太大伤亡就抵达了第一攻击目标。该防线太浅,只有3英尺深,让人怀疑这是否真的就是攻击目标。

接下来向第二目标的几波攻击,遭遇了敌军机枪的密集火力,部队伤亡惨重。这些攻击部队到达距离第二目标很近的位置。这时，除了机枪，敌军还投掷了大量手榴弹。尼克斯上尉努力重新组织进攻第二目标。但剩下的兵力不足，士兵在机枪扫射中伤亡惨重，因此他让士兵撤回第一目标。退回第一目标时，他身边已经没人了。他不得不返回6营的阵地。尼克斯上尉认为连队伤亡了约120人……他觉得其他连的情况也一样。

只能说尼克斯上尉关于两翼部队进军情况的报告，更加证明了莱格计划的拙劣。在最右侧，即阿尔贝—巴波姆公路南部，德军机枪手在他们进攻前1个小时已经注意到了澳军5营的动向，不等5营行动就阻击了他们。

公路北部的情况更严峻：28营抵达了德军第一道旧堑壕前方，但发现堑壕前的铁丝网完好无损，轰炸没能摧毁德军铁丝网，他们成了德军机枪手的活靶子。自7月1日以来，索姆河战场还没有这么大规模的死伤。有份报告表明，因为"德军铁丝网完好无损"，28营士兵"进退不得，他们用手拉扯带刺的铁丝网，寻找开口"，而德军的机枪和火炮却把他们直接消灭。

德军机枪的射击强度非常高，存活下来能详细报告发生了什么事情的澳军寥寥无几。留给今天的只有记录伤员和失踪人员的红十字档案，里面有士兵写给家人的信件，能够让家人了解到他们所牵挂的人都经历了什么事情。有一封信中描述了28营帕迪·贝尔中尉的英勇事迹。他可能在冲锋时斗志昂扬，或者可能因为他是信念坚定的爱尔兰人，喜欢战斗，他抓着手枪跳到铁丝网上喊道："我们冲过去！"这位26岁的英勇军官，被记录下的其中最后一个场景是

第二十六章 检 查

"被射中额头",他的尸体像另一位同僚一样"损坏极其严重,几乎被打烂了"。尸体挂在铁丝网上。对一个被手下战士描述为"很棒,可能是最棒的","士兵都很拥戴"的军官来说,他的结局不够体面。

另一个目睹了他英勇事迹的人对此也很动容,他写道:"……场景让人难受,看得我们很伤心。战士们毫无生机地挂在铁丝网上,我们小伙子的惨叫声很令人心痛。"对那些目睹了惨状的人来说,这么恐怖的场景肯定超过了他们对战争残忍性的预期。被场景刺激到的弗朗西斯·梅杰总结道:德军用机枪和炮弹构筑了"完美屏障","机枪和火炮沿铁丝网全线扫射、狂轰滥炸15分钟左右之后,28营就不存在了……我们一点机会都没有。"

向北行进的澳军比较幸运,炮击摧毁了波济耶尔公墓北部德军堑壕前方的铁丝网。从记录中节选的以下内容可知,23营战友进攻时遇到的铁丝网根本就不是障碍:

我们走啊走,似乎走了好几英里。子弹从我身旁呼啸而过,随时都有士兵倒下。第一次进攻的200人最后只剩下大概40人。虽然我们不需要任何鼓励也会往前冲,但我们的少校仍然在前面不停地大喊,"加油,23营!"不过,我们都有负重,现在跑的速度已经是最快速度了。

突然,我们看见了德军。这是我第一次有机会捉到俘虏,我们剩下的几个人都扑了上去。这让我们感觉仿佛只有我们在进攻整个德军部队,他们等到我们距离他们还有20码左右,开始向我们投掷手榴弹,并且朝着我们开枪,但我们还是冲了上去。和我一起的是年轻的麦克唐纳，他大喊着我羞于启齿的脏话，状若猛虎，跑的时候，像大狗一样晃着脑袋。

"好，"我说。"向他们出刺刀，不留活口！"但德军跑得比兔子还快，他们跑到其他堑壕。那时，我最大的愿望是杀死一个德军。我们剩下的几十号人开始追他们。然后，"啪"的一声！我应声倒下。还算幸运。我听到机枪的"突突"声，许多子弹从我头顶尖叫着飞过去。如果我还站着，肯定就被打成筛子了。

我真想跟那些说被子弹打中一点都不疼的人好好谈谈。我躺在地上，吃了一嘴的土，之后战斗似乎白热化了。机枪火力减弱了些，我看了看腿。血正涌出来，我完了，我当时心里想到。但我还是解开绑腿，用它把伤口严密地包住，努力活下来，我爬的时候猛地给腿一股力，腿也开始给我一种强大的反作用力使我向前移动。我确定爬了 100 码左右，发现弹坑里是我们的中士。我们有些庆幸地打个招呼，然后我继续爬行。一个人生命岌岌可危时，他将要做的事会令人惊叹。我们最后回到了我们营自己挖的堑壕。

霍金最终返回了后方的伤员救护站（最后回到了英国），但那是在 23 营放弃了他们艰难攻克的第二攻击目标大约 2/3 的阵地之后。在 23 营右侧的 7 旅 26 营虽然暂时守住了德军第一道旧堑壕的部分地区，但他们看到右侧的约翰·尼克斯上尉和 25 营被迫撤回他们进攻前的阵地后，26 营的长官也命令士兵后撤。因此，23 营

第二十六章 检 查

不可能守住他们攻克的山脊右侧，他们暴露在德军第一道旧堑壕发射的炮火之下。庆幸的是波济耶尔公墓北部的山脊左侧被守住了，那是他们当晚唯一的成果。牺牲了很多人取得的收获却少得可怜，将近1 500人阵亡，仅28营就有450多人。

28营失踪人员名单中有20岁的二等兵诺埃尔·塞恩思伯里。他的父亲威廉是生意人，在珀斯经营一家农产品商店。牺牲几个月后，他的父亲才得知了儿子阵亡的确切消息。威廉·塞恩思伯里收到威斯比·辛克莱（Wisbey Sinclair）的一封信。辛克莱是一名被俘虏过的澳军士兵。他在信中提到，28营另一名被俘虏过的一等兵乔治·布鲁斯－德雷顿（George Bruce-Drayton）曾看到诺埃尔躺在德军堑壕里，阵亡了。除了这封信，威廉还收到了从诺埃尔口袋里取回来的基督教青年会入会券。

诺埃尔的父亲威廉和母亲乔治娜是否查明了儿子死亡的真实情况，这并不清楚。真实情况好像在关于诺埃尔·塞恩思伯里红十字档案的记录里，由布鲁斯－德雷顿讲述的。据布鲁斯－德雷顿了解，诺埃尔"是一名路易斯机枪手，他比我早几分钟被俘。他右腿受了伤，我进来时他正坐在堑壕里，一名会说英语的德军军官在盘问他"。军官说："我很快就会结果了你"，然后这名军官在他头部和胸口各开了一枪，还说："我就是这样对付英国佬的。"有人可能会说，诺埃尔的父母永远不会知道他们儿子最后死时的痛苦，也是一种仁慈。如果不告诉他们，他们可能还会因为辛克莱给出的结论而好受些。德军战俘营中一名被俘的通信员在一封信中写了以下更加抚慰人的话："他与战友为了伟大事业而牺牲，这令人欣慰。"

30 岁的戈德索普·罗斯（Goldthorp Raws）中尉在 23 营进攻波济耶尔公墓北部的山脊时神秘失踪。他的父母没收到过上述那样宽慰人的信件。军事法庭在 1916 年 8 月 12 日从两名目击者那里得到证据，给出结论，"……没有充分的现成证据表明这名军官确切的去向"，因此官方将其列入失踪一类。得出这一结论前，法庭收到了 23 营二等兵约翰·麦奎尔的信件，声称：

> 我是 3 连一名士兵，我们谈论的那晚就是发动第一次进攻那晚，我们和 7 营混编在一起进攻时，我清晰地听到了罗斯的声音，他敦促士兵保持好队形……我们在第二目标布林德路（Brind's Road）右侧行进了大概 150 码。就是在那儿，我借助于德军照明弹的亮光看见了罗斯。然后大家都说我们已经深入敌后了，撤回去需要走很长的路。我和其他许多人一样马上折返，返回公路开始挖壕防守。我问附近的人罗斯是否回来，但他们也不知道。我最后一次见罗斯时，他肯定还在我们前方的德军堑壕 50~100 码范围之内。

二等兵麦奎尔提供的信件表明，罗斯中尉可能被遗落在德军防线后方的说法与 23 营一等兵詹姆斯·阿利斯顿的报告相互矛盾。阿利斯顿向伤员救助站的一名医生提过这名失踪军官："医生好像知道罗斯先生。罗斯是他经手处置的，头部受伤，被转运走了。"

戈德索普·罗斯的哥哥亚历克和他在同一个营。上述说法都出现在亚历克与澳洲家人间不寻常的通信中。亚历克给他们哥哥列

第二十六章 检 查

侬写了一系列信件，他在 8 月 3 日写的第一封信中讲了"戈尔迪（Goldy）"的消息：

> 戈尔迪"去"了：很可能被俘了，但估计仍然活着的。如果被杀了，他也不会痛苦。我们的担架员当晚就在无人区，他不可能存在失踪的可能。第二天晚上，我自己出去寻找，德军的照明弹使黑夜像白天一样明亮……他可能受了伤，被我们左侧的步兵旅带走了。

5 天后亚历克给妹妹写信：

> 戈尔迪可能是死了，也可能是被俘了，也有可能只是头部受伤了，他差不多双目失明了。他肯定是从法庭上的证人詹姆斯·阿利斯顿那里知道的这个额外细节。他也参加了法庭会议，我会告诉爸妈他受伤了，但不碍事……不过，我不知道他现在在哪儿。

接着，他给妹夫写信说："我告诉爸妈戈尔迪受伤了，但我不知道他在哪儿。我只能先告诉他们这些事。"

到了 8 月 16 日，"善意"的托词逐渐变得无力，这促使亚历克又给妹妹写信，说："如果你收到信时戈尔迪被宣布失踪了，这表明所有医院都没发现他的踪迹……我觉得他还活着，但必须承认，这种希望有些渺茫。"

直到 8 月 19 日，他才终于向父亲坦白："没收到关于戈尔迪的新消息……你收到信时他如果还没被找到，法庭会宣布他失踪了。实际上，他已经被宣布为失踪了……是被俘了吗？对此您不要抱太大的希望，虽然还有希望，但紧抓着可能是毫无希望的一根稻草有些不明智。"

戈德索普·罗斯失踪背后的真实情况，我们可能永远无法得知。但 1 个多月后对 23 营威廉·贝格利下士进行了采访，随后将可能性最大的一种说法记录在戈德索普·罗斯的红十字档案里。虽然贝格利因为炮弹震荡和脑震荡已经聋了，只能小声说话，但他给采访的人传递了以下事实："我们向波济耶尔冲锋时，罗斯中尉离我 20 码左右。我看到一枚炮弹落在他附近，之后就再没见过他。那是我最后一次见他。我认为他被炸得粉身碎骨了。"

看起来是这份报告和士兵的证词最终在 1918 年 1 月说服了当局。在进攻波济耶尔北部的山脊过后大概 16 个月，当局认可了戈德索普·罗斯在行动中牺牲了的说法。直到那时，他的家人才不再去核实他是否死了。因此，他们才能去清理他的财产，继续向前看，生活下去。像这样的延迟消息凸显了战争对士兵和那些遗留亲人的残酷。

1916 年 8 月中旬，亚历克意识到亲爱的弟弟很可能牺牲了，他反应强烈。那时，他还很爱国。他写给哥哥列侬一封信，得出结论说："我真心认为，戈尔迪和许多军官都是在那天晚上被无能、冷酷和爱慕虚荣的高官们所谋杀的……我很痛心。这是个很明显的事实，我必须得说出来。"

第二十七章

严密审查

吉耶蒙，1916 年 7 月 30 日

协约国为什么在进攻索姆河的战役中失利，原因很多。如我们所了解的，有时是因为德军的带刺铁丝网没被夹断，有时是因为火炮不足，有时是因为进攻距离过长。不过，他们战后反思为什么没能在 1916 年 7 月 30 日攻克吉耶蒙时，有一场战斗包含了失败的全部原因，同样的原因也适用于更多的失败战役。

吉耶蒙即便不是第四集团军和法军在 7 月 30 日联合发动的总攻中最重要的进攻目标，也是最重要的进攻目标之一。最后一轮总攻于 7 月 23 日发动时，第四集团军前线的村庄、堑壕和林地同时进入战斗，这次的额外福利是法军也参战了。他们试图攻占第四集团军防线南部的莫尔帕，而罗林森的第四集团军向法尔弗蒙农庄、吉耶蒙、德尔维尔林地、隆格瓦勒、换防堑壕、林地小道（Wood Lane）（连接德尔维尔林地和高地林地）和芒斯特山谷进发。

吉耶蒙之所以是联合攻击的关键目标，是因为它是连接黑格与

法军的通道。占领了吉耶蒙，法军更容易与英军在索姆河北部并肩作战。黑格认为，与从不同方向分开进攻相比，两国联军从一侧行进到另一侧时气势更大，更能震慑敌人。

如果罗林森想帮助上级实现这个目标的话，他肯定会采取一切能够使用的办法。司令部的命令要求部队在不超过第一进攻目标（见第二十二章）200 码的地方开始进攻。不过在他那里，他允许所辖部队 30 师 90 旅各营穿越长达 700 码的无人区后进攻吉耶蒙及其周围区域。这个距离竟然还是最短的：向南部进军的 30 师 89 旅抵达攻击目标还得多走 750 码。

诚然，这样的距离并没有使罗林森丧失 7 月 14 日的机会（见第十九章）。但那是夜袭，向吉耶蒙进军时则是白天。为了满足法军的要求，出发时间从原来的凌晨 4 点改成 4 点 45 分，那时天已经亮了。在白天发动进攻，30 师在攻占吉耶蒙时有些优势。保护德军阵地的铁丝网设置在背面斜坡上，英军的炮兵观察员没法看见铁丝网，不能判断铁丝网是否被炸断了，从高空看也没法判断，进攻那天的早晨有很大的雾。

我们了解到村子东侧的铁丝网不再是阻碍，因为皇家苏格兰燧发枪团 2 营在进攻当天（7 月 30 日）冒险进入了吉耶蒙，2 营 4 连军需官博兰（A.E.Borland）中士写了一份详细报告，他在报告中描述了 4 连是如何毫无阻挡地通过铁丝网的。博兰也在报告中记录了进入吉耶蒙后，他们看到那一地区的恶劣环境。

博兰的报告似乎表明，他们进入村子时几乎没有遭遇抵抗。一到吉耶蒙村里，他们就动手加固被填埋的堑壕。堑壕横跨吉耶蒙，

第二十七章 严密审查

堑壕外有树桩。4连的连部设在堑壕后的一处弹坑里。他们在加固堑壕时，为防止敌人的骚扰，两名机枪手被派到堑壕前方提供保护。他们去得十分及时，博兰写道："掩护小队……报告说德军在前方和前线左侧80码左右的一处废墟处集结。"敌人的行动在预料之中。但他们那时收到的一条消息却令他们惊慌失措：负责在左侧巡逻的鲍曼中士……进来报告说，他没发现曼彻斯特步兵团18营（本该负责保护他们的左翼）的任何踪迹。

皇家苏格兰燧发枪团默里中尉带着鲍曼去寻找友军。他找到曼彻斯特步兵团时跟他们说："加快行军速度！"鲍曼回去通知燧发枪团，然后用了40分钟左右返回，他在德军铁丝网附近找到了曼彻斯特步兵团。不久后，曼彻斯特步兵团18营一名上尉和几十人在堑壕处加入了他们。新加入的力量使队伍扩大到了200人左右，他们的人数足以守住战线一阵，但无法挡住敌人的持续不断的反击。自从看到有德军在他们左翼附近活动，他们就开始有些担忧。德军明显是准备从左侧或后方发动反攻。燧发枪团调整了队形，准备直面德军。

默里中尉明白将要发生什么，他说他会返回位于王位林（Trones Wood）东部弹坑寻求增援。他让仅有的军官——曼彻斯特步兵团18营的上尉负责指挥部队。皇家苏格兰燧发枪团斯莫尔少尉没经历过之前的行动，不愿意指挥。"这是他第一次参加行动，"博兰解释说，"他太紧张，不可能从弹坑里出来，在将要到来的战斗中发挥不了什么作用。"但据博兰说，军官中不是只有斯莫尔临阵退缩：

上尉把我叫过来说"我们必须撤退"前，已经几乎看不见默里中尉了。我向上尉表明，我们的阵地很好。反击开始前……默里中尉会带着弹药和增援部队赶回来。如果敌人发动了反击，他们营也会像他对我们承诺的那样向我们靠拢。再者，敌人甚至根本不会发动反攻。

结果，燧发枪团和曼彻斯特步兵团18营在原地待命。当默里离开了45分钟时，博兰承认，即使他也开始担心最坏情况的发生：

9点15分，我去掩护小组和路易斯机枪手那边察看，他们正遭受敌军的纵射攻击。我担心把他们再放外面一会儿他们就再也没法回来了。

我害怕默里中尉被敌军射杀了，然后我问上尉他有没有向营部发送信息。他回复："我不能给你的指挥官发送信息；你自己发。"因此，我自己写了信息，说我们阵地有可能守不住了。眼下，弹药和增援很关键，我自己没办法处理。我们的左侧完全暴露在德军火力范围内。如果幸运的话，我还能坚持半个小时左右。

把信息传出去前，曼彻斯特步兵团18营上尉又说，他们应该全部撤退。博兰记录了他的反应：

我回答："这取决于你，那么下命令吧。"

第二十七章 严密审查

他说:"我不属于皇家苏格兰燧发枪团,所以没法下命令。"
我回答:"我属于,但我决不会下达撤退命令。"

他在记录中描述了德军合围之后他所采取的行动。这次,只要有人在堑壕的胸墙上露头,德军就会开枪射击:

10点左右,我们的一挺路易斯机枪报废了,"我叫另一名机枪手过来顶替,那里是堑壕里的最佳射击位置。机枪手按我的吩咐跑过来时却被敌军射杀了,但又有一名机枪手冒着枪林弹雨爬了过来。他取回机枪,开始扫射。"

然而,毁掉的机枪导致我们的火力不足。德军火力变得更加猛烈。因此,尽管我知道希望很渺茫,但我仍问斯莫尔少尉是否愿意返回总部,想办法把援军带过来。他立马同意动身去往后方。他以很酷的方式从一个弹坑快速移动到另一个弹坑。德军集中所有的火力射击他。但他还在我的视野中时,我看见他一直在快速地跳来跳去。

博兰不久后因为一个坏消息变得心烦意乱。燧发枪团2营3连有12名左右的士兵从后方进入堑壕,他们告诉博兰3连差不多只剩下他们了,他们连长和军士长也都牺牲了。博兰从堑壕里往外看时,看到了德军正从他们后方过来。他那时还躺在弹坑边缘,把步枪架在堑壕的胸墙上,这个位置相对安全,德军看不到,因为一条树枝把他的头遮住了。但事态的发展改变了一切。不断逼近的德军意味着战斗会更激烈。而曼彻斯特步兵团18营的上尉奔走高呼"后撤！"，博兰努力指导部队向1连靠拢，前往他们的右（南）侧：

> 士兵在堑壕外面，他们聚集在一起像绵羊一样被德军射杀。我冲他们喊，让他们返回堑壕，然后去1连的方位。有大概20个人照做了，我沿着胸墙跑到了1连位置，但那里也到处都是德军。我跳进一个弹坑，把背包埋起来，里面有重要的文件和地图。这时，3名德军跳到我身上，把我的武器扯下来……我被俘了。

对坚持到最后一刻的人来说，这有点耻辱。好的方面是，博兰非常幸运，他活下来了。硬币的另一面揭示的是不好的一面：他们攻占吉耶蒙失利，不只是因为运气不佳。进攻吉耶蒙和村里堡垒的战前准备，他们并没有认真执行。

进入吉耶蒙的英军实力太弱，计划的漏洞太多，根本挡不住德军的反击。吉耶蒙村东侧的皇家苏格兰燧发枪团各连和村子西侧各连的战斗力，似乎说明了德军能够所向披靡的原因。英军并没有把该营所有连队同时投入战斗。结果，由于炮兵导致的问题使得该营的战力更加差劲。英军的炮火没能切断吉耶蒙采石场北部德军阵地重要区域前方的铁丝网。此外，英军炮火没有压制住吉耶蒙火车站和采石场外的德军机枪手。因此，一些据点的德军机枪手才能够击退2师5旅（火车站方向）和90旅曼彻斯特步兵团18营（采石场方向）的进攻，这些据点作为德军的核心火力点攻击进入村子中心

第二十七章 严密审查

的英军。

这对整个行动的先头部队——皇家苏格兰燧发枪团第 2 营造成严重影响。该营伤亡人数多达 650 人，超过 550 人牺牲和失踪，该营总伤亡人数几乎达到 90 旅全旅伤亡人数——约 1 400 人——的一半。

村子南侧部队没能为他们的进攻提供什么帮助。英军在村子南侧同样也没能取得进展，甚至都没推进到南侧最重要的攻击目标——法尔弗蒙农庄；30 师 89 旅唯一攻克的地标是马尔茨角（Maltz Horn）农庄的德军据点。法军的进展也不怎么顺利；他们没能攻克当天的主要进攻目标莫尔帕。

第四集团军当晚 18 点 10 分的辅助进攻中，有件事"值得一提"。第四集团军当时在高地林地西侧，攻克了被称作中间堑壕（Intermediate Trench）的德军阵地的一半。他们之后没能继续取得什么大胜利，这样就无法制造出轰动效果使得民众相信他们总司令的策略是成功的。然而现实如此，伦敦方面会担忧他们开战一个月也取得不了什么进展就不足为奇。然而，在民众之间或是在新闻报刊上的宣传上并不存在这种情况（如当今情况一样），反抗的声音只存在于政客之间。

以下内容节选自温斯顿·丘吉尔 1916 年 8 月 1 日在内阁做的报告。他提出了一个根本问题：黑格和罗林森会有进展吗？

> 过去 1 个月，敌军能在他们防线后方做任何他们认为有必要的准备。他们已经集结了一支强有力的炮兵部队。这会极大增加我们的进军难度。

我们并没有确定任何战略上的侧重点，比如到底是佩罗讷（Péronne）方向还是巴波姆方向，我们可能同时进攻两个地方？

丘吉尔的问题，军事委员会避而不答。不过，就算事后进行分析，也很难明白政客们为何不利用这股正在兴起的，反对黑格在索姆河进行冒险行为的政治力量。如果黑格在索姆河确实难以取得进展，那他是不是应该放弃这里，在其他地区发动新的攻势，突袭德军，攻城略地？英军总参谋长威廉·罗伯森明显认为，他7月29日写信给黑格时，讨论如何解决这个问题，"考虑到当前情况，大家情绪已经开始有些焦虑。总的来说，他们认为我们目前还没取得任何称得上伟大的胜利，但却可能要面对20万~30万人的士兵阵亡。我们的初始目标——为凡尔登解围——从某种角度来看已经实现了"。

黑格很失望，他原本期望可以保护自己避免受到政治干预的人，现在却在给他施加政治压力。但黑格在给罗伯森的回复中告诉罗伯森，他会通过这些方式来消除那些批评：首先，他会否决任何准备不充分、胜利无望的进攻方案；其次，他需要继续稳步削弱德军的防御力量，从长远看，这样的收益最大。据黑格说，他已经完成很多事情，也分散了德军在凡尔登以及抗击俄军的兵力，德军在索姆河战场的短短1个月已经"运用"了多达30个师，相比较，德军在凡尔登5个月内才消耗了35个师。照这个速度，"再过6周，敌军应该就无兵可用了"。此外，黑格相信"保留恒定的进攻态势最终会使他赢得全面胜利"，而代价是，"7月的战役总计阵亡

第二十七章 严密审查

约12万人,相较于不发动进攻的情况损失更大"。黑格觉得不能因为这些伤亡就停止进攻,阵亡人数与所有卷入战争的国家遭受的损失相比,只是一点点代价。军事委员会成员明显同意他的看法。罗伯森给他们读黑格的信时,他们喜欢黑格在信中写的内容。罗伯森因此给黑格回信,让他放心,政府会支持他。

如果公众知道了真实情况是他们之前没想到的,不知道还会不会支持黑格。在这种情况下,女性们,尤其是知道战争真实伤亡的女性(指母亲们与妻子们),如果她们有投票权的话,可能会让支持黑格的政府感到压力。

伊迪丝·阿普尔顿是位护士。她7月底时还在埃特尔塔(Étretat)的第一综合医院工作。阿普尔顿在照顾皇家爱尔兰燧发枪团12营24岁的二等兵詹姆斯·伦诺克斯后,如果让她给黑格投票,不知道结果会如何。詹姆斯7月1日在蒂耶普瓦勒北部战场受了伤,一枚子弹,也可能是一枚弹片卡在他的横膈膜,这种伤势导致他只能在痛苦中缓慢死去。

刚开始时,被伊迪丝·阿普尔顿称作"可怜的小胸男孩"的詹姆斯·伦诺克斯内脏化脓,这种伤势会让人非常痛苦。他那时的体温高达40℃,因为子弹或弹片导致他金属中毒。伊迪丝因此"希望他走好,他在天堂中会只记得美好的事物"。然而,那是美妙的一天,詹姆斯似乎好转了些,体温降低了。但是伊迪丝在日记中记录的却是,"他看起来状态不佳,心跳很快。我想他很快就要死了"。

詹姆斯没有那么幸运,他想要轻松一些地死去都不行。距离伊迪丝在日记中写到詹姆斯可能快要死去的两周后,詹姆斯叫她过来给他的未婚妻和他母亲写信。他母亲曾在给伊迪丝的信中询问她儿子是否能给她写信。他自己写信也没什么问题，但他太虚弱，连扭转头部都很困难。"我让他告诉我他想写的话"，伊迪丝在当天日记中回忆道：

> 但他只是说"我不知道能说什么"。我知道他最担心他的母亲，所以写道："我有些虚弱。但我尽力把所有的饭和药都吃了，我要好起来。"
>
> 他说："行，就写这个，我想让她知道这些。"

伊迪丝在日记中这样收尾："我认为他撑不到下周了，虽然这么想有些残忍。"伦诺克斯的生命一直坚持到 8 月 23 日，这打破了她的所有预测。伊迪丝因此在日记中写道："我从没见过在这样的痛苦中缓缓死去的人！这个男孩子仿佛是被束缚在世间接受惩罚。最后，痛苦剥夺了他略带喘息的呼吸。他终于解脱了。"

第二十八章

第二次幸运

波济耶尔高地，1916 年 7 月 29 日—8 月 4 日

1916 年 7 月 29 日，威廉·罗伯森爵士写信提醒黑格，有人开始询问他在法国进展缓慢的问题，英军总司令已经采取行动以确保手下这名指挥官能够"振作起来"。正是澳军少将莱格采取的策略激怒了黑格，黑格才开始采取行动。黑格在当天的日记中描述了他所采取的措施："午饭后，我去预备集团军司令部。我让（预备集团军司令）高夫（将军）和他的参谋意识到，他们必须更加严密地审核澳新军团的作战计划。他们有些师级长官比较无知，还有很多上校十分自负。我们不能轻信他们。之后，我去了澳新军团在孔泰（Contay）的司令部。"

在那里，黑格训斥了第一澳新军团司令陆军中将威廉·伯德伍德爵士和他的总参谋长西里尔·布鲁德内尔·怀特准将，批评他们没有监督好莱格。黑格认为莱格就是个自我感觉良好，很容易盲目做出决策的人。随后，黑格为了能够直观地说明两人所犯的基本错误,他把他们带到了地图前,提醒他们虽然在加里波利取得了胜利,但现在"你们面对的不是'非正规军'。这场战役残酷且需要注重细节,你们面对着世界上最严谨细致的军队"。黑格直接打消了怀特想插话的企图,他没有说明两人接下来该做什么,而是说道:"年轻人,听我说。我现在告诉你们的,是我从过往汲取的经验。"

最重要的是,黑格认为,他们再次发动进攻前必须先用火炮削弱敌军实力,并在德军前线不超过 200 码的距离内挖掘前线堑壕。会议进入尾声时,怀特不顾黑格的一名参谋提醒,说道:"司令,我不能让您在没有对我们的所作所为进行明确表态的情况下离开。"然后怀特说出了能够使他们减轻责任的一些原因,其中包括,不管莱格平时给大家的印象是怎么样的,他发动进攻时肯定是抱着认真的态度。怀特表示会好好考虑黑格提出的所有建议。此次会议记录也表明,黑格很欣赏怀特愿意接受任何批评的态度,他回复说:"我敢说,你这年轻人不错。"

黑格到访澳新军团司令部后,计划在 7 月 30 日晚上至 31 日凌晨发动的对德军第一和第二道旧堑壕的进攻被悄悄推迟,因为挖掘黑格建议的前线堑壕需要一些时间。第一澳新军团炮兵顾问告诉伯德伍德和怀特,如果需要,轰炸德军铁丝网和堑壕的准备工作能在一天内全部就绪。因此,挖掘前线堑壕的速度就成了关键。莱格希望能及时挖好堑壕,不耽误 8 月 2 日的进攻。如果能按时挖好,那配合当天进攻的炮击方案将获得大家的全力支持。

7 月 31 日晚上至 8 月 1 日凌晨,他们挖掘堑壕的第一次尝试遭到了德军炮火的阻挠。澳军第 7 旅各部出去挖堑壕时,炮兵很不

第二十八章 第二次幸运

明智地对德军阵地进行了密集打击，德军的炮击就是对此的回击。结果，7旅当晚几乎什么都没干成。这导致莱格的参谋长在8月1日跟7旅旅长佩顿准将建议：

> 今晚要挖的堑壕非常重要。我认为你所辖部队没有意识到这一点。你今晚得派一名高级军官负责，以确保进展顺利。我们可能不得不面对一些伤亡，但是部队上下都应该知道，我们挖壕的目的是为了在进攻中挽救我们战士的性命。6旅昨晚已经挖掘了一半，我希望今晚能够完工。你本人能不能关注一下这件事？

6旅和7旅到8月1日晚上乃至2日凌晨都没有完成前线堑壕的挖掘工作，但这一切都在预计之中。怀特主动到所辖3个旅去视察。莱格还是和以往一样乐观。他告诉这位预备集团军参谋长，堑壕会在8月2日晚上至3日凌晨竣工，这样他们就能在8月3日夜晚发动进攻。怀特据此变更了计划，预备集团军的参谋们都很不高兴，他们想要按照莱格预测的时间来安排作战计划，怀特对此反驳说："好，如果你们喜欢，你们可以命令他们去做。当然，他们也愿意这么做。"随后他又跟他们说，按照原计划本应该完成的事项还有哪些没有完成，这导致参谋们马上让步了，进攻也被安排在8月4日21点15分发动。准备进攻是在白天，但德军火炮在被堑壕上留下印记时已经是黑夜。没有哪个旅长希望部队由于看不见，找不到路线，而承担失利的风险。

7月29日，进攻由7旅的3个营担任主攻，但这次27营会在阿尔贝—巴波姆公路的北部，25营在27营的左侧，而26营则在25营的左侧。

6旅的22营会在最左侧，5旅的20营会在进攻最右侧，即阿尔贝—巴波姆公路的南部。5旅的18营会在20营的左侧，20营右侧挨着公路。

英军远征军的高级将领们在得知进攻推迟后的反应，暴露出他们对前线情况一无所知。当晚，黑格在日记中写道，他在外面骑马时碰见了预备集团军司令高夫将军。"他（高夫）说澳军又推迟进攻了。我想这得归咎于澳军第2师的参谋很无知，还有就是师长莱格能力一般。高夫写信让他（莱格）解释再次推迟进攻的原因"。

莱格在之后的辩护中一直声称，他的预测是建立在无人区的状况允许他们挖掘堑壕的基础上。但这不能完全证明他没有过错。他作的预测并不准确，他没有建立通信系统，确保自己收到的是有关挖掘进程最精确的情报。如果莱格之前能够派遣通信兵连接挖掘堑壕的各营，那么长官们就能实时收到前线的真实消息，也可能对他会宽容一些。至少他们能联系上前线负责挖掘堑壕的军官，比如23营亚历克·罗斯中尉。

亚历克·罗斯是23营前线堑壕挖掘小组里两名尉官中的一名。他的弟弟戈德索普·罗斯中尉在7月29日的进攻中失踪了。7月31日到8月1日的那天晚上似乎是他值班。他和莱昂内尔·肖特中尉把弗雷德里克·沃德上尉替换下来，沃德在当晚的早些时候受了伤，伤势严重。如罗斯在随后写给妹妹的信中提到的，他们的问

题其实在到达挖掘地点之前就已经存在:

> 前往前线路上的第一晚,我们必须在炮火中行进3英里,来到德军堑壕前的无人区,挖掘很窄的堑壕,用作另一场进攻的出发地点。我负责殿后,防止有人掉队。我们排成一列沿着交通壕前进。一路上冒着炮火向前移动。穿过一处特别猛烈的火力弹幕后,我们到达一个地方,那里绝对是地狱,敌人躺在损毁的村子(波济耶尔)里……
>
> 在火力弹幕中,我们守住了防线。从后方走到前面,我发现我们这些人被切断了与营部其他部队的联系,我们迷路了。我恨不得给自己一枪,因为我完全不知道我们的防线在哪儿,也不知道敌人的防线在哪儿,同时还有炮弹从3个方向朝我们打来。
>
> 我们心惊胆战地趴在河岸上。炮击太恐怖了。我长饮了一口威士忌,然后在河岸上下移动,想找到个可以告诉我们位置的人,我最终找到个人。他带我沿着一条破烂的小道前进,我们发现一个堑壕。他很确定堑壕是通向我们防线的。所以我们回来找其他人,但他们都不想动弹,实在太累了。最后,我们找到了无人区前往正确地点的方法。我很高兴,却忽视了危险。虽然敌军一直朝我们开火,我知道,如果我们没有在天亮前完成计划目标,在第二晚发动的进攻就会失败。我们必须得想尽办法鼓励士兵,然后挖堑壕来做掩护。士兵的尸体不得不扔到一边,我下命令不准没受伤的士兵去帮助伤员。

天亮前，有名监督工程的军官命令我们撤离，虽然堑壕挖掘工作还没完成。他看起来很狼狈，有些绝望。但我坚持让士兵留下来，我告诉他们谁停止挖掘就枪毙谁。我们继续挖壕，在敌军的轰炸中把堑壕挖好了。挖掘时敌军的照明弹把整个区域照得亮如白昼。最终我们圆满完成任务后撤离了堑壕。

在返回途中，我又负责殿后。我们再次被切断了联系，迷路了。我被炸飞的尘土掩埋了两次，与死人或将死的人埋在一起。地面上到处都是腐烂程度不一、肢体残缺的尸体。我挣扎着抬起一名士兵，试图把他带走。但发现他已经死亡并高度腐烂了。我把一个人的脑袋移开，上面都是血。那恐怖无法用语言来形容。

借助于黎明时的微光，我们找到了大概50人，把他们送到右侧小路。两名勇敢的战士留下来帮我救治一名没有被尘土掩埋的伤员。我们沿路向下前往第一医疗站。在那儿，我又遇见了同一部队的战友，他说他的战友在炮火中受伤了，还躺在那儿。虽然我内心真的非常想要离开这里，但我还是和他以及一名担架员返回去找那个伤员。我们在被毁坏的村子里找了2个小时，但找到的都是死人。我知道，在搜寻过程中看到的景象、闻到的臭味，使我相信这场战争能展示给我的无法再超出这个限度了。

亚历克·罗斯在其他信件中记录了他从热忱的爱国者向悲伤的揭发者的转变历程，他还在信件中写了其他经验教训。其中最重要

第二十八章　第二次幸运

的是，如果让旅长毫无顾忌地驱使士兵发动攻击，即使从德军炮弹下侥幸逃生的士兵也可能会变得精神脆弱，不适宜执行更多行动，更别说让他们在战后回归正常的平民生活。

就在两周前，士兵们对将要前往真正的战场感到很兴奋。罗斯那时给他的妹夫写信说："我很兴奋，诺曼，因为今晚我就要去前线了，明天我就能参加战斗。有些事情非常搞笑，约翰·亚历山大·罗斯不忍心踩死虫子，开玩笑说他从来没有打过架。他阅读前线战士的英勇事迹时，从来都是热泪盈眶。我明天就要大发神威，大肆杀敌了。"

但罗斯在战斗中失去了弟弟和两个最好的朋友，从地狱返回后，他再也感受不到生活的任何乐趣。在一封抒发愤怒情绪的信中，他告诉哥哥列侬：

> 了解了战争的始末后，我很气愤，我要揭露一些澳大利亚公众所不知道的事情。到最后，就算号召志愿者也是徒劳的。部队打光了，并且他们也很气愤。他们知道，做得越多，就会被要求做得更多。看起来我不应该对精神崩溃的士兵讲述最恐怖的事情，让他们害怕从而采取什么极端行动。我记得曾咒骂一个士兵说他是逃兵，粗鲁地摇晃他，却发现他已经死了，身体都僵硬了。

8月4日，在战斗前的漫长等待里，罗斯带领士兵动身前往前线的几个小时前，他给一个朋友写信：

我在脑海中想着今晚对德军堑壕发动的进攻。我们营已经在这儿待了 8 天，现在只剩下 1/3 的人了。大家脾气变得很差，身上散发出一股难闻的气味，衣衫褴褛，胡须已经好几天没刮了，并且每个人都极度缺乏睡眠。即使我们回撤一些，也会因为自己一方发射炮弹导致没法睡觉。我有个绑腿，捡了一个死人的头盔和另一个死人的防毒面具，还有一个死人的刺刀。我的制服上沾着其他人的血，有些地方溅上了战友的脑浆。衣服已经破烂不堪了……

最让我们大多数人害怕的是夜晚在战场上跟大部队走散，并且迷失方向。我现在还在努力让自己保持镇定，但难点就在于如何保持镇定，即使最勇猛的战士也经常惊慌失措。勇气在这里不重要，重要的就是镇定。一旦不镇定，人就成了语无伦次的疯子。让人失望的是，大家不知道什么时候是尽头。如果我们能活过今晚，那我们还必须得挨过明晚、下周的夜晚、下个月的夜晚。

如果亚历克·罗斯运气不错的话，他能够在当晚的进攻中守住阵地，起码他能够存活下来。但他还没来得及再一次经历噩梦，走在波济耶尔纵列部队前头的他就迷路了。他在另一封写给他哥哥列侬的信中写道："我必须用手枪赶走挡在我们前方堑壕里的士兵。"这样的阻塞已经成为澳军第 1 师进攻中的特色，同时也是莱格澳军第 2 师的特色。之所以会造成这次堵塞，是因为澳军第 7 旅 26 营出人意料地进入了为澳军第 6 旅 22 营预留的交通壕。结果，进攻

第二十八章 第二次幸运

最左翼的 22 营直到零点后又过了几乎半个小时才抵达。

22 营 24 岁的基斯·安德森发现道路被堵住了,他记下了部队当时的绝望情绪。他们曾耐心等待着重要时刻的到来,但却发现他们上级交代的琐碎杂事正在破坏他们的计划,危害他们的生命。安德森在记录中写道:

> 1916 年 8 月 4 日:今晚我们会发动冲锋。我们没时间去想稍后会经历什么,只是忙着接受各种指示,领取各种装备。
>
> 5 点过后不久,我们准备动身前往波济耶尔。大家排成一列纵队缓慢向香肠谷蜿蜒前进。在路上,我们经常被堵住。我们的行动被两架德军侦察机发现了,沟壑的前头已经遭到德军的炮击。我们从交通壕出来,摸索着接近波济耶尔。我们遭遇了德军火力弹幕的猛烈打击(德军在 5 点到 6 点用重炮预先猛烈轰炸),堑壕把我们掩护得很好,但堑壕"完蛋了",我们需要从"完蛋了的"堑壕走出来,走到开阔的地上。然而我们被挡在另一条堑壕前,发现几乎没办法继续前进。受伤的人也越来越多,我们按计划时间到达集结堑壕已经不可能了……目前的情形令人绝望。命令要求我们不惜一切代价向前推进。我们离开堑壕,沿一条下沉公路冲过波济耶尔最终到达了集结堑壕,但伤亡很大。

如果德军第一道旧堑壕的左侧是在德军重兵防守之下,那么这种延误就意味着 22 营会错过己方炮兵对德军前线的 3 分钟炮火打击，这可能不仅会让22营攻克进攻目标的希望泡汤，还会影响到右侧的部队。22营左侧的空缺，足够让德军有机会把炮火集中在自己的第一道和第二道旧堑壕上，从而大量轰炸澳军第7旅各步兵营，同时切断他们与后方的联系。

成功与失败之间只是一条细小的分界线，安德森中尉的记录证明了这一点。当命令要求他们营发动第一次进攻时，他发现自己被孤立在德军残留的带刺铁丝网之中，而且被德军纠缠住了。但他在记录中继续描述了当失败转化为胜利时的惊心动魄，"一阵欢呼声中，我抬眼望去，看到第二拨进攻部队浩浩荡荡地涌过来……我跳上去冲进几乎难以辨认的德军堑壕，几乎没遭遇什么抵抗，还俘获了40余名德军"。

正如率领第二拨进攻部队的22营军官罗伯特·布兰查德少尉所描述的，德军在第一道和第二道旧堑壕进行的抵抗比较有限，但并不意味着这些抵抗毫无用处。澳军忽视了堑壕左侧的一挺机枪，德军的子弹随时可以射中澳军：

> 我看到默多克·麦凯少校（去集结堑壕途中带领他们通过堵塞堑壕的军官）牺牲了。我转身告诉莱斯利·普里查德（少尉），他在我身后30码左右，由他负责麦凯他们连。结果我看到他也被击中倒地，有点担心他也可能不行了，正如另一个营的军官给我详细描述的一个中尉的遭遇。我是我们六人中唯一没有受伤的。

最南部进攻区域，即阿尔贝—巴波姆公路和铁路间的澳军第5旅各部，以及进攻22营南侧区域的澳军第7旅26营都取得了胜利。虽然澳军也攻克了德军第二道旧堑壕，但他们应该不会庆祝这次胜利。24岁的普里查德少尉和他的同僚只是22营阵亡名单中一小部分，那天结束时他们死伤近300人。如果他们前往集结堑壕途中，没有发生本可以避免的混乱情况，那他们的伤亡会大大减少。

不过，他们还是取得了一定的成绩。21岁的26营弗兰克·科尼中尉在写给母亲的信中，记录了他对他们取得的胜利成果感到的惊愕，"天亮时，我永远忘不了发生在我前方及两翼的情景。德军突然从我们前方的弹坑走出来，他们举着手，投降了。在我们这边没发现多少人，但我们右边有几十个德国兵投降。（澳军第7旅战后报告上写道，他们俘获了大概500名德国兵。）在远处，我们看到敌人的炮兵和一些步兵正向山里逃窜，直到他们逃出了我们的视线"。

在俘虏的德国兵口袋里发现了内容消极、情绪低落的信件，我们才明白为什么德军在面对进攻时只是进行了零星的抵抗。德军第18预备师84团的一名士兵在8月2日写道：

老天啊，送些食物过来吧。我们没什么像样的吃的，也没有一点喝的。我不知道更多的详细信息，除了一个事实：波济耶尔可以用一个词来形容——地狱！这里发生的事在其他地方肯定没有发生过。这里有成堆的尸体，腐臭冲天，铁丝散落在死人的残肢断臂中间。第84团已经损失了起码2/3的战斗力，我们现在后撤600码。明天我们会再返回前线。很绝望！没时间写更多……

该团另一名德军士兵在当天也写道:"我们和另外 180 人一起进入了防线,现在只剩下 30 人。整个营只剩下大概 200 人。现在又有 40~50 人增援我们,准备面对更多的杀戮。最好的结局可能是受到一些轻伤……"

德军在前线的士气持续低落,但这似乎没有影响到德军的机枪手,他们一直在不中断地射击,让澳军为自己的失误付出了代价。澳军 26 营在行军中出现了第二个问题,这个问题本也可以避免的。为了保证挖好集结堑壕,他们在 8 月 4 日前多次推迟进攻时间。因为 26 营在他们前线阵地的对面进行部署时发现,他们所在的那段集结堑壕根本就没有挖好。结果,他们占据了原本为他们右侧的进攻部队 25 营预留的那段堑壕,这一行为产生了连锁反应,对澳军第 7 旅各部产生了极其不利的影响。

25 营没法进入预留给他们的集结堑壕,他们被困在了从集结堑壕返回后方时需要经过的交通壕所在的悉尼街(Sydney Street),受此影响,25 营又延误了要进攻他们右侧区域的 27 营。幸好是在白天进行部署,大多数部队还能在进攻前迅速进入阵地。只有 27 营的第 4 拨进攻部队从支援堑壕冲出来时遭到德军炮击,"伤亡惨重"。如果没有发生堵塞,他们本可以早点从堑壕里出来。

27 营受伤人员中有一名军官,他是 42 岁的特雷弗·坎宁安少校。因为受伤了,他没办法阻止那些偏离了原定进攻路线的士兵。这使得抵达德军第一道旧堑壕的 27 营与在集结的最后时刻可能迷失

第二十八章 第二次幸运

方向的25营与26营之间的距离出现严重问题。25营和26营位置偏离到攻击目标——位于德军第一道和第二道旧堑壕——的左侧。

至于坎宁安少校,他被列入失踪名单,出现在澳军第7旅在8月4—5日列出的942名伤亡者名单中。根据27营副官所说,进攻时跟在坎宁安身边的勤务兵被埋住了。"硝烟散去后,他找不到坎宁安的踪迹。几天后,我们找到了……少校碎了的眼镜……我很担心他被炸死,然后可能直接被掩埋了。"虽然官方在1916年9月底正式登记他已经死亡,但坎宁安的家人却在等待长达19年后才找到他的尸骨,一起找到的还有他的身份牌、制服徽章,和刻着他名字首字母"T.R.C"的金色袖扣。

尽管澳军遭受种种不幸,但他们迟早会把7旅攻占的德军第一道和第二道旧堑壕阵地上的德军给清理干净。晚上9点15分针对德军第一道旧堑壕的3分钟猛烈炮击开始前,有些德军被堵在了地下堡垒,没有爬出来;还有些德军在接下来的对德军第二道旧堑壕的10分钟狂轰滥炸中投降或逃回后方去了。澳军刚开始没能挖好集结堑壕而导致内部比较混乱,德军在战斗中表现也同样糟糕,双方在这块区域的表现应该是半斤八两。

25营和27营本该在早些时候就攻克此地的,但他们在关键的几个小时内只有4挺机枪作为掩护,使得他们在面对德军的反击时显得很无力。此外,澳军也暂时放弃了27营攻占的德军第二道旧堑壕区域,他们意识到己方的重炮差不多把那段堑壕炸毁了,而第4拨进攻梯队不可能再挖一道替代堑壕。澳军在8月5日黎明前不久击退了德军的首轮反击后,在德军第一道旧堑壕薄弱地段的澳军得到增援，最终27营攻占了德军第二道旧堑壕和风车后方的废墟部分。直到那时，莱格将军才可以公开宣称他们攻克了计划中的全部目标。

但完成目标并不意味着莱格没有出现严重失误。在行动过程中，澳军伤亡了1 000多人。有些战士的父母想知道，如果高级将领的指挥能力更高一些，那他们的儿子是不是本不应该受伤。尤其一个令人伤心的案例是只有20岁的22营一等兵威廉·哈彻。哈彻被炮弹碎片或子弹在肚子上炸开个洞。到达皮舍维莱尔（位于亚眠市东北约10英里）第三伤员救护站时，年轻的哈彻已经命悬一线。

在救护站，他由护士长艾特肯照看。应他的要求，护士长在他8月7日死后不久，给他在维多利亚的父母托马斯和伊莱扎写信。她在信的开头写道："我将要告诉你们的，可能是最坏的消息。"她接着继续描述哈彻来到她们医院，也提到他腹部受了重伤，病情在逐步恶化。"他在今天早晨10点30分安详地离开了这个世界，"她写道，"你们离你们心爱的人那么远，我对此也很难过。请放心，我们做了能做的所有事情。他躺在干净舒服的床上，我们每个人都很照顾他。我们尽了全力，但这种情况只有上帝才能挽救他的生命。"

相比澳大利亚总部登记办公室（Base Records Office）8月31日寄出的套话连篇的通知，护士长艾特肯令人感到温暖的信件更早地递到了哈彻父母的手中。澳洲政府在通知中写道："我很遗憾地通知您，据报告称，22营一等兵哈彻（W.L. Hatcher）受伤了。目前，他受伤的具体状况不详。报告中没有提及他伤势的严重程度。

第二十八章 第二次幸运

因为没有更加详细的报告,我们会认为伤员正在好转。"

不幸的是,哈彻的伤势比预计的还要严重。他阵亡后,当局直到1917年1月15日才起草正式死亡通知。如果没有护士长艾特肯的信件,这么长的时间差会令他的父母多么痛苦啊!

第二十九章

反　击

波济耶尔高地，1916年8月5—7日

1916年8月5日早晨，预备集团军司令高夫将军发送给澳军第2师师部一条信息："衷心祝贺贵师在昨晚的行动中取得完胜，痛击了敌军……"

然而，莱格把消息转发给2师各旅时，在该消息下附加了一些私货："总司令希望诸位指挥官谨记守住我们所占领区域的必要性。"因为澳军第2师在第一次试图攻占波济耶尔高地时发生的事情而导致莱格受到指责。这次他们成功攻克了波济耶尔高地，莱格由此提醒手下的旅长们，应该做好应对各种突发情况的准备。

莱格的考虑不无道理。德军第一集团军司令弗瑞兹·冯·贝洛（Fritz von Below）将军给他手下的指挥官下达了如下命令：

波济耶尔高地，不论付出什么代价都要重新夺回来。如果继续被英军占领，他们会有很大优势。80码开外展开多重攻

第二十九章　反　击

击。抵达了高地的部队必须在增援赶到前守住阵地，不论伤亡多大。任何不能坚守在攻占的阵地上直到战死的军官或士兵将会被马上送上军事法庭。

莱格意识到，波济耶尔高地的战斗马上又要打响，这让他左右为难。如果他"采取四平八稳的方案"，派兵严守德军第一道和第二道旧堑壕，那么一旦避无可避的炮击开始后，莱格就会面临手下士兵大量死亡的风险。另一方面，如果他压缩前线的兵力，那么德军步兵就有机会夺回他们刚刚失去的阵地。他又想执行上级命令，又不想让军队出现较大伤亡。这种犹豫导致至少2名澳军营长有些微词。

有趣的是，这两人都来自利恩家族。其中一人是38岁的澳军第4师48营营长雷蒙德·利恩（Raymond Leane）中校。他因为在加里波利作战英勇而在澳军中声名鹊起，史学家评价他是"澳大利亚皇家军队最著名的战役指挥官"。他的弟弟本（Ben）也支持他，本是他在波济耶尔的副官。但两人的哥哥，44岁的澳军第7旅28营营长艾伦·利恩（Allan Leane）少校，是他们家族中首个认为军队在执行层面有必要处置得更灵活一些的人。

这种理念冲突在德军旧堑壕防线的部分区域比较突出。德军旧堑壕防线位于27营本该早早攻克的阿尔贝—巴波姆公路北部。艾伦·利恩的28营杀进了这个缺口，在新占领的高地击退了德军的第一轮反攻。然后他们冲上去攻占27营认为本应该放弃的德军第二道旧堑壕（见第二十八章）。

8月5日6点18分，艾伦·利恩向澳军第7旅旅长佩顿报告说，他们营差不多已经攻下了27营的目标。旅部认为他们在占领后的防守会比较薄弱，下发的命令估计利恩收到时肯定会很吃惊。佩顿在信中说："如果条件允许，敌军没有反攻，你的两个连应该从德军第一道和第二道旧堑壕撤回到我军原来的前沿防线。"

莱格支持这一命令，他曾提醒佩顿："敌军有可能反攻，引诱你把军队放在前线，这样他们就能进行炮击。"然而，艾伦·利恩8点时回复："条件不允许我们撤下来。28营的3个连都在前线，那里离不开他们。"自从阵地被攻克后德军第一次炮击其第二道旧堑壕，这是德军开始轰炸澳军占领的全部阵地的前奏。利恩一直这么回复佩顿，但他也不得不遵照重复收到的，要求他在中午过后不久"收缩"防线的命令，只留下路易斯机枪和少数人守住堑壕。

一天内只有一个人违抗命令还不足够，艾伦的弟弟雷（Ray）——其所在澳军第4师12旅48营暂时受莱格指挥——也拒绝遵守他们旅长的命令。他被告知必须在8月5—6日接管27营前沿防线，以及从阿尔贝—巴波姆公路到厄尔堡的长达600码的德军旧防线，但他没有遵从该命令。下文节选自他事后的记录，雷在进行侦察后认为，自己有足够的理由不接受连前线都没有来过的人的命令，只按自己想到的最佳方案去布置兵力：

> 我不了解这次前线的情况，我决定带着副官（他的弟弟，27岁的本·利恩上尉）和各连连长在接管防线前去侦察一番。我们在直布罗陀碉堡后方，找不到向导，所以我决定不带向导……

第二十九章 反击

在公墓地区有人说暴露我们自己的位置并不明智，因为德国佬的阵地已经在我们面前一览无余。我们仔细地观察一番后，在返回时一列排炮向我们开火。我们只能紧贴着地面爬行！尽管我们驻守的堑壕尸横遍野，但我们仍然坚守了差不多1个小时。中间好几次我们都被土埋住了。这不是什么令人愉快的体验，我们有两位连长因此失去了行动能力——两人得了炮弹震荡症而被带走了。

有关两人所得的炮弹震荡症，在读过本·利恩寄给澳洲妻子菲莉斯讲述他们在较浅交通壕里所遭受的折磨的完整信件后，也许能更好地了解：

我们战士的尸体和德军尸体在堑壕里堆得很高，还没有来得及掩埋。我们抬起头探身看，就能听到朝我们这边飞来的炮弹呼啸声，我们赶忙弯腰躲避。从那时起，炮弹不断落在堑壕上，我们跑到哪儿，敌军炮弹就打到哪儿。我们最后都跑不动了，改为匍匐前进。我现在能肯定地告诉你，从已经死了几天的尸体身上爬过去，令人很不舒服。

炮弹一枚接着一枚的在我们身旁爆炸，随后是恐怖的冲击波，我感觉头顶已经被土覆盖住了。一个大土块把我的脑袋砸进了堑壕底部，掀起的土块不断落下来，用不了多久我就会被埋住。但我挣扎着爬了出来，发现堑壕的一侧被炸毁并坍塌进堑壕里面，把雷和罗伯茨也埋住了。

他们想办法临时挖个坑躲进去，随后成功返回进攻前的阵地。雷·利恩在记录中继续解释道，尽管他告诉自己前沿防线危险重重，但身处军队就意味着，一旦上峰需要调用他的人马，他需要无条件执行：

> 我在返回塔拉山途中接到了命令，要求我们去替换27营，并把一封信件送到旅部。我发现那儿没什么"堑壕"能被称作堑壕。虽然被称作德军第一道和第二道旧堑壕，但两者实际上就是些乱糟糟的弹坑。我似乎能通过向纵深布置兵力来更加牢靠地守住阵地。所以，我决定在波济耶尔德军第一道旧堑壕防线布置两个连，轨道堑壕处的兵力可以作支援。剩下的两个连在（波济耶尔南部的）白垩矿场做预备队。
>
> 旅长邓肯·格拉斯福特（Duncan Glasfurd）派人告诉我，他对我的部署不满意，要求我把全营兵力布置在前沿阵地。我告诉他出于对敌军重炮和我方缺乏有效掩护的考虑，我认为那样布置兵力纯粹是当炮灰。
>
> 我们不久后还是出发了。在前进途中，我收到旅长的书面指示，和他之前下达的命令内容一样。我现在面临一个问题。如果我遵守命令，我担心战士们会被炸成碎片，根本抵挡不住敌人的反攻；如果我违抗命令，丢失了山脊，我的军旅生涯会因此而终结。最终我决定冒险把一个连布置在白垩矿场，把我们的支援连队布置在了轨道堑壕。
>
> 向阵地转移途中大家都很害怕。整个区域被重炮所覆盖，

第二十九章 反 击

我们还没到达堑壕，就已经损失了 100 多人。

更多的人死在夜间。次日（8 月 6 日）早晨，雷·利恩在他弟弟本的陪同下前往防线视察，他在报告中把那个地方描述为"死伤遍地"。本的描述更确切，"'堑壕'里面一团糟，到处是弹坑，无法用言语形容。地面都被炸成了碎屑，仿佛把整个区域向下犁了 6 英尺"。

利恩两兄弟去视察了库尔瑟莱特和马坦皮什的"净土"，在波济耶尔已是一片荒凉后这里却是一片绿野，景色宜人，又从他们所站的山顶向下看了看山谷里面，然后兄弟俩动身返回位于轨道堑壕的总部。本·利恩稍后告诉妻子：

炮弹像冰雹一样落下，爆炸声充斥整片区域，堑壕防线被炸成了一系列让人难以想象的弹坑废墟。士兵被炸飞，被炸成碎片，还有些被炸成重伤，他们在严重的炮弹震荡症中，伤害不断加深，他们的状态比手无缚鸡之力的人更差。我看到有些战士四肢发抖，像孩子一样啜泣，每一次爆炸都会令他们全身颤抖。

防守阵地的士兵都已经到了崩溃的边缘。8 月 5 日，澳军第 7 旅佩顿准将给莱格去信，请求莱格把他的部队换防下来。"战士们颤抖得厉害，他们十分疲惫。由于敌军不断炮击，我们伤亡惨重。"

亚历克·罗斯中尉所在的 23 营在 8 月 4 日的进攻中位于左侧，

他们是增援部队。被换防下来后不久,他给幸存的弟弟写信描述了他所处的痛苦境地,以及被换防后的兴奋:

> 你说希望我的压力不要太大,但我们的压力真的很大。只有受到信任进入防线的人才能证明压力确实大。我的一两位朋友出色地经受住了考验,但其他很多不错的士兵却崩溃了。大家都说那是炮弹震荡症,但真正的炮弹震荡症很少。崩溃的人中90%是由于没办法控制自己因为一些原因而感到的恐惧。
>
> 我的神经还得紧绷最后一个早晨(8月6日),我内心也感到害怕。对一名并没有什么经验的军官来说,我这两天两夜做的要比职务要求我应该做的还要多,并且坚持了数十个小时,没有更高级的军官给我们提供参考意见,我手下的战士完全崩溃了,有些被炸成碎片。成功坚持到(8月6日)黎明之后,我静静地蜷缩在前线堑壕的地下堡垒里。在只有18英寸宽的堑壕里,我只能把头和肩膀放进去,腿蜷缩着。我满足地睡了1小时。
>
> 醒来后,我感觉很好。很高兴地看到我们的换防部队进入堑壕。我们撤离堑壕后,炮火被我们抛到背后。最后想说的是:那真是噩梦;我们愉快地高声大叫,边笑边跳,这样我们走路时气氛就不会那么沉重。

换防时,每出来一个人,就得进去一个。8月6日夜间进驻前线的人中有特德·鲁尔,他是澳军第4旅14营的中士,该部是澳

第二十九章 反 击

军第 4 师另一支暂时听命于莱格的部队。他们负责防守雷·利恩 48 营北部的防线。鲁尔中士在行军途中发现的事情让他感到非常担忧。他们在波济耶尔南部的交通壕临时停下，让一些伤员优先通过的时候，他被从他旁边经过的一个患有炮弹震荡症的士兵吓得目瞪口呆。"他很惊恐……从头到脚都在颤抖。"鲁尔中士回忆说。

但这和鲁尔接近波济耶尔时的亲身感受相比，根本不算什么。经过一段下沉道路时，他好奇"我们走的这段路，怎么感觉像踩在天然橡胶上"。直到他在更靠近前线的地方碰到了一段部分被炸毁的堑壕时，他才意识到"地下埋着死人。有些人被埋住了部分身体，只露出一只胳膊或一条腿，我到这里才明白脚下海绵一样的感觉是怎么来的。这是我第一次踩在死人身上，心里很害怕"。

他问一名被换防下来的 28 营士兵背着的毯子有什么用，对方的回答让他的心情变得更差了。"他的回答是，如果能有机会使用毯子，那真是老天眷顾。"鲁尔被留在了支援梯队，没给他任何命令。鲁尔问 28 营营长雷·利恩他该做些什么，对方的回答让他更加担忧，利恩说："到前线去，帮助你的战友。今晚敌人会发动进攻。"

黑夜里，鲁尔被尸体和堑壕绊倒了好多次，他最后似乎到了轨道堑壕——8 月 4 日进攻前的前沿防线，如今是为德军第一道旧堑壕作战部队准备的支援防线。在那里，他很快发现了把那位战士弄得语无伦次、精神受到重创的原因：落在堑壕附近无穷无尽的炮弹，炮弹的呼啸声和撞击声，砸在他们身体的土块，不时听到的绝望求救声，爆炸后跑去挖掘被埋战友的疯狂行为，来不及挖出别人而自己又被掩埋的战友等。用鲁尔中士的话说：

这是场大噩梦！我们蜷缩在堑壕底部，抱着膝盖休息。炮弹爆炸掀起的土块像冰雹一样落下。我们尝试振作些，但讲几个笑话显然也起不到什么作用了。

当出现黎明的第一缕光芒时，我突然发现，火炮弹幕往回退了。我是我们堑壕第一注意到这个情况的人。

几分钟后，鲁尔通过望远镜看到了被他所描述为"见过的最奇怪的场景"。前方山峰上有一队澳军，每名士兵都被一名德军缠着，彼此展开了殊死搏斗，就像打架一样。战斗现场一片混乱，搏斗的、开枪的，有些人甚至跪着在求饶。直到战斗停息后，长长的一列德军俘虏从他们身旁经过，被押解到澳军后方时，鲁尔才明白发生了什么。

8月7日，在晨间雾气的遮蔽下，德军于4点15分动身前往德军旧防线沿线的厄尔堡南部。他们经过由澳军机枪手防守但相对薄弱的防线，进而从后方发动了对澳军48营左侧的进攻。在德军第一道旧堑壕内的澳军用光了手榴弹，并且伤亡数人，负责指挥的年轻中尉担心继续反抗的话，会被德军屠杀殆尽，所以就投降了。

如果能迅速利用好这个突破的契机，德军本可以突破澳军并不严密的防线，重新夺回波济耶尔和波济耶尔山脊。他们的快速行进可能让雷·利恩提高了警觉。雷应该没有遵守旅长的命令，否则他不可能在前晚把死伤惨重的连队换防下来。不过，虽然他调动了轨道堑壕的支援连队，但他可能并不清楚将会发生什么。据该营卫生员说，即便从雾气中显露出来德军似乎是一个师的兵力，但他们营

第二十九章 反击

长并没有打算放弃防守。"利恩把刺刀装到枪上,把子弹装满了口袋。他还说这帮浑蛋永远也别想活捉他。"

但他没能接受德军的检验,因为另一名和他同样英勇无畏的澳军军官——14营伯特·杰卡中尉——行动迅速。杰卡中尉当时在德军突破位置北部的地下堡垒内躲避炮击。当天早晨的一份报告显示,德军能够突破澳军防线的部分原因在于杰卡的失职。报告称,杰卡认为自己有足够的兵力组织防御,因此把手中的5挺路易斯机枪送交后方。不论这份报告真实与否,杰卡为了扭转局势而采取的行动称得上"英勇"二字。

《澳大利亚国家战史1914—1918》这样描述他应对的举措:

> 黎明时,杰卡中尉从地下堡垒冲上堑壕。他发现敌军的炮火依旧猛烈。他们营返回地下掩体不久就被楼梯底部的震耳欲聋的爆炸声给激怒了。进攻的德军已经攻到了他们的地下堡垒入口,还通过竖井往地下堡垒里扔了一颗手榴弹。紧接着,杰卡他们又听到两声枪声。杰卡向台阶上的德军投弹手开枪。他冲上去,士兵紧随其后,他的两名战友被手榴弹炸伤了,痛苦地呻吟。敌军也蜂拥而上,杰卡他们看见了地下堡垒和波济耶尔之间的大量敌军。他立马决定让七八个健全士兵从敌军中突围,飞奔回波济耶尔。
>
> 看见48营的战俘和押送战俘的德军向他们走过来时,杰卡手下的士兵打乱了行军队形。杰卡等德军进入30码范围后,他从堑壕里跳出来发起了冲锋。大概有一半的德军放下了枪,

但其余的德军开枪了。杰卡小队的所有人都被子弹击中,被俘的48营士兵挣脱了束缚,一些人抢了押送他们的德军的枪,剩下的德军试图开枪射杀他们。

鲁尔中士看到的,正是从北部、南部和西部涌来的澳军部队所造成的混乱场面。杰卡就在混乱的人群里面。在战斗过程中,他受伤了,还差点死掉。不过,战斗的结局和他希望的一样,德军投降了。澳大利亚官方史学家得出的结论极尽褒扬之能事:"杰卡的反击使战役反败为胜,这是澳大利亚皇家军队历史上最有戏剧性、最有效的英勇举动。"

德军渐渐停止了抵抗,澳军俘获了91名德军。结果显示,这是德军为重新夺回波济耶尔和波济耶尔高地做出的最后一次努力。在有些人看来,这种方式击退敌军不值得大肆庆祝。批评高夫将军、第一澳新军团司令以及莱格将军所用战略的人可能认为,他们的战略相当于公开"邀请"德军首先发动反击。在这些批评家的眼中,这些将军的行事方式使他们名誉受损,有了污点,而他们因为8月28—29日夜袭的失败而导致名声受损。澳军在此战中牺牲了大量的战士:澳军第2师伤亡超过6 800人,这还不包括从澳军第4师调过来的部队。在防线上的2天,雷·利恩的48营损失了将近600人,而兄弟部队12旅的45营损失了将近340人。

支持这些将军的人可能认为引诱敌人发动反攻的战略几乎没什么错误。如果澳军于8月5—7日在德军第一道和第二道旧堑壕上部署了兵力,那他们肯定会遭受更多的伤亡。不管谁对谁错,

第二十九章　反　击

大家都认同的是，澳军在经历过这些起伏后最终取得了一场伟大胜利。如澳军第 7 旅某部的战地记者所说："占领并守护住德军旧堑壕的两条防线，使得战略意义巨大的波济耶尔山脊彻底掌握在了英军手里。"

第三十章

偷　袭

穆凯农庄，1916年8月7—15日

负责预备集团军和第一澳新军团的将军们尝试控制善变但不靠谱的莱格少将。当莱格被更加保守的56岁澳军第4师师长少将赫伯特·考克斯爵士替换并离开战场后，他们都舒了口气。赫伯特·考克斯爵士于8月7日早晨接替了莱格，接过了索姆河地区澳军前线阵地的指挥权。

赫伯特·考克斯爵士的上级之所以选择他，很重要一点在于，虽然考克斯大部分军旅生涯是在印度陆军度过的，但与莱格所不同的是，他是英国人。因此，他不必采用特殊的方式就能让别人倾听自己的想法。考克斯夸大他们可以取得的成就来讨好上级，这也没有危险。他的缺陷在于不太会鼓舞士气，后来成为澳大利亚最著名的将军约翰·莫纳什就明显不喜欢他。在加里波利时，莫纳什是考克斯的属下，他说考克斯"反复无常，像是有肝病，年老，被印度天气蒸得神经紧张的印度军官"。不过考克斯有其他方面的优势，

第三十章 偷　袭

虽然缺乏个人魅力，但他对细节和纪律的要求非常严格。

当然，这些特点不会让他手下的一些士兵立即就喜欢上他。这件事凸显了不同背景的人聚集在一起所产生的文化冲突。一方面，考克斯和他的英国参谋希望一切都像英军那样要求。另一方面，有些认为战场上纪律不是很必要的澳军，不明白那些英军军官认为重要的表面上的规则和约束有什么意义。

有关穿哪种军装的争论就是这方面的一个案例。与众不同的澳军短上衣军装不再生产了，但大多数澳军不愿意穿英国军装样式的，他们一如既往以澳军方式穿军服，即使这意味着他们没有可换洗的衣物，需要从头到脚常年穿着破旧的澳军制服。这一切与英军形成了鲜明对比，据随行的澳大拉亚记者查尔斯·比恩说，英军"对穿着格外在意"。比恩写了不同文化下对此事的不同态度：澳军拒绝穿衣打扮，原因是"整体趋势不在乎整洁，大家认为这不重要，不认可花大量精力装饰个人的外在，他们只关注重要的事情"。

其他等级军官之间也有类似的冲突。澳军军官认为在就餐时跟一名军士开玩笑，没什么问题。对大多数英军同僚来说，这是大问题。正如比恩指出的：英国人害怕他们的长官。因为出身阶级不同，他们敬畏上级。而澳军不怎么敬畏他们的长官，因为他们都是同一阶级的。

澳军军官一直在军士中寻找优秀人才，然后提拔他们，给予相应任务。而对考克斯少将来说，他不可能忽视阶级壁垒。他被派驻到印度进一步强化了他的这种阶级观。在印度，阶级和种姓不能混淆。他想象不了，让一个工薪阶层的人去管教大学生和商人，别人会怎么想。

如果不能处理好这种观念差别，英军和澳军很可能会发生不愉快事件。进入防线前，23营的亚力克·罗斯中尉被一名骑马的英军军官严厉训斥，该军官把他当成了二等兵。这件事刺激罗斯写信告诉他的兄弟说，有些英军军官"跟我们说话时，就像在训斥宠物狗"。据罗斯说，那名英国军官理所当然地没看到罗斯肩膀上的军衔，这是唯一可以证明罗斯是一名军官的物件。该军官"骑着马，几乎从我身上跨过去，然后骂骂咧咧地问我为什么不让路。我回复他，该死的，我为什么要让路，他不走我这条路是不是就没别的路走了"。这看起来无礼的回答明显让那名英军军官十分恼怒，威胁要把罗斯带到最近的岗篷。直到罗斯最后说他也是名军官后，两人的争吵才结束了。"听到我是名军官后，"罗斯继续说，"他再次审视我，皱着眉头说道'哦，澳大利亚军官！'他骑马离开时，我听到他嘀咕一些东西，我只听到一点点，好像是说，'难怪这样！'"

另一个争论的话题是澳军士兵拒绝向英军长官敬礼。"不知道他们为什么认为士兵不敬礼会降低他们的身份。我们也讨厌让这些不错的小伙子向我们敬礼，"罗斯告诉他兄弟。但这种事情明显惹怒了英国人。在波济耶尔战役中期阶段，高夫将军问责2营和4营的指挥官，他的车经过时，尽管车上插着将军旗帜，他们的士兵也没有敬礼，高夫总结说："这一不良习惯必须终止。"

大家必须在这个大背景下看待考克斯少将对澳军表达的愤怒。他看到澳军7月13日进军索姆河时所表现出来的懈怠后感到十分愤怒。他措辞严厉的批评被记录在澳军第4师的战争日记中，批评中说：

第三十章 偷袭

步兵行军纪律非常糟糕。那天是阴天，天气凉爽，但步兵只行进了10~15英里。脚痛的士兵可能有些理由，因为很多澳大利亚制造的靴子破了，需要换新的。但他们没有理由随便吵架，不应该由着性子落后大部队几英里。他们坐在手推车上，不经允许就把步枪和装备放到车上。总的来说，他们的纪律很差。

考克斯因为看到的事情感到担忧，这不为过。第14营特德·鲁尔中士确认说："我们很艰难，沿路几英里都躺着战士，他们十分疲累，走不动了。"这导致第二天他们被通报批评。批评开篇写道"昨天，第4师行军纪律很差"，然后继续罗列了他们不恰当的行为。"士兵三三两两的落伍"，"看起来身强体壮的士兵居然把枪和装备放到了车上"，"士兵坐在马车上"，"师部要求行军期间不准吸烟的命令，普遍被士兵所忽略"。针对这些问题的改进措施如下：

将官们很清楚，只有让士兵认识到在行军时掉队是不光彩的，他们才能改正，但军官们好像并不知道队伍后面具体发生了什么。指挥官要在行进了一半路程时，骑马跟在队伍后方。不经允许掉队者要接受严厉惩戒，军官要记下所有掉队人员的姓名，这些人第二天要被体检，接受医生检查。如果检查结果表明他们身体健康，他们需要每天进行2小时的行军操练，直到他们所在部队开始有军事行动为止。

令考克斯遗憾的是，这些举措没有达到预期效果。7月27日，有一份机密简报在澳军第4师营级军官间传播开来，其中有一条应该展示给所有军官。指令指出，"为确保行军纪律，反复重申要采取的预防措施，要强制执行规则，重复强调的次数已经令人厌倦。这些措施和规则已经制定了多次。如果军官不能忠实履行义务，他们将因不称职而被解除职务"。

如果考克斯指望这些制度能驯服澳大利亚人，他就大错特错了。51营托马斯·劳奇上尉描述了2天后他所目睹的一个很意外的场面：

我们在阿卢瓦莱佩尔努瓦（亚眠市西北11英里）为即将到来的战斗努力训练，一切进展顺利直到我们在这儿的最后一天，即7月28日。那天，11营从波济耶尔回来，进入贝尔托库尔莱达姆临近村子的临时军营。51营中所有原来隶属11营的士兵去看望他们之前的战友。欢快的夜晚过后，他们返回营地，很多人喝得酩酊大醉。

次日早晨，我们出发前往埃里萨尔（向东南直线距离11英里）。天很热，有一段很长的上坡路。因为宿醉，有些士兵无法继续前进，只能慢慢掉队，行军纪律很差。如果4师师长和托马斯·格拉斯哥准将（澳军第13旅旅长）在当天早晨没有看到我们行军情况的话，其实也没什么大碍。然而我们营不知道这两人就在不远处看着我们，我们就这样走了过去。旅长和亚瑟·罗斯中校，我们的指挥官对此都感到很羞愧。

第三十章 偷袭

这一段插曲被记录在了澳军第4师的战争日记中："（13旅）旅长汇报，310人经允许后离队，46人不经允许擅自离队。脚疼可能不是导致该情况的唯一原因，因为澳军第1师昨晚经过并在该旅处休息，很多老朋友在小酒馆消遣，喝了大量的酒。"

第4师的战争日记中，没有揭露考克斯少将是否说服手下澳军，让他们像英军同僚一样整齐行军。没顾上理会这件事，考克斯和他的澳军有了更重要的事情需要处理，他们收到第一澳新军团8月7日下发的命令，要求他们向北进攻。这是以切断蒂耶普瓦勒通信线路为目标的系列进攻中，第二阶段战役的首次进攻，第一阶段是攻占波济耶尔。人们希望这种新的分阶段的作战方式，能让德军在被包围前就开始逃跑或者直接投降。此外，这也为预备集团军从后方进攻蒂耶普瓦勒铺平道路。

他们向北进军途中需要解决的第一个主要障碍，是德军利用堑壕和地窖在毁坏的穆凯农庄里建造的火力据点，该据点较难攻克，但进攻前该据点南部的3个德军阵地已经被攻占了。按照计划，如果英军第二军在澳军左侧同时进攻，行动会顺利一些。

黑格限制了他们的行军速度和行进方向，他最近认为只有在谨慎准备后才能发动进攻。另一个考虑因素是他与帝国总参谋长威廉·罗伯森爵士通信中表露出来的，伦敦方面对他们没能突破德军防线而且伤亡率很高的关注度非常高。黑格8月2日把总参谋长基格尔中将的指示下达给集团军将领高夫和罗林森，其中明确提到准备腾出资源，投入需要第一时间就控制住的前线地区——吉耶蒙、然希、法尔弗蒙农庄及这些地方的附近地区——这样英军阵地就能与法军连在一起。针对第 3 军和第 15 军对面西北地区计划中的全部进攻都要搁置，至少暂时需要中止。但有人猜测，黑格做出这样的指示也是为了避免伦敦方面"相关人士"不高兴。

同时，以下节选自黑格 8 月 2 日的命令表明，波济耶尔北部的高夫将军和正向东进军的罗林森将军在衡量这种彼此有冲突的要求后，只能执行一次危险且不太可能成功的行动来平衡各方利益：

> 行动执行时，如果条件允许，要尽量少动用新部队，少消耗弹药。但每次进攻必须部署足够的兵力以确保战役胜利，节省兵力和弹药并不是要求少布置兵力，而是要慎选进攻目标。

公园路（食品配给堑壕东侧延伸部分，也称作第五大道）是澳军向北推进必须攻克的障碍之一。8 月 8 日晚上至 9 日凌晨的第一次进攻期间，在炮兵轰击后，公园路大部分落入澳军 15 营手中，部分落入澳军第 4 师 4 旅手中。他们之前放弃了部分公园路，然后又在次日夜间用更少伤亡夺了过来，是因为第一次进攻期间，在澳军左侧进攻的英军第 14 师被拦在了公园路外，这表示澳军左翼当时即便遭遇敌军进攻，也不是很顽强御敌。

他们计划在下一步进攻中，打算采取相似的小规模进攻，然而他们 8 月 11 日的第二次进攻因德军猛烈的炮火而失败了。正如 8 月 7 日那天一样，他们的进攻被击退了，与雷·利恩的澳军 48 营（见第二十九章）的经历一样，澳军第 4 旅 16 营伤亡惨重——该营有 400 多人伤亡——不得不被替换下来。黑格要求"节约兵力和武

第三十章 偷　袭

器弹药",受到约束的进攻才导致如此惨重的伤亡。

澳军第4旅面临弹尽粮绝的局面,这与进攻德军旧防线的澳军第2师的悲惨命运一样——导致的后果就是澳军第13旅50营,一个在该区域没有任何作战经验的部队,为了支援澳军第4旅的下一次进攻,而被迫匆忙进入前线。进攻计划在8月12日晚上10点30分发动,攻击目标是天际线堑壕东侧延伸部分,穆凯农庄前方的第二道障碍。

在包围蒂耶普瓦勒这件重要事件上,很难找到精确的细节描述。但入伍前做过实习教师的50营21岁的哈洛德·阿米蒂奇上尉写的一封信,向我们提供了一些信息:

> 自从上次给你写信后,我经历了地狱般的生活。很幸运,我再次从战场上活下来了。我们8月12日早晨离开阿尔贝,我脑子里面基本是一片空白,在几个小时内,冲出自己的堑壕,冲进德国佬的堑壕,到达支援堑壕时,我们接到命令,让我们进入波济耶尔西北的地区。那晚,我们必须离开堑壕,从交通堑壕穿过去。
>
> 我们出发前往出击地点,即公园路。一路平安无事,直到距离前线还有半英里的时候。那时,我们抵达埃森克虏伯铸铁厂,迎面是哈茨山(Hartz Mountains)。德国佬完全了解长约100码的交通壕的确切位置,每隔10码,他们就每5秒高抛一枚炮弹。这就是50营"工作"前需要经受的事情。堑壕被完全炸毁,我们损失了相当多的人。

我们需要在前线活下去才能完成任务。在长达四个半小时的时间里，德国佬只是简单地往我们阵地投射炮弹……然后它开始了。"它"指的是我军的炮火弹幕。进攻计划要求我们必须攻占德军约750码堑壕，为此我军会有3分钟的猛烈炮击配合行动，堑壕上的一片火光代表着发射的是燃烧弹。爆炸产生的尘土和强烈刺眼的光，使行动披上了橙色的光芒。炮击的同时，我们悄无声息地摸到了距离目标50码的地方。场景很怪异。小伙子们在金色火焰背景中稳步前进。那噪音太恐怖！

炮火弹幕撤离了50码，接下来是决定性时刻。"好，冲锋！"一阵口哨声中，我们跳起来冲刺穿过那几码距离。哎呀，小伙子们冲向各个方向！没有欢呼，刺刀高高举起，直到我们抵达堑壕，逼近残存的德国佬。我们只找到大概42名还活着的德军。剩下的被"火炮直接送回老家了"。贝雷斯福德用手榴弹炸得这群德国佬大喊"伙计！投降！"，最终我们只俘虏了5名没有受伤的。

随后挖掘工作开始了。我们必须挖通堑壕，几乎等同于挖一条全新堑壕。哎呀，小伙子们确实挖了。黎明前，我们挖了一条很不错的堑壕。

右翼的3连阿米蒂奇上尉认为他们营和左侧13营已经取得胜利的时候，左侧阵地还远远谈不上稳固。这似乎是进攻准备过于匆忙导致的直接后果，这种情况属于黑格8月2日指令中所说的不应该存在的情况。左翼各排，至少有一个排在进攻前没有收到关于具

第三十章 偷　袭

体攻击目标的命令。

以下节选自21岁的50营吉姆·丘吉尔-史密斯（Jim Churchill-Smith）上尉所写内容，这表明阿米蒂奇左侧的2连与该营最左翼部队间存在着350码距离，这很致命：

> 汉考克上尉已经受伤了，我被派了过去。我13日早晨9点30分离开阿尔贝。因为没有交通壕连接新前线，我不得不冒险冲过直到进攻前还是无人区的地区，前往占领的阵地。我安全通过无人区，并跳进了3连的堑壕（阿米蒂奇上尉所属阵地）前往左翼时，我先经过3连，然后经过2连。我走过一个采石场，里面都是德军。我刚走到那，一发照明弹就升空了，我立即意识到我应该是到了德军防线，于是我折回来，大声喊道："澳军50营！你们在哪儿？"有人回复我："我们在这儿。快过来。"我朝着声音的方向前进来到一个堑壕，负责防守的是米尔斯中士、大约有20名老兵，还有差不多20名新兵，来自一个英军步兵营，还有4挺路易斯机枪和1挺维克斯机枪。
>
> 大概晚上10点30分，德军进攻左翼的英军，迫使他们撤离天际线堑壕，澳军8月12日进攻的时候，该地区大部分已被德军占领，这样我们就被完全孤立了。德军随后向我们阵地方向轰炸，炸死了一些战士。幸运的是，距离我们阵地还有大概20码时，德军停止了炮击，我们都因此逃过一劫。毫无疑问，我只有几颗手榴弹，他们本可以"处理掉"我们这一些人。

如果吉姆没有用手枪胁迫英国新兵，阻止他们撤离阵地，任何试图逃跑的战士都会被格杀勿论，那么他的阵地防守也会变得更加薄弱。

他于次日早晨（8月14日）向营部发送信息，请求新的指示。等待回复时，上级正在制订另一轮进攻计划，目标不仅仅是换防他的部队。如果计划成功，澳军第13旅51营会首先攻占德军防线，即法贝克堑壕（Fabeck Graben）及其东北地区，进而围攻穆凯农庄。

前一天下午，澳军第4师13旅已经控制了考克斯少将所在前线的北部地区。该旅的抵达时间似乎与大家期待的好运气同时到来。虽然天际线堑壕大部分地区被德军重新夺回，如上文所述，但澳军第4旅8月12日攻克了芒斯特山谷。这多亏了第三军第15师（苏格兰）在沿线的助攻，还有澳军投弹手和机枪手的协助。现在，包围蒂耶普瓦勒行动有了重大进展。吉姆记录道，当他得知澳军第13旅51营和50营部署在进攻的两翼，从澳军第4旅"借来的"13营部署在中间，进攻计划在当晚10点发动时，他感到"如释重负"。

然而，其他军官对于8月14日下午5点下发给13旅的进攻命令，各有不同反应。澳军当天大部分时间都遭受着德军猛烈炮火的折磨，而德军炮击又因为他们在一份英军文件中发现英军即将发动的对穆凯农庄的进攻（为了孤立蒂耶普瓦勒所采取的部分行动）而变得更加猛烈。因此，50营2连晚上7点55分给指挥官发送了如下信息，"我们没办法转移。装备没了，炮弹没了，连水也没有了。

第三十章 偷袭

士兵因为炮击而颤抖得厉害。现在，我们清理出一些被埋的士兵，能派到前线的士兵太少了。向其他连长咨询后，我们决定都留在这里，不再前进"。

毫无疑问，这让 13 营营长很不高兴，13 营在 50 营右侧。同时，亚瑟·罗斯中校——率领 51 营进攻最右翼地区——给澳军第 13 旅格拉斯哥准将发送了以下信息，重申 50 营各位连长的观点："……13 营指挥官认为，在这个突出部继续深入会是个错误。这也是我的真实想法，（我不是因为沮丧才那么认为）。从正东到西北，我们遭到敌人的猛烈炮击，交通壕里的场景十分可怕。" 13 营状况看起来也不太好，正如在前线负责该营进攻的哈里·芒特上尉在进攻前不久所报告的："3 连不知所措并且只有 35 名士兵。"

现存文件没有揭露考克斯少将是否对前线部队以及他们长官士气的危险状况有清晰认知。德军重新夺回右侧天际线堑壕的消息，肯定打击了考克斯的信心。不论考克斯对恶劣情形及指挥官不断低落的士气是否有所了解，对堑壕内的士兵来说，他们承受的痛苦没有得到任何缓解。命令好像要求 50 营（抗议的源头）不论困难是什么，都必须进攻可能到来的敌人。该营哈洛德·阿米蒂奇上尉在写给家人的信中描述了接下来发生的事情：

> 8 月 14 日，他们（德军）让我们在"炼狱之火"中度过了 7 个小时。那段时间，我们到底经历了什么！我们没想过能活下来……那晚，我们被派出去执行一项危险任务。我必须爬出堑壕前往左侧，在天际线阵地上挖掘堑壕（天际线位于采石

场的北部，穆凯农庄西南部的南方；再往西南是该营支援吉姆所在阵地的左翼）。这次我们损失了大概 2/3 的战士，我们没睡……战士们都很疲惫……我们来到目标阵地之前还算安全，随后德国佬发现了我们，开始用机枪向我们射击，还用火炮轰炸我们……5 名军官受伤了……我努力让士兵挖壕防守，但是30 分钟地狱般炮击过后，我们侧翼已经全是空当，努力也是徒劳的。我命令大家返回防线。短短 1 个小时内，我损失了 43 名战士。"

吉姆也不会轻易地得到解脱。在加固的阵地上，他还得继续遭受 24 小时的折磨，而且因为英军提出的要求，他所受的折磨更厉害了。"次日（15 日）早晨，一架飞机飞到我们头顶并要求我们标示出我方阵地。我们发射了一枚绿色信号弹。但我担心，敌人也看见了我们发射信号弹的地点，因为发射信号弹不久后，德军安排了很大规模的纵射火炮组，轰炸那里一整天，我们死了很多人。下午，由于炮击过于猛烈，英军连队撤出了堑壕阵地……这使我们更加孤立。"

吉姆和躺在堑壕的伤员所承受的痛苦，可以通过 20 多岁的维克多·德里丹（Victor Dridan）中尉发生的事情呈现出来。德里丹和吉姆隶属同一个营，他在增援途中受了伤。根据一名当时在场的目击人说，德里丹"右胳膊部分被击中，肘部到肩膀的骨头都被打碎了。右胳膊被包扎起来……止住了血……但是没有打绷带。大概从午夜（8 月 14 日晚上至 15 日凌晨）到（8 月 15 日）中午，他一

第三十章 偷袭

直待在我们堑壕……最后被一个担架小队抬走了"。

另一名目击者说的与上述那位有些不一样，该目击者说德里丹的右胳膊"从肘部到手腕……粉碎了"，因此德里丹能申请一个止血带包扎在肘部以上的部位。不论德里丹的胳膊残缺情况到底怎样，所有目击者一致同意，受伤后的德里丹在堑壕里待的时间，超出最优治疗时间太久。用其中一名目击者的话说，"因为英军和德军的炮火弹幕，那天晚上没办法把他抬走"。似乎这还不够惨，他被抬往后方途中，一枚德军炮弹在担架小队附近爆炸，把一名担架员炸死了，还有一名被炸伤了。德里丹受到惊吓，不顾严重的伤势，跳起来，奔向掩体。尽管他在该事件中受到了惊吓，但他还是成功返回了位于瓦卢瓦-巴永的野战救护站，不过在胳膊被截肢后不久，他还是没能保住性命。

吉姆和士兵们守住了阵地，他们坚持到 8 月 15 日晚上 10 点 30 分后被换防下来。不过 50 营右侧没有实现这个目标，对考克斯少将的名声来说，这不是个好兆头。考克斯忽视了布鲁德内尔·怀特准将的提议：因为这次宽达 1 200 码的目标距离发动进攻的澳军前线较远（约 400 码），51 营和 13 营向法贝克堑壕推进时应该分两个阶段来完成。

考克斯没有听取怀特"安全第一"的建议，这种选择似乎与黑格 8 月 2 日下达给高夫将军的指令比较吻合。考克斯选择大步跳跃，直接进攻较远目标。他不让部队有时间在进攻目标附近挖掘较深的，能够在进攻前把士兵掩藏起来的集结堑壕和交通壕。

虽然他们挖了前线堑壕，但这些堑壕似乎无法与 8 月 4—5 日那次成功进攻前所挖的堑壕相比，而且没有挖在总司令部建议的最大距离（200码）范围内。最后，8月14日中间与右翼部队的进攻结果与同样缺乏准备的7月28—29日那次进攻结果差不多。德军机枪手似乎预料到了进攻最右翼的51营会出现，他们在无人区布置兵力，澳军被他们的火力阻挡在了途中。

这产生了连锁效应。虽然位于51营左侧的连队抵达了德军堑壕，但他们又不得不撤退，因为两翼没有其他部队的支援。13营的情况也是如此，他们抵达了德军堑壕中部，也因为两翼没有支援而不得不撤退。

当晚，51营亚瑟·罗斯中校给澳军第13旅格拉斯哥准将发送了一条信息，内容是对考克斯少将制订的计划进行了抨击。不过，罗斯的措辞比较含蓄，用的是以往英军军官成长及受训过程中，抱怨某事时惯用的语言。罗斯和格拉斯哥一样也是英国人。

> 目标前方的猛烈火力只持续了5分钟。目标在距我军出发的堑壕差不多有300码远的地方。这么远，我认为持久炮击起码需要持续20分钟，这很有必要！战术部署刚开始时井然有序……然而炮火弹幕……好像"越位了"，没打到目标上，敌军的机枪还在到处射击……虽然我并不想指责炮兵。

罗斯可能没有意识到，他驳斥了格拉斯哥发送给考克斯的这份报告，称其为进攻的策划人开脱。后一封报告声称，敌军对澳军的快速进军反应及时，原因在于"敌军预测到了我们的进攻，又或者

第三十章 偷　袭

他们可能正在准备一场进攻"。报告掩饰了进攻计划存在缺陷的这个事实。

如莱格之前的遭遇一样，结果都很悲惨，虽然这次伤亡规模较小。13营的情况相对好些；他们8月12日和14日的伤亡接近150人。然而，50营在两次行动中伤亡超过400人，而51营因为单独行动损失了300多人。

25岁的奥斯卡·奇尔弗斯少尉是51营300多名伤亡人员中的一名。入伍前，他是一名银行职员，入伍后到了51营1连。该部位于最右翼，在没有抵达德军堑壕前，他们用机枪守住了最右翼防线。据一名目击者说："冲锋时，奇尔弗斯少尉大腿受伤。他在距离德军堑壕约150码的无人区里，还能行走，但好像已经失去信心，拒绝了别人帮他返回我方防线，一直坐在那儿。"另一名目击者补充道："次日，一支搜索小队外出寻找伤员。他那时还在无人区，但因为担架员不够，没法把他抬走。他能站起来，但他已经失去返回防线的勇气。那晚，小队再次外出去找他，但找不到了。到处都是弹坑。估计他已经被一枚炸弹炸成碎片了。"

奇尔弗斯似乎是一个最不幸的案例：因为长官的无能，他身负重伤，然后被嗜血的战场所吞噬。而他的父母必须忍受着长久的痛苦，因为数月以来，当局一直宣称他是失踪了，他的父母因此而悲伤。直到1917年4月，调查庭才裁定他在行动中已经牺牲，而他的死亡证明直到1917年7月才由当局下发。直到那时，他的遗嘱执行人，即他的母亲埃莉诺和他妹妹露西，才取得了他的遗嘱证明。

不像莱格，考克斯少将不会，至少在短期内不会有机会再次进攻他曾经受挫的目标。考克斯的前线部队在 8 月 15 日晚上至 16 日凌晨被换防下来，这样他把前线交给哈洛德·沃克少将，沃克少将是澳军第 1 师师长，该师在 8 月 16 日下午 5 点抵达前线。

当局把澳军第 4 师调离前线，并不是用含蓄的方式指责其没能圆满完成任务。做出这样的安排另有原因：首先，是该师伤亡已经有 4 750 多人；其次，为了让他们在乘火车向北进发前，适应第二次"旅行"，总部对于士兵停留在前线的时间都做了规定。8 月最后一周和 9 月上半月的所有火车都被预订了。得知 8 月 14 日的进攻结果前，总部就已经安排澳军第 1 师替换考克斯的第 4 师。

然而，这样安排出现了一个问题：考克斯发动了一场进攻并且失败了，失败后高层并没有多少批评的声音，这与莱格 7 月 28—29 日的行动失败后发生的事情形成鲜明对比。公平何在？简单解释的话，考克斯不像莱格，他没有挑战现状而让自己不受欢迎。在像军队这样的保守机构里，挑战现状这样的行为很危险。考克斯没有这么做，他得到的回报就是出现了失误也会受到保护。这可能展现出西线存在的一种罪行大小标准体系。从中看出，似乎无意间造成了数百人伤亡的罪行，比妨碍现行计划执行的罪行要轻。

第三十一章

屠　夫

高地林地，1916 年 8 月 18 日

"一战"时期的将军，尤其是在索姆河地区统帅军队的将军经常被人指责为屠夫，这是责备他们让战士无辜牺牲的另一种说辞。在制订进攻计划时，他们没有考虑自己的计划失误可能造成的伤亡。

事实上，那些将军很快就适应了那种做法，这并不奇怪，因为他们需要接受发生在索姆河地区高得惊人的伤亡数字。悲哀的是，似乎没有人愿意采用一些措施来遏制这一趋势。有人提出，如果那些将军同时在其他方面被"洗脑"的话，那么他们这种只是把手下部队当作统计数字的情况，会不会有所改善。比如说，如果强行要求他们每天听关于手下战士的感人故事，比如发生在 27 岁的艾伦·劳埃德身上的事情，会不会起到一些作用呢？

艾伦·劳埃德是皇家野战炮兵团（3 炮组，78 旅）的一名中尉。该兵团的火炮能够发射重达 18 磅的炮弹，可以用来摧毁保护

德军堑壕的铁丝网。像成千上万的英国远征军将士一样，他只是一名被卷入这场史上著名战役的普通年轻人。他在7月1日首次进攻之后到达了索姆河地区。他妻子叫玛戈，儿子很年轻，叫戴维。从他的信件中可以清晰看出，他们的家庭充满着爱。他写给玛戈的信中最吸引人的是两人间打趣的亲密和激情。即使艾伦不在了，即使什么都没有了，那份情感却还在。

在第一封信中，劳埃德试图告诉妻子他目前还不错，最重要的是很安全，让她放心。同时，他也很谨慎，不透露一丝超出审查制度范围的信息。"我们最近很忙，"他7月6日写道，"你一定猜到原因了。因为你那小心思总能一猜一个准儿。我这呆子到底娶了个多么娇俏聪明的老婆啊！我们的部队还在集结，生活条件还不错。走在德国佬的堑壕上是一项挺不错的运动，我希望这样的日子能够继续，很舒服。德国佬一定是把重炮拉回去了，只有些小家伙来对付我们。"

一周后他写信给玛戈：

我的迷人老婆心情还好吧，我心情不错。老婆你也没必要担忧，因为我们都很好，很享受这段日子，虽然我们目前有很多仗要打。我们做得很好，逐渐把德国佬击退了。我认为他们不会喜欢这样，我们对德国佬进行整日整夜的轰炸……

不用担心，我最心爱的小天使，一切进展都相当顺利，我也会很小心的。

第三十一章 屠 夫

劳埃德告诉妻子不要过分担心他安全的同时，他却无法克制自己对她的关心。艾伦7月19日发出的信中十分明显地表明，即使身在远方，他仍然无法遏制会想念妻子。他在信的抬头写下"亲爱的小天使"，然后继续写道：

> 我的小天使还好吗？她有没有好好表现，没做淘气的事，没做不该做的事吧？那样老公我会拿着大木棍过去，如果她给别人惹麻烦，就好好教训她！
> 我很好，梦到他的小媳妇了，很想很想她！他是不是有点坏？你也很爱他吗？……是的话，为什么不给他寄些巧克力？

3天后的另一封信中，劳埃德尽力强调他在防线后方的火炮点过得很好。他告诉玛戈，虽然"大炮的噪音很大，有时候甚至让人心烦。但他睡得很香，他希望能拥抱他漂亮的老婆，和她'亲近亲近'！你知道他这么说是什么意思吧？想到可爱娇小惹人怜爱的你不着寸缕时，他是个坏蛋……"

但玛戈似乎只知道丈夫在前线时比较安全的那一面。劳埃德寄给玛戈那封浪漫信件的前一天，他在另一封给亲戚或朋友的信中承认说，他"做过几次前线观察员，其中一次是在大规模进攻第二防线时，那一次很成功。这一次被安排当作步兵使用。一发机枪子弹击中我右手肘的军服。子弹打碎了短衫和背心，但……没碰到皮肤"。这些他都没向玛戈提起过。相反，他在8月1日的信中提到了她在德文郡索尔特顿的度假。"我希望我也在那儿。那样，我们能度过一段多么美好的时光啊！我们可以一起在大海里游泳，做各种趣事。"

8月3日，劳埃德好像知道自己的时间不多了，他写了不少于3封信。其中一封没想到成了他给妻子的最后一封信。信中，劳埃德问她是否愿意让他在德文郡陪她，他们的儿子戴维是否安好。结尾写道："你老公我收到了一些他可爱媳妇寄的可爱包裹。她是个宝贝儿。"可能他要求的"巧克力"就在里面。如果巧克力真的在，我们只希望劳埃德有机会能品尝到。他写完信的次日早晨，一枚炮弹击中了他所在的前沿观察哨，他被炸死了。

8月5日，和劳埃德同在78旅的一个朋友给玛戈写信，把他从劳埃德战友报告中收集的信息告诉她。"可怜的艾伦被击中了，伤势很重，"亚瑟·英庇（Arthur Impey）中尉写道：

> 他奄奄一息，大约20分钟后去了。
> 他神志很清醒，想知道自己伤势是否很重。他们告诉他不重。
> 他看起来很开心，没什么痛苦……他说他很快就会好起来。
> 他一直不知道真实的情况，死的时候他并不知道正在发生的事。

据我所知，艾伦·劳埃德的上级将领中没人宣称对他的死亡负直接责任。但如果他们知道了细节，读过这个男人跟妻子间的通信以及成千上万同样受到这种惨剧影响的年轻夫妻间的通信，人们很想知道将领们的决定以及随后发生的事情是否会有所改变。如果他们把战士的生命放在第一位，那索姆河地区的几个战场可能就不是

第三十一章 屠　夫

现在这个样子。波济耶尔、德尔维尔林地和吉耶蒙是其中最出名的3个战场，成千上万的士兵在许多次计划得非常拙劣的进攻中身首异处或身受重伤。在这个差劲的作战计划名单上，还必须得加上另一个名字：高地林地。

这片林地在艾伦·劳埃德牺牲前就已经被进攻过4次。在地图上看，它略带不详之意的黑色边界像是个钻石形状的障碍物，将英军在7月14日占领的德军第二防线与黑格下一个战役中想要进攻的德军第三防线分隔开。高地林地树木之间和周围郊野里遍地那么多尸体，以至于整个区域后来成了令人震惊的索姆河战役的一个典型样本。一个在那里待过的目击者记录道：

> 林地的灌木丛和整片区域内以及没被收割的庄稼里，躺着不同兵团的士兵尸体。夏季天气酷热，防线内的士兵因此在被污染的空气中坚守，忍受着青头蝇的折磨。特别是在某个坑道里，有人沿此坑道走时，青头蝇像乌云一样密密麻麻地飞起来，它们翅膀震动的声音听起来就像脱粒机发出的噪音。哨兵在这个坑道站着时，必须把手帕系在脸上，罩住鼻子和嘴才能忍受那环境。

另一名目击者指出，"天气很热，无数的尸体上面只是轻轻盖了层土，空气因此弥漫着腐臭气味，在这片宽阔地带会有一些意料不到的地方，你可能一不小心就会把盖住尸体的土给踢开了。或者，那群蛆虫也会告诉你附近埋着什么东西！"

据一名皇家燧发枪团第2营士兵说，他们营7月下旬驻守防线时，他看到高地林地里的尸体甚至都没有被掩埋。"修剪胸墙的时候还可以看到尸体，胳膊或腿从各处伸出来。在一处可以看到两个人的头颅，他们的牙齿外露，看起来像在冲着我们笑，很恐怖。"如果负责进攻林地的高级将领能在进攻时更谨慎些，那么这种血腥事件可能永远都不会发生。而这仅仅是他们在7月14日这一天的失误所造成的惨剧。7月20日，33师19旅的皇家燧发枪团第2营横扫林地，曾一度占领了即使不是全部，但也包括令人垂涎的西部要地在内的大部分地区。

这个西部要地可以俯瞰林地西侧一带，德军后来也没有采取什么行动，直接将其拱手让出。33师师部要求放弃该地的命令正好在德军发动反攻炮击前下发到燧发枪团第2营。燧发枪团最终接受了命令，他们撤向林地南部。据一名参加行动的人说，事后发现是霍恩将军第十五军的一名参谋弄错了，他本该鼓舞该师增援皇家燧发枪团，让他们能够守住已经占领的地区，而不是告诉他们撤退。

同一天，他们学到了应该会影响到未来战局的另一个教训。第7师20旅试图攻占林地小道堑壕时失败了，该堑壕从高地林地东部延伸到德尔维尔林地。20旅旅长德弗雷尔准将因此向第7师沃茨将军建议：在他看来，高地林地和换防堑壕——从高地林地北部延伸到林地东西两侧——还在德军手里时，他们就不可能攻克林地小道。

但沃茨将军完全忽视了这个建议。结果，他们在之后的未来数周内对林地小道和与之相连的高地林地发动的一系列攻击均以失败

第三十一章 屠　夫

而告终。第33师98旅机枪连的二等兵亚瑟·拉赛尔是一名机枪手，他为过去的错误深感懊悔，并且从中吸取教训。在8月18日98旅试图朝向第四集团军前线行进时，他和机枪小队被命令前去支援国王步兵团4营的进攻。这次支援行动由98旅的3个营来执行，高地林地也在进攻目标范围内。但鉴于7月20日后双方整体军事部署没有发生任何重大改变，那就很容易理解98旅为何会与之前的20旅一样进展不利。

后来，拉赛尔描述了他和他的六人机枪小队进入坑道，从前线堑壕跑到无人区的后果：

> 一个恐怖的爆炸把我掀翻在地。土和沙袋滚落而下，堑壕两侧塌陷了，把我压在下面。头晕目眩的我从坍塌的废墟里爬出来，在我前面2码远的地方，扛着三脚架的机枪手脸朝下躺在堑壕底部，背上有个血淋淋的深长伤口，他在呻吟着……
>
> 我看到另一名机枪手跪在那里，脖子后面有个大口子，血喷涌而出。他的头向前耷拉着，悬空的钢盔挂在他脸下，里面都是血。他死了。

其他两名机枪手也是同样的情况。虽然拉赛尔和该小队仅存的另一名机枪手尚有能力撤回后方，但他们的这次进攻本身就是一场灾难，这个事实不容争辩。虽然98旅中有些部队进入了林地中的德军堑壕，有些突破了林地小道的德军前线防御，但是面对德占区的机枪扫射，没人能坚持下来。结果，98旅中还可以行动的所有士兵都不得不撤回到他们出发的地方。这是当天诸多进展不顺利事情中的一件。英军在高地林地西侧的中间堑壕及吉耶蒙北部取得一些胜利，但最主要的目标——吉耶蒙村——还在德军手中。

罗林森的第四集团军在重点地区的进展很小，而黑格又决定从包括吉耶蒙和高地林地在内的英军基地派兵攻击德军第三防线——莫瓦尔延伸到勒萨尔，这些事实最终促使黑格严厉申斥了罗林森。总参谋长朗斯洛特·基格尔中将在下文的信中，确认了黑格曾与第四集团军司令罗林森讨论过战局，毫不含糊地要求罗林森必须取得进展。有关吉耶蒙，他在信中写道：

> 从进攻吉耶蒙的多次失败教训中，我们可以得出的唯一结论是：采用的战术有欠缺。
>
> 之后的进攻，必须根据前几次进攻中得出的经验教训——各级将领都应该知道的经验教训——做好全面准备。

基格尔继续强调说，虽然之前的命令要求"努力节约兵力和武器弹药"，但黑格同时又希望罗林森动用足够的兵力"消灭一切反抗"。他也希望罗林森能预留"必要的准备时间"，这样手下将官可以研究一下他们必须做些什么，然后把命令下达给他们的士兵。同时，在确定下次进攻即总攻的时间时，罗林森要记住黑格的要求，"在执行中不要浪费1秒钟"。

然而，基格尔所写的要求将领发挥更积极作用的内容，显示出黑格对罗林森确定进攻日期方式的不满：

第三十一章 屠　夫

计划实际执行过程中，在高级将领无法掌控实时情况的时候，在现场的下级军官必须发挥主动性。但在准备计划时，高级将领要严密监管，这是他们的责任。

但是对总司令来说，他似乎对主动性原则的目的和使用上的限制存在错误认识，这一错误认识应该马上得以纠正，这极其重要。

黑格曾暗示罗林森收敛一些，不要成为他人所说的"屠夫"。然而讽刺的是，4天后，罗林森处罚了一名为士兵求情的旅长。

49岁的弗雷德里克·卡尔顿即是上面提到的那名旅长。他的98旅在8月18日对高地林地和林地小道发动攻势，但失败了。卡尔顿认为他的顶头上司——33师的赫尔曼·兰登少将——在后来发给他的命令中要求98旅各部挖一条新的防火沟，来堵住英军防线的缺口，这使得本部士兵不堪重负。即便师部不增派其他的任务，士兵们也需要拼命作业才能完成现有的挖掘任务。鉴于这种情况，卡尔顿8月27日礼貌但态度比较坚决地询问兰登，他是否可以再次认真考虑一下他即将发布的这条命令。

如果这是卡尔顿第一次质疑兰登的某个命令，那这名少将有可能与他的旅长开诚布公地讨论一番后妥协，随后两人会达成共识。但从保存在帝国战争博物馆的文件来看，卡尔顿曾在之前一次场合也越界了。他之前曾经质疑过兰登的一条命令，兰登在命令中要求他发动缺少准备的进攻，这种进攻黑格现在也并不提倡。卡尔顿指出那次的命令有些不切实际，是有一定道理的。按照命令，他必须在3个小时内，让部队在拥挤的道路上急行军5英里以便按时到达集结地点。这已经被证明是不可能的。在之前那次，兰登的参谋让步了，但他后来清楚表示，他认为卡尔顿在阻碍命令的执行。

兰登这次不会再采纳任何没有意义的建议。8月28日，他在写给上司第十五军霍恩将军的信中，以卡尔顿不遵照他下达的挖掘堑壕命令为由解除了他的职务。"现在的情况要求新委任的旅长的性格不能像卡尔顿将军那样，旅长应该是一些有快速且实际的指挥方法，有乐观的人生态度，并能把这份乐观传递给部队的人。"

卡尔顿被要求马上把管理权交给另一名旅长，他对此感到十分震惊。这可以从他给妻子写的信中的内容看出来："亲爱的，我要说的事情会让你感觉震惊。我已经被调离原来岗位了，上级下达的命令要求我们做实际上不可能完成的事情。我尽力去避免但失败了，大家的忍耐力都已经达到极限。我倒在一名不道德将军的野心面前。但谢天谢地，我没有做什么让我内疚的事。"卡尔顿提到的"不道德的将军"指的是兰登还是霍恩，说的并不清楚。可能在他眼里，两个人都是如此。兰登告诉卡尔顿是霍恩敦促他在下次进攻前把堑壕挖好。

谁应该为此事负责，这个问题会有很多回答，但如果说谁因为7月和8月发生在高地林地及周围地区的事情而导致下场最惨，人们肯定会说是霍恩。他没有听取20旅德弗雷尔准将的建议，这意味着他一直不知道攻破德军防御的哪一部分，才会真正地削弱德军的防线。进攻孔塔尔迈松和马梅斯林地（见第十八章）西侧期间，暴露的问题与之类似。

第三十一章 屠 夫

那时，皮尔彻少将因为鲁莽地指出了霍恩战略中存在的瑕疵，而被调离了指挥位置。现在，在高地林地，霍恩失去了另一名尽职尽责的军官，因为他强迫部队完成超越体能范围内的任务。

第三十二章

人力因素

穆凯农庄，1916年8月17—23日

如果黑格能像关注对波济耶尔山脊的第二次进攻那样关注对穆凯农庄的进攻，那么可能取得的胜利会让对他批评最严厉的人都闭上嘴巴。这些批评者都持有一种悲观态度，这合乎情理，因为战事推进的速度太慢，不断加长的阵亡名单逐渐成为他们所关注的对象。

替黑格说句公道话，从战略角度来讲，穆凯农庄并不是那个阶段最重要的进攻目标。所以可以理解，他为什么把注意力放在第四集团军向索姆河地区东部的推进上，这样他的部队才能与法军同步进攻。但这引出另一个核心问题：如果黑格不能给予穆凯农庄足够的资源和关注，那么他是不是不应该限制他们的行动？正如实际情况一样，穆凯农庄及周边堑壕的战斗是这世间最惨烈的。他们把参战部队的人数"节俭"到黑格指示的那样，导致进攻接连失败，因此伤亡不但没有出现预期中的降低，反而大幅度提高。

哈洛德·沃克少将的澳军第1师8月16日从澳军第4师手里

第三十二章 人力因素

接管了前线。澳军第1师接下来的两次进攻就是很典型的案例。确切地说，沃克手下的部队虽然没有到不听从调遣的程度，但至少也应该算作消极应付。伯德伍德将军宣布再次征召1师的消息时，士兵的反应明显说明了这一点。他告诉他们，"我有一些好消息，美妙的消息！我们几天后就会开始行动。"士兵听了后难以掩饰他们的不悦。"你这老浑蛋！"这就是他们中不止一人对此的反应。

没有人有指责他们的资格，他们之后要忍受的条件会比之前的情况更加恶劣。澳军第5营二等兵埃里克·穆尔黑德在再次进攻前参与了对堑壕的改进工作。他这样描述他们的情况：

> 环境很难用言语来形容。炮弹轰炸过的地面上躺着不计其数，并且正在腐烂的尸体，臭气冲天，十分可怕。有些尸体仿佛还在吐气，从嘴中喷出气体，就像他们还活着一样。战场上到处都是人的残肢断体，这里有条腿从土里伸出来，腿上还穿着澳大利亚制式的裤子；那里有只德军士兵的手，尸体脑袋上爬满青头蝇，头的一半已经被吃掉了，从坑道一侧凸出来。坐在堑壕边，你会发现你可能正坐在一具尸体的肚子上；坑道地面上也是同样的情况。设备、步枪、炮弹，所有能想到的东西散落得到处都是。坑道里，到处都是发臭的大堆的尸块，这些原来可都是活人啊！

面对这样的场景，有些因之前经历而受过精神创伤的人已经失去了意志力，无法承受这样的折磨。但是在前线，每个人每天都有一段时间必定面临这些折磨。二等兵穆尔黑德表达出这种士兵身上普遍存在的情绪，他在8月17日的记录中写道："如果你看见我们的膝盖在颤抖，需要靠抽烟来保持镇定，那么你就不会把我们当作英雄了。"穆尔黑德明显认为，他的一些长官对他们即将进行另一场战斗这件事也持保留意见。如他后来回顾的："为了让我们营成为不适合参加进攻的部队，长官甚至命令我们展现给上级长官我们在负伤前进。"

澳大利亚记者查尔斯·比恩对他从波济耶尔到穆凯农庄沿途的所见所闻而感到震惊，他把自己的感想记录在笔记本上。据比恩说，被当作堑壕的沟渠"起初大概是3英尺深，但很快越来越浅，（因为）炮弹不停地打过来"。让战士使用这样一个浅浅的通道，其代价是非常惨痛的。死去士兵"一块一块"的躯体到处可见。这里有些"死人的腿"，那里有个"肩膀"，再那边是"从红土里露出来，被埋了一半的尸体"，就像沉没了一半的船体残骸。"尸体腐烂情况不一。有些被吃得只剩下骨骼。有些变黑了，他们干枯的黑色皮肤贴着牙齿，眼睑也干了，干瘪得像木乃伊那样。"堑壕逐渐变浅，直到最后被一系列的弹坑替代。尸体也消失了，可能是被"埋在地下哪儿了"。

比恩看到由于长官无能而导致许多人受伤，这让他难以接受。8月18日，英军98旅战士在高地林地南部毫无意义地牺牲的同时（黑格特别要求预备集团军和第四集团军并肩前进，第三十一章有提到），澳军第1旅3营也因为类似原因遭受了损失。上级命令3营必须攻克当前位置到法贝克堑壕中间位置的地区，这是考克斯少

第三十二章　人力因素

将的澳军第 4 师在 8 月 14 日之前没能拿下的目标（见第三十章）。但澳军炮兵向 3 营进攻的堑壕前方开炮，3 营的进攻被自己人的炮火打断了。同时，澳军第 2 旅也没能在德军旧防线东侧取得进展。这归因于另一个失误：他们没有及时收到炮兵的支援轰炸计划，因此没办法安排作战计划从而确保他们在敌人之前抵达那里。

这些人为失误导致的撤退给澳军第 4 营在穆凯农庄方向的微小进展蒙上了阴影。那是他们在伤亡近 350 人后才获得的微小战果。他们占领的并不是村镇、农庄抑或堑壕，而是一个战略意义不大、被称作"55 号"的阵地。

4 营埃文·麦凯中校非常严厉，缺少同情心。他认为他的部下可以表现得更好。在战斗之后的总结会上，他鼓励他们下次要表现得更勇猛一些。如果因为一点点原因就跑回后方，那样部队不可能取得胜利。他补充说："脸上溅了尘土，或后背被小土块击中，这都不算受伤。"他也支持枪决一名进攻前开小差的一等兵。幸好澳大利亚不允许处决他们的志愿兵，所以这名一等兵被减为 15 年有期徒刑。

隶属于预备集团军的英军第二军不需要这样的战前动员。他们于 8 月 18 日一路向北，直到到达天际线堑壕才停下。到 8 月 19 日中午时分，前往澳军西侧的英军的前沿防线沿着天际线堑壕已经向西延伸至纳布（Nab）东北部的原德军前线。

查尔斯·比恩认为错误不在澳军部队，而在他们的统帅——预备集团军司令高夫将军。有关高夫所起到的作用，他讽刺道："英明的高夫司令表达出对进攻失败的不满，随后他释怀了。他催促我们加紧进攻。我相信,高夫脸皮够厚,他会告诉沃克,说他下次进攻前会亲自到波济耶尔观看战事动态。"比恩喜欢这个话题,他在日记中继续写道:"军队为英国而战,经过这场最艰苦的战斗后,如何还能指望一支损失了半数兵力,补充的30%是新兵,还有20%无法补足,而且正在休整的步兵师,还像战斗前一样保持住昂扬斗志?"

3天后情况变得更加糟糕。沃克少将走了考克斯的老路,他拒绝听取布鲁德内尔·怀特准将把冲锋距离限制在几百码内的建议。沃克强调,虽然他的澳军第3旅各营损失惨重,战士疲乏,但他们还能燃烧自己攻占法贝克堑壕。但与之前的考克斯一样,他失算了。

沃克想到的进攻计划和莱格少将7月28—29日进攻波济耶尔山脊的计划一样,存在缺陷。为保证在下午6点准时发动进攻,他要求部队白天时进入阵地,而那时交通壕还没有完工,部队集结时缺乏保护。这导致澳军第10营在进攻开始前遭受了1小时的猛烈炮击。结果,该营在进攻开始前因为德军炮击损失了120多人。

哨子吹响后,澳军第10营士兵开始冲锋。在他们右侧已经等待多时的德军机枪手向他们扫射。虽然10营左侧士兵进入了法贝克堑壕,但其右侧士兵却被德军机枪手挡住了。这表明德军有机会包围澳军的右翼,如果此时10营没有在左翼出现失误,那他们的最终命运还不至于那么惨。计划中支援10营的11营并没有按时抵达前线,这是澳军部队无数次没能准时抵达进攻位置其中的一次。为避免被包围,晚上10点时,在法贝克堑壕内有行动能力的澳军

第三十二章 人力因素

都撤回到他们出发前的防线。

进攻失败的消息传回后方之前，查尔斯·比恩在 8 月 22 日早上前往 10 营营部询问战事情况。他在日记中记录了前往营部途中所目睹的事情，从中可以看出支援部队付出了极其惨重的代价：

> 有个可怜家伙的制服和衬衫都已经破烂不堪，因此他差不多是光着身子。顺着他胸脯的白色肌肤向他的脊柱下方看去，他的整个身躯已经四分五裂了。另一个人的头骨碎了，就像破碎的鸡蛋壳。还有一个人像蜡像一样平和地躺着，身体沾满了很久以前落下的尘土。我们碰到的所有人，之前都是在堑壕里活生生的人。

但最让比恩震惊的不是生命的悲惨陨落，抑或没有掩埋的尸体，而是 10 营代理营长雷德伯格（Redberg）少校还没来得及弄清楚 10 营的情况，居然就跑到一边睡着了。这是因为雷德伯格不负责，还是要求筋疲力尽的人去做更多事情的另一个例子？比恩估计是因为前一个原因，但也无法排除后一个。

如果上级将领们能够反复斟酌作战计划，不知道 10 营可以少伤亡多少战士。目前能够确定的是，参与进攻的士兵，超过半数的人（650 人中的 336 人）牺牲了。20 岁的戴维·巴杰中士就在阵亡名单上。考虑到导致他死亡的那些失误，再看看他写给父母的最后一封信，会令人更加心痛，"你们看到这封信时我已经死了。不用担心，可以换个角度想一下，我做了我唯一能做的事情。如果再给我一次选择的机会，我还是会这么做。如果方便就来看看我吧"。巴杰的红十字档案显示，他可能是带领10营士兵进入敌军堑壕的军士之一。所有的军官在进攻前或在进攻途中被杀或受伤了，只有一位是到了法贝克堑壕后才受的伤。

32岁的赫伯特·克劳（Herbert Crowle）少尉是一名受伤军官，不幸的是他的体格过于矮小。假如他兵役证上登记的身高能够再高一些，那么击中他大腿的机枪子弹可能不会有这么大的破坏效果。如果是在考克斯将军的澳军第4师，他可能根本就不会受伤，因为考克斯根本不会提拔军士，而在这里克劳是在进攻前不久才被提为军官。德军迫切地想要干掉澳军部队的长官，克劳因此才被德军盯上的。

虽然克劳伤势很重，但担架员还是成功地把他抬走，送往位于皮舍维莱尔（Puchevillers）的第3伤员救助站。那里，一名外科医生试图切除他屁股上已经感染坏疽的腐败组织。然而，手术并不成功。这促使克劳8月24日给在阿德莱德（Adelaide）的妻子比阿特丽斯（Beatrice）写了封信，提醒她：

> 你必须随时准备好接受可能会发生的最糟糕情况。这一切藏着掖着已经意义不大了。我感觉很疼。如果当时能马上进行手术，我可能还有希望。但现在有了坏疽，情况很糟。就算截断（那条腿），医生也无法救回我的生命。因为坏疽太深，现在只能希望他们放进去的盐可以把坏疽排空。否则，一点希望都看不到。包扎后要观察3天，明天就是第3天。明天，我就

会知道最坏结果。那个地方闻起来已经腐烂了……亲爱的，我很抱歉，但你仍要做好准备……这方面，我看得开。

可能是苍天悯人，不愿赫伯特·克劳继续受苦，他在第二天去世了。

克劳所属10营左侧的12营以及12营士兵的家人们，他们很幸运。他们于8月21日进攻的目标至少符合布鲁德内尔·怀特准将提出的要求：在我军控制范围内向穆凯农庄南部的德军堑壕推进。多亏了澳军炮兵的精准打击，他们及时攻占并守住了占领的德军堑壕。整个行动只是因为澳军部队的松散军纪而遭受了一些损失：有些澳军可能看到占据农庄的德军逃兵，他们情不自禁地来到农庄外，想去追捕他们。

在穆凯农庄前线，他们并不是唯一没有充足支援或没有经过总部批准就孤军深入的澳军。这种情况下通常会产生一些不必要的伤亡，因为有些人会被自己人的炮弹击中。这种牺牲尤其令人恼怒，因为这对在农庄建立起永久据点这个目的来说，毫无意义。第一轮进攻向前推进了一些后，冲过去的幸存者很快就意识到他们根本无法在农庄持久逗留。于是他们就悄悄撤回去，与在营部的战友会合。

从红十字的档案来看，21岁的阿尔弗雷德·赫普斯（Alfred Hearps）少尉是进入穆凯农庄的军官之一。他的勤务兵二等兵比恩（与记者查尔斯·比恩没有关系）报告说，赫普斯被弹片击中脖子无法动弹后，他待在赫普斯身边。比恩很忠诚，他陪在赫普斯身旁半个小时左右。那时，澳军的其他人已经离开很久了。为了寻求帮助，赫普斯让他离开，比恩这才匆忙赶回澳军阵地。这个勇敢的士兵最后回到澳军前线时，负责指挥的罗珀中尉说，"只有上帝知道"比恩是怎么从农庄逃回来的，那时农庄已经又回到德军手中。但他不同意让担架员冒着生命危险去把赫普斯抬回来。他做出这个冷血但明智的决定可能是受了比恩的说法的影响——没有人受了那么重的伤还能活下来！

罗珀中尉肯定想不到他的决定让赫普斯家中的亲人遭受了11个月的痛苦折磨。赫普斯的身份卡随后由另一支也到达过农庄的部队交给12营。但没有相应的报告明确表示找到了他的尸体。结果，赫普斯被登记为失踪。没有找到明确的死亡证据，这个消息由红十字转交给了他的母亲伊娃。1917年2月，她心痛地写信请求他们帮助寻找关于"她亲爱儿子"的真相。"关于我儿子的命运，我很心痛，因为一切都那么不确定。我真的不知道该怎么认为或该做什么。很明确，如果找到了他的身份卡，确认了他的尸体，国防部应该通知我。请你们让我明确知道你们的想法。这种悬而不决已经让我承受不了了！"

国防部档案库的公务员并没有什么同情心，他对红十字寄给伊娃的东西毫无印象。他告诉她，那份东西大部分是由声称看到了赫普斯尸体的士兵提供的，鉴于都是"传闻"，所以"并不一定真实"。又过了3个月，调查庭才召开会议考虑赫普斯的案例。即使最后确认阿尔弗雷德在行动中阵亡，伊娃·赫普斯也没能知道，因为她和丈夫分居后搬离了夫妻一直生活的家中，而有关她儿子死讯的官方信件是寄到那里的。

不知道夫妻两人关系的恶化是不是由于他们儿子失踪而造成的，这种家庭悲剧已经造成很多夫妻关系破裂。伊娃这个案例尤其令人悲痛，由于她不住在寄送儿子死亡通知的那个地址，导致她的痛苦被延长了，她的焦虑也加重了。她收到的随军牧师写给她的关于她儿子阵亡的信件，对她并不稳定的精神状态也不会有什么帮助。那时，她相信国防部仍然认为她儿子只是失踪了。有关阿尔弗雷德是死是活的这一系列故事，直到她丈夫 1917 年 8 月去悉尼看望她，把这个坏消息告诉她后，才算一段落。

但故事还没有结束。伊娃离开婚后居住的家庭，这实际上使她丧失了查看儿子私人物品的权利，更别说带走儿子的物品了。她丈夫嫉妒心很强，不让她看这些东西。直到 1920 年，"那个与她丈夫同居"，她称之为"那个人"的女人"厚着脸皮"写信告诉伊娃她丈夫死了后，她才告诉当局，她和她丈夫之间的恩恩怨怨结束了。虽然如她说的："我愿意付出一切，只要能让我拿回部队返还的属于我亲爱儿子的物品，我会好好珍藏。"但对伊娃来说，那时索要她儿子的相机、衣服和书籍已经太晚了。现在当局通知她墓地在穆凯农庄附近，她只想要一张她儿子墓地的照片。

我讲了这么多伊娃·赫普斯所受的痛苦和磨难，是为了强调在索姆河战役中丧失儿子的诸位母亲们所必须承受的极度痛苦。当然，12 营战士的父母中，并不是只有伊娃因为上级做出的向穆凯农庄进军的决定而承受了丧子之痛。就算将军们决定的进攻范围并没有什么私信，但 12 营 242 名阵亡战士中，差不多有 100 人是在索姆河最后一次战斗中被记录为死亡或失踪的。

  12营幸存的各级人员在8月22日夜间被换防下来。他们守住了穆凯农庄东南不远处的高地。同一天，阵亡名单上又添加了2个人的名字。为了干扰澳军被派往前线的增援部队集结起来，德军的炮弹像雨点般倾泻到支援防线和交通壕，此外，还有一枚精确瞄准的炸弹瞄准了目标，击中了12营高达6英尺2英寸的利奥·巴特勒中尉。他是塔斯马尼亚人，入伍前是板球运动员，炸弹把他左腿膝盖以下部分炸断了，把他右脚炸伤了，还把站在他身旁的士兵炸死了。他们那时在去往前线的路上，想在新部队到来前守住阵地。在当时的情况下，由于敌军的炮击导致士兵受伤后很难回到最近医疗站，所以严重的伤势可能意味着会被遗弃在这里。但利奥是记者查尔斯·比恩的堂弟，比恩调查了他的情况，随后他因为比恩写的散文而世人皆知。比恩听到堂弟利奥受伤后的几天里，联系了12营，并就堂弟是如何被治疗的询问了利奥的战友。

  他们告诉比恩，利奥失血过多，他们用了大量止血带才帮他止住血。利奥第二个小"幸运"的地方是一名体格强壮的下士离他受伤的地方很近。下士不仅强壮，还有胆量。他把利奥从没有掩护的危险地点——他受伤的地方——背起来走了150码。然后从连部叫来的担架员把利奥抬到了相对更远的、更安全的地方。但因为炮击实在太危险了，就没有把他抬得更靠后些。利奥因此不得不在他连长的地下堡垒里度过他受伤后的第一个夜晚，治疗他的医生稍微减轻了一些他的伤痛。

  第二天早晨，炮火稍微减弱了些，利奥又被抬着走了约2英里。那里有辆马拉救护车在等他。他坐车又走了1英里后到达了救护站。医生检查了他的绑带，然后救护车把他送到位于瓦卢瓦的"医院"，他第三次撞上"大运"。有个在救护站工作的朋友刚开始没认出来是他。随后这位朋友偶然看到了他身上的便条，才意识到这个巴特勒中尉原来就是自己的挚友利奥。这意味着利奥在接受治疗时会被优先考虑。

不管这是否帮助利奥能够早些接受治疗，他最后被送到皮舍维莱尔。在那里，一名外科医生认为他身体壮得足够承受截肢了，即截掉他左腿剩余部分及右脚两个脚趾。他从手术上挺过来了，虽然手术影响了他右腿的血液循环，但人们希望他能活下来，不过他的右腿可能也需要被截掉。很不幸最后的希望破灭了，8月23日晚11点，利奥离开了。

查尔斯·比恩关于利奥·巴特勒最后安息之地周围环境的描述，也被寄给了利奥父母，葬礼在皮舍维莱尔一个小公墓举行，里面装饰着各种木制十字架。葬礼十分简单，比恩和其他5位朋友参加了。

墓地在一片麦田的角落，俯瞰广阔、波状起伏的美丽乡村，远离火炮，处在远方的山峦和宁静的乡村之间，这里有成排的高大树木。一条只供乡间手推车通过的小路蜿蜒穿过田地。在葬礼过程中，装殓着一名优秀战士尸身的粗糙木质棺材（比大部分战士的棺材都大）被米字旗罩着，阳光照耀在麦田上，3架飞机飞过靠近小机场的天空，两个法国农民经过，一个穿着麻布衣服的中年妇女胳膊上挽着个很大的白蜡罐,一个中年男人拿着刚割完庄稼的长柄镰刀。牧师朗诵时,男人摘下帽子,斜靠在他的镰刀上,女人就停在路上。然后我看到她轻拭双眼走开了,男人也离开去干活了。

查尔斯·比恩诗意的叙述对利奥的父母肯定是个极大的慰藉。在家族里,大家都称他们为"特德叔叔"和"埃米婶婶",他们在信中经常这么叫,包括寄给查尔斯·比恩和他前线兄弟的信中都这么称呼。查尔斯·比恩母亲寄出的信,有一封是她在霍巴特(Hobart)家族房子的客厅窗户边写的。透过窗户,可以俯瞰"不时有些游艇和几艘小渔船经过的小河"。信中也提到,"儿童、老人、中年男人、工人、教会和高尔夫俱乐部"等以吊唁函的形式给予他们源源不断的精神支持。感觉几乎"霍巴特所有人,富人或穷人,老人或年轻人,都和他父母一样感同身受"。特德叔叔恐怕一听到那个可怕消息就会崩溃。利奥去世10天后,他告诉查尔斯·比恩的母亲,"我今天终于有种安宁的感觉。我很高兴。我几乎为自己而感到羞愧。我想,利奥肯定在我身边"。

另一方面,埃米婶婶写给查尔斯的弟弟杰克的信中坦承道,利奥"是我们的整个世界",他的去世让她感到"非常伤心和失落"。特德叔叔把利奥当作"接班人",他一直希望利奥接替他的工作。"现在他不得不去到另一个世界"。一同离去的还有他们的希望——希望利奥在他们其中一人死后"给晚走的那位一些安慰"。就算埃米知道了有关利奥伤势的细节,她也无能为力。"成为这样一个跛子，被截肢成这样，这对利奥来说太可怕了。他原来和其他人一样，生命力旺盛，精力充沛。我确定，他唯一期望的就是为了我们活下去。"

对于查尔斯·比恩，作为纪念，他把以下与堂弟有关的回忆内容记录在笔记本上：

利奥，霍巴特男人最好的样板。大块头，是个和蔼友善的家伙。他过去经常来船上看我们，我们起航时为我们送行。他喜欢户外运动，网球场和板球场是他常去的地方。他走了，其实他一点也不适合家族公司，虽然他是个很优秀慷慨的家伙。但他最后成为一名士兵。他天生是个领导，士兵们愉快地接纳了他。他仪表堂堂，并不是那类声调尖利的士兵。他说话时语调很温和，甚至很平静，他从没有冲士兵嚷过。他从卷起的头发直到大靴子脚底板都是一个完美的绅士。

他的死是个转折点，标志着查尔斯·比恩看待穆凯农庄以及整个战役的观念的转变。比恩写道："我们看到他的棺材摆在地面上，我情不自禁地考虑这场战役是否值得，从这场战役中我们得到了什么才值得为这样的牺牲做辩护。"

牧师约翰·罗斯和他儿子伦农（Lennon）知道亚历克·罗斯（Alec Raws）也于8月23日阵亡后，他们的脑海中肯定浮现过比恩的这个想法。在利奥·巴特勒死前1个多小时，亚力克和澳军第23营其他士兵一起向穆凯农庄前线行进途中，他被炮弹击中。23

营隶属于澳军第 2 师，他们当时正换防北部前线的澳军第 1 师。

罗斯家人第一次知道出事了是在 6 天后，那时，约翰·罗斯收到官方电报，称亚力克的弟弟戈尔迪（Goldy）失踪了。残忍的是，当局并没有随报告邮寄亚力克写给父母的信件。他们想在父母听到他们最小儿子的噩耗后，尽量缓解他们的焦虑和悲伤。伦农后来在日记中写道："收到关于戈尔迪的电报后，我觉得亚力克也失踪了。否则他肯定会给父母发一封电报。"

然而，几周后伦农的一个同事闯进他的办公室，确认了他最担心的事。那时，伦农非常难过：亚力克在战斗中阵亡了。"想到这对他们父母意味着什么，想到突然被战争的黑色深渊吞噬的两个弟弟，对他们深深的爱和痛惜让我难以承受，我失声痛哭。"他在日记中写道。他马上坐火车前往阿德莱德，这样他能陪在家人身旁。他的父亲去车站接他。"父亲很勇敢，这点很棒"，伦农写道，"虽然他有时会崩溃。母亲必须保持镇定，这样才能帮到他。但我们更为她感到悲痛，因为她难过得哭个不停。"

伦农只在阿德莱德待了几天。但那段时间，和很多处于悲伤中的家庭把成员聚在一起哀悼逝去的年轻生命一样，他也从家庭悲痛中凝聚出了共同感。"那是共度悲痛的美丽神圣时刻，"他后来回顾，"海伦（妹妹）也回来了。我们那段时间因为共同的纽带团结在一起，虽然这种团结经常因为日常生活中的矛盾而被破坏。"而关于戈尔迪，他们还需要等待 15 个月才能有机会写下同样的话。当局用了 15 个月才宣布戈尔迪也在行动中牺牲。

第三十三章

炮弹震荡症

穆凯农庄，1916年8月28日—9月8日

有人可能会认为，澳军进攻穆凯农庄的一系列失败已经表明澳军指挥官的方法有问题。然而，澳军第4师师长考克斯少将因为早些时候的经历而变得更加强硬。8月28日第4师返回穆凯农庄前线，开始他们在索姆河地区的最后一周。那时，他对第一澳新军团的参谋长布鲁德内尔·怀特准将（Brudenell White）提出的"创新"想法置之不理。怀特曾建议考克斯进攻农庄时投入比以往更多的兵力。

怀特这样建议考克斯，并不完全出于他对澳军的失望。他之前观摩了澳军对农庄和农庄周围堑壕的所有进攻，其中包括莱格少将只动用澳军第2师两三个步兵营发动的失败进攻。莱格的"节俭"用兵得到了预备集团军高夫上将的鼓励。自从高夫的部队在波济耶尔遭受了恐怖的炮击后，凡是将领把大量兵力投入前线，他都会严厉申斥。但高高在上的将军有时也会判断失误：如果先头部队突破

防线后，没有足够的兵力来肃清德军前线的残敌，那么仍然需要投入额外的兵力。

考虑到类似穆凯农庄这样的地方，这一点显得尤其重要。穆凯农庄的前线体系不只包括传统的堑壕，这个被毁坏的农庄似乎还存在相互连接的坑道，坑道出口分布在周围。可以说，这需要比清理传统堑壕更多的澳军来负责这些出口。

考克斯 8 月 29 日只派遣两个半步兵营进攻农庄及临近的法贝克堑壕的行动告吹后，怀特向随军记者查尔斯·比恩倾诉心事。他告诉比恩，他建议考克斯至少要安排 3 个营。"我希望我当时能强硬些，让他进攻时动用一个旅！"比恩有个堂弟叫利奥·巴特勒，而他的堂弟因为将军们制定的错误战略在战斗中牺牲了。怀特的话使得对那些将军充满憎恨的比恩在日记中写道：

> 军队将领坐在地图边谈论进攻相关的事宜，这很好。将军（高夫）常会在波济耶尔这样的地方投入一个师，然后谈论着师部指挥官动用"大量不必要的兵力"造成了"不必要的损失"。"我亲爱的老朋友，要攻下这样一个轻度设防的阵地，你不会想着去纵深进攻的。你也不想让那么多冲过去的士兵第二天被炮弹炸到地狱去。防守薄弱的防线不应该这么做。"当我们涌入各个角落，我们只能发现一些堑壕防守薄弱的部分，但敌人知道很多小巷，他们能通过小巷攻击我们。而这些，我们一点都不知道。要占领德军这么重视的地方，发动进攻后，你需要让士兵像苍蝇一样扑上去！

第三十三章 炮弹震荡症

在 8 月 29 日的进攻中，澳军损失 500 多人。随后考克斯只能沉默地接受了这个事实。在最后的攻势中，考克斯的第 4 师在北部其他澳军步兵师之前行动，他决定动用 13 旅的全部兵力。像澳军第 1 师和第 4 师之前的进攻那样，13 旅在最后的进攻中会针对穆凯农庄和法贝克堡壕发动突袭。而 13 旅旅长格拉斯哥准将这次可以调用手下所有兵力：如果一切进展顺利，格拉斯哥的 49 营会在右侧占领法贝克堡壕，51 营在农庄北部左侧挖壕据守，52 营部署在两者之间。第 4 个步兵营——50 营——会布置在公园路到澳军后方之间的区域。但如果情况需要，他们会随时增援进攻部队。进攻时间定在 9 月 3 日，完全遵从黑格的命令。黑格命令高夫，行动要与罗林森第四集团军及法军的总攻安排在同一天。

讽刺的是，进攻首先考验的竟是预备部队的神经。并且他们有多名军官因此而丧失了斗志。澳军第 13 旅 50 营 22 岁的帕特·奥德（Pat Auld）中尉很敏感，他在记录中清楚表明，这种情况并非由单一事件造成，而是一个接着一个的骇人事件叠加起来逐步击溃了他的承受力，让他无法控制自己的行动。据奥德说，他是从 9 月 3 日进攻前的那晚开始跌入恐惧的深渊。他们接到命令，把公园路堡壕挖得再深些。他和手下士兵被派到了那里：

> 战士们静静地挖着，仿佛他们的生命都承载在这个堡壕上一样，他们也确实是这么认为的。快到 1 个小时的时候，我沿着防线检查他们的作业，突然一个士兵的尖叫把我吸引过去。上级明确要求我们保持绝对安静，我严厉地批评了他，让他解

释原因。他丢下工具，站着喊道："有个死人！有个死人！"他的铁铲挖出一具很难闻的腐尸。

我告诉他，只有马上干活，把尸体挖出来扔掉，要不然几个小时后死的就是他。为了给他信心，我跳进堑壕，用力拽一条胳膊，把胳膊从尸体肩膀上拽了下来，它拿在手里十分恶心并且还有些吓人。我把它从胸墙扔出去。一个接一个的，我把尸体的所有部分都扔出去了。最后，从堑壕里挖出的东西终于又恢复成土了。

那天晚上，这样的事情发生了好多次。但奥德和士兵并没有停下手中的作业，敌人发射到空中的照明弹帮了忙。那些"闪烁着的微弱火光帮忙驱散了黑暗"。到了9月3日清晨5点10分这个进攻时刻，奥德中尉和士兵觉得像以往一样，他们已经准备好面对接下来可能会发生的事。他记得进攻前火炮轰炸开始的时候：

突然间，之前没有任何预兆，就在天边微弱的曙光出现时，刺耳的轰鸣声打破了寂静，"这个世界从没见过的最猛烈的炮击"开始了。这景象！有些时候，我站在堑壕背墙上，看着穆凯农庄上的钢铁风暴，听着高能炸弹爆炸发出雷鸣般的响声。

在这个地狱，谁能存活？烟、尘土、刺眼的光，爆炸后短促发光的千朵火焰，伴随着喷发的腐烂土壤像成千的妖魔伴着邪恶的欢歌翩翩起舞。但最主要是噪音，噪音，噪音！强烈的震动、回声和恐怖的死亡交响乐，使人类灵魂充满了同情和害

第三十三章 炮弹震荡症

怕。然后几乎在不知不觉间，看似没有尽头的躁动渐渐远去，弹幕攻击的位置改变了，炮弹落在了更远处的阵地上。冲锋开始了。

直到那时，瞄准了公园路以及公园路和前线之间区域的德军火炮才开始反击。确切地说，应该称其为"削弱意志力"的轰炸。如奥德中尉记录的，每一次爆炸都在削弱他的自控能力。这里有大量关于爆炸的描述：

> 炮弹一枚接着一枚在堑壕附近爆炸，炸起的土块像雨点一样纷纷砸到我们的钢盔上。我们很害怕，紧贴着堑壕前壁。一些地方发生了滑坡，堵住了堑壕内的通道。我们没法在堑壕里随便行走，因此就算防守这些地方也没什么用。
>
> 我们在猛烈的炮火中等待了几个小时，没有采取任何行动。这是现代战争最糟糕的一个特征。战友被杀或受伤的景象会给人带来很大压力，需要所有人都有高度的自制能力。当逃兵这个想法开始变得更加具有诱惑力，战士们必须想尽办法去克制。任何行为都比在焦虑中等待自己被炸死或炸残要好。但我们什么也做不了，只能坐着，希望自己的名字不要刻在任何炮弹上。在这种情况下，每个人都十分害怕。

有些事情无可避免地发生了：一枚炮弹落在奥德蹲着的地方附近，有战友被炸伤，担架员把他们抬走了。"从爆炸的震荡中恢复知觉后，我注意到我旁边的法勒被击中了。他躺在那里，头耷拉在胸前，身体缩成一团，浑身抽搐。有颗霰弹从他左太阳穴上方射入头部，击碎了他的头骨。我看到，血从伤口那里汨汨流下，把他的脸染成了血红。"

但奥德报告说当时没有伤心的时间。"我断定法勒死了，然后遵照不把死人留在活人区域的规定，让中士把他从胸墙扔出去。"我们不得不把法勒与几个小时前挖出的尸体残肢堆在一起。因此，当奥德几分钟后看到法勒还坐在堑壕里，头上打着绑带，处于半昏迷状态时，可以想象一下奥德有多吃惊。原来，那名中士发现法勒还有呼吸，就违背了奥德的命令，把他给救回来了。由于自己的无情导致像这样过早地宣判他人死刑的做法使得奥德深受触动。奥德在复活的士兵耳朵边大声告诉他只有依靠自己的力量才能返回后方。说完后还没来得及喘口气，奥德就被喊走去处理另一个危机了。

身处骚乱和噪音之中，奥德开始出现幻觉。他幻想自己被送到一个充满宁静，有着田园式风景的地方，就像澳大利亚南部他的家乡大多数星期天见到的场景。他幻想着打完一场文明的网球赛后，坐在老胡桃树下，抿一口冰凉的冒泡啤酒。这时，他的思绪被德军一声震耳欲聋的爆炸打断了。一枚德军炮弹落在了旁边一个堑壕里，把堑壕两侧炸塌了，堑壕里和附近的人都被埋在土里。"前一刻，堑壕还是那个样子，现在却成了冒着烟、散发着腐臭的土堆，简直像活死人墓。"奥德报告说。

他们意识到这种情况就像山崩一样，土堆下面可能还有活人。周围的人赶忙挖掘，他们挖得越深，越知道情况的紧急，所以会挖

第三十三章 炮弹震荡症

得更快。他们挖出的第一个人,"浑身颤抖,昏厥了",但没有受伤。第二个人有点窒息,在拼命喘气,他的脸都变成深紫色。第三个人在流血,完全失去了意识,但是仍然还活着。他们解救的最后一名受害者,从挖掘坑中可以看见那个人紫色的皮肤和乱蓬蓬的头发。这时奥德忽然瞥见天边出现一个不祥的黑色小点,他很快意识到这是一枚炮弹。炮弹快速向他们这边飞过来,几秒钟后,响起了爆炸声。奥德还没来得及躲进旁边的坑洞中,就被爆炸的冲击波掀飞到了半空。

过了一段时间,奥德才恢复了知觉。恢复知觉后,他第一时间想的是那些被土掩埋的人。如果他行动快点,还有可能把他们救出来。然后,他跌跌撞撞走到角落附近。这时,面前的景象令他感到震惊。之前在他身旁挖掘的那个人靠着背墙支撑着身体。但如奥德记录的,"他身体左侧、肩膀以下,几乎都被炸没了,另一个人的头被完全炸没了,身体躯干躺在地上,被炸得粉碎,附近有片血渍。"帮忙挖掘被前一枚炮弹掩埋的人中,有两个人被这次的爆炸埋住了。其他人都在寻找他们。

这噩梦般的场景,就这样在奥德已经目睹了大量的伤亡事件之后突然到来,最终使奥德的心理防线崩溃了。"我脑海中好像有东西崩断了,我觉得我没法控制自己,"他后来倾诉说。"那紫黑的脖子,乱蓬蓬的头发,滚动的人头与盯着我的空洞双眼。我没办法待在那里继续面对这种场景。我必须离开,沿着堑壕摇摇晃晃地走,我开始大笑,笑声让我显得有些精神失常。不,上帝,我不能发疯。我蹲在堑壕里,双手捂着脸,有意识地让自己恢复一丝理智,恢复自控能力。"

他们的连长赫伯特少校过来帮助奥德,但他并没有注意到奥德正承受着心理折磨,反而在9点30分左右命令奥德的连队准备行动。据赫伯特了解,51营左侧的进攻部队与总部失去了联系,恐怕已经全部阵亡或被俘了。这意味着前线有个缺口,而奥德他们连需要填补上去。

清晨5点10分,承担左翼进攻任务的51营穿过穆凯农庄向前进军。刚开始的形势比较好。两个连经过农庄,抵达了距离目标北部200码的地方,只留下该营的一个连驻守穆凯农庄。采用了怀特准将提出的使用更多兵力的建议似乎取得了不错效果,这个优势持续了半个小时。早上8点前发送给51营亚瑟·罗斯(Arthur Ross)中校的和波济耶尔公墓附近旅部地下堡垒的信息都确认,51营最终攻占了穆凯农庄。然而好景不长,在农庄北部一个进攻小队的负责人26岁的伯特·克利福德(Bert Clifford)中尉看到一个让他脊背发凉的画面:本应该保护他们右翼的52营,一个大概由30人组成的小队被德军追赶着向后方疾跑。

如果克利福德级别高些或胆子小些,那他可能会认为自己的阵地出现防守漏洞,然后立即命令小队后撤。但他之前是澳大利亚的农民,意志十分坚定。21岁的弗朗西斯·贝利(Francis Bailey)中尉和他一起在刚攻占的前线阵地进行防守。贝利更没有经验。他跟克利福德都确信他们接到的命令就是"不惜一切代价"守住阵地,克利福德决定遵照命令。他们的决定得到了在负责穆凯农庄的长官霍华德·威廉斯的支持。威廉斯派给他们50名士兵,而他则在堑

第三十三章 炮弹震荡症

壕右侧弧形弯曲的地方进行防守。

然而，由于他们左翼和后方被敌军炮火覆盖，所以德军在他们右侧施加的压力使他们的处境更加危险。8点30分，克利福德给总部写了张潦草便条，上面写的是比较绝望的战况报告："我们陷入困境，敌人从两侧对我们的堑壕进行轰炸。我们左后方的德军据点也没被清除，他们在我们后方放冷枪。总部能组织一支部队拔掉这个据点吗？如果不能，我们的处境会很艰难。目前我们只剩下30人左右，同时从农庄到我们这里的交通壕估计也不是通畅的。我们失去了52营的消息。我认为我们可能深入得太远了。"

这是克利福德发出的最后一条消息，穆凯农庄的威廉斯上尉和总部之间的通信不久后也被切断了。9点30分决定后撤前，威廉斯一直战斗到只剩下一个排的兵力，从刚开始时的200人，到现在只剩下2名军官和30名士兵。他坚持不下去了，于是放弃克利福德他们连，让他们听天由命。有些人可能认为威廉斯坚持得不够久，其实有证据表明他确实坚持了很久。后撤时，他被狙击手击中，一发子弹射穿了他的前额。

据说，克利福德、贝利和他们的战士一直坚持到最后。还在进攻点时，贝利命令另一个军官和一个二等兵返回穆凯农庄去取一挺机枪。两人后撤途中躲在弹坑里，被德军机枪射杀。那时，贝利的头部和肩部已经受伤，随后头部被再次击中，这次是致命伤。最后，有人看到他躺在一个弹坑里，姿势仿佛是要朝敌人再开一枪。而克利福德带领士兵战斗到了最后一刻，在德军冲上来俘获伤员的前几秒，他头部中弹阵亡了。但其他活着的战士如英雄一般拒绝后撤、拒绝投降的行为并没有起到任何作用，反而为大家总结出一个教训——自从 7 月 1 日澳军在蒙托邦首次取得突破以来，一直限制他们无法取得大胜的教训：突破德军前线防御后继续纵深突击，这可能很诱人，但也很危险，正如被穆凯农庄北部两翼德军合围的联军伤亡情况所展示出来的那样。

帕特·奥德中尉的连队必须去填补澳军前线缺口，不单单是由穆凯农庄里和农庄周围的戏剧性事件所造成的，中途也存在这些问题。虽然 49 营成功攻克了法贝克堑壕最右侧部分，但在进攻其左侧时却被击溃了，而 52 营则败得更惨。52 营行军强度大，部分连队与 49 营有联系，但这是与 49 营前沿防线后方的一个基地取得的联系。在 49 营前线左侧有大片的堑壕区域，52 营第一次进攻时没能攻克该区域。为了防止德军穿过这片凹形开阔地发动反击，奥德和手下士兵在连长赫伯特少校的带领下，前往这个格拉斯哥准将希望还能被称作澳军前沿防线的地方。

德军重新夺回穆凯农庄后不久，奥德于上午 10 点 30 分从公园路出发。但在他们还远远没有到达目标时，殿后的奥德就意识到，他们与赫伯特少校及前面的部队走散了。奥德不确定行进路线，他和跟着他的 30~40 人迈着沉重的步伐返回营部接受指示。饱受惊吓、筋疲力尽的他们因为追赶前方部队而满身臭汗、口干舌燥。对他们来说，即便是返回营部也不是个简单任务。

不过，坐在安全的营部地下堡垒里，奥德意识到他要再次失控了：

第三十三章 炮弹震荡症

地下堡垒的空气温暖而凝重，对疲惫混乱的我有强烈的催眠作用。我心不在焉地坐在地下堡垒台阶上尝试回答索尔兹伯里上校的问题时，几乎睡着了。注意到他们（上校和他的副官）彼此交换了眼神，我才意识到我有多愚蠢，我让自己看起来像傻瓜一样，但我对此并不在意。我最想做的就是睡觉，从现实中的地狱里解脱，我的思绪开始愉悦地飞升，就像处在恍惚状态下的东方神秘的修士。

上校尖锐的声音从很遥远的地方飘过来。跟着你进攻的到底有多少人？我开始迷惑地咕哝一些东西回答他，他打断我，大声愤怒地喊道："跟着你的人有4个还是40个？"他目前唯一能做的就是弄清楚这个问题，这让我很愤怒，心中的愤怒把我带回现实。我怒气冲冲地说："40！"

"很好。"上校回答，然后走出去宣布重要命令去了。

20分钟后，在向导引领下，奥德沿着通往前线的交通壕再次出发了。每次炮弹在周围爆炸时，他手下士兵都会蹒跚摇晃。这段行程也很恐怖，"有一段几码的路程，我必须踩着堑壕甬道上的两具尸体走过去，"奥德报告说，"一个人浑身赤裸，一丝不挂，两眼外凸。鼻子、眼睛和嘴巴都有血流出来。另一个人身体一侧有个裂开的大伤口，他的衣服都被撕裂成碎片了。我的靴子踩在那些柔软没有弹力的人肉上时，感到一阵恶心。"

通往前线的路上有个山坡。在那个地方可以俯瞰到德军前线。为了避免伤亡，他们沿着山坡跑了下去。虽然当时是白天，但却只有几个人被敌人射中了，运气不错。再往前他们遇到一段上坡路，之后一路向下到了采石场的山谷。在那里，他们找到了赫伯特少校占据的地下堡垒。少校看到奥德他们没像他担心的那样被德军消灭，很高兴，但少校没有跟他们讲废话。奥德需要接管前线——从采石场前方一个地点到它右侧据点——指挥权。他要在那里探查防线右侧缺口，同时看看是否能联系上52营。

一想到要冒着敌人榴弹和高能炮弹的不断轰击，从没有掩护的地方穿行过去，奥德就感到一阵害怕，但他不得不去，有两个士兵志愿通行。他是这样描述几个人如何从右侧据点出发的："我们弯下腰，手中拿着手枪，扣着扳机，随时准备射击。我们三人小心往前爬，重炮的轰鸣和爆炸让我们想退缩。我们蹲着以免被高能炮弹爆炸飞溅的弹片伤到，只能透过堑壕缺口和堑壕坍塌形成的土堆观察外面情况。"

堑壕里有个急转弯，他们全体停止前进。奥德把其他人留在后面，自己上前去探查情况：

> 我往堑壕外看，瞥见的景象烙进我的灵魂。那简直是死亡堑壕，30~40码的距离内没有停留点或弯道。大量澳军尸体横七竖八躺在那里，保持着他们死亡时的姿势，有些人明显死亡不久，有些已经死了两三天。尸体已经肿胀，皮肤焦黑，散发出腐烂特有的臭味。在毒辣的阳光下，成群的苍蝇飞在尸体上面，我们从胸墙看过去，在弹坑和坑洼的地面之间，还有许许多多穿着熟悉的澳军制服的尸体。恐怖、害怕和愤怒混合成不

第三十三章　炮弹震荡症

断攀升的对造成这悲惨场面的行凶者的憎恨。在难以遏制的对德军的愤怒中，我挥动着拳头，他们是造成令人愤慨的反文明、反人类行为的元凶。

但是很快他们对死者的同情就转变成对自身安全的担忧，因为一枚炮弹在附近爆炸了，迫使他们在漫天的土雨中寻找掩体。他们浑身颤抖，头晕目眩，开始继续往前走，渐渐地发现自己又迷路了。更糟糕的是，他们没法循着原路找到方位，因为炮弹不断地轰炸完全改变了他们来时的地形。

直到看到一些德军担架员走过来，他们才意识到由于路线偏离已经走到了德军防线。他们赶忙后撤，最后"高能炸弹的爆炸声快把我们的耳朵震聋了，飞溅的尘土让我们看不清周围环境。爆炸产生的辛辣烟雾令人窒息，腐烂尸体散发的恶臭让人无法忍受"，他们后来回到了出发时的据点。一直到那天下午晚些时候，他们一直待在据点里。这期间一个来自50营的士兵从胸墙爬过来仿佛变魔术一样，称他从52营那边过来。他们心里很宽慰，并没有抱怨那些痛苦遭遇。消息很快传回了旅部，几个小时后，连接50营和52营的一系列防御点就被增援士兵控制住了。

本来一切都进展得很好，可是奥德的左后方有个机枪手在天黑后不久朝他们的方向射击。奥德的记录描述了前线炮击再次开始后的那种纯粹的恐惧：

从远处呼啸着接近我们的第一枚炮弹，其爆炸的恐怖威力让我们浑身颤抖。我们努力保持清醒，但思维却极其敏锐地察觉到，每一次炮击都离我们堑壕越来越近。这吓得我出了一身冷汗，害怕和痛苦撕扯着我的灵魂。

这是我那天第二次控制不住自己的恐惧。在恐惧中，我们蹲在堑壕里，听着另一个呼啸而来的死亡怪物（炮弹）的破空尖叫声。每根神经都绷紧了，颤抖着。我们因为炮弹降临恐惧到抽搐，唯一能做的只有克服这种恐惧。随后，一声爆炸，大地震动，其规模和强度超过了以往和之后发生的爆炸。那个巨大的钢铁炮弹撞击到地面，在距离据点几码的位置爆炸了。颤动、崩碎，堑壕两侧有些地方发生了坍塌，很大的土块和爆炸带起的软土像冰雹一样倾泻下来……炮弹爆炸后散发的肮脏烟雾令人震惊，令人窒息。我沿着破败的堑壕蹒跚向下，脆弱的意识和意志使得我能想到的只有逃跑……

作为士兵的所有责任和忠诚都不见了。我感觉我再也没胆量面对那样令人骇然，人类灵魂本能都极度厌恶的情况。原始的自保本能完全启动，我想做的是去采石场地下堡垒，告诉赫伯特少校我坚持不下去了。但快到地下堡垒时，想到擅离职守的后果，这种想法开始对我混乱的大脑产生了作用。在地下堡垒入口，我犹豫了。从黑乎乎的外面往里看去，屋里燃烧的蜡烛发出微光，照耀着沉默沮丧的士兵。赫伯特少校坐在桌前，烛光映在他脸上，他直直地看着我，但却仿佛没认出我。

那一瞬，我意识到再向前一步，就意味着我的余生会因胆小懦弱背负骂名和耻辱。在敌人面前胆小懦弱，这是士兵所犯

第三十三章 炮弹震荡症

的最大罪过。我退回到黑暗中，内心作着激烈斗争——为我的荣誉而战。只用了几分钟，我逐渐能控制住自己了。我战胜了让我差点一败涂地，丧失斗志的恐惧。我转过身，缓慢地爬出采石场返回堑壕。

同时，52营残部——奥德和手下士兵一直在搜寻的部队——也在承受着一场考验。52营的伤亡主要出现在第一次进攻过程中。其间，3个连要么攻克目标失利，要么占据优势后又被击退。唯一取得的持久胜利很大程度上得益于一对恰好是兄弟的长官。两人都因身材高大和作战英勇而闻名，用昵称来区分二人：邓肯·马克斯韦尔（Duncan Maxwell）中尉，24岁，身高6英尺3英寸，人称"小马克斯韦尔"，而28岁的亚瑟·马克斯韦尔（Arthur Maxwell）中尉，身高6英尺5英寸，比所有战友都高，人称"大马克斯韦尔"。

如果没有大马克斯韦尔，真不知道那个成功到达德军前线的连队是否能够成功到达。该连没有进行战前侦察，所以选择了错误的路线，直到52营情报官大马克斯韦尔把他们引到正确路线上来。不过，是小马克斯韦尔的举动在行动开始后挽救了大局。该连颇具魅力的长官查尔斯·利特勒（Charles Littler）上尉在距离德军堑壕不远处受了伤。因此进攻部队有些无所适从，直到小马克斯韦尔拿起利特勒的指挥棒，在空中挥舞，引导大家冲进德军前线一处废弃的区域。在与49营取得联系后，小马克斯韦尔和加入他们队伍的50营的81名战士一起，开始在驻地西侧设立路障，阻挡德军。他确信，德军一定会不择手段把他们消灭。

虽然他们击退了试图攻占他们所在堑壕的德军步兵，但他们最大的挑战来自德军炮兵。9月4日下午，第一澳新军团和考克斯少将的澳军第4师分别被加拿大军团和下辖的加拿大第1师换防。之后，德军的轰炸把小马克斯韦尔和手下士兵逼出了堑壕。德军火炮首先消灭了防守着最靠近左侧路障处总长达150码阵地的大多数士兵，包括赶来增援澳军的加拿大第13营的许多士兵。那时，有5名澳大利亚和加拿大士兵协助小马克斯韦尔防守一处火力点，该火力点位于炮火轰炸过的区域东部不远处。然而一枚炮弹在他们中间爆炸，除了小马克斯韦尔，其他人皆被炸死或炸伤了。这打击了小马克斯韦尔的士气，但并没有把他击垮。他后撤了20码，准备自己抵挡敌军的反击。但敌军没有发动反击，于是他又回到了刚离开的那个火力点。

考虑到轰炸导致小马克斯韦尔只剩下不足50名士兵，他本来有理由在这个时候撤退的，但他决定要坚持到最后。他给长官送去一条消息，"我会努力防守所在阵地"，直到换防部队到达。他也是这么做的，坚守在黑乎乎的火力点，确保最近被轰炸得最为频繁的这段堑壕不落入敌手。9月4日晚上至5日凌晨，加拿大第16营的士兵到了，他护送他们到原来堑壕所在地。9月5日，法贝克堑壕被占领部分西南侧的加拿大士兵，与防守穆凯农庄南部前线左侧的部队连接在一起，这几乎得完全归因于他的英明。9月5日加拿大第3旅接替澳军第13旅后，不但原计划在9月中旬进攻之前偷袭蒂耶普瓦勒的计划被黑格下令放弃了，而且加拿大部队在9月8日还丢失了靠着小马克斯韦尔支援才防守住的重要战果：法贝克堑

第三十三章　炮弹震荡症

壕被占区域。小马克斯韦尔后来知道这些事情后非常恼怒。

但联军也取得一些胜利作为补偿。在9月3日总攻期间，第四集团军最终攻克了吉耶蒙——准确地说第四集团军攻克的是包含吉耶蒙在内，混合着木屑和砾石的一片废墟。村子里的建筑很久以前就被双方炮兵摧毁了，即便不是所有建筑，那也是大部分。法军也因他们取得的唯一胜利而欢欣鼓舞。索姆河地区北部，法军攻占了克利里林地；在索姆河地区南部攻克了苏瓦耶库尔和希利。

突然改变的计划一定会让一些家庭承受失去儿子或丈夫的痛苦。在穆凯农庄周围战斗期间，52营450人阵亡，是澳军第13旅伤亡最多的部队。13旅4个营共损失近1 350人。52营阵亡战士中，26岁的伦恩·瓦兹利（Len Wadsley）中尉赫然在列，他家在塔斯马尼亚有个果园。跟3连战友冲向目标时，他没有意识到进攻计划已经改变了，然后在尝试返回时遭遇不幸。援引红十字档案中一名目击者的话，"我的一个朋友看到他躺在德军堑壕的胸墙附近，头被炸掉了"。

瓦兹利的阵亡之所以让人如此悲痛，不只是因为他恐怖的死亡方式，而是因为索姆河战役吞噬了这样一个友善、令人信赖的人。他的信件传达出乐观、爱国和积极的态度和信念。他的家人保留了这些信件，留给子孙后代。这些信件不只是对他的悼念，也是对那些成千上万像他一样英年早逝的士兵的悼念。他的大多数信件是寄给他鳏居的父亲以及3个姐妹的，他们都住在潘登尼斯的果园农庄里。即使饱受各种煎熬，伦恩在他的信件中始终保持着充满精力、欢快的口吻，这可能反映了他日常的性格。他离开澳洲前就已经开始给家里写信。像很多远离家庭参军的年轻士兵一样，他也意识到，家里对他们的决定并不感到高兴。"亲爱的父亲，不要因此而不高兴。去不去做些有益的事，得由我自己来决定。"他刚得知自己会比预期的更早派往海外时，就写信给他的父亲莱特，"我有信心，会安然无恙地归来"。

瓦兹利离开家乡后，对途中的所见所闻感到很兴奋，但他在信中仍然写了很多对于家里的怀念。在墨尔本接受训练时，他写维多利亚苹果——"在塔西岛（Tassy）上种植面积不小，但味道很一般。"樱桃、草莓和其他水果"都不及潘登尼斯产的"。他弟弟特德的未婚妻来农庄时，他并不在家。他写信给她："我不知道应不应该祝贺你。如果你像我一样了解特德，那你最想要的会是同情！……我希望我当时也在家，然后非常隆重地迎接你，用覆盆子擦你的脸，欢迎你成为我们家庭的一员。"

伦恩刚到法国，忧郁的一面就出现了。9月3日进攻前一天，他告诉他们排一个中士，他害怕会在进攻中死去。伦恩写了一封感人的信，留下遗言。如果他没回来，他让另一名士兵把信寄给他家里。大家可以想到，他的家人读信时肯定是泣不成声的。他本来希望这封信能帮家人适应自己离去了这件事。信的抬头是"亲爱的家中各位"。信中他继续写道：

如果你们收到了这封信，说明我这时已经到了彼岸。我们在准备一场大规模的进攻，很多人会死去，我可能也是其中之一……好吧，我把自己交给上帝安排，完全相信他。我已经完成了使命,你们不会因为我而蒙羞。如果能够回来,我也会很高兴,但这并不意味着我一定会回来。不要介意,姑娘们,会有其他人顶替我的位置。

再见,父亲。再见,姑娘们。告诉家里其他人,我想念大家,希望以后能再见到大家。必须写下这封信,让我对家人深感愧疚,但这是战争。我们知道:德国人比我们更惨。我猜,战争结束后会有声势浩大的庆祝。我们都很讨厌战争。好吧,再次说声:大家,再见。您的儿子和你们的兄长伦恩,执笔。

莱特·瓦兹利和女孩儿们失去了他们亲爱的伦恩。但起码伦恩还有7个兄弟姐妹。南澳州的本杰明和伊莉莎·波特(Eliza Potter)夫妇4个儿子中有3个在52营9月3日的战斗后失踪了,很难想象他们得到消息后是什么感受。拉尔夫,幸存的那个儿子,1917年3月重返穆凯农庄东部地区,只找到了弟弟爱德华腐烂的尸体,旁边是爱德华的防毒面具,里面有些信,还放着他的身份牌。不久后,本杰明和伊莉莎·波特被告知他们另外两个儿子也在行动中牺牲了。拉尔夫找到弟弟尸体几天后,也受了伤。他写信给澳洲当局询问他们是否可以免除他的兵役:他的父母状况不好,他是4个儿子中唯一幸存的,仅存的可以在生活中帮助父母的人。出于同情,澳洲当局准许他正式退伍。他的故事和多年后拍摄的一部著名电影的情节不谋而合,影片讲述的是"二战"时,美军中兄弟战死,只剩下一人的故事。

总的说,伦恩·瓦兹利和波特3个儿子的死亡是索姆河地区澳军诸多无谓牺牲的代表。澳军发动了多达10次进攻，才从波济耶尔推进到了他们9月3日进攻的地方。虽然像邓肯·马克斯韦尔中尉这样的士兵凭借英勇奋战防守住了攻占的或重新夺过来的堑壕，他们值得被大家记住，但真相却是，为了扩大9月3日战果——法贝克堑壕被占区域而发动的进攻，可以负责任地说，并没有实际产生任何作用。

无谓的牺牲可能也适用于索姆河战役中发动的多场进攻，甚至可能适用于第一次大规模进攻却没能突破的索姆河战役本身。按理来说，发生这种情况，黑格本该放弃进攻索姆河地区，转攻其他地区。但恰如多次试图进攻穆凯农庄和法贝克堑壕那样，他们总是不断尝试，试图取得胜利。因此，决定是否继续索姆河攻势时，他们总有支持继续发动攻势的理由，以期待胜利的到来。

第三十四章

孤注一掷

然希，1916 年 9 月 9 日

黑格麾下的部队想尽一切办法试图把一些村子和林区（黑格说会妨碍 9 月中旬计划发动的大攻势）里的德军驱除出去的同时，蔑视命运的黑格要求罗林森和高夫提交他们的进攻计划，黑格希望这会换来他期待已久的胜利。像往常一样，命令由参谋长，陆军中将朗斯洛特·基格尔爵士转达。1916 年 8 月 19 日，基格尔写信通知第四集团军司令和预备集团军司令，告诉他们黑格希望在接下来的 9 天内看到他们的计划。

确定这个截止日期之前 3 天，基格尔告诉了罗林森和高夫一些好消息。之前的战斗中两军突破可能面对不少困难，但这次会有新的进攻工具。一直挂在嘴边的"坦克"终于要生产出来了。基格尔告诉他们，第一批预计"几周后"抵达法国。在 8 月 19 日信件中，他明确强调，"进攻计划要就如何充分利用坦克作详细陈述"。这明显是在提醒罗林森和高夫，黑格对他们的进攻计划期待很高。

虽然大家经常谈论，但1916年8月时这些"坦克"还没有人见过。之前也没有类似的东西出现在战场上。在8月19日信中，基格尔把坦克描述为"厚钢装甲车"。他觉得需要给大家发放说明手册，就是一种说明书，简略介绍坦克是什么，有什么用途。坦克体积大，重量不低于28吨。重型坦克配备有2门能够发射重达6磅炮弹的霍奇基斯炮和4挺维克斯机枪，而轻型坦克装有5挺维克斯机枪和1门霍奇基斯炮。两种类型的坦克体积都很大，要求7名乘员。相较传统车辆，坦克更像移动的堡垒。坦克移动依托的是履带，不是普通的轮胎，这更将坦克与普通车辆区分了开来。

据手册上讲，"坦克的主要功能是它越过障碍物的能力，火力打击能力、强劲的动力以及对榴弹、小型武器的抗打击能力。它的主要弱点是可能会被炮弹或堑壕重型迫击炮所击毁"。大家预测到9月15日时，索姆河战场前线会有50~60辆坦克。鉴于黑格认为这些坦克可能改变战役态势，让士气低落的德军由于恐慌而投降，有人猜测黑格在兴奋中等待第四集团军的计划。因为开始时给予罗林森的坦克数量是给予预备集团军的2倍。

如果猜测准确的话，黑格可能要再次失望了。他已经让罗林森认识到他想让罗林森进攻德军的第三防线——从南部的莫瓦尔到北部的勒萨尔（Le Sars）。但罗林森在8月28日写给黑格的信中预见性地指出，为了实现总司令的计划而必须攻占的3个堑壕"系统"会给我军后勤带来很大压力。

从孔布勒经布洛林地、弗莱尔和高地林地延伸到马坦皮什的德军第一堑壕系统，差不多距离第四集团军在9月中旬时的前线有200~600码。鉴于英军有适合的部队和炮兵进攻德军第一堑壕系统，无论有没有坦克，都可以处理妥当。但是有了坦克，就需要时间研究如何用坦克进攻德军第二和第三堑壕系统的方法。

从弗莱尔南部经欧库尔修道院延伸到勒萨尔的德军第二堑壕系统，只覆盖了德军占领区前线的一部分。第二堑壕系统与第一堑壕系统在弗莱尔附近开始向不同方向延伸，在阿尔贝—巴波姆公路地区，第二系统已经在第一系统北部3 000码远的地方。第三系统从莫瓦尔前方经雷斯伯夫和格德库尔延伸到瓦尔朗库尔孤峰——一个50英尺高的古墓。第三系统与第二系统平行，位于第二系统后方约1 500码处。

如果没有坦克，进攻德军第二和第三堑壕系统等于"痴人说梦"，罗林森在写给基格尔的信中如是告诉黑格。第二系统距离第一系统太远，而第三系统已经超出了英军火炮射程。坦克的到来让他面对一种运用层面的困境，坦克在面对第二和第三系统时有可能成功，但是如果他不动用炮兵和步兵支援坦克，就会白白丢掉一个取得快速突破的机会。罗林森在信中继续写道："另一方面，我可能对坦克期望很大，采取了超出我们能力范围的行动，反而有可能造成更惨重的损失。此外，如果战事不利，被敌军俘获了一辆坦克，那坦克的秘密就全部泄露了。"他还是更愿意在一段时间内只攻占一个系统，然后再去攻占下一个系统。

黑格对罗林森7月1日前采用循序渐进的进攻方式持有负面态度，所以他否掉罗林森制订的9月中旬进攻提案毫不令人奇怪。黑格在8月29日的日记中写道："我认为，罗林森没有充分认识到敌军士气低落的形势。我认为，我们的进攻应该尽可能地强烈、凶猛，应该计划攻到尽可能远的地方。"

黑格 8 月 31 日给罗林森回信，通过基格尔转达给他。黑格坚持认为要把进攻"计划成果断的行动"。情况从没有对他们这么有利过，他们不仅有新式秘密武器坦克的帮助，还有新增援部队来发动进攻，而德军的士气却在跌落，不会全力抵抗。黑格认为，假设第四集团军在进攻开始前攻占了布洛林地和然希，罗林森至少要在大攻势的第一天攻克德军第三阵地东侧的地区。这意味着罗林森必须在关键的第一天，进攻到莫瓦尔经雷斯伯夫和格德库尔及弗莱尔的延伸防线。如果在那里取得突破，那么从莫瓦尔经勒特朗斯卢瓦到巴波姆的地区，英军可以将其作为两翼来防守，这样骑兵和可以调动的步兵有机会向西北进军，从而扫清他们在西侧无法压制的德军残留的阻碍。

如果这个讨论发生在 7 月 1 日之后不久——当时黑格的影响力似乎日渐衰微的时候，罗林森可能会坚持己见，据理力争，反对做出与他判断相左的决策。然而，自 7 月 14 日之后，罗林森自身的影响力也降至最低点。因此，他同意做任何不太过分的事情，以此来平息上级的不满，这种做法可以得到人们的谅解。黑格对他进攻吉耶蒙时采取的策略表示不满（见第三十一章），鉴于此，罗林森可能在想，他是否很快就会"被调为闲职"。

罗林森在 8 月 30 日的日记中提到了他决定和黑格保持一致的原因："总司令急于冒一次险。如果我们赢了，就能逼迫德军投降；如果输了，我们可以用整个冬季来修养恢复，一场胜利将能在世界

第三十四章　孤注一掷

范围内产生重大影响。所以，值得冒险。"下定决心后，他8月31日给黑格回信，信件还是由基格尔转达。他在信件开篇服软，写道："我明白我提交的计划不够雄心壮志。"信的结尾，他同意黑格的计划，在大攻势第一天对特意交代的所有村镇发动进攻。

讽刺的是，就在罗林森因为使用较少兵力和有限弹药对抗德军的顽强防御而感觉职位受到威胁时，德军总参谋长埃里希·冯·法金汉（Erich von Falkenhayn）最终被撤了职。德军陆军元帅冯·兴登堡8月29日接替了他。同时，鲁登道夫将军担任总参次长（First Quartermaster-General）。

据鲁普雷希特王子（Prince Rupprecht）来看，这种调整早该发生了。在调整之前几天，鲁普雷希特还是德军第六集团军司令。在此以后，他要主管监督德军第一和第二集团军群，这两个集团军直接负责在索姆河地区作战。这样，鲁普雷希特发现黑格宣称的德军士气和战力在逐步下降的说法是对的。然而，鲁普雷希特也得感谢这些新任的德军指挥官，他们允许在索姆河地区的德军指挥官战略性的后撤，还主动与这些指挥官讨论他们需要的增援和弹药问题，从而最终缓解了德军指挥官的困境。

然而这些措施并不会立竿见影，兴登堡、鲁登道夫和鲁普雷希特的任命不可能阻止英军向东势如破竹的攻势。德尔维尔林地最终在8月27日落入英军手中，紧接着吉耶蒙和韦奇林地（Wedge Wood，位于吉耶蒙东南）在9月3日夜间陷落。令人垂涎的法尔弗蒙农庄也同样沦陷，在9月4日晚上至5日凌晨被英军攻占。同时，法军攻下了克利里林地及南部的苏瓦耶库尔和希伊。截至9

9日，9月中旬进攻开始前黑格特别想要攻下却没能攻克的地方只剩下然希。并不是英军没有努力，他们之前有几次已经突破了然希的防御，但是村里的德国驻军把侵入的英军给击退了。

令人好奇的是，这样一个战略要地却几乎没有关于9月9日下午4点45分第16师发动攻击后是如何陷落的详细记录。最生动的描述出现在第16师49旅派去支援48旅的皇家爱尔兰燧发枪团7营亚瑟·扬少尉写给姨妈玛吉的信中。信的开头就将人引入一幅画面中：

> 试试在你脑海中想象非常宽阔的山谷的画面，山谷是南北走向，德国人就在更远的地方，在东侧，或在山顶。你站在吉耶蒙废墟中眺望这个山谷，远处的半山腰被废墟和杂乱的树木所覆盖。好啦，那就是然希。像身处汉普斯特西斯公园的国会山山脚附近，村子就在山顶。

信中对皇家爱尔兰燧发枪团第7营周边的环境同样描述得很详细：他们在一个很浅的堑壕里，腐烂的尸体发出恶臭。尸体被倒塌的胸墙埋起来了。"那气味令人恶心。"扬是这么说的。9月9日下午后，他才得知需要爬出堑壕去支援皇家爱尔兰燧发枪团。"我很沮丧。"他坦诚地说他已经知道了这意味着什么，因为他参加了之前一次的进攻。他们在下午4点45分到达前线，刚好看到了非常恐怖的一幕：

然希外围和我们堑壕前沿防线之间是无人区,那是布满弹坑的荒野。坑与坑相距很近,骑马可以从两坑中间部分跨过去。沿着无人区斜看中间位置的地方,你会看到一大群像是涂抹了什么东西的士兵从地下跳出来,他们像洪流一样向前、向上涌动。

我从左侧加入了这股洪流,这次我们都很拼命。我们的怒吼肯定会让德国佬心惊胆战,他们用机枪向坡下扫射,但爱尔兰士兵的决心没有丝毫动摇。我们以稳定的步伐向前推进。令人胆寒的恐怖已经离我远去……我现在陶醉在这次行动的荣耀里。

然后,扬看到炮弹向他们前线飞过来。"我知道情况非常紧急,就发疯似的向前飞奔。弹幕就紧跟在我们背后,我们在关键时刻穿过了密集的炮弹弹幕。之后,我们再也不用担心前方的炮弹。"但这并不意味着德军不会再开炮。"一枚炮弹落在我右侧70码左右的一伙人中间。我记得非常清楚,一声巨响后,泥土激射向空中,一同飞上天的还有人体的各个部位。烟雾散去后,那个地方已经片甲不存。"

扬与战友到达了然希,他们必须从倒在地上的树、横梁和砖块碎石的土堆上爬过去。他们毫不顾忌射向他们的子弹,耳畔响起的只有爱尔兰士兵向前推进时的欢呼。最后,他们终于直面德国守军。扬在记录中写道:"他们在一个堑壕里,有些人把手举了起来,有些跪在那里朝我们伸出胳膊。其他人在堑壕里发疯似的跑上跑下,仿佛不知道该选择哪条路去逃生。但我们到达后,他们也跪了下来。"突破德军前线后,扬发现他们来到一块高地,周围都是树林。从这里,他能看到远处山脊上逃跑的德军,德军身后是穷追不舍的爱尔兰士兵。

扬还看到村外向东延伸的下沉公路那里,也有些被俘虏的德军。

> 他们很害怕,举着手挤在一块,随后开始掏空口袋,交出纪念品、手表、指南针、雪茄,甚至想和我们握手。
> 我从一个死了的德国人那里拿走不少雪茄,我抽雪茄,还有一听香烟。可怜的家伙,他的巧克力在这里也有大用。这家伙活着的时候肯定是个快乐的家伙,因为在他口袋里有一张他和妻子及一帮孩子的照片,照片上的他看起来是个乐观的伙计,和我面前的"他"大不相同,这里的他已经死了,两条腿都没了。

然而,在所有彻底攻占然希的行动中,扬记忆最深的可能是爱尔兰士兵对待俘虏的方式:

> 没有一个德军战俘被杀,有些德军直至最后一刻还在攻击我们的人。我们这种对敌人的极大仁慈值得被永远称颂。
> 事实上,对伤员的仁慈和同情是我在战斗中看到的一件相当不错的事情。

第三十四章 孤注一掷

听到扬对然希爱尔兰军队的积极评价，这很好。但根据其他方面提供的证据来看，协约国士兵在这方面其实不那么为人称道。有人猜测，是不是因为扬很幼稚，抑或他碰巧待在善待俘虏的地方才做出这种评价。不过这些问题在接下来的大战之后就没有必要再考虑了。

那时，他们为了赢得下次进攻的胜利牺牲了很多。黑格7月14日后在索姆河战场取得的进展极小，他因此积累了巨大的压力。为了提高胜利概率，他很自然地想把所有武器都塞进他的军械库。这意味着在经过长时间的酝酿后，他即便想要部署坦克，那也是有可能的。

黑格在8月22日寄给帝国总参谋长威廉·罗伯逊爵士的信中，表达了明确的态度，"如果在有可能是今年规模最大的进攻中，不能使用我所能使用的一切方式"，这会"很愚蠢"。但不是所有坦克专家和坦克拥护者都这么想，他们认为坦克出现的目的并不是为了在索姆河地区取得短暂的胜利。欧内斯特·斯温顿中校是最先想出坦克这种武器的人，他在坦克从理论转变为现实的过程中做出了巨大贡献。他强烈赞同只有在拥有了大量坦克时才能在行动中使用坦克这种观点。

现实情况就是这样，人们都很惊讶为什么没有政治家试图去约束黑格。可以说，当时的英国政府已经认可了黑格的决定——在索姆河战场使用坦克。正如我们今天会认为军队首脑拥有核武器控制权是一件很不可思议的事情一样，1916年的政府起码应该在可以拯救数十万人生命的武器上拥有发言权。

战时委员会大臣（secretary of the War Committee）莫里斯·汉基爵士（Sir Maurice Hankey）想改变黑格使用坦克的想法，他作了最后一番努力。9月7日吃晚餐时，他尝试改变总司令部黑格手下的高级参谋人员的想法。他指出，"履带"——他这么称坦克，不是针对索姆河这样推进缓慢的战场设计的，那些数不清的弹坑会妨碍坦克变换方向或快速移动。坦克最好是在一个没有障碍物，敌军没有装备防御坦克武器的新战场上大批量投入使用。

　　但在那个阶段，很多坦克已经运抵法国，距离计划中的反击也只有几天了。几乎没人再考虑应不应该使用这个问题。那次晚餐后，没人想去告诉其他人在未来的战场上如何使用坦克。

第三十五章

杀戮欲望

弗莱尔，1916 年 9 月 15 日

　　黑格和罗林森打算让一些"新"部队充当 9 月中旬进攻的先锋。这些"新"部队风尘仆仆地从新西兰来到法国。途中，他们和澳军一样也参加了加里波利战役。他们在支援英军、维护英国在埃及的利益时，却因为一个绝对没有想过的因素而惨遭损失：女人。

　　新西兰士兵远离故乡，自然被那些可以让他们释放压抑了很久的性欲的地方所吸引。因此，开罗的红灯区格外诱惑他们。在那里，士兵花很少的钱就可以在每晚与不同的妓女进行肌肤之亲，而且还不会让家里人察觉到。但这也有不好的一面：1914—1916 年，开罗红灯区是世界上最脏的地方之一，是寄生虫和传染病的温床。

　　新西兰军队第一次到达埃及时，新西兰远征军司令亚历山大·戈德利少将就提醒新西兰国防大臣詹姆斯·艾伦："我能预见的唯一麻烦就是性病。我担心我们会因此失去 10% 左右的士兵。这儿的女人都有性病，这里有大量的梅毒和淋病患者。"

戈德利的担忧很有道理。新西兰人艾缇·劳特认为政府应该为此感到羞耻，然后设法解决这个问题。有人告诉他：1916年3月，新西兰步兵师乘船前往法国之前的那个月，在埃及的新西兰士兵中超过1万人感染了性病。

这个问题不只存在于驻扎在开罗的部队。如果新西兰卫生部收集的数据准确的话，伦敦也是同样情况，满大街都是妓女，和开罗一样危险。新西兰卫生部告诉他们的国防大臣，1916—1917年，伦敦医院因性病收治的澳军超过了到访该市士兵总数的18%。

新西兰高层采取了各种措施降低性病的发病率。比如让士兵在白天列队穿过开罗红灯区，使士兵看清楚与自己厮混的女子的真正面目。另一项措施是向士兵提供一种基本成分是氯化亚汞的药膏，附带着如何防范性病的使用说明书。不幸的是，据新西兰卫生部报告，妓女不允许士兵使用这种药膏，因为它"让她们感到不适"。人们反而把药膏用在其他方面，"当地人发现，药膏能有效驱除他们头上的虱子"。新西兰军队缺乏有效的策略和方法，这可能会削弱他们与当地民众的社交能力。代表新西兰基督教青年委员会的官员很生气，然后给在埃及的新西兰委员写信，警告他"如果大众知道了真相，在自治领的征兵行动就只能终止"。

英国远征军在1916年4月被派遣到法国后，患性病的人数也开始上升。这不仅是因为嫖娼，而是因为士兵有了更多的发泄方式。起码约翰·拉赛尔中士这么认为。应征入伍前，他在新西兰银行工作。乘船抵达法国后，他体验了布洛涅的夜生活。在一条小街的秘密小酒吧享受一番之后，他留下了以下的记录：

第三十五章 杀戮欲望

3位身材姣好的新潮女郎很准时,她们身着紧身且暴露的衣服在舞台上蹦跳,腰以上的风光一览无余。一个简单的翻滚转身收尾后,她们排成一队,像在等着掌声渐渐平息,然后再退场。不过,掌声并没有减弱的迹象,很明显那些小伙子想要更强的刺激。那3个女郎受到鼓舞,从容并且异常敏捷地又做了一连串升级版的慢动作,摆出各种诱惑状态,极力表现出狂野的"迷乱",这对激发厌战部队的士气效果出奇地好。

这些女郎将行动推向高潮,她们从容不迫地随意排成一队。诱惑力很自然地表现出来,然后她们走下台去。这种气氛下,大家也会认为,回军营之前就算再少喝点酒也不是什么大问题。这是种让人兴奋,但又相对比较健康的夜晚娱乐活动。我们在开罗的夜晚娱乐活动与之相比则显得低俗,不堪入目,比喝杯冰凉的茶水或"悬摆检阅"(士兵拉下裤子,医务官检查他们的生殖器,确定他们是否得了性病)强不了多少。

应该强调的是,展示这些数据和讲述这个故事并不是为了表明新西兰人比其他国家的人对性更加痴迷,这些事情也并没有影响他们作为战士的勇武精神。最终抵达法国后,他们很快就成了法国境内最优秀的部队。不过,这里应该提一个针对他们的警告,和他们的杀戮有关。(见下文)读者仔细阅读本书相关章节后就会发现,本书简述的许多国家的部队,都有类似的屠杀行为。

"大推进"初始阶段,新西兰部队并没有参战。直到1916年8月中下旬,新西兰安德鲁·拉塞尔少校指挥的新西兰步兵师从阿尔芒蒂耶尔周围相对安静的回水区直接派往战场南部。他们攻克了阿布维尔附近的一群村镇时开始第一次战斗。在那里的经历,让他们开始了解到未来可能会面临的状况。

22岁的新西兰第3旅1营林赛·英格里斯上尉,可以通过他的分析来判断他们的所作所为是否正确。加入新西兰远征军前,他是一名实习律师,后来他进入了军方高层,在退伍前升到了少将军衔。"二战"后,他曾担任被占领德国的军事法庭庭长。"一战"后著书,他猜想新西兰部队开始丧失道德准则和价值观应该是在参战前一系列的洗脑宣传期间。那时,一名高个子、红头发的苏格兰少校给新西兰部队授课。他8月底来到新西兰步兵师,给他们讲述遭遇德军时他们该怎么应对。这些讲座给士兵留下深刻印象,少校血腥的动员演讲被一些士兵生动地记录在日记中。据英格里斯说,他参加的讲座包括以下内容:

我们不要俘虏,否则就必须得养他们,因此大家需要做的就是杀掉德国佬。最好的德国佬是死了的德国佬。

德国佬在你的刺刀刺向他前,会朝你开枪或朝你扔手榴弹。你刺向他时,他会像脏兮兮哭哭啼啼的胆小鬼,他会举起双手,高声喊"伙计!投降!"这是你的机会,用你的刺刀刺穿他柔软的肚子,快进快出。如果他逃跑,那就刺他的肾脏。

苏格兰少校试图把德国人描述成向人谄媚的服务员。如果是在和平年代,德国人为了得到更多小费,会尽可能恭顺。这么说的

第三十五章　杀戮欲望

寓意是，在即将发生的战斗中，如果给德军留丝毫机会，那他们会用谄媚的行为让新西兰士兵放松警惕，然后抓住机会杀掉新西兰士兵。这就是长官要求先开枪，再问话的另一个原因。如果有白刃战，那么大家要扔下上了刺刀的步枪，从制服上衣口袋里拿出刀叉，刺进德军咽喉——"肮脏的德国佬就得这么死！"

给大家讲课的少校语言丰富多彩，导致那些听过讲座的士兵"有段时间到处传播"讲座语录。但后来的事件表明，这些讲座可能灌输给新西兰士兵一个理念，让他们认为可以不受惩戒就随便处死德军俘虏。"这些讲座应该为这种即使在战时也属于谋杀的行为负多大责任，弄清楚这些会很有意思。"英格里斯在他的回忆录中写道，"我很惊讶，这种行为本需要经过官方批准的。"

处理坎特伯雷步兵团 2 营二等兵弗兰克·休斯的方式，也属于这种过度行为。8 月 25 日，他因擅自离开岗位，被军事法庭行刑队枪毙。休斯不是第一次出这种问题，人们明白，如果不对他的不端行为进行惩戒，其他人可能会仿效他。有人隐隐猜测，即使在竞争激烈，矛盾重重的 21 世纪，军事法庭可能也不会量刑如此之重，法庭会尽力寻找给他减刑的机会。

位于新西兰惠灵顿家中的休斯母亲对这个判决非常不满。她收到新西兰国防部部长詹姆斯·艾伦一封信，信中陈述"H. 休斯"被处决了。她因此给部长回信说他肯定弄错了，她儿子名字的首字母是"F"。信的结尾，她悲伤但乐观地写道，"我仍然相信我的儿子还活着"。这句话让国防部的人坐立不安。最后，艾伦又写信告诉她，不幸的是那个被处决的士兵就是她儿子。他在结尾说，"我深深谴责这件事，对您儿子悲惨的结局深表同情"。鉴于这种惩戒方式是新西兰政府允许的，大家可以想到休斯的母亲面对这样一封内容空洞的信件做出的反应。相反，澳大利亚政府就不允许处决任何澳大利亚士兵。

9月2日，就在澳军最后一次进攻穆凯农庄的前一天，新西兰步兵师从阿布维尔地区出发进入战场。士兵已经厌倦了不停行军以及单调乏味的训练，所以一想到要战斗了，大家都很兴奋。进入亚眠东北的阿隆维尔（Allonville）后，他们就听到了远处的炮声，然后看到公路主干道上的大量军事车辆。离阿尔贝越近，他们就越发认识到自己已经成为这场浩大战役的一部分。向战场进发的新部队控制着亚眠北至阿尔贝公路的一侧，他们的靴子掀起白垩土质的灰尘，大片烟尘令人窒息。公路另一侧，被战斗弄得很疲惫的士兵们蹒跚着离开战场。公路两侧的队伍被一眼看不到尽头的卡车车队隔开，卡车压过公路中间的砾石，发出"咯噔咯噔"的声音。"看不到尽头的车辆把燃料运进去，把垃圾运出来，"英格里斯上尉说，"炮弹、食物和士兵被运进战场，从战场出来的是空卡车，抢救的物资，步行的疲劳士兵，或坐在救护车内的伤员。"

英格里斯上尉描述了他和士兵在阿尔贝南部的代尔南库尔以及次日在弗里库尔附近营地驻扎的那两晚：大量火炮不断发射时的火光，还有前线发射到空中的照明弹火光，照亮了他们的营地。英格里斯还注意到，这些火光与"周围山坡、山谷内偶尔闪烁的亮光以及临时军营里士兵给火炉添加燃料"所产生的微弱光芒形成了对比。

坎特伯雷步兵团2营卡思伯特·弗里（Cuthbert Free）上尉

第三十五章 杀戮欲望

也在集结部队中,他和战友们在弗里库尔林地附近宿营。他在 9 月 10 日写给未婚妻的信中简单描述了新西兰士兵普遍持有的无忧无虑的乐观态度。他开篇写道,"今晚最是惬意不过",然后又继续叙述:

> 我们在一个被官方称作林地的地方宿营。但在我们眼中,那不过是个很小的种植园。我们有自己的营火,很旺、很明亮。我们在火上做晚饭,围坐在火边抽烟,讲故事。然后我们一个接一个得回到榛子树枝搭建的床铺上。睡觉时,我们把脚放在靠近炉火的地方,哨兵会添加柴火直到早饭时候。我们之前喝了汤金藏起来的波图尔葡萄酒……我们唱的抒情小曲还算比较应景。火光忽隐忽现,给我们的身体涂上一层特别祥和的光。

虽然英格里斯他们营的很多士兵都有相似的感受,但因为受到前一天行动的影响,英格里斯跟他们的感受并不一样。9 月 9 日,他陪同一些军官去侦察即将攻克的前沿战线。他们从波米耶堡垒出发时,晨间雾气和火药烟雾挡住了他们的视线,遮住了"白色条纹的褐色山脊,加高的白垩土壤形成的堑壕防线"。但他们当时可以看清周围的环境,这些场景都不会出现在写给家里的信中。如英格里斯说的,他们经过的地方都已经"面目全非"。原来的村庄现在成了"砖石覆盖的土堆"。林地中树木稀稀落落,一片破败,再也没有从前的样子。"没有绿树,只有烧焦的褐色土和白色的白垩土。"

据英格里斯说，在新西兰军队换防之前，这里是一直由英军驻守的堑壕，如果一定要说一些评论的话，那只能说环境变得更加灰暗了：

> 爆炸产生的难闻气味充斥在空气中，扩散到了炮兵所在的地区。这些难闻的火药味，夹杂着躺在地面或土里的尸体散发的臭味，使空气更加难闻。双方的尸体都呈肿胀状，并且是湿漉漉的。尸体穿着布满泥点的灰色卡其布制服，他们被扔在胸墙间的地面上，什么姿势的都有。过去还是堑壕的沟渠坍塌后，里面露出很多身体部位。尸体特有的苍白双手和四肢，僵硬的脚和肿胀的臀部，从土里凸出来。
>
> 破碎的肢体散落各处，令人心悸。有人踩在被薄土掩埋的尸体上时，脚底会感到一阵颤动。肥大的绿蝇肚子胀得厉害，飞不起来了，只能停留在士兵的脸上和手上。腐烂的衣物和装备扔得到处都是。士兵们个个无精打采，双眼混浊，胡须凌乱。他们一小队一小队地挤在一起，有些人在睡觉，大部分人都在木然地看着我们。整个前线臭气烘烘，死气沉沉。那景象，那气味，那些没精打采的可怜战士，还有笼罩四周、遮蔽了太阳的烟雾……一想到会去这种地方，没有人能高兴起来。

尽管如此，新西兰士兵没有沮丧。他们从阿布维尔附近地区向前线出发前不久，有些人听到了关于坦克的事。9月1日，惠灵顿步兵团1营伯特·哈特（Bert Hart）中校，与另外将近100名军官

第三十五章　杀戮欲望

和指挥官一起，陪同威尔士亲王观看了一场他称之为"防弹火炮机器"的特别展示。哈特看到5个"巨大的怪异钢铁机器"开进英军的堑壕伪装工事，来证明这些机器能搭载9人穿越铁丝网，翻过堑壕，爬上8英尺高的斜坡。哈特认为这是"非凡的工程技术壮举"。

一些这样的"奇异装置"在9月8日已经运抵阿尔贝南部1英里处的代尔南库尔。在这儿的铁路上，英格里斯上尉看到"一列平板列车，上面装载着背部拱起，被防水油布盖着的物体"。每个"物体"都有一名哨兵看守。这是他第一次看见传言中正在运往索姆河战场协助他们进攻的神秘的新式武器。这种被很多士兵刚开始叫作"履带"，后来称为"坦克"的机器，终于在9月13日他们进入前线准备进攻时向所有部队揭开了它的面纱。

有些人相信坦克会"恐吓住德国佬"，有些人的看法则较为谨慎。奥塔戈步兵团1营22岁的亚历山大·艾特肯少尉在回忆录中记录了他对坦克的第一印象：坦克看起来就像在阳光下取暖的巨型蛤蟆。他能看到坦克的潜力，但也因坦克在一个弹坑里的不佳表现而感觉失望。他看到一辆坦克的一侧跌进了弹坑，但它只能在坑里无助地旋转。"这种事故会产生什么影响，在两天后的战场上很容易就能看出。"他评论道。

在大攻势准备过程中，一股恐慌情绪也在持续发酵。枪决弗兰克·休斯这件事可能产生了一定的影响，而新西兰士兵进入前线后看到的可怕景象则加快了恐慌的蔓延。受到影响的人中有惠灵顿步兵团2营22岁的二等兵克劳德·伯利，战前他在锯木厂工作。9月13日，在他们营攻下索姆河前线后方的切克堑壕（Check

Trench）和卡尔顿堑壕（Carlton Trench）后不久，克里夫·柯伦下士失误脱手了一颗手榴弹，把柯伦和二等兵汤米·穆尼炸得粉碎。这件事就发生在离伯利站的位置几码远的地方，把他吓住了。"几分钟前，你还在与他们开玩笑，大家开怀大笑，"第一次行动后伯利给家里写信时写道，"然后他们突然倒下，躺在那里。失去生机的身体只剩下一堆炸烂的肉和一摊血……你能想象吗？碎烂的手、四肢和头就散在你周围。"这时候的一切，正如他说的，"恐怖"。

但伯利也承认，战斗发展到那个阶段后，那些恐怖的场景和悲惨的死亡逐渐变得平淡无奇了。"你不会注意到这些事，只有你脱离那个环境后才意识到，那些小伙子已经死亡或者受伤了。他们离开了你所在的地方，但是你根本没有注意到他们离开了，直到集结点名才发现人已经不在了。"

给家里写的信中，伯利描述了和柯伦下士及穆尼在一起执行任务时，他自己是如何躲过轰炸而幸存下来的。伯利在德军一处堑壕里发现了一本残缺的德文版《圣经》，他在一具从土里挖出来的德军士兵身上找到的。伯利本来要去找另一条堑壕里的柯伦和穆尼，但他被书中一个片段吸引住，停了下来开始阅读。手榴弹爆炸时，他没有站在那两人身边就是因为这个原因。可以说，正是他在尸体上发现了《圣经》才救了他一命。伯利身上发生的事也变相说明他们所处的堑壕中就地掩埋了很多尸体。

发动大攻势的前一天，即9月14日，挖掘前沿防线前方的集结堑壕和交通壕时，伯利发现了更多的腐尸，他描述说，"让人不舒服，所见所闻让我一阵恶心，"他补充说，"等到完工，我们平安

第三十五章　杀戮欲望

返回驻扎的旧堑壕（在卡尔顿堑壕里或附近）后，你不知道我有多高兴。"

　　前沿防线更靠后的地方，这种恐怖场景也影响到了32岁的亚瑟·莱因德中士。他应征入伍前是银行职员，在新西兰步兵师里也干着类似的工作。由于主要在师部里工作，他觉得很失望。师部最终允许他到战场后，他下定决心要好好利用这次机会。他描述7月1日外出侦察德军驻守的防线时看到的景象，就像在描述一个日常生活中常见的户外场景。在新西兰步兵师准备发动进攻的前两天，他在一条记录开篇中说道："我刚从一段最有趣的旅行中返回。"莱因德又按时间顺序记录了他如何巡视弗里库尔和附近的乔治国王山，"像是被我军火炮轰炸形成的洞所构成的蜂巢"。山顶有个十字架，标记着曼彻斯特步兵团20营士兵阵亡的地方。而拉波瓦赛"就像一个被吹皱了画面的村子"。从另一个山上俯瞰马梅斯林地，他可以看到落进德军堑壕的炮弹，也能看到"对方的炮弹"落进"我们的"堑壕。莱因德因此受到启发得出结论，"整个场景很奇妙。我们视野广阔，可以看到周围数英里的地方"。没有什么能破坏莱因德兴奋的心情，即使他和向导走了35个台阶来到一个他十分赞赏的德军地下堡垒时，碰到了更加恐怖的事情也没有。在堑壕里，他看到了"身体的一半被炸没了"的德军尸体，和"肚子上有个刺刀刺出的血洞"的尸体。这些还只是他在堑壕里的部分经历，如莱因德记录的，这种类型的尸体比例"相当高"。

　　9月12—13日前去侦察德军堑壕和乔哥国王山的新西兰士兵，除了莱因德，还有23岁的一等兵乔治·休姆。他也是奥克兰人。

他走进地下堡垒也看到了同样恐怖的场景。"躺在床上的是个德国军官，心脏被挖出来了。眼睛被刺刀挖了出来。我们的战友先前来到这里时，一定是刚好堵住了这群德国佬，然后给予了德国佬他们应得的下场。"

但并不是每个新西兰士兵都有时间去"观光"。新西兰步兵师通讯连25岁的通信兵莱斯利·肯尼9月12日全天都在小巴藏丹林地的预备堑壕里安装通信电缆。在安装过程中，进攻前发射的削弱敌方防御的密集弹幕快要把他耳朵震聋了。据肯尼说，他工作地点背后有几百门大炮。发射时，100门大炮一起装填，一排接着一排，"数不清多少排"。他报告说，大炮一直没有停止发射，"大炮跳起来，震动着，像发疯似的咆哮着"。在附近的士兵与肯尼一样饱受喷进步兵堑壕的"猛烈爆炸产生的滚烫火焰和燃烧了一半的火药烟气"的折磨。轰隆隆的炮声中还夹杂着从指挥官喇叭传出的喊叫声。他们必须用喇叭喊话才能让士兵听到他们的声音。因此整个工作环境噪音特别刺耳，如肯尼所说，"知觉逐渐麻木。耳朵很不舒服，开始耳鸣。作业时，感觉很不真实，就像是在一场清醒的梦中"。

这可能就是肯尼和其他写日记的士兵记录他们所看到的场景时，让人感觉到真实的部分原因。肯尼所处的地方充满了弹坑，因此他很难绕开这些弹坑铺设线路。他的脑海中留下了炮火摧残过的场景，林地里的"树干被炮弹炸得焦黑，光秃秃的，没了枝叶"；原来风景如画的镇子里，垃圾和军事物资堆积如山。9月13日，肯尼去给新西兰部队的预备堑壕配送通信电缆。途中，他进入德军的一座地下堡垒。即使他已经对恐怖画面感到麻木了，但那里依然

第三十五章 杀戮欲望

给他留下了深刻印象。地下堡垒里放着敌人残余的物品，附近有个炮弹炸出的巨大坑洞。"炮弹明显击中了这名站在地下堡垒前的敌人，他的头骨仍在洞顶，而沾满泥浆的破烂制服包着的残肢却倒在洞中的地面上。"

肯尼于 9 月 14 日在支援堑壕和前沿防线之间的地区铺设电缆，那里被炮火毁坏得更严重。如他指出的，被炸碎的敌人尸体"到处都是"。他在日记中也提到过，"堑壕墙壁坍塌了，里面散落着尸体的残骸，遗弃的装备，沾满血渍的肮脏泥浆，残破的步枪，生锈的刺刀，各类布料，还有许多无法形容的各种废弃品，和腐肉一样发出刺鼻的气味"。

返回波米耶防御工事的营地途中，肯尼注意到天空中"华丽绚烂的落日"与战场中的死亡与毁灭氛围很不协调。他在绿色的军需品临时供应处看到"20 辆机动防弹拖拉机"，"形状像扁平的鱼雷"，类似"一侧放倒的小型战舰"。有人告诉他次日进攻时充当先锋的就是这些东西。

肯尼不用跟随坦克行动，因此他只要到了波米耶防御工事，就意味着他的任务已经结束了。他返回工事去睡觉，周围爆炸的炮弹也不会对他造成什么影响。肯尼虽然睡觉去了，但第二日清晨 6 点 20 分进攻的各突击营士兵的考验却刚刚开始。新西兰第 3 燧发枪旅 2 营 25 岁的二等兵威廉·威尔逊入伍前是个农民。他在记录中提到了他和战友在进攻前那天晚上的精神状态："我们现在像狮子一样勇敢，但到了明天早晨，死亡气息蔓延时，不知道我们是否还有勇气面对？"不论他的战友是否也有同样的感觉，在进入弗里库尔林地准备前往集结堑壕时，他们的脸上都带着愉悦的表情。然后，他们向北进发。随行的乐队一路上给他们演奏乐曲，他们因此变得更坚定了些。

　　前往前线本身就是一场对胆量的考验。穿过马梅斯林地后，新西兰士兵不得不面对敌军炮火的夹击。他们沿主干道穿过山谷时，敌军的火炮对他们进行无情地狂轰滥炸。行进中的士兵看到了很多失去生命的人。威尔逊叙述说，鹅卵石路上躺满了死亡的马与骡子，以及部分被掩埋的尸体。他们沿途看见很多被毁坏的火车。不过，他觉得最引人注目的是只修建到一半，竖立着简陋十字架，被炮弹和拖车亵渎了的墓地。"我看到尸体躺在地上，无人去埋葬，"他记录道，"虽然每天都有成千上万的人死去，但没有人会注意这些墓地。"

　　威尔逊离开山谷进入通向前线的交通壕之前，他看到的场景给他留下了非常深刻的印象。他在记录中提道："地面被炸得坑坑洼洼，6匹还戴着马具但已经死亡的马匹躺在地上。马尸被严重毁坏。应该是一枚炮弹直接砸在了这些马身上，因为拖车也成了木头碎片。略靠近路的一侧有两个新坟墓，里面埋着马夫的尸体。"爬过交通壕后，威尔逊他们排在9月14日晚上10点30分左右抵达隆格瓦勒至大巴藏丹公路北部的集结堑壕。那天很冷，他们需要在堑壕里等待大约8个小时，等待的同时还要努力在堑壕一侧挖洞，但是在"挖出一些穿制服的东西"后就再也不挖了。恶臭味让他们明白这又是具腐尸。这也是威尔逊和战友希望不要在此停留，快点奔赴前线的另一个因素。

第三十五章　杀戮欲望

威尔逊并不在最前沿的集结堑壕。最靠近德军的集结堑壕右翼是新西兰第2步兵旅奥克兰步兵团2营，左翼是奥塔戈步兵团2营。这两个营会确保进攻开局的顺利进行。当然他们并不是孤军前进，紧靠他们右侧的是英军第十五军41师，而41师的右侧是第十五军14师。14师在十五军右侧协同进攻。新西兰部队的左翼有英国第三军提供援助，第三军左翼则由预备集团军的加拿大军协助。

新西兰第2步兵旅发动的进攻只是整个战斗4个阶段中的第一阶段。9月15日6点20分，该旅首先向北挺进，旨在攻下集结堑壕山坡上约150码的山顶堑壕。然后，继续前进约450码攻占同一山脊上的中转堑壕。早晨7点20分，新西兰第3燧发枪旅4营奔袭同一山脊另一侧向北约1 000码的另一道德军堑壕防线。随后在8点20分，新西兰第3燧发枪旅2营和3营会向弗莱尔北部进军，为该旅1营10点50分后进攻最终战略目标格罗夫山谷铺平道路。

4个阶段中，前两个阶段用时非常重要，因为进攻部队会受到徐进弹幕的保护。新西兰士兵向前缓慢行进接近德军堑壕途中，炮弹会在他们前面倾泻而下作为掩护，避免他们被可能在堑壕里防守的德军所射杀。

如果分配给新西兰军的4辆坦克能够按计划出现在步兵的前方，那新西兰军的进攻会更加顺利。然而，在即将发动进攻的5分钟前，新西兰第3燧发枪旅收到消息，称1辆坦克失去行动能力，另外3辆也不能按时抵达。6点20分，新西兰第2燧发枪旅各营向前进军，他们本来就对巨大"履带"的协助没有太过期待。但这对奥塔戈步兵团2营和奥克兰步兵团2营的进攻带来很大影响。因为前者暴露在无人区的广阔区域，极其容易遭到攻击。在他们左侧高地林地防守的德军把他们当活靶子一个个射杀。

在右翼部队中有奥塔戈步兵团 2 营 22 岁的乔治·塔克。入伍前他是一位木匠，从军后一路晋升至少尉。他记录下弹幕从换防堑壕开始轰炸这个重要时刻。进攻队伍前列成排的士兵在堑壕外 20 码的地方被德军的火力所逼停，他们中没有长官，军官在进军途中或者被杀，或者是受伤了。士兵们被德军扔向他们的手榴弹给吓到了，不断稀疏的队列也让他们意志消沉。"我大声喊了一遍又一遍：'不要停下！'"塔克报告说。他意识到"德军那个时候有很大概率击退我们的进攻"。

德军给扑向他们、踩躏他们的新西兰进攻部队留下的印象，如塔克后来描述的，"他们像是个大浪余波，看起来并不是很坚决"。为了尽力攻克首要目标，塔克强迫自己前进，他沿着被炮火重创的换防堑壕胸墙一路向下，成功冲到了敌人中间。"在我左右两侧，我看到一些士兵跟着我一起这么做的，"塔克记得：

> 一大拨人冲出堑壕。接着，恐怖事情发生了。我没用刺刀，我旁边的人冲上去对付一个德国兵，结果两人都中弹死了。我转过身对付离我最近的德军，然后再对付下一个。这些只是发生在片刻之内。
>
> 然后我们的人涌向堑壕，这不是战斗，这是一场报复行为。堑壕里的德军比我们的人高 2~3 英寸。但我们的人历尽万难才冲过来。我们刚冲进来，德国佬就想投降。我不责怪我们

第三十五章　杀戮欲望

的战士不接受德军投降，他们跟德军继续战斗。战死，就算不战而降也得死。

据塔克说，第一次进攻后大家像疯了一样。有个人沿着堑壕跑的时候尖叫"来呀，混蛋。这是男人的事，你们现在面对的不是女人和孩子！"其他人把掩体里还活着的德军"挖"出来，随后把大部分德军给杀了。

德国驻军投降后被屠杀的数量规模有多大，威廉·布雷斯韦特准将在其富含雄心壮志的报告中并没有提及。他在报告中写了他们营对待俘虏的方式，"山顶堑壕里存活的只有 2 名红十字人员和 2 名伤员"，在转移堑壕"只俘虏了 4 名德军长官"。奥克兰步兵团 2 营中校则更加直率，在提交的报告中写道："我们营的俘虏只留下些伤员。现阶段，要想不耽误行动，只能那么做。"

转移堑壕里德军可能猜到了被俘会发生什么，他们中有些人决定在勇敢反抗的同时也要保持谨慎。他们在逃跑过程中很多被一挺迅速架到堑壕背墙上的路易斯机枪射中身亡。没被射杀的德国兵，新西兰部队也会紧追不舍，士兵屠杀的欲望太强烈，以至于他们没在指定的攻击目标逗留太久，而是选择冲过去追赶逃跑的德军。21 岁的沃尔特·格雷厄姆选择的就是去追击德军。他性子急，入伍前是一家贷款公司的职员，入伍后服役于奥塔戈步兵团 2 营，该营进攻时在左侧。他在事后的报告中解释了德国守军的顽强抵抗把他吓到后，导致他气血上头的事。以下为节选内容：

我们排是第二拨进攻队伍。冲到一半的时候，我看到从堑壕探出头的德军开枪射击我们。当我们追赶上第一拨进攻部队并加入他们时，队列还是显得很稀疏。我们躺下来等待冲锋的时机，德国佬用机枪向我们疯狂地扫射，有那么几秒钟，德国佬的子弹打到我前面大概1码处的地面。这让我有点害怕，我马上向后挪了几码的同时也冲我左边的战士喊话，让他往回挪动一下。然而当我看到他脸的时候，我发现他已经死了。我们站起来开始冲锋时，德军的射击开始变弱了，过了一会儿就停了下来。德军有一半人举起手投降，其他的则逃之夭夭了。

　　我们都想冲上去用刺刀捅他们，但有些德军逃跑的速度很快。我跳进德国佬堑壕，发现堑壕太深，我从另一侧爬不出来。因此，我拉出一个看起来死了的德国佬，把他摆成坐姿靠在堑壕一侧，我踩在他肩膀上爬了出去。现在想起来，这事很恐怖，我不确定那个德国佬是不是真的死了，但我当时很兴奋并没有注意这些。我追击一个家伙，几乎就要抓到他了。但我那时发现这种行为并不太安全，果然那家伙开枪了。然后，我立即躺下瞄准他，开枪回击。

　　随后另一个可怜的家伙蹒跚地向我走来，他仿佛想要投降。但是当时有很多人朝他开枪，我知道如果我让他靠得太近，我也很有可能被射中，所以他离我大概15码远时我朝他胸口开了一枪。

　　塔克和他们排的士兵在距离他们刚攻占的堑壕大概60码远的

第三十五章 杀戮欲望

地方挖了一道新堑壕,以便他们躲避最糟糕的情况——炮击,这种事情在战场上一定会发生。这时,新西兰第3步兵旅4营从他们身边经过前往下一个攻击目标,并且于7点50分左右攻下了该目标。

这为蛙跳式进攻的第二阶段打开了通道。右侧的新西兰第3燧发枪旅2营和左侧的3营于8点20分出发进攻弗莱尔堑壕和弗莱尔支援堑壕。二等兵威廉·威尔逊在记录中写下他们2营是如何被德军机枪手挡住的。德军不停扫射冲锋的新西兰士兵。威尔逊在一个弹坑的掩护下才得以幸存。大概12名战友爬向左侧,从侧翼攻占了德军据点后他才敢爬出来。不过,让人脊背发凉的是接下来发生的事情。威尔逊描述道:

> 德国佬从没打算逃跑,他们举起"爪子"。在战场震天的噪音背景下,我们仍然能听到他们呼喊"饶命,伙计,饶命!",但是他们的两挺机枪已经让我们伤亡了太多人,他们求饶的喊声没人会在意。我到了那里时,第一次看到有人对俘虏使用刺刀。上帝,这太可怕了!但这一切只用了几秒就结束了。所有的12名德军俘虏都充满痛苦,躺在那等待死亡降临。有些德国佬想跑,但很快就被射倒了。
>
> 一名我们的军官冲到前面,想要阻止更多的屠杀行为。他不得不用手枪威胁我们的战士,让他们克制一下。

但正如从威尔逊的记录中节选的片段所表达的,军官来晚了,他来不及阻止冷血的新西兰士兵枪决一名被俘的德军。"我到达时看见一名德军跪着,双手高举过头,乞求饶命。一个年轻的小伙子走到他面前,盯着他看了几秒,故意在 3 码远的地方,拿出他的步枪朝着俘虏开枪,几乎把这个德国佬的头给打掉了。"

  威尔逊只是协同战友攻占了他们营负责进攻的部分堑壕。很多堑壕里空无一人,德军已经跑了。他们到达弗莱尔北部最后一个进攻目标之前,威尔逊的腿受伤了。不过,在最后一个进攻目标现场的英格里斯上尉描述了那天最后的行动。英格里斯在记录中提到了部队对坦克的使用比较成功。坦克大概在上午 10 点 30 分才抵达弗莱尔堑壕前方,也就是新西兰第 3 燧发枪旅 3 营被德军阻挡的地方。坦克突破了阻挡他们的铁丝网。英格里斯也描述了他们当天最后的战略目标——格罗夫山谷的一部分。他们的行动是为了保护新西兰部队和第十五军其他两个师,防备德军从西北部发动突袭。这需要英格里斯他们连左翼向弗莱尔北部移动 600 码左右,而右翼在此基础上需要多向前移动 200 码。右翼之所以多行进了 200 码是因为目标防线正对着西北方。

  第十五军的其他师也需要更加努力,虽然都没有推进到最终预定目标,但大家当天的行动还是比较成功的。紧靠新西兰部队右侧的 41 师各营最后到了弗莱尔北部的防线——4 个进攻目标中的第 3 个。14 师各营的表现参差不齐,其左侧部队到了弗莱尔东北第 3 个进攻目标布尔公路,但右侧部队却被阻止在了公路南侧。

  英格里斯在记录中坦承自己所犯的错误,这一点值得称道。造成最惨重损失的失误发生在 11 点左右,位于他们准备进攻的目标——长 450 码的格罗夫山谷后方。在格罗夫山谷转移堑壕的大概

第三十五章 杀戮欲望

200名德军士兵没有抵抗便直接逃跑了。这就解释了为什么英格里斯他们的小规模作战会取得胜利。如果在长满草的平坦高原，他们直接这样冲过去，就算没被格罗夫山谷里的德军火力点歼灭，也会被山谷北部高地的火力点所歼灭。

但在占领山谷后，新西兰军面临一个新问题。英格里斯看到德军沿格利伯街道（Glebe Street）周围的沟渠，直奔驻守着120人的格罗夫山谷右后方而来。他给负责防守刚刚攻占阵地的军官发信，让军官分出一个排防守他们右翼后方的地区。"我不安地看着通信员，看到他到了堑壕，"英格里斯报告。然而，让英格里斯"吃惊"的是，军官带着大概20人过来时，格罗夫山谷内的其他部队也跟来了，这相当于他们从刚刚攻下的堑壕撤离了。

英格里斯设法阻止了打算撤回弗莱尔的部队，他还试图重新攻占格罗夫山谷。他发现身边只有2名军官，而德军火炮正在轰炸高地。让军官在炮火中整队发动进攻，这不现实。英格里斯充分认识到，他会因丢失山谷受到责备，这让他更加恼火。他本应该提醒那些留在格罗夫山谷的人，让他们在行动前提防右翼的士兵，以防这些士兵后撤。话虽如此，新西兰士兵做得不算太差。他们那天前进了差不多1.5英里，这在1916年的阵地战中也可以算作纪录了。

另一个错误是在进攻格罗夫山谷前穿越弗莱尔北部街区时，英格里斯手下士兵造成的。他们经过一个地下堡垒时，英格里斯把枪对准台阶下面，一个戴眼镜、有胡须的德国士兵站在台阶上喊道："不要开枪！有一个伤员！"英格里斯放过了他，继续前进。但有一个士兵却没有这么仁慈，他向地下堡垒里抛了2颗米尔斯手榴弹。英格里斯称他"心肠太硬"。这一行为扑灭了可能在酝酿着的反抗。但也可以说,这是之前屠杀战俘行为的延续。不过,英格里斯随后承认,他的决定并不明智。如果他放过德军继续前进,那他的士兵可能会成为人质。没人能保证,这些可以在他们后方自由活动的德军会不会攻击新西兰军。

有人担心新西兰部队可能会被落在弗莱尔后方的德军突袭。那天晚上的晚些时候,二等兵伯利和惠灵顿步兵团2营的战友经过弗莱尔时被德军袭击了,这说明之前的担心确实有些道理。那时,弗莱尔村子的面貌已经被战争摧毁得面目全非。伯利后来由于受伤而被送到英国。在英国,他讲述了事件的经过,当他们正在穿过一堆坍塌的建筑物废墟,从倒地的树木旁经过,穿过各种残骸,还有成百上千德国佬的尸体时,他们被一个藏在暗处的德军机枪手攻击,有几个人被打死了。

伯利他们排剩下的人彻底搜查了那个地区,寻找那位机枪手,但只俘虏了4人,而那片区域藏起来的德军有将近30人。"我们给这四人搜身,拿走了他们身上所有看起来还不错的东西",伯利是这么说的:

> 我缴获了一顶头盔、一条皮带和一些明信片。然后,我们接到命令将他们送回去,但他们杀害了我们6个战友,里面包括我们的中士,导致大家很恼火,就用刺刀"结果"了他们。
>
> 在医院时,我仍拿着头盔,那些卡片也被保留下来,我应该紧紧拿住这些东西。他们要我上交,但我没有这么做,而是

把这些东西留在储物柜里。柯蒂斯女士代表南威尔士新西兰分遣队协会来访时，想用5英镑交换我这些东西，但我不愿意……

8月底发表的那场充满享受乐趣的"不要俘虏"讲座激起层层涟漪，不仅传播到了弗莱尔，还传回了英国。有教养的姑娘们希望能够沐浴在年轻战士胜利的荣光中，她们排队购买战士们"英勇"获得的奖品。因此，她们创建了一个交易这些用不道德手段所获得的物品的市场。女士们最终知道了进攻像弗莱尔这样的地方，需要牺牲的人员规模：新西兰步兵师9月15日伤亡超过1 900人，这个伤亡数字不可能被永远隐藏在水面下。但起码从短期来说，只有部分女性意识到了参战的全部代价。她们的亲人在信件中向她们公开承认，战争把他们战前的绅士风度扫荡一空。

甚至新西兰军队的长官们也没有意识到问题的严重性。英格里斯上尉坚定认为，他的大多数士兵不可能做这种相当于谋杀的事情。但他亲眼看到过一个场景，说明至少有些人可能会那么做。9月17日上午，他们把滞留在救护站的伤员抬出来送到阿比公路后方途中，他不小心听到一个抬担架的战士说的话。这名战士发现他担架上躺的是名德国兵，然后说"抢了这个浑蛋，然后用刺刀捅死他！"

这名士兵是否会按他说的那样去做？英格里斯在"可能的行动"发生之前介入了，那名德国兵被平安地抬到了医疗站。但是，鉴于已经被指明能够证明新西兰士兵战争罪行的其他证据浮出水面，英格里斯目睹的可能只是罪恶的冰山一角。这些罪恶意味着，被新西兰部队关押的德军俘虏不可能活下来，向法庭讲述他们的故事。

第三十六章

坦　克

高地林地，库尔瑟莱特，四边形地区，1916年9月15日

9月15日进攻之前的几天，当第十五军和新西兰步兵师还在准备上一章提到的跳跃式大进攻时，第十四军和第三军中的英国和加拿大部队以及加拿大军团在为大战做最后准备，因为有些准备工作直到最后时刻才会去做。进攻前两天，还有一些英军部队没听说过坦克，更别说知道坦克的用途了。9月15日，第50师诺森伯兰第6燧发枪团1营接到命令向马坦皮什（高地林地西北）进军。该营哈洛德·霍恩中士战后记录道，"我们前往堑壕途中，经过了好几个罩着伪装网的庞然大物，但在黑暗中看不清那是什么"。直到他和战友进入进攻位置，他们才知道了坦克的"秘密"。上级命令他们进入每辆坦克所需要经过地区的堑壕。

机枪手也同样在9月14日接到命令，让他们"远离坦克要进攻的既定'路线'"。火炮组的道德拉斯·佩格勒军士长在日记中记下了这条命令，并补充记下"上帝才知道'坦克'是什么东西。我

第三十六章 坦 克

听说是防弹车辆一类的东西"。

进攻前的晚上，坦克必须被护送到步兵前沿防线后方的集结阵地。伦敦第9步兵团（维多利亚女王燧发枪团）第1营战士格雷（W.J.Gray）接到命令前往护送支援第56师的3辆坦克。9月15日位于第四集团军南侧的即是第56师。该师目前在卡文中将的第十四军所控制的区域（第三军康格里夫中将因为身体原因不得不返回伦敦，卡文和他的军团在8月17日时接替第三军掌管了该区域）。他们需要谨慎选择道路，还要穿过很多弹坑，所以进展非常缓慢。坦克部队指挥官想到了解决办法之后，情况才多少得以改善了些。"你拿着我的手电筒，在坦克前面5~6码处，挑出最适合坦克行军的路线。这样，我们应该能前进得快些。"坦克指挥官告诉格雷。离敌人较远时，这么做格雷很高兴，但快到目标地区时，他决定关掉手电筒，只是偶尔打开用一用。坦克部队指挥官看到后，下车询问他出现了什么问题。格雷解释后，指挥官表示可以理解，但坚持"他们已经迟到很久，必须不计代价让坦克快速前进"。当格雷被要求护送一辆坦克前往前沿防线后方时，他越发感到不安了。途中，德军火炮的轰炸更加猛烈。不过他们最终安然无恙地抵达了指定位置，而格雷也可以不用再打开手电筒。"谢天谢地，我的工作终于结束了。"

格雷护送坦克时所面对的困难就是所有坦克指挥员所面临的困难。每支英军部队都希望坦克毫发无损，希望坦克能成为最终打破僵局的利器。然而，他们担心坦克或坦克部队会遭到敌军的炮火打击，会殃及步兵，所以不想让坦克距离他们太近。坦克指挥官的待遇和培训并不是很充足，这使得他们的任务显得格外艰难。25 岁的巴兹尔·恩里克斯中尉是唯一一辆抵达四边形据点的坦克的指挥官。要塞位于然希和莫瓦尔之间，是第十四军第 6 师的进攻目标。恩里克斯对他们曾经面对的挑战有过描述。

难以置信的是，恩里克斯和他的坦克小队经水路被运到法国前，他们只在一个坦克里共同练习过一次如何操作坦克。行动开始前，他们从来没有在分配给他们的坦克里试射过炮弹，也没有在移动的坦克中开过炮。他们也没有在缺少地形侦察的乡村道路操作过坦克，也没在关闭坦克上盖，只能通过玻璃棱镜的小缝或潜望镜观察的情况下，进行过驾驶训练。

同样令人担忧的是，恩里克斯的长官在进攻开始之前没有给他任何明确的书面指令。恩里克斯知道他需要在步兵到达前到达德军前线，但没人告诉他为了和进攻时间表相一致，他们应该在什么时候穿过无人区。恩里克斯和其他坦克指挥官也没有收到任何通信设备来强化他们与坦克小队队员的沟通。这个阻碍因素使他们在坦克内部巨大的噪音中几乎没法交流。恩里克斯想让坦克小队队员注意到他的话，还必须得用一根棍子在队员肩上轻轻拍打一下。

坦克要支援的步兵们并不知道坦克的这些缺点，这对坦克兵很不公平，尤其是了解到坦克指挥官及坦克兵在 9 月 15 日进攻中的遭遇后，这种想法更加突出。进攻时，不会向坦克抵达的第一进攻目标区域内发射炮弹。每辆坦克行驶区域有 100 码宽。从坦克成员角度看这么做有一定道理，不过，一旦坦克没能成功抵达德军前线，那么他们面对的只有死亡。这种情况下，步兵必须冲上去，把

第三十六章 坦　克

英军或加拿大军的炮兵没有炸掉的德军步兵和德军机枪手解决掉。

经过索姆河地区前几次战役的试验，协助英军步兵进入德军堑壕的火炮轰炸系统才得以完善。鉴于这种情况，上述让步兵支援坦克令人更难承受。新的火炮系统是用来打击德军主要堑壕防线前方乃至后方的机枪手。该系统被称作"徐进弹幕"，正如名称所表示的，它指的是让炮弹沿每条堑壕防线的区域逐渐向前推进。"徐进弹幕"经常会与第二道火力弹幕同时进行，而这第二道火力弹幕则是固定打击要进攻的堑壕。两道火力弹幕会在特定时刻开始轰炸堑壕防线。如果想让步兵从中获得最大好处，那么两道火力弹幕必须在精确时刻轰炸要打击的堑壕。

进攻开始不久，英军会发现在坦克驶近以及坦克驶过的区域，炮弹并没有轰炸过，他们大多数人似乎没有考虑过这会给他们带来什么危险。诺森伯兰燧发枪团霍恩中士回忆说，他听到了从堑壕后面传来的"机器嘈杂声"。这些庞然大物的外表让他感到惊讶：几个"带有履带像癞蛤蟆一样的东西"上面装有凸出的机枪。其中一个像怪物幽灵，从他帮忙铺设的堑壕"桥"上徐徐驶了过去，笨拙地穿过无人区向德军驶去，然后消失在晨间雾气中。

霍恩中士或其他英军步兵是否可以认识到，在敌军防线背后穿插需要怎样的勇气——在一个移动缓慢的防弹金属壳子里，通常情况下，没有任何英军部队的支援——这个问题很有争论。恩里克斯中尉对自身经历的描述凸显出他个人在9月15日所忍受的折磨。开始进攻前，本应协同他的坦克共同加入战斗的另外2辆坦克出现了故障。随后，9月14日至15日午夜前不久，他发现自己的坦克油量不足，这让他有些不知所措。此外，本该存放在当地军需品库存处的新配发汽油并没有在那里。恩里克斯派人匆忙跑回去寻找必需的燃料，直到15日凌晨4点前不久才回来。只有把坦克加满油后，他们才能把它驾驶到英军前线后方的出击地点。

途中，坦克必须向下驶过一段下沉公路。公路地面都是德军尸体，所以需要开着坦克压过尸体。在坦克履带压过他们之前，这些尸体就已经腐败了。不过，坦克在5点30分左右就抵达了前线，为6点20分的进攻赢得充足的时间。5点40分时，恩里克斯命令驾驶员向德军前线进发，在第6师要求加入他们之前靠近四边形堑壕旁边已经攻占了的地区。

恩里克斯和他的坦克组员声称成功摧毁了一两个机枪阵地，但这不足以确保步兵的安全。第6师的一些部队行进过程中被德军的火力阻截了，有些部队被阻挡在德军堑壕铁丝网前。英军在之前的行动中没能切断德军的铁丝网。英军炮兵没有轰炸四边形堑壕，导致英军步兵突破德军防线的概率进一步降低。英军地图上没有显示要塞的精确位置，炮兵也没能按第十四军发布的命令行动，命令要求他们正常轰炸3辆坦克通道中的其余两道。

恩里克斯他们坦克的出现刺激了四边形堑壕周围的德军机枪手，这些机枪手向他们疯狂扫射。恩里克斯后来描述了这对坦克内的他们造成了什么影响：

> 敌军击中了面罩盖前方，一些碎铁片射了进来。血从我脸上汩汩流下。过了1分钟，坦克驾驶员也遭遇了相同的事

第三十六章 坦 克

情。然后，我们的棱镜玻璃碎了。紧接着又是一个爆炸——我认为我们肯定是被炮弹击中了——就发生在我面前。驾驶员伤势过重，他不得不停下坦克。这个时候，我什么都看不见了。所有的棱镜（嵌在坦克护板缝隙中）都碎了。一个潜望镜也碎了……只用另一个潜望镜，根本没办法观察。我转过身，看见我们的机枪手躺在坦克底板上。我不清楚发生了什么，只能朝他们大喊，让他们开火。我当时什么都看不见了，所以就稍微打开了顶盖往外观察。这种行为很危险，因为他们近距离射击，可以把子弹射进来，然后打中我们。

但最令恩里克斯感到恐慌的是，他们发现打中坦克火炮凸出底座——固定在坦克侧面支撑火炮的金属件——的子弹会弹射进入坦克内部。这也是为什么坦克内的炮手会放弃操控躺在坦克底板上。结合这些因素，恩里克斯认为，如果他们继续徘徊在德军防线后方，他们可能会被全部杀死，坦克也可能被敌军所缴获。因此，他很不情愿地命令把坦克开回英军阵地。

他们把坦克开回英军防线后，恩里克斯因自己做出的这个决定纠结了好几个月。他身上出现了我们今天称之为"精神崩溃"的症状。人们认为，这可能部分归咎于进攻过程中坦克没有发挥作用；还有部分原因是，这导致众人觉得恩里克斯是懦夫，当然，懦夫这个称呼也是部分原因。有些人猜测还有第三个原因：恩里克斯小组的另一名坦克指挥官阵亡了，他对此感到很悲痛。这名指挥官的坦克在进攻前就被毁掉了。

20岁的乔治·麦克弗森中尉即是上文提到的坦克指挥官。他和恩里克斯有着深厚的友谊。这种关系是否超出了友谊的范畴，从公开可获取的资料来看，很难给出论断。然而，有研究表明恩里克斯可能被他这名年轻的同僚所吸引，可以确定他强烈赞美过麦克弗森。他描述麦克弗森"身材高大……蓝眼睛……皮肤几乎和女孩子的一样"。不管两人到底什么关系，恩里克斯毫无疑问很喜欢麦克弗森。所以，当他的坦克修好，被部署准备下次进攻的那一天的晚些时候，他得知了麦克弗森阵亡的消息。那时，他的内心是崩溃的。随后他尝试自杀，留下一张便条，称："上帝啊，我是懦夫。"这个说法是否真实，人们有诸多疑惑。不过，这一说法可能与恩里克斯后来的精神抑郁有一定关系。

正如批评巴兹尔·恩里克斯的人所说的那样，他们第一次使用坦克时犯了很多错误。但1916年9月15日使用坦克过程中，最愚蠢的错误可能是由第三军普尔特尼中将做出的一个决定导致的——进攻高地林地时，使用了分配的7辆坦克中的4辆。这一决定不仅忽视了负责攻克高地林地的第47师师长查尔斯·巴特少将的意愿，还违背了常识。封闭在坦克内部的队员很难在一片树林中找到出去的通道。即使坦克最终穿过了林地，但坦克噪音也足够惊动附近的德军。此外，使用坦克后，英军便不可能再炮轰林地。这是本该考虑的另一个重要因素。

普尔特尼决定，进攻开始后，林地里的第47师必须与德国驻军展开激战，这造成了不必要的伤亡。高地林地外的第47师部队取得的进展与林地内缓慢的进展形成对比，这在弗农·威尔金森写

第三十六章 坦 克

的记录中着重描写了。威尔金森19岁，是伦敦第15步兵团1营一名二等兵。该营主要连队都在林地里作战，而威尔金森所属连却在林地东部外面战斗。结果，他们连在行动时，大多数情况下都得到了英军火炮的掩护。

在哨子吹响新一轮的进攻之前，威尔金森亲眼看到了令他十分震惊的场景，看起来就像从一个完整世界跨入了一个残破的世界。他们连从德尔维尔林地向高地林地进军时，威尔金森在途中看到很多死马。有些马的死状十分惨烈，马匹体内的脏器翻了出来，上面飞着成群的苍蝇。马匹在战争中的困境代表着过去的落后时代，这与新式高科技武器——"履带式车辆"形成鲜明的对比。他们在去往前线的路上遇到过一辆"履带式车辆"。

威尔金森记录了他们连到达高地林地南部边缘的堑壕后，大家在看到先前防守堑壕的人的尸体时都流露出焦虑情绪；尸体被扔出堑壕，扔到了他们头顶的堑壕背墙上。威尔金森随后的记录写道，如果有德军想要他的命，他无论如何也会多拉几名敌人垫背。"我们早些时候打算少吃点早餐，因为果酱吃起来有股煤油味，我们都没有多吃。不过，配给的大量朗姆酒让我们很高兴。有些小伙子想在进攻时保持头脑清醒，就没过来喝，但我们仍然给他们留了些朗姆酒。大家都很高兴，我自己也喝了不少，兴奋得当时就想跟德国鬼子大战一场。"

6点20分（进攻时刻），威尔金斯他们爬出护墙，但却遭到敌军"机枪的凶猛扫射"。从威尔金森对英军炮兵的记录看，他们连很明显不在坦克通道上。"我军发射18磅炮弹时的开炮声音，盖过了周围所有的声音。感觉炮弹从我们头顶擦过去。"然而，轰炸似乎对德军机枪手没造成什么影响。"扬·里德呻吟一声倒下，血从他头上一个伤口处汩汩流下。"威尔金森写道。

威尔金森和他们小队向北行进抵达林地东侧外围更靠东的区域时，他正面碰到了一个德军机枪阵地。他开枪射中对方机枪小队中的两名德军，他的战友解决了另一名机枪手。"我开枪的时候，没多想，就感觉像是在用气枪射击游乐场里面的目标，"他后来记录，"但是近距离看到了那些死去的德军，我不知怎么就变得清醒了，开始严肃看待这件事情。"威尔金森竭尽全力克制自己，但遇到堑壕里另一拨德军时，他还是开枪了：

> 他们已经放下枪，放弃抵抗了。我想用刺刀杀掉他们，但又下不去手。我就在 2 码远的地方，朝离我最近的两个人射了两发子弹。这是谋杀！我不知道我是怎么开的枪，本来很容易就能俘虏他们。我永远忘不了用枪指着他们时，他们脸上的表情，那是种带着害怕很不自然的笑。我开枪前，他们往后缩。我们清理了堑壕，俘虏了一些德军，把他们送回后方。

威尔金森之前看到过成片的苏格兰士兵尸体，他的开枪行为可能与此有关。他在记录中提到，"很多身着苏格兰格呢褶裙的尸体躺在四周，他们赤裸的腿几乎变成黑色，气味很难闻"。那是种"让人恶心的甜味，在人的鼻孔里飘荡，一个星期后才消失"。复仇后，他们连很快发现战局又反转了，林地里德军的反击阻挡住他们。多亏了第47师140旅迫击炮连支援，他们才得以幸存。140旅迫击炮连在15分钟内向林中德军要塞发射的迫击炮弹多达750发。后来，德国驻军难以抵挡，不得不投降。当天晚上，高地林地最终落入英军手里。

我们已经注意到，新西兰部队对待俘虏时使用的手段十分残酷。（见第三十五章）为了避免读者在读过弗农·威尔金森记录后得出英军和新西兰军队比其他军队的行为更应该受到谴责的结论，此处提到加拿大军一名士兵写的记录会很有趣。

9月15日爬出堑壕发动进攻的加拿大士兵中，有位令人印象深刻的年轻士兵——兰斯·卡特莫尔。他18岁，是加拿大军团21营的二等兵。他们营位于加拿大第2师第4旅的左翼，负责进攻库尔瑟莱特南部的制糖厂。这是加拿大部队进攻村庄前采取的预备行动。如果卡特莫尔的排长或其他军官卡在进攻时刻才吹响口哨让大家爬出堑壕发动进攻的话，那估计卡特莫尔根本不会听到任何哨声。6点20分时，火炮的轰轰巨响盖过一切的声响。"我们头顶充斥着数以千计的炮弹呼啸而过的尖锐破空声。"他向身后观望时，"视力能达到的最远处，上百门火炮排列整齐，喷出一片火海，射出的火舌和烟雾令人感到恐怖"。

卡特莫尔他们排是第三拨进攻梯队，不需要在第一时间行动。卡特莫尔和他们的20人小队只需要跟在后面冲出堑壕即可。然而，他开始往外走时，一枚德军炮弹落在他前方不远处，掀起很多土块，把他砸翻在地面上。幸好那是枚哑弹，要不然他可没那么好运活下来讲述他的故事。卡特莫尔从地上爬起来，催促战友继续向前进发。这时，他看到战友约翰·罗布"跪着，身体朝后坐在脚后跟上，两只手臂松垮得垂在身边。他的头盔掉了，脸朝着天空。我没意识到他中弹了，我大声喊道：'起来罗布！'但走到他身前时，我看到血从他脖子上喷涌而出。很明显，炮弹击中了他的颈静脉。那时，我知道他完蛋了，但行进中我们不能停下来去救助同伴"。

与德军交战时"不留活口"的交战规则非常残酷。开始进攻前，卡特莫尔就清楚知道如果敌人试图投降他该怎样做。"我们接到命令，坚决不接受俘虏，直到攻克目标。原因在于当我们进攻时，德军曾多次扔下武器表示投降。我们的战士放过他们，指示他们到我们后方去，那里有人收押他们。但德军会捡起步枪，攻击我们后方的人。这样的话，我们的进攻就会中断。在这样重要的进攻中，我们不能也不会去冒这样的风险。"

据卡特莫尔说，正是这一指令在他最终到达德军前线堑壕时发挥了重要作用：

与我们不接受俘虏的命令相符合，这条堑壕被"彻底扫荡"了，原先占领它的人被"清除"。堑壕里一半的地方都躺着敌军尸体，各处升腾起微量的蒸汽，然后融入早晨清凉的空气中。这些水汽要么来自溅落的热气腾腾的血液，要么是人面对死亡小便失禁的尿液。两名加拿大士兵站在堑壕上，一个在胸墙上，一个在背墙上，他们从地下堡垒出来时，把里面的德军统统杀了。

一个年轻的德国士兵，他很邋遢，没戴帽子，头发剪得很

第三十六章 坦 克

短，戴着一副金属边眼镜，因害怕而不断地尖叫，在我们中间跑来跑去，恳求我们不要杀他，他哭喊着，"不要！不要！"他从胸前口袋中拿出一把照片，展示给我们看——我猜上面应该是他的妻子和孩子——想让我们同情他，不过没用。子弹毫不留情地打进他身体，他跌落到地面上，不再动弹。那些可怜的小照片飘落一地，撒落在他身边。

如果是在其他情况下，这些加拿大士兵的所作所为会被贴上狠心、残暴的标签，令人憎恶。不过，在索姆河会战背景下，这些行为并不会让人觉得有多么可怕。让一些参战士兵变得冷酷无情的不只是遍地尸体与杀戮，各处上演的悲剧事件也扭曲了士兵的道德倾向。实际上索姆河战役的各支军队都有类似的冷血行为，毫无疑问，在其他记录中可以找到大量相关案例。卡特莫尔可能也受到了战场整体氛围的影响。他的记录似乎表明，虽然他知道处决他人是件令人悲痛的事，但他认为这么做真的很有必要。

加拿大第4旅的战斗进展得很顺利。卡特莫尔离开屠杀战俘的那个阵地来到制糖厂时，加拿大军已经攻克该地。指挥他们连的一名上尉充满战意，他盯上了在他们北方不远处的库尔瑟莱特。在黑格的提示下，高夫对这里产生了同样的想法。当天下午晚些时候，加拿大第2师接到命令也开始行动，他们最后按计划攻克了库尔瑟莱特。

这在9月15日的进攻中也算是几个较大的成就之一。在英军看来，之前提到的攻占高地林地和马坦皮什也是十分精彩的战斗。

当然，大家不该忘记进攻弗莱尔的战斗，这场战斗被大加夸赞后写进报告中，内容如下："坦克沿弗莱尔高地深林一路向下。坦克后面跟随着许多欢呼雀跃的部队。"

但是写这句话的人没有提到一个事实：上文提到的坦克很快就抛锚了。其指挥员斯图尔特·黑斯蒂中尉后来承认，坦克的转向机被击中，驾驶员转向时必须使用刹车，这增加了坦克发动机的压力。坦克开进弗莱尔时，发动机"开始剧烈地嘭嘭作响"。"这时，我不得不考虑下一步怎么办，"黑斯蒂回忆道，"因为发动机状态特别差，坦克随时都有可能抛锚。我四周望了望，目前可以在遭受轰炸过的村子两侧采取一些措施。我身旁没有任何英军出现，所以我用刹车艰难控制坦克返回基地……"

9月12日，英军南部的法军攻克安德鲁森林和布沙韦讷，取得了良好进展。然后他们又在9月14日攻克普里耶农庄。他们打算于次日与其他协约国军队并肩作战，但进展得并不顺利。此外，英军的战果也令人失望。英军虽然又攻克了一些重要地区，但却始终没能突破德军的核心防御线。进攻过程中，英军没有动用本该使用的武器——火炮。如果英军不动用坦克，那他们的损失可能也不会像现在这么惨。

禁卫军步兵师损失惨重，特别令人失望。作为英军兵团最精锐的部队，该师也只是攻克了雷斯伯夫西侧的德军防线。该师部分营团本来会遭遇更惨重的损失，但是由于冷溪近卫团3营营长沃恩·坎贝尔中校英勇的战斗，挽救了局势。他在战事胶着期间两次集结禁卫军，把看起来可能发生的耻辱战败扭转为令人钦佩的平

第三十六章 坦 克

局。坎贝尔因为他反应迅速和英勇作战的精神理所当然地赢得了维多利亚十字勋章。

禁卫军步兵师第 1 近卫旅冷溪近卫团 2 营杰弗里·菲尔德斯少尉收到消息，说他们营在前线的伤亡特别惨重。这样，那些留下的士兵就得填补没有回来的士兵的空缺。虽然这么做可能也是对战场传言的一种应对方式。但即便如此，就算没有那些传言，菲尔德斯也会满怀希望地战斗下去。

冷溪近卫团 2 营军士长有些担心士气受到影响，因此在他们迎接部队幸存下来的士兵时，想要振奋一下士气，所以在战士走进营地时就开始敲鼓。真相终于浮出水面，冷溪近卫团 2 营伤亡超过了 400 人，禁卫军步兵师阵亡人数接近 5 000 人。菲尔德斯永远忘不了战士从卡尔努瓦附近的营地外回来时的场景，他在回忆录中有以下记录：

> 有些东西不停地转动，我们知道那是军士长的鼓槌。最后，山脊上露出他的头和双肩，他身后是鼓手昂首阔步向我们走来。他大步前进时，所有的鼓手跟在他后面。山顶上隐约现出我们的上校。乐队十分投入，他走在乐队前面。一排排地经过这里。我们迅速数了数他们的人数，当时想看看还剩下多少人。伤亡来得太迅速，数字也太大，但我们努力不让自己沉浸在恐惧中，仍然期待还有幸存的部队归来。但并没有更多的人回来，他们也不可能回来了。走在我们前面的就是原来营队存活下来的所有人。

第三十七章

艰难岁月

弗莱尔，1916年9月16日—10月1日

9月15日以后，新西兰部队在索姆河地区进展顺利，但他们和其他的大多数部队一样，进军过程中饱受痛苦折磨。林赛·英格利斯上尉为此深感内疚。他在9月15日出现了失误——他带领连队撤离了格罗夫山谷。为了弥补这个错误，他们需要次日一早再次进军，以期重新攻克该地。英格利斯认为，坎特伯雷步兵团1营罗伯特·扬中校使得情况进一步恶化。罗伯特曾煞有介事地质问他："你为什么不留守格罗夫山谷？"英格利斯因此写道："他真是哪壶不开提哪壶。那个时候，我连杀了他的心都有了！"

23岁二等兵威廉·吉巴德所属的惠灵顿步兵团1营负责重新夺回格罗夫山谷。如果他知道接下来3天受到的折磨都是拜英格利斯所赐，估计他可能也想直接给英格利斯来一枪。吉巴德后来给他父亲写的信中描述了相关情况。苦难开始于9月15日午夜时分，吉巴德和来自惠灵顿的战友们被叫醒，上级命令他们向前线进军。这

第三十七章 艰难岁月

个任务并不轻松,外面黑乎乎的,他们需要在满是弹坑的路上徒步行走7英里。吉巴德在中途好几次跌到了弹坑里,这些弹坑是很多德军和新西兰士兵最后安息的地方,想想就令人感到害怕。

9月16日上午9点35分发动进攻前,吉巴德亲眼看到一名战友被德军炮弹炸伤。在进军过程中,他们遭受了更多伤亡。然而,惠灵顿兵团1营最后逼近格罗夫山谷时,发现这里跟预期中的并不一样,本应驻守在这里的德军不是逃跑就是投降了。次日,德军开始轰炸被新西兰军占领的堑壕时,按照吉巴德说的,这种事对人的精神和肉体都是折磨。随后的报告中,他写道:

> 我们都很恐慌。一些战友跑回到之前的一道防线。少校弗莱明·罗斯唱道:"把烦恼扔进旧背包,笑一个,小伙子,笑一个吧!"他正唱的时候,一枚炮弹在他头顶爆炸,把他炸得粉碎。我当时在距他5码的一个拐角。我还记得,我被炸起来的土块埋了起来,导致呼吸困难,只能拼命往外爬。爬出来后我发现我自己被吓得控制不住的打颤。但我这里的情况比少校右侧的一位战友的处境强一些。他也被埋了,而且他有严重的炮弹震荡症。他一直在那里哭,我看到他哭泣,也情不自禁地流下了眼泪。

敌军的轰炸终于移到了另一个区域。堑壕有些地方被炸塌了,幸存下来的士兵开始把横七竖八的尸体清理出去,没人喜欢这样的差事。老天仿佛觉得我们还不够倒霉,开始下雨,下了整整一天。

那个时候，吉巴德写道："我们浑身湿漉漉的，淤泥差不多已经埋到我们膝盖了。"

吉巴德提到了他们需要处理的另外一项工作，这成了索姆河地区步兵的常规项目。9月18日晚上至19日凌晨，他们被换防前不久，中尉命令他们把战友的尸体掩埋起来。"我们把4具尸体抬到弹坑里，用土盖住了他们。"吉巴德还描述了他们怎么利用德军火炮，怎么把木桶埋入地底给掩埋尸体的地方做标记。"这种埋葬方式很粗陋，但在当时的条件下，我们能做的也只有这么多了。"

吉巴德他们掩埋尸体的方式，与德军的埋葬方式相比较，明显要好得多。他们在9月18日吃完早餐后，在弗莱尔的一个井里发现了两具漂浮在水面上的德国兵尸体。这让位于一个地下堡垒附近的营部十分恐慌。据副官说，厨师没有发现井里面有尸体，前天晚上还从那个井里取过水，第二天早上做了热可可饮料。难怪喝过的人都说"味道难闻极了"。副官最后说："很抱歉，我不得不说，大多数喝了可可饮料的人，都不会太好受！"

希望"安息"这个词所代表的意义不要体现在那些受伤最严重的新西兰士兵身上，他们被抬回到一个被称作博格尔的高级救护站。救护站位于弗莱尔西南"脂肪"堑壕和"旗帜"堑壕交会处。惠灵顿步兵团1营约翰·拉塞尔中士的记录中描述了1营仍驻守在前沿防线的某个夜晚他经过救护站时碰见这些"没有救治希望的士兵"的情景。这类伤员被移出救护站，给其他需要紧急救助的伤员腾出地方。他们被"成排地放在一个暴露的斜坡上自生自灭。医生可能给他们注射了很大剂量的吗啡，以帮助他们从这个悲哀的世界

第三十七章 艰难岁月

解脱，但没人照看他们，这看起来是种很孤独的死亡方式"。

拉塞尔这种"忧伤"的笔法也体现在他对驮马的描述上。新西兰部队刚出发的时候，装了炮弹的篮子需要由驮马运到隆格瓦勒和大巴藏丹森林山脊上的炮兵那里。"有时候，炮弹爆炸会炸死一些马，但剩下的会以正常的步速艰难地继续前进，就像什么事也没发生一样。在寒冷潮湿的天气里，整个画面看起来很凄凉。"

驮马徐徐前行，一切只能听天由命。它们表现得都很安静，不需要人们表扬就能获得持久的耐力，骑马的战士也展现出极大的勇气，这与拉弹药车或大炮拖车的 6 匹马和驾驶它们飞速穿行在从德尔维尔林地到弗莱尔的崎岖路上的士兵所展现的另一种勇气形成对比。9月29日，新西兰士兵需要往前线运送火炮，这种场景在战场上很常见。在之前的进攻中途，战士们也经常需要承担着敌军火炮打击的风险去支援我方炮兵。

19 岁的新西兰野战炮兵团阿奇·格雷夫斯在经过一些上坡路段时，必须骑着一匹拉着弹药车或大炮拖车的马才能冲过去。9月26日，他注意到一名新西兰野战炮兵团下士的尸体躺在公路上。"要过去，就必须得踏过他，"他报告说，"公路在德国佬的视线范围内，我们快马加鞭从这段特殊道路跑了过去。停下来抬走尸体就相当于自杀。"两天后，格雷夫斯又提到了这段路："我们再次沿弗莱尔—德尔维尔林地路线行进。那名下士的遗骸还在那里。弹药车车轮压过他的脊柱，他的脑袋也被压进了泥土里。"

返回的那天，格雷夫斯依旧无法避开尸体，这里到处都是尸体，甚至一些想象不到的地方也有尸体。"从火炮阵地回来后，我选了一个弹坑过去洗漱。之前,我看到有一只靴子,但没太在意。今天,我需要一条鞋带,所以我把靴子拽了出来,但这比我想象中的难多了,因为靴子仍然穿在尸体的腿上。现在,我已经不敢在这个'洗脸盆'里洗漱了。"

最后,这个被压得粉碎的下士会被记录为失踪人员。他的家人、亲戚和朋友永远不会知道他在哪里。他的尸体以及很多其他人的尸体被车轮碾压进泥巴里。格雷夫斯因此写道:"公路地面上到处是马、骡子、士兵的尸体,还有马车和装备的残骸。"

格雷夫斯10月2日的日记中提到了另一起事件。"靠近德尔维尔林地与弗莱尔岔口的公路"那里,他看到一名"'屁股'明显受了伤"的德国兵"趴在一根木头上包扎伤口。这时,我们的炮弹在附近爆炸,把他的头炸没了,他的一个战友也被炸死了。公路另一侧有具英军尸体,仰天躺着,眼睛张得大大的。这具尸体把那个新西兰毛利人查理吓了一跳。经过他的时候,查理一直不敢看他"。格雷夫斯的家人后来回想他信中描述的事情,这些恐怖场景肯定在他们的脑海中显现过。就格雷夫斯个人来说,这些场景令他着迷,而不是令他沮丧。可能是因为格雷夫斯在多个地点碰到过同样的场面,所以,他也就见怪不怪了。

在前线战斗的士兵发现他们更难接受那些与自己擦肩而过的突发事件。21岁的亚历山大·艾特肯少尉就是其中一例,1916年9月时他服役于奥塔戈步兵团1营。艾特肯后来成了爱丁堡大学的数学教授,登上了学术界的高峰。

艾特肯在音乐方面很有造诣,他的英勇气概更不用说。这些品

第三十七章 艰难岁月

质使他在新西兰步兵师中，完全可以胜任他们排的排长。新西兰军在 9 月 25 日向第四集团军负责夺取的包括莫瓦尔、雷斯伯夫、格德库尔在内的部分地区发动进攻。艾特肯能够保持特定的节奏，这是他用小提琴演奏古典音乐时磨炼出来的技能。他的心算天赋确保他们排能够严格遵照时间节点行动，这样就能紧跟在向德军前线阵地徐进的火力弹幕后面发动进攻。

艾特肯与在左侧作战的奥塔戈步兵团 1 营，必须从格罗夫山谷所在的山峰向前行进约 700 码到达鹅谷所在山峰的西部地区。在鹅谷有另一道交通壕，连接着德军第三"防线"（弗莱尔堑壕和弗莱尔支援堑壕）与第四"防线"（格尔德堑壕和格尔德支援堑壕）。火力弹幕攻击山谷内两座山峰之间的北方公路时，每 2 分钟向前徐进 100 码，徐进过程中会有短暂的间歇。每支进攻部队的指挥官必须设计一套系统来计算时间，使得步兵和炮兵的进度保持一致。

艾特肯解决了计时问题。他数秒时，既不是很快，也不是很慢，而是遵循一个基本节奏。同时，他还使用了只有数学专业的学生在解决问题时才会使用的计算方式：并不是简单地数秒，依靠本能把握每秒间的间隔，而是采用在每秒的间隔中，小声念字母表中的前 3 个字母（a，b，c，1；a，b，c，2；a，b，c，3；等等）的方式，他每数一秒，士兵前进一步。

艾特肯的计时系统很有效。轰炸刚结束，他们排就抵达了鹅谷西南端，德军大惊失色，根本来不及组织兵力迎击逼近的进攻部队，只能仓皇逃跑了。奥塔戈步兵团 1 营其他排，还有其右侧的奥克兰步兵团 1 营及坎特伯雷步兵团 1 营的进展也很顺利。最终，新西兰第1旅攻克了从北方公路上的工厂角到鹅谷（阿比公路西南）左侧部分的地区，并且没有遭受太多损失。新西兰军队的胜利确保了进攻格德库尔的英军第十五军西侧的安全。而格德库尔也在第二天被英军攻占了。

新西兰第1旅计划于9月27日下午2点15分进攻格尔德堑壕和格尔德支援堑壕，艾特肯希望他们这次也能旗开得胜。他这么想情有可原，但很不幸，安德鲁·拉塞尔少将和新西兰第1旅弗朗西斯·约翰斯顿准将似乎被胜利冲昏了头脑。两人没有注意到他们不切实际、表达含糊的轰炸方案存在着巨大风险。据艾特肯说，他们设想的方案有两个重大缺陷。

首先，方案要求艾特肯和奥塔戈步兵团1营战友前进到鹅谷东部。这样，他们的左翼就暴露了，面对左侧堑壕里的德军，他们没有足够的保护。其次，方案中留给进攻部队的时间不足。他们无法紧跟在徐进炮弹后面，与炮弹同时抵达德军前线。两天前，进攻部队要在25分钟内从格罗夫山谷到鹅谷向前推进700码；而9月27日，他们要在8分钟内向前推进1 000码。对此感到忧虑的不只艾特肯一个人。他回忆说，大家都很清楚方案的"缺点"。他还注意到，他们连长"27日整个早上，表情严肃，心事重重，就像已经预见到他们下午注定去送死一样"。

尽管如此，艾特肯在下午2点15分率领他们排前往之前占领的鹅谷地区。他们爬出鹅谷与下沉公路——连接着弗莱尔和阿比公路——交会处的堑壕，顺利完成第一阶段的进攻，而且没有伤亡。然后，他把兵力布置在与格尔德堑壕平行的地方。格尔德堑壕是他们要进攻的德军北部前沿防线。他们跟在奥塔戈步兵团1营各连其他排后面，进攻目标包括鹅谷尚未攻克的地区，还有鹅谷与格尔德堑壕和格尔德支援堑壕交会的地区，以及格尔德堑壕至交会地东南侧附近的地区。这样，格尔德堑壕更东侧地区至堑壕与利尼蒂卢瓦公路交会的地方则留给了新西兰第1旅的兄弟部队和奥克兰步兵团1营及坎特伯雷步兵团1营。而英军第55师负责攻下新西兰步兵师右侧德军防守的格尔德堑壕部分地区。

刚开始，艾特肯他们排有平缓的斜坡作为掩护，可以不受阻碍地向格尔德堑壕进军。斜坡虽然使新西兰部队无法看到进攻目标，但同时也遮蔽了防守在格尔德堑壕的德军视线，该斜坡掩护了行进中的新西兰部队。但随着新西兰部队逼近工厂角至欧库尔修道院沿山公路时，他们的前进路线被公路切断，并且在这里遭到了德军火炮压制。一枚炮弹落在距艾特肯10码远的地方，把走在前面的几名战士炸得粉碎。直到那时，他才意识到为什么刚出鹅谷时还走在他们排前面的上百号人，现在却不见了踪迹。而他们也只剩下稀稀拉拉的几个人。

之后的情况更加糟糕。艾特肯记录了他们排到达工厂角—欧库尔修道院公路时所面对的情况："机枪子弹呈人字形交叉火力从两个方向呼啸射来，一半是从右侧，一半是从左侧。子弹从我耳旁'嗖嗖'飞过，有一些打在了我的脚下。突然，我左侧的中士跌倒了。他一只膝盖跪在地上，疑惑地看着我。'快起来，中士！'我走上前说道。"

有些人可能会赞赏这种不在意自己及手下战士并成为英雄的

人，有些人可能会给这种行为贴上"有勇无谋"的标签，怎么看这种事取决于你的想法。战后艾特肯分析战斗中的得与失，他声称这两种说法都不准确。他说，在那个阶段，他好像身处梦中，这种感觉在战斗中经常出现。"无力做任何事，只能机械地前进……前进！前进！在这样一场战斗中，在随时可能打死自己的枪林弹雨中，活下去这种想法也消失了。意志变得凝固的同时，所有的感情都变得麻木……"

艾特肯认为，他之所以对发生在身边的不愉快事件比较冷漠，是因为他在前往进攻目标时周围没有任何掩护，他精神高度集中产生了一种催眠效果。以下对艾特肯前方士兵被炸得粉碎和他所属排全军覆没的描述，无疑反映了艾特肯透过梦幻般的视角看到的他手下士兵的命运：

前面的士兵消失在炮弹爆炸的烟雾中。有些人倒下，有些人继续前进。像做梦一样，我经过一片烟雾，靠近公路时我听到咒骂德军的声音。从公路上走过时，我意识到路上只有我一个人。到达路边河岸时，我看到了二等兵尼尔森，他是我手下的兵，朝前跪着，双肘触地。我心里念叨了一下他的名字，随后一股巨大的力量控制着我让我站起来。我向左右看了看，看到我们排大多数士兵，30人左右，瘫倒在地上，只有两个人还在继续往前走。

几秒后，艾特肯也被击中了。刚开始，他感觉自己的右上臂像

第三十七章 艰难岁月

是被大锤砸了一下，而后感觉右脚骨头被敲碎了。他蜷缩在弹坑里，血浸透了他制服的衣袖，还从他靴子的破洞里渗出来。他很幸运，虽然很痛，但是并没有生命危险。那天余下的时间里，他一直躺在战场上。后来，他成功爬到一个安全的地方。其他人就没这么幸运了，奥塔戈步兵团1营的这次进攻，结局很惨。他们的指挥官非常令人失望，和澳军第2师莱格少将在2个月前指挥澳军第一次进攻波济耶尔高地时一样令人失望。据艾特肯说，奥塔戈步兵团1营遭到重创，伤亡了350人左右。

可能是因为索姆河战场的将领普遍都在犯错，所以拉塞尔少将、约翰斯顿准将和第十五军霍恩中将所犯的错误，除了新西兰步兵师以外的其他人似乎都没注意到。如果不算新西兰步兵师在9月15日取得的胜利，那么他们算是失败比较多的部队。9月27日，奥克兰步兵团1营右翼部队和坎特伯雷步兵团1营抵达并攻克了预定进攻目标，最后的胜利可能转移了其他人的批评，变相帮了他们一次。之后，新西兰步兵师右侧的格尔德堑壕被顺利攻克，这更是缓解了第十五军内的紧张气氛，导致霍恩没有太大必要为之前的失利行动寻找替罪羊。然而，右翼部队伤亡惨重，似乎达到了奥塔戈步兵团的伤亡水平。这不禁令人怀疑：因为新西兰步兵师和支援炮兵的不当操作而无辜牺牲的年轻士兵人数，肯定比艾特肯少尉提到的要多得多。

不论将领对进攻中出现的伤亡是否负有责任，人们不得不钦佩坎特伯雷步兵团1营幸存下来的战士们，在顽强守护战果时所展现出的坚韧品质。9月27日他们攻占德军前沿防线的右翼地区时，该地区究竟发生了什么？19岁的霍华德·基彭贝尔格写的记录对此做了最好的解释。那时，他刚满19岁，还是坎特伯雷步兵团1营的一名二等兵。但"二战"期间，他的军衔晋升到了少将，取得了非凡的成就。基彭贝尔格的曾祖父出生在德国，而这是年轻的基彭贝尔格在"一战"时的敌对国。

基彭贝尔格好像并没有因为自己的德国"血统"而"使忠诚受损"。从他记录中节选的以下内容表明，他对于坎特伯雷步兵团1营进攻格尔德堑壕、格尔德支援堑壕及更后方地区过程中死去的德军没有任何情感上的顾虑。"我们的新堑壕（位于格尔德支援堑壕北部50码左右）和格尔德堑壕之间，堆满了德军尸体。我们和德军的伤亡比是1:10，即便这样，我们的伤亡率也很高，大量尸体堆积在我们堑壕前面。我们把大多数的德军伤员都杀掉了，这么做是必要的，这可能就是德军伤亡惨重的原因。"

基彭贝尔格的冷血可能和他目睹过多的恐怖场面有关系。他们试图攻占格尔德堑壕和格尔德支援堑壕间的一处德军要塞时，他的好友维克·赫恩被子弹击中头部，当场死亡。看着好友中弹倒地，对这个情绪易受影响的年轻人造成很大冲击。从那之后，他开始变得冷酷无情。战斗平息后的次日，他回来找到维克·赫恩的尸体，但尸体已经"损坏得几乎辨认不出来了"。因此，他更加悲痛。基彭贝尔格没法掩埋了赫恩的遗体，他看了好友最后一眼，然后在赫恩脸上盖了一块手帕。蹒跚离去的时候，他努力不让自己流下眼泪。

基彭贝尔格根本没有时间去悲伤。如果不想让炮弹把他和战友从刚刚占领的堑壕里炸出去，他们必须要确保这个堑壕能够抵御炮

第三十七章 艰难岁月

弹攻击。9月28日整个白天，他们必须挖一条4英尺深18英寸宽的堑壕。基彭贝尔格帮忙扩建堑壕，将他们的阵地与坎特伯雷步兵团1营另外一个连的阵地连接起来，那个阵地在他们右侧50码左右。这时，他发现他们正在被德军监视。远处的高空中，德军在热气球里监视着他们的一举一动。"我们诅咒他们！"基彭贝尔格在他记录中写道。他也记录了不久后发生的事情："一枚炮弹在堑壕后方10码左右爆炸，发出一阵沉闷的声音。好像是毒气弹，爆炸后升起一大团很浓的白烟，像草垛一样大，整整过了5分钟后才消散。"这是测距射击！该营斯蒂尔上尉马上提醒战士：停止挖掘，寻找掩体。

基彭贝尔格记录道："我们知道这是保命的唯一机会，所以按照上尉说的做了。那时，我们身边没有什么可以用来'掩护'自己的东西。"他们只能任由德军轰炸。几分钟后，他们的灾难降临了。在记录中，基彭贝尔格承认："可能只有一组5.9英寸口径的排炮轰炸我们，但他们的炮弹非常精确，发射速度非常快。"他随后又描述了令他们深感震撼的场面和声音。首先是"一列高速列车咆哮着朝我们冲过来"的声音，然后是"让人头痛欲裂的爆炸声"，接着是"近在眼前的令人心悸的爆炸"，以及爆炸掀起的"漫天土块"。这些情景随着每次炮击不停地重复出现。如果你比较幸运，炮弹从你身边飞过时毫发不伤，只是"有些炸起的土块落在身上"。如果你很倒霉，"堑壕一侧坍塌，你必须发疯般地从下面爬出来"，但却会"被头顶伴随的猛烈爆炸炸得躺在地上"。

基彭贝尔格的记录中还有一些关于他和战友经历的细节描写，

内容如下：

空气中弥漫着炸药的味道。空中飘浮的烟雾给所有东西蒙上一层阴影，你看不见天空。战争没有丝毫怜悯，炮击从没停止过。那时，你会认为一切都结束了，目光呆滞，身体摇晃，你意识到炮弹从头顶飞过，宛若阳光在你身上闪耀，同时其他人也有机会经历这种事。

现在，你必须打起精神来，毫不在意地跟旁边人说——前提是他还活着——"趴下躲避！"并且过去帮忙。在拐角处，有两个人已经开始忙活起来，他们的动作显得很着急。有个士兵被埋了，只露出两条腿，而且已经僵硬了，他们把他身上的土推开，我觉得抢救的希望并不大。另一个士兵已经死了，一半脑袋被炸没了。跨过他，绕过另一个弯，是一段长约15码的笔直堑壕。地上躺满人，没法落脚。碰到的第一个人已经死了，头耷拉在两个膝盖中间。我们把他放在了外面。接下来的一个还活着，轻声呻吟着，蜷缩着身体躺在那里。因为伤痛，他的脸上都是汗水，右手和手腕被炸得粉碎，大腿上有个很长很深的伤口，脖子上也有轻伤。我们给他绑上战地止血包。不管他有多痛，他都不会表现出来，以免影响我们的工作。绑好之后他轻声表达感谢，然后坐下来等担架员，等待时间可能需要几个小时。看到他们的英勇表现，你的心里像是被什么东西堵住一样。

第三十七章 艰难岁月

基彭贝尔格和战友所在的堑壕，在轰炸中被损毁大约 100 码的长度。此外，12 人死亡，4 人受伤。相较于索姆河地区发生的不计其数的同类事件，这个伤亡不算大。但考虑到炮击开始前，基彭贝尔格他们连的人数已经减少至 55 人，所以这个伤亡相当于一个 800 人的步兵营伤亡 250 人左右一样，可以说是损失惨重。如果德军知道新西兰部队的人员配置如此稀疏，他们肯定会抓住机会发动反击。

眼前的紧急情况结束后，基彭贝尔格想返回他们连先前占领的阵地。他发现如果不踩着尸体，几乎没办法在堑壕里行走。"如果是德军尸体，我不会有什么顾虑，"他坦承，"但这些人是我们亲爱的战友，因此我犹豫了。麦克劳德下士从对面朝我走来。他观察了 1 分钟左右，随后爬上背墙，沿着背墙快步前行，但突然头朝下栽了进来。我也没时间顾忌战友的尸体，踩着尸体朝他冲过去。敌人的狙击手射穿了他的头部，像那些我踩过的尸体一样，他已经死了。"

麦克劳德下士是在堑壕那段时间基彭贝尔格记录的他们连牺牲的最后一名战士。当晚，前线的新西兰第 1 旅被第 2 旅换防下来。新西兰步兵师于 10 月 1 日在索姆河的最后一战，参战部队就是第 2 旅。

部分协约国部队向欧库尔修道院转移。与新西兰步兵师在索姆河地区取得的其他重要进展一样，这次进攻从攻占的地域大小来看算是很成功的；从伤亡情况看，付出的代价比较高。被列为攻击目标的鹅谷、格尔德堑壕和格尔德支援堑壕等地直到 9 月 27 日才攻克，一并攻克的还有马戏团堑壕——格尔德堑壕最西侧面向西北方向，并且向西延伸的部分——此次战斗奥塔戈步兵团 2 营和坎特伯雷步兵团 2 营各损失约 175 人。

阵亡的这些士兵，加上进攻过程中惠灵顿步兵团 2 营——奥塔戈和坎特伯雷步兵团的兄弟部队——的阵亡士兵，新西兰步兵师的伤亡接近 6 725 人。对新西兰这样一个小国来说，这个伤亡数字不可谓不大。但考虑到参战人数、战斗次数和进入前线的时间，这种伤亡情况在索姆河地区属于普遍现象。令人感到安慰的是，新西兰军付出这么大的代价的同时，也为英军两天后攻克欧库尔修道院扫清了障碍。

拉塞尔少将在 10 月 4 日放弃了控制权，把控制权交给了 41 师。次日，黑格通过新西兰政府致信拉塞尔，祝贺他们师"取得辉煌战绩"，并指出他们师已经驻守在前线长达 23 天。这段时间里，他们师"圆满完成了交代的所有任务"，以上这些战绩弥补了他在 9 月 27 日所犯的过错。其实这么说，黑格有点吹毛求疵了。新西兰步兵师虽然采取的手段残酷无情，几乎可以被定性为战争罪行，但他们出色地完成任务，展现了令人称道的能力。

如果完全不提新西兰步兵师名誉中的另一个污点，有些事情容易让人产生误解。10 月 2 日清晨 5 点 44 分，该师在索姆河最后一战的几个小时后，37 岁的奥塔戈步兵团 1 营二等兵约翰·斯威尼在莫尔特新西兰步兵师总部附近被处决。奥塔戈步兵团 1 营 12 名士兵组成的行刑队执行了这一"极端刑罚"。在索姆河战场上的过失，不该受如此惩罚。新西兰步兵师在防守阿尔芒蒂耶尔附近的防线时，该师二等兵斯威尼在 7 月 25 日开小差当了逃兵，直到该师

第三十七章　艰难岁月

南下参加"大推进"时才在9月3日逮捕了他。

在战争中脱离部队41天，这个时间跨度算是比较长的。不过斯威尼的案例让人们有些质疑判决的公正性。斯威尼被逮捕10天后的军事法庭审判期间，由新西兰第1旅3名军官组成的法庭并不知道在加里波利战役期间，斯威尼是名隧道工人，相关文件丢失了。这一因素可能会影响到斯威尼是否还有生存机会，至少他不会被判处立即执行枪决。

斯威尼出生在澳大利亚，该国不允许处决其士兵，似乎没人考虑到这点。他的文件中似乎也没有这个记录。如果有人代表他向法庭陈述，那么长官对他"行为不端"的评议肯定就得做进一步探究。

因为新西兰第1旅弗朗西斯·约翰斯顿准将称，斯威尼他们营的纪律"很一般"，并不是很好，这导致斯威尼获得宽大处理的机会进一步减少。如果执行对斯威尼的判决，"第1旅其他战士就能深刻认识到违反军纪的严重性"。如果法庭采用的是今天的审判标准，那么这种惩罚一个人来激励其他人的逻辑可能根本行不通。尽管如此，罗林森上将9月28日也接受了这种逻辑，建议执行枪决。"这种性质的犯罪在这个师很普遍，我没发现有什么可以减轻他罪责的因素"。

看到行刑队把斯威尼押出去执行枪决的亚瑟·兰德中士在10月2日的日记中写道："奥塔戈步兵团1营行刑队昨晚到达，斯威尼今早在我们食堂对面的掩体前面被处决。他当过两回逃兵，但被押送出去执行枪决时他好像一点也不怕。"斯威尼被处决后，有人问新西兰国防部长詹姆斯·艾伦是否该把情况告知他的父母。艾伦认为应该告诉其父母，他把信寄到了他父母在塔斯马尼亚岛的地址。不幸的是，信一直没送到他父母手里。信寄出前，他父母已经从塔斯马尼亚岛搬到了邦迪——悉尼一个区。这也是为什么他母亲1916年11月28日时，写信给国防部："我听说我儿子10月2日在前线被杀。请你们告知我们更多详细情况。"直到那时，当局才意识到她还不知道这个坏消息。于是，他们在1916年12月18日再次寄出信件，这次的邮寄地址没有问题。

毫无疑问，信件内容使斯威尼的家人感到震惊，即使新西兰军队统帅罗宾准将为了表达真挚的同情，在信件结尾处写道："我只能以这样一种痛苦的方式重述我最真挚的歉意，向您和战士家人亲属表达我最深的同情。"12月28日，约翰的父亲伯纳德给罗宾回信，写道："我必须说，听到我的儿子这样死去对我们来说是个巨大打击。我从没有想过他会做这样一件事。如果有更多的详细情况，请您告知我。"他还询问约翰是否给他或他妻子留了什么东西，"最小的物件对我们来说也是莫大的慰藉"。

新西兰步兵师的磨难结束后，需要安慰的不只是伯纳德一位家长。在索姆河地区的最后一天，有人把这个事件的图片证据给了惠灵顿步兵团2营二等兵克劳德·伯利。新西兰步兵师在索姆河地区的第一次行动时期，伯利帮忙把下士克里夫·柯伦和二等兵汤米·穆尼搬到了一个新墓地。两人被他们自己的手榴弹炸死了。（见第三十五章）墓地离他们阵亡的地方约半英里。（可能是采石场公墓，蒙托邦北部500码，在克里夫·柯伦个人档案中特意标明，这里是他最后的安息之地）伯利和战友挖了2个坟墓，把他们相邻

第三十七章　艰难岁月

着安葬了。正如伯利在给家里的信中写到的：

> 他们是第一批被埋在那里的新西兰士兵，也是这个公墓第一批下葬的人……
>
> 英国国教牧师读了简短的宗教仪式致辞，并且说他会写信给他们的亲人。牧师讲话的时候，火车、火炮、各种运货马车和运载工具从旁经过。我们站在坟墓周围时，炮弹在我们身边炸响。其中一枚落在运载弹药的列车上造成了巨大的破坏。我们离开公墓时，又有两名可怜的家伙——那枚炮弹的受害者被抬了进来。

离开公墓返回部队前，伯利用木制的弹药箱做成2个十字架放在坟墓前做标记，他在上面写了他们的年龄和生平信息。想必伯利希望这些标记能够帮助他们的亲人在战后找到他们，也可能是他还打算回来看看。他在信中描述了他第一次返回这个墓地时看到的情况："我们离开时，最后一次经过那个地方（惠灵顿步兵团2营接到命令，于10月6日撤离索姆河地区），我跑过去看了一眼……那个坟墓几乎很难分辨了。自从我上次离开后，墓地里又埋进来很多人。"

第三十八章

伏　击

蒂耶普瓦勒和费斯特施陶芬，1916年9月26—28日

英军于9月15日的大规模进攻并未实现战役突破，但在时间和空间上给予了黑格从不同方向进攻德国第一防线、第二防线的机会。黑格试图在数日内凭借其新式武器坦克来协助第四集团军向前推进；同时，他准许高夫将军针对预备集团军负责的地区采取大规模行动，该地区的主要进攻目标为蒂耶普瓦勒。

1916年9月的蒂耶普瓦勒已经与三四个月前大不相同。一名德军在7月1日两军交战后，记录下了当时的状况。他写道：

整个蒂耶普瓦勒地区已经是一片废墟，几近被摧毁。所有建筑被夷为平地，只留下一些断壁残垣。教堂和城堡除了大门一无所剩，仅留下了建筑框架。堑壕和引道一部分被树干、石块和碎石覆盖，仅能通过地面上塌陷的小坑依稀分辨。成堆的泥土堵住了壕沟，幽深的弹坑将其分开。想要通过只能一口气

第三十八章 伏 击

跑过去，中间不能停留。

随后，对堑壕的修缮使得蒂耶普瓦勒变得和先前一样，坚不可摧。这也是9月26日进攻前夜，艾弗·马克西少将在18师师部的发言之所以如此令人振奋的原因。据第54旅第11皇家燧发枪团的二等兵雷金纳德·艾米特回忆，马克西在战前鼓舞士气的发言中说道："第180符腾堡团已经抵挡蒂耶普瓦勒进攻长达2年了，但18师明天必能干掉他们。"

并不是所有的士兵都相信他的话。艾米特回忆道，当晚他和同伴们唱起那首熟悉的《我欲返乡》，"我们以为，你一切都好"。知道他们在即将到来的战斗中可能会死去，这句话有了更大的意义。

进攻于9月26日12点35分开始。英军从南向北进攻，而不是像7月1日时那样从西向东进攻。18师54旅负责进攻左翼（西侧），而右翼（东侧）则由其兄弟部队53旅负责。

如果英军没有新式武器，那么18师中相对悲观的军官得出的进攻不会成功的推测就极有可能是正确的。坦克在关键时刻的出现，让踌躇中的英军重新振作起来，进而继续进攻。54旅旅长肖布里奇准将在报告中承认："如果没有坦克协助突破防御，还不知进攻会不会推进到德军防线。实际上，米德尔塞克斯郡第12步兵团在左右两翼都取得了突破。"

那辆坦克，配备有火力凶猛的火炮和榴弹炮（前线每10.5码约有一门野战炮和小口径榴弹炮，每26码配备一门重炮和较大口径榴弹炮，差不多与9月15日那次非常顺利的进攻采用的模式一样），这足以助力 18 师在首次进攻中攻占蒂耶普瓦勒前线的大部分。之后，进展就没有预期的那么快了，因为不单单要攻克堑壕防线，还要面对徘徊在附近弹坑里的德军狙击手。

二等兵埃米特提到他抵达德军防线时，并没有提过坦克协助方面的内容。同时在他的记录中也没有提过他被德军"障碍物"阻挡，"障碍物"似乎还是被坦克所突破。如果他以下声明是正确的，那他很有可能是在坦克突破后才通过德军防御的前线。"指挥官告诉我们向城堡废墟前进，"埃米特回顾，"我头晕眼花，筋疲力尽，拖着沉重的步伐走到一处小山丘，那里有一堆石头。我猜测这就是那个城堡遗留下来的东西。这里德军机枪手的火力比之前更猛烈，几乎就是贴近地面扫射，我立即趴到一个弹坑里。"

通信兵富勒（第十五章提到的那个二等兵），在 18 师 53 旅萨福克第 8 步兵团服役。他的如下陈述表明他可能目睹了局势反转的那个时刻："我看到一列纵队快速接近我们，当时，我以为德军又一场反攻即将开始。然后，我看到他们把手举过头顶：他们是德国佬。他们投降了！"

英军清扫战场时，特意把那些还躲在堑壕里的德国士兵驱赶出来。54 旅指定突击营执行此项任务。该营士兵艾米特后来写道：

> 刚开始，我大声喊话，让躲在堑壕里的德军出来。如果他们没有回应，我就放几枪，再扔颗手榴弹。很多德国人听到动静后回应我们，一些人高举双手，大喊"朋友！"还有一些举着妻子和孩子的照片。对他们，我们必须快速采取行动，因为

第三十八章 伏击

其中有些人还在反抗。

比较特别的是在一个地下堡垒里，德军根本出不来。堑壕内烈火灼烧，一些士兵逃出来时就被击毙，而另一些则被活活烧死。战俘排成一列由一名下士护送离开，其中一些战俘被击毙。护送者随后告诉我们，我们的一些士兵因为他们所承受的伤痛和压力而发狂，他们只知道朝着那些穿着德国制服的士兵射击。

二等兵富勒也讲述了一个类似的故事。当他在战场巡视时，发现两具德国士兵的遗体就躺在堑壕出口不远处。他们的身体被子弹打得千疮百孔。"另外一个德国士兵还活着，他被落在附近的一枚炮弹炸起的土埋住了，几乎快盖住了脖子。我永远也忘不了他脸上那种绝望的表情。他脸色煞白，眼中闪烁着惊恐，一点也动不了。我们的人把手榴弹扔过去，手榴弹越过他沿堑壕台阶滚下去，而堑壕内的敌人也把手榴弹往外扔。"据富勒回忆，幽深的堑壕消除了爆炸的声音，士兵能"感觉"到地下堡垒里的爆炸，却听不到爆炸声响。富勒看到一个头戴钢盔、年纪轻轻的德国士兵跳出来，高举双手，大喊："饶命！饶命！"他被当场射中，身体轻飘飘的仿佛一个空袋子一样倒了下去。

这样的射杀行为是种恶行。富勒想干预，但实际上他根本干预不了。周围的屠杀还在继续。一个人在这种环境中能做什么？他向北来到第二攻击目标索伦堑壕时，看到另两名德国士兵哭着向他跑过来，其中一个戴着红十字臂章。一些英军在对他们大喊，命令他们站住。但如富勒说的,"他们似乎被吓住了,太害怕了以至于不知道做什么"。他们躲过了英军的刺刀,却被一支路过的"投弹手"小队击中——这些人专门用富勒称之为"炸弹"的东西来攻击敌人。这些东西我们如今称作手榴弹。

那天晚些时候,因为人员、部队混杂,很难精确知道每支部队的具体位置在哪里。虽然这么说,54旅米德尔塞克斯郡第12步兵团报告称其右翼已经向前推进,穿过了蒂耶普瓦勒北部边缘,而同样向第二进攻目标后方进军的53旅萨福克郡第8步兵团,却因找不到安全防御地点,不得不返回索伦堑壕,并在那里过夜。虽然他们已经向北穿插了很远,但最后还是要被换防下来。托马斯·詹宁斯是53旅皇家伯克郡步兵团6营一名二等兵。在战斗前的那个夜晚,他不得不蹲在堑壕里,谨防德军的大规模炮击。9月27日黎明,德军停止炮击,他们担心继续开炮会被英军飞机锁定位置,遭到英方报复。这时詹宁斯才有观察四周情况的机会。

詹宁斯看到的景象令他心惊胆战。甚至他一直坐着的那个堑壕,景象也是十分恐怖。詹宁斯随后记录道:"堑壕倒塌,数十人被埋,既有英军也有德军,尸体在潮湿的土壤里开始腐烂。身着卡其布制服的腿或胳膊从各处伸出来。两具被毯子裹着的德国鬼子尸体被摆在地下堡垒两侧,像安静的哨兵。他们的长筒靴完好无损。"詹宁斯在堑壕外巡逻时,深一脚浅一脚地经过"一个巨大弹坑,里面是7月1日进攻时牺牲的战士,遍地的尸体躺着、坐着或各种姿势斜靠着,骨架上覆盖着由于腐烂而变成绿色的皮肤和肌肉。我特别注意到其中一具尸体,他仰面朝天地躺着,肚子上爬满移动的蛆

第三十八章　伏　击

虫"。詹宁斯的上尉看到这些东西时，詹宁斯正打算返回他前天晚上睡觉的那个堑壕。上尉命令他检查一下尸体，看是否能找到帮助他们确定死者身份的东西。"这任务不怎么好"，在当时情况下，这种说法属于典型的英式保守说法。

高夫预备集团军发动的进攻涉及的区域不只包含蒂耶普瓦勒。其他预备集团军部队打算从南向北与18师并肩前进。在18师右侧的是第二军11师，11师右侧是两个加拿大军团步兵师。除了国家战史和兵团历史的相关记录外，大多数部队的行动，人们知道的相对较少。但是11师32旅西约克郡第9步兵团算是个特例。

该团杰弗里·普拉特少尉入伍前是名记者，他详细记录了自己在索姆河地区时的战争经历。这些内容读起来都很有趣。普拉特不仅写到了他参加过的重大行动，作为士兵，他还特别揭示了行动执行过程中他个人的亲身感觉。因此，在那个要求军官性格刚毅，不显露感情，要"坚定沉着"的时代，普拉特的作品显得非凡并且罕见。

普拉特在开篇记录了一件令他震惊的事情。他们接到一条命令，而这条命令也是一条导致索姆河战区的高级将领声名狼藉的命令。命令内容是：即使不能及时抵达集结地点，也要在炮击开始前发动进攻。9月27日下午2点45分，普拉特接到指令，他和他们连需要从他们所在的穆凯农庄附近地区向北挺进1英里，这样他们才有可能在下午3点前攻占费斯特施陶芬。普拉特对此有点抱怨，因为他们到达集结地点时，德军守军肯定会对他们进行火力压制，他的上校对此回复的内容也欠缺说服力，"我很抱歉，但这是命令，我想你只能尽全力去执行"。由于在进攻前，普拉特找不到更高级别的军官去申述，这让他预感到他们连将会身陷困境。他可以选择拒绝执行命令，也可以选择明知死路一条仍然执行命令。"几乎可以肯定，这次失败的进攻会把性命丢掉。"他后来写道。

普拉特和他们连抵达索伦堑壕集结地点准备再跨越500码直抵费斯特施陶芬时，已经是下午3点20分。大约12分钟前，按计划本该是针对他们进攻目标的第一轮轰炸的停火时间。但是实际上，轰炸当时还没有开始。炮兵方案之前调整过，但普拉特及他的上校都没接到相关通知。尽管如此，普拉特和战士们仍然选择执行命令冲出堑壕发动进攻。可以预见到他们被德军火炮一顿狂轰滥炸，被迫在据进攻目标200码的弹坑中躲避。他们停留在那里，等待增援。

下午4点左右，普拉特和战友们注意到，32旅兄弟部队约克郡第6步兵团正在他们左侧进攻。他们认为这是继续进攻的一个绝佳时机，最后双方都抵达了海森堑壕，约克郡第6步兵团大部在西约克郡第9步兵团左侧约100码处。令他们惊奇的是，他们一路上居然没有遭遇任何强烈反击。他们在被占堑壕里看到，残存的德军列成一排站在通向地下堡垒的台阶上，准备投降。普拉特看到其余德军正向北逃跑，他命令士兵向逃跑德军射击。普拉特连队的一名士兵被逃跑的德军射中头部后，射击很快就停止了：普拉特看到士兵头部涌出少量脑浆，然后轰然跌倒在胸墙上的起伏的土堆里。

海森堑壕呈东西走向。如果想要控制费斯特施陶芬，普拉特他们需要再攻占一条堑壕，这条堑壕从海森堑壕开始向北延伸约150

第三十八章 伏 击

码。普拉特他们朝着这条位于费斯特施陶芬西侧边缘的堑壕进发，首要任务是把地下堡垒中的德军逼出来。为此，普拉特他们采用在蒂耶普瓦勒比较通用的策略。"我们喊话让他们出来，"普拉特回忆，"如果他们出来，那一切都好说。如果不出来，我们就会扔进去一颗手榴弹。每个地下堡垒有两个进口。从一个口把手榴弹扔进去，德国佬就从另一个口爬出来了。"有些人因此身受重伤，至于想逃跑的人，都会被开枪打死。

把德军从地下堡垒驱赶出来后，普拉特和他的中士走到堑壕的北端，他们在堑壕里碰到岔路就停了下来。这时，他们两人都认为应该原路返回，把俘虏带过来引路。如果让俘虏帮着引路，他们本可能进入左侧狭窄岔路，追赶上从这条小道逃离地下堡垒的德军，然后把一切反抗消灭在萌芽阶段，从而把任务完成得更加圆满。然而真实情况是，他们不仅没能安全守住通向他们堑壕的通道，也没能趁这机会在堑壕北端建立堡垒。这个失误——如果考虑到防御工事里人较少，也可以理解——他们会为之后悔的。

他们的选择是把俘虏聚拢到一块，护送俘虏到西约克郡步兵团士兵来到堡垒与海森堑壕交会的地方。在这里，他们碰到高夫中尉，另一名来自西约克郡的军官。高夫提醒普拉特，命令要求把俘虏全部处决。然而，普拉特建议高夫如果想射杀他们，可以自己动手，这时高夫却退缩了。随后，他们沿海森堑壕向西把俘虏送到约克郡第6步兵团驻守的防线。普拉特随后收到消息称俘虏都被打死了。原因据说是当英军看到这么一大群德军靠近时，就用路易斯机枪对准他们开始扫射。

不久之后，阿奇·怀特负责管理这座堡垒。他24岁，是约克郡第6步兵团一名上尉。他们驻扎的堑壕，不需要做太多调整。普拉特差不多完全防御住了西侧边界。每隔50码就有几组士兵，中间的地下堡垒作为总部。但他们没有采取行动来防卫南侧，更别说东侧和南侧了。怀特命令普拉特次日（9月28日）处理南侧情况。怀特给他派了13人的约克郡步兵团小队，包括一名投弹手和足够的增援，以便于在白刃战时也有一战之力。

他们本没必要担心。南侧目前没有战斗，他们用填满的沙袋在堑壕分叉的南侧边界及时建造火力点。那个时候，一切看起来都很不错。但普拉特随后的报告中，叙述了他返回临时总部地下堡垒的途中的所见所闻，清楚表明他们对堡垒的真实控制力是多么脆弱：

> 我发现入口处发出浓烟和火光，一枚炮弹径直沿台阶落下去，把人炸得粉碎。我找来两个人，我们开始清理废墟。很快，我们碰到一处乱糟糟的地方。我看到一个人的肩膀和胸脯，受伤严重，还有部分被炸掉的头颅。空气中弥漫着一股刺鼻的血腥味，让人有种难忍的呕吐感。附近有一堆松土，我们把炸得粉碎的尸体都埋在里头。
>
> 然后大家把注意力转向一个小伙子，炮弹落下来的时候，他坐在末端台阶上，现在半边身子被埋住了。清理了一下，我就发现，他的背部被炸开了。他感觉不到自己的腿，两条腿脱离了身体，以"不可能"的姿势扭曲着。

第三十八章 伏 击

自从经历这个令人痛苦的事情之后，普拉特内心开始有些不安。因为要应对一系列未知的突发情况，他的精神状况变得更加脆弱。前一分钟，他还安慰在守护堡垒北部边界时受伤的战士，下一分钟，就有个小伙子被敌军狙击手射中了头部。"他跌倒在堑壕里，"普拉特回忆，"用惊恐的声音嚷道，'妈！妈！'，随后看起来又清醒过来。子弹击中了他头部靠上部位，将部分脑浆带了出来。我把他扶起来，他说他不能移动左胳膊和左腿。"接着，有战士不小心拧开了手榴弹拉栓。"在他的颈静脉上炸出一道深长的伤口，血喷涌而出，"普拉特叙述说，"每呼吸一次，他的嘴里就会喷出一股血。我跪在他身边，但却什么也做不了。大概两三分钟后，他的脸变成了蓝灰色，身体倒在了血泊中。"

因为这些事情，还有一些其他没有提及的事情，普拉特决定返回他在堡垒西侧边界设立的火力点。"我不喜欢血腥和屠杀。"他为他返回行为解释道。但后来他意识到他犯了大错，因为从更靠南的火力点处，他没办法看到德军是否从堑壕北端逼近他们，所以他把火力点移回到原来的位置。做完这些，普拉特的精神似乎恢复了不少。他朝射程内的德军开火来让自己振作起来。

很快普拉特内心的镇定被再度打破。怀特上尉告诉普拉特，他接到命令，要求他们攻占德军堡垒东侧及北侧地区。这样，加上已经控制的地区，就彻底占领了这一片区域。英军火炮会打击这些目标的德军。炮击一结束，即使面对没有拔除的西南部德军火力点的纵射炮火打击，普拉特也不得不绕过堡垒北侧，刚刚到达的威灵顿公爵第 8 步兵团会绕过堡垒南侧，两个小队在东侧会师。怀特下达的命令，结尾处最有争议："所有的德国俘虏必须用刺刀刺死，扔到胸墙外。"

对于怀特下达的命令，普拉特感到很烦恼。他告诉怀特这个计划行不通，他们不可能绕过德军堡垒到达西北部。但怀特不会否定他已经做出的决定。接受普拉特指挥的士兵发现，这个对形势最了解的男人（普拉特）对于他们所要执行的计划，并不是完全认可。

火力打击本来该在下午6点开始的，但普拉特他们却不得不多等1小时。炮弹升空时，一些炮弹看起来瞄准的是西北部德军堡垒。"我们的斗志又变得高昂，"普拉特后来说：

> 我已经清理了障碍物和铁丝网，炮火打击很快就结束了，我们慢慢靠近德军哨所。我小声告诉克罗尚："准备一颗手榴弹！"就在这时，一些手榴弹在我们面前爆炸了。我刚开始认为是自己人投的，但我很快意识到这是德国佬干的。我拿出随身携带的2颗手榴弹，用力扔向西北德军堡垒的方向，并用手枪还击。然后，数不清的手榴弹在我们附近爆炸。

普拉特已经提醒过，德军一直处于警戒状态。英军没有认真对待防守的德军，现在他们为此付出了代价，导致被伏击遭受伤亡。受伤的英国士兵像受困的猪一样嚎叫，他们感觉坚硬的钢铁碎片刺穿了他们的脚、腿、手和两肋，被德军发射或扔出的东西切开。他们败得一塌糊涂。

事情的发展并不令人满意，而那周还算是英军在索姆河地区

第三十八章 伏 击

进展最顺利的一周，对比后的结果使得人们更加沮丧。9月26日，英军已经攻占了索姆河地区东侧的孔布勒、莫瓦尔、雷斯伯夫和格德库尔。穆凯农庄中央地区也被拿下，蒂耶普瓦勒西侧也差不多收入了囊中。法军也不甘示弱，攻克了弗雷吉库尔。然而，他们从穆瓦兰（布沙韦讷东侧约2英里）挺进到勒特朗斯卢瓦防线的希望却破灭了。

普拉特的记录中没有描述在目标堡垒里面接下来发生了什么，他只是叙述了他脚、腿、手和肋受伤后，设法返回基地，后来乘船返回英国。在进攻堡垒时普拉特承担了所有风险。而英军终于在10月9日攻占了堡垒后，却是阿奇·怀特上尉赢得了维多利亚十字勋章。普拉特因伤不得不离开堡垒后，怀特仍留在那里。德军再次准备夺回堡垒时，怀特发动反击赶跑了德军。第二军军长克劳德·雅各中将可能想借此表彰怀特的强硬姿态。雅各派一名通信员询问怀特他能坚持多久，怀特厚着脸皮地答道："坚持到战争结束。"

第三十九章

天气允许

塞尔、博库尔和博蒙阿梅勒，1916年9月29日—1917年3月17日

正当黑格满心希望那些拖垮德军的举措准备开花结果的时候，新的影响因素出现了：天空开始下雨。不用奇怪，他们在索姆河地区的战事最终会因天气原因而中止。只是雨季的到来比黑格预计的提前了。这种结果至少也有些令人失望。恶劣的天气破坏了黑格之前精心制订好的所有计划，导致他在面对英国国内已经出现的对他战略不当及进展缓慢的批评时，显得更加弱势。

黑格关于下阶段进攻的思路，在蒂耶普瓦勒山岭激战仍在进行时就发送给罗林森和高夫。9月29日，黑格的总司令部寄出的一封信告知了二人黑格对于第四集团军和预备集团军的一些想法。第四集团军经由博朗库尔和蒂卢瓦-瓦尔朗库尔山谷后方山岭攻占德军从勒特朗斯卢瓦到卢帕林地（伊莱斯东侧1英里）的阵地。高夫的预备集团军从蒂耶普瓦勒山岭向北进军，攻占卢帕林地到米罗蒙这个区域。同时，高夫的另一支部队从埃比泰尔讷和博蒙阿梅勒之

间向东进发,与米罗蒙向南进攻的部队会合。这样就会截断仍滞留在安克河以北区域所有德军的退路。

如果这个额外出现的进攻如黑格计划的那样在10月12日之前实现的话,会对德军产生巨大的影响。德军在9月26日遭受挫败后军心就已经开始动摇。第二天,鲁普雷希特在日记中记录了他所辖第一集团军、第二集团军以及部队参谋人员,因为不断丢失阵地并且又无力反击而变得越来越"消沉"。虽然鲁普雷希特明白阵地的丢失并不是那么致命的事情,但他很难让普通德军士兵接受这种认识。实际情况比预计的更加恶劣,由于部队伤亡惨重,德军在前线缺乏训练有素的军官鼓舞士兵,激励士气,无法有效地让他们全力投入战斗。

就在德军看起来似乎回天乏力之时,天气情况开始变化。开始时,降雨只是持续一两天,这种程度的降雨不可能阻挡黑格兵团和法国部队前进的步伐。历经鏖战,法军终于在10月15日晚上至16日凌晨攻克了萨伊大部分地区。而英军第四集团军在10月中下旬攻克了欧库尔修道院、勒萨尔以及阿尔贝—巴波姆公路;高夫的预备集团军也拿下了施陶芬施瓦本堡垒。但完成这些行动所消耗的时间再次让黑格认识到,他的野心有点过大了。10月17日和18日,黑格与他手下的集团军司令及法军商谈后,将9月29日制订的计划改成"天气情况允许"下执行。新计划将会把重点放在安克河两侧及勒特朗斯卢瓦一带,以及两者之间的区域。

但是就在修订计划最终确定下来,生效时间还没到24小时,天气就开始对战局产生影响作用。英军总司令刚刚同意在10月21

日—10月26日间发动针对博蒙阿梅勒和博库尔（高夫的预备集团军），以及勒特朗斯卢瓦（罗林森的第四集团军）的4次阶段性进攻，天就又开始下雨。

刚开始，大家认为10月19日，即计划修订后的第二日的大暴雨只是一次个别事件，因为接下来的3天并没下雨。然而3天后，天气突转开始天天下雨，一直下到11月初，使得他们不断推迟计划执行日期。如哈洛德·戴维斯牧师评论的那样，这影响的不只是3位将军的心情。哈洛德·戴维斯牧师是进攻主力皇家海军师190旅的随军牧师，他在每天的日记中记录了指挥官对接二连三恶劣天气的反应，并且是连续记录。10月22日，他开始思索："不知道宗教如何解释这些事情。行动的延误肯定让他们承受很大压力，但他们没有发脾气，相反，他们很安静，努力保持原来的精神状态。比如在午餐或晚餐上，有些人碰到一起就会因为某些事而吵架，但他们还不得不碰面，因此所有人都小心翼翼，避开令人不快的话题。"

戴维斯牧师10月23日的日记表明，情况没有好转："进攻日期被再次推迟。不是10月25日了，现在变成了26日。我下意识走进旅部食堂，发现这里很欢闹，大家很幽默。他们很有默契地不谈和战斗有关的事，即将到来的战斗似乎是他们完全不需要考虑的事情。"

不断的降雨很快使得看似没有危险的交通壕和周围乡村布满了陷阱，有时，这些陷阱令人避无可避。25岁的澳军2营二等兵哈特尼特（H.G.Hartnett）在讲述他们在10月31日前往弗莱尔北部

第三十九章 天气允许

前线时说道："交通壕大概长 200 码，其中一半地段布满了泥泞，灌满了雨水。进去后就会陷下去，通常会淹到我们的大腿。大家在黏稠的黑色污泥中费力前行，每个人都大汗淋漓，有些人走这段路累得筋疲力尽，泪水从脸上流下来，像小孩子一样啜泣。他们深感绝望，甚至认为死亡都没有这么痛苦。"

沿着交通壕前进的时候，他们由于在运动，至少身体是暖和的。到达前线后，他们需要整晚驻守在泥水中，承受的痛苦不知道要加重多少。"雨下了一夜，我们饱受折磨。"哈特尼特回忆说。他接着描述了次日早晨醒来后看到的景象："大家陷入了过膝的泥巴里，看起来都很无助。坐下来是不可能的，堑壕两侧很湿，而且比较松软，多处都破裂坍塌了。大家能做的，就是站着陷入泥水里。"

虽然很冷，但他们不得不这么做。"大腿没入泥里的部分，血液似乎停止流通了，双脚冻得跟冰块一样，"哈特尼特回忆说，"随着时间的流逝，大家有些听天由命了。沿着堑壕到处可见陷在淤泥里的士兵，他们靠在堑壕侧壁上睡觉。这是唯一的休息方式。"

锡福斯高地第 6 步兵团 1 营所属的 152 旅和第 51 高地步兵师在大规模进攻开始后也会参战。该营 19 岁的诺曼·柯林斯少尉认为士兵们所忍受的战争条件，要比哈特尼特叙述的更加恶劣。他在 10 月 23 日寄给家人的信中写道："淤泥真的令人烦透了。即使在主干道上，淤泥也没过了我们靴子的最上面部分。下了公路后，人踩在淤泥上，泥巴把鞋都粘下来了……堑壕里，士兵被淤泥没过的部位，从脚踝到腰部不等，大家必须用绳子把陷进泥里的人拉出来。"

这些极端条件使士兵在堑壕里生存都很困难，更别说主动出击了。负责与英军总司令部联络的法军瓦利埃将军在10月23日提醒黑格，说他的上司霞飞"没什么教养"，可能会当面针对英军的计划争吵一番。霞飞曾经给黑格写信，抱怨说英军总司令没有遵照他们原来的战略计划。索姆河战役开始时，他们都同意在比现在战线范围更大的区域上发动攻击。而现在，黑格把进攻限制在了很窄的地域，比如计划针对勒特朗斯卢瓦的进攻。

黑格在日记中写过他对这一诋毁的反应："我马上回复说，他写的信中似乎有几点误解，比如说指责我耽误了时间，进攻的规模在减小，随意修改方案等。所有这些误解都缺少事实依据。同时，只要天气条件允许，我会尽可能动用所有进攻方式，继续和法军协同作战，进一步扩大取得的战果。但我必须提醒你（指霞飞），做什么和什么时候做，这取决于我的判断。"很明显，最后一句话让霞飞很不高兴。不过，他勉强接受了黑格的话，英法关系才没有受到波及。霞飞到达总部时，表现得非常友好，他意在和解。

英军努力适应天气带来的影响时，德军却在10月29日突袭了法军，重新占领了拉麦森内特，这令黑格开始警醒。黑格意识到，不论德军士气如何低落，他们还远没到走投无路的地步。而法军于11月7日攻克普雷苏瓦尔和阿布兰库尔也表明：即使天气严寒，法军仍然能够发动进攻。

11月5日，黑格告诉高夫应该推迟进攻时间，直到出现连续4天的晴朗天气再发动进攻，这样可以让战场变得足够干燥。直到11月11日，天气条件似乎才令人满意，高夫才终于觉得能够确定第五集团军的进攻时间了。预备集团军于11月1日被重命名为第

第三十九章　天气允许

五集团军。11月13日清晨5点45分，他们开始向前推进，从两个方向进军随后会合。安克河北部由第五集团军第五军担任主攻，军长是57岁的爱德华·范肖中将。从西向东，他会布置4个师（皇家海军63师，51高地步兵师，2师和3师）进攻从安克河到塞尔的北部地区。博蒙阿梅勒和博库尔村子也在进攻范围内。

第二场进攻会向北直抵安克河南侧，由11军所辖的19师和39师担任主攻。该军军长是52岁的格劳德·雅各中将。

11月12日进攻开始前的几个小时，基格尔将军到访高夫总部，确认高夫发动进攻是不是只为了取悦他的上司——英军总司令。基格尔离开时已经确定，他们进攻胜利的机会"很大"。黑格下午视察高夫的指挥部后也得出了类似结论。视察期间，他向高夫谈及一场胜利能够产生的多重效应。胜利能使英军在即将到来的冬季里占据优势位置，对英国外交政策也有助力。此外，英军的胜利还能振奋俄国和罗马尼亚（罗马尼亚8月27日向奥匈帝国宣战，次日，德国向罗马尼亚宣战）的战斗意志。英军的胜利将意味着德军无法从索姆河战场调兵与罗马尼亚作战，同时也是向俄军和法军展示，英军是真正准备采取一切可能手段来击败德军。最后，英军的胜利意味着在几天后召开的尚蒂伊军事首脑会议上，英国的建议会更具说服力。

在基格尔和黑格与高夫商谈进攻是否应该提前时，旨在进攻前削弱德军防御的炮击就已经开始了。为了不再出现第五军在7月1日发生的悲惨事件，英军吸取教训，采取了相应措施。他们希望之前的行动，已经在一定程度上削弱了德军的有生力量，即便这个地区德军的进攻不像其他地方那样猛烈。另一个影响战局的因素是无人区的宽度——这是7月1日失败的主要因素——无人区在一些地段已经缩减到了250码的宽度。

不过，他们做出的最大调整还是与炮兵相关。7月1日的灾难让所有指挥官明白发动突袭的重要性。考虑到这一点，炮兵在进攻前几天接到命令，开始间歇性轰炸，提前使用进攻才会采用的轰炸方案来误导德军。他们这么做是希望在11月13日正式轰炸开始时，德军无法判断这次是不是真正的进攻。

指挥官还意识到，他们在7月1日进攻中布置的火炮密度不足。鉴于此，他们这次会大幅增加火炮数量。在第五军前沿防线，他们每31码布置一门重炮，或者一门重型榴弹炮；而7月1日时的对应数字是每57码一门。前线单位范围内的野战炮和轻型榴弹炮数量也增加了：在第五军前沿阵地上，每13.5码内就有一门野战炮或轻型榴弹炮；而7月1日时的对应数字则是21码。但这些数据没有9月15日战斗（前线每21码布置一门重炮或榴弹炮，每10码布置一门野战炮或轻型榴弹炮）及7月1日法军（前线每21码布置一门重炮或榴弹炮）的数据那样震撼。不过与上一次在该地区的大战中使用的火炮数量相比，这一次的数据已经明显得到大幅改善。

更重要的变化是采用了新的火炮策略。新策略自9月15日总攻时第一次使用后，经过多次调整。调整之后的策略是，在进攻时部分炮弹仍会直接打击德军前线，大约1/4的18磅火炮会轰炸德军防线前方50码处。6分钟后，发射的炮弹会以每分钟20码的速

第三十九章 天气允许

率徐徐向前移动，这样会给炮弹后方的步兵留下充足的时间冲入德军堑壕。之后，余下的炮火弹幕从德军前线转移到其他地方。

第五军进攻目标的右侧（南部）非常重要，由63师负责主攻。南部之所以重要，是因为如果成功攻下的话，该师就能更稳妥地攻下本次进攻最终目标安克河北部3个村庄中的1个；此外如果成功，也意味着他们可以把安克河南侧与北侧的战线连接起来。如果一切照计划进行，安克河南侧的第二军各部会攻占过河桥梁，使南侧的部队能联系、帮助或支援北侧的英军，反之亦可。

令人惊奇的是，皇家海军师被给予了关键任务。有些人尤其是战前不久接任该师师长卡梅伦·舒特（Cameron Shute）少将认为该师缺乏战场经验，同时也对该师拒绝遵照军队规则、协定和纪律有些疑问。他担心，虽然皇家海军师在加里波利表现出色，但他们遭遇更有经验的德军时，由于缺少纪律性以至于很难发挥出该有的实力。

关于该师的相关记录中提到的该师缺乏纪律的一些例子。首先，他们的岗哨形同虚设。舒特多次视察该师，但哨兵甚至都没能发现他的到来。其次，有很多次他们都没有及时清理堑壕里的泥巴和垃圾，无法保持堑壕清洁。甚至该师的军官也认为清理堑壕地面上的弹药箱内衬太麻烦，即使舒特要求他们把衬里取走，他们也没有去做。

虽然舒特的要求非常合理，但大量批评他的声音显示出他并不受欢迎。据说，他还抱怨了皇家海军师公厕的卫生状况。不管这个特别的故事是不是真的，它都成了霍克营赫伯特（A.P.Herbert）上尉创作的一首讽刺小曲的主题。赫伯特后来成了著名作家。小曲开篇写道：

> 将军视察堑壕
> 大声惊恐喊道：
> "我拒绝指挥这样一个师
> 大便拉得到处都是"
>
> 但没人理睬他
> 也没人打算驳斥
> 可以与屎相安无事
> 但与舒特却不能共处……

为了遏制无组织无纪律情况，舒特打算启用一批正规军军官替换一些该师的军官。但还没等他有所行动，就接到命令要求该师开始进行 11 月 13 日大战的战斗部署。舒特认为如果给予士兵绝对自主决定权的话，士兵们很可能不知道该怎么做。于是在行动开始前不久，他给了士兵们他们永不会忘记的建议："我只能跟你们说这些，你们必须要知道自己应该做什么。你们俘虏的敌人越多，自己吃到的食物就越少，因为食物配给是固定的，他们只能吃配给你们的食物。"

听到这个建议的士兵是如何执行的，我们很难知道具体情况。能够肯定的是，无论英雄还是懦夫，处在这两端都是极端行为，正

第三十九章 天气允许

如其他部队里所暴露出来的那样。1916年11月13日战斗中涌现出来的最著名的英雄人物，毫无疑问是伯纳德·弗雷伯格中校。他27岁，是皇家海军师胡德营（Hood Battalion）营长。当天战斗中，他的表现帮他赢得了维多利亚十字勋章——表彰英勇行为的最高奖项。

弗雷伯格是如何率领部队打破僵局、取得了胜利？胡德营的上尉莱昂内尔·蒙塔古对此提供了有趣而且深刻的见解。在战斗关键时刻，他一直跟随在弗雷伯格身边。这个关键时刻不是战斗刚开始的几个小时，甚至不是第一天。如蒙塔古所述，他们11月13日突破德军沿安克河的前线时，并没有什么特别的英勇举动。这归功于有效的弹幕轰炸和当天早晨的雾气。如果下文引用的德军士兵叙述准确的话，那么雾气可能遮蔽住了已经接近的进攻部队。

因为上述原因，加上弗雷伯格带领士兵紧紧跟着徐进的掩护炮火，胡德营在德雷克营协助下攻克了德军的前3道堑壕。那天战斗结束时，他们已经推进到了车站路（Station Road）或距公路不远处，和博库尔只隔着一道堑壕。弗雷伯格想在那天就一鼓作气攻入博库尔，但舒特少将认为皇家海军师北部各营进展不利，如果弗雷伯格孤身犯险，他没法得到支援，因此弗雷伯格只能放弃。

据蒙塔古说，弗雷伯格的英勇行为发生在11月14日，这确保了他们成功攻克博库尔：

> 弗雷伯格很快安排好了14日进攻的各项工作。我领导第二拨进攻梯队在第二堑壕支援他。前景看起来很不明朗，敌军的狙击手和机枪手都很活跃，哪怕稍稍将头露出堑壕也很危

险。我们在7点45分发动进攻,我一直听说,除非我们的炮兵已经干掉了敌军很有威胁的机枪手,否则我们不可能冲过去。然而事实上这些机枪手和狙击手根本不受轰炸影响,火炮打击看起来并没有作用,这就是我的疑虑。我在7点15分询问弗雷伯格是否打算进攻,但他告诉我说他也有完全一样的疑虑,当时甚至打算取消进攻。

7点45分,我军的轰炸变得稍微密集了些,但还不足以阻止敌军狙击手和机枪扫射。我看见弗雷伯格从堑壕里跳出来,挥手示意战士们冲上去。我的堑壕里有3人响应,我也跳出来跟着他们,我们在枪林弹雨中穿梭。第一次进攻中断了3次。弗雷伯格被子弹击中头盔跌倒了,但他又站了起来。我和与我同堑壕的战友跳进一个弹坑,等待了半分钟。我说我回去把堑壕里的人都叫出来,于是爬了10码左右返回去叫人。随后大概有10多人从堑壕里出来,我站起来,挥手让其他人跟上。他们都跟着我向前冲。我们很快攻入了博库尔,德军根本抵挡不住我们,成百上千的德军投降了。那场面令人惊叹。他们把装备从身上扯下来,从防御工事里走了出来。

那时候,英军认为从此大局已定,但如蒙塔古所说,那正是"它开始"的时候。"它"指的是他们一直担心的炮击。"德国佬要轰炸这栋房子!"弗雷伯格喊道,他和蒙塔古迅速从他们躲避的那个建筑物里跑出来,躲在一个较浅的堑壕里。他们俩以及跟着他们的士兵们处境绝对算不上安全,博库尔的英军几乎被倾泻在他们周

第三十九章 天气允许

围的大量炮弹完全压制住了。更糟糕的是，弗雷伯格和蒙塔古都认为，德军就要反攻了。"我很期待看到他们出现在我们头顶。"蒙塔古回忆说。

他听到弗雷伯格用很奇怪的声音说"再见，蒙塔古"时，他才知道有些事情很不对劲。弗雷伯格被击中了！他脖子上有个洞，大量的血正往外流。据蒙塔古说，他脸色很不好，蒙塔古认为他快要死了。但蒙塔古给他用了一点吗啡后，他的精神恢复了一些。炮击停止后，他甚至能步行走回基地。而蒙塔古留在博库尔直到10点30分。幸亏负责博库尔西北防线的37师111旅的援助，他们才最终守住了博库尔。蒙塔古的行为为他赢得了战时优异服务勋章，但他本应该也获得一枚维多利亚十字勋章。

关于英军攻克博蒙阿梅勒这场战斗，德军的描述与英军并不一样。尽管如此，一名德国士兵写的报告，在开篇就写出了英军突破德军前线的主要原因。报告由候补军士普卡尔所写，其所属德军12师62团1营3连驻守在霍索恩火山口北部的前线。以下为报告内容节选：

> 那天的雾气很浓，周围异乎寻常地安静。不过，盖泽迈尔把我叫到左翼让我仔细听，他觉得外面好像有东西在移动。他说得对！我竖起耳朵仔细听，听到些模糊的声音。这不是挖掘声，也不是剪断铁丝网的"咔嚓"声，而是英军来了！站住！我喊道……
>
> 我必须提醒机枪手，于是跑向机枪手所在的位置。途中，我看到了令人意想不到的场面，下意识停下了脚步，只见一团

大火和黑烟直冲上天。(那是索恩堡垒,在英军进攻时又被轰炸了。)雾气使它的外形看起来有些扭曲,看上去比实际上大。我还在那里害怕的时候,英军的机枪开始扫射,迫击炮弹和炮弹碎片开始落在我们的堑壕里。我跑回到我们排的驻地。哨兵边跑向掩体边大喊着:"敌袭!""

德军的另一份报告表明,本应从西部进攻博蒙阿梅勒的高地51师,因为皇家海军师向南穿越防线,51师的苏格兰士兵直到那天早晨才抵达博蒙阿梅勒。根据这个说法,原本从南部进入德军防线的士兵又绕道北边,从后方攻占了德军在村庄的阵地。不得不说的是,这和英国正史中描写的51师穿越德军防线的方式不符。英国正史记录的是他们从西侧直接攻进德军防线。人们有些好奇,写这个报告的德军士兵是不是太急于为自己的部队开脱,所以才写出这样一份不可信的报告。

先把"突破"的方向的疑惑放在一边。大家对那些冒着生命危险清理战场的人,都深表感谢。按照逻辑,医务人员和担架员应该最优先进入战场,这样他们能够把还活着的士兵从残留的堑壕和地下堡垒里救出来。这个工作很危险,德军炮手还在轰击博蒙阿梅勒地区,炮弹可不会区分战斗人员和医务人员。因为炮击,高地第2野战救护团1营戴维·罗里上尉不得不躲避在一个双层的地下堡垒里,需要向下走40个台阶才能到达第一层。这个地下堡垒,在55英尺长的中央大厅一侧有一排双层床,上面躺满了德军伤员。"这个地方黑漆漆的,我们打开手电。那些德军伤员看到我们的战士都拿着上膛的步枪，就开始呼喊'伙计！别开枪'。"同时，一群"吱吱"叫着，啃食地上尸体的老鼠开始四处乱跑。洞里的味道非常恶心，很多病人已经得了坏疽。

把活着的伤员挑选出来后，下一阶段的清理工作由掩埋小队负责。锡福斯高地第6步兵团1营诺曼·柯林斯少尉很不幸被指派为他们152旅的掩埋小队长官。他把死者分成两类：一类是11月13日进攻期间战死的，另一类是7月1日以来死在无人区的，他也无法判断处理哪一类尸体会让人觉得更不舒服。把最近战死的士兵搬离掩埋，可能使小队士兵感到沮丧，因为他们会经常碰到死者是自己的朋友、兄弟或表兄弟。而掩埋另一类人，小队需要搬移一堆堆穿着衣服的骨头，这是从战役第一天开始，牺牲的士兵留在这世上的全部东西，这个任务比较恐怖。

后者"几乎完全就是骨架"，柯林斯后来回忆。然而，特别烦人的不是气味（尸体在外面放久后有股甜味），而是尸体体内的东西。"每个人胸腔里都有个老鼠窝，"他回忆道，"你碰一下尸体，老鼠就从前面一涌而出。"

在塞尔地区没有类似的清理工作。这里，德军始终掌握主动权，一直战斗到索姆河战役结束，他们当天再次击退了企图占领塞尔的英军。英军在11月13日进攻此地失败后，3师各旅不得不休整，照顾伤员返回他们的堑壕。不过，英军在安克河南部地区赢得一场胜利，第二军成功杀进该河南岸，正式踏上攻打圣皮埃尔迪维永的征程。

这还不是索姆河战役的结束。高夫将军恳求黑格让他最后再努力一次，说不定他还能取得另一场意外胜利。他们这次瞄准雷吉娜堑壕北部的堑壕还有塞尔南侧的那些堑壕，进攻在11月18日和19日发动。和他们之前的多次战斗一样，这次进攻同样也是喜忧参半。虽然他们攻克一些目标，但没有取得太大的突破，不足以改变战役进程。说到这次并没有太大意义的最后一次进攻，是在暴风雪中的一次战斗，大多数人唯一记得的就是129名战士——大多数隶属于第16高地轻步兵团和第11边境步兵团——英勇但却打了一场无足轻重的战斗，他们在德军前线后方坚持了8天。

德军部队俘虏了这些英勇士兵中还活着的人，这是索姆河战役的最后一次行动，为了历史的完整性，需要提及一下后续的一些事情。首先是少数法国平民的撤退，他们在英军火炮射程外因此幸存了下来。撤退发生在12月13日，第一次炮击距离巴波姆北部不足1英里的法夫勒耶时。德军指挥官甚至没让平民等到第二天早晨，就让他们搬离该地。他晚上10点下达命令，要求法国平民在几分钟内离开。

雨果·纳特是德军（第56预备师所辖）118团2营的随军医生。他在日记中记录了一名80岁的法国老人和他42岁的女儿被要求从他们房子搬离时的反应：

> 老人最后一次走进屋子里，流下了眼泪。他的女儿带着装满衣服的箱子，里面是她能用大旅行箱拿走的所有东西，令人心酸。他们在夜里10点30分安静地离开了村子。
>
> 两人还没走出门口，检查队就进来了。他们搜查了所有的

第三十九章 天气允许

橱柜，寻找可能用得着的所有物品。外面的4只母鸡被他们杀了，下达命令的是2营后勤长官马钱德中尉……我发现这种掠夺令人厌恶，我几乎不想再跟这些人说话。我告诉他们我对他们所作所为的看法，但他们不理解，奇怪我怎么会这么感性。

要求法国平民撤退是战前预备行动，更大的动作是兴登堡和鲁登道夫9月以来一直计划的行动：从索姆河地区撤退到齐格菲防线（兴登堡防线）。这是为了把数月来身处地狱的德军第一集团军和第二集团军解救出来。来到舒适的环境会让他们恢复过来，然后攻占周边的阵地。

德军在计划上述行动时，也开始执行焦土政策，即毁坏掉所有对英军和法军有用的东西。他们把法国郊野、城镇和村庄付之一炬。21岁的德军军官恩斯特·荣格记录了撤退期间他看到的事情：

我们途中经过的村庄看起来像大型的废墟。战士们撞倒或推翻墙壁，坐在屋顶上把瓦片都揭下来。树被砍倒，窗户被打烂；举目四顾，在这一大堆废墟的上空，你能看到的只有滚滚烟尘。他们拆房很有方法，找到房屋的大梁，用绳子捆住，然后喊着口号一起拉，直到把房梁拉倒。其他人挥舞着打桩锤，把路上遇见的一切东西统统砸烂，从窗台的花盆到华丽的玻璃温室都被毁掉了。

直到齐格菲防线，沿途所有的村镇都化为了瓦砾，所有的树都被伐倒，每条公路都被破坏，每个水井都被投毒，所有的地下室都被炸毁或设置了诱杀陷阱,所有的铁路都被炸断,所有的电话线都缠绕成结,一切能烧的都烧了;总之,我们把对方将要占领的这个国家变成了一片废墟。

这就是历史学家以及士兵所记录下来的关于索姆河战役的全部。

第三十九章 天气允许

有关索姆河战役的讨论永远没有尽头。自从1916年11月最后一战之后，士兵和史学家就一直在讨论哪里做错了，哪里做对了。几乎所有写过索姆河战役历史的人都会问到的一个最基本的问题是：黑格策划的这个"大推进"是成功的吗？如果用一句话回答，那这个简短的答案肯定是：不，并不成功。尽管冲突各方在索姆河地区遭受了将近50万~70万人的伤亡，英军虽然看似胜利，但却没能实际上突破德军防线。当然他们也取得了很多战绩。首先，到1916年7月11日为止攻击凡尔登的德军被阻断，这样部队就能派往索姆河战场。发动索姆河战役的主要原因之一就在于阻止德军对凡尔登的进攻。所以说，黑格的"大推进"在某个层面上算是成功了。

参战的德军也记录了"大推进"对自己部队的影响。德军鲁登道夫将军陈述"德军陆军的战斗已经停滞，完全筋疲力尽了"。德军陆军元帅冯·兴登堡在1917年1月9日会议上说"我们不能让我们的将士踏上第二个索姆河战场"。会议通过了德军应该发动一场针对敌人的无限制潜艇战的决议。如果索姆河战役迫使德国采取这一自杀步骤——肯定会促使美国参战加入协约国一方——这为黑格策略的评判提供了另一个成功理由。

兴登堡和鲁登道夫的意见得到了鲁普雷希特的支持。鲁普雷希特在日记中强调，索姆河战场上德军的伤亡情况表明，普通德军士兵的能力没有他们替换下来的那些士兵的能力强。"9月，整个战役伤亡最惨重的一个月，"他说，同时补充道："增援的兵力还不到所要求的 1/10。"到 11 月底的时候，他更加悲观了，说"德军战前训练的一流步兵，其剩余兵力也已经在战场上打光了"。

鲁普雷希特的总参谋长赫尔曼·冯·库尔将军解释导致德军部队战斗力下降的过程：各师战斗力很弱，在战场上坚守不到 14 天；因此，每天都需要投入新的步兵师，但各师在服役过程中的休息和训练时间不足，这导致"增援部队的质量和数量都在下降"。

据说，德国陆军再没能恢复到"一战"前期的效率。如果这是真的，那么索姆河战场上的英军将领可以说勉强取得胜利了，如果考虑到索姆河战役为英军兵团在内部带来的发展，也可以说他们胜利了。毫无疑问，英军指挥官在战役中学到了宝贵的经验。举个著名的例子，他们发明了"徐进弹幕"的概念，使士兵在向德军堑壕冲刺时有着比 1916 年 7 月 1 日那次更高的成功率。使用坦克的经历也教会指挥官如何最有效地去部署坦克，或在什么情况下不适宜部署坦克。换句话说，不要在林地里，如高地林地使用，也不要单独少量使用。1917 年 11 月的康布雷战役上，他们成功使用了坦克，可以肯定地说，这部分得归功于将领们在索姆河战役时学到的经验教训。

可以说，英军将领本应该在上战场前好好接受训练，这样就不会出现长官在战场上学习技能的情况，他们的士兵也不必白白牺牲。虽然有些经验只能在战场上才能学到，但这方面可说的太多。黑格忽视对火炮的运用，这点令人感到诧异。例如，1915 年 3 月，新沙佩勒战役前，他甚至得寄过去纸条询问，让人告诉他轰塌德军堑壕所需要的火炮和炮弹数量。难以置信的是，黑格那个时候担任

第三十九章　天气允许

的居然是第一集团军司令。

任何人在判断高级将领在索姆河战期间的表现时，都想知道他们在当时的现有知识条件下，行为是否合理。我对黑格和罗林森的最终判断如下：两人对炮兵专家告诉他们的话没有给予足够的重视，在制订第一次进攻计划时也缺少常识。火炮是使得部队进攻成功的主要手段。

黑格的指挥尤其让人失望的是，他本来是有机会让英军发挥出更高战斗力的。最明显的例子发生在第二次进攻波济耶尔高地的时候。阅读过第二十八章的读者可能记得，第一次进攻波济耶尔高地溃败后，他到访澳军总部，讲述了为保证下次进攻胜利所必须采取的措施。澳军将领认真听取了他的建议，第二次进攻成功了。有人好奇，黑格是否从这件事中汲取到了经验教训，并且意识到如果他根本不检查手下将领们的进攻方案，他不可能成为一名成功的军团司令。

为了做一名成功的指挥官，黑格可能不得不把总司令现有职责分派给其他人。然而，他认为检查手下指挥官的进攻方案没有必要。这件事表明他在两个方面有所欠缺。首先，他不能想出新方法击败敌人，不是创新型将领；其次，他没能采取但凡有些常识的人就知道的必要措施。黑格经常提醒罗林森要监督手下各军司令，这表明罗林森在监督计划执行上并不比黑格强。

除了在书中强调英军将领指挥作战方式中的一些消极和积极方面外——这在我研究过程中变得很明显——值此索姆河战役百年之际，我也想在书中把近些年来人们对战争行为看法的变迁记录下来。索姆河战役第一天遭受惨重损失后，几乎马上就有人发表了看法，虽说是在私下。被战场所发生的事情激怒的人中，包括阿尔斯特 36 师师长奥利弗·纽金特少将。阿尔斯特 36 师（如第十一章和第十二章描述的）在蒂耶普瓦勒北部损失了非常多的年轻战士。1916 年 7 月 11 日，纽金特写信给妻子基蒂："我知道，除非一切按计划进展都很顺利，否则我们必败无疑。我用最强硬的方式指出，命令要求我们做的事情根本不可能完成，但上级却说我在制造麻烦。我有意见的这个人是亨利·罗林森，我们师几乎全军覆没，他那愚蠢的乐观心态需要为此负责。"

14 军军长卡文爵士无疑对罗林森及黑格的不明智要求有类似的看法，但还算不上对两位将军出于私人情感上的憎恨。黑格曾要求卡文的部队发动对勒特朗斯卢瓦的进攻。11 月 3 日的预备进攻失败后，罗林森认为敌人并不是问题所在，失败的原因在于军长缺乏信心。命令要求卡文策划后续进攻时，他反对说：

动用我可以调配的军队从现在位置发动进攻几乎没有获胜的可能。

即使我愿意牺牲英军的权利，而不危害法军，但一场失败的进攻似乎并不能帮到法军多少，而且还有动摇我军将士信心的风险。

没去过前线堑壕的人不会真正知道战士们的疲惫。

行动前，卡文爵士坚持要求罗林森来前线看看。罗林森在看过

第三十九章 天气允许

后取消了计划中的进攻,但黑格命令继续实施进攻。结果,他们又伤亡2000人,而且没能取得明显进展。

我们知道,这种没有胜利希望的进攻早在1916年8月1日时就促使温斯顿·丘吉尔抱怨黑格,说他的战略虽然对德军兵团造成了减员,但没有突破的现实可能性。这表明,年轻一代在毫无意义地牺牲。戴维·劳埃德·乔治也很消极,他向法军斐迪南·福煦将军问了个著名的问题,他询问福煦对英军将领的看法。黑格很沮丧,他在9月17日的日记中写道:"如果不是福煦将军个人告诉我这段对话,我不相信一名英国大臣会这么没有风度,居然向一名外国人询问关于自己下属的问题。"

但劳合·乔治更加没有风度的行为发生在索姆河战役结束,他12月6日接替赫伯特·阿斯奎斯成为英国首相之后。他非常厌恶黑格和罗林森采用的战略,他在1917年2月告诉法军,黑格和英国远征军应该接受法军最高统帅的指挥。法军最高统帅罗贝尔·尼维尔将军在策划了针对凡尔登的两三次胜利后声名鹊起。他吹嘘自己也知道如何大规模地突破德军防御,之后,看起来他更有潜力做好联军总司令。这也是他1916年年底接替霞飞担任法国陆军总司令的原因之一。在明白他的要求会导致黑格和罗林森辞职后,劳合·乔治才打了退堂鼓。

劳合·乔治认为黑格的策略,即便不是邪恶的,也是不道德的。他的这个结论,许多德军战败后第一批写"一战"内容的作家并不支持。有些是战争史作家。当需要他们指出错误的策略是如何造成他们团不必要伤亡的时候,他们没有犹豫。但他们很少把批评的矛头特意指向罗林森或黑格。

这些中立的评论书籍不会出现在反战文学的浪潮中，反战文学的书籍第一次在书店热卖可以追溯到20世纪20年代后期。其中广受欢迎的作品，如罗伯特·格雷夫斯（Robert Graves）1929年的《向一切告别》（Goodbye to All That）和西格夫里·萨松（Siegfried Sassoon）1930年的《步兵军官回忆录》（Memoirs of an Infantry Officer），像许多战争诗歌一样，这些书籍强调了士兵在堑壕里所忍受的令人震惊的环境，批评了那些身在远方、难以联系的指挥官。人们认为是他们使得战争经历变得如此毫无必要的恐怖。其中，指挥官在1917年的索姆河地区和帕斯尚尔战役上所做出的决定，尤其饱受诟病。

批判性态度从参战国正史中首先反映了出来。《澳大利亚官方历史》第3卷由查尔斯·比恩编撰，出版于1929年。由于高夫和黑格在澳军前线采取的策略，在书中责备两人时，比恩没有丝毫犹豫。书中仅有的比较公正的评论是比恩的一个判断，他说黑格可能缺乏想象力，而且能力不足，因此无法把值得信赖的下属聚拢在身边，但他最后确实从错误中吸取了经验教训。比恩预测，历史可能"给他分配更大份额，比他在胜利结束的战争中承担的责任更大的份额"。不过丘吉尔和劳合·乔治在他们出版的关于这些将领成就的书籍中，并不这么认为，虽然劳合·乔治在他20世纪30年代出版的自传中，倾向于把讨论从索姆河战役采用的策略转移到在帕斯尚尔战役上采用的策略。

除同样出版于20世纪30年代的《英国官方历史》含有意料之

外的微弱批评之外，很多"一战"题材的书籍都强调反战，包括对各位将领的批判，这种情况一直持续到 20 世纪 60 年代。那时，严厉批评黑格和他手下将领的作品，如艾伦·克拉克（Alan Clark）1961 年写的《蠢驴》(The Donkeys)，广受公众的关注。《蠢驴》的主题暗示勇敢的狮子（英军步兵）因为愚笨的蠢驴（英军将领）而走向死亡，但本书没有真正意义上涵盖索姆河战役。不过，相关印象已经烙印下来，而且在 1963 年第一次上演的舞台剧《哦，多可爱的战争！》(Oh, What a Lovely War!) 创造了一种舆论环境——任何反对论调都会被归类为修正主义。

这并非巧合，但内容更加公正的第一本黑格传记是在《蠢驴》出版 2 年之后出现的。约翰·泰拉伊恩（John Terraine）在其 1963 年所著的《道格拉斯·黑格：有教养的士兵》(Douglas Haig: The Educated Soldier) 中称，即使黑格没有犯任何错，他也几乎不可能突破德军防线。这是由于战场通信不良，防御者比进攻者更占有火炮和机枪的优势造成的。相较其他作品，似乎正是这个研究在把针对黑格功绩的感性论战转换到理性讨论上，贡献更大。而马丁·米德尔布鲁克（Martin Middlebrook）1971 年写的畅销历史书籍《索姆河会战首日：1917 年 7 月 1 日》(The First Day on the Somme: 1 July 1916) 把讨论从帕斯尚尔转向索姆河。从此，出版社出版了大量有关索姆河战役的书籍，大多数书中都有拥护黑格和罗林森的修正主义趋势，即使书中也有对两人某些决定的强烈批判。

今天的历史学家持有的最普遍观点是，将领肯定犯了严重错误。但战役开始阶段的堑壕战，这些将领都是新手，他们必须快速学习，努力掌握如何充分利用可供使用的武器和新技术方面的知识。

没有英军、加拿大军和澳军步兵不屈不挠的意志，将领们不可能在索姆河战场取得任何进展。因此，我觉得在这场会战百年纪念之际，用参战士兵的话来结束这个研究比较合适。他们的叙述总结了索姆河战役的本质。我从成百上千的记录和信件中选了4封。

第一封描述的是共存于索姆河战场上的恐惧和苦涩幽默，正如皇家野战炮兵伦敦第7旅副官菲利普·皮尔迪奇少校在8月30日从前线蹒跚返回旅部时目睹的事情：

> 我曾一度感觉有些柔软东西擦过我的脸，一群嗡嗡的苍蝇绕着我的头飞来飞去。让我恶心的是，我发现我踢到了一具德军尸体伸出来且已经变黑了的手和胳膊。尸体躺在堑壕外面附近，挂在一团密密麻麻的电线上。

在另一个拐角，他碰到一排拿着配给食品的人，另一种恶心涌上皮尔迪奇的心头：

> 领队人是个有着沙色头发的壮硕家伙，他卸下装备，取下钢盔挂在从堑壕一侧墙壁伸出的"楔子"上，咧着嘴笑。他好像把其他人也逗笑了，那些人大声笑了起来。经过时我看到，那个"楔子"其实是条人腿，靴子和尸体身上的其他东西很早以前就被掩埋了，然后一次爆炸把这些东西又给掀开了。

第三十九章 天气允许

引用的第二份信件来自哈洛德·戴维斯牧师,他是本章前面提到的皇家海军师190旅的随军牧师。很明显,他赞赏190旅士兵尽职尽责的态度,他们甘愿在1916年11月13日倒数第二场战役上付出一切,即使他们内心知道,除了一点没有意义的领土外,他们什么也得不到:

> 在旅部,大家都说这次的推进是出于政治原因而非军事原因。正如一个人说的,我们发动对威斯敏斯特桥的突然进攻,是为了给议员们看。在目前状况下,他们大多数人对进攻没有价值这点都心知肚明。

引用的第三份信来自21岁的维尔·哈姆斯沃思中尉,他是《每日邮报》掌门人罗瑟米尔爵士的次子。当哈姆斯沃思觉得他们从加里波利来到法国后的第一次行动快要开始的时候,他借助于蜡烛的光给他亲爱的叔叔圣约翰写了封信。结果,他最终在1916年11月13日参加了进攻,一同作战的还有皇家海军师的霍克营。同一天,哈姆斯沃思在尽力突破阻拦他们营部分士兵的堡垒时,被子弹击中而牺牲了。我之所以引用他的话,不是因为那是他所写的最让人感到悲痛的话语,而是因为这些话表达了索姆河战场上很多士兵在进攻前写的信中所流露出的共同情感:

> 不知道我能否从这次的进攻中活下来。如果能在年轻和健壮时为国捐躯,这样的人生无疑是令人满意的。我记得战前读过一

本法语书籍，书中讲到，有名骑士被杀前，恰好有个人从他身旁经过，这个人感慨："还有什么比像这样死去更好的呢，年纪轻轻，精力充沛，永远不用知道老年后的烦恼和疾病。最让人感到安慰是，为了让现在的世界更美好，人们会倾尽全力。"

最后引用的内容来自澳军一等兵道格拉斯·霍顿。他对波济耶尔事件的描述在第二十四章和第二十五章被广泛提及：

> 波济耶尔在那些为自由而献身的澳军小伙子的记忆中还是神圣的。如果一个人在某些时候不认为他的生命属于人类，那他就从来没有活过。无疑，那些不仅这样认为而且为人类贡献自己生命的人……活得最有意义。他们躺在那里，被他们守护的土地所掩埋，他们永远活在我们的记忆里……赞扬他们的话语将经久不衰，他们热爱并且敬畏自由，他们以英勇为荣。

致谢

我同意从英方角度写一本有关索姆河会战的书籍。之后,我做的第一件事是重新拜读埃里希·玛利亚·雷马克(Erich Maria Remarque)的著名反战小说《西线无战事》(*All Quiet on the Western Front*)。通过这部作品,我认识到:使用一系列不用涵盖所有军事行动的简短描述,是可以展示出一国将士在堑壕内所承受的折磨以及他们所表现出的绝不屈服的精神。在我探索从一个新角度撰写这个百年前的故事时,另外3本书给了我启发和帮助。

第一本是罗宾·普赖尔(Robin Prior)和特雷弗·威尔逊(Trevor Wilson)合著且广受好评的《西线指挥:亨利·罗林森军事生涯1914—1918》(*Command on the Western Front: The Military Career of Sir Henry Rawlinson 1914—1918*)。对一个已经打算模仿雷马克小说风格的人来说,选择这部学术著作看起来可能有点奇怪,但我这么做是有原因的。普赖尔和威尔逊表面上的目的,似乎是通过索姆河会战指挥官罗林森将军和他的上司道德拉斯·黑格上将在1916年7月1日前的战斗,分析他们在索姆河战场上所采用的战略；在表象之下，作者的主要论点几乎还隐藏着另一些信息。

通常，一本有关索姆河会战的书会对下面这个问题做出简单的回答：在罗林森指挥下，为确保部队穿过无人区时不遭受过多伤亡，他们需要多少枪支弹药？普赖尔和威尔逊认为，为了想出针对索姆河战场的可行方案，罗林森只需要运用他和黑格在之前策划的西线进攻中学到的经验教训就可以。

虽然推算枪支弹药数量的一些必要信息在当时出版的书籍中缺失，导致普赖尔和威尔逊的计算经常基于一些估算的数字，但他们清晰的分析让我开始顺着以下问题开始思考：如果真的有计算所需枪支弹药的方式，为什么经验丰富、小心谨慎的罗林森将军在说服黑格他们不该好高骛远时没有使用呢？直到后来，我才明白，整个战役真正关键的地方可能就在于这两位将军之间的关系。

如果罗林森反对黑格，那他们"大推进"的第一天是可以有一个理智进攻计划的。但罗林森没有反对，原因可能是黑格曾经帮助过罗林森，罗林森作为回报，不好意思挑战黑格的权威。换句话说，罗林森对待黑格的方式，可能是罗林森在伊顿上学时，他的拉丁语老师教给他的"补偿物"。我在第三章中对此有更详细的论述，我这里再次强调，是因为我认为这是英军没能彻底赢得索姆河会战的主要原因。

另外两本相关但不太有名的书分别是斯科特·班尼特（Scott Bennett）的《波济耶尔：澳新军团的故事》(*Pozières:The Anzac Story*)和安德鲁·麦克唐纳的《我去索姆河的路上：新西兰士兵和血腥抗战1916》(*On My Way to the Somme: New Zealanders and the Bloody Offensive of 1916*)。两者向我展示了另一种方式来达到我一直坚定认为的写作有关索姆河会战书籍的主要目的：描述英军及其盟军发动进攻时，德军前线堑壕内及其后方发生的事情。我读这些书前，曾认为作家不可能把注意力集中在德军前线系统发生的事情上。在大多数有关索姆河会战的书籍中，这样写的十不存一，原因很简单：英军档案中对这个主题的生动记述很少。相比较而言，多亏了斯科特·班尼特和安德鲁·麦克唐纳，我才发现澳军和新西兰军队档案中对此的记录多得令人感到意外。正是有了这些资料，我突然得以窥探，当壮实、肤色被晒黑的澳军爬进防护波济耶尔和穆凯农庄的德军堑壕时，当新西兰军队的冷血策略驱使弗莱尔及其北部的德军从掩体内逃窜时，战场上真正发生了什么事情。就像是撕下了一个面罩，然后英军和德军隐藏多年的秘密显露出水面。作家彼得·斯坦利、克里斯·帕格斯利、雷·格罗弗和罗伯特·卡梅伦也帮我找到了澳军档案中的珍贵资料。

我开始着手研究后发现，6位历史学家的作品对我的帮助尤其大。我情不自禁地受到了马丁·米德布鲁克的畅销历史书《索姆河会战第一天：1916年7月1日》(*The First Day on the Somme: 1 July 1916*)的影响。这本书仍然是很多读者认为的他们读过的"一战"题材的最佳书籍。我喜欢米德布鲁克在组织书籍时采用的大致印象方式：随着时间从一个事件跳到另一个事件，而不是以线性方式描述完一支部队，然后接着描述另一支部队。

我很感激马尔科姆·布朗的《帝国战争博物馆索姆河会战之书》(*Imperial War Museum Book of the Somme*)和彼得·哈特的权威著作《索姆河会战》(*The Somme*)。《索姆河会战》很大程度上也是基于帝国战争博物馆（Imperial War Museum）里面的档案。任何想要囊括整个索姆河会战的人都不可能忽视这两名历史学家收集的宝贵资料，我也不例外。内心挣扎很久后，我最终决定把本书描述有关1916年7月1日的大部分章节采用哈特的线性结构来写（叙述完一支部队再接着另一支部队）。

有关"大推进"第一天的事情可以告一段落了。对于之后发生的事情，在叙述时，我同样需要前辈们的帮助。如果没有写作了《德维尔森林》（Delville Wood）和其他一系列相同主题的伊恩·厄伊斯的帮助，我在叙述发生在德维尔的事件时，不可能处理得那么好。

我曾经十分依赖作家杰克·谢尔顿（Jack Sheldon），他写作《索姆河战场上的德军兵团》（The German Army on the Somme）时采用了全新方式，他还写了两三本书籍叙述在博蒙-哈默尔和蒂耶普瓦勒的德军。在我写到他的专业知识领域，即与德军有关的内容时，他竭尽全力给予了我一切帮助。他还把我没能在德国主要图书馆找到的德语资料寄给我，还认真检查我发给他的很长的德军部队列表，以便能告诉我哪些部队有最丰富的军团史记载。我不得已删除了很多德军的相关叙述，比我想象得要多，这不是谢尔顿的过错，我这么做是为了把该书缩减到合理的容量。我也应该提及《战线的另一侧》卷2（The Other Side of the Wire, Volume 2）的作者拉尔夫·怀特海德，他和谢尔顿一样乐于助人。那些我没办法请教杰克·谢尔顿的问题，拉尔夫·怀特海德向我解答了，他还发给我一份他在英国官方历史中准备的德军词条索引，这很有用，因为官方史学家在纸质本中没有把索引列进去。

必须承认，我以线性结构写作本书还有个原因。百年前的一个悲剧几乎毁了我的家族，这本书就是在这个阴影下写就的。我的祖父塞西尔·塞巴格·蒙蒂菲奥里曾在西线服役于皇家工兵部队，在法国时他受过重伤。我的父亲曾亲口讲述祖父回归平民生活后承受的难以忍受的痛苦。祖父经常挂在嘴边的话是"自从回家后，我没有体验过一天快乐日子"。最后，祖父无法忍受，开枪自杀了。祖父这种疯狂行为的余波影响到了我们多代人。有些人说，这件事使得我不仅十分同情那些我们界定的残酷战役的受害者，还十分同情那些很多人今天会指责的人。我希望读者在阅读时，即使并不同意，也能记住我采用这种写作方法的理由。

提及那些曾在我写作索姆河战役历史时给予我主要帮助的人前，我想先由衷地感激理查德·肯普（Richard Kemp）提供的特别帮助。他是一名退休律师，从研究开始至结束，他一直在和我一起研究索姆河会战历史。他有时提供的援助十分大，他几乎可以被称为本书的合著者。他最大的贡献是曾多次前往利兹大学图书馆利德尔藏馆（Liddle Collection）并筛选资料。在我访问伦敦的帝国战争博物馆和堪培拉的澳大利亚战争纪念馆（Australian War Memorial）前，他还把我应该看的文件列成表单，大幅节约了我需要在两个博物馆内花费的时间。

此外，英国陆军菲利普·罗宾逊中校也给予了帮助。他目前正在写一本与西线坑道有关的历史书籍。他把一系列德语战争日记的译文慷慨赠给了我，我因此得以节省在斯图加特和慕尼黑查找这些资料的时间和精力。他还在索姆河战场坑道方面给予我指导，并把我介绍给另一名研究西线坑道的专家——西蒙·琼斯（Simon Jones）。他是《地下战事 1914—1918》(*Underground Warfare 1914—1918*)一书的作者。之后，对于我的各种疑问，他不遗余力地给予了解答。

另一名坚定支持我的是奈杰尔·凯夫（Nigel Cave）。他是笔与刀出版社推出的非常成功的欧洲战场系列丛书的编辑。该丛书中包括很多有关索姆河会战主题的书籍，其中一些就出自他本人之手，如《博蒙－哈默尔》和《德维尔森林》。他带着我参观了索姆河会战的主要战场，还推荐给我许多书籍引用量太大删除了，不影响阅读，都是一些类似某某人的日记等资料。

西线协会（Western Front Association）杂志《坚持》(*Stand To*)的编辑乔恩·库克西（Jon Cooksey）在我有疑惑时，随时想着帮忙，还经常在阅读那些与索姆河会战有关的书籍后给予我建议。

我不可能把所有准许我使用他们亲属或家人文件的人员都列出来，但下面这些文件非常重要：已经出版的由曼彻斯特步兵团 22 营查理·梅（Charlie May）写作、格里·哈里森（Gerry Harrison）上尉编辑的日记，这是有关索姆河会战中士兵们开赴战场途中最令人感动的记录之一；伊迪丝·阿普尔顿（Edith Appleton）护士的日记记录了她在埃特尔塔的医院照顾索姆河战场病人的事情，她的日记是我见过的"一战"护士写的最好的记录；理查德·托尼（Ricard Tawney）中士对他们曼彻斯特步兵团 22 营进攻马梅斯附近地区的描述是本书中最惊心动魄的记述之一；帕特·奥尔德（Pat Auld）中尉写的有关澳军 50 营攻占靠近穆凯农庄前线阵地的记录和杰弗里·普拉特（Geoffrey Pratt）少尉对西约克郡步兵团 9 营坚守在费斯特施陶芬前线的描述值得关注，因为他们的描写也很生动，他们强调了一些要求带领士兵进入战场的低级军官们的脆弱。

以下人员在我使用他们珍藏的资料方面给予了我莫大的帮助：

英国

英国博物馆：地图：吉姆·卡鲁思（Jim Carruth），现代映像馆馆长：尼古拉·比奇（Nicola Beech）。

卡姆登，伦敦区：图书馆借阅：琼·格陵兰（June Gronland）。

剑桥大学丘吉尔学院：丘吉尔档案中心：艾伦·帕克伍德（Allen Packwood）主任。

帝国战争博物馆：文献：安东尼·理查兹（Anthony Richards），部门主任；西蒙·罗宾斯（Simon Robbins），西蒙·欧福德（Simon Offord）。纸质本：简·罗森（Jane Rosen）。第一次世界大战画廊项目：保罗·科尼什（Paul Cornish）：高级管理员。

国家档案馆：戴维·普里斯特（David Priest），出版协调经理（Production Co-ordination Manager）；黑兹尔·波科克（Hazel Pocock），威廉·史宾赛（William Spencer）。

坦克博物馆：戴维·弗莱彻（David Fletcher）。

澳大利亚

堪培拉：澳大利亚战争纪念馆：苏·达克（Sue Ducker），研究中心阅览室经理；克雷格·蒂比茨（Craig Tibbitts），官方和私人记录部（访问时间）高级管理员；斯图尔特·本宁顿（Stuart Bennington），官方和私人记录部代理高级管理员。

新南威尔士州立图书馆：麦琪·巴顿（Maggie Patton），图书和信息服务部研发经理；特蕾西·布拉德福博士（Tracy Bradford），手抄本藏馆馆长（已经离开图书馆）；罗宾·海沃德（Robynne Hayward）。

维多利亚州立图书馆：凯文·莫洛伊博士（Dr Kevin Molloy），手抄本藏馆经理；绍纳·杜瓦（Shona Dewar），手抄本藏馆图书管理员。

德国

弗赖堡联邦军事档案馆：梅兰尼·韦尔（Melanie Wehr），阿齐姆·科赫（Achim Koch），克里斯汀·博策特（Christiane Botzet）。

卡尔斯鲁厄政府机构：曼弗雷迪·亨霍夫（Manfred Hennhofor）。

慕尼黑巴伐利亚国家档案馆：玛蒂娜·赫根梅拉（Martina Haggenmûller）。

波茨坦：军事历史和联邦德军社会科学中心：图书馆：加布里埃尔·博施（Gabriele Bosch）。军事历史研究院：马尔库斯·珀尔曼（Markus Poehlmann）。

斯图加特：国家档案馆：沃尔夫冈·马勒博士（Dr. Wolfgang Mahrle）。

新西兰

亚历山大·特恩布尔图书馆：戴维·考尔克洪（David Colquhoun），手抄本藏馆馆长（现在退休了）；乔斯林查尔默斯

（Jocelyn Chalmers），手抄本藏馆研究馆员。

新西兰国家档案馆：格雷厄姆兰顿（Graham Langton），信息检索服务部高级档案保管员；戴维·奈特（David Knight）。

怀乌鲁国家军事博物馆：多洛雷斯·霍（Dolores Ho），档案保管员。

以下顾问和研究人员也曾给予我帮助：克里斯托弗·贝利（Christopher Bailey）、詹姆斯·波尔（James Ball）、尼古拉·贝克尔（Nikola Becker）、曼纽尔·博拉格（Manuel Bollag）、索菲·博尔顿（Sophie Bolton）、马丁·博姆（Martin Bohm）、迈克尔·波尔纳（Michael Borner）、朱莉娅·布兰德（Julia Brandt）、艾米丽·科恩（Emily Cohen）、妮拉·戴维森（Nyla Davison）、艾略特·多德（Eliot Dodd）、利安娜·德里夫迈尔（Leighanna Driftmier）、达莉拉·德弗雷塔斯（Dalila de Freitas）、菲力克斯·福克斯（Felix Fuchs）、桑德拉·乔治（Sandra George）、迈克尔·格里夫（Michael Griff）、威尔·汉密尔顿（Will Hamilton）、利亚·汉查鲁克（Leah Hancharuk）、凯瑟琳·哈尔（Katherine Har）、凡妮莎·欣丁格（Vanessa Hindinger）、杰迈玛·凯利（Jemima Kelly）、丹尼尔·基尔马茨（Daniel Kirmatzis）、克拉丽莎·科帕尼斯塔克（Clarissa Kopanitsak）、简·林克（Jan Linke）、夏洛特·朗（Charlotte Long）、奥拉夫·洛施克（Olaf Loschke）、威尔·曼利（Will Manley）、劳伦·马基维斯（Lauren Markewicz）、埃琳娜·瓦永（Elena

Oyon）、科林·杜普莱西斯（Colin du Plessis）、苏珊·雷斯尼克（Susan Resnik）、弗雷德里克·里塞（Frederik Risse）、萨尔维·莱德（Solvi Ryder）、凯瑟琳·桑德斯（Katherine Saunders）、芭芭拉·沙茨（Barbara Schatz）、安娜·施柔特（Anna Schrotter）、卡尔·西曼（Carl Seemann）、图贾·塞德尔（Thuja Seidel）、伊丽莎白·斯梅劳夫（Elizabeth Smelloff）、埃德蒙·史密斯（Edmond Smith）、马瑞克·施彭德尔（Mareike Spendl）、弗洛莱恩·施皮格尔哈尔特（Florian Spiegelhalter）、本杰明·施皮尔（Benjamin Spiel）、瑞秋·瓦克宁（Rachel Vaknin）、埃利奥特·维克（Elliot Vick）和卡蒂·沃森（Katie Watson）。

我的经纪人戴维·戈德温帮我向企鹅出版社提出写一本与第一次世界大战有关书籍的想法，最终确定写一本索姆河会战方面的书籍。

我在企业出版社的编辑埃莱奥·戈登（Eleo Gordon）建议说，如果我打算写一本与第一次世界大战百年纪念有联系的大部头作品的话，那就必须得写与索姆河会战有关的内容。因为需要赶在索姆河会战百年纪念前出版，她承担了一般而言该由书籍作者完成的大量工作。多亏了她的帮助，本书才得以及时出版。书中文本由理查德·德梅森（Richad Mason）再次编辑，艾玛·布朗（Emma Brown）给予了宝贵支持。

最后，我要感谢我的母亲阿普里尔·塞巴格·蒙蒂菲奥里（April Sebag-Montefiore），她帮我纠正了本书上半部分内容后交给我，使得我的工作变得更加简单。